KOMMUNEN IM NATIONALSOZIALISMUS

OBERRHEINISCHE STUDIEN

Herausgegeben von der
Arbeitsgemeinschaft für geschichtliche
Landeskunde am Oberrhein e. V.

Band 38

Jan Thorbecke Verlag

KOMMUNEN IM NATIONALSOZIALISMUS

VERWALTUNG, PARTEI UND ELITEN IN SÜDWESTDEUTSCHLAND

Herausgegeben von
Robert Neisen, Heinrich Maulhardt und Konrad Krimm

Jan Thorbecke Verlag

Gedruckt mit freundlicher Unterstützung
des Ministeriums für Wissenschaft, Forschung und Kunst Baden-Württemberg,
der Stadt Karlsruhe und
der Stadt Villingen-Schwenningen

Für die Verlagsgruppe Patmos ist Nachhaltigkeit ein wichtiger Maßstab ihres Handelns.
Wir achten daher auf den Einsatz umweltschonender Ressourcen und Materialien.

Bibliografische Information der Deutschen Nationalbibliothek
Die Deutsche Nationalbibliothek verzeichnet diese Publikation in der Deutschen Nationalbibliografie;
detaillierte bibliografische Daten sind im Internet über http://dnb.d-nb.de abrufbar.

Alle Rechte vorbehalten
© 2019 Jan Thorbecke Verlag,
Verlagsgruppe Patmos in der Schwabenverlag AG, Ostfildern
www.thorbecke.de

Umschlaggestaltung: Finken & Bumiller, Stuttgart
Umschlagabbildung: Friedensschule in Schwenningen (NS-Zeit: Hans-Schemm-Schule)
Gestaltung, Satz und Repro: Schwabenverlag AG, Ostfildern
Druck: Memminger MedienCentrum, Memmingen
Hergestellt in Deutschland
ISBN 978-3-7995-7843-1

Inhalt

Konrad Krimm
   Vorwort 7

EINFÜHRUNG UND FORSCHUNGSÜBERBLICK

Robert Neisen
   Die Macht der lokalen Verhältnisse: Nationalsozialistische Herrschaft in
   südwestdeutschen Kommunen. Eine Einführung 9

Malte Thießen
   Der kleine Nationalsozialismus: Perspektiven und Potenziale der Lokal-
   und Regionalgeschichte 41

STADT UND DORF

Ernst Otto Bräunche
   Im Schatten der Gauleitung? – Die Gau- und Landeshauptstadt Karlsruhe
   1933–1945 59

Jürgen Klöckler
   Die Konstanzer Stadtverwaltung als Teil des NS-Herrschaftssystems im
   westlichen Bodenseeraum 85

Wolfgang Heitner
   Nun haben wir doch gesiegt. Die Durchsetzung nationalsozialistischer
   Herrschaft in Villingen 1933 103

Markus Enzenauer
   Auch nach Ilvesheim werden wir wieder kommen. Die Errichtung
   nationalsozialistischer Strukturen am Beispiel einer Mannheimer
   Umlandgemeinde 115

Hans-Jürgen Kremer
   Der Fall Hagenbach. Zur Organisation, Praxis und Wirkung
   nationalsozialistischer Macht im Dorf 1933–36 157

Wolf-Ingo Seidelmann
  Blumberg – Die Zwangsindustrialisierung eines Bauerndorfs 189

Heinrich Maulhardt
  Die Geschichtsschreibung zum Nationalsozialismus in Villingen-
  Schwenningen 217

ELITEN

Roland Müller
  »Die kleine Gewalt« – Ortsgruppenleiter der NSDAP in Stuttgart 227

Robert Neisen
  Im Dienste der Stadt oder der NSDAP? Die Bürgermeister von Villingen
  und Schwenningen im Vergleich 253

Heiko Wegmann
  Zur Geschichte der SS in Freiburg im Breisgau. Aufbau, Mitglieder
  und Akteure 287

Wolfgang M. Gall
  »Braune Spuren« – Karrieren städtischer NS-Eliten in Offenburg
  1920–1960 321

Ulrich Nieß unter Mitarbeit von Karen Strobel
  Kommunale Eliten unter Druck. Das Beispiel des Rotary Clubs Mannheim
  bis 1937 345

Abkürzungen 369
Abbildungsnachweis 371
Orts- und Personenregister... 375
Mitarbeiterverzeichnis 386

Vorwort

Geschichtsschreibung nach Katastrophen hat meist ein »bewegtes Leben«: Das gilt für die kollektive Erinnerung an den Ersten Weltkrieg auch noch nach hundert Jahren der Analyse und des kontroversen Bewertens, und es gilt erst recht für »die deutsche Katastrophe« (Meinecke), die 1933 virulent wurde und sich in vielen Köpfen schon lange vorher ausgebreitet hatte. Wie schwierig der Nationalsozialismus immer noch zu beschreiben ist, gerade in politischen Mikroorganismen wie einer Kommune, zeigen nicht wenige Beiträge dieses Bandes. Bei der Tagung der Arbeitsgemeinschaft für geschichtliche Landeskunde am Oberrhein in Villingen, die sie im November 2017 zusammen mit der Stadt Villingen-Schwenningen, dem Stadtarchiv Villingen-Schwenningen unter seinem Leiter Heinrich Maulhardt und dem Büro für Unternehmens- und Stadtgeschichte von Robert Neisen veranstaltet hatte, erzählten die Referenten in ihren Arbeitsberichten drastisch von den Hürden der Quellensuche und der Traditionsvorbehalte in einigen Kommunen. Umso wichtiger war die geduldige Sichtung von Texten und Zeugnissen, die sorgfältige Interpretation von Kleinbefunden, die, zusammengesetzt, Bilder in immer neuen Färbungen entstehen ließen. Ich danke allen, die sich auf der Tagung und nun bei der Drucklegung dieser Kärrnerarbeit unterzogen haben, einer Art archäologischer Grabung in schwer zugänglichen Schichten. Ich danke aber auch besonders Robert Neisen und Malte Thießen, deren Beiträge am Anfang des Bandes zeigen, in welchem Kontext lokalgeschichtliche Quellenarbeit zu verstehen ist, was sie regional- und überregionalgeschichtlich leisten kann.

Zugleich war allen Beteiligten aber auch bewusst, was sie alles n i c h t leisten können – dass die Fokussierung auf kommunalpolitische Strukturen, auf Machtverhältnisse, auf das Funktionieren der Funktionäre wie der Eliten, auf Gruppenbildung, Propagandawirkung und nicht zuletzt auf deren Langlebigkeit über politische Brüche hinweg nur Segmente zeigt, Ausschnitte, neben denen andere unbeachtet bleiben. Zum Alltag der »Kommunen im Nationalsozialismus« gehörte ja nicht weniger die Verfolgung der Juden, politischen Gegner und anderen Gruppen, die Bedrängung der Kirchen, gehörten auch Distanz und Widerstand, gehörte nicht zuletzt das Kriegsgeschehen in seiner Wirklichkeit von Angst und Tod. Davon ist in diesem Band kaum die Rede. Er gilt der nun schon sehr alten, aber noch immer nicht erschöpfend beantworteten Frage, »wie es dazu kommen konnte«, und er sucht nach exemplarischen Antworten in einem eng begrenzten Bereich kommunaler Strukturfelder. Das ist ein Wagnis. Dass die Stadt Villingen-Schwenningen dieses Wagnis nicht gescheut hat, ist das Verdienst ihres Stadtarchivars Heinrich Maulhardt, der mit Beharrlichkeit und langem Atem in seiner ganzen Dienstzeit darauf hingearbeitet hat, dass sich Bewusstsein auch wandeln kann und die Stadt ihren historischen »Weg in die Moderne« findet. Dass der einschlägige Band der Stadtgeschichte erscheinen, die Tagung zur NS-Zeit stattfinden konnte und nun auch deren Ergebnisse vorliegen, ist vor allem seine Leistung. Ihm wie Robert Neisen danke ich sehr für alle redaktionellen Mühen bei der Herausgabe unseres Bandes; dieser Dank geht auch an André Algermißen / Heidelberg, der Orts- und Personenregister gemacht hat.

Karlsruhe, im Frühjahr 2019   Prof. Dr. Konrad Krimm
Vorsitzender der Arbeitsgemeinschaft
für geschichtliche Landeskunde am Oberrhein

Die Macht der lokalen Verhältnisse: Nationalsozialistische Herrschaft in südwestdeutschen Kommunen. Eine Einführung[1]

VON ROBERT NEISEN

Schon die badische Gestapo wusste es: Erfolg oder Misserfolg, Stabilität oder Instabilität, Zustimmung oder Ablehnung der nationalsozialistischen Diktatur hingen in ganz wesentlichem Maße davon ab, welches Erscheinungsbild die Herrschaft der NSDAP vor Ort zeigte. Über ihre zahlreichen Außenstellen im Land war die Gestapozentrale in Karlsruhe nämlich relativ gut über die Stimmungslage im damals noch eigenständigen Baden informiert. Ihr war deshalb klar, dass die Situation in den Kommunen, in denen die Bürger am unmittelbarsten mit der Politik der Nationalsozialisten in Berührung kamen, für die Akzeptanz des neuen Staates innerhalb der Bevölkerung von größter Bedeutung war. So wusste das Geheime Staatspolizeiamt Karlsruhe in seiner Lageanalyse für den September 1934 von vermehrten Fällen zu berichten, *in denen wegen staatsfeindlichen Äußerungen eingeschritten werden musste*. Als Grund nannte es neben den *Regierungsmethoden des heutigen Staates* auch das Verhalten einzelner Persönlichkeiten der NSDAP und einiger Bürgermeister. Gerade das Verhalten letzterer sei entscheidend für die Identifikation der Bürger mit dem neuen Regime: *Das Versagen eines Bürgermeisters in einer Gemeinde*, hieß es in dem Lagebericht, *ist von wesentlichem Einfluss auf das Vertrauen der Bevölkerung zum heutigen Staat, und wird es für eine dringende Notwendigkeit angesehen, besonders ungeeignete Gemeindevorsteher auf schnellstem Wege zu ersetzen*. Vor allem das Zentrum, fährt der Bericht fort, streue offenbar immer wieder gezielt Gerüchte über führende *Parteigenossen*, die dazu geeignet seien, deren Ansehen stark zu schädigen und eine *wesentliche Beunruhigung der Bevölkerung* zu verursachen. Allerdings musste der Verfasser des Berichts, Gestapochef Karl Berckmüller, auch zugeben, dass die NSDAP an solchen Gerüchten nicht völlig unschuldig war. *Unglücklicherweise*, schrieb Berckmüller, *kommt hinzu, daß bei einzelnen Unterorganisationen Unterschlagungen kleineren Umfangs vorgekommen sind, die durch die versteckt arbeitenden Gegner in übertriebener Weise mit höchster Intensität verbreitet werden*. Berckmüller forderte daher, dass es zum Erhalt des

---

[1] In die vorliegende Einleitung flossen auch einige Überlegungen mit ein, die Hans Peter Becht in seinem Resümee am Schluss der Tagung anstellte. Das Resümee lag dem Verfasser schriftlich vor. Ein Tagungsbericht ist einsehbar unter: https://www.hsozkult.de/conferencereport/id/tagungsberichte-7513 (Zugriff am 30.10.2018).

Vertrauens der Bevölkerung zukünftig *dringend geboten* sei, *in aller Öffentlichkeit und rücksichtsloser Schärfe gegen Personen, die in Korruptionsfälle verwickelt sind*, vorzugehen, und zwar *einerlei welchen Rang oder Dauer der Parteizugehörigkeit zur NSDAP sie besitzen*[2].

Dieser Lagebericht der badischen Gestapo ist in doppelter Hinsicht ein hochinteressantes Zeitdokument. Zum einen spiegelt er die im Jahr 1934 – nicht nur im Lande Baden – stark gestiegene Unzufriedenheit vieler Bewohner des Deutschen Reiches mit den neuen »braunen« Machthabern wider. Zu diesem Zeitpunkt hatten die Verstörung über die brachialen Methoden der Nationalsozialisten, eine nur allmählich einsetzende Besserung der materiellen Lage und nicht zuletzt das Entsetzen über die offensichtliche Unfähigkeit und Korruptheit vieler nationalsozialistischer Funktionsträger nach der kollektiven Begeisterung über den »nationalen« Aufbruch des Jahres 1933 zu einer spürbaren Ernüchterung über die reale Praxis der nationalsozialistischen Politik nach dem Regimewechsel des 30. Januar 1933 geführt. Zum anderen lenkt der Lagebericht den Blick auf ein zentrales Faktum, an dem keine Herrschafts- und Gesellschaftsgeschichte des Nationalsozialismus vorbeikommt: Trotz aller Übereinstimmung weiter Bevölkerungskreise mit bestimmten Zielen des Regimes, trotz der erheblichen Bindekraft des Hitler-Mythos und der »Volksgemeinschaft«-Idee war die Stabilität nationalsozialistischer Herrschaft niemals von der realen Politik und dem konkreten Verhalten der maßgeblichen Akteure vor Ort entkoppelt. Darüber hinaus korrelierte sie, wie sich in Ergänzung und Erweiterung zu dem Lagebericht der Gestapo anführen ließe, ganz eng mit der jeweiligen lokalen Situation: den örtlichen sozioökonomischen Strukturen, den jeweils vorherrschenden politischen Traditionen und soziokulturellen Milieus sowie den Beziehungen zwischen den »neuen«, nationalsozialistischen und »alten«, traditionellen Eliten. Mit anderen Worten: Die Frage, ob die NS-Diktatur von der Mehrheit der Bevölkerung aktiv begrüßt, passiv hingenommen oder gar abgelehnt wurde und ob sie stabile Herrschaftsstrukturen ausbilden konnte – sie entschied sich in hohem Maße vor Ort.

Von welchen strukturellen, personellen und kulturellen Faktoren der Aufstieg der NSDAP vor 1933 und die Etablierung, Durchsetzung und Aufrechterhaltung nationalsozialistischer Herrschaft im deutschen Südwesten auf der lokalen Mikroebene abhing: Diese Frage stand im Mittelpunkt der Tagung »Kommunen im Nationalsozialismus«, die am 13./14. Oktober 2017 in Villingen-Schwenningen stattfand. Sie war in zwei Sektionen gegliedert: In der Sektion »Stadt und Dorf« wurde anhand mehrerer Fallbeispiele untersucht, welchen Einfluss bestimmte lokale Ausgangsbedingungen wie die Größe einer Kommune, ihre soziale Zusammensetzung, die dominante politische Kultur, aber auch personelle Tableaus vor Ort auf die Stellung der NSDAP und die Ausprägung der nationalsozialistischen Herrschaft in der jeweiligen Kommune hatten. Die Sektion »Eliten« nahm die nationalsozialistischen und nichtnationalsozialistischen Eliten verschiedener Städte und ihre jeweiligen Handlungsspielräume in den Blick. Wie schon die ältere Forschung betonte, erwies es sich für die Stabilität der nationalsozialistischen Herrschaft

---

[2] Zit. nach J. SCHADT (Bearb.), Verfolgung und Widerstand unter dem Nationalsozialismus in Baden. Die Lageberichte der Gestapo und des Generalstaatsanwalts in Karlsruhe 1933–1940, hrsg. vom Stadtarchiv Mannheim (Veröffentlichungen des Stadtarchivs Mannheim 3), Stuttgart 1976, S. 107.

als von herausragender Bedeutung, welches Verhalten die nationalsozialistischen Funktionsträger vor Ort an den Tag legten und wie sich die Beziehungen zwischen der NSDAP bzw. ihren Unterorganisationen und den »alten« lokalen Honoratioren in Politik, Gesellschaft und Verwaltung gestalteten[3]. Eingerahmt wurden die beiden Sektionen von einem Abendvortrag von *Malte Thießen*, der unter dem Titel »Der kleine Nationalsozialismus« überblicksartig die »Perspektiven und Potenziale der Lokal- und Regionalgeschichte« (so der Untertitel seines Vortrags) auslotete.

In der folgenden Einführung in die Resultate der Tagung werden die zentralen Ergebnisse der beiden Sektionen und des Abendvortrags zusammengefasst. Sie greift darüber hinaus aber auch Aspekte auf, die bei der Konzeption der Tagung zunächst nicht im Vordergrund gestanden hatten, sich aber in deren Verlauf – ungeachtet der teilweise etwas heterogenen Fragestellungen der Referate – als verbindendes Element der Referate über die zwei Sektionen hinweg erwiesen hatten. So schälten sich bei der Tagung gemeinsame Themenkomplexe heraus, die leitmotivisch viele Beiträge durchzogen. In vielen Referaten wurde deutlich, dass sich die Situation in den Kommunen oftmals durch gegenläufige Entwicklungen kennzeichnete: Einerseits wurde die Legitimität der neuen politischen Ordnung durch Erscheinungen wie die grassierende Korruption oder die offensichtliche Misswirtschaft in den Kommunalverwaltungen untergraben. Andererseits wurde offenbar, dass die materiellen und symbolischen Mechanismen der »Inklusion« in die »Volksgemeinschaft« von erheblicher Bedeutung für die Stabilisierung der nationalsozialistischen Herrschaft waren. Zu guter Letzt erwies sich auch die Überwindung der Epochengrenzen »1933« und »1945«, wie sie von mehreren Autoren in ihren Beiträgen geleistet wurde, für die lokalgeschichtliche Forschung zu den Entstehungsbedingungen des Nationalsozialismus und seiner Rezeption in der Nachkriegszeit als sehr fruchtbar. Mit den Abschnitten »Hemmende und fördernde Faktoren der Herrschaftsstabilisierung« und »Die Beharrungskraft der Ideologien und Netzwerke: Nationalsozialismus als kommunale ›longue durée‹« werden in der folgenden Einführung deshalb auch wichtige Perspektiven aufgegriffen, die gewissermaßen quer zu den beiden Sektionen lagen. In einem abschließenden Resümee werden einige Schlussfolgerungen für die lokale NS-Forschung gezogen, die sich aus den Fragestellungen und Diskussionen der Tagung ergeben haben.

---

[3] Vgl. J. NOAKES, Nationalsozialismus in der Provinz. Kleine und mittlere Städte im Dritten Reich 1933–1945, in: H. MÖLLER/A. WIRSCHING/W. ZIEGLER (Hgg.), Nationalsozialismus in der Region. Beiträge zur regionalen und lokalen Forschung und zum internationalen Vergleich (Sondernummer der Schriftenreihe der Vierteljahrshefte für Zeitgeschichte), München 1996, S. 237–252, hier S. 238 ff.; S. MECKING/A. WIRSCHING, Stadtverwaltung als Systemstabilisierung? Tätigkeitsfelder und Handlungsspielräume kommunaler Herrschaft im Nationalsozialismus, in: DIES. (Hgg.), Stadtverwaltung im Nationalsozialismus. Systemstabilisierende Dimensionen kommunaler Herrschaft, Paderborn u. a. 2005, S. 1–19, hier S. 6 f.

Der Einfluss lokaler Variablen auf den Aufstieg der NSDAP und die Durchsetzung der nationalsozialistischen Herrschaft

Ein straff gelenkter, zentral von oben gesteuerter, monokratisch von einem allmächtigen »Führer« beherrschter Unrechtsstaat: Das war das Bild, das die ältere historiografische und politikwissenschaftliche Forschung unter dem Einfluss der Totalitarismustheorie von der nationalsozialistischen Herrschaft zeichnete. An der Konservierung dieses vor allem in den ersten beiden Nachkriegsjahrzehnten entworfenen Bildes hatten nicht zuletzt jene maßgeblichen Akteure vor Ort ein besonderes Interesse, die der nationalsozialistischen Diktatur auf lokaler Ebene auf verschiedene Weise zum Durchbruch verholfen hatten. Sie konnten sich auf diese Weise bequem als unschuldige Opfer eines übermächtigen »Leviathan« darstellen, dessen totalitären, bis in die hintersten Winkel der Gesellschaft hinein reichenden Bestrebungen nach einer allumfassenden Umwälzung von Staat und Gesellschaft die Vertreter lokaler Gewalten hilflos ausgeliefert gewesen seien[4].

Bei einer genaueren Betrachtung des nationalsozialistischen Herrschaftsgefüges in *nationaler* Perspektive stellte sich jedoch heraus, wie »polykratisch« dieses strukturiert war und welche unterschiedlichen, sich zum Teil bekämpfenden Machtzentren innerhalb der Diktatur existierten, und zwar sowohl auf vertikaler (Reich-Länder-Kommunen) als auch auf horizontaler Ebene (Partei-Staat-Sondergewalten)[5]. Gleichzeitig waren es aber auch zahlreiche *lokale* Studien, die zu einer erheblichen Revision der Vorstellung von einer allmächtigen, monolithischen Führer-Diktatur beitrugen. Denn bei genauerem Studium der Verhältnisse in den einzelnen Kommunen erwies sich relativ rasch, dass die jeweilige lokale Situation nicht nur signifikant voneinander divergierte und die Partei unterschiedlich stark in der lokalen Gesellschaft verankert war. Es wurde auch klar, dass die kommunalen Verwaltungen und lokalen Gesellschaften ungeachtet der einschüchternd-disziplinierenden Wirkung, die die nationalsozialistische Gewalt zweifelsohne auf sie ausübte, sich keineswegs im »eisernen Griff« einer schrankenlos herrschenden, die gesamte Kommune durchdringenden Partei befanden. Vielmehr waren die Nationalsozialisten auf vielfältige Formen der Kooperation angewiesen, ohne die sie nicht in der Lage gewesen wären, die »braune« Herrschaft vor Ort durchzusetzen und zu behaupten[6].

Auch die Beiträge dieses Bandes machen auf eindrucksvolle Weise deutlich, dass der Nationalsozialismus vor Ort ein sehr heterogenes Bild an den Tag legte und seine lokalspezifischen Verlaufsformen und Ausprägungen von zahlreichen Variablen abhing. Be-

---

[4] Vgl. MECKING/WIRSCHING (wie Anm. 3), S. 13; W. GRUNER, Die Kommunen im Nationalsozialismus: Innenpolitische Akteure und ihre wirkungsmächtige Vernetzung, in: S. REICHARDT/W. SEIBEL (Hgg.), Der prekäre Staat. Herrschen und Verwalten im Nationalsozialismus, Frankfurt/New York 2013, S. 167–211, hier S. 167 f.

[5] Vgl. M. RUCK, Partikularismus und Mobilisierung – traditionelle und totalitäre Regionalgewalten im Herrschaftsgefüge des NS-Staates, in: REICHARDT/SEIBEL (wie Anm. 4), S. 75–120; I. KERSHAW, Der NS-Staat. Geschichtsinterpretationen und Kontroversen im Überblick, Hamburg 2006 (4. Auflage), S. 120–122; C. KULLER, »Kämpfende Verwaltung«. Bürokratie im NS-Staat, in: D. u. W. SÜSS (Hgg.), Das »Dritte Reich«. Eine Einführung, München 2008, S. 227–45, hier S. 229–234.

[6] Vgl. NOAKES (wie Anm. 3), S. 240 f.; MECKING/WIRSCHING (wie Anm. 3), S. 2 ff., 9; M. SCHNEIDER, Nationalsozialismus und Region, in: AfS 40 (2000), S. 423–439, hier S. 426 f.

reits ein Blick auf die Stärke bzw. Schwäche der NSDAP vor der Machtübernahme 1933 und den Grad ihrer Verwurzelung in der lokalen Gesellschaft offenbart die Wirkmacht lokaler Faktoren. Wie *Hans-Jürgen Kremer* und *Markus Enzenauer* in ihren Studien zu den eher dörflichen Gemeinden Hagenbach (Pfalz) und Ilvesheim (Baden) aufzeigen, herrschten dort für die NSDAP in sozialer wie konfessioneller Hinsicht sehr ungünstige Ausgangsbedingungen. In Ilvesheim, einer typischen Arbeiterwohngemeinde im Umland des »roten« Mannheim mit einer klassenbewussten, stark politisierten Arbeiterschaft, führte die NSDAP lange Zeit ein kaum wahrnehmbares Schattendasein. Vielmehr war Ilvesheim geradezu eine republikanische Mustergemeinde: Zu gleichen Teilen von KPD, SPD und Zentrum dominiert, die jeweils auf ein stabiles Wählerreservoir und auf ein dichtes Netz an Vereinen zurückgreifen konnten, etablierte sich in Ilvesheim in der Weimarer Republik eine weitgehend demokratische politische Kultur, die grosso modo von einem konstruktiven Miteinander geprägt war und sich als immun gegenüber jeglicher nationalsozialistischer Polemik gegen das Weimarer »System« erwies. Dementsprechend blieb die NSDAP in Ilvesheim bei den diversen Kommunal- und Reichstagswahlen weit hinter dem Reichs- und Landesdurchschnitt zurück und vermochte erst im Frühjahr 1933 eine eigene Ortsgruppe zu gründen. In Hagenbach waren ähnlich ungünstige Ausgangsbedingungen für die lokale NSDAP gegeben. Sie konnte zwar bei Teilen des Mittelstandes und bei Opfern der Weltwirtschaftskrise aus der Arbeiterschaft mit geringer Klassenbindung kleinere Wahlerfolge erzielen. Insgesamt blieb die lokale politische Szenerie im mehrheitlich katholischen Hagenbach jedoch auch in den letzten, krisenhaften Jahren der Weimarer Republik von der SPD und vor allem von der zentrumsnahen Bayerischen Volkspartei (BVP) beherrscht – ein Befund, der ein weiteres Mal die von der Forschung vielfach hervorgehobene hohe Bedeutung des konfessionellen Faktors unterstreicht, wonach die NSDAP in überwiegend katholischen Städten und Gemeinden vor 1933 in aller Regel ungleich schwerer Fuß fassen konnte als in ihren protestantischen Pendants[7].

Auch in Großstädten wie Stuttgart konnten lokale Sonderfaktoren eine relativ schwache Position der örtlichen NSDAP bedingen. Obwohl das überwiegend protestantische Stuttgart eigentlich günstige strukturelle Ausgangsbedingungen für den Aufstieg des Nationalsozialismus bot, wurden diese von anderen lokalen Sonderbedingungen mehr als konterkariert. Wie *Roland Müller*, der bereits in den späten 1980er Jahren mit seiner umfangreichen Monografie über Stuttgart in der NS-Zeit eine Pionierstudie über den Nationalsozialismus in einer deutschen Großstadt vorgelegt hat[8], in seinem Beitrag über die Stuttgarter Ortsgruppenleiter der NSDAP für die württembergische Hauptstadt darlegt, konnten die Nationalsozialisten in einer Stadt, die von einer liberalen politischen Tradition und ökonomischer Stabilität geprägt war, vor 1933 nur unterdurchschnittliche Wahlerfolge erzielen. Ebenso blieben ihnen die Tore zum typischen Stuttgarter Mittel-

---

[7] Vgl. hierzu SCHNEIDER (wie Anm. 6), S. 426; C. RAUH-KÜHNE, Katholisches Sozialmilieu, Region und Nationalsozialismus, in: MÖLLER/WIRSCHING/ZIEGLER (wie Anm. 3), S. 213–235, hier S. 218–224; C.-C. W. SZEJNMANN, Verwässerung oder Systemstabilisierung? Der Nationalsozialismus in Regionen des Deutschen Reichs, in: NPL 48 (2003), S. 208–250, hier S. 209.

[8] R. MÜLLER, Stuttgart zur Zeit des Nationalsozialismus, Stuttgart 1988.

standsgesellschaft mit ihrem gesellschaftlichen Unterbau an Vereinen und Institutionen bis 1933 weitgehend verschlossen. In Freiburg und Umgebung stieß die SS als eine der zentralen Unterorganisation der NSDAP ebenfalls auf ein ungünstiges Terrain. So kann *Heiko Wegmann* in seinem Beitrag über die 65. SS-Standarte, die ihren Sitz in Freiburg hatte und den gesamten südlichen Oberrhein sowie den südlichen Schwarzwald umfasste, einerseits aufzeigen, dass die SS schon vor 1933 eine größere Rolle bei der Terrorisierung der politischen Gegner spielte als bisher bekannt und sogar schon ein eigenes Spitzel- und Überwachungssystem entwickelte. Andererseits hatte sie insgesamt mit erheblichen strukturellen Hindernissen zu kämpfen, weshalb die 65. SS-Standarte, von signifikanten Ausnahmen abgesehen, im Vergleich zu anderen badischen und deutschen Regionen sowohl vor 1933 als auch danach personell eher schwach besetzt war. Zu diesen Hindernissen zählte neben der Hegemonie des politischen Katholizismus in der Bischofsstadt Freiburg und im überwiegend katholisch-konservativen Südschwarzwald interessanterweise auch die ungünstige Topographie des Schwarzwalds, die die SS vor große logistische und kommunikative Probleme stellte – ein Beleg für das in letzter Zeit zunehmend beachtete und auch von Malte Thießen in seinem Überblicksaufsatz betonte Gewicht räumlicher Gegebenheiten bei der Konstitution des Nationalsozialismus.

Die enorme Bedeutung der jeweiligen lokalen Situation für den Erfolg oder Misserfolg der NSDAP wird schließlich durch das Beispiel Offenburg unterstrichen. Im Unterschied zu den oben skizzierten Fällen wirkte sie allerdings in einer entgegengesetzten, den Aufschwung des Nationalsozialismus begünstigenden Richtung. Wie *Wolfgang Gall* am Beispiel Offenburgs illustriert, war es die Besetzung der Stadt durch französische Truppen in den Jahren 1923/24 im Gefolge des Ruhrkampfs, die einen extremen Franzosenhass provozierte und das Ferment für die Entstehung einer ebenso jungen wie radikalen nationalsozialistischen Elite war, die von völkisch-antisemitischen Ideen und einem gemeinsamen Habitus – Männlichkeit, Wehrhaftigkeit, Gewaltbereitschaft – geleitet war. Diese Elite organisierte sich in verschiedenen militant-rechtsextremen Zellen, die als Vorfeldorganisationen der NSDAP fungierten und den Nukleus der im Juni 1928 gegründeten, ebenso schlagkräftigen wie gesellschaftlich gut vernetzten Offenburger Ortsgruppe bildeten[9].

Hatten demzufolge lokale Einflüsse bereits eine große Bedeutung für den Grad des Erfolgs, den die NSDAP in der jeweiligen Kommune vor 1933 hatte, lässt sich für die Machtübernahme der NSDAP und die politische »Gleichschaltung« der Kommunen nach dem Regimewechsel des 30. Januar 1933 die gleiche Beobachtung machen[10]. Zwar können zwischen den hier untersuchten Kommunen auch zahlreiche Parallelen festge-

---

[9] Zur großen Bedeutung, die die Erfahrung der französischen Besatzung im Jahre 1923/24 für die Verbreitung antifranzösischer Ressentiments und die Radikalisierung gerade von jungen Angehörigen der »völkischen« Rechten aus dem akademischen Bildungsbürgertum am Oberrhein und im Rheinland hatte, vgl.: E. O. BRÄUNCHE, Nationale Ressentiments, in: STADTARCHIV FREIBURG (Hg.), 1933. Machtergreifung in Freiburg und Südbaden (Stadt und Geschichte 4), Freiburg 1983, S. 5–9; U. HERBERT, Best. Biographische Studien zu Radikalismus, Weltanschauung und Vernunft, Bonn 2011 (5. Auflage), S. 69–87.

[10] Zur Machtübernahme und »Gleichschaltung« der Kommunen in Baden bzw. Württemberg vgl. allgemein: R. HOURAND, Die Gleichschaltung der badischen Gemeinden 1933/34 [Diss. Jur.], Freiburg 1985; T. SCHNABEL, Württemberg zwischen Weimar und Bonn 1928–1945/46

stellt werden: In allen Städten und Gemeinden kam die spezifische Mischung aus pseudolegaler Legitimierung der willkürlichen Machtübernahme »von oben« und dem aggressiven, gewalttätigen Straßenterror von SA und SS »von unten« zum Tragen, die, unterstützt durch die einsetzende staatliche Repression vor allem gegenüber den Anhängern der Arbeiterbewegung, eine große Dynamik und Wucht entfaltete. In sämtlichen Fällen konnte die NSDAP bei ihrem Griff nach der Macht in den badischen, württembergischen und pfälzischen Kommunen außerdem auf eine große Zahl an Konjunkturrittern zurückgreifen, die nun mit fliegenden Fahnen zur NSDAP überliefen und deren lokale Machtposition stärkten. Ferner konnten die neuen Machthaber, von wenigen Fällen abgesehen, auf die Loyalität der kommunalen Verwaltungen bauen, die die Gleichschaltung der kommunalen Gremien entweder aktiv unterstützten oder widerspruchslos duldeten; hierauf wird noch näher einzugehen sein.

Ungeachtet dieser Parallelen konnte der Prozess der nationalsozialistischen Machtübernahme und »Gleichschaltung« in den Kommunen jedoch einen signifikant unterschiedlichen Verlauf nehmen. Abhängig von der Größe der Gemeinde, der örtlichen Strategie der NSDAP, dem Verhalten der lokalen Honoratioren und der Persönlichkeit bzw. dem Status der handelnden Akteure, verliefen Machtübernahme und »Gleichschaltung« mal weitgehend reibungslos, mal mit erheblichen Friktionen. Dabei konnte sich die NSDAP teilweise auch in Gemeinden, in denen sie vor dem 30. Januar 1933 eine eher schwache Position innegehabt hatte, relativ problemlos durchsetzen. Wie *Wolfgang Heitner* bei seiner Darstellung der Machtübernahme im badischen Villingen skizziert, wo die NSDAP vor 1933 eher unterdurchschnittliche Wahlresultate erzielt hatte, schaffte es die örtliche NSDAP ohne größere Widerstände, den zentrumsnahen Bürgermeister durch einen »Alten Kämpfer« zu ersetzen. Dabei spielten der NSDAP zwei Dinge in die Hände: Zum einen wurde ihr Vorgehen von den Vertretern bürgerlicher Parteien unterstützt bzw. stillschweigend hingenommen. Zum anderen vermochten es die Nationalsozialisten, die Durchsetzung ihrer Pläne als Verwirklichung kollektiv gewollter, im Interesse der gesamten Nation liegender Ziele darzustellen. Sie konnten hier auf die im ganzen Reich bis weit in das bürgerliche Lager hinein reichenden Ressentiments gegen das Weimarer »System« zurückgreifen, das viele mit Gottlosigkeit, kulturellem Verfall, außenpolitischen Demütigungen, Interessenegoismus, unüberwindbaren sozialen und politischen Spaltungen sowie einer zu großen Macht der »Marxisten« assoziierten[11].

Auch in Konstanz, vor 1933 ebenfalls keine Hochburg der Nationalsozialisten, konnten die Nationalsozialisten gemäß den Schilderungen von *Jürgen Klöckler* schon wenige Monate nach der Machtübernahme eine stabile Herrschaft etablieren, die sich durch eine überwiegend reibungslose Zusammenarbeit zwischen Stadtverwaltung und Partei kennzeichnete. Der neue nationalsozialistische Oberbürgermeister Peter Hermann verfolgte

---

(Schriften zur politischen Landeskunde Baden-Württembergs 13), Stuttgart 1986, S. 160–204, 281–293.

[11] Zum antirepublikanischen Konsens vieler Eliten in der Endphase der Weimarer Republik und den daraus resultierenden Tendenzen der Selbstgleichschaltung vgl.: E. KOLB, Die Weimarer Republik (Oldenbourg Grundriss der Geschichte 16), München 2002 (6. Auflage), S. 130 ff., 148, 152; P. STEINBACH, Die Gleichschaltung. Zerstörung der Weimarer Republik – Konsolidierung der nationalsozialistischen Diktatur, in: M. KISSENER (Hg.), Der Weg in den Nationalsozialismus 1933/34, Darmstadt 2009, S. 66–90.

dabei gegenüber seinem Amtsvorgänger Franz Knapp (Zentrum) eine geschickte Strategie der Einbindung und sicherte sich dadurch nicht nur dessen Verwaltungsexpertise, sondern neutralisierte auch möglichen Widerstand von Seiten der Zentrumsanhänger gegen die Machtübernahme der örtlichen NSDAP. Die große Bedeutung, die der personelle Faktor für den spezifischen Modus der Machtübernahme und Gleichschaltung in den Kommunen hatte, wird auch durch die Beispiele Blumberg und Stuttgart unterstrichen. Wie *Wolf-Ingo-Seidelmann* in seinem Beitrag zur Zwangsindustrialisierung der Landgemeinde Blumberg auf der badischen Baar ausführt, hatte sich der dortige Bürgermeister Theodor Schmid trotz seiner Mitgliedschaft in der DDP/Deutschen Staatspartei sich schon vor 1933 innerlich dem Nationalsozialismus zugewandt, weshalb sich der Übergang von der Weimarer Republik zur NS-Diktatur – mit Unterstützung der örtlichen Honoratiorenschaft – nahezu ohne Brüche vollzog. In Stuttgart fiel der Person des neuen NS-Oberbürgermeisters Karl Strölin eine überragende Rolle zu: Dank seiner Herkunft aus einer angesehenen Familie und seinem Hintergrund als promovierter Verwaltungsjurist mit praktischer Verwaltungserfahrung war er auch für jene städtischen Honoratioren aus dem gehobenen liberalen Bürgertum Stuttgarts akzeptabel, die dem Nationalsozialismus eigentlich reserviert gegenübergestanden hatten. Es war vor allem auf seine Person zurückzuführen, dass der Umbau des Stuttgarter Rathauses im Frühjahr und Sommer 1933 weitgehend geräuschlos vonstattenging[12].

In anderen hier untersuchten Städten und Gemeinden war die Machtübernahme und die anschließende »Gleichschaltung« hingegen ein langwieriger und spannungsgeladener Prozess. In Ilvesheim und Hagenbach hatte die NSDAP auch nach der Machtübernahme große Probleme, sich gegenüber den politischen Gegenkräften am Ort durchzusetzen. Dabei fiel zweifelsohne ein allgemeiner Umstand ins Gewicht: Je kleiner eine Gemeinde war, desto unwichtiger war es für die Gau- bzw. Reichsleitung, den Bürgermeisterposten frühzeitig mit einem zuverlässigen Nationalsozialisten zu besetzen[13]. Doch waren es auch die eigentümlichen Bedingungen vor Ort, die die Festigung der nationalsozialistischen Macht erschwerten. In Ilvesheim bekam die NSDAP die Lage durch den Straßenterror der SA und die Einsetzung eines von außen kommenden kommissarischen Bürgermeisters zwar machtpolitisch einigermaßen in den Griff. Doch zeigte ein großer Teil der Bevölkerung dem Regime auch nach dessen äußerlicher Konsolidierung im Frühjahr 1933 innerlich zunächst die kalte Schulter. In Hagenbach gelang es der NSDAP erst im zweiten Anlauf, einen »Alten Kämpfer« an der Rathausspitze zu etablieren, der sich den Anforderungen des Amtes jedoch in keinster Weise gewachsen zeigte und 1934 wieder zurücktreten musste. Die personelle Gleichschaltung der Gemeindeverwaltung scheiterte ebenso wie die ideologische Indoktrination der örtlichen kirchlichen Bildungseinrichtungen. Darüber hinaus lähmte eine heftige parteiinterne Fehde zwischen dem Bürgermeister und seinem Stellvertreter die Kräfte der lokalen NSDAP. Die Herrschaft der NSDAP blieb deshalb in Hagenbach bis in das Jahr 1935 hinein vergleichsweise labil.

---

[12] Zu Strölin, der später Kontakte zum Widerstand des 20. Juli hatte, vgl. neben den Ausführungen von Müller in diesem Band auch: D. REBENTISCH, Die politische Stellung der Oberbürgermeister im »Dritten Reich«, in: K. SCHWABE (Hg.), Oberbürgermeister, Boppard am Rhein 1981, S. 125–55, hier S. 130 f., 147 f.

[13] Vgl. GRUNER, Kommunen (wie Anm. 4), S. 172 f.; NOAKES (wie Anm. 3), S. 241.

Auch in Schwenningen, das vor der Machtübernahme gleichermaßen eine Hochburg der linken Arbeiterbewegung wie des politischen Liberalismus gewesen war, verlief die Machtübernahme nicht reibungslos, wie der Verfasser dieser Zeilen in seinem Vergleich zwischen den Bürgermeistern von Villingen und Schwenningen in der Zeit des Nationalsozialismus darlegt. Obwohl sich der amtierende Oberbürgermeister Gönnenwein in den ersten Monaten nach der Machtübernahme trotz partieller Anpassungsbemühungen dem neuen Regime gegenüber eher zweideutig und zurückhaltend verhielt und ein Teil der örtlichen NSDAP vehement seine Ablösung forderte, konnte sich Gönnenwein im Amt halten. Gönnenwein kam dabei zugute, dass die kommunalen Aufsichtsbehörden im Stuttgarter Innenministerium im wirtschaftlich und fiskalisch darniederliegenden und politisch als unzuverlässig geltenden »roten« Schwenningen auf einen erfahrenen, angesehenen Verwaltungsbeamten an der Spitze der Stadt nicht verzichten wollten. In Hagenbach und Schwenningen manifestiert sich damit exemplarisch ein von der Historiographie vielfach hervorgehobenes zentrales Problem der Nationalsozialisten in der Frühphase der Diktatur: Das Fehlen von geeigneten Persönlichkeiten der NSDAP, die die nötige charakterliche Eignung, Verwaltungserfahrung und gesellschaftliche Respektabilität mitbrachten, um komplexe kommunale Gemeinwesen zu regieren[14]. Im württembergischen Schwenningen kam noch ein regionaler Sonderfaktor zur Geltung: Da die Bürgermeister gemäß der württembergischen Gemeindeordnung auch in größeren Kommunen von der gesamten Bevölkerung gewählt worden waren, waren sie stärker legitimiert als etwa in Baden, weshalb die NSDAP bei der Gleichschaltung der Bürgermeisterämter mit größerer Vorsicht vorgehen musste[15].

Hingen die Stärke der NSDAP vor dem Januar 1933 und der jeweilige Verlauf der Machtübernahme und »Gleichschaltung« demzufolge im allerhöchsten Maße von den äußerst disparaten Ausgangsbedingungen vor Ort ab, konnten auch *nach* der Etablierung des nationalsozialistischen Staates lokale Sonderfaktoren einen entscheidenden Einfluss darauf nehmen, in welche Richtung sich die jeweilige Stadtpolitik entwickelte und wie sich die örtlichen Herrschaftsbeziehungen gestalteten. Einer dieser Sonderfaktoren war die Stellung der jeweiligen Kommune in der Hierarchie des nationalsozialistischen Staates. Wie *Roland Müller* und *Ernst Bräunche* deutlich machen, wirkte sich der Status von Stuttgart und Karlsruhe als Gauhauptstädte und Sitz mächtiger Kreisleitungen nachhaltig auf die parteiinternen Machtverhältnisse aus. In Stuttgart übte Gauleiter Wilhelm Murr wegen der räumlichen Nähe und der politischen Bedeutung der Stadt als Sitz der Gauleitung einen entscheidenden Einfluss auf die Entscheidungen der Kreisleitung aus. Außerdem befanden sich die Ortsgruppenleiter in einer Gauhauptstadt wie Stuttgart viel stärker unter der Kontrolle der Gau- und Kreisleitung. Ihr Handlungsspielraum und ihre Macht waren daher wesentlich geringer als in kleineren und mittelgroßen Kommunen. In Karlsruhe hatte die Rolle als Gauhauptstadt ebenfalls erhebliche Konsequenzen für die örtliche Politik, allerdings nicht auf allen Gebieten im gleichen Maße: Während sich etwa für die Personalpolitik der Stadt Karlsruhe allenfalls geringe Einwirkungen der Gauleitung nachweisen lassen, gingen die Vergrößerung des Stadtgebiets durch Eingemeindungen und die Pläne für die Errichtung repräsentativer nationalsozialistischer

---

[14] Vgl. hierzu: NOAKES (wie Anm. 3), S. 241 f; GRUNER, Kommunen (wie Anm. 4), S. 174f.
[15] Vgl. SCHNABEL (wie Anm. 10), S. 188.

Monumentalbauten in der Gauhauptstadt auf direkte Initiativen von Gauleiter Robert Wagner zurück. Ebenso setzte die Repression gegenüber politischen Gegnern und Personen, die aus rasseideologischen Gründen verfolgt wurden, früher und mit größerer Wucht ein als in anderen badischen Städten. Eine wichtige Rolle spielte zudem die ideologische Überhöhung Karlsruhes als Grenzlandhauptstadt und Kulturbollwerk gegenüber dem nahen Frankreich, womit z. B. teure städtebauliche Maßnahmen legitimiert wurden. Wie Jürgen Klöckler am Konstanzer Beispiel ausführt, konnten für die Verwirklichung städtischer Vorhaben schließlich auch die persönlichen Beziehungen zu entscheidenden Funktionsträgern im Land und im Reich eine große Bedeutung erlangen. So verfügte die Konstanzer NSDAP über den Wagner-Intimus Carl Engelhardt, der Landrat und Kreisleiter in Personalunion war, nicht nur über einen direkten Draht in die Gauleitung. Sie besaß auch beste Beziehungen in die Reichsleitung der Partei und die unmittelbare Umgebung Hitlers. Dies erleichterte beispielsweise die Durchsetzung der städtischen Eingemeindungsziele erheblich.

Konfessionelle, wirtschaftliche und soziale Strukturen, Größe und räumliche Gegebenheiten, die relative Stärke der sozialkulturellen Milieus, Verhalten und Status der lokalen Parteiführer, Sonderfaktoren wie der Status als Gauhauptstadt oder Grenzlandstadt: Die Zahl an Variablen, die den Gang der Entwicklung vor Ort vor, während und nach der nationalsozialistischen Machtübernahme determinierten und dem Nationalsozialismus in jeder Kommune sein ganz eigenes Gesicht gaben, ist ebenso lang wie eindrücklich. Je nach spezifischer Konfiguration der Variablen vor Ort hatte der Nationalsozialismus daher seinen unverwechselbaren »Lokalkolorit«[16], weswegen kaum eine Kommune im Nationalsozialismus der anderen gleicht.

Allerdings: Wenngleich sich bei der genauen Untersuchung der Gegebenheiten vor Ort ein äußerst fragmentiertes Bild des Nationalsozialismus auf der Mikroebene ergibt, sollte dieser Befund nicht zu der Annahme verleiten, dass es zwischen den Kommunen nicht auch Gemeinsamkeiten gegeben hätte. Vielmehr lassen sich auch wichtige Koinzidenzen feststellen. Neben dem erwähnten Zusammenspiel von pseudolegaler Revolution von oben und Gewalt von unten sowie der Tatsache, dass eine große Anzahl von »Märzgefallenen« überall die lokale Machtbasis der NSDAP stärkte, lassen sich vor allem zwei weitere allgemeine Beobachtungen machen. Zum einen erwiesen sich die Stadtverwaltungen in allen hier untersuchten Kommunen als zuverlässige Stütze des neuen Regimes, und dies, obwohl die Nationalsozialisten in den Städten und Gemeinden auf eine Säuberung der Verwaltung im großen Stil verzichteten[17]; auf die Gründe für die bereitwillige Mitarbeit der Kommunalverwaltungen an der nationalsozialistischen Gewaltherrschaft wird im anschließenden Abschnitt näher einzugehen sein. Zum anderen offenbaren die untersuchten Beispiele, dass der Nationalsozialismus gerade in jenen Kommunen frühzeitig eine relativ stabile Herrschaft errichten konnte, in denen er über geeignete, taktisch klug agierende Führungspersönlichkeiten verfügte, die ihre Strategie den lokalen Realitäten pragmatisch-flexibel anzupassen verstanden. So zeigen die Beispiele Stuttgart, Konstanz und Schwenningen, dass gerade die Fähigkeit zur Einbindung alter lokaler Honora-

---

[16] SCHNEIDER (wie Anm. 6), S. 426.
[17] So kam es in den meisten Kommunen nur zu einem sehr begrenzten Personalrevirement. Vgl. GRUNER, Kommunen (wie Anm. 4), S. 174 f; MECKING/WIRSCHING (wie Anm. 3), S. 9 f.

tioren und Verwaltungseliten in die kommunale Politik und eine größere Konzilianz gegenüber abweichendem Verhalten die Legitimität und Popularität des Regimes erhöhten. Als Gegenbeispiel ließe sich etwa Lörrach anführen, das der Verfasser dieser Zeilen an anderer Stelle genauer untersucht hat: Dort untergrub Bürgermeister und Kreisleiter Reinhard Boos mit seiner überwiegend nach ideologischen Maximen erfolgenden Personalpolitik, die zu erheblichen Missständen in der Stadtverwaltung führte, sowie mit seinem fanatischen Auftreten etwa in der Kirchenfrage die Akzeptanz des Regimes in der Bevölkerung eher, als dass er sie förderte[18]. Dieses Paradox verweist auf eine allgemeine Beobachtung in Bezug auf die Bedingungen funktionierender nationalsozialistischer Herrschaft: Nicht dort, wo die lokalen Parteiführer sich besonders radikal gebärdeten und die ideologischen Ziele des Nationalsozialismus mit besonderem Fanatismus durchzusetzen versuchten, erwies sich die Herrschaft des Nationalsozialismus als vergleichsweise stabil, sondern dort, wo sie »realpolitisch« handelten und in machtpolitischer wie ideologischer Hinsicht zu Zugeständnissen bereit waren[19]. Anders formuliert: Gerade die Abschwächung der Regimedoktrin verhalf dem Nationalsozialismus vor Ort zu größerer Legitimität.

Kompromissbereitschaft und partielle Verschmelzung: Das Verhältnis zwischen traditionellen und nationalsozialistischen Eliten in den Kommunen

Die Frage, warum der Nationalsozialismus so irritierend schnell und ohne größere Widerstände die Macht nach dem Regierungswechsel des 30. Januar 1933 komplett an sich reißen konnte, hat ganze Legionen von Historikern beschäftigt. Als einer der zentralen Gründe wird die antidemokratische Einstellung zahlreicher Deutscher, nicht zuletzt der Eliten in Militär, Verwaltung und Gesellschaft, und deren Empfänglichkeit für nationalsozialistische Ideologeme wie »Führertum« und »Volksgemeinschaft« genannt. Und in der Tat war der Nationalsozialismus kein Phänomen, das am 30. Januar 1933 vom Himmel fiel. Vielmehr konnten die Nationalsozialisten auch auf lokaler Ebene schon vor dem 30. Januar 1933 auf zum Teil erhebliche Sympathien unter den traditionellen Eliten rekurrieren, allen voran unter evangelischen Geistlichen und deutschnationalen Honoratioren[20].

Vor diesem Hintergrund wurde von zahlreichen Lokal- und Regionalhistorikern die Frage nach dem Verhältnis von »traditionellen« lokalen Eliten und der neuen nationalsozialistischen Parteielite aufgeworfen[21], galt sie doch mit gutem Grund als entscheidend für das Verständnis der Funktionsbedingungen nationalsozialistischer Herrschaft in den Kommunen als den kleinsten Einheiten staatlich-gesellschaftlichen Lebens. Auch auf der

---

[18] Vgl. R. NEISEN, Zwischen Fanatismus und Distanz. Lörrach und der Nationalsozialismus, Bötzingen 2013, S. 124–146, 195–198.
[19] Ähnlich bereits: MECKING/WIRSCHING (wie Anm. 3), S. 17 f; SZEJNMANN (wie Anm. 7), S. 243 f.; B. GOTTO, Nationalsozialistische Kommunalpolitik. Administrative Normalität und Systemstabilisierung durch die Augsburger Stadtverwaltung 1933–1945 (Studien zur Zeitgeschichte 71), München 2006, S. 146 f.
[20] Vgl. NOAKES (wie Anm. 3), S. 238.
[21] Vgl. ebd., S. 244 f.; SCHNEIDER (wie Anm. 6), S. 247.

Villinger Tagung stand diese Frage im Fokus vieler Beiträge. Dabei schälten sich im Laufe der Tagung vier Aspekte als zentral heraus: Die Verbindungen der NSDAP und ihrer Unterorganisationen in die lokale Gesellschaft vor 1933; die Veränderung des Charakters der NSDAP als Parteielite durch den Beitritt zahlreicher lokaler Honoratioren nach der Machtübernahme; die Bedeutung der kommunalen Verwaltungselite für die Implementierung nationalsozialistischer Herrschaft auf lokaler Ebene; schließlich die Handlungsspielräume kommunaler Eliten in der nationalsozialistischen Diktatur.

Was die Verbindungen der NSDAP in die lokale Gesellschaft vor 1933 anbetrifft, zeichnete sich auf der Tagung ein relativ klares Muster ab: Bedingt durch die starke Position des politischen Katholizismus in zahlreichen Gemeinden und der im deutschen Südwesten vergleichsweise stark verwurzelten liberalen Traditionen, gelang dem Nationalsozialismus die gesellschaftliche Durchdringung der lokalen Honoratiorenschaft vor 1933 nur äußerst begrenzt. Allenfalls unter der protestantischen Lehrerschaft vermochte die NSDAP vereinzelt treue Anhänger zu rekrutieren. Eine gewisse Ausnahme bildete allerdings Offenburg. Auch in diesem Punkt spielte die Besatzung der Stadt durch die französische Armee im Februar 1923 eine entscheidende Rolle. Im Gefolge der Besatzung durch den verhassten »Erbfeind« wurde Offenburg zum »Hot Spot« militanter Rechter aus dem gesamten Reichsgebiet, deren völkisch-revanchistische Parolen im Kontext der Besatzungssituation gerade bei ehemaligen Frontkämpfern und im gebildeten Bürgertum auf äußerst fruchtbaren Boden fielen. Darüber hinaus gelang es der sich nun formierenden lokalen rechtsextremen Szene, über diverse Turn- und Schützenvereine sowie völkisch geprägte Pennälerverbindungen ihrerseits in die Gesellschaft hineinzuwirken und diese ideologisch zu beeinflussen. Dadurch bildete sich in Offenburg innerhalb der städtischen Bildungsschicht ein zwar minoritäres, aber umso kohärenteres völkisch-rechtsextremes Submilieu aus, auf das die NSDAP im Prozess der Machtübernahme im Jahr 1933 zurückgreifen konnte.

Mit der Machtübernahme änderte sich die Situation allerdings grundlegend. Nun gelang der NSDAP meist auch in jenen Kommunen, in denen sie unter der lokalen Elite bisher auf starke Vorbehalte gestoßen war, eine zumindest partielle Verschmelzung mit der lokalen Honoratiorenschaft. Zwei Gründe waren hierfür vor allem ausschlaggebend: Zum einen traten nun vermehrt jene Angehörige der traditionellen Eliten der NSDAP bei, die nach der Reichstagswahl des 5. März 1933 die Zeichen der Zeit rechtzeitig erkannt hatten und sich bewusst geworden waren, dass sie ihre Führungsposition angesichts des unbedingten Machtanspruchs der NSDAP nur durch eine Bereitschaft zur Zusammenarbeit mit der »neuen« nationalsozialistischen Elite behaupten konnten. Der Anteil an »Märzgefallenen« war daher unter den »alten« Führungsschichten besonders groß[22]. Zum anderen wurde nun in den ersten Monaten nach dem Regierungswechsel eine Koalition aus nationalsozialistischen und deutschnationalen Kräften – teilweise ergänzt durch Vertreter des konservativen Zentrumsflügels und des rechten Liberalismus – virulent, die in ideologisch-programmatischer Hinsicht ohnehin zahlreiche Schnittmengen aufwies. Gefördert wurde die Bildung dieser informellen Koalition »nationaler« Kräfte durch die geschickte nationalsozialistische Propaganda von der »nationalen«

---

[22] Zu diesem Zusammenhang vgl. NOAKES (wie Anm. 3), S. 244.

Erhebung gegen das »Novembersystem«, an der sämtliche »vaterländisch« Denkenden als eigenständige Kräfte des politischen Spektrums gleichberechtigt neben der NSDAP partizipieren würden. Zahlreiche Vereine, die dem »nationalen« Lager angehörten, in der Weimarer Republik aber noch eine gewisse Distanz zur NSDAP gewahrt hatten, wie etwa der Militärverein in Ilvesheim, bildeten nun ein wichtiges Mitgliederreservoir für die NSDAP als regierender Partei. Sinnfällig wurde diese Allianz aller »national« orientierten Menschen, wie es Hans-Jürgen Kremer für Hagenbach und Wolfgang Heitner für Villingen stellvertretend für andere Kommunen beschreiben, in den zahlreichen »nationalen Feiern« des Frühjahrs 1933, an denen neben Organisationen der Partei auch die Rathausspitzen und die Vorstände vieler örtlicher Vereine teilnahmen.

Wie Heiko Wegmann am Fall Freiburgs aufzeigt, profitierte auch die SS, die von einem Selbstverständnis als spezifisch nationalsozialistische Elite getragen wurde, von diesen Entwicklungen. So vermochte sie über das Instrument der SS-Fördermitgliedschaft (FM-SS) nach der Machtübernahme zahlreiche angesehene lokale Honoratioren für die eigene Organisation zu rekrutieren. Auch wenn viele Fördermitglieder wie der Freiburger Erzbischof Conrad Gröber in erster Linie aus taktischen Gründen der FM-SS beitraten, erzielte die SS durch den Beitritt prominenter Freiburger Persönlichkeiten doch erhebliche gesellschaftliche Reputationsgewinne. Gleichzeitig konnte die SS in Freiburg, das aufgrund seiner hochangesehenen Universitätsklinik traditionell ein wichtiges Zentrum der Medizin bildete, viele Ärzte als Mitglieder für die Allgemeine SS (A-SS) gewinnen. Dabei spielten zweifelsohne die eugenischen Überzeugungen vieler zeitgenössischer Ärzte vom »gesunden Volkskörper« und der erbbiologischen »Aufwertung« der deutschen »Rasse« eine Rolle, die sie im nationalsozialistischen Staat ungehindert auszuleben hofften. Auch das Beispiel der Freiburger SS macht demnach deutlich, dass die gesellschaftliche Basis des Nationalsozialismus durch die Machtübernahme erheblich verbreitert wurde, wodurch die NSDAP ihren früheren plebejischen Charakter teilweise verlor und sozial etwas exklusiver wurde.

Indes: Die Amalgamierung von traditionellen und nationalsozialistischen Eliten vor Ort, die sich für die ersten Jahre nach der Machtübernahme beobachten lässt, war für die NSDAP ein zweischneidiges Schwert. Einerseits konnte die NSDAP durch den Beitritt zahlreicher Neumitglieder in die Partei und ihre Nebenorganisationen ihre Akzeptanz bei den bürgerlichen Schichten stark erhöhen. Ebenso verlor die Herrschaft des Nationalsozialismus durch die in vielen Kommunen erfolgende Ersetzung offensichtlich unfähiger »Alter Kämpfer« durch eher technokratisch orientierte Angehörige der Funktionseliten zumindest teilweise ihren erratisch-unprofessionellen Charakter. Andererseits stieß der Zustrom zahlreicher »Märzgefallener« in die Partei auf das Missfallen vieler »Alter Kämpfer«, die der ideologischen Zuverlässigkeit der Neumitglieder misstrauten und eine Verwässerung der genuinen politischen Ziele des Nationalsozialismus fürchteten. In vielen Fällen wurden »Nationalsozialisten der ersten Stunde« nun sogar Opfer ihres eigenen Radikalismus und Dezisionismus.

Dieser Prozess des schleichenden Wandels der lokalen NSDAP-Organisationen und der damit einhergehenden internen Spannungen lässt sich für mehrere in diesem Band analysierten Kommunen feststellen. In Ilvesheim bestand die NSDAP zum Beispiel nach der Machtübernahme fast ausschließlich aus Neumitgliedern. Eine ähnliche Entwicklung lässt sich für Hagenbach beobachten, wo Hans-Jürgen Kremer eine erhebliche Desorientierung der örtlichen NSDAP nach dem Eintritt zahlreicher »Konvertiten« (Kremer) in die Partei vor dem allgemeinen Aufnahmestopp im Mai 1933 konstatiert. In Stuttgart führte der Übergang der NSDAP von einer, wie es Roland Müller formuliert, Mitglieder- zu einer Einwohnerpartei und der Beitritt vieler »Märzgefallener« zu der Gründung zahlreicher neuer Ortsgruppen, die ab 1938 zunehmend auch von »Neuen Kämpfern« geleitet wurden. Nicht mehr der radikal auftretende Weltanschauungskämpfer, der die Bevölkerung mit seinen Drohungen und Schikanen vor den Kopf stieß, sondern der pragmatisch agierende »Parteigenosse«, der gerade in den ländlichen Bezirk eine gewisse Bodenständigkeit an den Tag legen musste, wurde mit zunehmender Fortdauer der NS-Diktatur zum vorherrschenden Funktionärstypus auf lokaler Ebene. Der Preis für diese Entwicklung war indes der Unmut zahlreicher »Alter Kämpfer«, die das Bündnis mit den alten Eliten kritisierten und den Beitritt der »Märzgefallenen« mit größtem Unbehagen verfolgten[23]. Viele von ihnen reduzierten infolgedessen ihr Engagement für die NSDAP oder zogen sich gänzlich aus dem Parteileben zurück. Im Zuge dieses innerparteilichen Transformationsprozesses blieb daher so mancher Parteiaktivist aus der »Bewegungszeit« auf der Strecke. In Konstanz war es beispielsweise der fanatische Kreisleiter Eugen Speer, der wegen seiner Korruptheit und Unfähigkeit von der eigenen Partei zur persona non grata erklärt wurde[24]. Für Hagenbach, Stuttgart und Ilvesheim lassen sich ähnliche Fälle feststellen. Auch die »braune« Revolution fraß mithin viele ihrer Kinder.

Die partielle Schwächung des inneren Zusammenhalts der NSDAP, der sich nach der Machtübernahme vor Ort aus der Verschmelzung der Parteielite mit einem Teil der lokalen Honoratiorenschaft ergab, wurde allerdings durch die bereitwillige Mitwirkung der kommunalen Verwaltungseliten an der Errichtung der nationalsozialistischen Diktatur und der Umsetzung ihrer Ziele mehr als kompensiert. Die öffentlichen Verwaltungen wurden daher nun zur eigentlichen Stütze des Regimes auf der lokalen Mikroebene. Eine wichtige Funktion übten in diesem Zusammenhang erfahrene Verwaltungsbeamte wie Franz Knapp in Konstanz oder Hermann Riedel in Villingen[25] aus, die die administrativen Abläufe und Routinen sowie die verwaltungsrechtlichen Normen bestens kannten und den Nationalsozialisten halfen, die Verwaltungsarbeit der Rathäuser nach der Machtübernahme zu verstetigen und die nationalsozialistischen Willkürmaßnahmen in scheinlegale Formen zu gießen. Wie Jürgen Klöckler am Beispiel von Konstanz darlegt, war die Konstanzer Stadtverwaltung dabei keineswegs machtloser Empfänger autokratisch verordneter Reichsdirektiven, sondern besaß durchaus Handlungs- und Ermessensspielräume, die sie aber bezeichnenderweise nicht zur Abschwächung, sondern zur Ver-

---

[23] Vgl. hierzu neben dem Beitrag von Roland Müller in diesem Band auch K. THIELER, Volksgenossen unter Vorbehalt. Die Herrschaftspraxis der NSDAP-Kreisleitungen und die Zugehörigkeit zur ›Volksgemeinschaft‹, in: D. SCHMIECHEN-ACKERMANN (Hg.), ›Volksgemeinschaft‹: Mythos, wirkungsmächtige soziale Verheißung oder soziale Realität im ›Dritten Reich‹? Zwischenbilanz einer kontroversen Debatte (Nationalsozialistische ›Volksgemeinschaft‹ 1), Paderborn/München/Wien/Zürich 2012, S. 211–225, hier S. 211 f.
[24] Vgl. hierzu den Beitrag von Jürgen Klöckler in diesem Band.
[25] Zu Hermann Riedel vgl.: R. NEISEN, Nationalsozialismus in Villingen und Schwenningen, in: C. BUMILLER (Hg.), Geschichte der Stadt Villingen-Schwenningen, Band II, Der Weg in die Moderne, Villingen-Schwenningen 2017, S. 326–427, hier S. 364.

schärfung der nationalsozialistischen Ausgrenzungs- und Verfolgungspolitik nutzte. So arbeitete die Konstanzer Stadtverwaltung bei der Exklusion von »Gemeinschaftsfremden« aus der »Volksgemeinschaft« nicht nur Hand in Hand mit der NSDAP, sondern ergriff, wie Klöckler am Beispiel der Ausgrenzung und Diskriminierung der Konstanzer Juden offenlegt, auch eigene Initiativen wie den Ausschluss der jüdischen Händler von den städtischen Märkten oder das Verbot für Jüdinnen und Juden, die städtischen Bäder zu benutzen. Die Folge dieser Radikalisierung und Ideologisierung war nach Klöckler eine stetige Verschiebung des Bezugspunkts von Normalität. Sie führte dazu, dass die Stadtverwaltung nationalsozialistische Ziele implizit übernahm und aktiv an der Herstellung einer auf rassistischen Prämissen basierenden, Gewalt gegen »Volksfremde« ausübenden »Volksgemeinschaft« mitarbeitete.

Damit bestätigen die Untersuchungen von Klöckler für Konstanz andere Forschungen, wonach die öffentlichen Verwaltungen im »Dritten Reich« nicht nur eine äußerst systemstabilisierende Funktion ausübten, sondern ihre Handlungsspielräume bei der Verfolgung von »Volksfeinden« – im Sinne eines »dem Führer entgegenarbeiteten« – eher zugunsten vermuteter Intentionen des NS-Regimes ausnutzten, wodurch sie das nationalsozialistische Unrecht noch verschlimmerten[26]. Ob sich daraus allerdings, wie gelegentlich gemutmaßt wird, ein gewissermaßen tiefenpsychologisch wirkender Wunsch ableiten lässt, sich voll und ganz mit dem Regime und dessen Zielen zu identifizieren[27], erscheint fraglich. Vielmehr deutet die Schnelligkeit, mit der die Konstanzer Stadtverwaltung sich nach dem Ende des Zweiten Weltkrieges erneut umstellte und ihre Kompetenzen zu bewahren verstand, darauf hin, dass es sich bei der weitgehend anstandslosen Anpassung der Fachbeamtenschaft an das nationalsozialistische System um einen »braunen Firnis« (Klöckler) handelte, den diese nach dem Kriegsende binnen kurzer Zeit wieder abschüttelte. Trotz aller Affinitäten der deutschen Beamtenschaft zu autoritären Modellen der politischen Ordnung dürften deshalb vor allem zwei Faktoren für die Bereitschaft zur Zusammenarbeit mit dem nationalsozialistischen Regime verantwortlich gewesen sein: *Erstens* der durchaus rationale, ethische Aspekte aber völlig ausschließende unbedingte Wille zur Erhaltung der institutionellen Eigeninteressen, mit dem man die massiven Machtansprüche der örtlichen Parteiorganisationen zurückweisen wollte; Klöckler bringt dies auf die konzise Formel »Selbstbehauptung durch Selbstgleichschaltung«. Und *zweitens* das »unpolitische« Selbstverständnis der Verwaltungsbeamtenschaft als loyale Diener des jeweiligen Staates, der sich in einem ebenso ausgeprägten wie normativ entkernten und moralisch indifferenten Etatismus ausdrückte.

---

[26] Vgl. hierzu: MECKING/WIRSCHING (wie Anm. 3), S. 12–18; GOTTO (wie Anm. 19), S. 139–147, 174–214. Zur proaktiven, die Maßnahmen des Regimes oftmals noch verschärfenden Mitarbeit der Kommunalverwaltungen an der Ausgrenzung und Verfolgung der jüdischen Bevölkerung sowie an der Praxis der »Arisierung« vgl. außerdem R. FLEITER, Stadtverwaltung im Dritten Reich. Verfolgungspolitik auf kommunaler Ebene am Beispiel Hannovers (Hannoversche Studien 10), Hannover 2006, S. 123–147; DERS.: Kommunen und NS-Verfolgungspolitik, in: APuZ 14/15 (2007), S. 35–40; C. FRITSCHE/J. PAULMANN (Hgg.): »Arisierung« und »Wiedergutmachung« in deutschen Städten (HGG.), Köln/Weimar/Wien 2014.

[27] So R. POHL, Das Konstrukt ›Volksgemeinschaft‹ als Mittel zur Erzeugung von Massenloyalität im Nationalsozialismus, in: SCHMIECHEN-ACKERMANN, Volksgemeinschaft (wie Anm. 23), S. 69–84, hier S. 80ff.

Dieser führte dazu, dass selbst viele Beamte, die der nationalsozialistischen Herrschaft reserviert gegenüberstanden, zu willfährigen Vollstreckern nationalsozialistischen Unrechts wurden[28].

Die Strategie, durch Konzessionen an die neuen »braunen« Machthaber den eigenen Handlungsspielraum zu bewahren, wie sie Klöckler für die Konstanzer Stadtverwaltung beobachtet, hatte mithin einen hohen Preis: So sehr die alten lokalen Eliten durch die Partizipation an den lokalen Herrschaftsstrukturen eine gewisse Handlungsautonomie bewahren konnten, so sehr war dies notabene mit der gleichzeitigen Preisgabe eigener Werte und Prinzipien verbunden. Wie schnell lokale Eliten durch die Duldung der nationalsozialistischen Diktatur und die Mitwirkung am Herrschaftssystem des »Dritten Reiches« die Grenze zur Selbstverleugnung überschritten, verdeutlichen zwei weitere Aufsätze dieses Bandes. So zeigt *Ulrich Nieß* in seinem Beitrag über den Mannheimer Rotary Club, wie die Mannheimer Sektion, die sich eigentlich zum demokratischen System der Weimarer Republik bekannt und liberalen Prinzipien der Völkerverständigung verschrieben hatte, unter dem Druck der NSDAP stark an das Regime anbiederte und auf diese Weise seine eigenen Grundsätze ad acta legte. Denn um das drohende Verbot zu umgehen, versuchte der Rotary Club sich nicht nur als unentbehrlich für das ungeliebte Regime darzustellen, indem er beispielsweise auf seine guten Kontakte zu führenden ausländischen Persönlichkeiten verwies, die dem neuen Regime nützlich sein könnten. Er verbannte nach anfänglichem Widerwillen auch die jüdischen und regimekritischen Mitglieder aus dem Club. Diese Taktik, die Nieß treffend als »Rotarisches Appeasement« bezeichnet, konnte jedoch nicht verhindern, dass die Rotary Clubs im Jahr 1937 verboten wurden. Auch hier hatten also, wie im Falle der Konstanzer Stadtverwaltung, die Interessen zur Erhaltung der eigenen Institution unbedingten Vorrang vor der Bewahrung des eigenen Wertekanons, allerdings mit dem bezeichnenden Unterschied, dass der Rotary Club für das Funktionieren des nationalsozialistischen Herrschaftsapparates verzichtbar war und die von Nieß als »doppelzüngig« gewertete Strategie der Anbiederung an die Nationalsozialisten zwangsläufig scheitern musste.

Auch der Fall des Schwenninger Oberbürgermeisters Gönnenwein steht exemplarisch für die ethisch-moralischen Dilemmata, in der die dem Nationalsozialismus distanziert gegenüberstehenden kommunalen Eliten gerieten, sobald sie sich aus Karrieregründen – und meist nicht, wie in der Nachkriegszeit gerne entlastend angeführt wurde, zur »Verhütung von Schlimmerem« – für den Verbleib auf ihren Posten entschieden hatten. Zwar vermochte Gönnenwein im Gegensatz zu seinem Villinger Pendant Hermann Schneider die Infiltration der Stadtverwaltung mit unfähigen »Parteisoldaten« zu verhindern und leistete gegen den Missbrauch kommunaler Gelder durch die lokalen Parteiorganisationen hartnäckigen Widerstand. Um den Verdacht der mangelnden Identifikation mit dem Regime zu zerstreuen, der wie ein Damoklesschwert über ihm hing, musste Gönnenwein

---

[28] Vgl. hierzu R. NEISEN, Das badische Innenministerium, in: F. ENGEHAUSEN/S. PALETSCHEK/W. PYTA, Die badischen und württembergischen Landesministerien in der Zeit des Nationalsozialismus, Stuttgart 2019, S. 77–193, hier S. 113 ff., 139 ff.; M. RUCK, Korpsgeist und Staatsbewusstsein, Beamte im deutschen Südwesten 1928 bis 1972 (Nationalsozialismus und Nachkriegszeit in Südwestdeutschland 4), München 1996; S. MECKING, »Immer treu«. Kommunalbeamte zwischen Kaiserreich und Bundesrepublik, Essen 2003, S. 361–368.

jedoch gerade in Fragen, die für die NSDAP von vorrangigem ideologischen Interesse waren, die Belange der Partei gegenüber der Gesellschaft vertreten, etwa im Konflikt um die Überführung der evangelischen Kindergärten in die Hände der Nationalsozialistischen Volkswohlfahrt, in dem sich Gönnenwein trotz heftigen örtlichen Widerstands eindeutig auf die Seite der NSDAP schlug. In für das Regime essenziellen Fragen war sein Handlungsspielraum folglich denkbar gering. Mehr noch: Es spricht vieles dafür, dass ein erfahrener Verwaltungsjurist wie Gönnenwein mit seiner Fachexpertise und seiner Orientierung an rationalem Verwaltungshandeln eher zur Stabilisierung des NS-Herrschaftssystems beitrug als der unerfahrene nationalsozialistische Parvenu Schneider, welcher der Willkür der lokalen Parteifunktionäre und der Verschwendung kommunaler Ressourcen durch die örtliche NSDAP freien Lauf ließ. Auch am Beispiel Gönnenweins wird mithin deutlich, wie wichtig die Mitarbeit der traditionellen kommunalen Verwaltungseliten für das Funktionieren des nationalsozialistischen Staates war.

Die zwei Gesichter des Regimes:
Hemmende und fördernde Faktoren der Herrschaftsstabilisierung

Seit dem verstärkten Aufkommen der Debatte über die nationalsozialistische »Volksgemeinschaft« Ende der 2000er-Jahre beschäftigt sich die Historikerzunft mehr denn je mit der Frage, was die nationalsozialistische Gesellschaft – um mit Goethe zu sprechen – »in Ihrem Innersten« zusammenhielt[29]. War es in erster Linie die einschüchternd-disziplinierende Wirkung der Gewalt und der vom Regime errichteten Drohkulisse, die der Grund dafür waren, dass die nationalsozialistische Gewaltherrschaft bis zum Kriegsende aufrechterhalten werden konnte? Oder basierte die offensichtliche äußere Stabilität des Regimes auf einer breiten inneren Zustimmung der Bevölkerung? Bildeten, mit anderen Worten, Repression oder Affirmation den entscheidenden Kitt der nationalsozialistischen Gesellschaft? Gerade in diesem Zusammenhang kommt der lokalgeschichtlichen Erforschung des Nationalsozialismus besondere Relevanz zu, kristallisiert sich doch erst durch empirisch gefütterte Untersuchungen auf der gesellschaftlichen Mikroebene heraus, auf welchen Mechanismen und Ressourcen die Stabilität nationalsozialistischer Herrschaft basierte bzw. welche Phänomene vice versa die Legitimität des Regimes untergruben. Wie der eingangs zitierte Lagebericht der Gestapo über die große Unzufriedenheit in der Bevölkerung mit der Amtsführung vieler nationalsozialistischer Bürgermeister deutlich macht, muss dabei davon ausgegangen werden, dass die nationalsozialistische Herrschaft keineswegs ein Selbstläufer war und nicht a priori auf einen breiten gesellschaftlich-ideologischen Konsens rekurrieren konnte, sondern wesentlich auch von der konkreten Ausformung nationalsozialistischer Politik vor Ort abhing.

Auch in vielen Beiträgen dieses Bandes wird deutlich, dass in denselben Orten ganz unterschiedliche Faktoren zum Tragen kamen, die die Stabilität und Akzeptanz nationalsozialistischer Herrschaft ebenso hemmten wie beförderten. Vor allem für die ersten Jahre nach der Übernahme der politischen Macht durch die Nationalsozialisten gilt, dass

---

[29] Zur inzwischen äußerst umfangreichen Literatur über die »Volksgemeinschaft« vgl. den Beitrag von Malte Thießen in diesem Band, dort vor allem die Anmerkungen 4, 5 und 6.

die NSDAP, wie bereits angedeutet, in vielen Orten erhebliche Mühe hatten, eine gefestigte, von der Mehrheit der Bevölkerung akzeptierte politische Ordnung zu errichten. Vielmehr trugen interne Rivalitäten, Korruption[30] und die Unfähigkeit zahlreicher nationalsozialistischer Funktionsträger vielerorts maßgeblich dazu bei, dass die lokale NSDAP nicht nur mit großen Ansehensverlusten zu kämpfen hatte, sondern sich zunächst auch keine funktionsfähige kommunale Verwaltung entwickeln konnte. Besonders deutlich wird dies an den Kommunen Ilvesheim und Hagenbach. In Ilvesheim litt die Ortsgruppe der NSDAP als Basis der lokalen Macht des NS-Regimes auch nach der Machtübernahme unter geringen Mitgliederzahlen, häufigen Führungswechseln an der Spitze und internen Machtkämpfen. Für Hagenbach stellt Hans-Jürgen Kremer »ideologisches Ungestüm, Affektverhalten, Geltungs- und Vorteilsstreben sowie krasse Inkompetenz« der führenden politischen Leiter fest, die überdies durch ihr selbstherrliches Auftreten innerhalb der Bevölkerung erheblichen Unmut erzeugten. Besonders schädlich für das Ansehen der Partei war die schmutzige Fehde zwischen Ortsgruppenleiter Gilb und Bürgermeister Rückenbrod, die diese zwischen dem Sommer 1933 und Herbst 1934 mit aller Vehemenz austrugen. Sie spaltete die NSDAP in zwei sich feindlich gegenüberstehende Lager und bewirkte die Abwendung eines Teils der Bevölkerung von der NSDAP, die sich sogar in einigen Parteiaustritten manifestierte. Selbst in einer Stadt wie Konstanz, in der sich nach der Machtübernahme rasch ein stabiles, sorgfältig austariertes Herrschaftsgefüge etablierte, gab es mit Kreisleiter Eugen Speer ein »enfant terrible« der lokalen NSDAP, das durch sein großspuriges und gewalttätiges Auftreten, seine offensichtliche Inkompetenz und den Missbrauch kommunaler Gelder die Bevölkerung des Kreises Konstanz nachhaltig verstörte und dem Ansehen der Partei schweren Schaden zufügte. Seine Einsetzung als Bürgermeister von Radolfzell im Februar 1934 bedeutete in diesem Zusammenhang lediglich eine Verlagerung des Problems, denn auch dort errichtete er ein System der »bösen Misswirtschaft«[31], bis er im Juni 1935 mit Schimpf und Schande aus dem Bürgermeisteramt sowie aus der NSDAP verjagt wurde[32].

Ein besonders krasses Beispiel des kompletten Scheiterns nationalsozialistischer Herrschaft – auch über die ersten Jahre der Diktatur hinaus – ist die Gemeinde Blumberg. Wie Wolf-Ingo Seidelmann in seinem Aufsatz über die Errichtung eines Doggererzbergwerks in Blumberg darlegt, hinterließ die über die Köpfe der einheimischen Bevölkerung hinweg erfolgende »Zwangsindustrialisierung« des Dorfes in der Baar im Rahmen des Vierjahresplans nur Verlierer. Während die Landeigentümer durch den erzwungenen Verkauf ihrer Güter zu Niedrigpreisen und die rücksichtslose Beschädigung ihrer Flächen durch die Bergwerksunternehmen verprellt wurden, fanden die zum Teil unter Zwang angeheuerten Bergarbeiter katastrophale Voraussetzungen vor: Sie mussten mit Niedrigstlöhnen bei gleichzeitig hohen Mieten und miserablen Arbeitsbedingungen le-

---

[30] Zur Korruption als einem zentralen, in den Herrschaftsstrukturen des »Dritten Reiches« angelegten Phänomen des Nationalsozialismus vgl. F. BAJOHR, Parvenüs und Profiteure. Korruption in der NS-Zeit, Frankfurt am Main 2001.
[31] S. HAUSENDORF, »Eine böse Misswirtschaft«: Radolfzell 1933–1935, Konstanz 2012.
[32] Zum Lebensweg von Speer vgl.: J. KLÖCKLER, Selbstbehauptung durch Selbstgleichschaltung. Die Konstanzer Stadtverwaltung im Nationalsozialismus (Konstanzer Rechts- und Geschichtsquellen 43), Ostfildern 2012, S. 68–76.

ben, die zu zahlreichen tödlichen Unfällen führten. Ebenso hielt die Errichtung von Wohnsiedlungen und der Ausbau der kommunalen Infrastruktur (Schulen, Krankenhäuser etc.) mit der Rekrutierung zahlreicher Bergleute nicht Schritt. Wie Seidelmann eingehend beschreibt, war dies maßgeblich dem für die NS-Herrschaft typischen Polykratie-Chaos geschuldet: Da an dem Projekt sowohl Reichs- als auch Länderministerien sowie – in Gestalt des Reichsheimstättenamts der DAF – nationalsozialistische Parteiorganisationen beteiligt waren, überkreuzten sich die Interessen- und Kompetenzkonflikte zwischen Reich und Ländern bzw. Staat und Partei auf besonders fatale Weise. Es kam deshalb zu wiederholten Verzögerungen bei der Umsetzung der Pläne. Das Projekt, vom nationalsozialistischen Bürgermeister, der badischen Gauleitung und den beteiligten Unternehmen als Musterfall einer erfolgreichen Realisierung des Volksgemeinschaftsgedankens und als Vorbild für die Schaffung einer harmonischen Sozialordnung vermarktet, erreichte daher das völlige Gegenteil: Es entfremdete die einheimische Bevölkerung und die zugezogenen Bergarbeiter massiv vom nationalsozialistischen Staat, was die örtliche Gestapo denn auch mit Schrecken feststellen musste.

Es sind Fälle wie Blumberg, die die historische Forschung zum Nationalsozialismus zur Vorsicht mahnen sollten, zeigen sie doch beispielhaft, dass die Idee der »Volksgemeinschaft« nicht immer die Bindungskraft entfalten konnte, die ihr von zahlreichen Forschern in jüngerer Zeit konzediert wird. Auch war die Herrschaft des Nationalsozialismus beileibe nicht immer so effizient, wie es die jüngere Forschung zur Herrschafts- und Verwaltungsgeschichte des »Dritten Reiches« in kritischer Abgrenzung zur Polykratie-These neuerdings suggeriert[33]. Ebenso offenbaren die Beispiele Hagenbach und Ilvesheim, dass die »braune« Herrschaft auch nach der Machtübernahme an nicht wenigen Orten mit großen Akzeptanzschwierigkeiten zu kämpfen hatte und die Identifikation mit dem nationalsozialistischen Staat zumindest anfänglich eher schwach ausgeprägt war. Und dennoch: Solche Befunde dürfen nicht überbewertet werden, und zwar aus mehreren Gründen. Einer der Gründe liegt in dem Sample der in diesem Band untersuchten Kommunen. Bei den meisten Städten und Gemeinden handelte es sich um Gemeinwesen, die, wie bereits angedeutet, aufgrund ihrer sozialen und konfessionellen Strukturen ungünstige Ausgangsbedingungen für die Etablierung einer stabilen nationalsozialistischen Ordnung verkörperten. Eine ländlich-protestantische Gemeinde, die gemeinhin als Idealtyp einer nationalsozialistischen Hochburg gilt, fehlte in dem vorliegenden Untersuchungsspektrum hingegen gänzlich. Ebenso kann die Gemeinde Blumberg nicht unbedingt als repräsentativ für die südwestdeutschen Kommunen angesehen werden, war das dort zu beobachtende Herrschaftsversagen doch durch eine spezifische Gemengelage an Faktoren bedingt, die kumulativ eine extrem negative Wirkung entfalteten.

Zudem lässt sich anhand der behandelten Beispiele gut verfolgen, wie einige regimeimmanente Entwicklungen sukzessive eine allmähliche Stabilisierung der Herrschaft herbeiführten und der NSDAP erhebliche Popularitätsgewinne bescherten. Dies gilt auch für jene Gemeinden, in denen die Nationalsozialisten nach der Machtübernahme

---

[33] Vgl. hierzu etwa: MECKING/WIRSCHING (wie Anm. 3), S. 5f.; S. REICHARDT/W. SEIBEL: Radikalität und Stabilität, Herrschen und Verwalten im Nationalsozialismus, in: DIES. (wie Anm. 4), S. 7–27.

anfangs mit großen Schwierigkeiten zu kämpfen hatten. Wie die Beispiele Hagenbach und Ilvesheim illustrieren, waren dabei erneut personelle Gründe von zentralem Belang: In beiden Gemeinden gelang es der NSDAP und den staatlichen Aufsichtsbehörden, durch die Einsetzung kompetenterer Bürgermeister (Ilvesheim und Hagenbach) bzw. die Entmachtung willkürlich agierender Parteifunktionäre (Hagenbach) die örtliche Herrschaft in ruhigere Fahrwasser zu bringen und dadurch die Basis für eine stabilere politische Ordnung vor Ort zu legen. Dies zeigt im Übrigen, dass die eingangs zitierte Klage der Gestapo über den großen Akzeptanzverlust, den das NS-Regime durch unfähige Bürgermeister erlitt, kein bloßes Lippenbekenntnis darstellte, sondern der Forderung nach einer Degradierung allzu inkompetenter oder korrupter nationalsozialistischer Bürgermeister in vielen Fällen auch Taten folgten. Es spricht deshalb vieles dafür, dass das Jahr 1935 als Wendepunkt in der Herrschaftsgeschichte des »Dritten Reiches« aufgefasst werden kann: Die letzten unfähigen »Alten Kämpfer« wurden endgültig kaltgestellt oder auf Nebengleise der Macht abgeschoben.

Wie Markus Enzenauer am Beispiel Ilvesheims illustrieren kann, kam noch eine weitere stabilisierende Variable hinzu. Spätestens im Jahr 1935 vermochte die »Arbeitsschlacht«, die zahlreiche Notstandsarbeiten u. a. zur Verbesserung der lokalen Infrastruktur beinhaltete, in Ilvesheim ihre volle Wirkung zu entfalten, sodass sich die Arbeitslosigkeit gegenüber dem Winter 1932/33 um das Sechsfache reduziert hatte. Zusammen mit der anspringenden Konjunktur und der Schaffung neuen Wohnraums für Arbeiter, in dessen Genuss auch ehemalige Kommunisten und Sozialdemokraten kamen, erzeugten diese Maßnahmen im Ort eine positive psychologische Grundstimmung. Diese konnte sich umso stärker entfalten, als sich das Rathaus jetzt in den Händen eines fähigen Stadtoberhauptes befand, der die zahlreichen lokalen Projekte effizient zu implementieren verstand. Enzenauer bringt den herrschaftszementierenden Effekt dieser Politik auf die prägnante Formel »Legitimation durch Leistung«, womit seine Beobachtungen für Ilvesheim ein weiteres Mal unterstreichen, wie entscheidend eine erfolgreiche Kommunalpolitik vor Ort für die Popularität des Regimes war.

Schließlich lassen sich in den untersuchten Kommunen auch eine Reihe von Anhaltspunkten dafür finden, dass bestimmte Wirkmechanismen des Volksgemeinschaftsgedankens von Anbeginn der nationalsozialistischen Diktatur an zur Entfaltung kamen und die nationalsozialistische Herrschaft festigen halfen. Diese Wirkmechanismen sieht Malte Thießen in seinem Überblicksvortrag unter Rekurs auf eine inzwischen reichhaltige Forschung zur Rhetorik und Praxis der »Volksgemeinschaft« vor Ort durch zwei konstitutive Prinzipien geprägt: Zum einen schuf das Prinzip der Inklusion und Exklusion eine »Ordnung der Ungleichheit« zwischen »Volksgenossen« und »Gemeinschaftsfremden«, die den Inkludierten emotionale Zugehörigkeit zu einer harmonischen nationalen Gemeinschaft sowie vielfältige materielle Segnungen verhieß. Dabei waren Ein- und Ausgrenzung, wie Thießen erläutert, zwei Seiten einer Medaille: Es war vor allem der Ausschluss der »Gemeinschaftsfremden«, der jenen Zusammenhalt nach innen erzeugte und jene Chancen auf Bereicherung ermöglichte, die der »Volksgemeinschaft« ihre Bindekraft verlieh. Zum anderen war die »Volksgemeinschaft« durch das Prinzip der Disktinktion gekennzeichnet, das auf einem rassistisch angereicherten Leistungsgedanken basierte und eine Art »völkischer Auslese« propagierte. Ungleichheit war demzufolge ein zentraler Motor für die soziale Mobilisierung weiter Teile der Gesellschaft.

In der Tat lassen sich die von Thießen hervorgehobenen Aspekte der »Volksgemeinschaft« in vielen der hier untersuchten Beispielen wiederfinden. Mehrere Autoren weisen in ihren Beiträgen beispielsweise darauf hin, dass die Denunziation von tatsächlichen oder vermeintlichen Regimegegnern durch die einheimische Bevölkerung eine erhebliche Stütze für die Durchsetzung nationalsozialistischer Herrschaft auf lokaler Ebene darstellte. In solchen Handlungen drückte sich zweifelsohne ein Mechanismus aus, der für die Herstellung der »Volksgemeinschaft« von großer Bedeutung war: Da das Konstrukt der »Volksgemeinschaft«, wie Thießen unter Berufung auf Michael Wildt schreibt, durch eine große Unbestimmtheit im Hinblick auf die Kriterien der Zugehörigkeit charakterisiert war, die »Volksgenossen« sich gleichzeitig aber unter einem großen Konformitäts- und Bekenntnisdruck befanden, vermochten sie durch die Denunziation von »Volksschädlingen« oder »Gemeinschaftsfremden« ihre Angehörigkeit zur »Volksgemeinschaft« unter Beweis zu stellen. Auf diese Weise konnten sie die eigene Unsicherheit, ob sie »echte« Volksgenossen seien oder nicht, kompensieren.

Ebenso lassen sich für das Prinzip der Distinktion in mehreren Beiträgen Indizien finden. In zahlreichen Kommunen war, wie mehrere Autoren unabhängig voneinander feststellen, die Übernahme einer leitenden Funktion in der NSDAP oder einer ihrer Untergliederungen ein zentrales Medium für materiellen Aufstieg und die Erlangung von höherem Sozialprestige. Wolfgang Gall konstatiert etwa für die örtliche Offenburger NS-Elite, dass ihnen die Übernahme der staatlichen Gewalt durch die NSDAP zu einem »beruflichen Karriereschub und sozialen Anerkennungszuwachs« verhalf. Zu einem ähnlichen Schluss kommt Roland Müller bei seiner Untersuchung individueller Karriereverläufe Stuttgarter Ortsgruppenleiter: Viele von ihnen stiegen in zentrale Parteiämter auf Gau- oder Reichsebene auf oder gelangten dank parteilicher Patronage in gehobene Stellen der Stadtverwaltung bzw. öffentlich-rechtlicher Körperschaften wie der Sparkasse. Sofern sie aus dem Handel oder aus dem Handwerk stammten, konnten Ortsgruppenleiter dank ihrer direkten Beziehungen zur NSDAP außerdem zahlreiche Aufträge der Partei und ihrer Nebenorganisationen erhalten. Wie Hans-Jürgen Kremer für Hagenbach unterstreicht, offerierte sich die Chance auf Förderung der eigenen Karriere und Erhöhung des sozialen Status allerdings nicht nur ideologisch gefestigten »Alten Kämpfern«: Der Wunsch nach beruflichem und sozialem Aufstieg sowie das Streben nach geschäftlichen Vorteilen bildete ein zentrales Motiv für den Beitritt vieler Einwohner von Hagenbach in die NSDAP nach der Reichstagswahl des 5. März 1933. Mithin bot der Nationalsozialismus zahlreichen »alten« und »neuen« Kämpfern Chancen auf materiellen Profit und soziale Distinktionsgewinne, wodurch sich gleichzeitig ihre Bindung an das nationalsozialistische Regime stark erhöhte.

Ein weiteres wichtiges Instrument zur Erzeugung von gesellschaftlicher Kohäsion in der NS-Diktatur war die symbolische Inszenierung der »Volksgemeinschaft« mittels gemeinsamer Feste und Rituale. Diese bedienten auf wirkungsvolle Weise die tief sitzenden Gemeinschaftssehnsüchte der Deutschen am Ende der Weimarer Republik und stellten somit ein wichtiges Medium der affektiven Integration der Bevölkerung in die neue politische Ordnung dar. Auch sie besaßen einen wichtigen kompensatorischen Charakter, konnten doch mittels kultischer Gemeinschaftserlebnisse die nach wie vor vorhandenen sozialen Unterschiede innerhalb der Bevölkerung auf emotionaler Ebene aufgewogen werden; die symbolische Aufwertung der »Volksgenossen« ersetzte auf diese Weise die oftmals als unbefriedigend empfundene soziale Realität des »Dritten Reiches«[34]. Wie Malte Thießen in seinem Überblicksbeitrag unterstreicht, standen hierbei lokale und regionale Traditionen keineswegs in Konkurrenz zu nationalpolitischen Zielen des Regimes. Vielmehr war es erneut die Ungenauigkeit des »Volksgemeinschafts«-Konstrukts, das ihm eine große Wirkungsmacht verlieh, konnten doch infolge seiner Unbestimmtheit lokale Elemente umso besser in synkretistischer Form an den »Volksgemeinschafts«-Gedanken adaptiert werden. Als erfolgreiches Beispiel für eine solche »Übersetzung« (Thießen) des Volksgemeinschaftsgedankens in den lokalen Kontext kann das Inselfest gelten, das die NSDAP in Ilvesheim 1935 aus der Taufe hob und auf die lokalen Verhältnisse zuschnitt. Das Inselfest hatte nicht nur einen großen Erfolg über die Grenzen von Ilvesheim hinaus, sondern gab auch Anlass für den Bau einer Festhalle, der vom Regime wiederum zum lokalen Gemeinschaftswerk und Ausdruck einer gelebten »Volksgemeinschaft« stilisiert wurde. Inselfest und Festhallenbau bedeuteten somit eine erhebliche Aufwertung der Kommune und besaßen Markus Enzenauer zufolge eine nicht zu unterschätzende Bedeutung für die Integration einer Bevölkerung in das Regime, die ihm lange Zeit überwiegend passiv bis ablehnend gegenübergestanden hatte.

Eine vergleichende Betrachtung des lokalen Erscheinungsbilds des Nationalsozialismus in verschiedenen südwestdeutschen Kommunen und der Wahrnehmung seiner Herrschaft durch die lokale Bevölkerung ergibt somit ein überraschend disparates Bild. Dementsprechend lässt sich die in der Forschung intensiv diskutierte Frage, ob die »Volksgemeinschaft« ein geschickt inszenierter Propagandamythos war und daher vor allem Fassadencharakter besaß, oder ob sie eine soziale Realität darstellte, für die Gemeinden Blumberg und Ilvesheim beispielsweise ganz unterschiedlich beantworten: Während für die Bergarbeiter und Landwirte von Blumberg der Fassadencharakter der »Volksgemeinschaft« nur allzu offensichtlich war und ihnen die Rhetorik von der »Volksgemeinschaft« wie Hohn vorkommen musste, dürften die Bürger von Ilvesheim die »Volksgemeinschaft« nicht nur als reine Schimäre empfunden haben. Für sie war die Herrschaft der Nationalsozialisten mit konkreten materiellen Erfolgen und besseren Lebensperspektiven verbunden, was ihre Identifikation mit der »braunen« Herrschaft stark erhöhte.

Aber nicht nur *zwischen* verschiedenen Kommunen lassen sich große Unterschiede verifizieren. Auch in ein- und derselben Kommune kann man gegenläufige Tendenzen beobachten. Roland Müller kommt zum Beispiel anhand der Betrachtung der konkreten Tätigkeitsfelder der Ortsgruppenleiter in Stuttgart zu einem eher ambivalenten Ergebnis: Einerseits konnten die Ortsgruppenführer im Verbund mit der nationalsozialistischen Volkswohlfahrt gerade im Krieg durch zahlreiche »sozialpopulistische« Maßnahmen wie dem Schutz der Bevölkerung vor Luftangriffen oder der Versorgung von Bombengeschädigten die Beliebtheit der NSDAP steigern. Andererseits standen die Ortsgruppenleiter für die hässlichen Seiten des Regimes: für Korruption und Misswirtschaft, für

---

[34] Vgl. hierzu F. BAJOHR/M. WILDT, Einleitung, in: DIES. (Hgg.): Volksgemeinschaft. Neue Forschungen zur Gesellschaftsgeschichte des Nationalsozialismus, S. 7–23, hier S. 7 ff.; D. SCHMIECHEN-ACKERMANN, ›Volksgemeinschaft‹: Mythos, wirkungsmächtige soziale Verheißung oder soziale Realität im ›Dritten Reich‹? – Einführung, in: DERS., Volksgemeinschaft (wie Anm. 23), S. 13–53, hier S. 25 ff., S. 39 f.

Willkür und Schikanen gegenüber der Bevölkerung und für das Überbringen schlechter Botschaften wie dem »Heldentod« des Ehemannes oder Sohnes. Parallel hierzu rief auch die offenkundige berufliche Privilegierung vieler Ortsgruppenleiter in ihrem Betrieb oder auf ihrem Amt bei den Kollegen erheblichen Sozialneid hervor – ein Anhaltspunkt dafür, dass dem Prinzip der Distinktion zugleich auch ein desintegratives Moment innewohnte, kannte es doch auch viele Benachteiligte. Roland Müller kommt daher in seinem Beitrag zu dem Schluss, dass die gut funktionierende Stadtverwaltung einen wesentlich größeren Beitrag zur Inklusion der Bevölkerung in die »Volksgemeinschaft« leistete als die Aktivitäten der Ortsgruppenleiter. Eine ähnlich ambivalente Entwicklung lässt sich für Villingen beobachten. Auf der einen Seite rief die Amtsführung des Bürgermeisters Schneider, die von Korruption, schamloser Patronage, laxem Diensteifer und verschwenderischem Haushaltsgebaren gekennzeichnet war, in der Bevölkerung erheblichen Unmut hervor. Auf der anderen Seite gehörte Villingen in der Zeit des Nationalsozialismus zu jenen Städten, die durch die Förderung des Fremdenverkehrs und den großen Erfolg von Firmen wie SABA und Kienzle Apparate einen enormen wirtschaftlichen Aufschwung erlebte; für die Villinger Bevölkerung erfüllten sich daher die materiellen Versprechungen der »Volksgemeinschaft« samt den damit verbundenen Konsummöglichkeiten weitgehend[35].

Die nationalsozialistische Herrschaft konnte sich, mit anderen Worten, den Zeitgenossen des »Dritten Reiches« auf ganz unterschiedliche Weise präsentieren. Je nach lokaler Ausformung und konkreten Ergebnissen rief sie daher in der Bevölkerung stark divergierende Reaktionen hervor, die von Ablehnung und vorsichtiger Zustimmung bis hin zu emphatischer Bejahung reichten. Die untersuchten Fälle legen deshalb nahe, dass die Annahme von einer allgemeinen Zustimmung der Bevölkerung zur nationalsozialistischen Herrschaft einerseits zu pauschal ist und die komplexe soziale und politische Realität im »Dritten Reich« nicht angemessen wiedergibt. Doch können andererseits die Gründe für die weitgehende Stabilität der nationalsozialistischen Herrschaft nicht adäquat erfasst werden, wenn man die vielfältigen integrativen Elemente der nationalsozialistischen Diktatur außer Acht lässt.

Die Beharrungskraft der Ideologien und Netzwerke: Nationalsozialismus als kommunale »longue durée«

Es ist zweifelsohne einer der wesentlichen Vorzüge lokalgeschichtlicher Zugriffe zur Geschichte des Nationalsozialismus, dass sie wegen des kleineren Untersuchungsprismas oftmals längere Zeiträume in den Blick nehmen und auch die Vor- und Nachgeschichte des Nationalsozialismus mit betrachten können. Dadurch lassen sich ideologische, personelle und strukturelle Zäsuren wie Kontinuitäten der Geschichte des Nationalsozialismus und seiner Aufarbeitung nach 1945 besser herausarbeiten. Auch die vorliegenden Beiträge zeichneten sich in ihrer überwiegenden Mehrheit durch eine Perspektive aus, die über die zwölf Jahre der nationalsozialistischen Diktatur hinausreichte. Die Betrachtung

---

35   Vgl. hierzu den Beitrag des Verfassers in diesem Band sowie: NEISEN, Nationalsozialismus (wie Anm. 25), S. 346 ff., 357 ff., 385.

des Nationalsozialismus in seiner »longue durée«, die die Jahre 1933 und 1945 überschreitet, erwies sich deshalb als einer der interessantesten Aspekte der Tagung. So wird etwa, wie bereits beschrieben, durch die Einbeziehung der Vorgeschichte des Nationalsozialismus in der jeweiligen Kommune und die Erforschung seiner lokalen Ausgangsbedingungen deutlich, wie stark nach dem 30. Januar 1933 lokale politische Traditionen und Mentalitäten noch nachwirkten und ein retardierendes Moment der Herrschaftsstabilisierung verkörperten, wie es beispielsweise in Ilvesheim und Hagenbach der Fall war, oder ob umgekehrt die Machtübernahme der NSDAP, wie in Konstanz und Stuttgart, eine rasche Abschwächung herkömmlicher politischer Loyalitäten vor Ort auslöste. Ebenso tritt durch die Betrachtung der Jahre vor 1933 zutage, dass die nationalsozialistische Diktatur in eine längere ideologische und mentale Tradition eingeschrieben war, deren Wurzeln weit in die Weimarer Republik und zum Teil sogar in die Zeit des Kaiserreichs zurückreichten. Wolfgang Gall etwa macht für die Formierung einer jungen nationalsozialistischen Elite in Offenburg ein Amalgam verschiedener Elemente aus, das neben einem radikalen Franzosenhass auch eine Mischung aus Frontsoldatentum und Wandervogelbewegung und die Übernahme zahlreicher Ideologeme der völkischen Rechten umfasste. Ernst Bräunche schildert am Beispiel Karlsruhes, dass sich die Stadt schon vor 1933 explizit als Grenzstadt inszenierte, die nach dem Verlust Elsass-Lothringens als kulturelles Bollwerk gegenüber dem nahen französischen Nachbarn fungiere und *deutsches Wesen* und *deutsche Kultur* gegenüber französischen Einflüssen zu behaupten habe. Mit der Erklärung Karlsruhes zur Grenzlandhauptstadt und der damit verbundenen antifranzösisch-revisionistischen Stoßrichtung konnten die Nationalsozialisten daher auf ideologische Vorstellungen zurückgreifen, für die schon vor 1933 der Boden bereitet worden war.

Auch die Betrachtung der Nachgeschichte des Nationalsozialismus nach 1945, die die überwiegende Zahl der Autoren unabhängig voneinander in den Blick nahm, stellte sich in mehrerlei Hinsicht als Erkenntnisgewinn heraus. So vermag beispielsweise eine Untersuchung des Verhaltens zentraler kommunaler Akteure in den Jahren nach dem Ende des »Dritten Reiches« den Blick für die Interpretation bestimmter Phänomene, die in der Zeit des »Dritten Reiches« selbst zutage traten, zu schärfen und die Geschichtsschreibung auf diese Weise vor manchen voreiligen Schlüssen zu bewahren. Die Schnelligkeit und Flexibilität etwa, mit der die kommunale Stadtverwaltung von Konstanz wie beschrieben nach 1945 ihr »braunes« Gewand abwarf und ihr Verhalten sowie ihre Rhetorik änderte, um sich an die neue Herrschaft der französischen Militärregierung anzupassen und ihre Machtposition zu behaupten, ist beispielsweise ein Indiz dafür, dass die ideologischen Motive der Verwaltungsbeamtenschaft für die Unterstützung der Nationalsozialisten in der Zeit der NS-Herrschaft nicht überschätzt werden sollten.

Zudem lassen sich beim Umgang mit der nationalsozialistischen Vergangenheit nach 1945 erneut wichtige lokale Gemeinsamkeiten und Unterschiede herausarbeiten. Übereinstimmend kommen die Autoren dieses Bandes beispielsweise zu dem Ergebnis, dass die Beschäftigung mit dem Nationalsozialismus gerade in den ersten 15 Jahren nach Kriegsende – und teilweise sogar bis heute – äußerst stiefmütterlich behandelt wurde. Ob in Karlsruhe, Ilvesheim, Konstanz, Blumberg, Villingen, Mannheim oder Offenburg: In allen Kommunen war die Auseinandersetzung mit dem Nationalsozialismus von Verdrängung, Verharmlosung, äußerst milden Entnazifizierungsurteilen, beschönigendmythisierender Darstellung des Vergangenen sowie einer großen, mit Selbstmitleid gepaarten Selbstgerechtigkeit geprägt, die die eigene Mitverantwortung an den Verbrechen des Nationalsozialismus leugnete. Amnestie und Amnesie waren daher in allen Kommunen die vorherrschenden Kennzeichen der lokalen Beschäftigung mit dem Nationalsozialismus. Dabei zeigen sich in bestimmten Kommunen besonders krasse Fälle von Geschichtsverklärung: In Offenburg offenbarte die Affäre um den ehemaligen nationalsozialistischen Aktivisten Ludwig Zind im Jahr 1957, wie stark die Kontinuität völkisch-antisemitischen Denkens in der frühen Bundesrepublik war und wie sehr die lokale Öffentlichkeit auf Kritik von außen an der mangelnden Auseinandersetzung mit der nationalsozialistischen Vergangenheit lokaler Honoratioren mit reflexhafter Abwehr, Beschwichtigung und Solidarisierung mit dem früheren Parteifunktionär reagierte[36]. Für Blumberg beschreibt Wolf-Ingo Seidelmann, wie die örtliche Bevölkerung die negativen Seiten der NS-Diktatur nach 1945 rasch ausblendete, während es dem ehemaligen nationalsozialistischen Bürgermeister Theodor Schmid erfolgreich gelang, sich ex post zum unpolitisch-unschuldigen Verteidiger lokaler Interessen in der NS-Zeit zu stilisieren. Beides wirkte ineinander und führte schließlich dazu, dass aus dem ehemaligen Unterdrücker der eigenen Bevölkerung, der für die extremen sozialen Verwerfungen und Konflikte im Zuge der Zwangsindustrialisierung des Ortes in hohem Maße mitverantwortlich war, ein »guter Nazi« und angesehener Bürger wurde, den der Gemeinderat 1967 einstimmig zum Ehrenbürger ernannte.

Als weitere Gemeinsamkeit erwies sich die erstaunliche Persistenz und Beharrungskraft lokaler sozialer Netzwerke von der Weimarer Republik über die Jahre des »Dritten Reiches« hinweg bis in die frühe Bundesrepublik hinein. Diese Beharrungskraft hatte einen ambivalenten Charakter, da sie es auf der einen Seite den ehemaligen Aktivisten nach 1945 ermöglichte, rasch wieder Zutritt in die lokale Gesellschaft zu finden, womit sie gleichzeitig ihre frühere Partizipation am nationalsozialistischen Terrorregime camouflieren konnten. Auf der anderen Seite ist nicht zu übersehen, dass die Einbindung in lokale Vereine und Institutionen, wie insbesondere die Ausführungen von Wolfgang Gall und Markus Enzenauer deutlich machen, die Integration der ehemaligen Nationalsozialisten in die bundesrepublikanische Gesellschaft beförderte – wenngleich um den hohen Preis einer enormen Zurückhaltung bei der Beschäftigung mit dem Nationalsozialismus im eigenen Ort, da man auf die Verwicklung zahlreicher lokaler Honoratioren in das Regime Rücksicht nehmen musste. Zugleich unterstreicht dieser Befund auch in retrospektiver Sicht noch einmal die enorme Bedeutung, die lokale Netzwerke für die Stabilisierung und Implementierung nationalsozialistischer Herrschaft *vor* 1945 hatten.

Obwohl sich also bei der Betrachtung der »zweiten« Geschichte des Nationalsozialismus nach 1945 zahlreiche Überschneidungen zwischen den verschiedenen Kommunen feststellen lassen, können nichtsdestotrotz auch erhebliche Unterschiede identifiziert werden. Das gilt vor allem für die Herausbildung spezifischer lokaler Erinnerungskulturen. In Abhängigkeit von lokalen Personen, Gegebenheiten, Orten und Ereignissen folgten sie oftmals ihren ganz eigenen Rhythmen und bildeten vor Ort ihre jeweils eigene Silhouette aus. So skizziert Malte Thießen in Anlehnung an Maurice Halbwachs am Bei-

---

[36] Siehe hierzu den Beitrag von Wolfgang Gall in diesem Band.

spiel der kommunalen Erinnerungen an den Bombenkrieg, dass die Herausbildung eines kommunalen Gedächtnisses ein soziales Phänomen ist. Demzufolge ist die lokale Ausprägung eines kommunalen Gedächtnisses an besondere Orte und soziale Konstellationen gebunden. Gerade damit aber vermag die lokale Erinnerung an den Nationalsozialismus, wie es Thießen an den Beispielen des Bombenkriegs und des gemeinsamen Gedenkstättenbesuchs aufzeigt, eine Brücke zwischen den Generationen zu bauen und kommunale Identitäten zu stiften. Die lokalspezifische Färbung der Erinnerung an den Nationalsozialismus arbeitet auch *Heinrich Maulhardt* in seinem Beitrag über die Geschichtsschreibung zum Nationalsozialismus in Villingen-Schwenningen nach 1945 heraus. Dort verhinderte die nationalsozialistische Vergangenheit der maßgeblichen lokalen Akteure im Archiv- und Museumswesen lange Zeit eine aktive Aufarbeitung des Nationalsozialismus in den eigenen Städten. Erst in den frühen 1990er Jahren setzte in der baden-württembergischen Doppelstadt die Beschäftigung mit bestimmten Aspekten der nationalsozialistischen Diktatur ein. Hierin folgte die lokale Geschichtsschreibung, wie Heinrich Maulhardt skizziert, einerseits einem allgemeinen bundesrepublikanischen Trend. Andererseits waren es aber auch besondere lokale Ereignisse wie die Einrichtung neuer Geschichtsmuseen oder runde Stadtjubiläen, die der Beschäftigung mit dem Nationalsozialismus vor Ort einen erheblichen Schub verliehen. Auch im Hinblick auf die Erinnerung an die Zeit der nationalsozialistischen Diktatur und ihre geschichtswissenschaftliche Aufbereitung wird also offenbar, dass die Kommunen einen erheblichen »Eigensinn«[37] entfalteten und nach wie vor entfalten.

Resümee und Ausblick

In verschiedenen grundlegenden Aufsätzen über die Relevanz des regionalen bzw. lokalen Faktors für die Interpretation des Nationalsozialismus als historischem Phänomen wurde immer wieder betont, wie wichtig empirisch gesättigte Lokalstudien für das genauere Verständnis der Herrschaftsmechanismen im »Dritten Reich« seien. Im gleichen Atemzug wurde auf die Notwendigkeit systematischer Vergleiche zwischen verschiedenen Regionen bzw. Kommunen hingewiesen[38]. Beide Postulate müssen dabei in ihrer erkenntnistheoretischen Verschränkung betrachtet werden: Einerseits vermag nur der Blick auf die lokale Mikroebene die örtlich sehr verschiedenartige Ausprägung des Nationalsozialismus zu erfassen, was zugleich die Überprüfung des Erklärungsgehalts bestimmter Theorien über den Nationalsozialismus miteinschließt. Andererseits kann nur mit Hilfe von Vergleichen der Gefahr entgangen werden, dass der individuelle örtliche Befund vorschnell zum allgemeingültigen Merkmal der nationalsozialistischen Herrschaft erklärt wird. Gerade der Vergleich bietet deshalb die Möglichkeit, über den lokalen Erkenntnishorizont hinauszublicken und sowohl lokalspezifische Ausformungen wie allgemeine Muster der nationalsozialistischen Herrschaft herauszuarbeiten. Nur unter diesen Be-

---

[37] Zum kommunalen »Eigensinn« – ein Begriff, der auf Alf Lüdtke zurückgeht – vgl. die Ausführungen von Malte Thießen in diesem Band, dort vor allem das Fazit.
[38] Vgl. NOAKES (wie Anm. 3), S. 237; MECKING/WIRSCHING (wie Anm. 3), S. 7; SCHNEIDER (wie Anm. 6), S. 438; SCHMIECHEN-ACKERMANN, Einführung (wie Anm. 34), S. 29, 47.

dingungen lässt sich methodisch das Problem der »Verinselung« vermeiden, das Malte Thießen in seinem Beitrag als ein Kennzeichen vieler Lokalstudien ausmacht.

In diesen größeren Forschungskontext war auch die Villingen-Schwenninger Tagung einzuordnen: Sie untersuchte zum einen mittels detaillierter empirischer Einzeluntersuchungen die Bedingungen des Aufstiegs der NSDAP und die Funktionsweise der nationalsozialistischen Herrschaft in den einzelnen Städten und Gemeinden. Dabei wurde erneut offenbar, Lokalstudien den unschätzbaren Vorteil besitzen, dass Verhaltensweisen, Abläufe und Praktiken präziser erfasst und besser verstanden werden können als auf regionaler oder nationaler Ebene. Darüber hinaus erwies sich, um es mit den Worten Michael Schneiders zu formulieren, die »Kleinräumigkeit des Untersuchungsfeldes« als besonders »geeigneter Weg, die Vielfalt der den historischen Prozess beeinflussenden Faktoren miteinander zu kombinieren«[39]. Zum anderen setzte die Tagung die vor Ort gemachten Beobachtungen miteinander in Beziehung, um durch den interkommunalen Vergleich zu generalisierbaren Befunden zu gelangen. Anders formuliert: Der Nationalsozialismus vor Ort besaß zwar seinen ganz eigenen Zuschnitt, seine lokalspezifische Ausprägung wies somit ein unverwechselbares Schnittmuster auf. Doch konnten durch das Übereinanderlegen der verschiedenen Schnittmuster nicht nur Unterschiede festgestellt, sondern auch Überschneidungen und Schnittmengen identifiziert werden. Auf diesem Wege erhielt das allgemeine Bild des Nationalsozialismus genauere Umrisse und Konturen.

Durch den interkommunalen Vergleich zu differenzierteren und präziseren Skizzen des Nationalsozialismus und seiner Herrschaftsbedingungen vor Ort zu gelangen, war deshalb das Hauptziel der Tagung. Zwar kann der vorliegende Tagungsband nicht den Anspruch erheben, ein allgemeingültiges Gesamtgemälde zu entwerfen, das den Nationalsozialismus in den Kommunen in allen Facetten erfassen und konzise erklären würde. Wie bereits an anderer Stelle betont, betrachteten die Autoren den jeweiligen lokalen Fall teilweise unter sehr unterschiedlichen Fragestellungen. Ebenso wenig erfolgte die Auswahl der untersuchten Kommunen unter dem Gesichtspunkt der Repräsentativität. Zudem wurde im Verlauf der Tagung deutlich, dass die südwestdeutsche NS-Forschung noch große Lücken aufweist. So fehlen zum Beispiel bislang systematische Untersuchungen zur Rolle der Landkreise als zentralen Akteuren des nationalsozialistischen Systems, die ein wichtiges Scharnier zwischen den Landesgewalten und den Kommunen bildeten; auch in den Beiträgen dieses Bandes kommen sie allenfalls am Rande vor. Aus diesen Gründen ist der vorliegende Band eher als erster Zwischenschritt in einem längeren, keineswegs abgeschlossenen Forschungsprozesses zu werten.

Dessen ungeachtet kristallisierten sich im Verlauf der Tagung bestimmte Überschneidungen heraus, die zumindest in hypothesenartiger Form einige generalisierende Schlussfolgerungen erlauben. So wurde durch die Beiträge *erstens* die eminent systemstabilisierende Funktion der Stadtverwaltungen und der Staatsaufsichtsbehörden deutlich. Sie verliehen der oftmals erratisch-dilettantischen Herrschaft der örtlichen Parteigranden erst jene Kontinuität und Berechenbarkeit, die für die Ausbildung halbwegs funktionierender und annehmbarer Herrschaftsstrukturen absolut unerlässlich waren. Bei unver-

---

[39] SCHNEIDER (wie Anm. 6), S. 435.

kennbaren Tendenzen der Selbstmobilisierung waren die Beamten in den Stadtverwaltungen und Kommunalaufsichtsbehörden das Zünglein an der Waage, das einer durchaus fragilen und keineswegs allseits begrüßten Herrschaft die nötige Effizienz und zumindest partielle Leistungsfähigkeit verlieh, die sie für die Mehrheit der Bürger überhaupt erst akzeptabel machte. In diesem Zusammenhang zeigte sich *zweitens* die enorme Bedeutung, die einzelne Personen mit ihrem spezifischen Charakter- und Kompetenzprofil und ihrer jeweiligen Verortung im Herrschaftsgefüge des NS-Staates für den Verlauf der nationalsozialistischen Herrschaftsetablierung und -sicherung vor Ort hatten. Wie ein Vergleich zwischen verschiedenen Kommunen ergibt, konnte die nationalsozialistische Herrschaft deshalb unter dem Einfluss bestimmter Personen oder Personengruppen bei ähnlichen strukturellen Ausgangsbedingungen eine signifikant unterschiedliche Entwicklung nehmen. Hierbei lässt sich *drittens* als generelles Muster feststellen, dass die nationalsozialistische Herrschaft überall dort relativ stabil und erfolgreich war, in denen die führenden Parteifunktionäre einen Kompromiss mit den traditionellen Eliten schlossen, sich weniger radikal-kompromisslos gegenüber der eigenen Einwohnerschaft gebärdeten und zu pragmatischen Zugeständnissen an die Bevölkerung und bestimmte Interessengruppen bereit waren.

Viertens wird gerade im Hinblick auf die Herstellung und Inszenierung der »Volksgemeinschaft« vor Ort deutlich, dass die Herrschaft des Nationalsozialismus nur adäquat erfasst werden kann, wenn man ihre Prozesshaftigkeit im Auge behält. Die Machtübernahme der Nationalsozialisten erzeugte nicht nur eine erhebliche soziale Dynamik, die zahlreichen Individuen persönliches Emporkommen und materiellen Aufstieg ermöglichte. Die Mechanismen der Inklusion und Exklusion generierten auch inneren Zusammenhalt, schufen Abhängigkeiten gegenüber dem Regime, veränderten soziale Räume und verschoben gerade im Bereich der Verfolgung der »Volksfeinde« nach und nach die Grenzen dessen, was gesellschaftlich akzeptabel und denkbar war. Das »Machen« der Gesellschaft vor Ort sieht Malte Thießen deshalb als wesentliches Erscheinungsmerkmal der nationalsozialistischen Herrschaft auf der Mikroebene. *Fünftens* zeigt eine genaue empirische Analyse vor Ort, wie bedeutend das jeweilige Erscheinungsbild der NS-Herrschaft und das Agieren der nationalsozialistischen Funktionsträger, insbesondere der Bürgermeister, auf der lokalen Ebene für die Akzeptanz der NS-Diktatur waren. Ganz im Sinne der von der badischen Gestapo im Herbst 1934 getroffenen Feststellung entschieden die Fähigkeit eines Bürgermeisters und das Auftreten der Partei mithin maßgeblich über Sympathien oder Antipathien der lokalen Bevölkerung gegenüber dem neuen Regime. Daraus ergibt sich, *sechstens*, ein äußerst heterogenes und vielschichtiges Bild der nationalsozialistischen Herrschaft in den Kommunen. Dieser Befund besitzt bereits für sich genommen eine große Aussagekraft: Wenn man feststellen kann, dass sich die nationalsozialistische Herrschaft den Zeitgenossen nicht nur von Ort zu Ort ganz unterschiedlich darstellte, sondern oftmals in ein- und derselben Kommune gegenläufige, d.h. herrschaftsstabilisierende wie -destabilisierende Faktoren zur Geltung kamen, verbieten sich einseitige Erklärungsmodelle, die entweder der nationalsozialistischen »Volksgemeinschaft« eine große Bindekraft zuschreiben oder aber das Element der Repression und Manipulation der Zeitgenossen in den Vordergrund stellen, von vornherein.

Gerade die letzten beiden Hypothesen verweisen auf zwei grundlegende Ergebnisse der Tagung. Zum einen machen die vorliegenden Beiträge deutlich, dass ohne eine Einbeziehung der kommunalen Ebene jegliche Analyse des nationalsozialistischen Herrschaftsgefüges und seiner Funktionsbedingungen zu kurz greifen muss. Gewiss wäre es zu einseitig, wenn man die Beurteilung des Regimes durch die Bevölkerung *allein* auf die jeweilige kommunale Situation zurückführen würde. Dies ist denn auch das Manko so mancher lokalgeschichtlicher Studie. So fällt bei einem genaueren Blick auf viele lokalgeschichtliche Arbeiten zum Nationalsozialismus auf, dass sie, bedingt durch ihre Untersuchungsperspektive, die Entwicklung der NS-Herrschaft vor Ort kaum mit makrogeschichtlichen Entwicklungen und Ereignissen verzahnen. So wäre beispielsweise zu überprüfen, wie sehr eine etwaige Unzufriedenheit der Bevölkerung mit den Zuständen vor Ort durch den »Hitler-Mythos« kompensiert werden konnte[40]. Ebenso wäre danach zu fragen, ob die Freude über die Revision der Bestimmungen des lager- und schichtenübergreifend verhassten Versailler Vertrags durch Hitlers außenpolitische Maßnahmen oder die militärischen Siege zu Beginn des Zweiten Weltkrieges nicht viele Missstimmungen in der Bevölkerung zu überlagern vermochten. Insofern sollte der Stellenwert der kommunalen Verhältnisse für die individuelle Wahrnehmung des Nationalsozialismus durch die Zeitgenossen auch nicht überbewertet werden. Auf der anderen Seite ist doch unverkennbar, dass die jeweilige lokale Situation ein bestimmender Faktor für die Einschätzung des Regimes durch die Individuen war. Wie sehr man sich mit der neuen politischen Ordnung identifizierte oder nicht: Dies hing eben ganz wesentlich von der lokalen wirtschaftlichen Situation, dem Verhalten der örtlichen nationalsozialistischen Funktionäre und der Funktionsfähigkeit der lokalen Verwaltung ab. Ohne eine Mitbetrachtung der kommunalen Ebene muss deshalb jede Herrschaft- und Gesellschaftsgeschichte der nationalsozialistischen Diktatur ungenau bleiben.

Zum anderen sprechen die Ergebnisse der Tagung stark dafür, dass generalisierende Befunde entlang dichotomischer Erklärungsmodelle, die der nationalsozialistischen Diktatur entweder eine große Integrationskraft beimessen und in diesem Zusammenhang eine breite Zustimmung der Gesellschaft behaupten[41] oder Repression und Konformitätsdruck als das zentrale Instrument der Herrschaftssicherung betrachten[42], dem Untersuchungsgegenstand nicht angemessen sind: Solche pauschalisierenden Interpretationsmodelle bilden die extrem komplexe politisch-soziale Realität der nationalsozialistischen Diktatur nicht präzise genug ab. Nicht zufällig wurde in jüngster Zeit hervorgehoben, dass die Motive für die Eingliederung in die »Volksgemeinschaft« sehr vielschichtiger Natur waren und das »Mitmachen« im »Dritten Reich« keineswegs immer aus einer ideologischen Übereinstimmung mit der Politik des nationalsozialistischen Regimes resultierte. Zudem konnten sich die Individuen je nach sozialer Umgebung, in der sich die

---

[40] Zu diesem Mechanismus vgl. I. KERSHAW, Der Hitler-Mythos. Führerkult und Volksmeinung, Stuttgart 1999, insbesondere S. 109 f.
[41] In diesem Tenor z. B.: N. FREI, »Volksgemeinschaft«. Erfahrungsgeschichte und Lebenswirklichkeit der Hitler-Zeit, in: DERS., 1945 und wir. Das Dritte Reich im Bewusstsein der Deutschen, München 2009, S. 121–142; SCHMIECHEN-ACKERMANN, Einführung (wie Anm. 34), S. 26 f, 34, 52 f.
[42] So etwa H. MOMMSEN, Forschungskontroversen zum Nationalsozialismus, in: APuZ 14–15/2007, S. 20 f.

konkrete Handlung vollzog, und je nach Ereignis ganz unterschiedlich verhalten[43]. Darüber hinaus zeichneten sich die meisten Zeitgenossen des »Dritten Reiches« durch eine erhebliche innere Zerrissenheit aus: Ausgestattet mit einem durchaus wachen Blick für die Ungerechtigkeiten und Zweifelhaftigkeiten eines Regimes, dem viele eigentlich mit Sympathie gegenüberstanden, schwankten sie zwischen erheblicher Skepsis gegenüber vielen politischen Maßnahmen der NS-Diktatur, allen voran auf dem Sektor der Kirchenpolitik, und dem Empfinden, sich als »echte« Vaterlandsfreunde loyal gegenüber der »nationalen« Regierung verhalten zu müssen – einer Regierung zumal, die Kritik am Regime mit Vaterlandsverrat gleichsetzte und sich geschickt als Bewältiger nationaler Traumata in Szene setzte, der die Demütigungen der Versailler Friedensordnung rückgängig machte und das »Vaterland« angeblich zu neuer Einigkeit und Größe emporführte[44]. Ähnlich kommt Martina Steber bei ihrer Bewertung des Volksgemeinschafts-Paradigmas zu dem Schluss, dass die »Volksgemeinschaft« durch die Gleichzeitigkeit unterschiedlicher Antriebskräfte und Phänomene gekennzeichnet war: Erzwungene *und* freiwillige Mobilisierung zugunsten des Regimes waren ebenso ein Kennzeichen der »Volksgemeinschaft« wie die Entstehung neuer sozialer Hierarchisierungen *und* das Versprechen auf Gleichheit[45]. Kurzum: Erst eine integrale, dichotomische Sichtweisen aufbrechende Interpretation der NS-Herrschaft, welche die dysfunktionalen Faktoren der nationalsozialistischen Herrschaft und die Elemente der Repression und des Konformitätsdrucks im Blick behält, aber auch die vielfältigen Formen der Zustimmung, Selbstmobilisierung und aktiven Mitwirkung einschließlich der dahinterliegenden Motive in die Analyse miteinbezieht, vermag daher zumindest annäherungsweise zu einem realistischen Gesamtbild der nationalsozialistischen Herrschaft und ihrer Wirkungsweise zu führen.

Für die zukünftige Lokalgeschichte wird es folglich darauf ankommen, bei der Untersuchung der Wirkungsmacht des Nationalsozialismus auf kommunaler Ebene noch stärker als bisher nach zeitlichen Phasen, Handlungskontexten und Politikbereichen zu unterscheiden und zu einem differenzierten Erklärungsmodell zu gelangen, das die zum Teil äußerst divergierenden Ursachen und Motive für die Etablierung und Aufrechterhaltung der nationalsozialistischen Herrschaft miteinander verbindet. Wann und in welchen Feldern konnten die »braunen« Machthaber beispielsweise auf die überwiegende Zustimmung der Bevölkerung zurückgreifen? Wann und in welchen Feldern stießen die Maßnahmen der nationalsozialistischen Machthaber auf überwiegende Skepsis und Kritik? Bei wem war das »Mitmachen« im »Dritten Reich« durch Druck und Zwang, bei wem durch kühlen Opportunismus, bei wem durch Überzeugung bestimmt? Agierten die

---

[43] Vgl. W. GRUNER, Das Dogma der ›Volksgemeinschaft‹ und die Mikrogeschichte der NS-Gesellschaft, in: D. SCHMIECHEN-ACKERMANN/M. BUCHHOLZ/B. ROITSCH/C. SCHRÖDER (Hgg.), Der Ort der »Volksgemeinschaft« in der deutschen Gesellschaftsgeschichte (Nationalsozialistische »Volksgemeinschaft« 7), Paderborn 2018, S. 71–90, hier S. 79 f.

[44] Vgl. hierzu die bahnbrechende, da dichotomische Sichtweisen in Frage stellende Studie von: J. STEUWER, »Ein Drittes Reich, wie ich es auffasse«. Politik, Gesellschaft und privates Leben in Tagebüchern 1933–1939, Göttingen 2017, vor allem S. 82–132.

[45] Vgl. M. STEBER, Die Eigenkraft des Regionalen. Die ungeschöpften Potenziale einer Geschichte des Nationalsozialismus im kleinen Raum, in: SCHMIECHEN-ACKERMANN, Ort der Volksgemeinschaft (wie Anm. 43). S. 50–70, hier S. 69.

Zeitgenossen je nach kommunikativ-sozialer Situation und Ereignis oftmals sogar unterschiedlich? Vorausgesetzt, dass sie dieses Desiderat berücksichtigt und ihre Ergebnisse – unter Heranziehung neuerer Forschungsansätze – systematisch miteinander vergleicht, sind von einer methodisch-analytisch reflektierten Lokalgeschichte deshalb noch viele wichtige Erkenntnisse über die Funktionsweise der NS-Diktatur in der konkreten lokalen Lebenswelt der Zeitgenossen zu erwarten. Gilt doch für den Nationalsozialismus wie für die Erforschung vieler anderer historischer Phänomene jenes Wort, das Malte Thießen mottohaft für die Perspektive der gesamten Tagung formulierte: »Im Kleinen werden Dinge sichtbar, die im Großen unsichtbar bleiben«.

Der kleine Nationalsozialismus:
Perspektiven und Potenziale der Lokal- und Regionalgeschichte

VON MALTE THIESSEN

Vor Ort wird Gesellschaft greifbar. In Städten und Dörfern, Kommunen und Kreisen treffen Milieus, Gruppen und Akteure aufeinander, zeichnen sich soziale Spannungsfelder und Entwicklungen wie unter einem Brennglas ab. Dieser Befund ist keineswegs neu. Bekanntermaßen machte sich bereits in den 1970er Jahren die Regional- und Alltagsgeschichte auf den Weg, dem Nationalsozialismus vor Ort nachzuspüren. Das Verhalten der »kleinen Leute« stand dabei im Fokus. Es ging um Repression und Verfolgung, um Widerstand und Resilienz oder um das Mitmachen in Städten und Gemeinden. Zu diesem Forschungsboom trug auch die »Oral History« bei. Von der Zeitzeugen-Befragung versprachen sich viele Historiker endlich einen Zugang zur »echten« Geschichte. Angestoßen und erweitert wurden diese Ansätze von großen regionalgeschichtlichen Verbundprojekten zum »Dritten Reich« wie den Forschungen zu »Bayern in der NS-Zeit«, zur »Gesellschaft in Westfalen 1930 bis 1960« oder zum »Saarland-Projekt«[1].

---

[1] Vgl. zum Forschungsstand u. a. H. MÖLLER/A. WIRSCHING/W. ZIEGLER (Hgg.), Nationalsozialismus in der Region. Beiträge zur regionalen und lokalen Forschung und zum internationalen Vergleich, München 1996, S. 25–46; D. SCHMIECHEN-ACKERMANN, Nationalsozialistische Herrschaft und der Widerstand gegen das NS-Regime in deutschen Großstädten. Eine Bilanz der lokal- und regionalgeschichtlichen Literatur in vergleichender Perspektive, in: Archiv für Sozialgeschichte 38 (1998), S. 488–554; M. FRESE/J. PAULUS/K. TEPPE, »Gesellschaft in Westfalen. Kontinuitäten und Wandel 1930–1960«. Ein Forschungsschwerpunkt des Westfälischen Instituts für Regionalgeschichte zur Geschichte der Bundesrepublik Deutschland, in: Westfälische Forschungen 49 (1999), S. 501–513; M. SCHNEIDER, Nationalsozialismus und Region, in: Archiv für Sozialgeschichte 40 (2000), S. 423–439; C.-C. W. SZEJNMANN, Verwässerung oder Systemstabilisierung? Der Nationalsozialismus in Regionen des Deutschen Reichs, in: Neue Politische Literatur 48 (2003), S. 208–250; M. RUCK/K. H. POHL (Hgg.), Regionen im Nationalsozialismus (Institut für Zeit- und Regionalgeschichte, Schriftenreihe 10), Bielefeld 2003, S. 43–57; S. MECKING/A. WIRSCHING (Hgg.), Stadtverwaltung im Nationalsozialismus. Systemstabilisierende Dimensionen kommunaler Herrschaft (Forschungen zur Regionalgeschichte 53), Paderborn 2005; T. SCHAARSCHMIDT, Regionalität im Nationalsozialismus – Kategorien, Begriffe, Forschungsstand, in: J. JOHN/H. MÖLLER/T. SCHAARSCHMIDT (Hgg.), Die NS-Gaue. Regionale Mittelinstanzen im zentralistischen »Führerstaat«, München 2007, S. 13–21.

Was also lässt sich im Kleinen noch Neues entdecken? Ist zum Nationalsozialismus vor Ort nicht bereits alles gesagt worden? Tatsächlich hat die NS-Forschung eine kaum überschaubare Zahl an Lokal- und Regionalstudien hervorgebracht. Auf den ersten Blick scheint der Nationalsozialismus vor Ort also »ausgeforscht« zu sein. Ein zweiter Blick macht indes nach wie vor Leerstellen sichtbar, die sowohl mit spezifischen Potenzialen als auch mit eigentümlichen Problemen der Lokal- und Regionalgeschichte zusammenhängen. Die Probleme sind schnell benannt: Immer noch finden sich Arbeiten, die »im Kleinen« das »große Ganze« widerspiegeln möchten. Dieser Ansatz ist nicht nur vergleichsweise traditionell. Darüber hinaus greift er häufig zu kurz, fallen Besonderheiten des Untersuchungsgegenstandes doch schnell aus dem Fokus. Umgekehrt verhält es sich beim Problem der »Verinselung«. Demnach laufen Regional- und Lokalstudien in Gefahr, größere Zusammenhänge aus dem Blick zu verlieren und einen Gegensatz zwischen Reich und Region bzw. Zentrale und Peripherie zu konstruieren. In diesem Zusammenhang ist gelegentlich auch die Kritik an einer »Theorieferne« regional- und lokalgeschichtlicher Forschungen zu hören, die mitunter einem »Quellenpositivismus« erliege[2].

Mit diesen Problemen sind zugleich einige Potenziale lokal- und regionalgeschichtlicher Zugriffe benannt. So finden sich vor Ort Dinge, die der Forschung bislang unsichtbar geblieben sind, die aber ein neues Licht auch auf größere Zusammenhänge werfen. Lokal- und Regionalstudien zur »Arisierung«, zu »Fremd-« und »Zwangsarbeitern«, zur »Täterforschung« oder zur »Euthanasie« beispielsweise haben der allgemeinen NS-Forschung neue Perspektiven eröffnet[3]. Um diese Perspektiven und Potenziale der Lokal- und Regionalgeschichte wird es im Folgenden gehen. Ich möchte sowohl Ergebnisse neuer Forschungen präsentieren als auch den Nutzen dieser Studien für die NS-Forschung im Allgemeinen diskutieren. Dabei konzentriere ich mich auf drei Schwerpunkte: Erstens geht es um Forschungen zur »Volksgemeinschaft«, die seit mehreren Jahren für Diskussionen sorgen. Zweitens präsentiere ich Studien zur Raumgeschichte des »Dritten Reichs«. Und drittens spüre ich dem »kommunalen Gedächtnis« nach und überlege, was uns diese Erinnerungen »vor Ort« Neues über die Auseinandersetzung mit der NS-Zeit sagen.

1. Gemeinschaft im Gerundivum: »Volksgemeinschaft« als soziale Praxis

Es war die bislang letzte große Debatte um die NS-Zeit: Viele Jahre haben Historiker, Publizisten und Pädagogen über die »Volksgemeinschaft« gestritten. Eine Autorenliste der Debattenbeiträge liest sich mittlerweile wie ein »Who is Who« der NS-Forschung, mischten sich doch Historiker allen Alters und unterschiedlicher »Schulen« in die Aus-

---

[2] Vgl. neben den in Anm. 1 genannten Beiträgen auch eine der neuesten Auseinandersetzungen mit den Potenzialen und Problemen der Regional- und Lokalforschung zum Nationalsozialismus bei D. THOMASCHKE, Abseits der Geschichte. Nationalsozialismus und Zweiter Weltkrieg in Ortschroniken (Formen der Erinnerung 60), Göttingen 2016.

[3] Vgl. S. MECKING/A. WIRSCHING, Stadtverwaltung als Systemstabilisierung? Tätigkeitsfelder und Handlungsspielräume kommunaler Herrschaft im Nationalsozialismus, in: MECKING/WIRSCHING, Stadtverwaltung (wie Anm. 1), S. 1–19; F. BAJOHR, Von der »Täterforschung« zur Debatte um die »Volksgemeinschaft«, in: Zeitgeschichte in Hamburg 8 (2010), S. 55–68.

einandersetzung ein⁴. Selbst der Versuch eines groben Überblicks über Hintergründe und Verlauf der Debatte würde den Rahmen dieses Aufsatzes sprengen, so dass ich nur vier zentrale Ergebnisse skizzieren und an Fallbeispielen konkretisieren möchte⁵.

Besonders schwer wog der Vorwurf an der »Volksgemeinschafts«-Forschung, dass diese das »Dritte Reich« als eine Art »Wohlfühl-Diktatur« betrachte und Integrationsangebote unreflektiert für bare Münze nehme. Im Grunde falle die Forschung damit noch heute auf die Propagandaformeln des Nationalsozialismus herein und reproduziere einen »schönen Schein«, der wiederum Prozesse der Ausgrenzung, Verfolgung und Vernichtung überstrahle. Dieser Vorwurf ist aus mehreren Gründen wenig stichhaltig. Schließlich haben sämtliche Forschungen zur »Volksgemeinschaft« von Anfang an darauf hingewiesen, dass sich Prozesse der Inklusion nicht von der Exklusion »Gemeinschaftsfremder« trennen lassen. Genau das wäre ein Ergebnis der Debatte und ein erster Befund, der das Potenzial lokal- und regionalgeschichtlicher Forschungen deutlich macht: Inklusion und Exklusion waren zwei Seiten einer Medaille. Vor Ort lösen sich scheinbare Gegensätze zwischen Verfolgung, Verführung und Vergemeinschaftung auf. »Volksgemeinschaft« bedeutete also nie nur Einheit und Gemeinschaft. Vielmehr war »Volksgemeinschaft« von Anfang an und ausdrücklich als Ordnung der »Ungleichheit«⁶ gedacht.

Ganz offensichtlich wird diese »Ordnung der Ungleichheit« natürlich in der Gewalt gegen politische Gegner, gegen Juden und weitere, aus »rassischen« Gründen Verfolgte. Michael Wildt hat in diesem Zusammenhang anhand von Lokalstudien nachgezeichnet, wie die Ausgrenzung »Gemeinschaftsfremder« das Selbstverständnis der »Volksgenossen« prägte. Während für den Ausschluss »Gemeinschaftsfremder« nämlich vergleichsweise klare Kriterien wie »Rasse«, »Gesundheit«, »politische Einstellung«, »Arbeitsleistung« o. Ä. gefunden werden konnten, fiel eine Bestimmung der Zugehörigkeit zur »Volksgemeinschaft« ungleich schwerer. Michael Wildt hat in diesem Phänomen eine Ursache für eine kommunale »Gewaltpolitik« der frühen Jahre seit der »Machtergreifung« gesehen, die Wildt wie folgt beschreibt: »Nur indem man sich zur Volksgemeinschaft zählte und dieses auch demonstrierte, ließ sich die Unsicherheit des Ausnahmezustandes durch die Annahme erträglich machen, dass man selbst die Grenze zwischen

---

4   Vgl. als Überblick u. a. M. WILDT, »Volksgemeinschaft« – eine Zwischenbilanz, in: D. v. REEKEN/M. THIESSEN (Hgg.), »Volksgemeinschaft« als soziale Praxis. Neue Forschungen zur NS-Gesellschaft vor Ort (Nationalsozialistische »Volksgemeinschaft« 4), Paderborn 2013, S. 355–369; W. GRUNER, Das Dogma der »Volksgemeinschaft« und die Mikrogeschichte der NS-Gesellschaft, in: D. SCHMIECHEN-ACKERMANN/M. BUCHHOLZ/B. ROITSCH/C. SCHRÖDER (Hgg.), Der Ort der »Volksgemeinschaft« in der deutschen Gesellschaftsgeschichte (Nationalsozialistische »Volksgemeinschaft« 7), Paderborn 2018, S. 71–90.
5   Zu den Potenzialen der »Volksgemeinschafts«-Forschung für die Regional- und Lokalgeschichte vgl. jetzt auch M. STEBER, Die Eigenkraft des Regionalen. Die ungeschöpften Potenziale einer Geschichte des Nationalsozialismus im kleinen Raum, in: D. SCHMIECHEN-ACKERMANN u. a., Ort der Volksgemeinschaft (wie Anm. 4), S. 50–69.
6   M. WILDT, Die Ungleichheit des Volkes. »Volksgemeinschaft« in der politischen Kommunikation der Weimarer Republik, in: F. BAJOHR/M. WILDT (Hgg.), Volksgemeinschaft. Neue Forschungen zur Gesellschaft des Nationalsozialismus, Frankfurt/Main 2009, S. 24–40.

Norm und Willkür zu ziehen glaubte«[7]. Erst in der Ausgrenzung »Gemeinschaftsfremder« kamen die »Volksgenossen« demnach zu sich selbst. Die Gewalt gegen »Andere« machte deutlich, wofür man selbst stand, wer man als »Volksgenosse« sein wollte bzw. sollte. Vor Ort wird die NS-Gesellschaft somit als eine Gemeinschaft im Gerundivum sichtbar, die sich immer wieder selbst und immer wieder aufs Neue zu beweisen hatte.

Diese »Ordnung der Ungleichheit« ging noch weiter, womit wir bei einem zweiten Ergebnis der Debatte wären. Die Idee der »Volksgemeinschaft« unterschied nicht nur zwischen »Volksgenossen« und »Gemeinschaftsfremden«. Sie unterschied ebenso zwischen »Volksgenossen« und »Volksgenossen«. Neben das Prinzip der Inklusion und Exklusion trat also das der Distinktion, durch das sich »Volksgenossen« voneinander abgrenzten. 1941 brachte der Wirtschaftswissenschaftler Franz Horsten diese Distinktion als Leistungsprinzip der »Volksgemeinschaft« auf den Punkt. Demnach war *die Auslese nach völkischer Leistung [...] das grundlegende Ordnungsprinzip der neuen deutschen Volksgemeinschaft*[8]. Vor Ort lässt sich diese Ungleichheit besonders gut betrachten, z. B. in einzelnen Betrieben und Unternehmen, die ihre Lohnpolitik – trotz offiziellen Lohnstopps – an der Leistungsfähigkeit der »Volksgenossen« ausrichteten[9]. Das Distinktionsprinzip war »oben« und »unten« beliebt, wenn man diese einfache Unterscheidung machen möchte. »Unten« war Ungleichheit attraktiv, weil sie vielen »Volksgenossen« Lohnverbesserungen und Aufstiegschancen versprach. »Oben« wiederum war Ungleichheit als Motor sozialer Mobilisierung sowie als Argument gefragt, mit dem sich die nationalsozialistische Gemeinschaft von anderen Gesellschaftsentwürfen abgrenzen ließ. Hermann Böhrs, einer der führenden Betriebswirte der NS-Zeit, brachte diesen Vorzug der »Volksgemeinschaft«-Idee Mitte der 1930er Jahre auf den Punkt. *Der gleiche Lohn für alle entstammt marxistischer und kommunistischer Ideologie, die sich deckt mit asiatischer Bedürfnislosigkeit und Primitivitätsvergötterung. [...] Gleicher Lohn für alle bedeutet Verzicht auf völkische Bestleistungen*[10].

Man könnte das Distinktions- und Leistungsprinzip folglich mit einem bekannten Zitat George Orwells zusammenfassen: Zwar waren alle »Volksgenossen« gleich, einige »Volksgenossen« waren allerdings gleicher als andere. »Volksgemeinschaft« war somit eine Idee, die Menschen konsequent nach ihrem »Nutzen« ordnete. Martin Broszat hat das »Dritte Reich« daher bereits 1970 als »Leistungs-Volksgemeinschaft«[11] charakteri-

---

[7] M. WILDT, Gewalt als Partizipation. Der Nationalsozialismus als Ermächtigungsregime, in: A. LÜDTKE/M. WILDT (Hgg.), Staats-Gewalt. Ausnahmezustand und Sicherheitsregimes. Historische Perspektiven, Göttingen 2008, S. 215–240, hier S. 235.

[8] F. HORSTEN, Leistungsgemeinschaft und Eigenverantwortung im Bereich der nationalen Arbeit und Grundgedanken über eine Neuordnung der deutschen Lohnpolitik, Würzburg ²1941, S. 2, 90, zit. nach F. BAJOHR, Dynamik und Disparität. Die nationalsozialistische Rüstungsmobilisierung und die »Volksgemeinschaft«, in: BAJOHR/WILDT (wie Anm. 6), S. 78–93, hier S. 90.

[9] Vgl. R. HACHTMANN, Industriearbeit im »Dritten Reich«. Untersuchungen zu den Lohn- und Arbeitsbedingungen in Deutschland 1933–1945 (Kritische Studien zur Geschichtswissenschaft 82), Göttingen 1989.

[10] Zit. nach ebd., S. 162.

[11] M. BROSZAT, Soziale Motivation und Führer-Bindung des Nationalsozialismus, in: VfZ 18 (1970), S. 392–409.

siert. Kurz gesagt lassen sich am Zusammenspiel zwischen Inklusion, Exklusion und Distinktion soziale Kooperationen und Konflikte »vor Ort« neu in den Blick nehmen.

Ein dritter Befund der Debatte ist die Ungenauigkeit der »Volksgemeinschafts«-Ideologie. Zwar bildeten Leistungsprinzip und »Rassenbiologie« zumindest zwei Eckpunkte, an denen sich die »Volksgenossen« orientieren konnten. Darüber hinaus fehlte aber ein klar umrissenes Programm der »Volksgemeinschaft«. Aus diesem Grund haben Kritiker neuer Forschungen die Ideologie als wirkungslose Propagandaphrase abgetan. Lokal- und Regionalstudien zeigen jedoch das genaue Gegenteil. Die Ungenauigkeit der »Volksgemeinschafts«-Idee war keineswegs ihre Schwäche, sondern ihre Stärke. Schließlich erlaubte, ja erforderte sie eine regionale bzw. lokale Aneignung und Vermittlung. »Volksgemeinschaft« musste für kommunale Traditionen und Selbstverständnisse kompatibel gemacht und damit in unterschiedliche Milieus und Konfessionen »übersetzt« werden[12]. »In der alltäglichen Praxis«, so heben Manfred Gailus und Armin Nolzen hervor, »ergaben sich [...] vielfältige Annäherungs- und Amalgamierungsprozesse zwischen der ›Volksgemeinschaft‹ im nationalsozialistischen Sinne und beispielsweise den Glaubensgemeinschaften der Konfessionen«. Gailus und Nolzen weisen daher nach, dass sich gerade christliche »Vorstellungen von ›Gemeinschaft‹ «[13] als außerordentlich anschlussfähig für die NS-Ideologie erwiesen[14]. Sichtbar werden spezifische lokale Übersetzungen der »Volksgemeinschaft« auch in Festveranstaltungen, wie sie Werner Freitag in westfälischen Kommunen untersucht hat. Freitag kann nachzeichnen, wie christliche Normen, lokale Traditionen und nationalsozialistische Ideologeme auf Festumzügen, Sportwettkämpfen, Parteiveranstaltungen miteinander in Einklang gebracht werden konnten[15]. Michael Ruck hat das »Dritte Reich« einmal ein »zerklüftetes Staatengefüge« genannt, in dem sich »regionales Sonderbewusstsein« nicht nur erhalten, sondern mitunter vertieft habe[16]. Damit ist aber gerade nicht gesagt, dass sich Regionen, Städte und Kommunen als Gegenentwurf zum Reich verstanden. Vielmehr war »Volksgemeinschaft« der Kitt, der regionale und lokale Unterschiede zusammenhielt. Gerade weil der diffuse Leitbegriff »Volksgemeinschaft« vor Ort mit eigenen Traditionen und Selbstbildern konkretisiert werden musste, schrieben sich Städte und Regionen in das große Ganze ein.

Wegen ihrer Vieldeutigkeit mussten »Volksgemeinschaft« und Status des jeweiligen »Volksgenossen« also immer wieder verhandelt werden. In Amtsstuben und auf der

---

[12] Vgl. dazu jetzt die Regionalstudie von A. BLASCHKE, Zwischen »Dorfgemeinschaft« und »Volksgemeinschaft«. Landbevölkerung und ländliche Lebenswelten im Nationalsozialismus (Nationalsozialistische »Volksgemeinschaft« 8), Paderborn 2018.

[13] M. GAILUS/A. NOLZEN, Einleitung: Viele konkurrierende Gläubigkeiten – aber eine »Volksgemeinschaft«?, in: M. GAILUS/A. NOLZEN (Hgg.), Zerstrittene »Volksgemeinschaft«. Glaube, Konfession und Religion im Nationalsozialismus, Göttingen 2011, S. 7–32, hier S. 20.

[14] Vgl. dazu auch die Befunde der Pionierstudie auf Gemeindeebene bei V. OVERLACK, Zwischen nationalem Aufbruch und Nischenexistenz. Evangelisches Leben in Hamburg 1933–1945 (Forum Zeitgeschichte 18), München 2007.

[15] W. FREITAG (Hg.), Das Dritte Reich im Fest. Führerglaube, Feierlaune und Verweigerung in Westfalen 1933–1945, Bielefeld 1997.

[16] M. RUCK, Partikularismus und Mobilisierung – traditionelle und totalitäre Regionalgewalten im Herrschaftsgefüge des NS-Regimes, in: S. REICHARDT/W. SEIBEL (Hgg.), Der prekäre Staat. Herrschen und Verwalten im Nationalsozialismus, Frankfurt/Main 2011, S. 75–120, hier S. 77, 82.

Arbeit, in Schulen und beim Sport, vor Gericht oder im Gesundheitsamt – die »Volksgenossen« mussten begründen, warum sie dazu gehörten und andere nicht. Mit diesen Verhandlungen sind wir beim vierten Ergebnis der Debatte über die »Volksgemeinschaft«. Besonders schöne bzw. schaurige Beispiele für Aushandlungen bietet die Denunziationsforschung. Sie zeigt, dass »persönliches Missfallen oder private Streitigkeiten«[17] häufig Anlass zur Denunziation gaben. Denunziationen waren also keineswegs rein »politische« Angelegenheiten. Vielmehr denunzierten sich die Deutschen oft aus persönlichen Motiven, aufgrund von Streitereien in der Familie, unter Freunden oder Bekannten. Alles das hat die Denunziationsforschung bereits lange herausgearbeitet. Neue Einblicke eröffnen lokal- und regionalgeschichtliche Studien durch ihren Blick auf die Praktiken des Anzeigens, Denunzierens und Ausbootens als Motor der »Vergemeinschaftung«. Gerade weil Denunzianten so oft von persönlichen Interessen geleitet wurden, arbeiteten sie so oft mit »volksgemeinschaftlichen« Kriterien. Schließlich erhöhte die Stilisierung des Anderen zum »Gemeinschaftsfremden« und ein überzeugendes Selbstbild als »Volksgenosse« die Überzeugungskraft der Denunziation[18], die bei Block- und Ortsgruppenleitern, in Behörden und Betrieben verfangen sollte. »Volksgemeinschaftliche« Normen wurden in solchen Praktiken also nicht bloß reproduziert, sondern – je nach sozialem Kontext und persönlicher Strategie – situativ angeeignet, interpretiert und präsentiert.

Zusammengefasst nimmt das »Volksgemeinschafts«-Konzept den sozialen Nahbereich neu in den Blick und umgekehrt, unterstreichen Lokal- und Regionalstudien den Bedarf neuer Forschungen zur »Volksgemeinschaft«. Vor Ort wird das Zusammenspiel aus Integration, Exklusion und Distinktion sichtbar, das eine Gemeinschaft der Ungleichheit etablierte. Untersuchungen des »kleinen Nationalsozialismus« machen zudem deutlich, welche Rolle kommunale Strukturen und Traditionen bei der Aneignung der »Volksgemeinschafts«-Idee einnahmen. Und nicht zuletzt werden vor Ort konkrete Praktiken sichtbar, mit denen diese Ordnungen immer wieder neu verhandelt werden musste.

2. Das »Dritte Reich« in der dritten Dimension: Räume

Von den Verhandlungen der »Volksgemeinschaft« ist es nicht weit zu den Räumen und Orten. Auch diese erregen zwar schon lange das Interesse der Forschung. Bislang standen allerdings vor allem Repräsentationsbauten oder Großprojekte wie die Hauptstadt »Germania« im Fokus, die bekanntlich nie realisiert worden ist. Räume, das waren in der NS-Forschung bislang in erster Linie gedachte und geplante Räume. Neue Lokalstudien

---

[17] A. HEINRICH/P. MIERAU, Denn sie wussten nicht, was sie tun? Zwei Verfahren im Vergleich, in: Praxis Geschichte 5/2012, S. 18–23.

[18] Vgl. I. MARSZOLEK, Verhandlungssache: Die »Volksgemeinschaft« – eine kommunikative Figuration, in: v. REEKEN/THIESSEN, Volksgemeinschaft (wie Anm. 4), S. 65–77; V. JOSHI, Zwischen Ehedramen und Nachbarschaftsklatsch. Denunziation im Nationalsozialismus, in: C. KÜNZEL (Hg.), Täterinnen und/oder Opfer? Frauen in Gewaltstrukturen, Hamburg 2007, S. 46–68.

spüren Räumen hingegen als Lebens- und Erfahrungswelt nach. Sie fragen nach der individuellen Wahrnehmung und alltäglichen Nutzung von Gebäuden und Straßen, nach dem Zusammenhang von lokalen Topographien und sozialen Prozessen und überlegen, wie Räume und Orte zu Bezugspunkten für soziales Verhalten wurden. Räume waren auch im »Dritten Reich« eben keine in Stein gehauene Objekte oder statische Strukturen. Vielmehr wurden Räume im Alltag gedacht und gemacht sowie mit Leben gefüllt. Kurz gesagt bieten lokal- und regionalgeschichtliche Zugriffe die Chance, Räume und Orte als »Handlungsräume« zu betrachten[19].

Was uns diese Handlungsräume über NS-Gesellschaften vor Ort sagen, lässt sich an zwei Projekten zeigen. Das erste Fallbeispiel bietet eine Kleinstadt, das beschauliche Gunzenhausen in Franken. Gunzenhausen war im März 1934 Schauplatz eines der frühesten Pogrome gegen jüdische Einwohner. Zwei Juden – Jakob Rosenfelder und Max Rosenau – kamen bei diesem stundenlangen Gewaltexzess ums Leben, an dem sich zwischen 800 und 1.500 Personen beteiligten. Wenn wir uns vor Augen halten, dass Gunzenhausen insgesamt gerade mal 5.400 Einwohner zählte, war diese Beteiligung eine erschreckend hohe Mobilisierung, von der selbst die internationale Presse berichtete.[20] Wie lässt sich dieser Exzess in einer Kleinstadt nachvollziehen? Welche Wurzeln erklären die Gewalt in Gunzenhausen?

Obwohl der Fall Gunzenhausen bereits in mehreren Studien erkundet worden ist[21], fehlten bislang überzeugende Antworten auf diese Fragen. Ulrike Jureit hat diese jetzt in den räumlichen Strukturen gefunden. Zunächst einmal wurde der öffentliche Raum in Gunzenhausen – wie anderswo auch – bereits unmittelbar nach der »Machtergreifung« symbolisch »besetzt«. Wochenlang hielten Fahnenweihen, Fest- oder Sportveranstaltungen die Einwohner auf Trab. Selbstverständlich nahmen längst nicht alle Gunzenhausener an diesen Anlässen teil. Die engen Straßen und Plätze der Kleinstadt verstärkten jedoch unter den Einwohnern den Eindruck, dass im Grunde die gesamte Stadt auf den Beinen sei. Wichtiger noch: Auch unbeteiligte Passanten oder Zuschauer, die den Veranstaltungen womöglich kritisch gegenüberstanden, wurden als Teil der Kulisse und damit als Beleg gesehen, dass ganz Gunzenhausen in die »neue Zeit« marschierte. Die Besetzung des öffentlichen Raums wurde zudem von der Errichtung neuer Orte wie Denkmäler und Warnschilder flankiert, von denen Ulrike Jureit ein besonders bezeichnendes Beispiel in den Blick nimmt. Am Ortseingang errichteten die Gunzenhausener

---

[19] Vgl. dazu die Überlegungen mit weiteren Literaturhinweisen bei W. Süss/M. Thiessen, Nationalsozialistische Städte als Handlungsräume: Einführung, in: W. Süss/M. Thiessen (Hgg.), Städte im Nationalsozialismus. Urbane Räume und soziale Ordnungen (Beiträge zur Geschichte des Nationalsozialismus 33), Göttingen 2017, S. 9–20.

[20] Vgl. hierzu und zum Folgenden U. Jureit, Skripte der Gewalt. Städtischer Raum und kollektive Gewalt in der mittelfränkischen Provinz, in: Süss/Thiessen, Städte (wie Anm. 19), S. 47–65.

[21] Vgl. H. Tagsold (Hg.), Was brauchen wir einen Befehl, wenn es gegen die Juden geht? Das Pogrom in Gunzenhausen 1934, Nürnberg 2006; T. Medicus, Am Beispiel einer Kleinstadt. Gunzenhausen in Mittelfranken. Antisemitismus und nationale Revolution im Kernland der braunen Bewegung, in: T. Medicus (Hg.), Verhängnisvoller Wandel. Ansichten aus der Provinz 1933–1949 – Die Fotosammlung Biella, Hamburg 2016, S. 7–31; Stadt Gunzenhausen (Hg.), Juden in Gunzenhausen und die Reichspogromnacht 1938. Ausgegrenzt, entrechtet, verfolgt, Gunzenhausen 2008.

eine Stele mit dem Reim: »O Jud‹ bleib ferne diesem Ort, denn Hitler's [sic] Geist regiert jetzt dort«[22]. Solche Tafeln waren nicht allein Ausdruck der bekannten antisemitischen Hetze und damit ein vergleichsweise typischer Bestandteil zeitgenössischer Ausgrenzungsstrategien. Darüber hinaus zielten sie auf die Umcodierung des gesamten öffentlichen Raumes, wie Jureit festhält: »Der Bannspruch machte unmissverständlich deutlich, dass mit Passieren des Schildes ein städtischer Raum begann, in dem andere Regeln als an anderen Orten galten. Gunzenhausen war ein Ort, von dem sich Juden besser fernhielten, nicht nur, weil sie nicht erwünscht waren, sondern weil sie sich hier nicht mehr sicher fühlen konnten«[23].

Gunzenhausen war also bereits räumlich vereinnahmt worden, als im März 1934 die Gewalt gegen jüdische Bewohner losbrach. Die SA gab den Anstoß zur Hetze und zog schnell die Ortspolizei, den Bürgermeister, den Reichsarbeitsdienst und zahlreiche Bürger mit sich. In Gruppen von bis zu mehreren hundert Personen zogen sie durch die Altstadt, drangen in Gasthäuser und Wohnungen ein und ermordeten Rosenfelder und Rosenau. Den Rahmen für die Gewalt bildete der kleinstädtische Raum. Die Verfolger konnten sich in den engen Straßen Gunzenhausens strategisch platzieren und öffentliche Plätze systematisch besetzen. Die Opfer hatten daher kaum Möglichkeiten, der Menge zu entkommen. Außerdem hallten der Lärm und die Schreie durch die engen Straßen, so dass immer mehr Einwohner auf die Verfolgungsjagd aufmerksam wurden und sich dem Mob anschlossen. Befördert wurde diese Mobilisierung durch Erfahrungen mit Festumzügen nach der »Machtergreifung«, mit denen die Raum-Besetzung zuvor eingeübt worden war.[24] Der kleinstädtische Raum, so lassen sich Ulrike Jureits Befunde zusammenfassen, war nicht nur ein – auch im eigentlichen Wortsinne – offensichtlicher Ausdruck von »Volksgemeinschaft«, weil er mit öffentlichen Symbolen und Veranstaltungen die NS-Herrschaft für jeden offen sichtbar machte. Darüber hinaus bedingten und beförderten räumliche Strukturen spezifische Alltagspraktiken, mit denen sich die Kleinstadt in eine »Volksgemeinschaft« der Gewalt verwandelte.

Eine zweite Fallstudie zum Zusammenhang von Räumen und sozialen Ordnungen nimmt die Stadt Breslau in den Blick. In literaturwissenschaftlicher Perspektive erkunden Annelies Augustyns und Arvi Sepp hier das alltägliche Leben aus Sicht der »Gemeinschaftsfremden« und »Ausgestoßenen«[25]. Anhand der Tagebücher von Willy Cohn und Walter Tausk spüren sie der Frage nach, wie Juden in Breslau Räume erlebten, wie sie also einerseits mit der Vereinnahmung des öffentlichen Raums durch die Nationalsozialisten umgingen und andererseits spezifische Orte für persönliche Überlebensstrategien nutzten. Ein erstes Ergebnis dieser Spurensuche ist das sukzessive Schrumpfen öffentlicher Räume. In dieser Hinsicht war Breslau dem kleinstädtischen Gunzenhausen im Übrigen durchaus ähnlich. Die Massenveranstaltungen von SA und HJ, Reichsarbeitsdienst und Deutscher Arbeitsfront im Zentrum Breslaus verdrängten jüdische Ein-

---

[22] Zit. n. JUREIT, Skripte (wie Anm. 20), S. 52.
[23] Ebd., S. 52.
[24] Ebd., S. 54–61.
[25] Vgl. dazu und zum Folgenden A. SEPP/A. AUGUSTYNS, Breslau in deutsch-jüdischen Selbstzeugnissen. Schrumpfende Räume, Selbst-Verortungen und Selbsterhaltungsstrategien im »Dritten Reich«, in: SÜSS/THIESSEN, Städte (wie Anm. 19), S. 89–104.

wohner schnell an die Peripherie der Stadt. Jahrzehntelang übliche Arbeitswege, Spaziergänge in der Freizeit und selbst einfache Einkaufsbummel wurden von nun an ersetzt durch lange Umwege um das städtische Zentrum oder durch Schleichwege, auf denen Cohn und Tausk hofften, wenig Aufsehen zu erregen. Am 1. April 1933, dem Tag der Boykotte jüdischer Geschäfte, verzichtete Cohn folglich sehr bewusst auf seinen üblichen Spaziergang durch die Innenstadt. Für ihn hatte sich das Zentrum in eine Gefahrenzone verwandelt, so dass er auf die Straßenbahn auswich, wie Cohn schreibt: [I]*ch bin mit der 26 gefahren, um nicht die innere Stadt zu berühren*[26]. Einige Wochen später brachte Cohn die Verwandlung und Verknappung des städtischen Raums mit einem knappen Tagebucheintrag nüchtern zu Papier[27]: *Man geht nicht mehr gerne in die Stadt*[27].

Interessant ist an solchen Beispielen nicht allein die Beobachtung, dass die Raumergreifung der Nationalsozialisten in Alltagsroutinen der Breslauer eingriff. Wichtiger noch ist der Befund, dass Verfolgte an der Schrumpfung des öffentlichen Raumes ihre persönliche Marginalisierung festmachten. Cohn und Tausk diagnostizierten an der geographischen Randlage und an den verengten Infrastrukturen ihre zunehmende soziale Isolierung. Als Gegenstrategie erschlossen und erweiterten sie sich eigene Räume, in denen ein öffentliches Zusammentreffen mit Freunden und Familie noch möglich war. Neben Synagogen und Bibliotheken waren das vor allem Friedhöfe, die nun häufiger als bisher aufgesucht wurden. So beschreibt Willy Cohn im Juli 1941 den Besuch eines Friedhofs mit seiner Tochter Susanne: *Am Nachmittag war Susannchen zum Spielen auf dem Friedhof Cosel; die Kinder spielen auf einem noch nicht benützten Teil des Friedhofes. Das ist das einzige, was uns geblieben ist*[28].

Die Erschließung solcher »Gegenorte«[29] war indes ein zweischneidiges Schwert, wie schon Cohns Zitat andeutet. Zunächst einmal sahen viele Verfolgte in Friedhöfen als Versammlungsstätten ein Zeichen, wie sehr sie aus dem öffentlichen Leben verdrängt worden waren. Außerdem erhöhte die Schrumpfung des öffentlichen Lebens auf wenige Zufluchtsorte das Risiko von Ausgrenzung. Die ebenfalls in Breslau lebende »Halbjüdin« Karla Wolff erlebte die Ambivalenz solcher Gegenorte am eigenen Leib. In ihren Erinnerungen bezeichnet Wolff jüdische Friedhöfe einerseits als *Inseln* im Meer der bedrohlichen »Volksgemeinschaft«, als Inseln also, die sogar in Kriegsjahren gewisse Freiheiten eröffneten: *Weit weg von der anderen Gemeinschaft bildeten wir eine Insel für uns, mitten auf dem Friedhof, mitten in den Gräbern unserer Vorfahren. [...] [W]ir waren weit weg von der Stadt, von der Angst der Stiefel auf der Treppe, des Klopfens an der Tür*[30]. Andererseits bedrückte Wolff die Zunahme von Bedrohungen, die sich für jüdische Breslauer auf dem Weg zu Friedhöfen ergaben: *Im Frühling 1942 wurden die Schulen geschlossen und jeglicher Unterricht untersagt. Zu Anfang machten die Lehrer noch Versuche, uns zu beschäftigen und zusammenzuhalten. Es bildeten sich Gruppen, und mit je einem Lehrer gingen wir auf den alten jüdischen Friedhof auf der Lohestraße und säuberten Gräber und

---

[26] W. COHN, Kein Recht, nirgends. Tagebuch vom Untergang des Breslauer Judentums, 1933–1941, Köln 2007, S. 24.
[27] Ebd., S. 36.
[28] Ebd., S. 955–956.
[29] SEPP/AUGUSTYNS, Breslau (wie Anm. 25), S. 104.
[30] K. WOLFF, Ich blieb zurück. Erinnerungen aus Breslau und Israel, Berlin 2012, S. 85.

Wege. Es war eine schöne Arbeit, wir waren frei in der Natur, keiner störte uns, und die Lehrer gaben während der Arbeit auch ein wenig Unterricht. [...] Die Wege von und zu dem Friedhof waren unangenehm. Acht bis zehn gelbe Judensterne zusammen reizten natürlich zu Anpöbelungen und Steinewerfen.[31] In dieser letzten Bemerkung lässt sich das Zusammenspiel von schrumpfenden Räumen auf der einen Seite und Gegenorten auf der anderen mit Händen greifen: Die Freiheit der Friedhöfe war nur um den Preis sozialer Isolierung zu haben.

Räume, das machen Augustyns, Jureits und Sepps Lokalstudien deutlich, sind also mehr als Steine und Straßen, Gebäude und Plätze. In lokaler Perspektive lassen sie sich als Handlungsräume untersuchen, die Aufschluss geben über soziale Strukturen und Prozesse. Räume waren nicht nur Repräsentationsflächen für öffentliche Inszenierungen. Darüber hinaus prägen sie spezifische Praktiken räumlicher Selbstermächtigung – und zwar sowohl der »Volksgenossen« als auch der »Gemeinschaftsfremden«. Kurz gesagt zeichnet sich die Gesellschaft im »Dritten Reich« in der dritten Dimension schärfer ab, so dass in lokaler Perspektive auch in Zukunft noch viel zu erkunden sein wird.

3. Parallel- und Gegenerinnerungen an die NS-Zeit: Kommunale Gedächtnisse

Mit dem letzten Punkt zu »kommunalen Gedächtnissen« verlassen wir die »eigentliche« Geschichte des Nationalsozialismus und kommen zu seiner »zweiten Geschichte«, also zu den Nachwirkungen nach 1945[32]. Nun besteht an Forschungen zur Erinnerungskultur eigentlich kein Mangel. Die Buch- und Aufsatztitel zur »Vergangenheitsbewältigung«, »Geschichts-« und »Vergangenheitspolitik«, »Geschichts-« und »Erinnerungskultur« sind kaum mehr zu überblicken. Umso erstaunlicher ist es, dass systematische Erkundungen zu regionalen und lokalen Erinnerungskulturen erst seit einigen Jahren auf größeres Interesse stoßen[33]. Obwohl Erinnerungen vor Ort im geografischen Sinne eigentlich besonders nahe lägen, ist auf diesem Gebiet deshalb noch besonders viel zu tun. Solche Vorhaben lohnen sich umso mehr, weil lokale und regionale Erinnerungskulturen eben nicht nur das »Große« im »Kleinen« spiegeln, im Gegenteil: In den Städten, Kommunen und Dörfern werden ganz andere Formen und Themen der Erinnerung sichtbar, die jene der nationalen Erinnerungskultur erheblich erweitern, mitunter sogar widersprechen, so dass sie sich als »Parallel-« und »Gegenerinnerungen« verstehen lassen[34].

Ich möchte das an einem Thema verdeutlichen, das seit der Jahrtausendwende erbitterte Debatten provoziert hat: die Erinnerung an den Bombenkrieg. Jahrzehntelang, so konnte man es seit den späten 1990er Jahren in Presse und Parlamenten hören, seien die

---

[31] Ebd., S. 65.
[32] P. REICHEL/H. SCHMID/P. STEINBACH (Hgg.), Der Nationalsozialismus – die zweite Geschichte. Überwindung, Deutung, Erinnerung, München 2009.
[33] Vgl. als Überblick mit weiteren Literaturbelegen D. v. REEKEN/M. THIESSEN, Regionale oder lokale Geschichtskulturen? Reichweite und Grenzen von Erinnerungsräumen, in: J. FUGE/R. HERING/H. SCHMID (Hgg.), Gedächtnisräume. Geschichtsbilder und Erinnerungskulturen in Norddeutschland (Formen der Erinnerung 56), Göttingen 2014, S. 71–93.
[34] Vgl. dazu bereits die Fallstudien in G. D. ROSENFELD/P. B. JASKOT (Hgg.), Beyond Berlin. Twelve German Cities Confront the Nazi Past, Michigan 2008.

Bombardierungen deutscher Städte und damit die Deutschen als Opfer in der Öffentlichkeit vernachlässigt, ja verdrängt worden. Während die Erinnerung an den »Holocaust« seit den 1960er Jahren zum Fixpunkt der westdeutschen Erinnerungskultur avanciert sei, hätten Erinnerungen an das deutsche Leid keine Chance gehabt[35]. Vor Ort zeigt sich allerdings das genaue Gegenteil. Bereits während des Krieges und selbstverständlich auch nach Kriegsende erinnerten sich die betroffenen Städte ausgesprochen intensiv an den Bombenkrieg. Die *Katastrophe*, die *Brandnächte* oder der *Untergang*, wie die alliierten Bombardierungen in Chroniken, in der Regional- und Lokalpresse, auf Veranstaltungen und Gedenktafeln meist bezeichnet wurden, blieben jahrzehntelang der wichtigste Ankerpunkt im kommunalen Gedächtnis[36]. Robert Moeller hat diese Vorliebe treffend auf den Punkt gebracht: Nicht die Opfer der Deutschen, sondern die Deutschen als Opfer waren lange Zeit das wichtigste Thema vor Ort[37].

Wie lässt sich dieser Befund erklären? Und warum erinnerte man sich derart intensiv an ein solch schreckliches Ereignis? Die Erklärung liegt auf der Hand, sind Erinnerungen doch stets Sinnstiftungen für die Gegenwart, die aktuellen Bedürfnissen gehorchen. Für solche Sinnstiftungen war der Bombenkrieg besonders geeignet. Am bekanntesten sind wahrscheinlich Erinnerungen im Muster der Kontrastfolie, wie sie bereits Winfried G. Sebald betrachtet hat[38]. Seit den 1950er Jahren waren solche Erinnerungen ausgesprochen populär. Auf Postkarten, in Zeitungen oder ganzen Zeitungsserien, in Broschüren, Ansprachen und Ausstellungen – bis in die 1970er Jahre, z. T. sogar noch heute – stößt man auf erstaunlich gleichförmige Darstellungen. Den Fotografien von Zerstörungen im Bombenkrieg auf der einen Seite werden Aufnahmen der wiederaufgebauten Stadt auf der anderen Seite gegenübergestellt. Die Kontrastwirkung zwischen früher und heute bringt die Botschaft dieser Erinnerung auf den Punkt: Es sind die Leistungen des Wiederaufbaus, an denen die Stadt ihre jeweilige Erfolgsgeschichte erzählt. Mit diesem Motiv wird auch nachvollziehbar, warum die Schrecken des Bombenkriegs gar nicht drastisch genug ausgemalt werden konnten. Je fataler die Verwüstungen und je düsterer die Vergangenheit gezeigt wurde, desto strahlender leuchteten die Erfolge der Nachkriegszeit.

Der Luftkrieg war also nie ein »Tabu«, wie gemeinhin behauptet wurde, im Gegenteil: Er war ein stabiler Fixpunkt städtischer Identitätsbildung. Schließlich kam die Geschichte im Erinnerungsmuster der Kontrastfolie zu einer Art »Happy End«. Der Bombenkrieg konstruierte eine eindeutige Zäsur, die eine düstere Kriegszeit von einer strahlenden Nachkriegszeit sauber abtrennte. Insofern ist es auch kein Wunder, dass sowohl Kontinuitäten der NS-Zeit als auch die Opfer selbst, also die Bombentoten, in solchen Erinnerungen immer seltener eine Rolle spielten. Das änderte sich erst in den 1980er Jahren. Im Zuge der Debatte um den NATO-Doppelbeschluss lief die Friedensbewegung auch in Deutschland auf Hochtouren. Vor Ort erinnerte man sich nun auf einmal wieder

---

[35] Vgl. als Überblick L. KETTENACKER (Hg.), Ein Volk von Opfern? Die neue Debatte um den Bombenkrieg 1940–1945, Berlin 2003.

[36] Vgl. dazu die Fallstudien in J. ARNOLD/D. SÜSS/M. THIESSEN (Hgg.), Luftkrieg. Erinnerungen in Deutschland und Europa (Beiträge zur Geschichte des 20. Jahrhunderts 10), Göttingen 2007.

[37] Vgl. R. G. MOELLER, War Stories. The Search for a Usable Past in the Federal Republic of Germany, Berkeley 2001, S. 6–7.

[38] W. G. SEBALD, Luftkrieg und Literatur, München 1999.

ganz anders an den Luftkrieg. Jetzt waren es weniger Erinnerungen an die Erfolge des Wiederaufbaus, sondern an das Leid der Kriegsjahre, die gegenwärtigen Bedürfnissen gehorchten. Nun avancierte der Bombenkrieg zu einer Art Vorgeschichte für den »Dritten Weltkrieg«, der den Bundesbürgern Sorge bereitete. Die Schrecken des Zweiten Weltkrieges und die Opfer vergangener Brandnächte bildeten nun eine Drohkulisse, die vor zukünftigen Kriegen warnen sollte.[39]

Im kommunalen Gedächtnis war der Luftkrieg also immer präsent. Das gilt umso mehr, weil sich der Erinnerungsort als ungemein flexibel erwies und sich immer wieder neu an Bedürfnisse der Gegenwart anpasste. Kurz gesagt lässt sich das »kommunale Gedächtnis« als »Parallel-« oder »Gegenerinnerung« zum kollektiven bzw. nationalen Gedächtnis verstehen. Vor Ort wirkte der Nationalsozialismus anders nach, gehorchte die Erinnerung spezifischen Gesetzen. Während auf nationaler Ebene die Krisenjahre der Weimarer Republik und die Ereignisse um die »Machtergreifung«, später auch der Widerstand des 20. Juli bzw. der SPD oder die Verfolgung der jüdischen Deutschen im Fokus standen, war vor Ort der Bedarf an anderen Identitätsstiftungen groß: Die Verwüstungen des Krieges und Verluste in Familien, der Zuzug von Flüchtlingen und Vertriebenen seit 1944, die Besatzungszeit, aber auch die Teilung Deutschlands, die viele Kommunen ins »Zonenrandgebiet« beförderten – alles das bildete einen Erinnerungsrahmen, in dem das »kommunale Gedächtnis« die düstere Vergangenheit in »gute Geschichten« vom »Aufstieg des Phönix aus der Asche« verwandelte[40]. *(Abb. 1)*

Kommunale Gedächtnisse sind aber nicht nur als »Parallelerinnerung« zur nationalen Erinnerungskultur interessant. Darüber hinaus lassen sich hier Phänomene untersuchen, die auf nationaler Ebene schwer zu beobachten sind, z. B. Wechselwirkungen zwischen kommunalem und kommunikativem Gedächtnis. Schon in den 1930er Jahren hat Maurice Halbwachs die grundlegende Erkenntnis für die Erinnerungsforschung formuliert, dass jegliche Erinnerung eine soziale sei. Zusammengefasst behauptet Halbwachs, dass persönliche Erinnerungen immer nur ein Abbild kollektiver Gedächtnisse seien. Das individuelle Gedächtnis bilde sich demnach im Familiengespräch oder im Austausch mit Freunden, in Vereinen und auf der Arbeit, durch öffentliche Gebäude, Plätze und Denkmäler, durch Erzählungen in Schulen und gemeinsame Geschichten.[41] Man kann über die Radikalität dieses Ansatzes durchaus streiten. Gleichwohl bleibt Halbwachs' Befund von Bedeutung, dass wir Voraussetzungen, Formen und Veränderungen von Erinnerungen schwer erklären können, wenn wir nicht den sozialen Nahbereich kennen.

---

[39] Vgl. zu diesen Erinnerungsformen die Fallstudien zu Hamburg und Kassel von M. THIESSEN, Eingebrannt ins Gedächtnis. Hamburgs Gedenken an Luftkrieg und Kriegsende 1943 bis 2005 (Forum Zeitgeschichte 19), München 2007; J. ARNOLD, The Allied Air War and Urban Memory. The Legacy of Strategic Bombing in Germany, Cambridge 2011.

[40] Zu städtischen Erinnerungsmustern des Bombenkriegs vgl. weitere Beispiele bei M. THIESSEN, Der Bombenkrieg im Gedächtnis europäischer Städte: Perspektiven für die Stadtgeschichte und Erinnerungsforschung, in: S. HEUSINGER/E. WIDDER/J. J. HALBEKANN (Hgg.), Städte zwischen Erinnerungsbewahrung und Gedächtnisverlust (Stadt in der Geschichte 39), Ostfildern 2015, S. 355–377.

[41] M. HALBWACHS, Das kollektive Gedächtnis. Frankfurt/Main 1985; M. HALBWACHS, Das Gedächtnis und seine sozialen Bedingungen, Frankfurt/Main 1985.

Abb. 1 Erinnerungsmotiv »Aufstieg des Phönix aus der Asche« – ein Beispiel aus Münster

Zur Verdeutlichung dieser These bleibe ich beim Bombenkrieg, lässt sich bei diesem Thema doch der Bedeutung des Raumes als Erinnerungsträger und -impuls nachgehen. Zeitzeugen des Bombenkriegs können in Städten lesen wie in einem Buch. Ihnen dienen Überreste des Krieges wie Bunker oder Spuren wie »Bombenlücken« bzw. neugebaute Häuser zwischen Altbaubeständen, ja ganze Stadtviertel im Stil der 1950er Jahre als Erinnerungsimpuls *(Abb. 2)*. Ein Interview mit einem Zeitzeugen mehr als sechzig Jahren nach den schweren Luftangriffen auf Hamburg, der »Operation Gomorrha« im Juli und August 1943, bietet für dieses Phänomen ein erstes Beispiel: *Jetzt geht das los, dass man mal was vergisst, aber es hat mich auch im Alter wieder hierher gezogen in die Umgebung von meinem früheren Stadtteil, und ich geh da ja oft vorbei. Und dann ist, sieht man das immer wieder, so, die ganzen Bombenlücken, ne, dann hat man das immer wieder alles vor sich, nicht*[42].

---

[42] Zit. n. M. Thiessen, Der Luftkrieg als Lebens- und Familiengeschichte. Medien und Rahmen der Erinnerung an den »Feuersturm«, in: U. Lamparter/S. Wiegand-Grefe/D.

Abb. 2   Erinnerungsimpuls Bombenlücke – ein Beispiel aus Hamburg

Einen spezifischen Erinnerungsrahmen bildet das kommunale Gedächtnis auch, weil es besondere Orte für das Entstehen von Erinnerungsgemeinschaften bereitstellt. So dienen Denkmäler, Friedhöfe und Kirchen an den jeweiligen Jahrestagen als Versammlungsort, an dem das Erleben des Einzelnen zu einer Sache aller wird. Auch dazu ein Beispiel eines Zeitzeugen der »Operation Gomorrha«, der in einem Interview von Gedenkveranstaltungen in Hamburg berichtet: *Wo dieser große Gedenkfriedhof ist für die Ausgebombten, da war dieser Ökumenische Gottesdienst, da sind wir, meine Frau und ich da gewesen, ich war also überrascht über die vielen Menschen. [...] Und das war also sehr beeindruckend, muss ich sagen. [...] Da waren ja auch alle, ja Gleichaltrige, die irgendwie so was auch miterlebt hatten*[43]. Auch als Orte der Begegnung bilden »kommunale Gedächtnisse« also einen Erinnerungsrahmen für die Weitergabe von Erinnerungen und damit für das »Familiengedächtnis«. So berichtet die Tochter einer Zeitzeugin der Bombenangriffe, dass für sie städtische Gedenkfeiern eine Gelegenheit gewesen seien, mit eigenen Fragen an die Mutter heranzutreten. Die Bomben waren demnach ein *Thema*, auf *das*

---

[43] WIERLING (Hgg.), Zeitzeugen des Hamburger Feuersturms 1943 und ihre Familien, Göttingen 2013, S. 104–123, hier S. 111.
Zit. n. THIESSEN, Der Luftkrieg (wie Anm. 42), S. 110.

man [...] *anhand irgendeiner Dokumentation oder so gekommen ist, dass man sagt: ›Ey du, ich hab da grad was gesehen oder gehört, sag mal, wie war das eigentlich?‹*[44] Kurz gesagt baut das kommunale Gedächtnis eine Brücke zwischen den Generationen, auf denen die Erinnerung »weiter wandern« kann.

Ein weiteres spezifisches Phänomen »kommunaler Gedächtnisse« sind Topographien der Erinnerungskultur[45]. So werden im sozialen Nahbereich räumliche Beziehungen und Hierarchien der Erinnerung sichtbar. Das gilt z. B. für das Verhältnis unterschiedlicher Gedenkstätten zueinander, lassen sich vor Ort doch öffentliche Infrastrukturen als Spiegel für die Wertschätzung unterschiedlicher Opfergruppen vergleichen. Selbst etwas so scheinbar Banales wie ein Busfahrplan zu einer KZ-Gedenkstätte bietet demnach wichtige Hinweise auf den Stellenwert eines Ereignisses im »kommunalen Gedächtnis«. Das Bedeutsame und Identitätsstiftende steht selbstverständlich im Zentrum der Erinnerungsgemeinschaft, es ist leichter zugänglich und besser erschlossen als Nebensächliches oder Störendes. Ein Beispiel für diese »Ortseffekte« kommunaler Gedächtnisse geben auch die »Stolpersteine«, die mittlerweile in zahlreichen deutschen Städten zu finden sind[46]. Sie verweisen unmittelbar auf Verbrechen vor Ort, meist vor den ehemaligen Wohnhäusern der Opfer. Gerade deshalb nimmt die Erfolgsgeschichte der »Stolpersteine« ihren Anfang erst in den Neunzigerjahren, in einer Zeit also, in der Zeitzeugen des »Dritten Reichs« – die Täter und Opfer – selten wurden. Erinnern am Ort des Ereignisses war erst möglich, als die Bewohner der Häuser – oder deren Nachbarn – nicht mehr mit unangenehmen Fragen rechnen mussten. Anders gesagt: Je mehr sich die Zeitzeugen aus dem »kommunalen Gedächtnis« verabschieden, desto näher rückt die Erinnerung an uns heran – und zwar im räumlichen Sinne.

Fazit

Warum also lohnen sich nach wie vor neue Erkundungen zum »kleinen Nationalsozialismus«? Was sind spezifische Perspektiven und Potenziale lokal- und regionalgeschichtlicher Forschungen? Im Überblick über die Forschungen der letzten Jahre wird eine erstaunliche Vielfalt kommunaler Herrschaft sichtbar, die sich auch in den Beiträgen dieses Bandes zeigt. In Karlsruhe oder in Konstanz, in Offenburg, Freiburg oder Villingen-Schwenningen, in Großstädten wie Mannheim und Stuttgart oder in Dörfern wie Blumberg, Hagenbach und Ilvesheim – überall war der Nationalsozialismus »vor Ort«.

---

[44] Zit. n. THIESSEN, Der Luftkrieg (wie Anm. 42), S. 110.
[45] Vgl. S. DAMIR-GEILSDORF/A. HARTMANN/B. HENDRICH (Hgg.), Mental Maps – Raum – Erinnerung. Kulturwissenschaftliche Zugänge zum Verhältnis von Raum und Erinnerung, Münster 2005; M. CSÁKY/C. LEITGEB (Hgg.), Kommunikation – Gedächtnis – Raum. Kulturwissenschaften nach dem »Spatial Turn«, Bielefeld 2009.
[46] Vgl. zuletzt T. SWARTZBERG, Individuals commemorate individuals: Gunter Demnig, Stolpersteine and the advent of democracy of remembrance in Germany, in: M. FRESE/M. WEIDNER (Hgg.), Verhandelte Erinnerungen. Der Umgang mit Ehrungen, Denkmälern und Gedenkorten nach 1945 (Forschungen zur Regionalgeschichte 82), Paderborn 2018, S. 231–236; U. SCHRADER, Die »Stolpersteine« oder: Von der Leichtigkeit des Gedenkens – einige kritische Anmerkungen, in: Ebd., S. 237–250.

Aber überall war der Nationalsozialismus eben auch ein wenig anders, abhängig von lokalen Akteuren, Strukturen und Traditionen, von spezifischen Milieus und Räumen. In Anlehnung an Alf Lüdtke könnte man vom »kommunalen Eigensinn« sprechen, der den »kleinen Nationalsozialismus« ausmachte. Der »kommunale Eigensinn«, auch das unterstreicht das Potenzial lokal- und regionalgeschichtlicher Forschungen, bildete kein Gegengewicht zu allgemeinen oder »zentralen« Entwicklungen. Das »Dritte Reich« kam nicht von »oben« nach »unten«, sondern es wurde vor Ort »gemacht«. Sabine Mecking und Andreas Wirsching haben in diesem Zusammenhang von einer »wechselseitigen Dynamisierung zwischen lokaler und zentraler« Ebene gesprochen, mit der sich das Polykratie-Modell differenzieren lässt: »Staatliche Behörden, Stadtverwaltungen und Parteiinstanzen bemühten sich auf lokaler Ebene, die erheblichen Reibungsverluste und Zumutungen, die durch die polykratische Herrschaftsstruktur und das Diktat kriegswirtschaftlicher Prioritäten entstanden, auszugleichen, ja durch vermehrte Anstrengungen gleichsam überzukompensieren«[47]. Dieser Blick auf das »Machen« der Gesellschaft scheint mir der wichtigste Ertrag neuer Forschungen zu sein. Im Kleinen lässt sich somit nicht nur das »große Ganze« genauer betrachten. Darüber hinaus werden »vor Ort« Dinge sichtbar, die im Großen nahezu unsichtbar bleiben: die Praktiken lokaler Gemeinschaftsbildungen, die Ausgrenzungen und Abgrenzungen, die Handlungsräume und Topographien, die kommunalen Gedächtnisse und Geschichten. Anders gesagt können wir die NS-Gesellschaft dank neuer Forschungen genauer lokalisieren – und zwar im doppelten Wortsinne. Oder, um ein *bonmot* von Aleida Assmann aufzugreifen, der Nationalsozialismus findet Stadt – bzw. die Region, die Kommune oder die Dörfer[48].

Angesichts der regionalen und lokalen Vielfalt des Nationalsozialismus ist Michael Schneider sogar noch einen Schritt weiter gegangen. Er stellt die nach wie vor gängigen Unterscheidungen zwischen »oben« und »unten«, zwischen Zentrale und Region grundsätzlich in Frage. Im Überblick über die Regional- und Lokalgeschichte des Nationalsozialismus trete demnach eine Dynamik, ja ein Konstruktionscharakter von »Regionalität« und »Zentralität« hervor: »So bleibt als Resümee festzuhalten, dass ›das‹ Regionale in der Geschichte des Nationalsozialismus nicht als etwas ›Gegebenes‹, auch nicht als ein dem Zentralismus durchgängig gegenüberzustellendes Allgemeines zu betrachten ist; Region und Regionalismus waren vielmehr Aspekte des historischen Prozesses, die sich selbst in der Auseinandersetzung mit gegenläufigen Prinzipien formten und veränderten«[49]. In diesem Sinne ist der »kleine Nationalsozialismus« eben auch ein Plädoyer für eine Selbstreflexion der NS-Forschung, die scheinbar selbstverständliche Bezugsgrößen wie »das Reich«, »die Region« oder »das Lokale« noch stärker differenzieren sollte. Zum einen veränderten sich entsprechende »Selbst-Verortungen« bereits im »Dritten Reich«. Zum anderen argumentieren Historikerinnen und Historiker für unterschiedliche Entwicklungen oft unbewusst mit unterschiedlichen Raumbezügen.

---

[47] Beide Zitate MECKING/WIRSCHING, Stadtverwaltung als Systemstabilisierung (wie Anm. 1), S. 18–19.

[48] A. ASSMANN, Geschichte findet Stadt, in: CSÁKY/C. LEITGEB, Kommunikation (wie Anm. 45), S. 13–27.

[49] SCHNEIDER, Nationalsozialismus (wie Anm. 1), S. 438.

In diesem Sinne können regional- und lokalgeschichtliche Arbeiten nicht zuletzt zur Versachlichung bzw. Einordnung von Debatten beitragen. Auch heute noch kennzeichnet die Diskussion der NS-Forschung eine extreme Polarisierung, wie sie zuletzt in der Debatte über die »Volksgemeinschaft« aufschien. Im Regionalen und Lokalen wird dagegen sichtbar, dass in verschiedenen Räumen, Milieus oder Gruppen zum selben Zeitpunkt ganz unterschiedliche Entwicklungen die Gesellschaft im »Dritten Reich« prägten. Ob wir »Volksgemeinschaft« und »Verführung«[50] als Erklärung für das Mitmachen anführen oder Antisemitismus und Ausgrenzung, ob wir Gewalt oder Gewinne, den Frieden oder den Krieg als Motor gesellschaftlicher Mobilisierung verstehen – alles das ist immer auch eine Frage spezifischer Vorstellungen von Lokalität und Regionalität.

---

[50] H.-U. Thamer, Verführung und Gewalt. Deutschland 1933–1945, Berlin 1986.

Im Schatten der Gauleitung? – Die Gau- und Landeshauptstadt Karlsruhe 1933–1945[1]

VON ERNST OTTO BRÄUNCHE

Die badische Landeshauptstadt Karlsruhe war nach der Wiedergründung der Nationalsozialistischen Deutschen Arbeiterpartei (NSDAP) Baden seit 1925 Sitz der Gauleitung und wurde im Zuge der von den Nationalsozialisten selbst so genannten Machtergreifung 1933 badische Gauhauptstadt. Seit 1935 nannte sich die Stadt auch offiziell Gau- und Grenzlandhauptstadt.[2] Gauleiter war Robert Wagner, ein Berufssoldat und überzeugter Nationalsozialist, der 1923 am Hitlerputsch beteiligt war und mit Adolf Hitler nach dem gescheiterten Putsch vom November 1923 in der Gefangenenanstalt Landsberg am Lech eingesessen hatte.[3] *(Abb. 1)*

Wagner wurde am 13. Oktober 1895 in Lindach bei Eberbach als Sohn eines Landwirts geboren. Nach dem Besuch der Volksschule absolvierte er eine Ausbildung am Lehrerseminar Heidelberg, weswegen er später auch häufig als Lehrer geführt wurde. Zutreffender ist aber die Berufsbezeichnung Berufssoldat, da er nach vierjährigem Kriegsdienst in die 100.000 Mann starke Reichswehr übernommen wurde. Wegen seiner Teilnahme

---

[1] Der am 13. Oktober 2017 gehaltene Vortrag basiert wesentlich auf E. O. BRÄUNCHE, Residenzstadt, Landeshauptstadt, Gauhauptstadt. Zwischen Demokratie und Diktatur 1914–1945, in: Karlsruhe. Die Stadtgeschichte, Karlsruhe 1998, S. 357–502, S. 487–502 https://www.karlsruhe.de/b1/stadtgeschichte/literatur/stadtarchiv/HF_sections/content/ZZmoP-1XI2Dw44 t/Karlsruhe%20Die%20Stadtgeschichte.pdf (Zugriff am 11. Mai 2018). Soweit nicht anders verwiesen und zur älteren Literatur, vgl. dort. Vgl. auch DERS., Gauhauptstadt auf Widerruf – Karlsruhe im Zweiten Weltkrieg, in: K. KRIMM (Hg.), NS-Kulturpolitik und Gesellschaft am Oberrhein 1940–1945 (Oberrheinische Studien 27), Ostfildern 2013, S. 81–95; »Die nationale Revolution«: Aufstieg und Machtergreifung der NSDAP in Karlsruhe, in: B. KIRCHGÄSSNER/H.-P. BECHT (Hgg.), Stadt und Revolution (Stadt in der Geschichte 27), Stuttgart 2001, S. 91–107.

[2] So erstmals die Bezeichnung im städtischen Verwaltungs- und Rechenschaftsbericht 1935, Gau- und Grenzlandhauptstadt Karlsruhe. Verwaltungs- und Rechenschafts-Bericht 1935, Karlsruhe 1937, S. 1 https://digital.blb-karlsruhe.de/urn/urn:nbn:de:bsz:31-62015 (Zugriff am 11. Mai 2018). Die Verwaltungsberichte erschienen 1928 bis 1938.

[3] Zu Wagner vgl. L. SYRÉ, Der Führer am Oberrhein. Robert Wagner, Gauleiter, Reichsstatthalter in Baden und Chef der Zivilverwaltung im Elsass, in: M. KISSENER/J. SCHOLTYSECK (HRSG.), Die Führer der Provinz. NS-Biographien aus Baden-Württemberg (Karlsruher Beiträge zur Geschichte des Nationalsozialismus 2), Konstanz 1997, S. 733–779.

Abb. 1   Gauleiter und Reichsstatthalter Robert Wagner, Postkarte um 1934

am Hitlerputsch wurde er zu einer 15-monatigen Festungshaft verurteilt und schied aus der Reichswehr aus. Nach der Haftentlassung gründete er im Auftrag Hitlers am 25. März 1925 in Karlsruhe den Gau Baden der NSDAP, der unter seiner Leitung organisatorisch zu einem der bestgeführten im Deutschen Reich wurde. Wagner fiel schon in den letzten Jahren der Weimarer Republik im Badischen Landtag, dem er seit Oktober 1929 angehörte, und bei zahlreichen Propagandaauftritten als entschiedener Gegner der Demokratie und als Antisemit auf. Auf eine Karriere in der Reichsleitung der NSDAP verzichtete der im Dezember 1932 zum Stellvertreter des neuen Reichsorganisationsleiters Robert Ley und zum Leiter des NSDAP-Hauptpersonalamts berufene Wagner, als er im Zuge der Machtübernahme der NSDAP nach der Reichstagswahl am 5. März 1933 nach Baden zurückkehrte. Er übernahm wieder die Gauleitung und wurde am 8. März als Reichskommissar, am 5. Mai als Reichsstatthalter von Baden eingesetzt. Nach der widerrechtlichen Absetzung der demokratischen Regierung fungierte er als Staatspräsident und Innenminister. Beide Ämter gab er nach der Einsetzung der neuen nationalsozialistischen Regierung mit dem Ministerpräsidenten Walter Köhler an der Spitze am 6. Mai 1933 wieder ab. In seiner Verantwortung lagen die Verfolgung und Ermordung der politischen und rasseideologischen Gegner. Seit Juni 1940 war Wagner Chef der Zivilverwaltung des Elsass. Wegen der dort verübten Verbrechen wurde er nach dem Krieg zum Tode verurteilt und am 14. August 1946 in Fort Ney bei Straßburg erschossen. Wagner blieb bis zuletzt ein überzeugter und unbelehrbarer Nationalsozialist.

Im Folgenden soll der Frage nachgegangen werden, welche Auswirkungen es auf die Stadt Karlsruhe nach 1933 hatte, dass sie Gauhauptstadt war. Zunächst werden die Maßnahmen zur Gleichschaltung der Bürgermeisterebene und der gewählten städtischen Gremien im Vordergrund stehen, ehe dann die Gleichschaltung der Verwaltung unter der besonderen Berücksichtigung des Gesetzes zur Wiederherstellung des Berufsbeamtentums folgt. Der dritte Abschnitt gibt einen kurzen Überblick über die Eingriffe der Gauleitung in die Stadtentwicklung, dann der Planungen im Zusammenhang mit der Umgestaltung der Gauhauptstadt im nationalsozialistischen Sinne. Kurz, weil anderweitig schon ausführlich behandelt, wird dann auf den Verlust der Gauhauptstadtfunktion eingegangen. Ein Resümee berücksichtigt dann auch noch weitere Auswirkungen der Gauhauptstadtfunktion.

Gleichschaltung der Verwaltungsspitze und der städtischen Gremien

Die ersten nationalsozialistischen Aktionen nach der Reichstagswahl am 5. März galten dem Rathaus.[4] Am 6. März wurde der der linksliberalen Deutschen Demokratischen Partei (DDP), seit 1930 Staatspartei, angehörende Karlsruher Oberbürgermeister Dr. Julius Finter[5] morgens um 5 Uhr von dem Karlsruher Polizeipräsidenten informiert, dass die Nationalsozialisten die Hissung ihrer Parteifahne auf dem Rathaus planten. Gleichzeitig erfuhr er, dass nach Rücksprache mit dem amtierenden badischen Innenminister Erwin Umhauer (Deutsche Volkspartei, DVP) ein Polizeieinsatz vermieden werden sollte, um Blutvergießen zu verhindern, obwohl bereits bekannt war, dass das Reichsinnenministerium diese Beflaggungsaktion nicht angeordnet hatte. Finter kündigte dennoch seinen Protest an und ließ die nach 9 Uhr gehisste Fahne wieder herunterholen. Erst als die SA mit ca. 30 Personen anrückte und eine Wache zurückließ, blieb die Fahne vorläufig auf dem Rathausturm. Angesichts der fehlenden Unterstützung durch die Badische Regierung und die Polizei gab Finter nach. So demonstrierten am 6. März die Parteifahnen am Rathaus und an anderen öffentlichen Gebäuden – u. a. auf dem Karlsruher Schloss, dem Bezirksamt, der Technischen Hochschule, dem Hauptpostamt, dem Landestheater und dem Feuerwehrhaus – zumindest bis zum späten Nachmittag des 7. März, am Rathaus sogar bis zum 11. März, bereits frühzeitig die Macht der Nationalsozialisten und die Ohnmacht der noch amtierenden badischen Regierung und der Verwaltung der Stadt Karlsruhe.[6] *(Abb. 2)*

---

[4] Aus nationalsozialistischer Sicht schildert O. EBBECKE, Die deutsche Erhebung in Baden, Karlsruhe 1933, die Ereignisse.

[5] Zu Finter vgl. Stadtarchiv Karlsruhe (StadtAK) 1/POA1/1740, Personalakte Julius Finter, und E. O, BRÄUNCHE, Julius Finter, in Stadtlexikon Karlsruhe http://stadtlexikon.karlsruhe.de/index.php/De:Lexikon:bio-0006 (Zugriff am 4. Mai 2018).

[6] Vgl. EBBECKE (wie Anm. 4), S. 14.

Abb. 2 Hakenkreuzfahne auf dem Rathausturm, März 1933

Der entscheidende Angriff setzte dann erst mehr als eine Woche später ein. Am 20. März 1933 erhielt Oberbürgermeister Finter den Stadtrat, Führer der NSDAP-Stadtratsfraktion und späteren Oberbürgermeister Adolf Friedrich Jäger[7] als Kommissar zugeordnet. Von NSDAP-Stadtrat Peter Riedner[8] und Oberregierungsrat Arthur Zierau

---

[7] Zu Jäger vgl. StadtAK 1/POA1/1425a und 1425b, Personalakten Friedrich Jäger, sowie E. O. BRÄUNCHE, Adolf Friedrich Jäger, in Stadtlexikon Karlsruhe http://stadtlexikon.karlsruhe.de/index.php/De:Lexikon:bio-0012 (Zugriff am 4. Mai 2018).

[8] Zu Riedner vgl. StadtAK 1/POA1/4922, Personalakte Peter Riedner, und E. O. BRÄUNCHE, Peter Ludwig Riedner, in Stadtlexikon Karlsruhe http://stadtlexikon.karlsruhe.de/index.php/De:Lexikon:bio-0853 (Zugriff am 4. Mai 2018).

wurde Bürgermeister Heinrich Sauer (SPD)[9], von Jäger und Zierau der der DVP nahestehende Bürgermeister Dr. Erich Kleinschmidt kontrolliert. Ohne Kommissar blieb zunächst der dem Zentrum angehörende Bürgermeister Hermann Schneider[10]. Dieser erhielt erst am 30. März in der Person des Oberingenieurs Franz Wolf einen eigenen Kommissar zugeordnet. Die Kommissare konnten aber nach einer Intervention bei der Regierung bei weitem nicht so stark in die Amtsgeschäfte eingreifen, wie sie sich dies gewünscht hatten. Sie besaßen das Recht auf Akteneinsicht, das Recht auf Empfehlungen und auf Einsprüche gegen Verfügungen des Oberbürgermeisters, wogegen dieser aber letztinstanzlich die Staatsaufsichtsbehörde anrufen konnte. Endgültig abgelöst wurden der Oberbürgermeister und die drei Bürgermeister im Gegensatz zu anderen badischen Städten erst am 8. Mai 1933. In Mannheim war der amtierende Oberbürgermeister Dr. Hermann Heimerich bereits am 9. März für abgesetzt erklärt worden, in Freiburg wich Oberbürgermeister Dr. Karl Bender dem massiven Druck der NSDAP und der gegen ihn angezettelten Pressekampagne am 10. April. Es gab aber auch Städte wie Heidelberg, wo Oberbürgermeister Dr. Karl Neinhaus, seit 1. Mai 1933 Mitglied der NSDAP, nahezu problemlos sein Amt weiterführen durfte.

In Karlsruhe bestand die Zwischenlösung der von Kommissaren kontrollierten Verwaltungsspitze bis zum 8. Mai, als die amtierenden Bürgermeister nach einer entsprechenden *Übereinkunft* geschlossen zurücktraten und pensioniert wurden, ohne dass das »Gesetz zur Wiederherstellung des Berufsbeamtentums« angewendet wurde. So konnte am folgenden Tag der kommissarische Oberbürgermeister Adolf Friedrich Jäger die erste Sitzung des widerrechtlich nach dem Ergebnis der Reichstagswahl vom 5. März 1933 umgebildeten Gemeinderats leiten. *(Abb. 3)*

Der neue Oberbürgermeister Adolf Friedrich Jäger war am 25. Juli 1873 in Emmendingen geboren worden. Nach dem Besuch der Volksschule und der höheren Bürgerschule Emmendingen absolvierte er eine Ausbildung zum Aktuar und Amtsrevidenten und war seit 1888 in verschiedenen badischen Bezirksämtern tätig. Am 15. Juli 1903 begann er seine Tätigkeit für die Stadt Karlsruhe bei der Rechnungsrevision als Revisionsassistent und stieg bis 1928 zum Direktor der Stadthauptkasse auf. Am 1. Mai 1930 trat Jäger in die NSDAP ein und übernahm im Spätjahr im Bürgerausschuss den Vorsitz der NSDAP-Fraktion. Innerhalb der Partei hatte er als ein durchaus ausgewiesener Verwaltungsfachmann bereits vor seinem offiziellen Parteieintritt 1929 die Stelle eines Referenten für Wirtschafts- und Gemeindepolitische Fragen inne und wurde 1930 Politischer Leiter und Gauamtsleiter zur besonderen Verwendung.

Diese parteipolitische Tätigkeit für die NSDAP hatte in der Endphase der Weimarer Republik keine Konsequenzen für seine Tätigkeit als städtischer Beamter. Seine für einen Beamten relativ frühe Zugehörigkeit zur NSDAP kam ihm aber ebenso wie seine Beteiligung an der Karlsruher Rathausschlacht[11] bei seiner Berufung zunächst zum kommis-

---

[9] Zu Sauer vgl. E. O. BRÄUNCHE, Heinrich Sauer, in Stadtlexikon Karlsruhe http://stadtlexikon.karlsruhe.de/index.php/De:Lexikon:bio-0854 (Zugriff am 4. Mai 2018).
[10] Zu Schneider vgl. E. O. BRÄUNCHE, Hermann Schneider, in Stadtlexikon Karlsruhe http://stadtlexikon.karlsruhe.de/index.php/De:Lexikon:bio-0855 (Zugriff am 4. Mai 2018).
[11] Am 11. Mai 1931 war es anlässlich der Haushaltsberatungen zunächst zu heftigen verbalen Auseinandersetzungen zwischen Nationalsozialisten und Kommunisten gekommen, die in

Abb. 3 Erste Sitzung des Bürgerausschusses nach der Reichstagswahl, 18. Mai 1933, links Bürgermeister Dr. Hermann Fribolin, daneben Oberbürgermeister Adolf Friedrich Jäger, rechts Verwaltungsdirektor Julius Lacher

sarischen, dann zum ordentlichen Oberbürgermeister sehr zustatten. Da er bei seiner Amtseinsetzung schon fast 60 Jahre alt war, musste er altershalber zum 1. August 1938 in den Ruhestand treten. Nach dem Krieg wurde er in seinem ersten Spruchkammerverfahren 1949 als Belasteter eingestuft und erhielt eine Strafe in Höhe von 10 % seines Vermögens. Im folgenden Jahr hob die Berufungsinstanz dieses Urteil auf und stufte ihn als Mitläufer ein. Somit hatte er wieder einen Anspruch auf sein Ruhegehalt. Vergeblich hatte er aber dagegen geklagt, dass die Stadt ihm nur das Ruhegehalt als Stadtkassendirektor zahlte, weil er 1933 Oberbürgermeister wegen seiner Parteizugehörigkeit geworden war. Das Verwaltungsgericht wies seine Argumentation, dass er diese Position ausschließlich wegen seiner fachlichen Qualifikation erreicht habe, zweimal zurück und schloss sich der Auffassung der Stadt Karlsruhe an. Jäger verstarb am 30. März 1955 in Karlsruhe.[12]

---

eine Schlägerei ausarteten. Tische und Stühle gingen zu Bruch, und die Polizei musste eingreifen. Die beiden Hauptakteure der »Rathausschlacht« Hermann Böning (KPD) und Ludwig Streit (NSDAP) erhielten jeweils zwei Monate Gefängnisstrafe, 14 weitere Stadtverordnete Geldstrafen zwischen 30 und 60 Mark. Streit, der als Verwaltungsassistent bei der Stadt beschäftigt war, erhielt zudem einen dienstlichen Verweis und eine Geldstrafe in Höhe eines halben Monatsgehalts, wurde aber nicht entlassen, vgl. StadtAK 1/POA1/2791, Personalakte Ludwig Streit; BRÄUNCHE, Residenzstadt (wie Anm. 1), S. 428 f. Vgl. auch DERS., Rathausschlacht 1931, in Stadtlexikon Karlsruhe http://stadtlexikon.karlsruhe.de/index.php/De:Lexikon:ereig-0290 (Zugriff am 4. Mai 2018).

[12] Vgl. StadtAK 1/POA1/1425a, Personalakte Adolf Friedrich Jäger.

Als Oberbürgermeister leitete Jäger die Verwaltung und vertrat die Stadt nach außen. Außerdem war er zuständig für die Bereiche Kunst, Bildung und Erziehung sowie für alle wirtschaftlichen Fragen.[13]

Der zweite nationalsozialistische Bürgermeister Hermann Fribolin war am 25. November 1886 in Montevideo als Sohn eines Kaufmanns geboren worden. Dem Besuch des Realgymnasiums (späteres Humboldt-Realgymnasium) in Karlsruhe folgte seit 1906 das Jurastudium in Heidelberg und München. Nach dem ersten Staatsexamen im Jahre 1910 und der bestandenen zweiten Staatsprüfung sowie der Promotion im Jahr 1913 wurde er Gerichtsassessor in Mannheim. Dorthin kehrte er 1918 nach vierjährigem Kriegseinsatz zurück und wurde 1920 Staatsanwalt in Mannheim und Karlsruhe. In den Jahren 1921 bis 1927 war er Gefängnisdirektor in Karlsruhe, ehe er zunächst Amtsrichter, dann 1929 Landgerichtsrat und Untersuchungsrichter in Karlsruhe wurde. In die NSDAP trat Fribolin erst am 1. Mai 1933 ein, er gehörte also zu den so genannten Märzgefallenen, d. h. zu den Personen, die nach der Märzwahl 1933 in erster Linie aus Karrieregründen in die NSDAP eintraten. Zuvor hatte er der DVP als Vorstandsmitglied angehört und war auch in deren Versammlungen als Redner aufgetreten. 1936 gab er allerdings in einem Fragebogen an, dass er die DVP bereits 1929 verlassen habe. Die Position zunächst als Kommissar, dann als Bürgermeister, soll er auf Betreiben des NSDAP-Kreisleiters Willi Worch[14] übernommen haben.[15] Fribolin war Stellvertreter des Oberbürgermeisters und als Bürgermeister zuständig für die Arbeitsbeschaffung, das Personalwesen und das Wohlfahrtswesen.[16] In der ersten Bürgerausschusssitzung nach der Märzwahl wurden dann am 18. Mai der Karlsruher Oberbürgermeister Jäger und Bürgermeister Fribolin ohne Beteiligung der Sozialdemokraten mit 45 von 46 Stimmen gewählt. Um Bereitschaft zur Sparsamkeit zu demonstrieren, waren zwei Bürgermeisterstellen gestrichen worden.

Mit der Einsparung von zwei Bürgermeisterstellen war eine Neuorganisation der Verwaltung verbunden. Der von Oberbürgermeister Jäger geleiteten Hauptabteilung I waren die neu gebildeten Nebenabteilungen I a und I b nachgeordnet. Die Abteilung I a leitete Verwaltungsdirektor Julius Lacher, ein erfahrener Verwaltungsfachmann.[17] Zuständig war er für die verkehrswerbenden Maßnahmen, heute Tourismus, das Nachrichtenwesen und die Büroorganisation. Die Abteilung I b, Steuerangelegenheiten, Beitreibungswesen, Wirtschaftsprüfung und Verwaltungsbericht, leitete Finanzoberinspektor Dr. August Zimmermann.[18]

---

[13] Vgl. Verwaltungsbericht (wie Anm. 2), 1933, S. 12.
[14] Zu Worch vgl. M. Koch, »Überzeugter Nationalsozialist eigener Prägung«: Willi Worch, NSDAP-Kreisleiter von Karlsruhe, in: M. Kissener/J. Scholtyseck, Die Führer (wie Anm. 3), S. 805–826 und ders., Willi Worch, in Karlsruher Stadtlexikon http://stadtlexikon.karlsruhe.de/index.php/De:Lexikon:bio-1011 (Zugriff am 4. Mai 2018).
[15] Zu Fribolin vgl. StadtAK 1/POA1/5744-5746, Personalakten Hermann Fribolin, und E. O. Bräunche, Hermann Carlos Fribolin, in Stadtlexikon Karlsruhe http://stadtlexikon.karlsruhe.de/index.php/De:Lexikon:bio-0552 (Zugriff am 4. Mai 2018).
[16] Vgl. Verwaltungsbericht (wie Anm. 2), 1933, S. 12. Vgl. dort, S. 12 f., auch zum Folgenden.
[17] Vgl. StadtAK 1/POA1/1851 Personalakte Julius Lacher, eingestellt 1887.
[18] Vgl. StadtAK 1/POA1/4554, Personalakte Dr. August Zimmermann, es handelt sich nur um die Amtspersonalakte, die des Personalamts fehlt.

Zu Bürgermeisters Fribolins Hauptabteilung II gehörten fünf Nebenabteilungen. Für die Abteilung II a, Stadterweiterung, Siedlungs-, Boden- und Wohnungspolitik, war Oberbaurat Dr. Johannes Dommer, seit 1. September 1931 Mitglied der NSDAP, zuständig.[19] Auch für ihn hatte die Mitgliedschaft in der NSDAP vor 1933 keine Konsequenzen. Er wurde 1947 als Minderbelasteter eingestuft. Stadtrechtsrat Fritz Gut[20] stand der Abteilung II b vor, deren Aufgaben Rechtsangelegenheiten, Polizei und Luftfahrt gehörten. Gemeindegerichtsbarkeit, Schadensersatzansprüche, Gesundheitswesen, Lebensmittelversorgung und Gewerbeangelegenheiten war der Zuständigkeitsbereich der Abteilung II c unter der Leitung von Stadtrechtsrat Dr. Ludwig Seiterich[21], seit 10. Januar Stadtrechtsrat Egon Kletti.[22] Kletti war erst am 1. Mai 1933 in die NSDAP eingetreten und wurde 1947 als Mitläufer eingestuft. Außerdem wurden das Hochbauamt unter Leitung von Stadtbaudirektor Friedrich Beichel[23] und das Tiefbauamt unter Leitung von Stadtbaudirektor Otto Seith[24] auf den Status von Nebenabteilungen gehoben. Beide Amtsleiter waren als Fachbeamte schon lange in städtischen Diensten.

Von der hier noch demonstrierten Sparsamkeit wich man aber schon im Oktober 1934 ab, als Stadtrat Peter Riedner[25] besoldeter Stadtrat wurde. Riedner erhielt nach dem Besuch der Volksschule und der Seminar-Übungsschule eine kaufmännische Ausbildung und war bis zu seiner Berufung als besoldeter Stadtrat am 1. Oktober 1934 in der Brauerei Schrempp in der Expedition tätig. Zuständig war Riedner für Erziehung, Wohlfahrt, Nahrungsmittelpolizei, Lebensmittelversorgung, Werbe- und Plakatwesen sowie für den städtischen Fuhrpark. 1939 wurde sein Bereich nach der Einberufung Fribolins erweitert um das Personalwesen, die Unternehmungen der Stadt und das Rebgut Istein. Am 1. Dezember 1925 war er in die NSDAP eingetreten. Riedner übte vier Jahre das Amt des Gauschatzmeisters der NSDAP aus, ehe er 1929 erster badischer Gaurichter wurde. Seit 1930 Stadtrat, war er 1933 vom 6. März bis 9. Mai als Kommissar Bürgermeister Heinrich Sauer zugeordnet. Als Stadtrat hatte er sich auch an der Rathausschlacht 1931 beteiligt.[26] 1934 ernannte ihn die Partei zum ehrenamtlichen Gauinspektor. Nach dem Zweiten Weltkrieg kam Riedner in Internierungshaft, aus der er am 1. November 1947 krankheitshalber entlassen wurde. Die Spruchkammer stufte ihn im März 1949 als Belasteten ein und sah es als erwiesen an, dass er nur aufgrund seiner frühen Parteimitgliedschaft als Nichtfachmann in den Rang eines besoldeten Stadtrats habe aufsteigen können.

---

[19] Vgl. StadtAK 1/POA1/392, Personalakte Dr. Johannes Dommer, eingestellt 1919.
[20] Vgl. StadtAK 1/POA1/1026, Personalakte Dr. Fritz Gut, eingestellt 1927. Gut war 1950 bis 1966 Stadtsyndikus.
[21] Die Personalakte Dr. Ludwig Seiterich ist nicht erhalten. Regierungsassessor Seiterich war erst im März 1932 zum Stellvertreter des Gemeinderichters ernannt worden, vgl. StadtAK 3/B 44, S. 517 f. 1934 kehrte er auf Anordnung des Innenministeriums dorthin zurück, vgl. StadtAK 1/POA1/1703, Personalakte Egon Kletti.
[22] Vgl. Ebenda. Egon Kletti war zuvor bei der Stadt Ettlingen beschäftigt.
[23] Vgl. StadtAK 1/POA1/264, Personalakte Friedrich Beichel, eingestellt 1903.
[24] Vgl. StadtAK 1/POA1/3074, Personalakte Otto Seith, eingestellt 1898.
[25] Zu Riedner vgl. Anm. 8.
[26] Vgl. StadtAK 1/H-Reg 795.

Abb. 4   Die NSDAP-Fraktion im neu zusammengesetzten Bürgerausschuss in dessen erster Sitzung nach der Reichstagswahl, 18. Mai 1933

Auch Stadtrat und Bürgerausschuss waren rasch gleichgeschaltet. Die SPD nahm auch nur noch an wenigen Sitzungen des Stadtrats teil. Am 30. Juni 1933 vermerkt das Protokoll lapidar, dass die Sozialdemokraten im Stadtrat und auch im Bürgerausschuss nach der Auflösung der SPD aus ihren Ämtern ausgeschieden seien. Die Vertreter des Zentrums konnten dagegen auch nach der Auflösung ihrer Partei zunächst in ihren Ämtern bleiben und als Hospitanten der NSDAP-Fraktion beitreten. *(Abb. 4)* Durch das »Gesetz über die vorläufige Aufhebung der Bürgerausschüsse und Gemeindeversammlungen« vom 6. März 1934 wurde dann die Auflösung der Bürgerausschüsse angeordnet und im folgenden Jahr 1935 schließlich trat die Deutsche Gemeindeordnung in Kraft: *Durch sie wurde die kollegiale Leitung der Stadt, wie sie nach der badischen Gemeindeordnung vom 5. Oktober 1921 in der Form des parlamentarischen Stadtrats bestanden hatte, der seine Beschlüsse nach einer Mehrheitsabstimmung fasste, beseitigt. An seine Stelle trat der Oberbürgermeister als Führer der Verwaltung in voller und ausschließlicher Verantwortung.*[27] Der städtische Verwaltungsbericht für 1935 hob weiter hervor, dass die *Wahrung des dauernden Einklangs zwischen der Nationalsozialistischen Deutschen Arbeiterpartei und der Stadtverwaltung* der Beauftragte des Stellvertreters des Führers, Kreisleiter Willi Worch, übernommen hatte. *(Abb. 5)* Worch hatte also eine Schlüsselposition inne und war an allen kommunalpolitischen und Personalentscheidungen beteiligt. Der aus 24 Ratsher-

---

[27] Verwaltungsbericht 1935 (wie Anm. 2), S. 9.

Abb. 5 Kreisleiter Willi Worch am Rednerpult bei einer Großkundgebung auf dem Platz der SA (heute Festplatz) am 1. Mai 1939

ren bestehende Stadtrat besaß nur noch beratende Funktion. Damit war dessen Gleichschaltung spätestens zu diesem Zeitpunkt abgeschlossen.

Gesetz zur Wiederherstellung des Berufsbeamtentums

Schon im ersten Jahr ihrer Herrschaft entließen die Nationalsozialisten aufgrund des »Gesetzes zur Wiederherstellung des Berufsbeamtentums« insgesamt 23 Beamte[28], darunter ein Beamter der Sparkasse, zwölf Angestellte und 88 Arbeiter. Ein so genannter »nichtarischer« Beamter wurde in den Ruhestand versetzt.[29] Von der zwangsweisen Zurruhesetzung war 1934 auch Elisabeth Großwendt, Mitglied der DDP, betroffen, die bis dahin einzige, seit 1920 für das Jugendamt zuständige Karlsruher Amtsleiterin.[30] Sie

---

[28] Zu den entlassenen Beamten gehörte Baurat Dr. Karl Möhrle. Er wurde am 6. August 1945 als *vorläufige Maßnahme zur Wiedergutmachung* wieder eingestellt und ging 1959 als Generaldirektor der Stadtwerke Karlsruhe in den Ruhestand, vgl. StadtAK 1/POA1/2241.

[29] StadtAK 1/POA2/1569.

[30] Vgl. StadtAK 1/POA1/1011, Personalakte Elisabeth Großwendt. Vgl. auch L. STERR, Aufbrüche, Einschnitte und Kontinuitäten – Karlsruher Frauen in der Weimarer Republik und im »Dritten Reich«, in: Karlsruher Frauen 1715–1945. Eine Stadtgeschichte (Veröffentlichungen des Karlsruher Stadtarchivs 15), Karlsruhe 1992, S. 307–310, 326–328 http://www.karlsruhe.de/b1/stadtgeschichte/frauengeschichte/frauen1715 (Zugriff am 18. Mai. 2018), B. GUTTMANN, »Zwischen Trümmern und Träumen« – Karlsruherinnen in Politik und Gesellschaft

musste ihren Arbeitsplatz räumen, um männliche Bewerber zum Zuge kommen zu lassen. Der Verwaltungsbericht 1933 hielt deshalb fest, dass trotz einer Personalsteigerung gegenüber dem Vorjahr um 30 Stellen, eine Verringerung des Personalhaushalts erreicht wurde. *Diese Entwicklung ist vornehmlich eine Folge des Gesetzes zur Wiederherstellung des Berufsbeamtentums und der zur Freimachung von Arbeitsplätzen ausgesprochenen zahlreichen Zurruhesetzungen, insbesondere auch von weiblichen Beamten, an deren Stelle männliche Bewerber treten konnten.*[31] Im März 1934 arbeiteten 1.244 Beamte, 425 Angestellte und 1.514 Arbeiter in der Stadtverwaltung.[32]

Entlassen worden waren allein 74 Stadtbedienstete wegen politischer Unzuverlässigkeit, d. h. in der Regel wegen ihrer Zugehörigkeit zur SPD, KPD oder einer anderen linksgerichteten Organisation. Außerdem entzog man zwei Ruhestandsbeamten, dem langjährigen SPD-Fraktionsvorsitzenden Verwaltungsinspektor Gottlob Schwerdt und einem Amtsgehilfen, wegen *nationaler Unzuverlässigkeit* und der ehemaligen Verwaltungsassistentin Else Salomon wegen *nichtarischer Abstammung* das Ruhegehalt. Gauleiter Wagner musste grundsätzlich die Verfügungen im Vollzug des Berufsbeamtengesetzes gegen Beamte erlassen, die in einem besonderen städtischen Ausschuss beraten worden waren. Maßnahmen gegen Angestellte und Arbeiter konnten vom Stadtrat verfügt und von der Verwaltung direkt umgesetzt werden.

Zu den Entlassenen gehörte auch der Straßenbahnkontrolleur Karl Grein, der 1933 wegen abfälliger Äußerungen über Hitler und die NSDAP denunziert worden war. 1937 wurde er wieder eingestellt, wohl ohne Kenntnis des Reichsstatthalters, der mit *Befremden* feststellte: *Nach dem Akteninhalt war Grein ein fanatischer Gegner der Bewegung und hat dies in Wort und Tat zum Ausdruck gebracht. Er hätte auch nicht im Angestelltenverhältnis bei einer Behörde eingestellt werden dürfen.*[33] Mit Verweis auf einen ähnlich gelagerten Fall erreichte die Stadtverwaltung 1937 aber, dass Grein weiter beschäftigt werden konnte.[34] 1937 waren 18 der 1933 entlassenen Arbeiter wiedereingestellt.[35]

Drei Ärzte im Städtischen Krankenhaus, die jüdischer Abstammung waren, beurlaubte man sofort und kündigte ihnen zum nächstmöglichen Termin. Oberbürgermeister Jäger verkündete angesichts dieser »Erfolgsbilanz« am 27. September 1933 vor dem Stadtrat stolz, dass *die Stadt Karlsruhe den anderen Städten und Reichsbehörden (Reichspost usw.) weit voraus* sei.[36] Im September 1936 konnte das Personalamt auch mitteilen, dass *jüdische versippte* Beamte bei der Stadt nicht mehr vorhanden seien.[37] Ausnahmen waren der Leiter der Prosektur am Städtischen Krankenhaus Prof. Dr. Edgar von Gierke

---

in der Nachkriegszeit, Karlsruhe 1997, S. 48–50, http://www.karlsruhe.de/b1/stadtgeschichte/frauengeschichte/truemmern (Zugriff am 18. Mai 2018) und R. Gilbert, Elisabeth Friederike Großwendt, in: Stadtlexikon Karlsruhe http://stadtlexikon.karlsruhe.de/index.php/De:Lexikon:bio-0593 (Zugriff am 18. Mai 2018).

[31] Verwaltungsbericht 1933 (wie Anm. 2), S. 14.
[32] Vgl. Verwaltungsbericht 1933 (wie Anm. 2), S. 14 und 16.
[33] StadtAK 1/POA2/1569.
[34] StadtAK 1/POA1/974, Personalakte Karl Grein.
[35] Vgl. StadtAK 1/POA2/242. Die Liste enthält nicht den Namen von Karl Grein.
[36] StadtAK 1/POA2/1569.
[37] Vgl. StadtAK 1/POA2/1695.

und der Werkführer Heinrich Hammer.[38] Von Gierke wurde aufgrund des Beschlusses des Reichsstatthalters Robert Wagner am 28. September 1937 im Alter von 60 Jahren zum Jahresende in den Ruhestand versetzt, Ende August 1939 aber nach der Einberufung seines Nachfolgers und dessen zwei Assistenten zur Wehrmacht *nur infolge des Mangels an geeignetem Ärztepersonal* mit einer kurzen Unterbrechung 1941 bis Ende 1944 wieder eingestellt.[39] Wagner stimmte dieser Regelung mit der Auflage zu, dass es keinen Kontakt zu den Patienten des Krankenhauses geben dürfe. Hammer blieb bis 1954 im Dienst der Stadt bei den Städtischen Bädern. Wiederholt bestätigten Vorgesetzte seine Unabkömmlichkeit und verhinderten noch kurz vor Kriegsende seinen Einsatz bei so genannten Sonderkommandos, für die er angefordert war.[40]

Auch der langjährige Rheinhafendirektor Emil Pfeiff verblieb im Amt, obwohl er sich nach der Märzwahl eigenen Angaben zufolge gegen die Hissung der Hakenkreuzfahne im Rheinhafen erfolgreich gewehrt hatte. Entlassen wurde er erst 1937 aufgrund seiner Zugehörigkeit zu einer Freimaurerloge. Nach dem Krieg wurde er wieder eingestellt, da sein Nachfolger aufgrund der Entnazifizierungsmaßnahmen der Alliierten gleich entlassen worden war. Er musste sich selbst aber auch einem Spruchkammerverfahren unterziehen, da er 1935–1937 als Mitglied der SA-Reserve aufgeführt war. Trotz seiner Darlegung, dass er als Mitglied des Militärvereins Karlsruhe ohne sein Zutun Mitglied der SA geworden sei und er diese Mitgliedschaft 1937 gekündigt habe, wurde er am 14. Juli 1947 als Mitläufer zu einer Sühnestrafe von 200 Mark verurteilt, 1948 aber entlastet.[41]

Von den bis zum Oktober 1935 neu eingestellten 493 Personen gehörten 446, also rund 91 %, der NSDAP oder einer ihrer Gliederungen an. Von diesen waren 261 »alte Kämpfer«, die Mehrzahl Arbeiter (188), gefolgt von den Angestellten (60) und den Beamten (13).[42] Noch im Jahre 1933 traten zudem viele städtische Mitarbeiter in die NSDAP ein – eine Liste von 265 bis 1937 eingetretenen Parteimitgliedern führt im Jahr 1933 allein 192 auf.[43]

Nur wenige der leitenden Beamten entzogen sich dem Druck und traten nicht in die Partei ein. Zu ihnen gehörten der Leiter des Tiefbauamts Otto Seith[44], der Leiter des Statistischen Amtes Otto Berendt[45] und der Leiter des Hochbauamts Stadtbaudirektor Friedrich Beichel. Beichel blieb als anerkannter Fachmann sogar im Amt, obwohl sein Stellvertreter und 1938 Nachfolger Robert Ammann ein alter Kämpfer war und mit ihm auch ein fachlich qualifizierter Nachfolger bereit gestanden hätte (Eintritt 1. Mai 1932).[46]

Im folgenden Wirtschaftsjahr stieg die Zahl der Einstellung von Parteigenossen noch einmal leicht an, von 218 neuen städtischen Bediensteten waren es 200, 83 davon »alte

---

[38] Zu von Gierke vgl. StadtAK 1/POA1/903, Personalakte Edgar von Gierke, und M. KOCH, Edgar von Gierke, in Stadtlexikon Karlsruhe http://stadtlexikon.karlsruhe.de/index.php/De:Lexikon:bio-0120 (Zugriff am 4. Mai 2018).
[39] Vgl. StadtAK 1/POA1/903.
[40] Vgl. StadtAK 1/POA1/1048, Personalakte Heinrich Hammer.
[41] Vgl. StadtAK 1/POA1/2435.
[42] Vgl. StadtAK 1/POA2/1620 und 1/POA2/242. Vgl. dort auch zum Folgenden.
[43] Vgl. StadtAK 1/POA2/514.
[44] Vgl. StadtAK 1/POA1/3074, Personalakte Otto Seith.
[45] Vgl. StadtAK 1/POA1/245, Personalakte Dr. Otto Berendt.
[46] Vgl. StadtAK 1/POA1/264, Personalakte Friedrich Beichel.

Kämpfer«.[47] Nicht alle »alten Kämpfer« konnten aber versorgt werden. Kreisleiter Worch monierte deshalb auch in der Stadtratssitzung am 21. Juni 1934, dass die öffentlichen Verwaltungen nicht in dem Maße, wie das die NSDAP erwartet habe, die ›Schwarzen‹ und die ›Roten‹ ausgeschieden hätten, sah aber auch ein, »daß nicht alle verdienten Kämpfer für den Behördendienst nach Vorbildung und Werdegang geeignet« seien.[48] Auf einen Erlass des Reichsarbeitsministers vom 16. Januar 1935, gehobene Positionen verstärkt mit führenden Nationalsozialisten zu besetzen, antwortete die Stadt, dass 30 NSDAP-Parteiamtsleiter und zwölf SA- bzw. SS-Führer eingestellt seien, von denen 20 nach dem 1. April 1933 – deshalb keine »alten Kämpfer« – in die Partei eingetreten seien. Man bedaure, derzeit keine weiteren »Unterbringungsmöglichkeiten« anbieten zu können, versicherte aber, dass die Stadt »auch in Zukunft die Sorge um die Unterbringung verdienter Kämpfer der nationalsozialistischen Bewegung als eine ihrer vornehmsten Pflichten empfinden« werde.[49]

Für Führungspositionen kam von diesen »alten Kämpfern« tatsächlich kaum einer in Frage. Von den Personen, die 1933 in ihrer leitenden Stellung innerhalb der Stadtverwaltung blieben oder neu in diese kamen, waren immerhin fünf alte Kämpfer. 1934 kam mit dem Besoldeten Stadtrat Riedner ein sechster hinzu. Generell blieben die Führungspositionen in der Verwaltung unterhalb der Bürgermeisterebene 1933 weitgehend unangetastet, wie eine Auswertung der im Stadtarchiv fast komplett erhaltenen Überlieferung der Personalakten der Amtsleiter ergab (*Tabelle S. 82f.*).[50]

Die Personalakten des Oberbürgermeisters Dr. Oskar Hüssy, der 1938 Nachfolger von Jäger nach dessen altersbedingten Zurruhesetzung wurde, des besoldeten Stadtrats Peter Riedner und des 1933 eingesetzten Personalamtsleiters Carl Otto Herrmann waren laut Aussage des Personalamts bei Kriegsende verschwunden und tauchten auch nicht wieder auf. Vermutet wurde, dass der Letztgenannte sich diese Akten *angeeignet* habe, was Herrmann in seinem Entnazifizierungsverfahren allerdings bestritt.[51] Die Recherchen ergaben aber, dass einige weitere Personalakten fehlen, so die des Leiters der 1933 neugebildeten, dem Oberbürgermeister direkt zugeordneten Nebenabteilung I b (siehe unten)

---

[47] Vgl. Verwaltungsbericht 1933 (wie Anm. 2), S. 20 und 1934, S. 23.
[48] Vgl. StadtAK 1/POA2/1569.
[49] Vgl. StadtAK 1/POA2/1620.
[50] Ausgewertet wurden folgende Personalakten: Robert Amann, 1/POA1/31; Dr. Fridolin Beck, 1/POA1/5220; Friedrich Beichel, 1/POA1/264; Dr. Otto Berendt, 1/POA1/245; Dr. Johannes Dommer, 1/POA1/392; Constantin Eglinger, 1/POA1/584; Dr. Franz Fichtl, 1/POA1/2828 + 2937; Dr. Julius Finter, 1/POA1/740; Dr. Hermann Fribolin, 1/POA1/5744–5746; Albert Göbel, 1/POA1/930; Hermann Graf, 1/POA1/983; Alfred Griebel, 1/POA1/958 a + b; Elisabeth Großwendt, 1/POA1/1011; Fritz Gut, 1/POA1/1026; Matthäus Hartl, 1/POA1/1109; Josef Heinrich, 1/POA1/115; Carl Otto Herrmann, 1/POA1/1196; Friedrich Jäger, 1/POA1/1442; Wilhelm Kachel, 1/POA1/1480; Siegfried Kemmer, 1/POA1/1393 a + b; Karl Kistner, 1/POA1/1606 + 2989; Dr. Egon Kletti, 1/POA1/1703; Dr. Erich Kleinschmidt, 1/POA1/1669; Julius Lacher, 1/POA1/1851; Ernst Müller, 1/POA1/2254; Emil Pfeiff, 1/POA1/2435; Peter Riedner, 1/POA1/4922; Heinrich Sauer, 1/POA1/4666; Friedrich Scherer, 1/POA1/4646 + 5277; Gustav Schneider, 1/POA1/2702; Hermann Schneider, 1/POA1/4778; Otto Seith, 1/POA1/3074; Dr. Erwin Vischer, 1/POA1/4027 + 4027a; Julius Wilcke, 1/POA1/4388; Karl Wolf, 1/POA1/4530; Edmund Zeil, 1/POA1/4611; Dr. August Zimmermann, 1/POA1/4554.
[51] Vgl. StadtAK 1/POA1/1196, Personalakte Carl Herrmann.

Abb. 6   Veranstaltung in der Festhalle, in der ersten Reihe der Leiter des Personalamts, rechts neben ihm Bürgermeister Dr. Hermann Fribolin, Kreisleiter Willi Worch und Oberbürgermeister Dr. Oskar Hüssy, um 1939

Dr. August Zimmermann[52] und des Leiters der ebenfalls neugebildeten und Bürgermeister Fribolin zugeordneten Nebenabteilung II b Dr. Fritz Gut.[53]

Die Ernennung Hüssys erfolgte auf direkte Anweisung Wagners, der den »alten Kämpfer« und Leiter des Gaugerichts dem (Fach-)Bürgermeister Fribolin vorzog. Da dieser sich Hoffnungen gemacht hatte, Jägers Nachfolger zu werden, trug er sich daraufhin mit Abwanderungsgedanken, was durch seine freiwillige Meldung zur Wehrmacht bei Kriegsbeginn hinfällig wurde.[54] Anfang 1941 ordnete ihn der Reichsinnenminister auf seinen Antrag hin als Kämmerer zur Stadt Warschau ab. In dieser Position blieb Fribolin, bis er in einem polnischen Lazarett seinen schweren, während des Warschauer Aufstandes 1944 erlittenen Verletzungen erlag. Fribolin wurde posthum 1948 als Minderbelasteter eingestuft.[55]

---

[52] Erhalten ist nur eine dünne Personalakte Dr. August Zimmermann (1940–1953), der zu entnehmen ist, dass die Personalakten am 20. Juni 1945 an die Finanzverwaltung *zum dortigen Verbleib* abgegeben wurden. Der – nicht zu belegende – Verdacht liegt nahe, dass der bei der Finanzverwaltung beschäftigte Zimmermann diese selbst beseitigt hat, vgl. StadtAK 1/POA1/4554, Personalakte Dr. August Zimmermann.

[53] Die erhaltene schmale Personalakte setzt erst 1949 ein, vgl. StadtAK 1/POA1/1026, Personalakte Dr. Fritz Gut, eingestellt 1927. Gut war nach dem Krieg 1950 bis 1966 Leiter des Rechtsamts und Stadtsyndikus.

[54] Vgl. Verwaltungsbericht 1938 (wie Anm. 2), S. 11.

[55] Vgl. StadtAK 1/POA1/5745, Personalakte Dr. Hermann Fribolin.

Im Jahr 1933 wurde nur eine Amtsleiterstelle neu besetzt. Carl Otto Herrmann hatte am 1. November 1933 die Nachfolge des parteilosen Direktors des Personalamts Gustav Schneider angetreten, der Direktor des Gas-, Wasser- und Elektrizitätsamts wurde. In Schneiders Personalakte finden sich keine Hinweise darauf, dass er zwangsweise gegen seinen Willen versetzt wurde.[56] *(Abb. 6)* Der 1945 angelegten neuen und unvollständigen Personalakte, die auch Entnazifizierungsunterlagen enthält, zufolge war Herrmann am 1. Dezember 1931 der NSDAP beigetreten, war also »alter Kämpfer«. Seine Funktionen als Kreisfachschaftsführer der NS-Beamtenabteilung, Kreis Karlsruhe und Gaufachschaftsleiter der Fachschaft Gemeindebeamte qualifizierten den ursprünglich als technischer Beamter im Range eines Oberinspektors beim Tiefbauamt beschäftigten Herrmann aus parteipolitischer Sicht für die Position des Personalamtsleiters besonders. Nach dem Krieg wurde Herrmann von der Spruchkammer Vaihingen/Enz in erster Instanz am 26. Februar 1947 auch als Belasteter eingestuft. Dieses Urteil wandelte die Spruchkammer Nordbaden, an die das Berufungsverfahren verwiesen worden war, aber in eine Einstufung als Minderbelasteten um. Sie sah es nicht als erwiesen an, dass Herrmann nur aufgrund seiner Eigenschaft als »alter Kämpfer« Leiter des Personalamts geworden sei. Er habe diese vielmehr als Verwaltungsfachmann bekommen, der sich in seiner Amtszeit auch keine Verfehlungen habe zu Schulden kommen lassen. Vielmehr habe er einigen der ursprünglich aufgrund des Gesetzes zur Wiederherstellung des Berufsbeamtentums aus politischen Gründen Entlassenen zur erneuten Einstellung verholfen. Dies habe dann auch zu seiner Entlassung 1938 beigetragen. Für diese Sicht spricht in der Tat z. B. die oben geschilderte Wiedereinstellung des Straßenbahnschaffners Grein, die den Unmut des Gauleiters hervorgerufen hatte. Nach dem für ihn positiven Ausgang des Berufungsverfahrens klagte Herrmann gegen die Stadt, da diese sich weigerte, die verfügte Rückstufung auf die Gehaltsstufe vor seiner Beförderung zum Direktor des Personalamts zurückzunehmen. Das Verwaltungsgericht Karlsruhe gab der Stadt am 15. Januar 1953 Recht und wies die Klage zurück. Sie folgte dabei der Argumentation der Stadt, die mitgeteilt hatte, »dass die Ernennung eines technischen Beamten zum Personalamtsdirektor einen so ungewöhnlichen, jeder Verwaltungsübung widersprechenden Vorgang darstelle, dass sich schon aus ihm ergebe, dass bei einer Stellenbesetzung nicht fachliche, sondern ausschließlich parteipolitische Gesichtspunkte maßgebend waren.«[57]

Direkte Eingriffe der Gauleitung oberhalb der Kreisleitung in diese Besetzung sind nicht nachzuweisen. Sie waren aber auch nicht nötig, da Wagners Rolle als Reichsstatthalter und Gauleiter unangefochten war und er auf eine gefügige Gefolgschaft in der Partei bauen konnte. Auch die in ihren Ämtern belassenen Fachbeamten, von denen viele schon in der Zeit des Kaiserreichs ihren Dienst bei der Stadt angetreten hatten (vgl. Tabelle, S. 82f. funktionierten in diesem Sinne.[58]

---

56 Vgl. StadtAK 1/POA1/2702, Personalakte Gustav Schneider.
57 Vgl. StadtAK 1/POA1/1196, Personalakte Karl Herrmann.
58 Dies trifft für sehr viele Städte zu, z. B. Konstanz, vgl. J. KLÖCKLER, Selbstbehauptung durch Selbstgleichschaltung. Die Konstanzer Stadtverwaltung im Nationalsozialismus (Konstanzer Geschichts- und Rechtsquellen 43), Ostfildern 2012, S. 160 ff.

Eingemeindungen

Auf die Personalpolitik der Stadt Karlsruhe nahm die Gauleitung direkt, also über den formal vorgeschriebenen Rahmen hinaus, nur wenig Einfluss. Auffällige Besonderheiten gibt es nicht. Deutlicher ist der Einfluss der Gauleitung aber bei den Eingemeindungen, wobei es hier absolut keinen Dissens mit der Stadtverwaltung gab.[59] Die seit ihrer Gründung nur mit einer geringen Fläche ausgestattete Stadt Karlsruhe war seit dem Ende des 19. Jahrhunderts vor allem durch die Eingemeindungen der Stadt Mühlburg und umliegender Dörfer gewachsen. Auch die Eingemeindungen der benachbarten Dörfer Hagsfeld und Knielingen sowie der Stadt Durlach waren schon vor 1933 angedacht und vorbereitet, aber aus unterschiedlichen Gründen noch nicht realisiert worden.

Nun aber unterstützte Gauleiter Robert Wagner persönlich diese Vorhaben. Seine Motive wurden schon im Falle Knielingens deutlich: Am 31. Mai 1934 fand eine Sitzung statt, in der Wagner hervorhob, dass er Karlsruhe zur Residenz des südwestlichen Kulturgaues machen wolle, wofür die Lage am Rhein wichtig sei. »Von Knielingen aus könne er seine Pläne nicht betreiben, da müsse die Stadt mit ihren Mitteln dahinterstehen. Es bedeute, dass Karlsruhe ausdrucksfähig am Rhein in Erscheinung treten müsse. Es werde drei Bollwerke an der Grenze geben: Saarbrücken, Karlsruhe und Freiburg. Nicht der paar Bauplätze wegen unterstütze der Reichsstatthalter die Stadt Karlsruhe, sondern um der Durchführung einer großen Kulturaufgabe willen.«[60] Eine ergänzende Aktennotiz hielt fest, dass an der Besprechung außer Wagner, der badische Innenminister Karl Pflaumer, Landesbauernführer Ludwig Huber, der Gemeinderat von Knielingen, der bereits in der Endphase der Weimarer Republik als »Bauernführer« hervorgetretene Albert Roth, Reichstagsabgeordneter aus Liedolsheim, sowie der Karlsruher Oberbürgermeister Jäger teilgenommen hatten. Obwohl Wagner keinen Zweifel gelassen hatte, »dass die Eingemeindung selbst aus grenzlandpolitischen Gründen durchgeführt werden müsse«, ließ der Knielinger Gemeinderat am folgenden Tag eine Besprechung mit Karlsruher Vertretern platzen. Dies nützte aber nur wenig. Am 29. Juni 1934 wurde der Eingemeindungstermin auf den 1. April 1935 festgelegt.

Auch die Einschaltung Berliner Stellen durch die Gemeinde Knielingen blieb letztlich erfolglos: Hitlers Stellvertreter Rudolf Heß soll sich nach einer entsprechenden Intervention gegen eine Eingemeindung ausgesprochen haben, da die Landwirtschaft in Knielingen sonst starken Schaden leide. Diese Stellungnahme verzögerte die Vorlage des Gesetzentwurfes durch das Innenministerium bis zum 7. November 1934. Der 1. April 1935 als Tag der Eingemeindung war dadurch aber nicht gefährdet. Vorbereitet von einer Reihe von Presseartikeln, die die Gründe für die Eingemeindung und die Vorteile, die beiden Seiten entstehen würden, betonten, wurde Knielingen ohne einen Eingemeindungsvertrag Teil der Stadt Karlsruhe. Details regelte eine 20 Paragraphen umfassende »Vereinbarung«. Dass diese Eingemeindung auch unter anderen politischen Verhältnissen gekommen wäre, ist unzweifelhaft. Es wäre nur eine Frage der Zeit gewesen. Deutlich werden aber hier Wagners Absichten, der an bereits in der Weimarer Repu-

---

[59] Vgl. dazu BRÄUNCHE, Residenzstadt (wie Anm. 1), S. 384–388.
[60] StadtAK 1/H-Reg 5093, vgl. dort auch zum Folgenden.

Abb. 7 Anlässlich der Eingemeindung Knielingens am 1. April 1935 spricht Kreisleiter Willi Worch vom Balkon des Rathauses

blik einsetzende Versuche anknüpfte, die Grenzlandhauptstadt Karlsruhe als »Kulturbollwerk« gegen den französischen »Erbfeind« zu positionieren. *(Abb. 7)*

Schon 1920 hatte der Karlsruher Verkehrsverein nach der deutschen Niederlage im Ersten Weltkrieg eine Badische Woche veranstaltet. Sie reagierte auf den Verlust von Elsass-Lothringen, wodurch Baden wieder Grenzland geworden war, und auf den damit verbundenen wirtschaftlichen Rückschritt.[61] Die Badische Woche sollte zunächst einmal die kulturelle und wirtschaftliche Leistungsfähigkeit Badens und dessen Hauptstadt als »Bollwerk deutscher Kultur« demonstrieren. Ganz in diesem Sinne betonte Oberbürgermeister Finter 1926, »daß unsere Stadt nunmehr wieder zur Grenzstadt geworden, sich ihrer Aufgabe auf dem erinnerungsreichen Boden des Oberrheins deutsche Kultur

---

[61] Zu den Folgen des Ersten Weltkrieges für Baden vgl. M. FURTWÄNGLER, Einleitung, in: Die Protokolle der Regierung der Republik Baden, Das Staatsministerium April 1919 – November 1921, bearbeitet von M. FURTWÄNGLER (Kabinettsprotokolle von Baden und Württemberg 1918–1933, I/2 Die Protokolle der Regierung der Republik Baden), Stuttgart 2016, S. XIV-XXII. Zu den Folgen des Ersten Weltkrieges für Karlsruhe vgl. E. O. BRÄUNCHE, Residenzstadt (wie Anm. 1), S. 357–517, S. 377–382.

Abb. 8 Titelblatt des Führers durch die nationalsozialistische Grenzland-Kundgebung vom 9.–27. September 1933 in Karlsruhe

als wesentlichen Teil des deutschen Wesens mit besonderer Sorgfalt zu hegen und zu pflegen, wohl bewußt ist.«[62]

Aus der Badischen Woche waren die jährlichen Karlsruher Herbstwochen mit deutlichem wirtschaftlichem Schwerpunkt und die so genannten Heimattage hervorgegangen.[63] In deren Mittelpunkt rückte zunehmend die Propagierung der badischen Heimat mit einer bewusst antifranzösischen Ausrichtung. Schon vor 1933 wurde Baden so zur

---

[62] J. FINTER, Zum Geleit, in: O. BERENDT (Hrsg.), Karlsruhe. Das Buch der Stadt, Stuttgart 1926, S. 6–7, S. 7.

[63] 19.–26. September 1920 Badische Woche, 23. September–3. Oktober 1921 Karlsruher Herbstwoche, 24. September 1922 Alemannisch-pfälzischer Sonntag im Rahmen der Herbstwoche (10.–24. September), 21. September–14. Oktober 1923 Karlsruher Herbstwoche, 21. September 1924 Alemannisch-Fränkischer Heimatsonntag im Rahmen der Herbsttage (21.–23. September), 13. September 1925 Südwestdeutscher Heimattag im Rahmen der Herbsttage (12./13. September), September 1926 Herbsttage, 1. Oktober 1927 Südwestdeutscher Heimatabend im Rahmen der Karlsruher Herbsttage (1. bis 7. Oktober), 30. September 1928 Badischer Heimatabend im Rahmen der Karlsruher Herbsttage (9. September bis 15. Oktober), 11.–14. 7.

»Grenzmark«, die es gegen Frankreich zu schützen galt. Hauptstadt dieser Grenzmark war Karlsruhe, deren Position gestärkt werden musste. Daran konnten die Nationalsozialisten und Robert Wagner nahtlos anknüpfen. *(Abb. 8)*

Auch im Falle von Durlach ging die Initiative zur Eingemeindung eindeutig von der Gauleitung aus: Im Jahr 1935 wurde ein erster Anlauf in Berlin mit dem Hinweis abgelehnt, dass man keine neuen großen Städte bilden wolle. 1937 unternahm Oberbürgermeister Jäger einen zweiten Vorstoß, wobei auch diesmal Gauleiter Robert Wagner hinter diesem Unternehmen stand. Diese Unterstützung war ausschlaggebend, dass die Eingemeindung schließlich trotz des energischen Durlacher Widerstands vollzogen wurde. Wie im Falle von Knielingen stand auch diesmal die Rolle Karlsruhes als Gauhauptstadt und Grenzlandstadt im Vordergrund. Wagner betonte dies z. B. in einer öffentlichen Versammlung in Durlach, als er u.a. ausführte, dass Karlsruhe als Hauptstadt Südwestdeutschlands außerordentliche Aufgaben zu lösen habe, und es deshalb nicht gleichgültig sei, ob die Stadt 150.000 oder 160.000 Einwohner oder aber 180.000 oder 190.000 Einwohner habe. Die Eingemeindung Durlachs erfolgte »durch Entschließung des Herrn Reichsstatthalters vom 1. März 1938 Nr. 536« am 1. April 1938.

Auch Hagsfeld wurde aufgrund einer Anordnung des Reichsstatthalters 1938 zusammen mit Durlach eingemeindet. Damit war also eine bereits vor der nationalsozialistischen Machtergreifung eingeleitete Entwicklung abgeschlossen. Insgesamt wurde die Karlsruher Stadtgemarkung im Dritten Reich um rund 5.800 Hektar vergrößert, d. h. sie hatte sich seit 1929 nahezu verdoppelt, die Einwohnerzahl stieg durch die Eingemeindungen um knapp 27.000 Einwohner. Mit den Eingemeindungen wurde auch der seit 1930 verstärkt auftretende Wanderungsverlust ausgeglichen. Von 1930 bis 1935 war die Bevölkerungszahl um über 4.200 zurückgegangen.[64] Eingemeindungen hätte es wohl auch unter anderen politischen Verhältnissen gegeben. Unter den Bedingungen des »Führerstaats« ließen sich nur die Widerstände in den eingemeindeten Orten leichter beheben. Karlsruhe profitierte davon.

Ausbau der Gauhauptstadt

Der Stabilisierung der Rolle Karlsruhes als Gauhauptstadt diente auch deren beabsichtigter Ausbau mit den andernorts z. T. realisierten monumentalen NS-Bauten.[65] Im Dezember 1935 fand eine erste von Reichsstatthalter Robert Wagner einberufene Besprechung statt, in der er seine Pläne zum Ausbau der Gauhauptstadt darlegte.

1930 Badener Heimattag Karlsruhe, 1. Oktober 1932 Badisch-pfälzisch-saarländischer Sänger Heimatabend (Kundgebung zur Erhaltung des Deutschtums in der Südwestecke des Reiches) im Rahmen der Karlsruher Herbsttage (29. September bis 16. Oktober), 9.–27. September 1933 Nationalsozialistische Grenzland-Kundgebung, 22./23. September 1934 2. Südwestdeutscher Heimattag (im Rahmen der 1. Nationalsozialistischen Grenzlandkundgebung vom 9. bis 27. September).

[64] Vgl. Verwaltungsbericht 1935 (wie Anm. 2), S. 7.
[65] Vgl. Bräunche, Gauhauptstadt auf Widerruf (wie Anm. 1) und I. Dupont, Carl Peter Pflästerer und die Stadtplanung in der ersten Hälfte des 20. Jahrhunderts (Forschungen und Quellen zur Stadtgeschichte 12), Karlsruhe 2012, S. S. 48–85.

Dass Wagner diese Initiative mit der Parteispitze in Berlin abgestimmt hatte, ist wahrscheinlich, kann aber quellenmäßig nicht belegt werden. Es fällt jedoch auf, dass in Baden diese Planungen gegenüber anderen Städten der Bewegung recht spät begannen. Adolf Hitler hatte bereits unmittelbar nach der Machtübernahme der NSDAP zu erkennen gegeben, dass ihm der Ausbau der Städte im nationalsozialistischen Sinne ein besonderes Anliegen war. Im Oktober 1933 hatte er verkündet, »Berlin als Reichshauptstadt, Hamburg und Bremen als Hauptstädte der deutschen Schifffahrt, Leipzig und Köln als Handelsmetropolen, Essen und Chemnitz als ihr industrielles Pendant, sowie München als Zentrum der deutschen Kunst auszubauen.«[66] Nach der Festlegung von Nürnberg als Stadt der Reichsparteitage kam Karlsruhe als neunte Stadt hinzu.

Umgesetzt wurden die weitreichenden Pläne allerdings nicht, zum einen, weil der Zweite Weltkrieg jegliche diesbezügliche Planungen stoppte, zum anderen weil Gauleiter Wagner nach der Niederlage Frankreichs andere Pläne mit seiner Gauhauptstadt hatte.

Die Verlegung der Gauhauptstadt[67]

Am 20. Juni 1940 verkündete die NSDAP-Gauzeitung »Der Führer« triumphierend: »Die deutsche Flagge auf dem Straßburger Münster«.[68] Unmittelbar nach dem deutschen Sieg über Frankreich und der Annexion von Elsass-Lothringen setzte in Karlsruhe eine Diskussion über die Verlegung des Regierungssitzes ein. Ohne eine entsprechende Ermächtigung Hitlers hatte Robert Wagner schon Mitte 1940 die Initiative an sich gerissen. Schon vor Hitlers Entscheidung, am 1. Juli in Elsass-Lothringen eine deutsche Verwaltung einzurichten, hatte Wagner am 21. Juni mit der Entlassung des französischen Präfekten den Übergang von der französischen zur deutschen Verwaltung eingeleitet, die in den folgenden Wochen zügig abgeschlossen wurde. Angesichts der nun drohenden Verlegung der Gau- und Landeshauptstadt erinnerte man Wagner an seine früheren Äußerungen, mit denen dieser im Zusammenhang mit der beabsichtigten Verlegung von Reichsbehörden betont hatte, dass Karlsruhe nicht mehr lebensfähig sei, wenn es nicht Sitz der Regierung eines Reichsgaus bleibe. Wagners Pläne würden »den Rückfall von Karlsruhe in die Rolle einer Provinzstadt ohne Gesicht und ohne Rang bedeuten.«[69]

Über eine Verlegung der Gauhauptstadt »Oberrhein« nach Straßburg wurde aber vorerst nicht entschieden, da die Problematik der Angliederung Elsass-Lothringens an das Reich noch nicht gelöst war. Es blieb vorerst bei dem Gau »Baden-Elsass« mit Gausitz Karlsruhe. Die Parteidienststellen auf Gauebene wurden aber schrittweise nach Straßburg verlegt, am 21. April 1943 war die Verlegung abgeschlossen. Alle Dienststellen waren dort im Gauhaus, Pionierstraße 2–20, untergebracht.[70] Die badische Gauzeitung

---

[66] J. Dülfer/J. Thies/J. Henke, Hitlers Städte. Baupolitik im Dritten Reich. Eine Dokumentation, Köln/Wien 1978, S. 23, vgl. dort auch zum Folgenden.
[67] Vgl. StadtAK 1/H-Reg 1984.
[68] Der Führer, 20. Juni 1940 https://digital.blb-karlsruhe.de/blbz/zeitungen/periodical/pageview/3279047 (Zugriff am 7. Mai 2018).
[69] StadtAK 1/H-Reg 4229.
[70] Vgl. Verordnungsblatt der NSDAP Folge 5 vom 1. Mai 1943, Blatt 1.

»Der Führer« erschien aber bis zum Kriegsende wie gewohnt mit der Rubrik »Aus der Gauhauptstadt Karlsruhe«. So hatte die geplante Verlegung der Gauhauptstadt keine Auswirkungen mehr auf Karlsruhe. Der Vorgang zeigt aber nachdrücklich, dass Robert Wagner so, wie er sich über die Durlacher Widerstände gegen die Eingemeindung nach Karlsruhe hinweggesetzt hatte, auch Karlsruhe als Gauhauptstadt im Interesse seine Machtpolitik aufgegeben hätte.

Abschließend sollen noch einige Punkte angesprochen werden, die wesentlich mit der Funktion Karlsruhes als Gauhauptstadt zu tun haben. Schon unmittelbar nach der Ernennung Hitlers zum Reichskanzler zeigte sich, dass Karlsruhe zum zentralen Ort der Selbstdarstellung und der Propaganda der NSDAP werden sollte. Dem Fackelzug am 30. Januar 1933 anlässlich der Ernennung Hitlers zum Reichskanzler folgten unzählige ähnliche Umzüge und Propagandaveranstaltungen wie Appelle, Gautage, Kundgebungen oder Sammelaktionen.[71]

Eine besondere Ausprägung erreichte in der Gauhauptstadt die Verfolgung politischer Gegner und rasseideologisch Verfolgter. Schon vor dem reichsweiten Boykott am 1. April 1933 gegen jüdische Geschäfte kam es bereits wenige Tage nach der Reichstagswahl am 5. März 1933 zu ersten antisemitischen Ausschreitungen der NSDAP. Die Aktionen konzentrierten sich auf die Kaiserstraße, wo die zum Teil uniformierten NSDAP-Anhänger erreichten, dass die jüdischen Inhaber ihre Geschäfte schlossen. Trotz der offiziellen Missbilligung dieser offensichtlich nicht von Parteistellen koordinierten Aktionen durch die neuen Machthaber gab es aber auch in der zweiten Märzhälfte immer wieder Sachbeschädigungen. Am 30. März beschloss der neu formierte Stadtrat, keine städtischen Aufträge mehr an jüdische Geschäfte zu vergeben.[72] Dieser Beschluss ging weiter, als es der Reichsleitung und der NSDAP zu diesem Zeitpunkt geraten schien. Er musste deshalb zumindest teilweise zurückgenommen werden. Zwei Tage später, am 1. April, folgte der reichsweite Boykott, der die Bevölkerung aufrief, nicht in jüdischen Geschäften einzukaufen oder die Dienste von jüdischen Ärzten und Rechtsanwälten in Anspruch zu nehmen. Diese erste reichsweite antisemitische, als Abwehrmaßnahme gegen angebliche jüdische »Greuelpropaganda« begründete Aktion war insgesamt ein Misserfolg, so dass unter anderem auch aus diesem Grund bis zur Reichspogromnacht 1938 weitere direkte Aktionen dieser Art unterblieben. Gleichwohl galt weiter das »Kauft nicht bei Juden«.

Und auch gegen politische Gegner ging Wagner beispiellos vor. Am 16. Mai 1933 wurden sieben prominente badische und Karlsruher Sozialdemokraten in einer inszenierten Schaufahrt quer durch Karlsruhe in das als Konzentrationslager genutzte Gefängnis Kislau transportiert. Mit dieser sorgfältig vorbereiteten Schaufahrt erreichte der Terror in Karlsruhe nach der nationalsozialistischen Machtübernahme 1933 einen ersten Höhepunkt. Sie war ein erstes Beispiel für den nationalsozialistischen Terror durch eine perfekt

---

[71] Vgl. dazu E. O. BRÄUNCHE, »... sind auch hier die Führerbilder unbeschädigt«. Zum Karlsruher Herrschaftsalltag im »Dritten Reich«, in: Alltag in Karlsruhe. Vom Lebenswandel einer Stadt durch drei Jahrhunderte (Veröffentlichungen des Karlsruher Stadtarchivs 10), Karlsruhe 1990, S. 229–261, S. 230–235.

[72] Vgl. StadtAK 1/POA2/1620.

Abb. 9   Schaufahrt mit führenden Sozialdemokraten durch Karlsruhe auf dem Weg in das Konzentrationslager Kislau am 16. Mai 1933. Aufnahme in der Kaiserstraße zwischen Hirsch- und Douglasstraße, in der Mitte sitzt der Reichstagsabgeordnete und ehemalige badische Minister Ludwig Marum, der 1934 im KZ Kislau ermordet wurde

organisierte öffentliche Demütigung und Zurschaustellung der politischen Gegner.[73] *(Abb. 9)*

Diese Form des Terrors gegen politische Gegner war 1933 noch durchaus singulär. Nur in Chemnitz war kurz nach der Reichstagswahl der SPD-Reichstagsabgeordnete Bernhard Kuhnt am 8. März auf einem von ebenfalls verhafteten SPD-Stadtverordneten gezogenen großen Handwagen von SA-Leuten flankiert durch die Straßen gezogen worden. Wesentlich spektakulärer und durch die bewusste Auswahl der sozialdemokratischen badischen Spitzenpolitiker Ludwig Marum und Adam Remmele, beide Reichstagsabgeordnete und ehemalige badische Minister, sowie der lokalen Parteispitze auch singulär war die Aktion in der badischen Gauhauptstadt Karlsruhe. Sie wurde bewusst am Tag der Eröffnung des nach dem Ergebnis der Reichstagswahl widerrechtlich umgebildeten Landtags in Szene gesetzt. Zielgerichtet ging die Schaufahrt vom Gefängnis in der Riefstahlstraße an markanten Stellen der Demokratie und der Staatsmacht sowie der Arbeiterbewegung vorbei, dem Ständehaus, dem badischen Landtagsgebäude, dem Staatsministerium, dem Metallarbeitergewerkschaftshaus, dem Rathaus und dem Poli-

---

[73] M. POHL, Von Karlsruhe nach Kislau: die Schaufahrt ins Konzentrationslager am 16.5.1933, in: Baden-württembergische Erinnerungsorte, hrsg. von R. WEBER/P. STEINBACH/H.-G. WEHLING, Stuttgart 2012, S. 442–451.

zeipräsidium am Marktplatz. Deutlicher konnte man den verbliebenen, nicht der NSDAP angehörenden Abgeordneten im Landtag und vor allem der Bevölkerung nicht demonstrieren, was mit denen passieren würde, die sich den neuen Machthabern widersetzten. Vor den Augen der Öffentlichkeit wurde der demokratische Rechtsstaat demontiert. Die der beschämenden Aktion Ferngebliebenen konnten in der NS-Presse nachlesen, wie Repräsentanten der Demokratie widerrechtlich inhaftiert, verhöhnt und erniedrigt wurden.

Zeitungsmeldungen zufolge – auch in der noch nicht völlig gleichgeschalteten Presse – und durch Fotos belegt, säumten tausende Schaulustige den Straßenrand. Der gesamte Auto- und Straßenbahnverkehr kam während der Durchfahrt der Polizeiwagen zum Erliegen. Widerstand oder offener Protest gegen diese unwürdige Behandlung erhob sich kaum. Nach und nach kamen die »Schutzhäftlinge« unter der Bedingung, sich nie mehr politisch zu betätigen und sich in festgelegten Abständen bei der Gestapo zu melden, wieder frei. Nur Ludwig Marum verweigerte diese Zusage und wurde in der Nacht vom 28. auf den 29. März 1934 im Schlaf von SA-Leuten erdrosselt.[74] Anstifter war Gauleiter und Reichsstatthalter Robert Wagner, der in der nationalsozialistischen Presse diesen Mord als Selbstmord darstellen ließ.

Und bei einer weiteren Terror-Maßnahme preschte die badische Gauleitung vor. Noch vor den reichsweiten Deportationen in die Vernichtungslager im Osten, wurden auf Befehl des Gauleiters Robert Wagner und seines saarpfälzischen Kollegen Bürckel 6.504 Juden aus Baden und der Pfalz, darunter 945 aus Karlsruhe, am 22. Oktober 1940 in das südfranzösische Internierungslager Gurs deportiert. Von Karlsruhe ging dieser Befehl aus, von hier fuhren die Züge aus Nordbaden nach Süden.[75]

Während die Maßnahmen zur Gleichschaltung der Stadtverwaltung und auch die personalpolitischen Maßnahmen sich eher im Rahmen des Üblichen abspielten, waren die geschilderten Eingriffe der Gauleitung in die Stadtentwicklung und die zum Teil propagandistisch perfekt in Szene gesetzten Verfolgungsmaßnahmen des Jahres 1933 sowie die folgenden Terroraktionen und Verbrechen gegen die jüdische Bevölkerung die Folge davon, dass Karlsruhe seit 1933 badische Gau- und Landeshauptstadt war.

---

[74] Vgl. M. POHL, Ludwig Marum. Ein Sozialdemokrat jüdischer Herkunft und sein Aufstieg in der badischen Arbeiterbewegung 1882–1919 (Forschungen und Quellen zur Stadtgeschichte 8), Karlsruhe 2003; DIES., Ludwig Marum. Gegner des Nationalsozialismus. Das Verfolgungsschicksal eines Sozialdemokraten jüdischer Herkunft (Forschungen und Quellen zur Stadtgeschichte 13), Karlsruhe 2013; LUDWIG MARUM, Briefe aus dem KZ Kislau, ausgew. und bearb. von E. MARUM-LUNAU und J. SCHADT, Karlsruhe ²1988, Neuauflage ausgew. und bearb. von A. FISCHER-MARUM, hg. von den Stadtarchiven Karlsruhe und Mannheim, Karlsruhe 2016.

[75] Zu Gurs vgl. Geschichte und Erinnerungskultur. Die Deportation der badischen und saarpfälzischen Juden in das Lager Gurs, hrsg. vom Stadtarchiv Karlsruhe im Auftrag der Arbeitsgemeinschaft zur Unterhaltung der Pflege des Deportiertenfriedhofs in Gurs durch E. O. BRÄUNCHE und V. STECK, Karlsruhe 2010.

Ämter der Stadt Karlsruhe	Leitung im Jahrgang 1932/33	Leitung im Jahrgang 1933/34	Dienstantritt	NSDAP	Spruchkammer
Archiv- und Verwaltungsbücherei	Dr. Erwin Vischer	Dr. Erwin Vischer	1912	nein	nein
Badverwaltung	Ernst Müller	Ernst Müller	1896	1940	1947 Mitläufer
Bahnamt	Julius Schmidtmann	Julius Schmidtmann			
Baupolizei	Albert Herrmann	Fritz Gut	1927		
Berufsfeuerwehr / Branddirektion	Julius Wilcke	Julius Wilcke	1929	28.01.1933	
Betriebskrankenkasse	Albert Göbel	Albert Göbel	1895	nein	nein
Bürgermeisteramt I	Dr. Julius Finter	Friedrich Jäger	1903	01.05.1930	1949 Belasteter
Bürgermeisteramt II	Heinrich Sauer	Dr. Hermann Fribolin	1933	01.05.1933	nein, 20.08.1944 verstorben
Bürgermeisteramt III	Dr. Erich Kleinschmidt	ab 01.10.1934 Peter Riedner als besoldeter Stadtrat	1934	01.12.1925	1949 Belasteter
Bürgermeisteramt IV	Hermann Schneider				
Bürgermeisteramt V	Albert Herrmann				
ab 01.11.1933 Bürgermeisteramt Abt. I a		Julius Lacher	1888	01.05.1933	1947 Verfahren eingestellt
Bürgermeisteramt Abt. I b		Dr. August Zimmermann			
Bürgermeisteramt Abt. II a		Dr. Johannes Dommer	1919	01.09.1931	1947 Minderbelasteter
Bürgermeisteramt Abt. II b		Dr. Fritz Gut			
Bürgermeisteramt Abt. II c		Dr. Ludwig Seiterich			
		seit 01.01.1934 Dr. Egon Kletti	1934	01.05.1933	1947 Mitläufer, 1948 Verfahren eingestellt
Fürsorgeamt	Dr. Franz Fichtl	Dr. Franz Fichtl		01.05.1937	Mitläufer
Fürsorgeamt A	Alfred Griebel	Alfred Griebel	1900	01.05.1937	1947 Mitläufer

Ämter der Stadt Karlsruhe	Leitung im Jahrgang 1932/33	Leitung im Jahrgang 1933/34	Dienstantritt	NSDAP	Spruchkammer
Städt. Jugendamt	Elisabeth Großwendt	Elisabeth Großwendt	1920	nein	
Fürsorgeamt K	Hermann Graf	Hermann Graf	1899	nein	
Gartenamt	Friedrich Scherer	Friedrich Scherer	1902	nein	nein
Gas-, Wasser- & Elektrizitätsamt	Constantin Eglinger	Constantin Eglinger	1905	01.05.1933	1947 Mitläufer
Hafenamt	Emil Pfeiff	Emil Pfeiff	1911	nein	1947 Mitläufer wg. Mitgliedschaft SA Res. II 1935-1937
Hochbauamt, seit 1.11.1933 Nebenabteilung des Bürgermeisteramts II	Friedrich Beichel	Friedrich Beichel	1903	nein	nein
	Robert Amann, Stellvertreter	ab 1938 Robert Amann	1911	01.05.1932	Minderbelasteter
Markt- und Messeamt (1934: -büro)	Friedrich Beichel	Karl Wolf	1906	nein	nein
Nachrichtenamt	Julius Lacher	Julius Lacher			
Personalamt	Gustav Schneider		1922	nein	nein
		ab 01.11.1933 Carl Otto Herrmann	1913	01.12.1931	Belasteter, Berufung Minderbelasteter
Rechnungsabhörbehörde der Stadtverordneten	Karl Kistner	Karl Kistner	1901	nein	
Rechnungsamt	Karl Wolf	Karl Wolf			
Schlacht- und Viehhofamt	Dr. med. vet. Wilhelm Wagner	Dr. med. vet. Wilhelm Wagner			
Stadthauptkasse	Fritz Jäger	Gustav Kreter	1913	01.05.1937	nein, 04.12.1944 verstorben
Stadtkanzlei / Ratschreiberei	Julius Lacher	Julius Lacher	siehe oben		

Ämter der Stadt Karlsruhe	Leitung im Jahrgang 1932/33	Leitung im Jahrgang 1933/34	Dienstantritt	NSDAP	Spruchkammer
Stadtschulamt	Alois Himmelmann	Edmund Zeil			
Standes- und Bestattungsamt	Wilhelm Kachel	Matthäus Hartl	1895	01.06.1930	1946 Mitläufer, 1948 Verfahren eingestellt
Statistisches Amt	Dr. Otto Berendt	Dr. Otto Berendt	1908	nein	nein
Steueramt	Josef Heinrich	Josef Heinrich	1896	nein	nein
Tiefbauamt, seit 01.11.1933 Nebenabteilung des Bürgermeisteramts II	Otto Seith	Otto Seith	siehe oben		
	Siegfried Kemmer, Stellvertreter	seit 01.01.1937 Siegfried Kemmer	1910	01.05.1937	1947 Mitläufer
Vermessungsamt	Dr. Fridolin Beck	Dr. Fridolin Beck	1907	01.05.1937	1947 Mitläufer

Die Konstanzer Stadtverwaltung als Teil des NS-Herrschaftssystems im westlichen Bodenseeraum

VON JÜRGEN KLÖCKLER

Zweifellos waren Kommunalverwaltungen im »Dritten Reich« aktiver Teil nationalsozialistischer Machtausübung[1]. Sie waren eben nicht widerspruchlose Vollstrecker des übergeordneten Willens der großen und kleinen »Führer« im Reich und in der Provinz[2]. Bei genauerer Betrachtung entpuppen sie sich als nicht unwesentlicher Teil eines nationalsozialistischen Herrschaftssystems auf regionaler und lokaler Ebene. Die in ihren Ämtern und Stellungen größtenteils verharrenden administrativen Funktionseliten kooperierten in einem beispiellosen Akt der Selbstbehauptung ganz offensichtlich in vielfältigsten Formen mit den neuen Machthabern. Ziel war die Krisenüberwindung durch Schaffung stabiler Herrschaftsstrukturen unmittelbar vom Frühjahr 1933 an.

Kommunen am Ende der Weimarer Republik

Die eigentliche Krise der kommunalen Selbstverwaltung hatte längst vor 1933 begonnen. Der säkulare Umbruch in der kommunalen Daseinsfürsorge mit Leistungsausweitungen in vielen Bereichen löste nach 1918 im Kern eine akute Finanzkrise aus[3]. So hatte etwa

---

[1] Bei dem Text handelt es sich um eine gekürzte und überarbeitete Fassung meiner Antrittsvorlesung an der Universität Konstanz: J. KLÖCKLER, Anmerkungen zur Rolle von Kommunalverwaltungen im »Dritten Reich«. Das Fallbeispiel Konstanz (Konstanzer Universitätsreden 242), Konstanz 2012. Zur Thematik einschlägig ist die Druckfassung der Habilitationsschrift: J. KLÖCKLER, Selbstbehauptung durch Selbstgleichschaltung. Die Konstanzer Stadtverwaltung im Nationalsozialismus (Konstanzer Geschichts- und Rechtsquellen XLIII), Ostfildern 2012.

[2] Für Südwestdeutschland vgl. M. KISSENER/J. SCHOLTYSECK (Hgg.), Die Führer der Provinz. NS-Biographien aus Baden und Württemberg (Karlsruher Beiträge zur Geschichte des Nationalsozialismus 2), Konstanz 1997 (^{3}2015).

[3] J. NOAKES, Die kommunale Selbstverwaltung im Dritten Reich, in: A. M. BIRKE/M. BRECHTKEN (Hgg.): Kommunale Selbstverwaltung. Local Self-Government. Geschichte und Gegenwart im deutsch-britischen Vergleich (Prinz-Albert-Studien 13), München 1996, S. 65f. sowie A. WIRSCHING, Zwischen Leistungsexpansion und Finanzkrise. Kommunale Selbstverwaltung in der Weimarer Republik, in: ebd., S. 37–64.

die Stadt Konstanz durch eine vom sozialdemokratischen Bürgermeister Fritz Arnold[4] betriebene Modernisierung der Verkehrsinfrastruktur, durch Einrichtung des Bus- und Fährbetriebs[5] sowie den gesteigerten Sozialleistungen bis 1933 den immensen Schuldenberg von knapp 20 Millionen Reichsmark erwirtschaftet. Diese Schulden drohten der Kommune die Handlungsfähigkeit zu rauben. Die Stadt befand sich spätestens ab 1930 in einer finanziellen und wirtschaftlichen Dauerkrise[6].

Nach der sogenannten Machtergreifung, die auch in Konstanz mit dem erzwungenen Ausbringen einer Hakenkreuzfahne am Rathaus begonnen hatte[7], bildete sich nun sehr rasch in einer Art Symbiose ein neues Machtgefüge heraus. Dieses neue Beziehungsgeflecht bestand aus zwei Komponenten: Erstens aus einer klassischen, über fachliche Qualifikation sowie ein beträchtliches Selbstbewusstsein verfügenden Administration, wozu in Konstanz neben der Kommunalverwaltung auch der Landrat und der Landeskommissär mit je eigenen Verwaltungsapparaten zählten, und zweitens aus der NSDAP-Kreisleitung sowie dem im Entstehen befindlichen Verfolgungsapparat von SS, SD und Gestapo. In Konstanz kam es nur kurzfristig zu rein personenbezogenen Anlaufschwierigkeiten und Übergangskonflikten, die wesentlich mit der Persönlichkeit des ersten NSDAP-Kreisleiters zusammenhingen. Danach blieb das regionale Beziehungsgeflecht rund ein Jahrzehnt lang berechenbar und folgte gewissen Regeln.

Dieses Netzwerk der lokalen Verwaltungs-, Partei- und Verfolgungsapparate bildete schlechthin das nationalsozialistische Herrschaftssystem mit eigenen Steuerungsmechanismen auf der Mikroebene[8]. Die durch Stadtverwaltungen in ganz Deutschland betriebene Kommunalpolitik unterlag einer rasch voranschreitenden Ideologisierung und Radikalisierung im Rahmen einer bewusst vollzogenen Selbstgleichschaltung. Das gemeinsame, konsequente Handeln aller an den Schalthebeln der Macht sitzenden Akteure zielte auf eine Transformation der deutschen Gesellschaft ab. Durch Inklusion der als »Arier« definierten Deutschen sollte eine auf rassistischen und vormodernen Grundlagen basierende sogenannte Volksgemeinschaft entstehen – und das bei konsequenter Exklusion der durch gemeinsame Anstrengung von Partei und Verwaltung zu identifizieren-

---

[4] Zur Biographie vgl. T. ENGELSING, Der Rote Arnold. Eine Lebensgeschichte 1883–1950, Konstanz 1996.

[5] T. ENGELSING, Der »rote Arnold«. Geschichte, Gegenwart und Zukunft des Konstanzer Omnibusverkehrs, Konstanz 2002; zur Geschichte der Fähre vgl. W. GUT, Unterwegs zur Fähre. 75 Jahre Fähre Konstanz-Meersburg (Kleine Schriftenreihe des Stadtarchivs Konstanz 2), Konstanz 2003, sowie J. KLÖCKLER, Die Fähre Konstanz-Meersburg. Geschichte und Geschichten von der »schwimmenden Brücke«, in: DERS./K. HENNIGE/F. LEINWEBER (Hgg.), Schwimmende Brücke. Die Fähre auf dem Bodensee, Konstanz [2003], S. 10–43.

[6] Vgl. dazu: W. TRAPP, Konstanz in den Jahren von 1924 bis 1933, in: L. BURCHARDT/D. SCHOTT/DERS., Konstanz im 20. Jahrhundert. Die Jahre 1914 bis 1945 (Geschichte der Stadt Konstanz 5), Konstanz 1990, S. 145–220, sowie D. SCHOTT, Die Konstanzer Gesellschaft 1918–1924. Der Kampf um Hegemonie zwischen Novemberrevolution und Inflation (Schriftenreihe des Arbeitskreises für Regionalgeschichte 10), Konstanz 1989.

[7] Vgl. dazu auch: W. TRAPP, Konstanz in der Zeit des Nationalsozialismus, in: L. BURCHARDT/D. SCHOTT/DERS. (wie Anm. 6), S. 221–254.

[8] Zu den Überlegungen im Rahmen des lokalen NS-Herrschaftssystems vgl. weiter: B. GOTTO, Nationalsozialistische Kommunalpolitik. Administrative Normalität und Systemstabilisierung durch die Augsburger Stadtverwaltung 1933–1945 (Studien zur Zeitgeschichte 71), München 2006, S. 4f.

den und (in der Terminologie der Zeit gesprochen) schließlich *auszumerzenden Fremdkörpern*[9]. Die durch den NS-Herrschaftswillen ausgelösten Veränderungen in den Verwaltungen selbst erwiesen sich als entscheidend: Es erfolgten Transformationen nach dem Primat des Politischen, das heißt letztlich nach dem Primat der NS-Ideologie[10].

Errichtung eines polykratischen NS-Herrschaftssystems

Das demokratisch verfasste Selbstverwaltungsorgan Kommune mutierte nach 1933 sehr schnell und weitgehend widerspruchslos zum eigenständigen, selbstgleichgeschalteten Apparat innerhalb des formal dezentralisierten NS-Einheitsstaates mit monokratischer Spitze[11]. Eine zuvor kaum für möglich gehaltene Anpassungsleistung war Reaktion einer Verwaltung, deren Elite die Pflicht verspürte, unter allen Umständen und zu jedem Preis angesichts des hemmungslosen Wucherns von NS-Institutionen nicht vom Geschäftsgang der Macht ausgeschlossen zu werden. Geprägt von Staatsbewusstsein und Korpsgeist[12] handelte die kommunale Verwaltungselite nach der Maxime: »Verfassungsrecht vergeht, Verwaltungsrecht besteht«[13]. *(Abb. 1)*

Das Verwaltungshandeln selbst wurde in »administrativer Normalität« vollzogen, ein Begriff, den der Münchner Zeithistoriker Bernhard Gotto in die Forschung eingeführt hat[14]. Die Norm in den Köpfen des Verwaltungspersonals verschob sich, der Bezugspunkt der Normalität, nach der die Beamtenschaft Handlungsmuster anerkannte oder sanktionierte, wandelte sich. Es fand – kurz gesprochen und auf den Punkt gebracht – eine Transformation der handlungsleitenden Normen durch Adaption ideologischer Zielvorgaben statt[15]. Eine effizient arbeitende Bürokratie konnte jederzeit von »oben« vorgegebene Maßnahmen abfedern, bremsen oder aber eben auch verschärfen, ja sogar radikalisieren. Dieser komplexe Wandlungsprozess von Verwaltungshandeln soll in der Kommunalpolitik der Stadt Konstanz exemplarisch auf den Feldern Stadtentwicklungs- und kommunaler Judenpolitik aufgezeigt werden – wenngleich nur sehr skizzenhaft.

Wie Millionen andere sogenannte Volksgenossen arbeiteten auch die Kommunalverwaltungen als Institutionen unter Ausnutzung autonomen Handelns in den Jahren nach 1933 entschlossen und zielgerichtet dem »Führer entgegen«[16] – ein zentrales Ergebnis

---

[9] Zu dieser These vgl. M. WILDT, Volksgemeinschaft als Selbstermächtigung. Gewalt gegen Juden in der deutschen Provinz 1919 bis 1939, Hamburg 2007.
[10] GOTTO (wie Anm. 8), S. 2.
[11] H.-U. THAMER, Verführung und Gewalt. Deutschland 1933–1945 (Siedler Deutsche Geschichte [11]), Berlin 1994, S. 340.
[12] Vgl. dazu: M. RUCK, Korpsgeist und Staatsbewußtsein. Beamte im deutschen Südwesten 1928 bis 1972 (Nationalsozialismus und Nachkriegszeit in Südwestdeutschland 4), München 1996.
[13] O. MAYER, Deutsches Verwaltungsrecht, Band I, Berlin: unver. Nachdruck der 1924 erschienenen 3. Auflage 2004, [S. V].
[14] GOTTO (wie Anm. 8), S. 2f.
[15] A. DRECOLL, Der Fiskus als Verfolger. Die steuerliche Diskriminierung der Juden in Bayern 1933–1941/42 (Studien zur Zeitgeschichte 78), München 2009, S. 323.
[16] 1934 wurde das im NS-Staat wirkmächtige Prinzip von einem subalternen NS-Funktionär auf den Punkt gebracht: *Jeder, der Gelegenheit hat, das zu beobachten, weiß, daß der Führer sehr*

Abb. 1 Das personifizierte Konstanzer NS-Herrschaftssystem versammelte sich anlässlich der zwangsweise vollzogenen Eingemeindung von Wollmatingen am 1. August 1934 vor dem Rathaus: (von links) Stadtrat Schurhammer, der ehem. Gemeinderat von Wollmatingen Häsler, Stadtrat Würtenberger, der ehem. Bürgermeister von Wollmatingen Etspüler, Stadtrat Kunzmann, Landrat Franck, NSDAP-Städteleiter Schellhorn, Landeskommissär Wöhrle, NSDAP-Fraktionsvorsitzender Eugen Maier, Oberbürgermeister Herrmann, Stadtrat Stump, Stadtrat Gottmann, Kreisleiter Dinkel, ehem. Gemeinderat von Wollmatingen Stieble, Bürgermeister Mager, Stadtrat Jöhle, Verwaltungsdirektor Bühl, Stadtrat Nenning, Stadtrat Hildenbrand, Stadtrat Gruner, Rechtsrat Knapp, Stadtrat Giercke, Rechnungsdirektor Hellstern und Stadtrat Ziemehl

der Forschungen des britischen Historikers Ian Kershaw. Personalisierung und Informalisierung sind als Strukturmerkmale der NS-Herrschaft auf regionaler Ebene zu benennen, da der Nationalsozialismus staatlich sanktioniertes Handeln weniger an Institutionen als vielmehr an Personen zu binden verstand. Die Konstanzer Akteure von Verwaltung

---

schwer von oben her alles das befehlen kann, was er für bald oder für später zu verwirklichen beabsichtigt. Im Gegenteil, bis jetzt hat jeder an seinem Platz im neuen Deutschland dann am besten gearbeitet, wenn er sozusagen dem Führer entgegen arbeitet. [...] Es [ist] die Pflicht eines jeden, zu versuchen, im Sinne des Führers ihm entgegen zu arbeiten. [...] Wer [...] dem Führer in seiner Linie und zu seinem Ziel richtig entgegen arbeitet, der wird bestimmt wie bisher so auch in Zukunft den schönsten Lohn darin haben, daß er eines Tages plötzlich die legale Bestätigung seiner Arbeit bekommt. Zitiert in: I. KERSHAW, Führer und Hitlerkult, in: W. BENZ/H. GRAML/H. WEISS (Hgg.), Enzyklopädie des Nationalsozialismus, München ^{4}2001, S. 24. Vgl. dazu weiter I. KERSHAW, Hitler 1889–1936, München 2002, S. 663–744, sowie DERS., »Working towards the Führer«. Reflections on the nature of the Hitler dictatorship, in: Central European History 2 (1993), S. 103–118.

wie Partei begriffen schnell, dass mehr als in jedem anderen politischen System persönliche Beziehungen im Nationalsozialismus ein Kapital von unschätzbarem Wert darstellten.

Zur Selbstbehauptung der Stadtverwaltung durch Selbstgleichschaltung

Unter dem Blickwinkel einer zeitübergreifenden deutschen Bürokratiegeschichte lässt sich anhand der Konstanzer Verwaltung im Nationalsozialismus belegen, dass das im Frühjahr 1933 an die Macht gelangte NS-Regime den Beamten und Angestellten Gefährdungen brachte, wie sie der öffentliche Dienst seit der Revolution von 1848 nicht mehr durchlebt hatte[17]. Die berufliche wie materielle Sicherheit der Beamtenschaft schien akut und im Kern bedroht. Nach nur kurzem Zögern diente sich die Beamtenschaft zwecks Erhalt der eigenen Positionen wie auch der traditionellen Verwaltungsstrukturen mehrheitlich dem NS-Regime an. Selbstbehauptung durch Selbstgleichschaltung herrschte vor.

Prinzipieller und latenter Widerstand des Berufsbeamtentums gegen die sich formierende Diktatur ist für Konstanz nicht zu verzeichnen. Mehr noch: Bald schon nach der Machtübernahme entfaltete sich der durch die Nationalsozialisten geschickt inszenierte Führermythos[18] und erzeugte in Bevölkerung wie Verwaltung handlungsleitende Wirkmacht. Fast unangetastet von den Widrigkeiten des NS-Alltags, der sich auch in Konstanz in *miesmachender Nörgelei*[19] auswirkte, wuchs das Charisma Adolf Hitlers.

Das Gift der NS-Rassenideologie, der Großraumutopie und der Schaffung der »Volksgemeinschaft« durch Exklusion von Minderheiten drang beständig und in immer größeren Dosen in den Verwaltungskörper ein. Binnen kurzer Frist arbeitete die Verwaltung als tragende Säule staatlichen Handelns geschlossen »dem Führer entgegen«, sie hatte die Ideologie des Nationalsozialismus in vorauseilendem Gehorsam aufgesogen, akzeptierte den Primat des Politischen und setzte die NS-Vorgaben in praktisches Verwaltungshandeln um. Die administrative Normalität des Verwaltungsgeschäfts und die Verfahrensgrundsätze änderten sich, eine rasch fortschreitende Ideologisierung der Kommunalpolitik lässt sich im Fall von Konstanz belegen.

Als paradigmatisches Beispiel eines in ganz Deutschland vollzogenen Anpassungsprozesses der Beamten kann der Ende Mai 1933 schmählich aus seinem Amt vertriebene Zentrums-Bürgermeister und Verwaltungsjurist Franz Knapp[20] dienen. Auf Drängen

---

[17] B. WUNDER, Geschichte der Bürokratie in Deutschland (edition suhrkamp NF 281), Frankfurt/Main 1986, S. 146f.
[18] Zu dessen Genese vgl. I. KERSHAW, Der Hitler-Mythos. Führerkult und Volksmeinung, Stuttgart ²1999.
[19] Vgl. den Artikel »An die Adresse der Berufsnörgler in Konstanz«, in: Bodensee-Rundschau vom 6.6.1934. Heftig zu Felde gezogen gegen die »Biertischstrategen und die Nörgler« wurde auch in dem Artikel »Konstanz als Grenzstadt und Eckpfeiler des 3. Reiches«, in: Deutsche Bodensee-Zeitung vom 6.6.1934.
[20] J. KLÖCKLER, Knapp, Franz (1881–1973). Staatsanwalt, Oberbürgermeister, MdL Baden (BCSV/CDU), in: F. SEPAINTNER (Hg.), Baden-Württembergische Biographien. Bd. V, Stuttgart 2013, S. 223f. sowie KLÖCKLER, Selbstbehauptung (wie Anm. 1), passim.

des neuen NS-Oberbürgermeisters Albert Herrmann[21] wurde Knapp bereits ab 19. Juni als städtischer Rechtsrat wieder auf dem Rathaus tätig. Ohne erkennbaren Widerwillen brachte er seine immense Verwaltungserfahrung und die gesammelten Ortskenntnisse in die NS-Diktatur ein. Sein Mitwirken hatte keine finanziellen Gründe: Das ihm zugestandene Ruhegehalt als Bürgermeister war sogar geringfügig höher berechnet als seine Besoldung als städtischer Rechtsrat[22].

»Immer treu!«[23] lautete die aus Korpsgeist und Staatsbewusstsein gespeiste Devise für die von Franz Knapp als prominentestem Beispiel vertretene Konstanzer Beamtenschaft unter den veränderten Machtverhältnissen. Ihr professionelles Verhalten trug wesentlich zur Stabilisierung des neuen Regimes bei. Mancher orientierte sich an der Illusion, weiterhin nur dem Staat als fiktiver Verkörperung des Gemeinwohls zu dienen. Die hässliche Fratze des Totalitarismus, der in Konstanz 1933 die Gesichtszüge des gewaltbereiten Kreisleiters Eugen Speer[24] trug, konnten oder wollten viele öffentlich Bedienstete zu Beginn der Diktatur nicht erkennen. Sie schlossen die Augen vor der Realität der »neuen Zeit«, passten sich an und hofften auf persönliches Im-Amt-Überleben wie auf allgemeinen Machterhalt der eigenen Institution in der anbrechenden Diktatur. *(Abb. 2)*

Ohne einschneidende personelle Eingriffe überstand die Konstanzer Beamtenschaft als lokale Funktionselite das Revirement des Jahres 1933, um bis spätestens 1937/38 mehrheitlich den formalen Parteibeitritt zu vollziehen und sich gänzlich selbstgleichzuschalten. Innerer wie äußerer Druck und tiefgreifende Selbstadaption bewirkten eine formale Nazifizierung des Verwaltungskörpers noch vor Entfesselung des Zweiten Weltkrieges. Doch bei genauerer Betrachtung handelte es sich letztlich um einen braunen Firnis, der sich über den Beamtenkörper legte, der jederzeit von einer sich flexibel den politischen Verhältnissen anpassenden Verwaltung wieder abgeschüttelt werden konnte, wie das Agieren der Verwaltung nach einer kurzfristigen Schockstarre im Zuge der französischen Besetzung der Stadt vom 26. April 1945 nahelegt.

Die Selbstbehauptungskräfte der Verwaltung entfalteten sich auch unter einer strengen Besatzungsherrschaft und führten zur Ausschaltung von scheinbar aus dem Nichts erwachsenen neuen Strukturen auf deutscher Seite, die politisch wie verwaltungstechnisch Macht beanspruchten: nämlich eines antifaschistischen Widerstandsblocks[25]. Hier bildete sich im Frühsommer 1945 ein bürokratischer Konkurrent, ein neuer Mitspieler um Macht, der in den Teilbereichen Requisition und Entnazifizierung verwaltungsähnliche Strukturen auszubilden trachtete und der traditionellen Verwaltung ge-

---

[21] J. KLÖCKLER, Herrmann, Albert (1892–1977) Verwaltungsbeamter, Oberbürgermeister, in: F. SEPAINTNER (wie Anm. 20), S. 159 ff. sowie KLÖCKLER, Selbstbehauptung (wie Anm. 1), S. 132–146, sowie S. 251–341.

[22] Personalakte Franz Knapp, StadtA Konstanz S II 10321.

[23] Zu dieser handlungsleitenden Devise vgl. die gleichnamige Studie von S. MECKING, »Immer treu«. Kommunalbeamte zwischen Kaiserreich und Bundesrepublik (Schriften der Villa Ten Hompel 4), Essen 2003.

[24] J. KLÖCKLER, Speer, Friedrich *Eugen* (1887–1936) NSDAP-Kreisleiter und Gau-Inspektor, Bürgermeister, MdL-NSDAP, in: F. L. SEPAINTNER (Hg.), Badische Biographien. NF, Bd. VI, Stuttgart 2011, S. 382 ff. sowie KLÖCKLER, Selbstbehauptung (wie Anm. 1), S. 68–76.

[25] Vgl. dazu KLÖCKLER, Selbstbehauptung (wie Anm. 1), S. 364–374 sowie S. HUNN, Antifa und Gewerkschaftsbewegung in Konstanz 1945–1949, Konstanz Magisterarbeit (masch.) 1993.

Abb. 2 An seinem Schreibtisch im Konstanzer Rathaus: Franz Knapp (1927-1933 Bürgermeister (Zentrum), 1933-1945 Stadtrechtsrat und 1946-1957 Oberbürgermeister (BCSV/CDU) (aufgenommen wohl um 1950)

fährlich zu werden schien. Doch wie schon 1933 gelang auch 1945 die Selbstbehauptung der Stadtverwaltung. Dieser Drang nach eigenem Machterhalt im NS-Staat wurde nach 1945 von vielen Beamten rechtfertigend als »Schlimmeres verhüten« kaschiert.

Keine parasitäre NS-Personalpolitik in der Verwaltung

Tatsächlich hat ein massenhaftes, parasitäres Durchdringungsphänomen der Verwaltung mit sogenannten Alten Kämpfern[26] – entgegen mancher Nachkriegslegende – 1933 nicht

---

[26] Als *alte Kämpfer* werden alle vor 1928 der Nationalsozialistischen Deutschen Arbeiterpartei (NSDAP) beigetretenen Parteimitglieder definiert, die eine Mitgliedsnummer unter 100000 besaßen. Die zwischen 1928 und dem 30. Januar 1933 Eingetretenen werden hingegen als *alte Parteigenossen* bezeichnet. Vgl. dazu W. BENZ, Einleitung: Die NSDAP und ihre Mitglieder, in:

stattgefunden[27]. Arbeitslose SA-Männer und langgediente Parteigenossen drangen zwar von unten als Arbeiter und kleine Angestellte in die Verwaltung ein, ohne jedoch an die Schalt- und Entscheidungshebel der Ämter zu gelangen. Die bloße Anwesenheit von NS-Aktivisten bewirkte allerdings eine schleichende Infiltration und übte Druck auf alle Mitarbeiter einschließlich der Amtsleitung aus. Das Klima in den städtischen Arbeitseinheiten war infolgedessen von Misstrauen und Anpassung an die politischen Verhältnisse geprägt.

An der Rathausspitze, also oben, wurden die Führungsposten mit zwei einheimischen, bewährten Nationalsozialisten, nämlich Leopold Mager als Bürgermeister und Carl Gruner[28] als Leiter der Technischen Werke, besetzt. Beides waren lokale »Alte Kämpfer«. Zudem wurde der Oberbürgermeisterposten vom badischen Reichsstatthalter mit dem zum Nationalsozialismus im letzten Moment übergelaufenen auswärtigen Verwaltungsjuristen Albert Herrmann[29] besetzt. *(Abb. 3)* Hinter der Bürgermeisterriege stand Rechtsrat Knapp als »graue Eminenz« und tragende Verwaltungssäule. In dieser personalpolitischen Konstellation unterlag die Stadtverwaltung als Körperschaft einer – um mit Hans Mommsen zu sprechen – kumulativen Radikalisierung[30]; sie entwickelte aus eigenem Impetus Initiativen »von unten«. Dabei akzeptierte der Verwaltungskörper neue Mitspieler auf Seiten von Partei und Verfolgungsapparat, er akzeptierte auch die geänderten Spielregeln nach dem Primat des Politischen in den polykratischen NS-Strukturen.

Diese Spielregeln und Verfahrensgrundsätze wurden ab 1933/34 vor Ort, nämlich in den Kommunen, weitgehend friktionslos abgeklärt, eingespielt und angewandt. Die traditionellen Verwaltungen, egal ob auf Kommunal-, Kreis-, Landes- oder Berliner Ministerialebene, suchten mit dieser Anpassungstaktik einen schleichenden Funktionsverlust zu vermeiden und bei jeder Gelegenheit die eigene Unentbehrlichkeit zu demonstrieren. Alle Akteure, die alten wie die neuen, akzeptierten, praktizierten und stabilisierten das spätestens 1934 austarierte NS-Herrschaftssystem bis ins Frühjahr 1945.

DERS. (Hg.), Wie wurde man Parteigenosse? Die NSDAP und ihre Mitglieder, Frankfurt/Main 2009, S. 7.

[27] Vgl. dazu J. KLÖCKLER, Parasitäre Personal- und gigantomane Baupolitik? Südwestdeutsche Städte im Nationalsozialismus, in: F. MAYRHOFER/F. OPLL (Hgg.), Stadt und Nationalsozialismus (Beiträge zur Geschichte der Städte Mitteleuropas XXI), Linz 2008, besonders S. 129–141.

[28] Zu Gruner vgl. D. WILHELM, Energie aus dem Paradies. Gasversorgung in Konstanz seit 1861 (Kleine Schriftenreihe des Stadtarchivs Konstanz 12), Konstanz 2011, S. 44.

[29] Rückblickend notierte der Karlsruher Oberbürgermeister Friedrich Töpper (SPD) am 1. Dezember 1947 über das persönliche Verhältnis der beiden: *Oberbürgermeister a. D. Albert Herrmann hat sich mit dem früheren Reichsstatthalter Wagner zweifellos sehr gut gestellt. Er war ganz die Persönlichkeit, diesem Manne zu imponieren und sich, auch kurzfristig (will heißen in den kritischen Tagen des Frühjahrs 1933) bei ihm einzuschmeicheln. [...] Eine entsprechende politische Überzeugung war dabei kaum im Spiele. Es genügte der Vorteil, den er anstrebte*; StAF D 180/2 Nr. 188728.

[30] H. MOMMSEN, Der Nationalsozialismus. Kumulative Radikalisierung und Selbstzerstörung des Regimes, in: Meyers Enzyklopädisches Lexikon, 9. Aufl., Bd. 16, Mannheim 1976, S. 786.

Abb. 3   Bürgermeister Mager (vorne links), Oberbürgermeister Herrmann, Kreisleiter Speer und NSDAP-Städteleiter Schellhorn auf dem Konstanzer Döbele am 1. Mai 1934, im Hintergrund das Schnetztor

Die Konstanzer Kommunalverwaltung nach 1933

Rein zahlenmäßig kann nicht von einer umfassenden parasitären Durchdringung des Verwaltungskörpers gesprochen werden. Die Funktionselite der rund 15 Amtsleiter blieb bis auf zwei Ausnahmen, dem Jugendamtsleiter Kleiner[31] und dem Stadtarchivar Clauß[32] (beide Zentrum), auf ihren Posten[33]. Dem in den Jahren 1933/34 auf rund 110 Nationalsozialisten in der gesamten Verwaltung geschätzten Personenkreis standen ungefähr 490

---

[31] Conrad Kleiner (1877–1949) zeitlebens in Konstanz ansässig; Gemeindewaisenrat, ab 1914 Verwalter eines dortigen Reservelazaretts; nach 1918 Direktor des Städtischen Jugendamts und Mitglied der Zentrumsfraktion im Stadtrat; Mitglied des Verwaltungsrats des Caritasverbandes und des Vinzentiushauses; 1933 Absetzung als Amtsleiter und 80 Tage »Schutzhaft«. Vgl. die Nachrufe im Südkurier vom 14.7.1949 und in der Südwestdeutschen Volkszeitung vom 15.7.1949. In seinem Tagebuch notierte Kleiner am 25.5.1933: *Ich weiß jetzt, warum ich verhaftet wurde, lediglich wegen meiner politischen Zugehörigkeit zum Zentrum, ich werde nicht vernommen, weil eine strafrechtliche Tat gegen mich nicht vorliegt;* Tagebuchaufzeichnungen von Conrad Kleiner; StadtA Konstanz A I 75.

[32] Zur Biographie von Clauß (1868–1949) vgl. H. MAURER, Clauß, Josef (1868–1949), in: B. OTTNAD (Hg.): Badische Biographien. NF. Band I, Stuttgart 1982, S. 89f. sowie J. KLÖCKLER, Politische Säuberung im Archiv. Die Konstanzer Stadtarchivare im Nationalsozialismus, in: Archivnachrichten, Sondernummer zum Deutschen Archivtag in Stuttgart im September 2005, S. 5f.

[33] KLÖCKLER, Parasitäre Personalpolitik (wie Anm. 27), S. 139f.

zumindest in den ersten drei Jahren des NS-Regimes nicht der Partei zugehörige öffentliche Bedienstete gegenüber. Mit einem knappen Fünftel Nationalsozialisten war die Konstanzer Stadtverwaltung bis 1937, als eine große Eintrittswelle nach Aufhebung der Parteibeitrittssperre erfolgte, nicht in großem Umfang mit »Alten Kämpfern« parasitär durchsetzt.

Die Radikalisierung der Kommunalpolitik der folgenden Jahre hatte im Wesentlichen andere Gründe. Zwar dienten reichsweit Säuberungen und Amtsenthebungen unter den Beamten und Angestellten als Druckmittel zur Anpassung, doch sie hielten sich 1933 gleichwohl in engen Grenzen. Auch das Berufsbeamtengesetz[34] führte zu keiner nennenswerten Veränderung im Konstanzer Verwaltungskörper. Die Funktionselite und das fachlich qualifizierte Personal der Stadtverwaltung wechselten weitgehend intakt von der Weimarer Republik in den Nationalsozialismus hinüber und wurden zum handelnden Akteur im NS-Herrschaftssystem, keinesfalls zum willenlos-ausführenden Organ der Partei. Die Stadtverwaltung konnte im NS-Staat selbständig agieren und hat von den Handlungsspielräumen in vielerlei Hinsicht Gebrauch gemacht.

Zwei Faktoren waren entscheidend für die Handlungsfähigkeit einer Kommunalverwaltung. Erstens musste die Stadt über eine gewisse überregionale Bedeutung als Kultur-, Wirtschafts- und Behördenstandort verfügen, die Konstanz als mittelgroße Grenzstadt zweifellos innehatte. Nicht nur die örtliche NSDAP hatte an der Entwicklung und Ausdehnung der damals als »Stadt ohne Raum«[35] bezeichneten Kommune und an der von Gauleiter Wagner[36] geforderten Schaffung eines *Bollwerks des Deutschtums* sowie einer *Ehrenpforte des Reichs*[37] Interesse, sondern auch überregionale Stellen in Staat und Partei. Unter diesen Voraussetzungen ist die 1934 vollzogene Erweiterung der Gemarkungsfläche durch die Zwangseingemeindung des Industriedorfes Wollmatingen bei allen Stellen auf Wohlwollen gestoßen und kann als Auftakt zur territorialen Ausdehnung der Stadt sowie zugleich als Beginn der Radikalisierung kommunalen Handelns interpretiert werden.

Zweitens war die Person des Verwaltungsleiters für die Handlungsspielräume von Verwaltungen äußerst wichtig. Mit dem Modernisierer Albert Herrmann, ein von der Durlacher NSDAP 1933 abgesetzter Bürgermeister, verfügte die Stadt über einen erfahrenen,

---

[34] Vgl. weiter H. MOMMSEN, Beamtentum im Dritten Reich. Mit ausgewählten Quellen zur nationalsozialistischen Beamtenpolitik (Schriftenreihe der Vierteljahrshefte für Zeitgeschichte 13), Stuttgart 1966.

[35] Oberbürgermeister Herrmann formulierte etwa Anfang März 1934: *Konstanz ist eine Stadt ohne Raum*, in: »Kurze Übersicht über Grenzstadtnöte und Grenzstadtaufgaben in Konstanz – nicht zur Veröffentlichung bestimmt«; masch. 16 S., StadtA Konstanz S II 13143.

[36] Zu dessen Biographie vgl.: L. SYRÉ, Der Führer vom Oberrhein. Robert Wagner, Gauleiter, Reichsstatthalter in Baden und Chef der Zivilverwaltung im Elsaß, in: M. KISSENER/J. SCHOLTYSECK (wie Anm. 2), S. 733–779.

[37] Der Begriff »Ehrenpforte« stammt aus der Frühen Neuzeit. Kaiser Maximilian, der 1507 einen Reichstag in Konstanz abgehalten hatte, gab 1512 bei Albrecht Dürer ein monumentales Holzschnittwerk zur Inszenierung seiner Kaiser- und Reichsidee in Auftrag. »Ehrenpforte« stellt für den deutschsprachigen Raum eine sprachliche Neuschöpfung dar, die »ursächlich mit dem solitären Riesenholzschnitt« verbunden ist. Vgl. T. U. SCHAUERTE, Die Ehrenpforte für Kaiser Maximilian I. Dürer und Altdorfer im Dienst des Herrschers (Kunstwissenschaftliche Studien 95), München 2001, S. 32.

selbstbewussten und durchsetzungsstarken Verwaltungsfachmann an ihrer Spitze, der sich mit Blick auf seine weitere Karriere im April 1933 buchstäblich in letzter Minute der NSDAP angeschlossen hatte. Mit seinem Parteibeitritt wollte Herrmann in seinem neuen Wirkungsfeld von der ersten Stunde an als gleichwertiger und loyaler Akteur akzeptiert und wahrgenommen werden. Um sich schnell und möglichst reibungslos Handlungsspielräume im neuen Staat zu verschaffen, war der neue Oberbürgermeister auf Loyalität und Rückhalt des leistungs- und funktionsfähigen Verwaltungsapparates angewiesen.

Hier liegt auch die Erklärung für die unterbliebene parasitäre Durchsetzung der Funktionselite der Stadtverwaltung: Sie blieb de facto unverändert im Amt und gewährleistete im Gegenzug eine bedingungs- und reibungslose, zunehmend ideologischere Verwaltungsarbeit. Die Sicherung der Kontinuität im Verwaltungshandeln wird auch in dem massiven und geradezu penetranten Bemühen Herrmanns deutlich, den ehemaligen Zentrums-Bürgermeister Knapp wieder in die Verwaltung einzubinden. Franz Knapp repräsentierte das in der Stadt dominante konservativ-katholische Milieu, das Herrmann zwecks rascher Systemstabilisierung und der geplanten massiven städtebaulichen Modernisierungsmaßnahmen keinesfalls düpieren durfte. Als hohe städtische Verwaltungsbeamte trugen beide Mitverantwortung für die Radikalisierung kommunalen Handelns.

Die ideologische Auflading der Stadtverwaltung nach 1933 maßgeblich befördert hat aber zweifellos der zweite Mann der Stadtverwaltung, Bürgermeister Leopold Mager[38]. Dem aus städtischen Diensten entlassenen Tiefbauingenieur, der sich Ende 1931 der NSDAP zuwandte, sich aus persönlicher Not heraus radikalisierte und in die Rolle des fanatischen Kämpfers schlüpfte, wuchs nach seiner Einsetzung als Bürgermeister der Part des ideologischen Scharfmachers zu, den er in den Friedensjahren aus Sicht der NSDAP glänzend ausfüllte, etwa auf den kommunalpolitischen Kundgebungen der Partei im Konzilgebäude.

Zudem verfügte die Stadtverwaltung zur Durchsetzung ihrer Ziele im unmittelbaren Umfeld Adolf Hitlers über zuverlässige Ansprechpartner. Zum einen hatte der von Rudolf Heß und dessen Stabsleiter Martin Bormann entsandte Sonderbevollmächtigte Gustav Oexle[39] in seiner Funktion als »Beauftragter der Parteileitung« die Zwangseingemeindung von Wollmatingen forciert. Als ehemaliger Überlinger Kreisleiter bildete der

---

[38] Zur Biographie vgl.: KLÖCKLER, Selbstbehauptung (wie Anm. 1), insbesondere S. 115 ff. sowie S. 380–384.
[39] Für eine Kurzbiographie vgl.: Statisten in Uniform. Die Mitglieder des Reichstags 1933–1945. Ein biographisches Handbuch. Unter Einbeziehung der völkischen und nationalsozialistischen Reichstagsabgeordneten ab Mai 1924. Bearbeitet von J. LILLA unter Mitarbeit von M. DÖRING und A. SCHULZ, Düsseldorf 2004, S. 446. Weitere biographische Informationen bis 1933 können der zeitgenössischen Presse entnommen werden: Oexle wurde 1889 in Sipplingen am Bodensee geboren, war als Fabrikarbeiter in Volkertshausen und Singen beschäftigt, trat 1909 in die kaiserliche Marine ein, nahm Anfang Dezember 1914 an der Seeschlacht bei den Falklandinseln auf der schließlich versenkten SMS Leipzig teil und geriet in englische Kriegsgefangenschaft. 1916 wurde er als Internierungsortschef in der Schweiz verwendet. 1920 schied er aus der Marine aus, wurde Kanzleigehilfe in den Bezirksämtern Überlingen und Stockach, war von 1920–29 aktiv im Freikorps Damm und seit 1930 Mitglied der NSDAP. Vgl. den Artikel »Kreisleiter Oexle zur Reichsleitung berufen«, in: Bodensee-Rundschau vom 5.10.1933.

Parteisoldat Oexle, der über ein großes persönliches Netzwerk am Bodensee verfügte, das Bindeglied der regionalen Instanzen in das Umfeld des »Stellvertreters des Führers«. Zum anderen bemühte sich Wilhelm Brückner[40], der seit 1933 regelmäßig zu Kuraufenthalten im Sanatorium Büdingen weilende Chefadjutant Hitlers, zumindest bis zu seiner durch Martin Bormann betriebenen Entmachtung im Oktober 1940 um die Vermittlung eines direkten Drahts der Stadt zur Staatsspitze. Brückner wurde etwa von Mager angegangen mit dem Ziel, das Stadtgebiet in der Euphorie der schnellen Siege im Sommer 1940 auf Kosten der Schweiz nach Süden auszudehnen[41].

Von »Alten Kämpfern«, der NSDAP-Kreisleitung und dem Verfolgungsapparat von Gestapo und SS

Unverkennbar hatte die NSDAP in Konstanz ihre Wurzeln in der Belegschaft der am Seerhein produzierenden Holzverkohlungsindustrie AG, der späteren Degussa. Doch bis Ende der 1920er Jahre blieb die NSDAP in der Stadt eine unbedeutende Splitterpartei der völkischen Rechten, bestehend aus kaum einem Dutzend politisch vollkommen Unbekannter.

Erst ein von Gauleiter Wagner betriebener Strategiewechsel, einer auf das katholische südöstliche Baden ausgerichteten ländlichen Taktik bei gleichzeitiger Beschleunigung des internen Personalkarussells und Zähmung der lokalen SA, zeitigte ab 1930 Erfolge. Mit Eugen Speer brachte Wagner einen seiner skrupellosesten Kampfgefährten an den Bodensee, der sich in der sogenannten Kampfzeit aus Sicht der Gauleitung bewährte. Aber wie so viele »Alte Kämpfer« in der Provinz musste auch Speer wegen offensichtlicher Unfähigkeit, grandioser Selbstüberschätzung und latenter Korruption von der Partei mit dem Ziel der Systemstabilisierung und Legitimierung der NS-Diktatur gestürzt und aus den eigenen Reihen verstoßen werden. Zuerst wurde Speer nämlich im Juli 1934 als Kreisleiter abgelöst, kurze Zeit später vom neuen (und vor allem gut dotierten) Amt des Radolfzeller Bürgermeisters entbunden und schließlich aus der NSDAP ausgeschlossen[42].

Die soziale und politische Deklassierung trieb Speer neunundvierzigjährig bereits 1936 offensichtlich in den Suizid, eine regionales Paradebeispiel für den vielfach nachgewiesenen »Sturz der alten Kämpfer«[43] unmittelbar nach Errichtung der NS-Dikta-

---

[40] Zur Biographie von Brückner (1884–1954) vgl. Statisten in Uniform (wie Anm. 38), S. 66f.

[41] Schreiben vom 22.7.1940 mit der Anlage »Betrachtungen zur Grenzlage von Konstanz« [ohne Karten], StAF A 96/1 Nr. 4551. Abschrift (ebenfalls ohne Kartenmaterial) in: BA Berlin R 1501 Nr. 388. Im Bestand »Persönliche Adjutantur des Führers und Reichskanzlers«, besonders in der Akte BA Berlin NS 10/37, ist das Original nicht vorhanden. In den Beständen des Stadtarchivs Konstanz ist ein Durchschlag des Schreibens ebenfalls nicht nachzuweisen, eventuell wurde das Dokument vor Einmarsch der französischen Truppen im Frühjahr 1945 vernichtet.

[42] Vgl. dazu weiter S. HAUSENDORF, »Eine böse Mißwirtschaft«. Radolfzell 1933–1935, Konstanz 2013.

[43] Auf höherer Ebene nachgewiesen von M. MOLL, Der Sturz der alten Kämpfer. Ein neuer Zugang zur Herrschaftsanalyse des NS-Regimes, in: Historische Mitteilungen der Ranke-Gesellschaft 5 (1992), S. 1–52.

tur. In vielen Städten herrschte nämlich – auch hier ist Konstanz ein exzellentes Beispiel – gegenüber ortsfremden NS-Emporkömmlingen eine relative Resistenz, die sich massiv in den bereits erwähnten *Nörgeleien* und *Stänkereien* artikulierte.

Umso wichtiger war die rasche Einbindung der alten Verwaltungseliten in das NS-Herrschaftssystem. Interessant an mancher Biographie der Konstanzer »Alten Kämpfer« ist ein erstaunlicher politischer Schwenk, den nachweislich rund die Hälfte der ein knappes Dutzend zählenden frühen Akteure zwischen 1918 und 1925 vollzogen hatte. Aus eifrigen Teilnehmern an der Revolution von 1918 wurden bis 1925 völkische Rechtsextremisten. An ihre »rote« Vergangenheit wollten sie zusammen mit ihrem Kreisleiter Speer, dem bei Kriegsende 1918 zum ranghohen Beigeordneten des Kommandeurs der Ersten Werft-Division gewählten Revolutionär in Kiel, nicht mehr erinnert werden. Politische Fanatisierung kann folglich sehr schnell von einem Extrem ins andere umschlagen – ein offensichtlich zeitloser Befund.

Die organisatorischen Strukturen der NSDAP am Bodensee waren bis 1933 rudimentär und überaus fragil, wie der Aufbau einer Kreisleitung mit in rascher Folge wechselnden, der nordbadischen Gauclique um Wagner entstammenden Kreisleitern (insgesamt sechs) verdeutlicht. Die finanzielle Lage der Parteiorganisationen am Bodensee war äußerst klamm. Unmittelbar nach der »Machtergreifung« war mit der NSDAP-Kreisleitung sowie dem im Entstehen befindlichen Verfolgungsapparat in Form der örtlichen Gestapo (dem späteren Grenzpolizeikommissariat in der Mainaustraße, wo etwa der an der Schweizer Grenze festgenommene Hitlerattentäter Georg Elser zuerst verhört wurde), des SD und des SS-Abschnitts XXIX ein bürokratischer NS-Apparat im Aufbau, der Macht für sich reklamierte. Zum Sinnbild für einen ersten organisatorischen Höhepunkt des sich herausbildenden lokalen NS-Herrschaftssystems wurde im Februar 1935 die reichsweit einmalige Personalunion von Kreisleiter und Landrat in Konstanz. Der neue Mann in Doppelfunktion hieß Carl Engelhardt[44], ein ebenfalls der Entourage um Wagner entstammender Nationalsozialist und vormaliger Bürgermeister von Eberbach am Neckar (und späterer Karlsruher Polizeipräsident). *(Abb. 4)*

Materiell wie finanziell leistete die Stadtverwaltung der chronisch unterfinanzierten Partei und ihrer Untergliederungen zwar willige, aber nur verhältnismäßige Hilfe. Größere Projekte, wie etwa der Neubau einer Kreisleitung oder eines Heimes der HJ, wurden mit Blick auf den Schuldenstand der Kommune von Oberbürgermeister Herrmann abgelehnt. Die Verwaltung mutierte folglich nicht zum bloßen Durchführungsorgan von Aufträgen, sie wurde nicht auf den örtlichen Verwaltungsvollzug unbedeutender Aufgaben reduziert. Im Gegenteil: Es fand eine Adaption des Verwaltungshandelns an die ideologischen Vorgaben statt. Das wiederum leistete einer massiven Ideologisierung der Kommunalpolitik Vorschub.

Die kommunale Selbstverwaltung auf der Grundlage einer professionellen Stadtverwaltung hat somit 1933 nicht ein Ende gefunden, sondern sie hatte ihr Gesicht verändert und war transformiert worden zu einem Akteur des neuen NS-Herrschaftssystems im westlichen Bodenseeraum. Zu den wichtigsten Strukturmerkmalen der NSDAP zählte

---

[44] M. RUCK, Engelhardt, Carl, in: B. OTTNAD/F. L. SEPAINTNER (Hgg.), Baden-Württembergische Biographien. Band III, Stuttgart 2002, S. 62–65 sowie KLÖCKLER, Selbstbehauptung (wie Anm. 1), S. 191–200.

Abb. 4   Ansprache von Kreisleiter Engelhardt am 1. Mai 1935 anlässlich einer politischen Kundgebung auf der Konstanzer Marktstätte

ohne Frage die Machtentfaltung auf personaler Ebene, welche die jeweilige Position aufgrund persönlicher wie systemimmanenter Qualitäten und Verdienste bestimmte. Das galt auch für die politisch besetzten Verwaltungsspitzen. Der durch die Deutsche Gemeindeordnung (DGO) von 1935[45] gestärkte Chef der Stadtverwaltung war keineswegs dem örtlichen Kreisleiter der Partei unterlegen, wie viele Bürgermeister nach 1945 zu ihrem eigenen Schutz glauben machen wollten. Die lokalen Akteure begegneten sich vielmehr auf Augenhöhe in einem austarierten Herrschaftssystem mit eigenen Spielregeln – immer der im erahnten Willen Adolf Hitlers konkretisierten NS-Ideologie verpflichtet. Oberbürgermeister Herrmann und seine Verwaltung trugen das NS-Regime nach Kräften mit, beide verweigerten sich nicht dem – das sei erneut betont – Hauptziel der NS-Politik: der Schaffung einer »Volksgemeinschaft« durch Exklusion von Randgruppen.

Die kommunale Abwicklung der sogenannten Judenfrage stellt hierfür einen eindeutigen Beleg dar. *Juden raus!* lautete die Maxime der kommunalen Politik nach 1933, die

---

[45]   Zur Entstehungsgeschichte der DGO vgl. H. MATZERATH, Nationalsozialismus und kommunale Selbstverwaltung (Schriftenreihe des Vereins für Kommunalwissenschaften 29), Stuttgart 1970, S. 105–164, sowie P. Löw, Kommunalgesetzgebung im NS-Staat am Beispiel der Deutschen Gemeindeordnung 1935 (Archiv der deutschen Hochschulwissenschaften: E. Rechtsgeschichte 4), Baden-Baden 1992, S. 51–92.

sich über weite Strecken »von unten« vollzog. Das sofort von der Stadtverwaltung initiierte Marktverbot für jüdische Händler, die Aufstellung eines »Stürmer-Kastens« an prominenter Stelle im Stadtgebiet, das Nutzungsverbot für die städtischen Bäder – all diese Beispiele legen eine antisemitische Initiative »von unten« offen. Kommunalverwaltungen haben in der Regel ohne Zeitverzug den vom NS-Regime eingeforderten Antisemitismus in ihre administrative Normalität integriert[46].

Widerspruchslos vollzog Rechtsrat Knapp Unrecht im Rahmen des forcierten Abbruchs der im November 1938 zerstörten Synagoge[47]. Die Stadt eignete sich Grundstücke an, wie etwa den Synagogenplatz[48] oder die Erweiterungsfläche des jüdischen Friedhofs[49], und wurde somit selbst zum Profiteur der »Arisierung«. Schlussendlich agierte sie zusammen mit der Landkreisverwaltung und dem Finanzamt bei der Verwertung der Wohnungen und der öffentlichen Versteigerung von Hausrat im städtischen Konzilgebäude[50]. Die Kommunalverwaltung war in Zusammenspiel mit dem Verfolgungsapparat Treiberin, und eben nicht nur Getriebene[51].

Nun zum zweiten Handlungsfeld: der Stadtentwicklung, die ebenfalls ideologisch aufgeladen wurde. Die mit allen Mitteln 1934 betriebene Zwangseingemeindung von Wollmatingen sollte der »Stadt ohne Raum« die Möglichkeit der wirtschaftlichen und städtebaulichen Entwicklung eröffnen. Der Bau einer überdimensionierten *Bodensee-Kampfbahn* am Horn[52], der Umbau des Grenzlandtheaters[53], die Schaffung einer Kleinsiedlung im Haidelmoos[54] und der Neubau der nach dem NS-Märtyrer Horst Wessel benannten Rheinbrücke folgten. Oberbürgermeister Herrmann gab sich entschlossen, die Grenzstadt nach ideologischen Maßgaben und den Wünschen des Gauleiters zu einer *Ehrenpforte des Reiches* zu entwickeln. Der großbürgerlichen Bebauung der Seestraße stellte er »Zeichen der neuen Zeit« entgegen, etwa ein neues Kur- und Hallenbad westlich der Rheinbrücke[55].

---

[46] KLÖCKLER, Selbstbehauptung (wie Anm. 1), S. 293–305.
[47] Vgl. weiter T. ENGELSING, Im Verein mit dem Feuer. Die Sozialgeschichte der Freiwilligen Feuerwehr von 1830 bis 1950, Lengwil 1999, S. 150–153, sowie DERS.: »Die Bude muss weg«. Die Konstanzer Synagoge brennt während der NS-Jahre gleich zweimal, in: DIE ZEIT/MAGAZIN ZEIT GESCHICHTE Nr. 4 (2008), S. 50–53.
[48] Vgl. das Schreiben des Vermessungsrats Schreiber vom 4.12.1942, StadtA Konstanz S II 9595.
[49] Vgl. die öffentliche Urkunde über Annahme eines Kaufangebots zwischen der Stadtgemeinde Konstanz und der Israelitischen Kultusgemeinde in Konstanz vom 5.3.1942, StadtA Konstanz S II 16364.
[50] Vgl. die Anzeige »Große Versteigerung« in: Bodensee-Rundschau vom 4.1.1941. Zur Versteigerung selbst vgl. StAF A 96/1 Nr. 4739.
[51] KLÖCKLER, Selbstbehauptung (wie Anm. 1), S. 396.
[52] Vgl. den Artikel von A. HERRMANN, Aufbauwille einer Grenzstadt. Bautätigkeit in Konstanz, in: Die nationalsozialistische Gemeinde vom 1.3.1937, S. 142.
[53] Vgl. dazu J. KLÖCKLER, Vom Stadttheater zum Grenzlandtheater. NS-Kulturpolitik in Konstanz 1933/34, in: C. NIX/D. BRUDER/B. LEIPOLD (Hgg.), Hier wird gespielt! 400 Jahre Theater Konstanz, Berlin 2007, S. 58–67.
[54] Zur Haidelmoossiedlung, zu deren Finanzierung und Auswahl der Siedler vgl. KLÖCKLER, Baupolitik (wie Anm. 27), S. 148–153.
[55] Vgl. den Artikel »Ein neues Bauwerk der Stadt Konstanz«, in: Völkischer Beobachter vom 16.4.1937.

Weitere ideologisch aufgeladene Projekte sollten direkt zwischen Hallenbad und Rheinbrücke folgen. Doch der Kriegsbeginn verhinderte die Errichtung einer imposanten Granitstele mit dem Reichsadler direkt bei der Rheinbrücke[56]. Auch eine sich unmittelbar anschließende, monumentale Ehrenhalle für die Gefallenen der »Bewegung« und des Ersten Weltkrieges wurde nicht gebaut. Das von Herrmann projektierte, rechtsrheinische deutsche Eck zur kultischen Helden- und Totenverehrung wurde nicht realisiert, es war aber geplant. Auch im Bereich der Stadtentwicklung hatte folglich Ideologie – oder besser der Primat des Politischen – Eingang in das Verwaltungshandeln gefunden.

Abschließender Ausblick in die Nachkriegszeit

Mit Vehemenz verteidigte die Konstanzer Stadtverwaltung vom 26. April 1945 an[57] erneut ihre Kompetenzen unter französischer Auftragsverwaltung, machte ihre Unentbehrlichkeit deutlich und entledigte sich der neuen Konkurrenz in Form eines Macht beanspruchenden Widerstandsblocks.

Die mehrheitlich katholisch-konservative Einwohnerschaft, deren Spiegelbild Gemeinderat und in gewisser Weise auch Verwaltung waren, bekam mit den ersten demokratischen Wahlen im Herbst 1946 wieder Gesicht und Repräsentanz[58]. Mit einer soliden Mehrheit wählten die Gemeinderäte den Katholiken und BCSV/CDU-Mitbegründer Franz Knapp zum Oberbürgermeister[59] und den Sozialdemokraten Fritz Arnold zum Beigeordneten – nach außen sichtbare Zeichen der Reinstallation der Weimarer Spitzenpolitiker bei wohlgemerkt unverändertem Unterbau der städtischen Funktionselite.

Die Konstanzer Stadtverwaltung als solche hat die Jahre des NS-Regimes und der Besatzungszeit unbeschadet überstanden. Personelle Kontinuität und mehrfach neujustierte administrative Normalität, nicht die oftmals vermutete tiefgreifende Zäsur, prägen das Bild der deutschen Kommunalverwaltung über die großen Umbrüche des 20. Jahrhunderts hinweg. Als bewährte, traditionsreiche Behörden haben die deutschen Kommunalverwaltungen ihre eigene Umwidmung in Instrumente eines Unrechts-Regimes nicht zu verhindern vermocht; sie haben vielmehr durch Selbstgleichschaltung und Akzeptanz des Primats des Politischen Schübe der Radikalisierung im nationalsozialistischen Deutschland »von unten« mitausgelöst und dadurch ihre Stellung behauptet. Von der weitverbreiten Illusion einer rein vollziehenden und apolitischen Verwaltung im Nationalsozialismus kann man sich endgültig verabschieden.

Verwaltungen und ihre Schlüsselakteure beanspruchten nach 1933 weiterhin Macht, um deren Erhalt sie sich zu schier unglaublicher Selbstanpassung durch Änderung der administrativen Normalität bereitfanden. Der zu zahlende Preis war die Mitwirkung im

---

[56] Oberbürgermeister Herrmann an das Hochbauamt vom 16. November 1937, StadtA Konstanz S II 3338.

[57] Zur Lage in der Stadt vgl. A. Moser, Konstanz Mai 1945. Französische Besetzung in Sichtweite der Schweiz, in: Rorschacher Neujahrsblatt 85 (1995), S. 25–30.

[58] L. Burchardt, Konstanz zwischen Kriegsende und Universitätsgründung (Geschichte der Stadt Konstanz 6), Konstanz 1996, S. 157–162.

[59] Vgl. den Artikel »Franz Knapp neuer Oberbürgermeister von Konstanz«, in: Südkurier vom 24.9.1946.

NS-Unrechtsstaat, die viele Beamte sich nach 1945 nicht eingestanden. Zur Selbstrechtfertigung in der Öffentlichkeit überstrapazierten sie stattdessen die zahlreich dokumentierten Konflikte um Prestige und Finanzen mit der NSDAP. Die schnelle Einigung in Sachfragen in den Jahren 1933 bis 1945 wurde dagegen verdrängt. Reale oder zumindest moralische Verantwortung übernahmen nur die wenigsten Akteure. Als probater Ausweg aus dem Dilemma der eigenen Mitwirkung bot sich für nicht wenige verantwortliche Staatsdiener die Flucht in Lebenslügen oder aber in das große Schweigen an.

Nun haben wir doch gesiegt. Die Durchsetzung nationalsozialistischer Herrschaft in Villingen 1933

VON WOLFGANG HEITNER

Laut Aktenlage hat sich im März 1962 herausgestellt, dass das frühere Goldene Buch der Stadt Villingen noch vorhanden ist[1]. Bei genauerer Durchsicht stellte man jedoch fest: Die während des »Dritten Reiches« beschriebenen Seiten sind entfernt worden. Der oder die Täter sind zwar unbekannt, ihre Absicht jedoch erscheint klar: Es sollten Spuren beseitigt werden, welche auf die Verstrickung der Stadt mit dem Nationalsozialismus hinweisen. Eine dümmlich-naive Vorstellung. Als ob man mit der Beseitigung einiger Buchseiten, auf denen z. B. der Besuch Goebbels in der Stadt oder der Ehrenbürgerbrief für Hitler dokumentiert wurden, die Auseinandersetzung mit persönlicher oder kollektiver Schuld verhindern könnte. Als ob man durch die Vernichtung von Akten, auch das ist hier in Villingen geschehen, unliebsame Geschichte ausradieren könnte. *(Abb. 1)*

Dieser Umgang mit der 12-jährigen Herrschaft des Nationalsozialismus gerade auf lokaler Ebene ist über Jahrzehnte hinweg eher von Verdrängung und Verschweigen als von Aufarbeitung und Offenlegung der Fakten geprägt gewesen – eine Haltung, die in vielen Kommunen eingenommen worden ist. So dauerte es 70 Jahre, bis eine zusammenhängende Darstellung der NS-Zeit für die Städte Villingen und Schwenningen erschienen ist. Sie ist Teil des zweiten Bandes einer Stadtgeschichte über das 19. und 20. Jahrhundert[2].

Hier soll es nur um die Entwicklung im Jahr 1933 in Villingen gehen. Der Blick richtet sich im Besonderen auf die Art und Weise, wie die demokratischen Institutionen verändert bzw. verdrängt wurden, wie sich das Verhältnis zwischen Stadtverwaltung und der NSDAP und deren jeweiligen Akteuren entwickelte und wie sich das NS-System in der Öffentlichkeit präsentierte.

---

[1] Stadtarchiv Villingen-Schwenningen (künftig: SAVS) 1.16 Nr. 4402.
[2] Vgl. R. NEISEN, Nationalsozialismus in Villingen und Schwenningen, in: C. BUMILLER (Hg.), Geschichte der Stadt Villingen-Schwenningen, Band II, Der Weg in die Moderne, Villingen-Schwenningen 2017, S. 326–427.

Abb. 1 Ehrenbürgerbrief für Führer und Reichskanzler Adolf Hitler

1. Die Folgen der Reichstagswahl vom 5. März 1933

Der Zeitraum 1933/34 ist gekennzeichnet von der Durchsetzung der diktatorischen Herrschaft des Nationalsozialismus. Betroffen sind die Vertretungskörperschaften (Reichstag, Landtage, kommunale Selbstverwaltung), die Rechtsprechung, Verwaltung, Parteien und andere gesellschaftliche Gruppierungen.

Am 30. Januar 1933 war Adolf Hitler vom Reichspräsidenten von Hindenburg zum Reichskanzler ernannt worden. Neuwahlen zum Reichstag wurden auf den 5. März festgelegt. Hitler und seine Partei rechneten mit einem großen Wahlerfolg. Die Wahl brachte den Regierungsparteien zwar reichsweit die absolute Mehrheit der Stimmen, doch die NSDAP kam nur auf für sie enttäuschende 43,9 % der Wählerstimmen. Das bedeutete zwar einen Zuwachs von über 10 % gegenüber den Novemberwahlen 1932, aber sie war weiterhin auf Bündnispartner angewiesen – vorausgesetzt, demokratisch-parlamentarische Regeln würden eingehalten werden. Dies war aber nicht der Fall.

Ein Blick auf den Ausgang der Wahl in Villingen – bei einer hohen Wahlbeteiligung von über 90 % – zeigt Folgendes: Hatte das Zentrum in den Novemberwahlen noch 15 % Vorsprung an Wählerstimmen gegenüber der NSDAP, so bestand nun eine Patt-Situation der beiden Parteien bei etwa 37 %. KPD und SPD erhielten jeweils etwa 13 %. Der Stimmenzuwachs für die NSDAP in Villingen innerhalb von fünf Jahren war aber beträchtlich: Erhielt die Partei bei der Reichstagswahl 1928 gerade einmal 17 Stimmen (0,3 %) – waren es in der März-Wahl 1933 fast 2.900 Stimmen (37 %) bei insgesamt 9.500 Wahlberechtigten und einer Einwohnerzahl von 14.565[3].

Zwei gewichtige Gründe für den Aufstieg der Nationalsozialisten im Bezirk Villingen nennt das zentrumsnahe Villinger Volksblatt: *Die bisherigen Nichtwähler konnten von der NSDAP aktiviert werden und katholische Landwirte sind der nationalsozialistischen Massensuggestion verfallen*[4]. Gleichzeitig wird der Hoffnung Ausdruck verliehen, die abtrünnigen Wähler fänden bei der nächsten Wahl zum Zentrum zurück.

Aber schnell wurde klar, dass die NSDAP gar nicht daran dachte, sich an verfassungsrechtliche und parlamentarische Standards zu halten, sondern sofort auf allen politischen und gesellschaftlichen Ebenen mit einem gewaltsamen Umbau in ihrem Sinne begann. In diesem Prozess der Gleichschaltung wurden die Selbstbestimmungsrechte der Länder und Kommunen schrittweise beseitigt.

2. Der Prozess der Gleichschaltung in Villingen

Wie verlief dieser Gleichschaltungsprozess in Villingen? Was geschah mit den gewählten Organen Stadtrat und Stadtverordnetenversammlung? Wer waren die Opfer des gewaltsamen Umsturzes? Wer die Akteure auf Seiten der Nationalsozialisten?

Ein erstes – äußeres – Zeichen war, dass am Dienstag nach der Reichstagswahl auf dem Rathaus die Hakenkreuzfahne gehisst wurde. Der parteilose Adolf Gremmelspacher, seit 1926 Bürgermeister und seit Februar 1932 Oberbürgermeister *(Abb. 2)*, versagte zwar zunächst die Genehmigung zu dieser Aktion, lenkte jedoch nach telefonischer Auskunft beim badischen Innenministerium ein. Die Fahne konnte für einen Tag gehisst werden, so war es mit den örtlichen Nationalsozialisten abgesprochen. Auf Anordnung Gremmelspachers wurde sie jedoch eingerahmt von Fahnen mit städtischen und

Abb. 2 Bürgermeister Adolf Gremmelspacher

---

[3] E. HAUSEN/H. DANNECK, Antifaschist verzage nicht ...! Widerstand und Verfolgung in Schwenningen und Villingen 1933–1945, Villingen-Schwenningen, 1990, S. 119 f.
[4] Villinger Volksblatt, 7.3.1933.

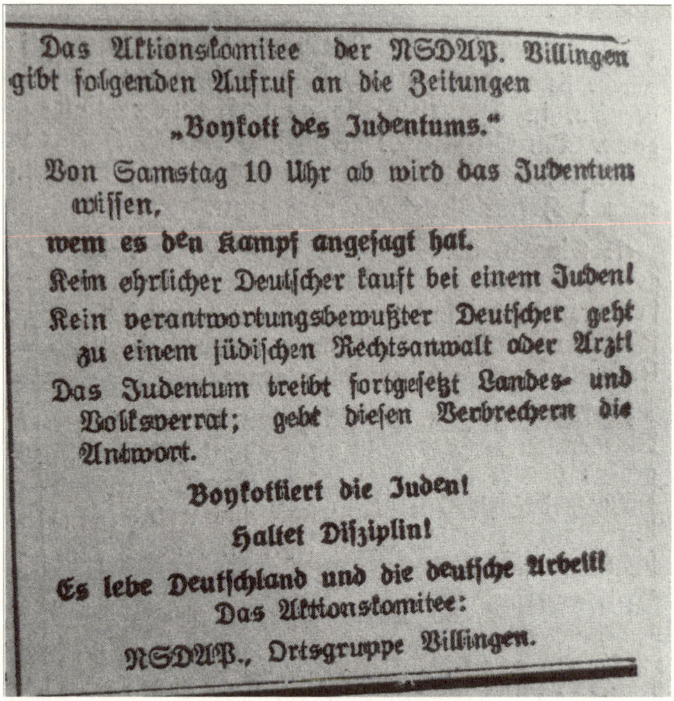

Abb. 3 Zeitungsanzeige zum 1.4.1933 – Boykott jüdischer Geschäfte

> Das Aktionskomitee der NSDAP. Villingen gibt folgenden Aufruf an die Zeitungen
>
> „Boykott des Judentums."
>
> Von Samstag 10 Uhr ab wird das Judentum wissen,
>
> wem es den Kampf angesagt hat.
>
> Kein ehrlicher Deutscher kauft bei einem Juden!
>
> Kein verantwortungsbewußter Deutscher geht zu einem jüdischen Rechtsanwalt oder Arzt!
>
> Das Judentum treibt fortgesetzt Landes- und Volksverrat; gebt diesen Verbrechern die Antwort.
>
> Boykottiert die Juden!
>
> Haltet Disziplin!
>
> Es lebe Deutschland und die deutsche Arbeit!
>
> Das Aktionskomitee:
>
> NSDAP., Ortsgruppe Villingen.

badischen Farben[5], ein kleiner, aber auch letzter Akt bescheidener Gegenwehr. Es folgten eine Reihe öffentlicher Veranstaltungen, die auf Reichs-, Landes – und lokaler Ebene initiiert wurden, um die führende Rolle der NSDAP bei der »nationalen Revolution« zu demonstrieren. Landesregierungen und kommunale Verwaltungen unterwarfen sich diesen Ansprüchen und fügten sich in die Rolle als ausführende Organe.

So fand am Abend des 15. März in Villingen vor dem Rathaus eine *Feier der nationalen Erhebung* statt, mit allen Formationen der NSDAP und städtischen Vereinen, musikalisch umrahmt von der Stadtmusik. Laut Villinger Volksblatt habe Oberbürgermeister Gremmelspacher das Erwachen des deutschen Volkes beschworen und der Reichsregierung Adolf Hitlers gelobt, ihren Kampf gegen den Bolschewismus mit allen Kräften zu unterstützen. Ortsgruppenleiter Gutmann konnte diese Ausführungen nur bekräftigen und beschloss seine Rede mit Hitlers Worten: *Nun haben wir doch gesiegt*[6]. Einen Tag zuvor fand auch im Realgymnasium zum selben Anlass mit ähnlich formulierten Reden eine *Vaterländische Schulfeier* statt. Der Unterricht fiel aus – die Schüler wird's gefreut haben – und es wurde deutlich, dass die staatliche Einrichtung Schule sich dem Diktat der Partei zu unterwerfen habe[7].

---

[5] Villinger Volksblatt, 8.3.1933.
[6] Villinger Volksblatt, 16.3.1933.
[7] Anzeige im Villinger Volksblatt, 13.3.1933.

Abb. 4   Pflanzung der Hitler-Eiche

Schon eine Woche später folgte die nächste öffentlichkeitswirksame Veranstaltung. Der zum Feiertag erhobene »Tag von Potsdam« wurde mit großem Programm auch in Villingen zelebriert: Aufmarsch der NSDAP Formationen SA, SS, Hitlerjugend (HJ), dazu die örtlichen Kriegervereine und die Stadtmusik, Beflaggung der öffentlichen Gebäude und der Häuser, Fackelzug mit Beleuchtung der Türme und Tore. Gremmelspacher, der sich in seinen Formulierungen immer mehr der nationalsozialistischen Diktion anpasste, versprach, alles für die Größe Deutschlands zu tun. Aus dem Tal des Niedergangs marschiere man auf den Berg der nationalen Erhebung; er beschwor die *Treue zu unserem Führer*. Unserer Jugend müsse man *die Bedeutung dieses Tages ins Herz hämmern*[8].

Der Boykott jüdischer Geschäfte, Arzt- und Rechtsanwaltspraxen am 1. April 1933 wurde auch in Villingen von der örtlichen NSDAP organisiert. *Kauft nicht bei Juden* und *Boykott des Judentums* lauteten die Parolen *(Abb. 3)*. SA-Männer und Personen in Parteiuniformen postierten sich vor den Eingängen. Die örtliche Nazi-Zeitung »Der Romäus« erschien mit der Überschrift: *Heute Schlag zehn Uhr beginnt der Boykott*. Die Ortsgruppenleitung forderte alle arbeitslosen Parteigenossen auf, sich im Dienstanzug auf der Geschäftsstelle zu melden, um diesen *Verbrechern und Volksverrätern die nötige Antwort zu geben*.

Zu Hitlers Geburtstag am 20. April legte die Ortgruppenleitung einen Programmablauf vor, der nicht nur den ganzen Tag, sondern auch alle Teile der Bevölkerung umfassen sollte. Um 6 Uhr begann der Tag mit Wecken und Böllerschießen. Am Vormittag hatten die Schüler des Realgymnasiums ihren großen Auftritt: 8 Uhr 30 Uhr im Schulhof antreten, Abmarsch zur Tonhalle, um dort die Rundfunkübertragung aus Berlin an-

---

[8]   Villinger Volksblatt, 22.3.1933.

Abb. 5 Wilhelm Schifferdecker

zuhören, um 11 Uhr in den Anlagen vor dem Amtsgericht Pflanzung der Hitler-Eiche *(Abb. 4)*, zusammen mit Abordnungen der Vereine, SA- und SS-Formationen. Der Tag wurde mit einer *Großen Volksfeier* in der Tonhalle beschlossen. Deutlich war auf dem Programm zu lesen: *Juden haben keinen Zutritt.*

Als letzte öffentlichkeitswirksame Veranstaltung aus diesem Zeitraum ist die *Aktion wider den undeutschen Geist* nennen, die zum Ziel hatte, öffentliche Büchereien und Universitätsbibliotheken von Werken jüdischer, marxistischer, pazifistischer und überhaupt politisch unliebsamer Schriftsteller zu *säubern*. So wurde auch in Villingen vom 12. bis 17. Juni 1933 von der Ortsgruppenleitung eine *Kampfwoche gegen Schund und Schmutz* ausgerufen und die HJ beauftragt, in sämtlichen privaten und öffentlichen Bibliotheken die verfemten Werke einzusammeln. Ortsgruppenleiter Wilhelm Gutmann – zu dieser Zeit auch kommissarischer Bürgermeister – leitete die Bücherverbrennung. Alle Zellenwarte, Blockwarte sowie die gesamte uniformierte Parteiorganisation hatten am 18. Juni Punkt 20 Uhr 30 beim Parteilokal »Stiftskeller« im Dienstanzug anzutreten, um zum Schulplatz beim Benediktiner zu marschieren, wo die aufgestapelten Bücher verbrannt wurden.

Für all diese Versammlungen und Aufmärsche in den Straßen Villingens warb die Partei in den Zeitungen, auf Plakaten in den Schulen und durch ihre Mitglieder. Begeisterung für ein neues Deutschland für den Nationalsozialismus sollte in aller Öffentlichkeit geweckt werden und die örtlichen Zeitungen berichteten ausführlich darüber.

Weniger und knapper schrieben sie jedoch über die ab Mitte März einsetzende Verfolgung, Verhaftung und Demütigung von Kommunisten, Sozialdemokraten, Gewerkschaftlern und anderen, zu Regimegegnern erklärten Personen. Schon am 11.März forderte die Villinger Ortsgruppe der NSDAP zusammen mit SA und SS die örtliche Polizei in einem Schreiben auf, die SPD-Mitglieder Heid, Schifferdecker, Schnee, Uebler und Teich in *Schutzhaft* zu nehmen[9] *(Abb. 5)*. Josef Heid, beschäftigt beim Bezirksamt Villingen und Landtagsabgeordneter, vertrat zusammen mit Ludwig Uebler, Leiter des Arbeitsamtes, die SPD im Gemeinderat. Wilhelm Schifferdecker, Vorsitzender des Deutschen Metallarbeiterverbandes Südbadens, war Mitglied der Stadtverordnetenversammlung. In der Nacht vom 16. zum 17. März wurden sie von SA- und SS-Angehörigen festgenommen, wobei die Festnahme von Uebler und Schifferdecker, so das Parteiorgan »Der

---

[9] HAUSEN/DANNECK (wie Anm. 3), S. 122.

Schwarzwälder«, *sich nicht ganz reibungslos vollzogen habe*[10]. Besonders im Fall Wilhelm Schifferdeckers war das eine zynische Formulierung: Gemeinsam mit seiner Tochter Ida wurde er auf dem Heimweg vom Gewerkschaftshaus »Löwen« von etwa 30 SA- und SS-Männern (Wilhelm Schifferdecker nannte sie *Strauchdiebe und Banditen*[11]) überfallen. Wilhelm Schifferdecker wurde zusammengeschlagen, auf einen Lkw geworfen, wobei eine Hand schwer verletzt wurde, zum SA-Lokal »Stiftskeller« gefahren, dort verhört und erneut misshandelt. Schließlich wurde ihm mit Erschießen gedroht. Zu seinem Glück erschien die Ordnungspolizei, die ihn zunächst ins Städtische Krankenhaus und anschließend ins Gefängnis einlieferte, wo er zwei Monate in »Schutzhaft« gehalten wurde[12].

Hier zeigte sich die Polizei noch als Helfer, wurde jedoch in der Folgezeit immer mehr zu einem willfährigen Instrument von SA und SS. Der Terror gegen die Verhafteten, die Schließung der örtlichen Konsumfilialen, des Einheitspreisgeschäftes Erwege und weitere Zwangsmaßnahmen gegen SPD und KPD wurden von den bürgerlichen Kreisen stillschweigend zur Kenntnis genommen.

Anhand dieser Beispiele von öffentlichkeitswirksamen Aktionen einerseits und gleichzeitig ausgeübtem Terror andererseits kann das kurze Fazit gezogen werden: Es war die Zielsetzung der Nationalsozialisten, ihre politischen Vorstellungen und ihre Feindbilder als allgemein gültige, im nationalen Interesse liegende darzustellen. Wer der nationalen Gemeinschaft angehörte und wer nicht, wurde in den wenigen Wochen nach der Machtergreifung öffentlich mehr als deutlich gemacht. Zu den »Feinden des Staates« gehörten Juden, Kommunisten, Sozialdemokraten, Pazifisten, aber auch die »Schwarzen« – gemeint waren Mitglieder des katholischen Zentrums. Den Unentschlossenen in der Gesellschaft, vor allem der Jugend, wurden Angebote zum Mitmachen unterbreitet, die, wie der weitere Verlauf des »Dritten Reiches« zeigen sollte, in immer stärkerem Maße angenommen wurden – aus unterschiedlichen Motiven. Der Nationalsozialismus wurde auch in Villingen zur Massenbewegung.

3. Die Umgestaltung der kommunalen Vertretungen in Villingen: Stadtrat und Stadtverordnetenversammlung

Die Reichstagswahlen vom 5. März 1933 waren, wie erwähnt, Anlass zur Umgestaltung der Landtage und der kommunalen Vertretungsorgane. Konkret hieß das: Deren Zusammensetzung wurde an das reichsweite Ergebnis angepasst, wobei die Stimmen für die KPD unberücksichtigt blieben. Das »Gesetz zur Durchführung der Gleichschaltung vom 4. April 1933« legte für Villingen die Zahl der ehrenamtlichen Stadträte auf acht Personen (zuvor zwölf) und die der Stadtverordneten auf 20 Personen (vormals 72) fest. Die jeweilige Anzahl orientierte sich an der Zahl der Einwohner. Nach diesen Vorgaben wurden – laut Villinger Volksblatt vom 7. April 1933 – von den Parteien bzw. Wahlgruppen Kandidatenlisten eingereicht und durch Umrechnung aus den Reichstagswahlergeb-

---

[10] Der Schwarzwälder, 17.3.1933.
[11] Staatsarchiv Freiburg (künftig: StAF), D 180/2 Nr. 158480.
[12] Ebd.

nissen eine neue Besetzung der beiden Vertretungsorgane festgelegt. Im Stadtrat erhielt die NSDAP fünf, das Zentrum drei Mandate[13], in der Stadtverordnetenversammlung die NSDAP zehn, das Zentrum acht und die SPD zwei Mandate. Bemerkenswert ist, dass für den Stadtrat eine gemeinsame Liste von NSDAP, Zentrum, Evangelischem Volksdienst, Kampffront Schwarz-Weiß-Rot, Deutscher Volkspartei und Deutscher Staatspartei eingereicht wurde. Berührungsängste scheint es demnach zwischen den Nationalsozialisten und den bürgerlichen Parteien in Villingen nicht gegeben zu haben.

Über die erste Sitzung des neuen Stadtrates am 8. Mai 1933, geleitet noch von dem parteilosen Bürgermeister Gremmelspacher, schrieb der »Romäus«: *Wir Nationalsozialisten haben die absolute Mehrheit. Unsere fünf Stadträte erschienen im Braunhemd. P[artei]g[enosse] Gutmann wurde zum stellvertretenden Bürgermeister gewählt. Die Männer unserer nationalsozialistischen Fraktion bieten die Gewähr, dass sie im Sinne der nationalen Regierung und der nationalsozialistischen Bewegung ihr Amt gewissenhaft führen werden.*[14]

Dass sie in derselben Sitzung die Verpflichtung abgegeben hatten, ihr Amt zum Wohle der Stadt auszuüben, schien demgegenüber geringere Bedeutung zu haben. Diese ausschließlich parteibezogene Haltung wird durch ein Schreiben des Ortsgruppenführers Gutmann vom selben Tag an das Bürgermeisteramt verdeutlicht: *Gemäß der kommunalpolitischen Vorschriften der Gauleitung der NSDAP sind Fraktionsführer und Stadtverordnetenvorstand* (dieses Amt übte sein »Parteigenosse« Franz Martin aus, W. H.) *dem Ortsgruppenführer für die Gemeindepolitik verantwortlich.*[15] Das hieß in diesem Fall: Der Fraktionsvorsitzende des Stadtrates, das NSDAP-Mitglied Rimmelin, war allein dem Ortsgruppenführer Gutmann verantwortlich, ebenso der Vorsitzende der Stadtverordnetenversammlung Franz Martin (ebenfalls NSDAP). Hier wird schon der Konflikt deutlich, der sich als Machtfrage nicht nur auf kommunalpolitischer, sondern auch auf Länder- und Reichsebene abzeichnete: Wer bestimmte letztlich die Linien der Politik? Die Vertreter der NSDAP oder die staatlich-städtischen Verwaltungen?

Diese Machtfrage wurde in Villingen sehr rasch im Sinne der NSDAP beantwortet. Am 16. Juni 1933 erschien eine kurze Nachricht im zentrumsnahen Villinger Volksblatt: *In der letzten Stadtratssitzung hat OB Gremmelspacher um Beurlaubung nachgesucht, welche vom Stadtrat genehmigt wurde. Auf Vorschlag der Ortsgruppe Villingen übernimmt Stadtrat Gutmann die Führung der Amtsgeschäfte.* Warum Gremmelspacher um Beurlaubung bat, stand nicht in der Zeitung. Antwort darauf gab Gremmelspacher selbst in einem Brief, der erst in einem Spruchkammerverfahren 1947 öffentlich wurde. Darin berichtete er, wie am Nachmittag des 23. Mai 1933 fünf SA-Männer (Alois Zanger, Karl Ludwig, Alwin Lattner, Dr. Gustav Hertenstein und Emil Mossmann) in seiner Privatwohnung erschienen und *mir erklärten, es sei unerwünscht, dass ich die heutige Bürgeraus-*

---

[13] Zu Stadträten der NSDAP wurden bestellt: Wilhelm Gutmann, Angestellter bei der Stadtkasse und Ortsgruppenleiter der NSDAP; Paul Riegger, Ingenieur bei Kienzle Apparate; Dr. Josef Rimmelin, Justizrat und Fraktionsführer; Arthur Vetter, Verbandsrechner; Georg Messmer, Landwirt. Zu Stadträten des Zentrums wurden bestellt: Gustav Butta, Drogist; Otto Weisser, Heizer; Ferdinand Laufer, Architekt.
[14] Der Romäus, 8.5.1933.
[15] SAVS 2.16.1. Nr. 3, fol. 328

schusssitzung leite, da in der SA Missstimmung gegen mich bestehe und es deshalb, sollte ich erscheinen, zu Störungen kommen könne. *Es sei daher ratsam, dass ich Urlaub nehme, sonst sei zu befürchten, dass ich in Schutzhaft genommen werden müsse, da man nicht für jeden SA-Mann die Garantie übernehmen könne*. Das Urlaubsgesuch solle er sofort unterschreiben, Bürgermeisterstellvertreter Gutmann werde die Amtsgeschäfte übernehmen.[16] Diese massive Drohung zeigte Wirkung – Gremmelspacher trat von seinem Amt zurück.

Die Bedrohung politisch unliebsamer Amtspersonen hatte ebenso System wie das Zusammenspiel der Nationalsozialisten untereinander. Ihr nächstes Ziel war die Entfernung der zwei noch verbliebenen SPD-Vertreter Heinrich Teich und Alfred Weisser aus der Stadtverordnetenversammlung. Um dieses zu erreichen, verlangte NSDAP-Stadtrat Rimmelin in einem Brief an Bürgermeister Gutmann, die beiden Sozialdemokraten sollten ihr Amt niederlegen.[17] Gutmann machte einen Stadtratsbeschluss daraus, und so war die Stadtverordnetenversammlung von Sozialdemokraten »gereinigt«. Das reichsweite Verbot der SPD folgte einige Tage später am 22. Juni 1933.

Aber immer noch befanden sich drei Zentrumsvertreter im Stadtrat. Auf unterschiedliche Weise wurde aber auch dieses »Problem« gelöst. Als erster verließ Stadtrat Butta unter Protest – wenn auch zunächst nur vorläufig – den Rat, da er mit der Behandlung Gremmelspachers nicht einverstanden war.[18] Eine völlig neue Situation ergab sich, als Mitte Juli 1933 die Zentrumspartei zur Selbstauflösung gezwungen wurde. Daraufhin stellte das badische Innenministerium in einem Erlass an die Bezirksämter klar, dass man dort nur mit solchen Persönlichkeiten kooperieren könne, von denen eine *bereitwillige Zusammenarbeit mit den übrigen Mitgliedern* (gemeint sind die Abgeordneten der NSDAP) *dieser Körperschaften erwartet werden kann. Sei dieses Vertrauen nicht vorhanden, müssen solche Persönlichkeiten auf die eine oder andere Art zum Ausscheiden veranlasst werden*.[19] Die Vorgehensweise in Villingen war folgende: Man fragte die Zentrumsvertreter, ob sie freiwillig auf ihr Amt verzichten, was diese jedoch ablehnten. Daraufhin wurden sie vor die Wahl gestellt, entweder als partei- und fraktionslose Einzelpersonen an den Sitzungen teilzunehmen oder sich als Hospitanten bei der NSDAP zu bewerben. Diese Möglichkeit wies der NSDAP-Fraktionsvorsitzende Rimmelin jedoch als *untragbar* zurück, seiner Meinung nach müssten *sämtliche Zentrumsabgeordnete der Rathausfraktion ihre Mandate niederlegen*. Da sie dies nicht freiwillig taten, griff man zum bewährten Mittel der Drohung. In der Stadtratssitzung vom 17. August 1933 erklärte Rimmelin, dass es die nationalsozialistische Fraktion ablehne, mit Stadtrat Butta weiterhin zusammenzuarbeiten, und forderte ihn auf, den Sitzungssaal zu verlassen. Butta erklärte hierauf, *dass er der Gewalt weiche*.[20]

In den folgenden Tagen legten alle Stadträte und Stadtverordneten des Zentrums ihre Mandate nieder, außer Otto Weisser und Fridolin Görlacher, die als sogenannte Hospitanten bei der NSDAP unterkamen.

---

[16] StAF D 180/2 Nr. 130180.
[17] SAVS 2.16.1. Nr. 3, fol. 337.
[18] Ebd., S. 341.
[19] SAVS 2.16.1, fol. 357, Brief vom 19.7.1933.
[20] SAVS 2.16.1, fol. 395.

4. Hermann Schneider: Der neue NSDAP Bürgermeister

Nach der gewaltsamen Entfernung des Bürgermeisters Gremmelspacher wurde von Gauleiter und Reichsstatthalter Robert Wagner (offiziell vom badischen Innenministerium) am 14. Juli 1933 ein neuer Bürgermeister eingesetzt: der 27-jährige Diplomvolkswirt und SA-Truppführer Hermann Schneider. *(Abb. 6 u. 7)* Er übernahm die Stelle zunächst in kommissarischer Funktion, wurde aber etwa einen Monat später offiziell vom Bürgerausschuss einstimmig auf neun Jahre zum Bürgermeister gewählt. Rimmelin, der Fraktionsvorsitzende, gab vom Balkon des Rathauses *das Ergebnis der vor dem Rathaus aufmarschierten SA und SS sowie dem Publikum bekannt, worauf die Sturmbannkapelle das Horst-Wessel-Lied intonierte und das neugewählte Stadtoberhaupt die Fronten abschritt.* Glückwünsche nahm Schneider zwar entgegen, von weiteren Ehrungen seitens der Parteigenossen sollte jedoch abgesehen werden, denn er ordnete *sich damit ganz dem Geist des Führers ein, der nichts kennt, als Arbeit zum Wohle der Gesamtheit.*[21]

Eine tags darauf verbreitete Presseerklärung stellte den neuen Bürgermeister der Öffentlichkeit in seinem beruflichen und parteipolitischen Werdegang vor. *Schneiders Ausbildung* – so das Villinger Volksblatt vom 10. August 1933 – *könne als eigenartig angesehen werden.* 1906 in Schwetzingen geboren, besuchte er die Grund- und Oberrealschule, die er 1922 ohne Abitur verließ. Anschließend absolvierte er eine Verkäuferlehre bei der Friedrich Krupp AG. Nach der Lehrzeit bereitete er sich doch noch auf das Abitur vor, das er 1928 bestand. Seine anschließenden Studien in Heidelberg, Berlin und Köln schloss Schneider mit dem Examen zum Diplom-Volkswirt ab. Bevor er seinen Posten in Villingen antrat, arbeitete er in der Versicherungsbranche. Sein politisches Interesse galt schon als Jugendlicher völkisch-nationalen Bünden, 1923 trat er der NSDAP bei. Nach deren zeitweiligem Verbot wurde Schneider Mitglied des Schlageter-Bundes. Es folgten die Mitgliedschaft in der SA und im NS-Studentenbund und seine Wiederaufnahme in die Partei im Februar 1930.

Wie Schneider zu seinem Amt als Bürgermeister in Villingen kam, schilderte er selbst während seiner Vernehmung im Internierungslager in Ludwigsburg 1948. Als »Alter Kämpfer« konnte er sich an die Kommunalpolitische Abteilung des Innenministeriums in Karlsruhe wenden, um, wie Schneider es formulierte, *irgendwo Bürgermeister*[22] zu werden. Was ihm auch gelang, trotz

Abb. 6   Bürgermeister und Kreisleiter Hermann Schneider

---

[21] Villinger Volksblatt, 10.8.1933.
[22] GLA K 465 f Nr. 1807, fol. 168.

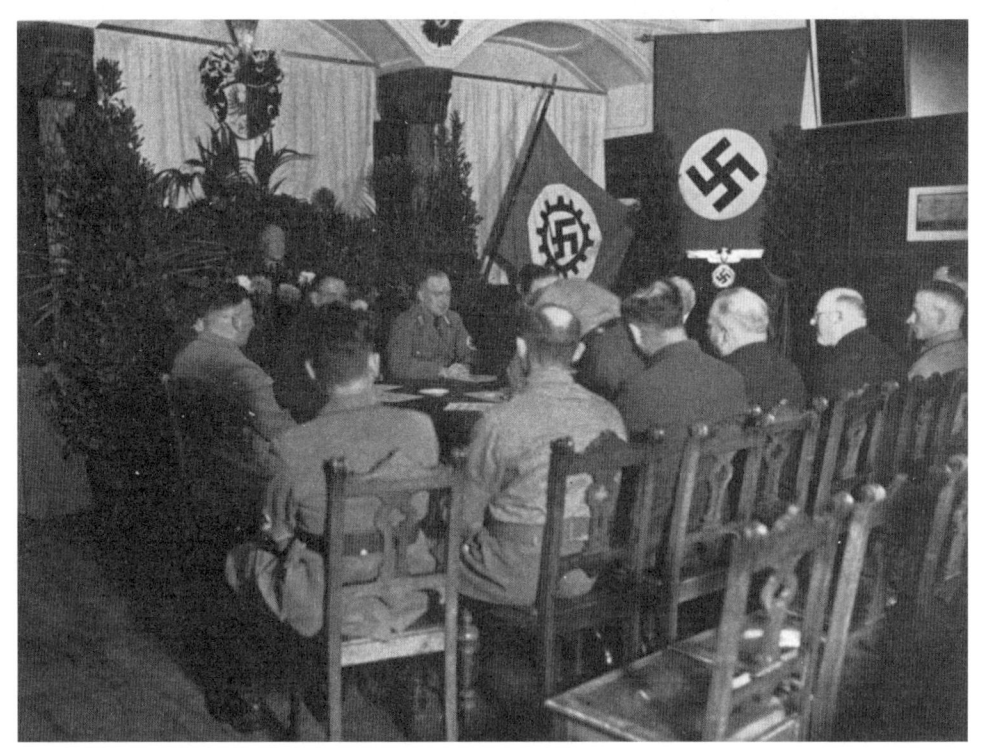

Abb. 7   Sitzung des Stadtrates unter Leitung Hermann Schneiders

fehlender juristischer Vorbildung – diese verlangte eigentlich die immer noch gültige Badische Gemeindeordnung.

Damit löste Hermann Schneider seinen Parteigenossen Wilhelm Gutmann ab. *(Abb. 8)* Gutmann, bisher Angestellter beim Finanzamt, bekam Ende September eine besser dotierte Buchhalterstelle bei der Stadtkasse übertragen, mit der Option, nach drei Jahren als Beamter übernommen zu werden. Seine weitere politische Karriere sei kurz zusammengefasst: Genau wie Schneider trat Gutmann – ebenfalls »Alter Kämpfer« – im Januar 1935 eine Bürgermeisterstelle in Tiengen an. Dort tat er sich besonders mit einer judenfeindlichen Ortssatzung hervor.[23] Ebenso drohte er in den letzten Kriegstagen Einwohnern Tiengens, die eine weiße Fahne hissen wollten, mit Erschießen.[24] Gutmann blieb auch nach dem Krieg seiner nationalsozialistischen Überzeugung treu: Er war 1964 Mitbegründer der NPD und wurde ihr stellvertretender Bundesvorsitzender. 1968 wurde

---

[23]   D. Petri, Die Tiengener Juden und die Waldshuter Juden, Zell am Harmersbach 1984, S. 140 ff.
[24]   M. Fischer, Waldshut-Tiengen: Gedenken an ehemaliges jüdisches Leben, Jüdisches Leben online, haGalil.com, abgerufen 5.10.2017.

er in den baden-württembergischen Landtag gewählt, wo er auch den Fraktionssitz übernahm.[25]

5. Fazit

Spätestens mit der im September abgeschlossenen »Gleichschaltung« der Stadtverwaltung, des Stadtrates und der Stadtverordnetenversammlung, der Ausschaltung der Parteien und Gewerkschaften hatte die NSDAP die Machtfrage zu ihren Gunsten entschieden. Ihre Mittel waren einerseits scheinbar verfassungsgemäß verabschiedete Verordnungen und Gesetze, geschickt inszenierte öffentliche Feste, Feiern und Aufmärsche, andererseits die Etablierung eines Systems der Verbote, der Einschüchterung, der Ausgrenzung und brutalen Verfolgung der erklärten Volks- und Staatsfeinde. Die sich einstellenden Erfolge der ausgerufenen »Arbeitsschlacht« – in Villingen sichtbar geworden an einer regen Bautätigkeit und der damit verbundenen Senkung der Arbeitslosenzahl – überdeckte die politische Entmündigung und befriedigte die Bedürfnisse der Bevölkerung im Sinne der von den Nationalsozialisten propagierten »Volksgemeinschaft«.

Abb. 8 Wilhelm Gutmann

---

[25] Vgl. »Wilhelm Gutmann«; Wikipedia, abgerufen 5.10.2017.

Auch nach Ilvesheim werden wir wieder kommen.
Die Errichtung nationalsozialistischer Strukturen
am Beispiel einer Mannheimer Umlandgemeinde

VON MARKUS ENZENAUER

Am 9. September 1933 – knapp ein halbes Jahr nach jenen Ereignissen, die von der NSDAP als »nationale Revolution« verklärt wurden – konnte man im »Hakenkreuzbanner«, der NS-Zeitung für Stadt und Landkreis Mannheim, über das kleine Dorf Ilvesheim eine Art Zwischenbilanz der bisherigen Nazifizierungsbemühungen lesen: *Dieses Ilvesheim*, heißt es da, *war einmal rot, knallrot sogar. Heute* [hat] *man diesen Eindruck nicht im geringsten, wenige Monate vermochten der Gesinnung des größten Teils der Bevölkerung eine andere Richtung zu geben*[1].

Das war eine propagandistische Übertreibung, wenn sie auch einen wahren Kern enthalten mochte, denn zumindest dem äußeren Anschein nach war Ilvesheim tatsächlich schon auf Linie gebracht: Mittlerweile waren ein NSDAP-Bürgermeister installiert, Straßen und Brücken nach nationalsozialistischen Führern und Märtyrern umbenannt, Parteien aufgelöst und Vereine gleichgeschaltet, deren Vermögen und Liegenschaften konfisziert, das äußere Bild durch Uniformen und Flaggen an die neue Zeit angepasst. Mit der *Gesinnung* freilich war es so eine Sache. Gewiss hatte die Partei bereits Erfolge erzielen können, war endlich auch an Mitgliedern gewachsen und hatte seit kurzem eine Organisationsstruktur. Dass aber in jenen Tagen der *größte Teil* der Einwohner bereits umgedreht war, entbehrte jeder Grundlage. Ilvesheim blieb einstweilen ein schwieriges Terrain. Das musste indes nicht heißen, dass der Partei nicht auch hier eine Etablierung gelingen konnte.

Politische und soziale Ausgangssituation

Ilvesheim war 1933 noch eine ziemlich kleine Gemeinde, die allerdings seit dem letzten Drittel des 19. Jahrhunderts im Sog der aufstrebenden Industrie- und Handelsstadt Mannheim einen tief greifenden Strukturwandel durchlebt hatte. Zwischen 1871 und 1933 verdoppelte sich die Bevölkerungszahl beinahe von rund 1.500 auf 2.900, bis 1939

---

[1] *Einführung des neuen Bürgermeisters in Ilvesheim*, Hakenkreuzbanner Nr. 230 vom 9.9.1933.

Abb. 1   Die Gemeinde Ilvesheim, etwa acht Kilometer südöstlich des Stadtzentrums von Mannheim gelegen. Ausschnitt eines Planes vom März 1938

sollte sie sogar nochmals steigen und etwa 3.200 Einwohner erreichen (eine Zahl, die über die Kriegszeit hinweg etwa konstant blieb). Waren noch vor der Industriellen Revolution die meisten Ilvesheimer als Bauern, Fischer, Schiffsreiter und Tagelöhner – vor allem im Flussbau – beschäftigt, verschob sich seit dem letzten Drittel des 19. Jahrhunderts die Beschäftigtenstruktur sehr deutlich in Richtung des sekundären Sektors. Nur zu einem geringen Prozentsatz waren Bauern, Beamte oder Gewerbetreibende am Ort ansässig. Wenn auch die Landwirtschaft als hauptberuflich verfolgter Erwerbszweig nur noch eine geringe Rolle spielte, so wurde sie doch von einem großen Teil der Einwohnerschaft nebenerwerbsmäßig betrieben. Das Dorf konnte deshalb seinen ländlichen Charakter bewahren, war aber längst zur Arbeiterwohngemeinde geworden, dem vorherrschenden Gemeindetyp im Landkreis Mannheim[2]. *(Abb. 1)*

Die bei weitem meisten Erwerbstätigen des Ortes waren Auspendler und fanden als Angestellte, aber vor allem als Arbeiter in den Mannheimer Betrieben der Maschinen-

---

[2]   Insgesamt ließen sich 20 der 27 Kommunen im Landkreis Mannheim als Arbeiterwohngemeinde klassifizieren, siehe P. KAISER, Der Landkreis Mannheim im Nationalsozialismus (Rhein-Neckar-Kreis, Bausteine zur Kreisgeschichte 9), Heidelberg 2009, S. 27.

bau-, Metall-, Elektro- und Chemieindustrie ihr Auskommen. Wie groß die Anziehungskraft der Stadt Mannheim auf das Dorf war, mögen ein paar Zahlen illustrieren: In der benachbarten Industriestadt arbeiteten am Vorabend des Zweiten Weltkrieges (einschließlich der Lehrlinge) rund 1.100 Ilvesheimer, etwa 200 verteilten sich auf Orte der näheren Umgegend, in Heidelberg waren es dagegen nur neun und in Weinheim drei.[3] Das örtliche Wirtschaftsleben hatte hingegen ein schwaches Fundament: Zum Stichtag 1. März 1939 wurden in Ilvesheim 70 Gewerbebetriebe gezählt, darunter waren etwa 50 Handwerksbetriebe, meist aus Alleinmeistern bestehend und nur vereinzelt mit Gesellen und/oder Lehrlingen[4]. Damals gab es in Ilvesheim selbst längst keine größeren Betriebe mehr. Die Zigarrenfabriken, eine Großwäscherei, die Schuhfabrik »Goldpfeil« und die beiden Ziegelhütten, in denen zu Spitzenzeiten insgesamt mehrere hundert Einwohner Beschäftigung fanden, waren zwischen dem Ersten Weltkrieg und der Weltwirtschaftskrise allesamt aufgegeben worden.

In konfessioneller Hinsicht war die Bevölkerung ziemlich ausgeglichen verteilt, Protestanten und Katholiken standen einander im Verhältnis 55 % zu 40 % gegenüber. Die jüdische Einwohnerschaft war bis zum Jahr 1933 – damit folgte auch Ilvesheim einem für jüdische Landgemeinden allgemeinen Trend – auf nur noch 28 Personen (das entsprach 1 % der Gesamtbevölkerung) zusammengeschmolzen. Dabei hatte die israelitische Gemeinde, deren Existenz am Ort bis in das Jahr 1700 zurückreichte, gegen Mitte des 19. Jahrhunderts einen außergewöhnlich hohen Bevölkerungsanteil von rund 16 % aufgewiesen und war auch von der Kopfzahl mit Abstand die größte jüdische Gemeinde im Landkreis Mannheim[5]. Von ernstlichen Konflikten zwischen der jüdischen Bevölkerung und den Angehörigen der beiden christlichen Konfessionen am Ort wissen wir nichts, im Gegenteil weist alles darauf hin, dass das Miteinander die längste Zeit gut und ausgeglichen war und die Juden eine ausgesprochene Assimilationsbereitschaft zeigten.

Während der Revolution 1848/49 hatten die meisten Ilvesheimer Bürger dem »Volksverein« angehört. Mit dem Gastwirt Ludwig Witz, der als »Civilkommissar« fungierte und ein Intimus von Friedrich Hecker war, hatten die hiesigen Revolutionäre einen fanatischen Anführer. In der Reaktionsära, als auch in Ilvesheim scharf durchgegriffen wurde, schliff sich die demokratische Gesinnung der Einwohner nicht ab. Aus einem Bericht des Bezirksamts aus dem Jahre 1852 erfahren wir, *daß die demokratischen Elemente noch sehr stark vertreten* waren[6]. Ungeachtet dessen war der Ort ruhig und bedeutete für die Polizei keine Herausforderung. *Die hiesigen Einwohner haben einen ruhigen, lobenswerthen Charakter, sind nüchtern und fleißig, und man vernimmt gar nichts von Partheiungen und sonstigen Gehässigkeiten, welche sich häufig in Landorten finden und viele Übelstände nach*

---

[3] GdeA Ilv. A 93, Bürgermeister Engel an Verlag Hakenkreuzbanner, Mannheim, 26.1.1939.
[4] Siehe die Aufstellungen in GdeA Ilv. A 276 u. A 705.
[5] Im Oktober 1852 lebten einem amtlichen Bericht zufolge 43 jüdische Familien mit insgesamt 225 Personen am Ort (bei einer Gesamteinwohnerzahl von ca. 1.400). Vgl. Ortsbereisungsprotokoll des Großh. Bezirksamts Mannheim vom 14.10.1852, GLA 362/849.
[6] Ebd., 14.6.1852, Abschnitt VI: Polizei.

sich ziehen[7]. Man war auf Ausgleich bedacht, und diese Haltung prägte das politische Klima am Ort, das man als ausgesprochen gemäßigt bezeichnen konnte.

Im Kaiserreich hatte man es zunächst mehrheitlich mit den Nationalliberalen gehalten, später dominierten Sozialdemokratie und Zentrum. Über die Umbruchzeit von 1918 hinweg blieb dies zunächst so, was sich bei den Wahlen bis zum Ende der Weimarer Republik manifestierte. Deren Analyse zeigt, dass die Parteien der extremen Rechten in Ilvesheim stets deutlich unterdurchschnittliche Ergebnisse erreichten. Während die Wahlen und Abstimmungen in Baden und im Reich für die NSDAP eine fast ungebrochene Aufwärtstendenz zeigten, findet sich hierfür in Ilvesheim keine Parallele. Völkische und Nationalsozialisten waren bis 1930 in Ilvesheim völlig unbedeutend, erhielten bei Wahlen zwischen einer und zehn Stimmen. Von den rechtsradikalen Parteien schloss die DNVP noch am besten ab, blieb jedoch ebenfalls stets deutlich unter den (ohnehin schon schwachen) Landesergebnissen. Umgekehrt verfügten SPD und KPD am Ort über eine sehr starke Position und hatten meist überdurchschnittliche Wahlergebnisse erzielen können. Bei der Wahl zur Nationalversammlung im Januar 1919 konnte der SPD-Ortsverein einen Stimmenanteil von 53,5 % feiern[8]. Wenn die SPD dieses Ergebnis auch nie wieder erreichen sollte und in der Folge Stimmen an die KPD abgab, so blieb sie doch lange Jahre stärkste Partei. Einen schweren Einbruch erlebten die Sozialdemokraten am Ort erst mit der Novemberwahl 1932, als sie mit 23,2 % hinter dem Zentrum (23,5 %) und der KPD als erstmals stärkster Partei (30,3 %) auf die Plätze verwiesen wurden[9]. Das Zentrum konnte am Ort auf ein festes Wählerpotenzial rechnen und erreichte stets Werte zwischen 25 und 30 %.

Diese Wahlergebnisse hatten grosso modo ihre Entsprechung in der kommunalpolitischen Entwicklung. Im Sommer 1919 war Jakob Kleinhans, SPD, zum Bürgermeister gewählt worden, ein energischer und intelligenter Mann, der die Geschicke der Gemeinde überparteilich und mit großer Umsicht leitete. Anfang Juni 1928 schaffte es Kleinhans, auf eine Dauer von wiederum neun Jahren im Amt bestätigt zu werden, wobei sämtliche der 53 im Bürgerausschuss abgegebenen Stimmen auf ihn entfielen[10].

Das politische Klima am Ort war über die längste Zeit der Weimarer Jahre gut. Die Arbeit des Gemeinderates blieb ungeachtet von bisweilen scharfen Auseinandersetzungen in der Sache von einem konstruktiven Miteinander geprägt[11]. Die Akteure waren ohne Wenn und Aber demokratisch gesinnt und bejahten die Republik. Es war für das politische Binnenklima vielsagend, dass der Gemeinderat im Oktober 1929 beschloss, die

---

[7] Ebd., Statistische Notizen über die Gemeinde Ilvesheim, aufgenommen im Oktober 1853, Abschnitt XLII: *Charakter der Ortseinwohner, Bildungsstufe, Sitten und Gebräuche, die einen vortheilhaften oder nachtheiligen Einfluß äußern.*

[8] Badisches Statistisches Landesamt (Hg.), Die Wahlen in Baden zur verfassunggebenden badischen und deutschen Nationalversammlung im Jahr 1919, Karlsruhe 1919, S. 65.

[9] Badisches Statistisches Landesamt (Hg.), Die Reichstagswahl am 6. November 1932 in Baden. Übersichten der Abstimmungsergebnisse nach Gemeinden, Amtsbezirken, Landeskommissärbezirken und für das ganze Land Baden (32. Reichstagswahlkreis), Karlsruhe 1932, S. 32.

[10] Siehe die Wahlunterlagen in GdeA Ilv. A 111.

[11] Dies hebt z. B. das Ortsbereisungsprotokoll des Bezirksamts Mannheim vom 2.7.1923 hervor, GLA 362/851.

Straßen in der neuangelegten westlichen Siedlung am Neckarkanal nach Ludwig Frank und Walter Rathenau zu benennen[12].

Im ersten, 1919 gewählten Gemeindeparlament waren die Parteien der Weimarer Koalition vertreten. Die sechs Gemeinderäte setzten sich zunächst aus drei Sozialdemokraten, einem Linksliberalen von der DDP und zwei Männern des Zentrums zusammen. Zentrum und SPD, die beide auch über die längste Tradition am Ort verfügten und schon gegen Ende des 19. Jahrhunderts eigene Ortsvereine hatten, blieben die gesamte Zeit über im Ortsparlament vertreten. Während die DDP bei den nächsten Wahlen bereits wieder verschwand, trat mit der Bürgerlichen Vereinigung bei den Wahlen 1926 ein neuer Akteur auf den Plan und errang auf Anhieb zwei Sitze. 1930 schließlich stieß die KPD hinzu, die 1928 als eigenständige Ortsgruppe gegründet worden war. Bei der letzten Kommunalwahl vor der NS-Diktatur (16. November 1930) bestand der Gemeinderat aus zwei Vertretern der SPD, zweien des Zentrums, einem KPD-Mann und einem Vertreter der Bürgerlichen Vereinigung[13].

Die Bürgerliche Vereinigung (BV) war eine vom November 1925 bis Juni 1928 im Badischen Landtag vertretene Fraktionsgemeinschaft aus DNVP, dem »Badischen Landbund« und der »Wirtschaftlichen Vereinigung« und bediente das rechte Spektrum. Über die Landespolitik hinaus war dieses Parteienbündnis in den Kommunen aktiv, so auch in Ilvesheim. Von der Sozialstruktur her waren in diesem Bündnis vor allem Mittelständler vertreten: Landwirte, Angestellte, Kaufleute, Handwerker und Bildungsbürgertum. In programmatisch-ideologischer Hinsicht war dieser Zusammenschluss deutschnational und völkisch, monarchisch und antirepublikanisch, antidemokratisch, antiliberal und antimarxistisch ausgerichtet. Besonders der Landbund verfolgte eine Politik, die sich gegen die »Degenerationserscheinungen« des modernen Großstadtlebens richtete und dabei das kleinstädtisch-ländliche Element schützen wollte. Eine bedeutsame gemeinsame Klammer war außerdem ein scharfer Antisemitismus.

Es wäre zu kurz gesprungen, die Bürgerliche Vereinigung als eine Vorgängerinstitution der örtlichen Nazis zu bezeichnen. Dagegen spricht schon alleine die Tatsache, dass sie bis 1930 Juden in ihren Reihen wusste, die als Ausschussmitglieder das politische Geschehen am Ort mitbestimmten. Möglicherweise aber hat sich die Ilvesheimer BV seit 1930 radikalisiert, denn in ihr waren zuletzt neben Anhängern der eher gemäßigten nationalliberalen DVP auch jene der ultrakonservativen DNVP und der Deutschen Staatspartei vertreten, die damals unter dem Einfluss des antisemitischen Jungdeutschen Ordens stand. Und es fällt auf: Von den 12 Bewerbern, die sich auf der Vorschlagsliste der Partei für die Gemeinderatswahl 1930 fanden, wurden immerhin neun später Mitglieder der NSDAP, wovon wiederum fünf sich während der Diktatur als besonders eifrige Aktivisten hervortun sollten.

---

[12] GdeA Ilv. B 141, Protokoll zur Sitzung des Gemeinderats vom 9.10.1929 Nr. 32, Ziff. 4. 1933 wurden die beiden Straßen in *Robert-Wagner-Straße* und *Schlageterstraße* umbenannt.
[13] GLA 362/11.614.

Vergebliche Versuche der NSDAP, in Ilvesheim Fuß zu fassen

Wie viele Ilvesheimer bereits in den frühen 1920er Jahren, als es in Deutschland eine unüberschaubare Zahl rechtsextremer Splittergruppen gab, völkischen und antisemitischen Positionen zuneigten oder diese gar aktiv unterstützten, wissen wir nicht. So ist z. B. über Mitgliedschaften im Deutschvölkischen Schutz- und Trutzbund (DvSTB), der bis zu seinem Verbot Ende 1922/Anfang 1923 mit 600 Ortsgruppen und einer Viertelmillion Mitglieder bei weitem größten und verbreitetsten antisemitischen Organisation im Reich, nichts bekannt[14]. In den frühen Parteilisten der NSDAP, die von 1919 bis 1923 reichen und die Namen und Anschriften von 55.000 Mitgliedern enthalten, findet man ebenfalls keinen Ilvesheimer[15]. Auch während der Verbotszeit der NSDAP, als die Partei in Baden mehr oder minder gut getarnte Ersatzorganisationen aufbaute (z. B. die Deutsche Partei oder den vom späteren Gauleiter Robert Wagner gegründeten Schlageterbund), hören wir nichts über irgendwelche Aktivitäten von Ilvesheimern am Ort. Und in den überlieferten politischen Berichten der Landespolizei Karlsruhe, die immerhin den Zeitraum von Februar 1924 bis Mai 1929 abdecken, taucht der Name Ilvesheim im Zusammenhang mit der NSDAP oder einer anderen Organisation der extremen Rechten nicht ein einziges Mal auf[16].

Dagegen war die Partei in fast sämtlichen Städten und Gemeinden des »Bezirks Groß-Mannheim« (wie die NSDAP die Gebietseinteilung seinerzeit nannte) durch Veranstaltungen schon sehr präsent, und es existierten bereits eine Reihe von Ortsgruppen[17]. Der Beginn der NSDAP in Mannheim reicht bis in den Februar 1921 zurück. Damit gehörte Mannheim neben Pforzheim zu den ersten Ortsgruppen Badens und avancierte zu den »Zellkernen der nationalsozialistischen Bewegung im deutschen Südwesten«[18]. Im Hochsommer 1922 hatte die Mannheimer Ortsgruppe der NSDAP immerhin bereits 180 Mitglieder[19]. Sie bestand damals aus einzelnen Sektionen (üblicherweise die Vororte), außerdem gab es die Ortsgruppen in den Gemeinden des Bezirks Mannheim. War eine Ortsgruppe gegründet, begann der Ausbau der Strukturen in Zellen und Blocks auf der Grundlage des Führerprinzips, wobei dem Ortsgruppenleiter als örtlicher »Hoheitsträger der Partei« die zentrale Rolle zukam.

Die erste NSDAP-Ortsgruppe des Bezirks war im Juni 1925 in Weinheim gegründet worden, noch im gleichen Jahr folgte Schwetzingen. 1926 wurde die Ortsgruppe Neulußheim gegründet (die im Dezember 1926 bereits 60 Mitglieder zählen sollte). Am 17. Mai 1928 wurde die Schriesheimer Ortsgruppe aus der Taufe gehoben, im September 1929 folgten Heddesheim und am 6. Dezember 1929 Ladenburg. Auffällig war, dass die Hitlerpartei vor allem in Orten mit einem größeren Arbeiteranteil spät reüssierte. So trat die NSDAP in Edingen nicht vor dem 23.10.1930 in Erscheinung. In Ketsch – das noch

---

[14] Zum DvSTB siehe U. Lohalm, Völkischer Radikalismus. Die Geschichte des Deutschvölkischen Schutz- und Trutzbundes 1919–1923, Hamburg 1970.
[15] BArch NS 26/215.
[16] MARCHIVUM D 7, Nr. 9–10.
[17] Siehe hier die einschlägige Berichterstattung im Hakenkreuzbanner.
[18] H. Stockert, Aufmarsch und Bombenanschlag. Zur Frühgeschichte der NSDAP in Mannheim, in: Mannheimer Geschichtsblätter 17 (2009), S. 87–100, Zitat S. 88.
[19] Ebd., S. 89.

mehr als Ilvesheim im Ruf stand, eine Hochburg der »Linken« zu sein – entwickelte sich die NSDAP als Sektion der Ortsgruppe Schwetzingen am 11. Juni 1932[20].

Üblicherweise erfolgte in jener Zeit die Ortsgruppengründung auf dem Wege der Inkubation, d.h. über erfahrene Vertrauensleute auswärtiger Ortsgruppen der Partei, die gleich Missionaren über die Dörfer zogen und die Möglichkeiten ausloteten. Oft bedurfte es nur eines initialen Momentes, etwa einer Veranstaltung mit einem guten Redner und ein paar willigen Zuhörern als kritische Masse, um eine Ortsgruppe zu gründen. Vieles hing zudem von den sozialen und politischen Strukturen des jeweiligen Ortes ab, immer aber spielte die räumliche Nähe zwischen der »Mutterortsgruppe« und der »Filiale« eine bedeutende Rolle. So sorgte z.B. die Ortsgruppe Weinheim für Neugründungen in einigen Bergstraßendörfern, während von Neulußheim aus Vorstöße nach Reilingen und Altlußheim erfolgten. Schwetzingen forcierte die Gründungen in Oftersheim und Ketsch; für Seckenheim war die Ortsgruppe Mannheim der Kristallisationspunkt. Dabei machte die NSDAP immer wieder die Erfahrung, dass die propagandistische Schlagzahl ein zwar nicht ausschließlicher, aber doch wesentlicher Faktor für den Erfolg war. Andererseits wurde dort, wo wenig Aussicht auf Erfolg bestand oder eine Präsenz noch als wenig bedeutend erschien, einstweilen das Engagement heruntergefahren oder es unterblieb zunächst ganz. Ilvesheim lieferte für letzteres ein anschauliches Beispiel.

Während in den Orten der unmittelbaren Nachbarschaft und in den meisten Dörfern der nahen Umgegend schon mehr oder minder stark entwickelte NS-Parteistrukturen existierten, blieb Ilvesheim einstweilen außen vor. Hier sollte es bis Anfang September 1930 dauern, ehe eine erste nationalsozialistische Versammlung abgehalten wurde. Deren Organisation lag bei der NSDAP-Ortsgruppe aus dem benachbarten Seckenheim. Offenbar war die Veranstaltung nicht besonders erfolgreich verlaufen. Im »Führer«, der in Karlsruhe erscheinenden NS-Gauzeitung, konnte man in einer knappen Zusammenfassung lesen, der Referent, ein gewisser Pg. Neumeier aus Mannheim, habe sich gegen hunderte von Kommunisten und Sozialdemokraten erwehren müssen, die seine Ausführungen ständig störten. Dechiffriert bedeutete diese Meldung nichts anderes, als dass die Partei hier einen spektakulären Misserfolg einfuhr, und so blieb nichts anderes als das trotzige Versprechen übrig, dass man wieder kommen werde. *(Abb. 2–3)*

Allerdings ließ die Partei dieser vollmundigen Ankündigung keine Taten folgen und es sollte ein halbes Jahr vergehen, ehe in Ilvesheim die nächsten Versammlungen stattfanden, nämlich bis zum 8. und 15. März 1931. Als Referenten bot die Kreisleitung mit Dr. Gustav Lorenz[21], Hauptschriftleiter des »Hakenkreuzbanners«, diesmal einen ihrer versiertesten Propagandisten auf[22]. Aber auch diese beiden Auftritte scheinen nicht nachhaltig gewesen zu sein, denn den NS-Blättern waren sie diesmal keine Silbe wert. Man kann dieses Schweigen wohl nur durch den wiederholten Misserfolg erklären, den die Partei bei ihren Versammlungen in Ilvesheim hatte. Jede Erwähnung von Ilvesheim

---

20 KAISER (wie Anm. 2), S. 34f.
21 Dr. phil. et med. Gustav Lorenz, Hauptschriftleiter des »Hakenkreuzbanners«, aus diesem Amt Ende April 1931 angeblich wegen Krankheit ausgeschieden. Sein Nachfolger wurde Fritz Haas, der allerdings nur wenige Monate im Amt blieb und schließlich von Dr. Wilhelm Kattermann abgelöst wurde.
22 Siehe Hakenkreuzbanner vom 8.3.1931, Nr. 10, S. 7, und vom 15.3.1931, Nr. 11, S. 5.

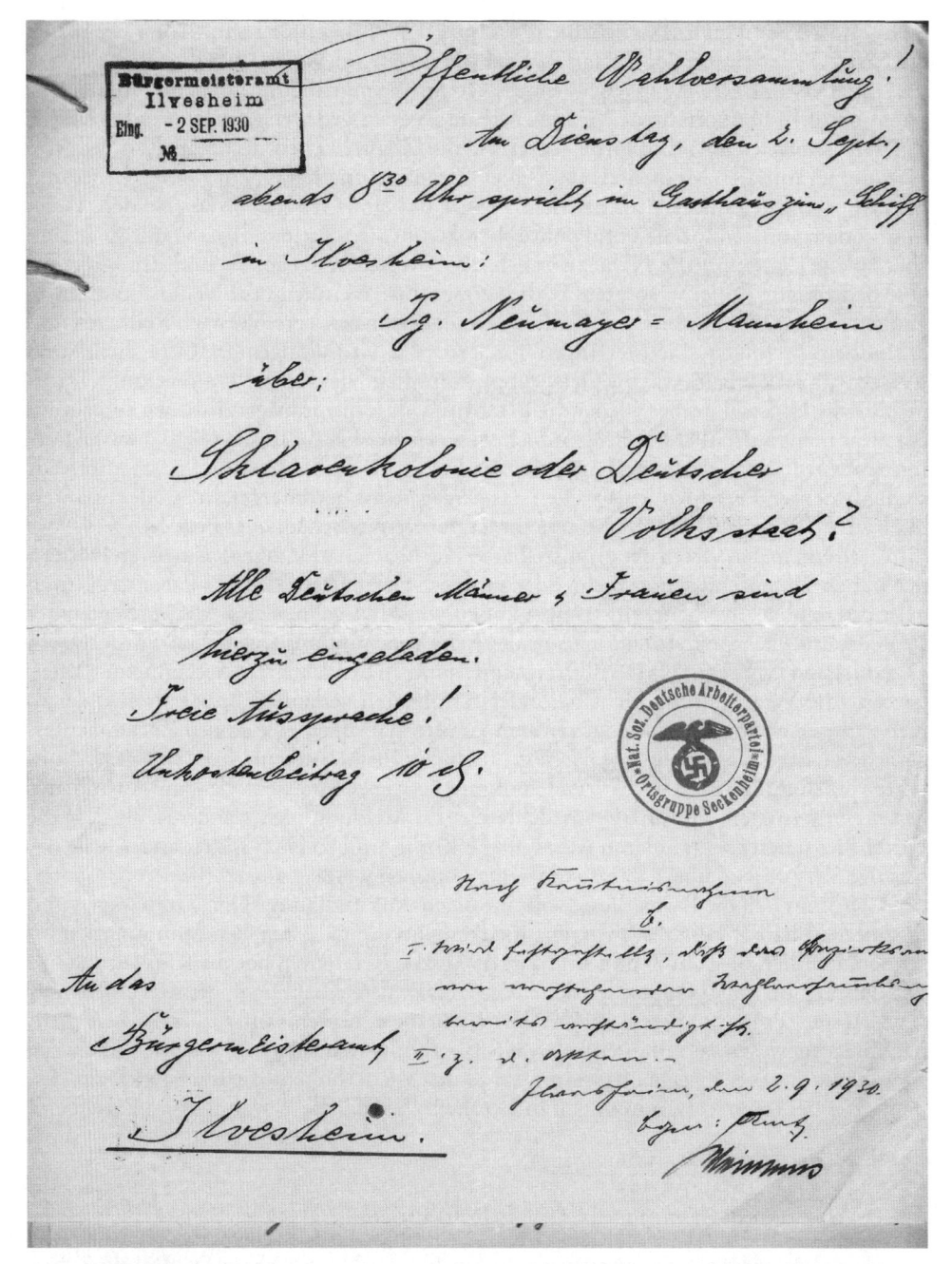

Abb. 2   »Sklavenkolonie oder deutscher Volksstaat?« Die Ortsgruppe Seckenheim meldet für den 2. September 1930 erstmals eine NSDAP-Versammlung in Ilvesheim an. Als Eintritt wurden 10 Pfennige verlangt

> **Ilvesheim.**
>
> **Sozialdemokraten und Kommunisten.**
>
> Vor einigen hundert Sozialdemokraten und Kommunisten sprach Neumeier, Mannheim, der in eineinhalbstündigen Ausführungen den Weg des Nationalsozialismus zeichnete. Trotz dauernder Störungen von Seiten der Sozialdemokraten brachte es Pg. Neumeier fertig, die Bonzen zum Schweigen zu bringen. Auch nach Ilvesheim werden wir wieder kommen. -a-

Abb. 3   »Auch nach Ilvesheim werden wir wieder kommen.« Wortkarg berichtet das in Karlsruhe erscheinende Gaublatt »Der Führer« über die erste NSDAP-Versammlung in Ilvesheim

im Zusammenhang mit der NSDAP fehlte in der Parteizeitung, so etwa wenn in gewissen Abständen unter den Rubriken *Kampf um Mannheim* oder *von unseren Fronten* (eine Wochenbeilage) über die Arbeit der einzelnen Ortsgruppen im Kreis Mannheim berichtet wurde. In der *Parole-Ausgabe*, einer regelmäßigen Rubrik, worin über Veranstaltungen der Ortsgruppen und Sektionen informiert wurde, tauchte Ilvesheim nur selten auf. Selbst als die Partei im Spätjahr 1931 im Zuge des von ihr postulierten »Zwei-Monats-Plans« ihre Propaganda in Stadt und Bezirk Mannheim stark ausweitete, ging dies an Ilvesheim vorbei. Gerade in dieser für die NSDAP so wichtigen Phase, als sie von einer Splitterpartei zu einem politischen Faktor ersten Ranges aufstieg, blieb Ilvesheim also weitgehend außen vor.

Durch ihre fast völlige Abwesenheit musste die NSDAP ihren politischen Gegnern das Feld überlassen. Deren Milieus waren nicht zuletzt durch eine rege und ein breites Spektrum abdeckende Vereinsarbeit gefestigt. Die Katholiken hatten ihre »Deutsche Jugendkraft«, den »Cäcilienverein« oder den Männergesangverein »Germania«, der im Grunde nichts anderes als der verlängerte Arm des Zentrums war. Aus dem Umfeld der SPD waren in den 20er Jahren der Arbeiter-Radfahrer-Bund »Solidarität«, die Arbeiterwohlfahrt und ein Ortsverband des Gewerkschaftskartells gegründet worden; der spätere KPD-Gemeinderat Philipp Steigleder, einer der ersten Ilvesheimer, der im März 1933 in »Schutzhaft« genommen werden sollte, gehörte zum Gründungsvorstand der Tanz- und Vergnügungsgesellschaft »Edelweiß«; im Arbeiter-Sängerbund und im Arbeiter-Turnerbund kamen sowohl Kommunisten als auch Sozialdemokraten zusammen. Am bemerkenswertesten aber war, dass die Nationalsozialisten in Ilvesheim einer geschlossenen linken Phalanx gegenüber standen, weil SPD und KPD – ansonsten in gegenseitiger Ablehnung vereint – ihre tiefen ideologischen Gräben überbrückten und sich im »Einheitskomitee sozialdemokratischer und kommunistischer Arbeiter« zusammengeschlossen hatten. Auf einer Veranstaltung dieses Bündnisses im Oktober 1931 sprach Jakob Faulhaber (1900–1942), einer der führenden Köpfe der Mannheimer Kommunisten und später zum engsten Führungskreis der »Widerstandsgruppe Lechleiter« gehörend, über das Thema *Wie einigen wir die Arbeiterklasse zum Kampfe gegen Not und Reaktion?*[23]

Es blieb daher für Ilvesheimer Nationalsozialisten und Nazi-Sympathisanten nichts anderes übrig, als sich andernorts zu organisieren. So bildete – alleine schon der räumlichen Nähe geschuldet – die Seckenheimer Ortsgruppe mit ihren bereits bestehenden Gliederungen von SA und HJ zunächst den alleinigen Anlaufpunkt[24]. Dort wurden die Versammlungen oder auch die »Deutschen Abende«[25] besucht, und es bot sich die Möglichkeit, sich in die Parteiarbeit einzubringen. Erster Beleg für die Aktivität Ilvesheimer Nazis war der anlässlich der Reichspräsidentenwahl im April 1932 ins Leben gerufene »Hitler-Wahlausschuss Seckenheim-Ilvesheim«, der in der Hauptsache von Landwirten und Selbstständigen getragen war, und der sich gegen die von Hindenburg unterstützende Wahlgemeinschaft der sogenannten Weimarer Koalition aus SPD, DDP und Zentrum stellte[26].

Die Ortsgruppe Seckenheim blieb auch in der Folge für die Aktivitäten der NSDAP in Ilvesheim federführend. Stets wurden die Veranstaltungen in Ilvesheim in den einschlägigen Rubriken des »Hakenkreuzbanners« unter Seckenheim angekündigt. Eine Auswertung der *Bewegungsberichterstattung* im »Hakenkreuzbanner« zeigt indes, dass die Versammlungsaktivität in Ilvesheim schwach blieb. Insgesamt ließen sich im Zeitraum vom März 1932 bis März 1933 lediglich sechs NSDAP-Versammlungen nachweisen, nämlich:

04.03.1932	Pg. Dr. Otto Orth, Stadtrat in Mannheim und stellvertr. NSDAP-Bezirksleiter
07.04.1932	Pg. Aberle, Bretten
09.07.1932 (Krone)	Pg. Dr. Reinhold Roth, Mannheim und Pgn. Weidner, Mannheim: *Der deutsche Arbeiter am Scheidewege*

---

[23] GdeA Ilv. A 628, Philipp Steigleder an Bürgermeisteramt Ilvesheim, 17.10.1931. Die Versammlung fand am 23.10.1931 im Gasthaus »Zum Pflug« in der Pfarrstraße statt.

[24] Die Seckenheimer Ortsgruppe der NSDAP war am 10. Februar 1930 – nach mehrwöchigen Vorbereitungen und unter maßgeblichem Betreiben des damaligen Mannheimer Ortsgruppenleiters Friedhelm Kemper – gegründet worden und entfaltete bereits in dem ersten Jahr ihres Bestehens eine rege Versammlungstätigkeit. Gegen anfänglich große Widerstände wuchs die Partei in Seckenheim rasch und wurde bald zu einer NSDAP-Hochburg in Mannheim. Bei der Novemberwahl 1932 bekamen die Nationalsozialisten 25,6 % der Stimmen und gingen vor den Sozialdemokraten (22,7 %) als Sieger hervor. Siehe A. HEIERLING, Seckenheim im Nationalsozialismus 1933 bis 1945 und Seckenheimer Familiennamen, hrsg. von der Gemeinschaft Seckenheimer Brauchtum e. V., Mannheim-Seckenheim 2012, S. 115.

[25] Die »Deutschen Abende« der NS-Parteiorganisationen boten in aller Regel ein buntes Gemisch aus Tänzen, Liedern, Gedichten, Lesungen, Chor- und Orchesterdarbietungen oder historischen Vorträgen. Der Unterhaltungsgedanke war indes nachrangig, denn die mit den Abenden verfolgten Absichten waren in erster Linie politisch-propagandistischer Natur: Neben der Gewinnung neuer Mitglieder ging es vor allem um die Pflege des Kameradschaftsgeistes sowie die Festigung von Parteidisziplin und NS-Weltanschauung.

[26] HEIERLING (wie Anm. 24), S. 111.

19.07.1932 (Krone)	Dipl.-Ing. Pg. A. Fehrmann, Mitglied der Bezirksleitung, Leiter des Opferringes »Deutsche Freiheit«
30.10.1932 (Krone)	Pg. Reich
04.03.1933 (Krone)	Pg. Dr. Otto Orth (Versammlung mit Übertragung der Rundfunkrede Hitlers)

Die Parteipropaganda konnte dabei noch so viel von *eindrucksvollen Versammlungen, zahlreichem Besuch* und *begeistert ausgebrachten Sieg-Heil-Rufen* fabulieren: Die Erfolge der Veranstaltungen in Ilvesheim blieben überschaubar. Die Schwäche bei den Wahlen und die schwache Präsenz der NSDAP im Ort bedingten einander.

Zwar wurde die NSDAP bei der Septemberwahl 1930 erstmals als politischer Faktor wahrgenommen und konnte aus dem Stand heraus 119 Stimmen verbuchen, was einem Anteil von 9,1 % entsprach. Allerdings lag dieser Wert signifikant unter dem Landes- und Reichsdurchschnitt. Bei den Wahlen danach vermochte die Partei zwar auch hier ihre Stimmenanteile erheblich zu steigern, insbesondere bei der Reichspräsidentenwahl 1932, bei der die Stimmenzahl fast verdreifacht wurde. Sie konnte aber nie eine Mehrheit hinter sich vereinigen. Selbst bei der letzten Reichstagswahl der Weimarer Republik am 5. März 1933, die schon keine freie Wahl mehr war, weil politische Gegner massiv eingeschüchtert oder gar weggesperrt worden waren, kam die NSDAP mit 381 Stimmen hinter dem Zentrum (383) sogar nur auf den zweiten Platz, die KPD (379) und die SPD (363) folgten mit geringem Abstand. Die vier großen Parteien wussten demzufolge je ein Viertel der Wählerschaft hinter sich[27]. Hoffnungslosigkeit und Abstiegsängste gab es in Ilvesheim nicht weniger als anderswo, und dennoch suchten die wenigsten Ilvesheimer ihr Heil bei Hitler.

Chaotische Anfänge und schwierige Konsolidierung

Im Frühjahr 1933 gab es noch immer keine Ortsgruppe im Sinne von Organisationsstrukturen und einem festen Mitarbeiterstab, geschweige denn ein nennenswertes Unterstützerumfeld. Die NSDAP in Ilvesheim hing noch immer am Tropf der Seckenheimer Ortsgruppe und war, als Hitler an die Macht kam, miserabel aufgestellt.

Bereits die erste Aktion Ilvesheimer Hitler-Anhänger nach der Machtübernahme wurde zu einem spektakulären Fehlschlag: Wie vielerorts im Reich und in Baden wurden nach der Reichstagswahl von Angehörigen der SA und der NSDAP am Rathaus die schwarz-weiß-rote Flagge des Kaiserreichs und die Hakenkreuzfahne gehisst – erstere als Kontrapunkt zum »Schwarz-Rot-Senf« der verhassten Republik, letztere, um den Sieg der Hitlerbewegung zu demonstrieren[28] – die Vorwegnahme einer nur wenige Tage dar-

---

[27] Alle übrigen Parteien erhielten bei dieser Wahl 55 Stimmen, vgl. GLA 362/11.614.
[28] Solche nationalsozialistischen Flaggensetzungen sind beispielsweise für Rheinau, Käfertal, Friedrichsfeld oder Seckenheim belegt. In Ilvesheims Nachbarort Mannheim-Feudenheim wurden die Flaggen am 6. März angebracht, woraufhin sich mehrere Dutzend Kommunisten zu einer Protestkundgebung vor dem Rathaus einfanden. Der Versuch einer Erstürmung desselben wurde indes von SA-Leuten und Polizisten vereitelt. Anders als in Ilvesheim wurden in sämtlichen vorstehend genannten Orten die Flaggen von den Nationalsozialisten selbst wieder eingeholt. Siehe Hakenkreuzbanner vom 9. u. 11.3.1933.

auf ergehenden Gesetzesregelung[29]. In Ilvesheim wurde dieser symbolische Akt unter der Mehrheitsbevölkerung indes strikt abgelehnt und provozierte eine drastische Gegenreaktion: Am Dienstagnachmittag, 7. März 1933, drang zwischen 14 und 15 Uhr eine größere Anzahl Einwohner[30] in die im zweiten Stock des Rathauses gelegenen Diensträume ein und entfernten unter Beifall der auf der Hauptstraße zusammengelaufenen Bewohner beide Fahnen. Obgleich an der Aktion zahlreiche linksgerichtete Ilvesheimer beteiligt waren, wurden später lediglich zwei Personen, die man damals als Haupttäter zu identifizieren glaubte, angeklagt. Es handelte sich um Jakob Maue, ein Mitglied der SPD, und Johann Gayer, der dem kommunistischen Umfeld zugerechnet wurde. In der Vernehmung erklärte Maue, dass er das Anbringen der Fahnen als Unrecht empfunden und sich darüber dermaßen erregt habe, dass er zur Tat geschritten sei. Gayer gab als Motiv an, dass er die Reichsfarben herabgerissen habe, weil er nicht wollte, dass seine Kinder einmal unter dieser Fahne in den Krieg ziehen müssten, so wie es ihm ergangen sei[31].

Im Strafbefehl wurde für beide Männer wegen Landfriedensbruchs eine Strafe von je drei Monaten gefordert, die sie am Ende auch anzutreten hatten[32]. Bemerkenswerterweise äußerte das Amtsgericht hinsichtlich der Höhe des Strafmaßes Bedenken: Schließlich sei das Anbringen der beiden Fahnen ungesetzlich gewesen, da die alte Regierung noch im Amt gewesen sei und diese in der Presse bekanntgegeben habe, dass die Beflaggung wieder entfernt werden müsse. Überhaupt seien in Ilvesheim nur ein Viertel der Stimmen auf die NSDAP entfallen, die Mehrheit der Bevölkerung also gegen das Hissen der Flaggen gewesen[33].

In jenen Tagen des Umbruches war es für bekennende oder bekannte Nationalsozialisten am Ort kaum möglich, durch die Straßen zu gehen, ohne von SPD- und insbesondere KPD-Anhängern beschimpft oder verspottet (*Heul Schicklgruber!*), angerempelt oder sogar mit Steinen beworfen zu werden. Das Denunziationsschreiben von Otto Schulze aus Mannheim[34], der mit einer Ilvesheimerin verheiratet war und über dessen nationalsozialistische Gesinnung man unter der Dorfbewohnerschaft allgemein Bescheid wusste, brachte das Fass zum Überlaufen, weshalb man sich nun höheren Orts zum Einschreiten genötigt sah. Auf die Zuschrift Schulzes hin forderte Otto Wetzel – Kreisleiter der NSDAP und neben Carl Renninger einer der beiden Kommissare für die Stadt Mannheim – unterm 16. März die Polizei zu *energischem* Handeln auf: Es sei ihm aus Ilvesheim von mehreren Seiten, *mitgeteilt [worden], daß die nationale Bevölkerung unter dauerndem Terror steht. Ich bitte, durch Verhaftungen, Haussuchungen und evtl. andere*

---

[29] Am 12. März 1933 erging schließlich ein Erlass des Reichspräsidenten, wonach beide Flaggen, sowohl die alte Flagge des Kaiserreiches als auch die Hakenkreuzflagge, als Nationalflaggen vorgesehen und grundsätzlich gemeinsam zu hissen waren. RGBl. I, 1933, Nr. 21 vom 17.3.1933. Im Reichsflaggengesetz vom 15. September 1935 (eines der drei »Nürnberger Gesetze«) schließlich wurde verfügt, dass die Hakenkreuzflagge fortan alleinige Nationalflagge des Deutschen Reiches sei.

[30] Es muss offen bleiben, wie groß die Anzahl der Beteiligten war, die Angaben hierüber in den Akten schwanken erheblich zwischen 30 und 150–200 (!) Personen.

[31] GLA 276/3168, Strafbefehl gegen Jakob Maue und Johann Gayer, 7.4.1933.

[32] Maue verbüßte seine Strafe vom 23. August bis zum 23. November 1933 im Bezirksgefängnis Durlach, Gayer saß vom 2. Januar bis zum 2. April 1934 in Mannheim in Haft.

[33] GLA 276/3168, Einspruch der Geschäftsstelle des Amtsgerichts Mannheim, 25.4.1933.

[34] GLA 362/853, Otto Schulze an Kreisleitung Mannheim der NSDAP, 14.3.1933.

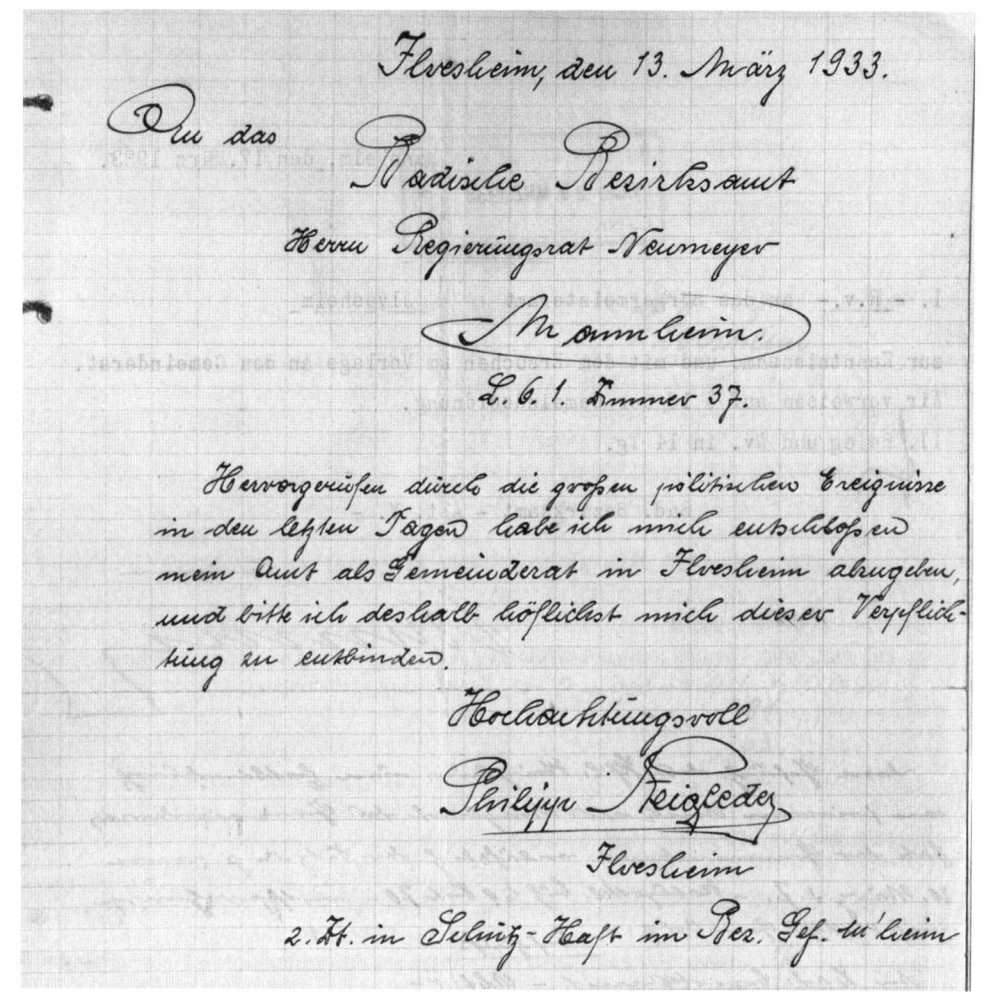

> Ilvesheim, den 13. März 1933.
>
> An das
> Badische Bezirksamt
> Herrn Regierungsrat Neumeyer
>
> Mannheim.
>
> L.6.1. Zimmer 37.
>
> Hervorgerufen durch die großen politischen Ereignisse in den letzten Tagen habe ich mich entschlossen mein Amt als Gemeinderat in Ilvesheim abzugeben, und bitte ich deshalb höflichst mich dieser Verpflichtung zu entbinden.
>
> Hochachtungsvoll
> Philipp Steigleder
> Ilvesheim
>
> z.Zt. in Schutz-Haft im Bez. Gef. M'heim

Abb. 4   Der kommunistische Gemeinderat Philipp Steigleder gehört zu den ersten Ilvesheimern, die im März 1933 in »Schutzhaft« genommen werden. Im Mannheimer Bezirksgefängnis wird er gezwungen, die Entpflichtung von seinem Amt zu beantragen

Maßnahmen durchzugreifen. Das Polizeipräsidium gab tags darauf die Anweisung, derartiges Verhalten durch wiederholte Kontrollen zu unterbinden. Nötigenfalls seien die Schuldigen in *Schutzhaft* zu nehmen[35] *(Abb. 4)*

Am 17. März 1933, Polizei und SA hatten da unter den örtlichen Gegnern der Nationalsozialisten bereits erste Exempel statuiert, stellte Bürgermeister Jakob Kleinhans vor

---

[35] GLA 362/853, Bearbeitungsvermerk des Polizeipräsidiums Mannheim, 17.3.1933.

dem Gemeinderat den Antrag, ihn *in Anbetracht der veränderten Verhältnisse bis auf weiteres beurlauben zu wollen*[36]. In Wahrheit freilich wurde Kleinhans zu diesem Schritt gezwungen, und es gab für ihn überhaupt keine Möglichkeit, sich gegen seine Absetzung zu wehren. Hätte er sich nämlich geweigert, wäre er aufgrund der Verordnung des Reichspräsidenten zum Schutze von Volk und Staat vom 28. Februar 1933 (»Reichstagsbrandverordnung«) zwangsbeurlaubt worden[37]. Dass Kleinhans als SPD-Mann, der zudem in der jüngeren Vergangenheit wiederholt Zielscheibe der NS-Propaganda geworden war[38], keine Zukunft hatte, war indes kaum überraschend.

Kleinhans' Dienstgeschäfte übernahm zunächst sein Stellvertreter, Gemeinderat Peter Jakoby (Zentrum), der aber sein Amt nur wenige Tage darauf an den nächst dienstältesten Gemeinderat, Karl Wagner von der BV, abtrat. Mittlerweile aber war mit dem Zahnarzt Dr. Henrik (eigentlich Heinz) von Faulhaber[39] ein neuer Akteur auf den Plan getreten, der in den Akten erstmals unter dem Titel *kommissarischer Vertreter der Gemeinde Ilvesheim* auftaucht[40]. Hinter dieser unscharfen Bezeichnung verbanden sich of-

---

[36] GdeA Ilv. A 111, Bürgermeister Kleinhans an Gemeinderat Ilvesheim, 17.3.1933.

[37] GdeA Ilv. A 111, Minister des Innern/Kommissar des Reiches betr. Dienst der Bürgermeister, 16.3.1933. Die Absetzung des Bürgermeisters war im Falle Ilvesheims vom Bezirksamt veranlasst, während andernorts im Kreis die Säuberungen ganz unterschiedlich vonstattengingen. In Plankstadt z. B. wurde der amtierende Bürgermeister Helmling auf Geheiß des Kommissars in Mannheim in »Schutzhaft« genommen und ein hiesiger Landwirt eingesetzt, in Edingen erfolgte die Absetzung des Bürgermeisters auf Veranlassung des Ortsgruppenleiters der NSDAP und in Altlußheim geriet die örtliche NSDAP darüber in Streit, ob man den gewählten Bürgermeister Ballrrich absetzen solle oder nicht. Alle diese Eingriffe in den Gemeindeverwaltungen waren – wie von der zuständigen Behörde beklagt wurde – ohne *vorheriges Benehmen mit dem Bezirksamt erfolgt*. Siehe Schreiben Bezirksamt Mannheim an kommissarischen Minister des Innern, Karlsruhe, vom 20.3.1933, GLA 362/11.612.

[38] Siehe die Hetzartikel *Die rote Zarin von Ilvesheim und ihr Gemahl*, in: Hakenkreuzbanner Nr. 90 vom 21.4.1932, und *Bleibt Bürgermeister Kleinhans von Ilvesheim im Amt?*, in: Hakenkreuzbanner Nr. 215 vom 26.9.1932.

[39] Dr. Heinz/Henrik von Faulhalber, praktizierte nachweislich seit 1930 als Zahnarzt in Mannheim. Seine Praxis hatte er zunächst in der Friedrich-Karl-Straße 4, seit 1936 in P 6, 22. Letztmals findet sich ein entsprechender Eintrag im Mannheimer Adressbuch von 1941/42. Geboren wurde von Faulhaber in Aachen am 14. Dezember 1900 oder – hier widersprechen sich die Angaben in den Unterlagen – 1901, er war katholischer Konfession. Eltern: Heinrich und Elisabeth von Faulhaber. Ausweislich seiner Ledigenkarte kam er als Student im Frühjahr 1926 von Heidelberg nach Mannheim, wo er allerdings nur etwa fünf Wochen blieb, um sich Ende April 1926 nach Berlin abzumelden. Am 12. Mai 1929 kehrte er nach Mannheim zurück (letzter voriger Aufenthaltsort war Frankfurt/M.), seine Meldeadresse war Friedrich-Karl-Straße 4 (wo er, wie erwähnt, bald auch seine Praxis eröffnete). Kurz nach seiner erneuten Niederlassung in Mannheim heiratete er die von dort gebürtige Emilie Reichert. Dem Ehepaar wurden 1930 und 1931 zwei Töchter geboren. Als von Faulhaber in Ilvesheim aktiv war, war er noch in Mannheim gemeldet (möglicherweise aber hatte er seinen Wohnsitz vorübergehend nach Ilvesheim verlegt). Erst im September 1933 zog er mit der Familie nach Schriesheim. Zwischen März 1937 und April 1938 war die Familie dann noch einmal in Mannheim, Augusta-Anlage 37 gemeldet, ehe schließlich die Rückkehr nach Schriesheim folgte (Adresse Talstraße 7a). Selbstmord 1945. Vgl. hierzu: MARCHIVUM, Adressbücher der Stadt Mannheim, Ledigenkarte und Melderegister zu H. Faulhaber. GLA 309/6091 Oberstaatsanwalt an den Landgerichten Heidelberg und Mannheim, Anzeige gegen Dr. Ernst Guido Keller, Facharzt in Mannheim-Feudenheim, Nadlerstr. 12, wegen Landfriedensbruchs, 10.4.1947..

[40] GdeA Ilv. A 111, Dr. von Faulhaber an Badisches Bezirksamt Mannheim, 22.3.1933.

fenbar schon konkrete Absichten, insbesondere hinsichtlich der Übernahme der Verwaltung. Allerdings war die Bürgermeisterfrage einstweilen noch nicht geklärt. Zunächst war nämlich lediglich die Rede davon, Wagner geschäftsführend im Amt zu belassen und diesem von Faulhaber *beratend zur Seite* zu stellen, wenngleich die tatsächlichen Ambitionen von Faulhabers bereits klar zutage traten. Er selbst hatte beim Bezirksamt vorgesprochen und vorgeschlagen die Amtsgeschäfte zu übernehmen, wobei er sich bereit erklärte, seinen Wohnsitz von Mannheim nach Ilvesheim zu verlegen[41].

Als sicher jedenfalls kann gelten, dass von Faulhaber von der Partei als »Mann fürs Grobe« nach Ilvesheim entsandt worden war. Erstmals war er am Samstag, den 11. März in Ilvesheim aufgetaucht. Etwa zur Mittagsstunde jenes Tages betrat von Faulhaber das Rathaus und behauptete gegenüber den Anwesenden – Bürgermeister Kleinhans, Ratschreiber Jakob Feuerstein und Polizeidiener Heinrich Bühler –, dass *ihm vom Reichskommissar Robert Wagner in Ilvesheim die Polizeigewalt übertragen worden sei* und dass die Polizeikräfte des Ortes für Ruhe und Ordnung zu sorgen hätten. Insbesondere seien Ansammlungen auf den Straßen untersagt. Falls dies nicht durchgesetzt werden könne, würde er SA-Leute mit der Überwachung betrauen. Bald stellte sich heraus, dass von einer Übertragung der Polizeigewalt weder die Gendarmerie in Ladenburg noch das Bezirksamt in Mannheim wusste. Niemand allerdings ging gegen diese Anmaßung vor, schon gar nicht musste er Sanktionen befürchten. Vielmehr machte von Faulhaber seine Drohung wahr, und in der Folge kam es zu Haussuchungen und ersten Verhaftungen von Kommunisten durch die SA[42].

Von Faulhaber, der aus dem Umfeld des späteren Mannheimer Kreisleiters Reinhold Roth stammte, gehörte zum Typus jener undurchsichtigen Gestalten, wie sie nur durch besondere Umstände auf Positionen mit Macht und Einfluss gespült werden. Er hatte zuvor in der Mannheimer SA eine gewisse Rolle gespielt, besaß allerdings nicht den besten Leumund, neigte zu Eigenmächtigkeiten und wurde schnell handgreiflich. Ungeachtet dieser Defizite jedoch waren Bezirksamt und Kreisleitung der NSDAP bereit, von Faulhaber als kommissarischen Bürgermeister einzusetzen[43]. Die formelle Übertragung der Amtsgeschäfte erfolgte am 31. März 1933[44].

Am Ende sollte von Faulhabers Wirken in Ilvesheim allerdings nur rund fünf Monate dauern, wobei die genauen Umstände dieses frühzeitigen Wegganges nicht bekannt sind; so könnten auch private und berufliche Dinge eine Rolle gespielt haben. Mit ausschlaggebend aber waren gewiss die heftigen Konflikte innerhalb der Ortsgruppe, der er als Ortsgruppenleiter selbst vorstand[45]. Von Aktivitäten der Partei in dieser Zeit erfahren

---

[41] GLA 362/11.612, NSDAP-Kreisleitung Mannheim an Badisches Bezirksamt Mannheim, 27.3.1933.

[42] GLA 362/11. 612, Gendarmeriebezirk Mannheim an Bezirksamt Mannheim, Abt. V., die Ausübung der Polizeigewalt in Ilvesheim betr., 22.3.1933.

[43] GLA 362/11.612, Bezirksamt Mannheim an Innenministerium Karlsruhe den Dienst der Bürgermeister betr., 28.3.1933.

[44] GLA 362/11.612, Minister des Innern/Kommissar des Reichs an Bezirksamt Mannheim, den Bürgermeisterdienst der Gemeinde Ilvesheim betr., 31.3.1933.

[45] In einem Schreiben von V. Mainzer von der Gauleitung Baden, Hauptabteilung III, Kommunalpolitik, vom 26. März 1933 wird von Faulhaber als *Ogruf* (= Ortsgruppenführer) tituliert, GLA 362/11.612.

wir nichts. Ihre Handlungsmöglichkeit blieb wohl sehr begrenzt, weil sie in erster Linie mit sich selbst beschäftigt war. So fand in Ilvesheim z. B. kein Boykott jüdischer Geschäfte statt; auch von öffentlichen Versammlungen, regelmäßigen Parteiabenden und dergleichen ist nichts überliefert.

Bereits am 2. Juni 1933 hatte von Faulhaber um Ablösung gebeten. Allerdings stieß die Wahl eines »politisch zuverlässigen«, also eines der NSDAP genehmen Nachfolgers auf erhebliche Schwierigkeiten, die mit den politischen Konstellationen am Ort zu tun hatten: Denn gemäß dem ersten »Gleichschaltungsgesetz«[46] waren den drei bei den Reichstagswahlen vom 5. März 1933 praktisch gleich starken Parteien NSDAP, Zentrum und SPD je zwei Gemeinderäte und vier Mitglieder des Bürgerausschusses zugewiesen worden (den Kommunisten wurde eine Zuteilung verweigert)[47]. Zu all dem war die Ortsgruppe der NSDAP in zwei Lager gespalten: Favorit des kommissarischen Bürgermeisters von Faulhaber war der Architekt und SA-Mann Thomas Walch, der Kandidat der von Hans Linsin aus Ladenburg (dem in der Kreisleitung Mannheim zuständigen Mann für die Kommunalpolitik) geführten Gegenfraktion war der Kaufmann Karl Stein, ein gebürtiger Ilvesheimer (der übrigens im Jahr 1919 denkbar knapp gegen Kleinhans unterlagen war). Beide Kandidaten waren Mitglieder der NSDAP, brachten also pro forma das Kriterium der »politischen Zuverlässigkeit« mit. Während Walch von vornherein aber wegen der Mehrheitsverhältnisse in Gemeinderat und Bürgerausschuss nicht durchsetzbar war (und aus diesem Grund auch von der Kreisleitung abgelehnt wurde[48]), signalisierte das Ilvesheimer Zentrum die Unterstützung für Stein. Allerdings fiel Letzterer – obwohl mittlerweile auch die Kreisleitung dessen Nominierung befürwortete – bei der Gauleitung in Karlsruhe glatt durch, nachdem diese verschiedentliche Auskünfte eingeholt hatte. Es sei, so schrieb die zuständige Stelle aus Karlsruhe, *auf keinen Fall angängig [...], dass Stein Bürgermeister der Gemeinde Ilvesheim wird, da er sich noch Mitte Mai nach glaubwürdiger und geprüfter Mitteilung als Nationalsozialist zu der Äußerung hat versteigen können, er könne sich noch nicht exponieren als Führer der Gemeinde, die Zeit sei noch nicht da*[49].

Diese »Lauheit« war bezeichnend für die Lage der Partei am Ort, deren Strukturen noch immer alles andere als gefestigt waren. Hinzu kam, dass von Faulhaber ein Ortsgruppenleiter auf Abruf war und es ihm daher an Autorität mangelte. Tatsächlich blieb er bei den offiziellen Anlässen weg und ließ sich vertreten. Der unter den »Parteigenossen« schwelende Streit tat das Seinige dazu und hemmte die Arbeit der Ortsgruppe. Im

---

[46] RGBl. I, S. 154f, Vorläufiges Gesetz zur Gleichschaltung der Länder mit dem Reich vom 31.3.1933.
[47] Gemeinderäte: Ludwig Wittmann, Lageraufseher, und Peter Feuerstein, Landwirt (NSDAP); Peter Jakoby, Landwirt, und Josef Kreuzer, Maurer (Zentrum); Philipp Hammann, Vorarbeiter, und Julius Nagel, Maschinenarbeiter (SPD). Bürgerausschussmitglieder: Johann Haas, Schlosser, Friedrich Hoefer, Weinhändler, Valentin Wagner, Mechaniker, und Friedrich Keil, Arbeiter (NSDAP); Heinrich Keilbach, Landwirt, Anton Grimm, Töpfer, Konrad Braun, Elektromonteur, und Andreas Stolz, Schneider (Zentrum); Karl Althaus, Magazinier, Johann Feuerstein, Handlungsgehilfe, Jakob Althaus, Kraftfahrer, und Christian Sauter, Schlosser (SPD).
[48] GLA 362/11.612, Kreisleiter Roth an Bezirksamt Mannheim, 14.6.1933.
[49] GLA 362/11.612, Gauleitung Baden, V. Mainzer, Hauptabteilung III, Kommunalpolitik, an Kreisleitung Mannheim, betr. Bürgermeisterwahl in Ilvesheim, 26.6.1933.

Abb. 5   Georg Hornberger, NSDAP-Bürgermeister in Ilvesheim von September 1933 bis Oktober 1934

Juli 1933 schließlich griff Kreisleiter Roth durch und ernannte auf einer Generalmitgliederversammlung Johann Haas zum Ortsgruppenleiter. Zugleich wurden die Posten des Ortsgruppenstabes neu besetzt: Zum stellvertretenden Ortsgruppenleiter wurde Wilhelm Käfer ernannt, als Kassier Thomas Walch, als Propagandaleiter Karl Grohmüller und als Pressewart Karl Dusberger; außerdem erfolgte die Wahl von vier Zellenwarten, die den Kassier bei der Arbeit unterstützten. Wie heftig die Streitereien gewesen waren, wird daraus ersichtlich, dass selbst im propagandadurchtränkten »Hakenkreuzbanner« die Verhältnisse unverblümt angesprochen wurden. Wie darin zu lesen war, forderte Roth eindringlich das einmütige Zusammenstehen aller Mitglieder, *gerade an einem Ort wie Ilvesheim, das noch immer Kampfgebiet* sei. Es dürfe in der Ortsgruppe künftig keine Eigenbröteleien und Gegenströmungen mehr geben. *Alle Mitglieder müßten in heißer Liebe und eiserner Disziplin zum Führer Adolf Hitler stehen*[50].

Zwar blieben die Konflikte auch nach den klärenden Worten am Gären, aber man riss sich fortan doch zusammen. Zur Beruhigung der Verhältnisse trug bei, dass die NSDAP schließlich im August 1933 mit Georg Hornberger, einem erst 30-jährigen Verwaltungsfachmann aus Schwetzingen[51], einen neuen Bürgermeister fand, der unbelastet von den

---

[50] Hakenkreuzbanner Nr. 184 vom 25.7.1933.
[51] Georg Hornberger, *9.1.1903 in Schwetzingen, Eltern: Johann Georg Hornberger und Maria Keitel, geb. Schweinfurth. Georg Hornberger heiratete am 24.12.1925 in Schwetzingen Barbara Trinke, siehe Kreisarchiv Karlsruhe, Sterbebuch der Gemeinde Malsch 1938–1945, Nr. 81/1944.

innerörtlichen Querelen seine Arbeit aufnahm. Hornberger wurde am 11. August 1933 vom Bürgerausschuss mit 10 Stimmen gewählt, drei Stimmen waren ungültig[52]. *(Abb. 5)*

Die Amtseinführung des neuen Bürgermeisters Georg Hornberger in den Abendstunden des 7. Septembers 1933 war die erste größere nationalsozialistische Propagandaaktion, die in Ilvesheim von einem breiten Publikum wahrgenommen wurde. Die örtliche NSDAP hatte die Schlossstraße festlich geschmückt und illuminiert, die HJ stand Spalier, die hiesigen Vereine und die Feuerwehr marschierten auf, aus Schwetzingen kam die SA samt Spielmannszug, vor dem Schulhaus war die Rednertribüne errichtet worden. Der Mannheimer Kreisleiter Roth hielt die einführende Ansprache, in der er die grundsätzliche Bedeutung der Bürgermeister im nationalsozialistischen Deutschland hervorhob, der scheidende Bürgermeisterkommissar von Faulhaber *dankte der Gemeinde für ihr diszipliniertes Verhalten in den aufgeregten Tagen der Umwälzung*, ehe der neue Verwaltungschef selbst zu Wort kam. In seiner Ansprache legte Hornberger Teile seines improvisierten Programms dar, mit dem er die Ilvesheimer in *Arbeit und Brot* bringen wolle. Zum Schluss forderte er die Einwohnerschaft zur Mitarbeit auf, was – so der Zeitungsbericht – mit einem begeisterten dreifachen *Sieg-Heil* quittiert wurde[53].

Bereits im Herbst 1934 wechselte Bürgermeister Hornberger überraschend nach Malsch im Landkreis Karlsruhe[54]. An seine Stelle trat im Oktober 1934 Wilhelm Engel[55]

---

[52] GdeA Ilv. A 111.

[53] Hakenkreuzbanner Nr. 230 v. 9.9.1933.

[54] 1938 übernahm Hornberger in Malsch außerdem das Amt des Ortsgruppenleiters. Ende 1940 bat er beim Landrat um die Freigabe zum Fronteinsatz, mit der Begründung, er wolle als Bürgermeister und Ortsgruppenleiter nicht in der Heimat bleiben. Seit Januar 1941 war Hornberger schließlich bei der Wehrmacht. Er fiel am Neujahrstag 1944 in Banja Luka/Kroatien. Siehe F. TESKE, Der Landkreis Karlsruhe in der NS-Zeit. Eine Studie zum gesellschaftlichen, politischen und wirtschaftlichen Wandel am Beispiel der Gemeinden Berghausen, Jöhlingen, Linkenheim und Malsch, Ubstadt-Weiher 2003, S. 71 f.

[55] Wilhelm Engel, *4.4.1895 in Ladenburg, dort Volksschule, das Wagnerhandwerk erlernt bei Wilhelm Stutz in Weinheim, Beendigung mit Gesellenprüfung, bis 1914 beruflicher Aufenthalt an verschiedenen Orten. Teilnahme am Ersten Weltkrieg als Kriegsfreiwilliger, ausgezeichnet mit EK II, Frontkämpfer-Ehrenzeichen, letzter Dienstrang Obergefreiter. Nach dem Weltkrieg Rückkehr nach Ladenburg, wo er eigenes Geschäft eröffnet, bald darauf Ablegung der Meisterprüfung. Seit 23.12.1920 verheiratet mit Elisabetha, geb. Nilson, zwei Kinder (Tochter Rosa, *1922, und Sohn Willi, *1924, gefallen 1944). Wie er in einem eigenhändigen Lebenslauf schreibt, führte ihn seine nationale Einstellung *schon recht früh zu Adolf Hitler*. Aber Rücksichten auf sein Geschäft hätten es erst im Jahre 1929 zugelassen, dass er sich auch öffentlich zur *neuen Bewegung* bekannte. Mitglied in der NSDAP (Ortsgruppe Schriesheim) seit August 1929 (Mitgl.-Nr. 210.639), maßgeblicher Akteur beim Aufbau der NSDAP-Ortsgruppe Ladenburg, am 6.12.1929 vom Mannheimer Bezirksleiter Friedhelm Kemper als Ortsgruppenleiter in Ladenburg ernannt, 1930 zum Stadtrat in Ladenburg und Bezirksrat für Mannheim gewählt. 1.3.1930 bis April 1932 aktiv als SA-Mann (Sturm 80 Ladenburg). Kurz nach der Machtübernahme der NSDAP kommissarischer Leiter der Allgemeinen Ortskrankenkasse Mannheim-Land und Obermeister für das Wagnerhandwerk im Kreis Mannheim. Am 1.6.1933 angeblich Absetzung als Ortsgruppenleiter. Danach dennoch Ausübung politischer Ämter in der Ortsgruppe, nämlich von Juni bis Oktober 1933 als Leiter des Kampfbundes für den gewerblichen Mittelstand bzw. NS-Hago, von Oktober 1933 bis Oktober 1934 Ortsgruppen-Propagandaleiter. 1934 Teilnahme an der Gauführerschule Karlsruhe, 8. Lehrgang. Seit 22. Oktober 1934 zunächst kommissarischer Bürgermeister in Ilvesheim, Ernennung zum ehrenamtlichen Bürgermeister am 15.7.1935. In der Ortsgruppe Ilvesheim mehrere politische Funktionen, u. a.

aus Ladenburg, der seit 1929 die dortige Ortsgruppe der NSDAP geleitet hatte, aber angeblich im Juni 1933 wegen Verstoßes gegen die Parteidisziplin abgesetzt worden war[56].

Engel sollte bis zur Einnahme des Ortes durch die Amerikaner am 28. März 1945 (der er sich durch seine Flucht in Richtung Odenwald entzog) im Amt bleiben. Nach den holprigen Anfängen in den Märztagen 1933 und dem überraschenden Weggang Hornbergers sollte seine Person für die Verstetigung der Gemeindeverhältnisse stehen, und es mag daher nicht überraschen, dass seine beiden Vorgänger bei den Ilvesheimern – selbst unter den meisten Zeitgenossen – in Vergessenheit geraten sind. Engel, der unter der Einwohnerschaft durchaus nicht unbeliebt war, zeichnete sich durch eine zupackende und volkstümliche Art aus. Auf die Agenda setzte er die Fortführung der bereits unter seinem Vorgänger begonnenen »Arbeitsschlacht«, mit der die desolaten sozialen und wirtschaftlichen Verhältnisse bekämpft werden sollten. Auch im Bereich der politischen Arbeit war Engel, der im Laufe der Jahre selbst zweimal das Amt des Ortsgruppenleiters übernehmen sollte, die treibende Kraft. Ihm war in erster Linie zu verdanken, dass sich die Ortsgruppe – ungeachtet weiter schwelender Querelen unter einzelnen Mitgliedern – konsolidierte und sich Stimmung und Haltung der Bevölkerung allmählich in einem von der Partei gewünschten Sinne entwickelten.

Umgang mit einer schwierigen Bevölkerung

Es ist auffällig, dass sich die Arbeit der Ortsgruppe mit dem Dienstantritt Hornbergers – ungeachtet weiter bestehender Animositäten unter den »Parteigenossen« – professio-

---

als Ortsamtsleiter der NSV (Oktober 1934 bis Oktober 1935), Propagandaleiter (seit April 1939) und Ortsgruppenleiter (von Juni 1941 bis August 1942 und von November 1943 bis März 1945). Mit Datum vom 23.12.1940 aus der evangelischen Kirche ausgetreten und seither »gottgläubig«. Ernennung zum hauptamtlichen Bürgermeister in Ilvesheim am 5.12.1941. Im März 1945, vor dem Hintergrund der vorrückenden US-Armee, Aufruf an die Ilvesheimer Einwohnerschaft, das Dorf zu verlassen, dem allerdings nur wenige Einwohner Folge leisten. Von 2.5.1945 bis 11.5.1948 im Internierungslager 74 Ludwigsburg-Ossweil. Im Spruchkammerurteil vom 8.5.1948 als Belasteter eingestuft, Verurteilung zu Vermögenseinzug zu 30 %, Berufsbeschränkung auf fünf Jahre und zu zwei Jahren Arbeitslager (die durch die Internierungshaft abgegolten war). Nach Berufung von der Zentralspruchkammer am 24.12.1948 zunächst in die Gruppe der Minderbelasteten und schließlich durch weiteren Spruch der Zentralspruchkammer vom 16.1.1950 in die Gruppe der Mitläufer eingereiht. Nach der Freilassung aus dem Internierungslager wieder in Ladenburg wohnhaft, wo er ein Geschäft für Kühlmöbel betreibt. Seit 1953 im Ladenburger Stadtrat, dort Fraktionsführer der Freien Wählervereinigung. †15.9.1964. GLA 465c Mannheim 24; GLA 465f/932 Engel, Wilhelm; GdeA Ilv. A 126; KAISER (wie Anm. 2), S. 299; Rhein-Neckar-Zeitung vom 18.9.1964.

[56] KAISER (wie Anm. 2), S. 299. Kaiser bezieht sich hier offenbar auf die Personalakte Engels aus dem GdeA Ilv. A 140 (Laufzeit 1934–1941), die indes seit mindestens 2010 verschollen ist. In der Parteipresse war lediglich zu lesen, dass Engel beurlaubt worden sei und die Geschäfte der Ortsgruppenleitung fortan vom bisherigen Stellvertreter Pohly geleitet wurden. Vgl. Hakenkreuzbanner Nr. 162 vom 3.7.1933. Völlig verfemt aber war Engel gewiss nicht. So lesen wir in einem Artikel anlässlich des vierjährigen Bestehens der Ladenburger Ortsgruppe von den Leistungen des ersten Ortsgruppenleiters Wilhelm Engel: *Seinen Bemühungen und seiner Initiative ist es vor allem zu danken, daß die Partei in Ladenburg in den nachfolgenden Jahren einen so mächtigen Aufschwung genommen hat.* Hakenkreuzbanner vom 9.12.1933 (Frühausgabe).

Abb. 6   Umzug durch die festlich geschmückte Ilvesheimer Schlossstraße anlässlich des 50. Jubiläums des Männergesangvereins Aurelia am 7. Mai 1933

nalisierte. Sämtliche ihrer Bemühungen zielten nun auf die Monopolisierung des öffentlichen Lebens durch Partei und Gliederungen ab. Es wurden fortan regelmäßig Pflichtschulungsabende abgehalten, und die Partei nutzte alle sich bietenden Gelegenheiten, Präsenz zu zeigen, z. B. indem sie Veranstaltungen der Vereine »kaperte«, womit sie die Aufmerksamkeit auf sich lenken wollte. Ein Beispiel hierfür war das Goldene Jubiläum des Männergesangvereins »Aurelia«, das mit einem Festzug durch den Ort gekrönt wurde und an dem die Partei mit einem Propagandamarsch teilnahm. Die mit Nachdruck verfolgte Gleichschaltung des gesamten Vereinswesens tat das Übrige. *(Abb. 6)*

Mit Feiern, Sammlungen und Märschen zeigte die Partei nun eine ganz andere Präsenz und war vor allem auch auf dem Gebiet der Versammlungspropaganda viel rühriger. So bot die Ortsgruppe etwa für ihre erste größere öffentliche Versammlung am 30. November 1933 neben einem gewissen Dr. Keid den katholischen Pfarrer Wilhelm Senn aus Sickingen auf, der als Propagandaredner in Diensten der NSDAP (ohne freilich »Parteigenosse« zu sein) bereits überregionale Bekanntheit erlangt hatte und ob seiner volkstümlichen Art gerne gebucht wurde[57]. Letzterer sprach in gut dreistündiger Rede zunächst über die mittlerweile hinweggefegten *Systemparteien*, bei deren *politischem*

---

[57]   Zu Senn (*1878 Hemsbach/Bergstr., †1940 Sickingen) siehe: C. SIEBLER, Senn, Wilhelm, Johannes, Josef, Maria, Geistlicher, Schriftsteller, NS-Propagandist, in: Badische Biographien NF, Bd. V, Stuttgart 2005, S. 260 f. Ein Porträtfoto von Senn findet sich im Hakenkreuzbanner Nr. 162 vom 3.7.1933, S. 6.

Begräbnis er als *Leichenbeschauer* dabei gewesen sei. Einen zweiten Schwerpunkt seines *oft durch große Beifallsstürme unterbrochenen Vortrages* legte der Nazi-Prediger auf die Bekämpfung des Judentums. Er habe, so lesen wir in dem Zeitungsbericht über die Versammlung, *seinen Herrgott angerufen, dass er [die Juden] in den Himmel aufnehmen solle, aber ja noch einen Glasabschluss davor machen [sic], damit keiner mehr herauskomme.* Am Schluss der Versammlung – die bemerkenswerterweise nicht wie üblich im Parteilokal »Zur Krone« stattfand, sondern im katholischen Gemeindehaus in der Pfarrstraße – äußerte Ortsgruppenleiter Haas die Hoffnung, auch künftig solche Redner in Ilvesheim begrüßen zu dürfen[58].

Derlei aufgeblasene Erfolgsmeldungen konnten jedoch nicht darüber hinwegtäuschen, dass sich die NSDAP in Ilvesheim nach wie vor durch die Renitenz weiter Bevölkerungskreise herausgefordert sah, was in Anbetracht der politischen Traditionen und des sozialen Dorfgefüges auch wenig überraschen kann. In Wahrheit las man in der NS-Presse kaum etwas über Ilvesheim, was für die Partei von propagandistischem Nutzen hätte sein können. Im Gegenteil: Betrachtet man die Meldungen, offenbaren sich die Schwierigkeiten ziemlich ungeschminkt. So etwa ließ bei der öffentlichen Versammlung im Gasthaus »Zum Pflug« am Samstag, den 30. September 1933 mit Kreispropagandaleiter Richard Fischer, der sich in seinem Referat über die Entstehungsgeschichte der NSDAP abmühte, der Besuch *noch zu wünschen übrig*, wie das »Hakenkreuzbanner« unumwunden zugeben musste. Die Zeitung erklärte die schwache Resonanz damit, dass *immer noch viele Einwohner die Zeit der nationalen Erhebung nicht begriffen* hätten[59]. Auch war es bezeichnend für die Lage am Ort, als für den 17. Juni 1934 eine öffentliche Versammlung unter dem Titel *Kampf gegen die Miesmacher* einberufen wurde[60]. Und als bei der Spendensammlung für das Winterhilfswerk 1934/35 einige Ilvesheimer sich ganz verweigerten, wurde erwogen, all jene, die binnen Monatsfrist das WHW weiterhin nicht unterstützten, öffentlich in der Zeitung anzuprangern[61].

Gänzlich unerreichbar für die Propaganda der Nazis waren die Kommunisten. Diesen konnte die NSDAP, das hatten schon die Ereignisse vom März 1933 gezeigt, nur mit Gewalt beikommen. Vor aller Augen zeigte sich dies auch während der Feierstunde zum Erntedankfest am 1. Oktober 1933. Als am Rathaus die Hakenkreuzflagge gesetzt und das Horst-Wessel-Lied abgesungen wurden, nutzten einige KPD-Anhänger die Gelegenheit und störten lautstark die Zeremonie, woraufhin SA-Schläger brutal durchgriffen

---

[58] »Pfarrer Senn in Ilvesheim«, in: Hakenkreuzbanner Nr. 340 vom 5.12.1933. Dass aber prominentere oder höherrangige Vertreter der Partei zu Kundgebungszwecken nach Ilvesheim kamen, sollte die Ausnahme bleiben. Eine solche war der Besuch des aus München eingeladenen Dr. Carl Haidn – damals im von Hans Frank geleiteten Reichsrechtsamt der NSDAP Leiter des Amtes für Schulung –, der im November 1937 vor der Ortsgruppe im »Pflug« sprach. Vgl. GdeA Ilv. A 538, Ortsgruppenleiter Käfer an Leiter des Reichsluftschutzbundes, Ortsgruppe Ilvesheim, 11.11.1937. Als Termin für die Veranstaltung wurde im Schreiben der 20. November genannt. Haidns Karriere sollte im Dritten Reich noch einen steilen Verlauf nehmen und ihn bis in das Amt des Oberbürgermeisters von Düsseldorf führen, das er von 1939 bis zum Fall der Stadt im April 1945 innehatte.
[59] Hakenkreuzbanner Nr. 256 vom 5.10.1933.
[60] Hakenkreuzbanner A/Nr. 270 vom 17.6.1934.
[61] Hakenkreuzbanner A/Nr. 557 vom 4.12.1934.

und sieben Kommunisten verhafteten (von denen drei ins KZ kommen sollten)[62]. Auch noch in den Jahren 1934 und 1935 kam es gegenüber Kommunisten zu physischer Gewalt, Nachstellungen und einzelnen Verhaftungen.

Solche der Einschüchterung dienenden Maßnahmen zeigten beim Publikum gewiss ihre Wirkung. Andererseits vermochten es die Nationalsozialisten nie, die kommunistische Untergrundarbeit am Ort völlig zu unterbinden. Einige Ilvesheimer Kommunisten, deren harter Kern vermutlich etwa zwei Dutzend Männer umfasste (mindestens 14 von ihnen sollten während der Diktatur aus politischen Gründen inhaftiert werden), betätigten sich spätestens seit 1936 rege im Widerstand, hier vor allem in den KPD-Zellen in Mannheimer Betrieben, wo sie als Kontaktmänner zur Lechleiter-Gruppe fungierten. So hatte Adolf Feuerstein die Leitung der drei KPD-Zellen bei Brown, Boveri & Cie inne. Beim Strebelwerk, wo ebenfalls eine starke Widerstandsgruppe der KPD existierte, gehörte Fritz Grohmüller zu den Mitarbeitern der Lechleiter-Gruppe[63]. In Ilvesheims Nachbarort Seckenheim bestand unter der Regie von Heinrich Volz eine zentrale Verteilerstelle für illegale, in der Schweiz und dem Elsass gedruckte kommunistische Flugschriften, die vom Emigranten Otto Gentner, einem ehemaligen Mannheimer Redakteur, der mittlerweile in Straßburg lebte, über die Grenze gebracht wurden. In den Jahren 1938 und 1939 holten Ilvesheimer Antifa-Leute diese Schriften bei Volz ab, um sie unter anderem in Ladenburg zur Verteilung zu bringen. Der Ort selbst sollte zu einem wichtigen Verteilerkreuz für illegale Druckschriften werden[64].

Dass sich aber die allgemeine Renitenz unter den meisten Ilvesheimern zumindest in den Jahren vor Kriegsbeginn allmählich abschliff, zeigten die Wahlen und Abstimmungen während der NS-Zeit. Anfänglich noch nutzte ein Teil der Einwohnerschaft die Urnengänge für ihren Protest, so z. B. bei der Reichstagswahl vom 12. November 1933, wo zugleich über den Austritt aus dem Völkerbund abgestimmt wurde. Dabei votierten immerhin 14 % nicht für die NSDAP und 10 % lehnten den Austritt ab. Bei der Volksabstimmung über das Staatsoberhaupt des Deutschen Reiches im August 1934 stimmten gar 16 % gegen Hitler, was für die örtliche NSDAP alles andere als prestigefördernd war. Allerdings schmolz das Gegnerlager bereits bei der nächsten Reichstagswahl im März 1936 (verbunden mit der nachträglichen Volksabstimmung über die Ermächtigung zur Rheinlandbesetzung) schon auf wenige Dutzend Stimmen zusammen (58 = 3,3 %). Und bei der Volksabstimmung über den Anschluss Österreichs stimmten bei einer Wahlbeteiligung von glatt 100 % (1.911 Wahlberechtigte) 99,4 % der Ilvesheimer dafür – das erste Mal, dass ein NSDAP-Ergebnis in Ilvesheim die Verhältniswerte des Landes und des Reiches übertraf! Ungeachtet der Problematik bei der Interpretation solcher Scheinwahlen – es gab keine Wahlalternativen, sondern es handelte sich um einen Akt der Akklamation; es wurden Wähler zur Teilnahme genötigt und ihr Verhalten beobachtet; es gab öffentlichen Druck etc. – lassen sich die Ergebnisse zumindest als Tendenz dafür deuten, dass sich das Meinungsklima am Ort zugunsten der Nazis entwickelt hatte.

---

[62] GLA 465a/56/22/2187 Haas, Johann; Hakenkreuzbanner Nr. 256 vom 5.10.1933.
[63] F. SALM, Im Schatten des Henkers. Widerstand in Mannheim gegen Faschismus und Krieg, Frankfurt a. M. ²1979, S. 135 f.
[64] Ebd., S. 180 f.

Legitimation durch Leistung

Nichts trug mehr zur Legitimation Hitlers und der Nationalsozialisten bei, als die Besserung der Lebensverhältnisse der Einwohner und ihrer Perspektiven. Der Schlüssel hierzu war die Bekämpfung der Massenarbeitslosigkeit. Wenn auch über ihr Ausmaß am Ort keine genauen Zahlen vorliegen, so können wir doch eine Größenordnung nennen: Wenn man von rund 1.000 abhängig Beschäftigten ausgeht, die zum Höhepunkt der Krise (Jahreswechsel 1932/33) in Ilvesheim wohnhaft waren, so waren davon etwa ein Drittel arbeitslos[65]. Zu diesem Zeitpunkt hatte sich die Gemeinde infolge der gestiegenen Wohlfahrtslasten längst stark verschuldet. Bereits im Dezember 1930 war das gemeindeeigene Konto bei der Sparkasse mit 20.000 RM überzogen worden; durch das weitere Anwachsen der Unterstützungsempfänger sollten die Fehlbeträge weiter ansteigen. Außerdem war die Gemeinde bei zugleich rückläufigen Umlagen und schrumpfenden Gemeindesteuereinnahmen gezwungen, Anleihen aufzunehmen, die sich auf über 160.000 RM beliefen[66]. Die sich aus der Massenarbeitslosigkeit ergebenden Probleme waren für die Gemeinde derart drückend, dass der kommissarische Bürgermeister von Faulhaber im Sommer 1933 auf eine Eingemeindung nach Mannheim drängte, sich aber gegenüber der Stadt – die sich einen solchen Klotz nicht ans Bein binden wollte – nicht durchsetzen konnte[67].

Tab. 1: Entwicklung des Fürsorgeaufwands der Gemeinde Ilvesheim von 1928 bis 1938 in RM

1928	1929	1930	1931	1932	1933	1934	1935	1936	1937	1938
4.188	6.679	46.117	75.582	112.460	109.029	61.900	29.676	13.052	13.147	9.152

Quelle: Zusammenstellung nach GdeA Ilv. NL Brand.

---

[65] Ende Januar 1939 meldete Engel für eine Statistik rd. 1.100 abhängig Beschäftigte. Die Gesamtbevölkerung war zwischen 1933 und 1939 um rund 10 % gewachsen, weshalb eine Zahl von 1.000 in einem Beschäftigungsverhältnis stehenden Erwerbspersonen für 1933 unterstellt werden kann. Vgl. GdeA Ilv. A 93, Engel an Verlag Hakenkreuzbanner, 26.1.1939.
[66] GLA 362/852, Ortsbereisungsprotokoll des Bezirksamtes Mannheim, 23.12.1930.
[67] Siehe die vierseitige Denkschrift von Faulhabers *Die Eingemeindung Ilvesheims betreffend* vom 27.7.1933, zudem die Schreiben des Badischen Ministerium des Innern an die Presse- und Propaganda-Abteilung beim Staatsministerium Karlsruhe vom 10.8.1933, sowie der Presse- und Propaganda-Abteilung, Moraller, an Bürgermeister von Faulhaber vom 25.8.1933, GdeA Ilv. A 84.

Tab. 2: Entwicklung der Arbeitslosigkeit in der Gemeinde Ilvesheim von 1932 bis 1936

	Arbeitslosenzahl	Darunter:		
		Ungelernte	Metallberufe, Maschinenbau, Elektrotechnik, Feinmechanik u. Optik	Baugewerbe
01.01.1932	312	60	68	86
01.08.1932	318	60	70	90
01.01.1933	306	60	64	84
01.08.1933	261	55	54	74
01.01.1934	272	60	54	79
01.08.1934	128	32	34	29
01.01.1935	135	37	34	34
01.08.1935	46	24	10	–
01.01.1936	119	39	10	60
01.08.1936	63	37	10	5

Quelle: Zusammenstellung der Arbeitslosenzahlen in der Gemeinde Ilvesheim für die NSDAP-Kreisleitung Mannheim, Amt für Technik v. 9.11.1936, GdeA Ilv. A 800. Es ist zu betonen, dass die hier genannten Ziffern von der Gemeindeverwaltung nachträglich geschätzt werden mussten, da Unterlagen nicht vorhanden waren.

Mit der »Arbeitsschlacht« hatte die NSDAP den wirkungsvollsten Hebel in der Hand, die noch immer zögernden, skeptischen oder ablehnenden Teile der Bevölkerung zu erreichen. Mit einer regelrechten Offensive an Notstandsarbeiten – ein Instrumentarium, das freilich nicht neu war, sondern auch in Ilvesheim bereits in den späten 20er Jahren mit gutem Erfolg angewandt worden war[68] – konnte die Partei ab 1934 dem Problem der Erwerbslosigkeit zu Leibe rücken und dabei die zuvor drückenden Wohlfahrtslasten auf einen Bruchteil reduzieren.

Neben Meliorationen und dem Anbau von Korbweiden am Neckarvorland betrafen die Arbeiten in erster Linie die Infrastruktur des Ortes. So wurde die Ortskanalisation samt moderner Kläranlage ausgeführt (eine Maßnahme, die erfolgreich den jahrzehntelangen Kampf gegen die in Ilvesheim immer wieder ausbrechende Typhuskrankheit beendete), Brunnen gebaut, Feldwege angelegt, das Schulgebäude erweitert und eine Reihe von Verschönerungsmaßnahmen z. B. beim Festplatz durchgeführt. Für den Kriegerverein wurde eine moderne Acht-Bahnen-Schießanlage errichtet. Und nicht zuletzt auch mit den mythisch verklärten »Straßen des Führers« ließ sich bei der hiesigen Einwohnerschaft punkten, konnten doch 1937 beim Bau der Reichsautobahn am Ilvesheimer Abschnitt immerhin rund 50 Arbeiter beschäftigt werden[69]. Diese ganzen Maßnahmen

---

[68] GdeA Ilv. A 799.
[69] Zu den Notstandsarbeiten siehe GdeA Ilv. A 801–804.

Abb. 7 Straße in der 1937/38 erbauten Arbeiterwohnsiedlung »Gute Hoffnung«

sorgten letzten Endes dafür, dass es spätestens seit 1938 keine Erwerbslosigkeit mehr am Ort gab[70].

Es ist einerseits zwar richtig, dass die Senkung der zuvor enormen Wohlfahrtslasten mit Arbeitsbeschaffungsmaßnahmen erkauft wurde, die trotz vereinzelter Zuschüsse vom Arbeitsamt, dem Landkreis und dem Land den Gemeindehaushalt massiv belasteten. Andererseits wurde in jenen Jahren der allergrößte Teil der Arbeitslosen in Ilvesheim selbst und nicht etwa in der Rüstungsindustrie eingesetzt und schuf durch die Verbesserung der Gemeindeinfrastruktur bleibende Werte. Man darf gerade die auf dem Bereich

---

[70] Zum Stichtag 1. Januar 1939 wurden noch acht Erwerbslose gemeldet, siehe das Schreiben der Gemeindeverwaltung Ilvesheim vom 17.2.1939, GdeA Ilv. A 705.

des Psychologischen liegenden Wirkungen all dieser Maßnahmen nicht unterschätzen, weil die erbrachten Leistungen seitens der Bevölkerung mit einem hohen Vertrauensvorschuss belohnt, mit der Partei assoziiert und für die Propaganda weidlich ausgenutzt wurden. Große Aufmerksamkeit erregte z. B. die Errichtung eines Gedenksteins auf dem Friedhof, mit dem an die rund 100 aus Ilvesheim stammenden Gefallenen des Weltkrieges erinnert wurde. Der NSDAP wurde dafür viel Lob zuteil, zumal auch diese Arbeit im Rahmen der Notstandsarbeiten durchgeführt und ein großer Teil der Mittel von der Ortsgruppe und dem hiesigen Reichskriegerbund gespendet wurde[71].

Erfolge zeitigten aber insbesondere auch die Erschließung neuen Baugeländes und die Schaffung neuen Wohnraumes. Vor allem war die Gemeinde auf die Siedlung »Gute Hoffnung« stolz, wo während der Jahre 1937/38 insgesamt 35 Arbeitersiedlerhäuser errichtet wurden[72]. Die großzügige Gewährung von Baudarlehen durch die »Badische Landeskreditanstalt für Wohnungsbau« – die auf den Vorschlag des Bürgermeisters nachträglich bewilligt wurden – tat das Ihrige dazu[73]. Selbst dem Regime kritisch bis ablehnend gegenüberstehende »Volksgenossen« mussten konzedieren, dass hier »etwas geschaffen« wurde und sich das Antlitz der Gemeinde zum Positiven veränderte[74]. Und man geht mit der Feststellung nicht fehl, dass Ilvesheim nach der Phase der Industrialisierung in jenen »Friedensjahren« des Dritten Reiches einen zweiten Modernisierungsschub erhielt. *(Abb. 7)*

Einen ihrer größten Erfolge hatte die Ortsgruppe aber mit einer genuin Ilvesheimer Propagandaerfindung, die sich auf den ersten Blick freilich gar nicht als solche offenbarte, nämlich dem 1935 erstmals ausgerichteten »Inselfest«[75] und dem Bau einer großen, über 3.000 Menschen fassenden Festhalle im Jahr darauf. Was im Großen die Festigung der »Volksgemeinschaft« bezwecken sollte, galt nicht minder im Kleinen für die »Dorfgemeinschaft«, und gerade im harmlosen Gewande daherkommende, betont »unpolitisch« gehaltene Festveranstaltungen wie das »Inselfest«, das vom Start weg zu einem großen regionalen Volksfest avancierte und Besucher scharenweise anlockte, boten eine gute Gelegenheit zur Vereinnahmung der Bevölkerung.

Um für »Inselfest« und Festhallenbau eine Finanzierungsgrundlage zu schaffen, gründete Bürgermeister Engel *(Abb. 8)* im August 1935 einen Verkehrsverein mit dem allgemein formulierten Ziel, *die wirtschaftlichen Verhältnisse der Gemeinde zu fördern, den Ort selbst zu verschönern und durch Abhaltung von Veranstaltungen den Zustrom Auswärtiger nach Ilvesheim zu heben*[76]. Binnen eines Monats waren 136 Mitglieder eingetre-

---

[71] GdeA Ilv. A 516.
[72] Siehe hierzu: GdeA Ilv. A 52; GLA 362/11.669.
[73] GLA 362/11.669, Badische Landeskreditanstalt für Wohnungsbau an Landrat Mannheim, 11.8.1941.
[74] Von einem guten Dutzend der Hauskäufer in der neuen Siedlung wusste man, dass sie dem sozialdemokratischen und kommunistischen Milieu entstammten, oder sie waren als frühere »Schwarze« bekannt, während nur zwei NSDAP-Mitglieder zu den Käufern gehörten.
[75] Der Name war eine Anspielung auf das Faktum, dass Ilvesheim wegen seiner Lage zwischen dem Neckarkanal und dem Neckarbogen, der dem natürlichen Flusslauf folgt, eine Binneninsel ist.
[76] GdeA Ilv. A 633, Gründungsprotokoll des Verkehrsvereins Ilvesheim, 5.8.1935. Möglicherweise ließ sich Engel hierbei vom Beispiel seines ehemaligen Wohnorts Ladenburg inspirieren, denn dort hatte Bürgermeister und Ortsgruppenleiter Alfred Reuter (*1907, 1948 für tot er-

Abb. 8 Wilhelm Engel, NS-Bürgermeister von Ilvesheim von Oktober 1934 bis März 1945

ten. In Wahrheit war der Verein von Anbeginn ein Ableger der NSDAP-Ortsgruppe Ilvesheim, was sich schon allein daran zeigte, dass sich der Vorstand und die Beiräte fast ausschließlich aus Parteigenossen zusammensetzten. Im Übrigen ging es bei all dem nie alleine um die Abhaltung des »Inselfestes«, denn die Halle sollte auch für Veranstaltungen und Aufmärsche der Partei und ihrer Gliederungen genutzt werden. Vor allem sollte der Bau als Resultat einer lebendigen »Volksgemeinschaft« verstanden werden, wie Bürgermeister Engel bei der offiziellen Einweihung am 5. Juni 1936 hervorhob. Mit der *Gemeinschaftsarbeit* sei ein *Stück Nationalsozialismus in die Tat umgesetzt* worden. *Arbeiter, Bauern und Beamte können stolz sein, dabei mitgewirkt zu haben*[77].

Die allenthalben sichtbaren Erfolge stärkten das Selbstbewusstsein der Partei – und das Selbstbewusstsein der Partei spiegelte sich allmählich auch in ihrer Repräsentation

klärt) bereits 1933/34 einen Verkehrsverein gegründet. Siehe Hakenkreuzbanner Nr. 99 (Frühausg.) vom 28.2.1934.

[77] *Fröhlicher Auftakt zum Ilvesheimer Inselfest*, in: Hakenkreuzbanner A/Nr. 259, B/Nr. 157 vom 8.6.1936.

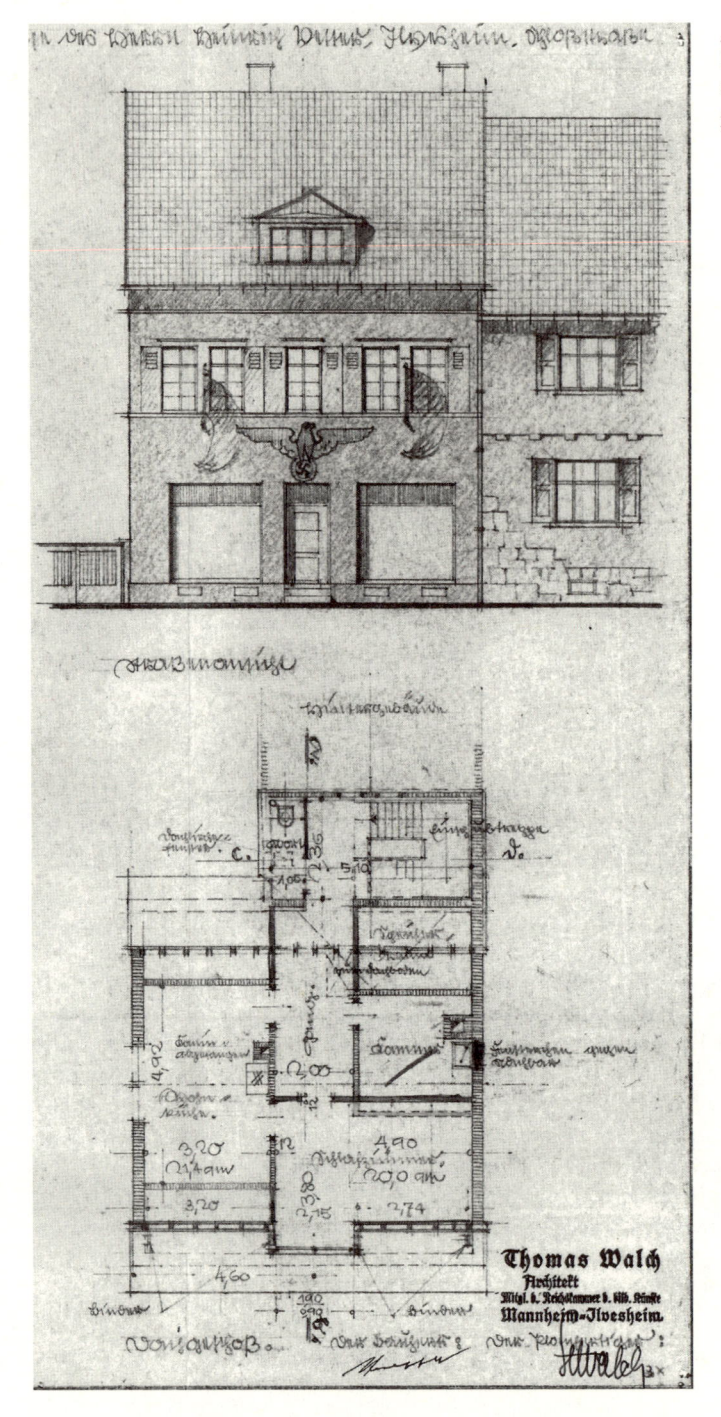

Abb. 9 Das Ilvesheimer Parteihaus der NSDAP nach den Plänen des Architekten Thomas Walch

wider. Noch 1938 hatte die NSDAP ihr Parteilokal in einem unscheinbaren Privathaus in der Hauptstraße 12, worin sich auch die NSV-Geschäftsstelle befand[78]. Zwar konnten die hochfliegenden Pläne zum Bau eines großen HJ-Heims mit Aufmarschplatz nicht in die Tat umgesetzt werden[79], aber schließlich bezog die NSDAP ihr neues, zentral im Ort gelegenes Parteihaus in der Schlossstraße, das der Mannheimer Kaufmann Carl Heinrich Vetter (1885–1943) vom jüdischen Geschäftsmann Moritz Kaufmann im Zuge der »Arisierung« erworben[80] hatte und nach einem bedarfsgerechten größeren Umbau seit September 1938 an die Partei vermietete. Darin befanden sich neben der Ortsgruppenleitung (erster Stock) und einer im Dachgeschoss befindlichen Hausverwalter-Wohnung die Büros der NSV und bald auch der DAF/KdF (Erdgeschoss), außerdem – im angeschlossenen, hinteren Langbau – die Gemeinschaftsräume für BDM und HJ[81]. *(Abb. 9)*

Freilich trübte sich das Stimmungsbild gegenüber der Partei und ihren Vertretern hinterher irreparabel ein, als sie ihre Leistungsversprechen nicht mehr einlösen und stattdessen nur noch vage Verheißungen für die Zeit nach dem »Endsieg« anbieten konnte. Spätestens mit Beginn des Krieges und insbesondere nach dem Überfall auf die Sowjetunion, als die Verlustlisten immer länger wurden (am Ende hatte Ilvesheim rund 250 Gefallene und Vermisste und außerdem rund 20 zivile Opfer zu beklagen), war die Reputation der Partei nachhaltig erschüttert. Dies zeigte sich vor allem daran, dass sich die Wut der Hinterbliebenen oft an den Repräsentanten der Ortsgruppe entlud.

Auch in Ilvesheim reagierte die Partei auf die sich verschlechternde Lage mit immer schärferen Drohungen und Repressalien. Weder gab sich dabei die Ilvesheimer NSDAP »gemäßigter«, noch unterschied sich die verbrecherische Dynamik des Regimes von anderen Orten. Dies hatte sich bereits exemplarisch bei den Schändungen jüdischer Einrichtungen während des Novemberpogroms 1938[82] gezeigt und wurde bei der Denunziation des Ilvesheimer Kommunisten Hans Kupka[83], der die Mitarbeit in der Widerstandsgruppe um Georg Lechleiter[84] im Jahre 1942 mit seinem Leben bezahlte, noch einmal bestätigt. Die Ilvesheimer NSDAP stand damals vor ihrer größten Krise, zumal mit

---

[78] GdeA Ilv. A 87, Bürgermeister Engel an den Landrat von Mannheim, betr. Zusammenstellung der wirtschaftlichen Verhältnisse des Amtsbezirks Mannheim, 4.3.1937.

[79] Siehe hierzu die Pläne des Architekten Adam Hörr, Lützelsachsen vom Mai 1937, in: GLA 362/11.669.

[80] Zu den Arisierungen der Familie Vetter in Mannheim und Karlsruhe siehe C. Fritsche, Ausgeplündert, zurückerstattet und entschädigt. Arisierung und Wiedergutmachung in Mannheim, Ubstadt-Weiher 2013, S. 440–459, hier S. 447.

[81] KrA RNK, Bauakte Abt. 15/362 Zug. 1979/50 Ilvesheim 717, Baugesuch Heinrich Vetter zum Neu- und Umbau Abortanlage und Kamin in Ilvesheim, Schloßstraße 120, 1.5.1938; ebd., Ilvesheim 719, Baugesuch Heinrich Vetter zum Umbau des Dachstockes zu einer Hausverwalter-Wohnung für die NSDAP, Ilvesheim, Schloßstraße 120, 1.9.1938.

[82] Siehe die Akten der Staatsanwaltschaft Mannheim: GLA 309 Mannheim 6390 u. 6447–6457.

[83] Zur Causa Kupka siehe GLA 465f/932, Engel, Wilhelm; GLA 465a/56/SJ/329, Käfer, Wilhelm; GLA 465a/56/22/83, Merz, Marie.

[84] Zur Lechleiter-Gruppe siehe: E. Matthias/H. Weber (Hgg.), Widerstand gegen den Nationalsozialismus in Mannheim, Mannheim 1984, S. 323–345; M. Oppenheimer, Der Fall Vorbote. Zeugnisse des Mannheimer Widerstandes, Frankfurt a. M. 1970; K.-H. Schwarz-Pich, Die kommunistische Lechleiter-Gruppe. Von ihrer Gründung in Mannheim 1941 bis zu ihrer Zerschlagung im Februar 1942, in: Jahrbuch für Historische Kommunismusforschung 2012, Berlin 2012, S. 303–314.

Kupka das einzige Mitglied der Lechleiter-Gruppe verhaftet wurde, das nicht aus den Großstädten Mannheim und Heidelberg stammte – was nicht nur bei der Kreisleitung in Mannheim unangenehme Fragen aufwarf.

Die Hinrichtung Johann Kupkas sorgte unter der Dorfeinwohnerschaft für derartige Abscheu, dass sich sogar Parteigenossen schockiert abwendeten. Der damalige Ortsgruppenleiter Wilhelm Käfer – ohnehin wegen der Schnüffeleien der aus Mannheim und aus der Gauhauptstadt Karlsruhe ins Dorf entsandten Gestapo-Beamten in nervöser Unruhe – wusste sich denn auf einer Versammlung vor Blockleitern nicht anders als mit der Androhung zu helfen, dass jedem, der jetzt noch Kupka bedaure, dasselbe widerfahre[85]. Indes blieb es bei dieser Drohung, und auf offen terroristische Methoden wurde danach am Ort von keinem der Parteifunktionäre mehr zurückgegriffen. Es genügte die Furcht vor Unannehmlichkeiten oder ernsten Konsequenzen, um unter den Einwohnern und Parteigenossen ein konformes Verhalten zu erzwingen – eines jener Grundprinzipien, die das Funktionieren von Diktaturen gewährleisten.

Zur Organisation der Ilvesheimer NSDAP, ihrer Mitgliederstärke und -struktur

Ein anderes Grundprinzip für das Funktionieren von Diktaturen ist das Vorhandensein einer schlagkräftigen Parteiorganisation. Auch in dieser Hinsicht hatte die Ortsgruppe gravierende Defizite, weil es ihr anfangs an geeignetem Personal mangelte, es innerhalb der Führung schwelende Positionskämpfe gab und die Ortsgruppenleitung häufig wechselte. All dies musste sich negativ auf die Parteiarbeit auswirken, denn die örtlichen Funktionsträger waren ein unverzichtbares Strukturelement der NS-Herrschaft[86]: Die wesentliche Aufgabe der Ortsgruppen- wie Block- und Zellenleiter war die »Menschenbetreuung«, worunter vor allem Kontroll- und Werbe(=Propaganda)aufgaben fielen. Mit den Ortsgruppen, die den Zeitgenossen als Manifestation der Partei schlechthin erschienen, wurde der NS-Herrschaftsapparat flächendeckend auf das Reich ausgedehnt. Zurecht wurde deshalb die Ortsgruppe als das Fundament der Diktatur bezeichnet[87].

In der Zeit vom März 1933 bis März 1945 wechselte die Führung der Ilvesheimer NSDAP sechsmal. Die insgesamt fünf Stützpunkt- bzw. Ortsgruppenleiter hatten sehr unterschiedlich lange Dienstzeiten, die von wenigen Tagen bis zu mehreren Jahren reichten. Genaue Zeiten ließen sich indes nur in wenigen, die Namen der stellvertretenden Ortsgruppenleiter nur in zwei Fällen ermitteln. Bis weit in das Jahr 1933 hinein wurde Ilvesheim im »Hakenkreuzbanner« zwar vereinzelt immer wieder als »Ortsgruppe« genannt, dennoch taucht regelmäßig auch die Bezeichnung »Stützpunkt« auf. Dies ist ein

---

[85] GLA 465a/56/SJ/329 Käfer, Wilhelm, Auskunft vom Ausschuss der politischen Parteien Ilvesheim, o. D. [1947].

[86] Vgl. hierzu D. SCHMIECHEN-ACKERMANN, Der »Blockwart«. Die unteren Parteifunktionäre im nationalsozialistischen Terror- und Überwachungsapparat, in: VfZ 48 (2000), S. 575–602.

[87] C.-W. REIBEL, Das Fundament der Diktatur. Die NSDAP-Ortsgruppen 1932–1945, Paderborn 2002.

Hinweis darauf, dass die Zahl der Ilvesheimer Parteigenossen noch Mitte der 30er Jahre sehr überschaubar war und mutmaßlich 50 noch nicht (oder gerade eben) erreicht hatte[88].

Tab. 3: Die Stützpunkt- bzw. Ortsgruppenleiter der NSDAP Ilvesheim

	Name	nachgewiesene Dienstzeiten
1	Dr. Henrik von Faulhaber (*14.12.1900 [1901?] Aachen, Zahnarzt)	Mitte März 1933 bis [Juli 1933?][89]
	Stellvertr.: Karl Dusberger (Lehrer)	bis Juli 1933[90]
2	Johann Haas (*9.6.1889 Bruchsal, Schlosser)	21.7.1933 bis 1935[91]
	Stellvertr.: Wilhelm Käfer	21.7.1933 bis 1935[92]
3	Leonhard Hartmann (*6.5.1894, Sattler)	[kurzzeitig 1935?] [93]
	Stellvertr.: n. bek.	
4	Wilhelm Käfer (*6.12.1892 Heltersberg, Kaufmann)	seit mind. 15.4.1935 bis 1941[94]
	Stellvertr.: n. bek.	
5	Wilhelm Engel (*4.4.1895 Ladenburg, Wagnermeister)	Juni 1941 bis August 1942[95]
	Stellvertr.: n. bek.	
6	Wilhelm Käfer	1942 bis mind. 13.8.1943[96]
	Stellvertr.: n. bek.	
7	Wilhelm Engel	November 1943 bis 28.3.1945[97]
	Stellvertr.: n. bek.	

Bestand noch im Sommer 1933 der Mitarbeiterstab der Ortsgruppe nur aus neun Männern, so wurde die Organisation in der Folgezeit gemäß den Parteirichtlinien ausgebaut. Im April 1937 bestand die Politische Leitung aus 32 Männern, nämlich dem Ortsgruppenleiter sowie den Leitern für die Bereiche Organisation, Propaganda, Kasse, Presseamt, Filmstelle und Ausbildung. Hinzu kamen die Leiter der Zellen und Blocks. Auffallend ist indes, dass seinerzeit mehr als die Hälfte der Funktionäre, vor allem unter den Zellen- und Blockleitern, unter dem Status eines Parteianwärters geführt wurden, d. h. noch nicht

---

[88] Von einem »Stützpunkt« sprach die Partei damals, wenn die Mitgliederzahl zwischen 11 und 50 lag, ab 51 Mitgliedern wurde von einer »Ortsgruppe« gesprochen. Vgl. KAISER (wie Anm. 2), S. 34.
[89] GLA 362/11.612.
[90] Hakenkreuzbanner Nr. 181 vom 22.7.1933.
[91] Hakenkreuzbanner Nr. 184 vom 25.7.1933; GLA 465a/56/22/2187.
[92] Hakenkreuzbanner Nr. 184 vom 25.7.1933.
[93] Als Ortsgruppenleiter bezeichnet in zwei Schreiben des Bürgermeisters Kleinhans an den Landrat des Kreises Mannheim vom 24.7.1945 und 31.7.1945, GdeA Ilv A 563, bzw. GdeA Ilv. XI 2, 7. Ansonsten ist über die Amtszeit Hartmanns als Ortsgruppenleiter nichts bekannt. Wahrscheinlich aber war er kurzzeitig Nachfolger des 1935 abgelösten Johann Haas, dessen Intimfeind Hartmann übrigens war. Vgl. hierzu: GdeA Ilv. NL Johann Haas.
[94] GLA 465a/56/SJ/329 Käfer, Wilhelm; GdeA Ilv. A 126; HKB A/Nr. 176 vom 15.4.1935.
[95] GLA 465f/932 Engel, Wilhelm.
[96] GLA 465a/56/SJ/329 Käfer, Wilhelm; GdeA Ilv. A 611.
[97] GLA 465f/932 Engel, Wilhelm.

ordentliche Mitglieder waren. Diese Männer waren erst seit Frühjahr 1937, nach der Lockerung der Mitgliedersperre (die als Reaktion auf die vielen »Märzgefallenen« im Frühjahr 1933 verhängt worden war), in die NSDAP aufgenommen worden[98].

Die Ortsgruppe Ilvesheim war in fünf Zellen eingeteilt. Eine Zelle bestand im Schnitt aus rund 190 Haushaltungen und teilte sich wiederum in vier Blöcke, also etwa 47 Haushalte je Block. Die Zuschnitte entsprachen dabei der Vorgabe der Reichsorganisationsleitung und bedeuteten eine Dichte, wie sie für die »Menschenführung« als notwendig erachtet wurde[99].

Eine Analyse der Mitgliederstruktur der NSDAP-Ortsgruppe Ilvesheim trifft auf verschiedene Probleme, was in erster Linie mit der schwierigen Quellenlage zusammenhängt. Besonders erschwerend wirkt sich aus, dass fast sämtliche parteiamtlichen Unterlagen der Ilvesheimer Ortsgruppe im Frühjahr 1945 einer gezielten Vernichtungsaktion zum Opfer fielen. Die im Gemeindearchiv befindlichen Mitgliederlisten[100], die post festum auf Geheiß der amerikanischen Militärregierung angefertigt wurden, können diesen Verlust nicht kompensieren, da sie – das haben Stichproben ergeben – keineswegs vollständig sind. So fehlen regelmäßig Namen von im Kriege Gefallenen, Vermissten und Kriegsgefangenen, genauso wie von Parteimitgliedern, die nur zeitweise am Ort wohnten. Nicht erfasst sind außerdem die späten Parteieintritte von HJ- und BDM-Mitgliedern[101].

Eine Rekonstruktion bleibt daher – das ist an dieser Stelle zu betonen – letztlich Fragment und damit in seiner Aussagekraft begrenzt. Verglichen mit anderen Orten des ehemaligen Kreisgebietes aber ist die Datenlage zu Ilvesheim als verhältnismäßig gut anzusprechen, so dass die hier präsentierten Ergebnisse den tatsächlichen Gegebenheiten sehr nahe kommen dürften. Als Grundlage für die nachstehende Untersuchung dienten Unterlagen des Gemeindearchivs Ilvesheim, des Bundesarchivs/ehemaliges BDC, einschlägige Archivalien des Generallandesarchivs und des Nationalarchivs in Paris.

Für nachstehende Auswertung wurden zunächst sämtliche Mitglieder in Partei, Gliederungen und angeschlossenen Verbänden erfasst. Auf diese Weise entstand eine Liste

---

[98] H. BUCHHEIM, Mitgliedersperre und Parteianwärterschaft, in: Gutachten des Instituts für Zeitgeschichte, München 1958, S. 316.
[99] Reichsorganisationsleiter der NSDAP (Hg.), Organisationsbuch der NSDAP, München ⁵1943, S. 99 u. 110.
[100] GdeA Ilv. A 562.
[101] Dies ist der Grund für die Fehlinterpretation, wie man sie bei Kaiser findet. Dieser ging auf Basis der im Gemeindearchiv Ilvesheim aufbewahrten Unterlagen von lediglich 131 NSDAP-Mitgliedern aus, was einem Bevölkerungsanteil von 4,3 % entsprochen habe. Diese Zahlen liegen weit abseits der Tatsachen. Auch ist eine Vergleichbarkeit zwischen den einzelnen Gemeinden, wie von Kaiser angestellt, im Grunde gar nicht gegeben, da die Daten jeweils auf ganz unterschiedlichen Grundlagen erfasst sind. So ist z. B. nicht ersichtlich, ob in den einzelnen Erhebungen nur die nach dem Krieg noch lebenden ehemaligen Pgs. oder auch Weggezogene, Gefallene, Kriegsgefangene etc. berücksichtigt wurden. Siehe KAISER (wie Anm. 2), S. 38–41.

mit 400 Namen[102]. Von den erfassten Personen waren 264 NSDAP-Mitglieder. 249 gehörten sowohl der Partei als auch einer Gliederung bzw. einem angeschlossenen Verband an, besaßen also eine Doppel- oder Mehrfachmitgliedschaft. 136 Personen waren nur Mitglied in einer Gliederung/einem Verband.

Ein wesentliches Kriterium für die Einschätzung des eigenen Erfolges waren für die Partei ihre organisatorische Verankerung und die Zahl der am Ort befindlichen Parteigenossen. Diese Zahl lässt sich näherungsweise bestimmen: Zum Stichtag 1. Januar 1939 zählte Ilvesheim 3.254 Einwohner[103] (im Juni 1933 waren es noch etwa 2.900[104]). Während der Kriegsjahre hat sich die Einwohnerzahl nicht mehr signifikant geändert, am 28.11.1945 werden in einer Aufstellung 3.418 Einwohner genannt[105]. Man kann für unsere Berechnung also von einen Gesamteinwohnerzahl von 3.300 ausgehen – wovon freilich die unter 18-Jährigen (für die ein Eintritt in die NSDAP die längste Zeit nicht möglich war) in Abzug zu bringen sind. Deren Zahl belief sich im Februar 1939 auf 1.015[106], sodass man während der Jahre 1939 bis 1945 eine Erwachsenenbevölkerung von etwa 2.300 Einwohnern als gegeben annehmen kann.

Geht man also von 300 ortsansässigen NSDAP-Mitgliedern aus (eine Zahl, die aus einem durchaus konservativ geschätzten Aufschlag zu den o. g. 264 bekannten Parteimitgliedern resultiert), so ergibt sich daraus ein Anteil von mindestens 13 % Parteigenossen an der Erwachseneneinwohnerschaft. Dieser Verhältniswert lag dem des Gaues Baden (14 % im Jahre 1942 – für die Zeit danach liegen keine Zahlen mehr vor[107]) nahe und bewegte sich deutlich über dem des Reiches (etwa 10 %[108]).

Unter den tatsächlich ermittelten Mitgliedern, die während der NS-Zeit in Ilvesheim lebten, waren 242 Männer und 22 Frauen, die Geschlechteranteile betrugen mithin 92 bzw. 8 %. Das älteste Mitglied war 1873 geboren, das jüngste 1927; der durchschnittliche Ilvesheimer »Parteigenosse« war Jahrgang 1902. Die Verteilung der Altersstruktur zeigt, dass die Partei also auch in Ilvesheim recht jung war. Als Hitler an die Macht kam, waren 60 % der Mitglieder in der NSDAP-Ortsgruppe 35 Jahre oder jünger.

---

[102] Die Liste ist abgelegt in: GdeA Ilv. Digitales Archiv/NSDAP/Liste der Ilvesheimer NSDAP-Mitglieder (als Excel-Datei).
[103] GdeA Ilv. A 705.
[104] GdeA Ilv. NL Brand.
[105] GdeA Ilv. A 573.
[106] GdeA Ilv. A 705, Auskunft Bürgermeister Engel an Amt für Volkswohlfahrt, Kreisleitung Mannheim, 20.2.1939.
[107] J. H. GRILL, The Nazi Movement in Baden 1920–1945, Chapel Hill 1983, S. 419.
[108] M. H. KATER, Quantifizierung und NS-Geschichte. Methodologische Überlegungen über Grenzen und Möglichkeiten einer EDV-Analyse der NSDAP-Sozialstruktur, in: GG 3 (1977), S. 453–484, hier: S. 479.

Tab. 4: Altersstruktur Ilvesheimer NSDAP-Mitglieder
(n = 230 von insg. 264, d. h. 34 ohne Angabe)

Jahrgänge	Gesamt	Verteilung	Frauen	Verteilung Frauen	Männer	Verteilung Männer
1927–1925	11	4,8 %	4	19,0 %	7	3,3 %
1924–1918	25	10,9 %	9	42,9 %	16	7,7 %
1917–1908	51	22,2 %	2	9,5 %	49	23,4 %
1907–1898	51	22,2 %	2	9,5 %	49	23,4 %
1897–1888	66	28,7 %	2	9,5 %	64	30,6 %
1887–1878	21	9,1 %	2	9,5 %	19	9,1 %
1877 u. früher	5	2,2 %	–	–	5	2,4 %
Insgesamt	230	100 %	21	100 %	209	100 %

Quelle (auch für die nachstehenden Tabellen 8–10): Eigene Berechnung auf der Grundlage einschlägiger Quellen des BArch, GLA und GdeA Ilv.

Die berufliche Zusammensetzung zeigt, dass die Mittelschicht am stärksten vertreten und die Arbeiter und Handwerksgesellen mit einem Anteil von weniger als einem Viertel, gemessen an der Berufsstruktur der Einwohnerschaft, deutlich unterrepräsentiert waren.

Tab. 5: Berufliche Zusammensetzung von Ilvesheimer NSDAP-Mitgliedern
(n = 201 von insges. 264, d. h. 63 ohne Angabe)

Arbeiter (Fach- u. Hilfsarbeiter, Gesellen)	47	23,4 %
Selbst. Handwerker	25	12,4 %
Freiberufler	21	10,4 %
Landwirte	8	4,0 %
Angestellte	66	32,8 %
Lehrer	16	8,0 %
Beamte	6	3,0 %
ohne Beruf, Hausfrauen, Invaliden	8	4,0 %
Studenten	4	2,0 %
	201	100 %

Es konnten im Ganzen nur zwölf Mitglieder der Ortsgruppe Ilvesheim ausgemacht werden, die vor 1933 in die NSDAP eingetreten waren. Die meisten »Pgs.« der Ilvesheimer Ortsgruppe waren also der Konjunktur gefolgt und auf den fahrenden Zug aufgesprungen, was sich mit unserer Beobachtung deckt, dass die NSDAP vor der »Machtergreifung« in Ilvesheim praktisch nicht existent war. Zu diesem Befund passt außerdem, dass sich unter den zwölf Genannten, die vor 1933 beigetreten waren, nur drei in Ilvesheim geborene Mitglieder befanden.

Ein beträchtlicher Teil der späteren Parteigenossen sollte sich aus dem »Militärverein« rekrutieren, viele der späteren »Aktivisten« waren Teilnehmer des 1914/18er-Krieges. Der im Jahre 1880 geborene Georg Schmelcher, ein ehemaliger Schutztruppenangehöriger in Deutsch-Südwestafrika und Weltkriegsteilnehmer, war nach allen uns zugänglichen Unterlagen der erste Ilvesheimer, der in die NSDAP eintrat. Dies geschah allerdings in einem kleinen Ort nahe Waldshut. Als Eintrittsdatum gab Schmelcher den 1. Januar 1931 an, seine Mitgliedsnummer war die 411.574[109].

Tab. 6: Eintrittszeitpunkte von Ilvesheimer NSDAP-Mitgliedern (n = 199 von insges. 264, d. h. 65 ohne Angabe)

vor 1933	12
1933	44
1934	3
1935	5
1936	3
1937	41
1938	16
1939	11
1940	26
1941	16
1942	10
1943	5
	199

Tab. 7.: Geburtsort von Mitgliedern der Ilvesheimer NSDAP-Ortsgruppe (n = 164 von insg. 264, d. h. 100 ohne Angabe)

aus Ilvesheim gebürtig	88
Nachbarorte und Orte der nahen Umgebung:	
Mannheim	13
Seckenheim	7
Heidelberg	3
Käfertal	3
Ladenburg	3
Wallstadt	2
Feudenheim	1
Neckarhausen	1
Oftersheim	1
Rheinau	1
Schwetzingen	1
Weinheim	1
sonstiger kurpfälzischer (rechtsrheinisch)/nordbadischer Raum	14

---

[109] GdeA Ilv. XI 2, 40, Schmelcher an Generalfeldmarschall Hermann Göring, 17.4.1938. Siehe außerdem: GdeA Ilv. A 563, und GLA 465a/56/22/131.

linksrheinische Pfalz	8
Südbaden	2
Württemberg	2
Elsass	1
hessischer Odenwald	1
sonstiges Reichsgebiet	8
Herkunft nicht eindeutig nachweisbar	3
	164

Über den Kreis der Parteigenossen hinaus waren eine beträchtliche Anzahl Einwohner in den Gliederungen und angeschlossenen Verbänden organisiert, wenn sich auch nur in den wenigsten Fällen Mitgliederziffern ermitteln ließen. Hier waren es vor allem die DAF (die für die Berufstätigen de facto verpflichtend war), die NS-Volkswohlfahrt (NSV) sowie die NS-Frauenschaft (NSF), die auf einen zum Teil hohen Mitgliederstand bauen konnten. Gerade die beiden letzteren Organisationen waren propagandistisch außerordentlich wirksam, etwa weil sie im Winterhilfswerk starke Einbindung fanden, indem sie Kleidung und Lebensmittel unter bedürftigen Familien verteilten[110]. Die NSV hatte Mitte Juni 1934 bereits 103 Mitglieder, was der Ortsgruppenleitung indes viel zu wenig war. Daher erging *an alle noch außerhalb der NS-Volkswohlfahrt stehenden Volksgenossen die dringende Mahnung, einzutreten [...], sich nicht selbst aus der Nationalsozialistischen Volkswohlfahrt auszuschließen und den Nationalsozialismus durch die Tat zu beweisen*[111]. Bis Ende Juli konnte die Mitgliederzahl zwar auf 181 gesteigert werden, allerdings wurde als Zielvorgabe ein Mitgliederstand von 300 genannt[112]. Möglicherweise wurde diese Zahl vor Verhängung der einstweiligen Mitgliedersperre am 1. Februar 1935 tatsächlich erreicht[113].

Eine wichtige Rolle, gerade im Hinblick auf die Militarisierung des Geistes, spielte die Neugründung des 1919 aufgelösten Kriegervereins im September 1933. Während des »Dritten Reiches« in »Kriegerkameradschaft Ilvesheim« umbenannt, war der Verein im Deutschen Reichskriegerbund (Kyffhäuserbund) e.V., Kreisverband Mannheim, organisiert und zählte 90 Mitglieder (Stand 1. April 1941[114]).

Zehn Einwohner waren in der Allgemeinen SS, zur SA gehörten (einschließlich der SA-Reserve) etwa 50 Mann. Der SA kam eine bedeutende Rolle als Propagandainstitution zu. Aber auch beim Novemberpogrom 1938 spielten Ilvesheimer SA-Angehörige eine Rolle. Sie wurden gemeinsam mit ihrer Einheit, dem Seckenheimer Sturm, aufgeboten. Sie halfen bei Verhaftungen von Juden mit, zerstörten die Synagoge und schändeten den jüdischen Friedhof[115]. *(Abb. 10)*

---

[110] Siehe hier etwa Hakenkreuzbanner A/Nr. 106 vom 4.3.1934.
[111] Hakenkreuzbanner A/Nr. 289 vom 28.6.1934.
[112] Hakenkreuzbanner A/Nr. 339 vom 27.7.1934.
[113] Hakenkreuzbanner A/Nr. 34 vom 21.1.1935.
[114] GdeA Ilv. A 631.
[115] Zu diesen Vorgängen siehe die Akten der Staatsanwaltschaft Mannheim (wie Anm. 82).

Abb. 10   Ilvesheimer SA-Männer vor dem Gasthaus »Zur Rose«, undatiert

Außerdem waren Ilvesheimer unter anderem im »Reichsbund der Kinderreichen«, im »NS-Reichsbund für Leibesübungen«, in der Ortsbauernschaft und der NS-Hago (Handwerks-, Handels- und Gewerbeorganisationen), im »Reichsluftschutzbund« oder im sogenannten Opferring organisiert, der vor allem in der als »Kampfzeit« bezeichneten Frühphase der Partei als ein Instrument zum Sammeln von Geldern anonymer Spender fungierte[116].

Einen starken Akzent legte die NSDAP-Ortsgruppe von Anfang an auf die Vereinnahmung der Kinder und der Schuljugend, eine Zielgruppe, auf die man am leichtesten Zugriff hatte und auf die man über die Autorität der Lehrer Einfluss ausüben konnte. Ziel hierbei war neben einer möglichst vollständigen Erfassung die ideologische Ausrichtung nach den Prinzipien des Nationalsozialismus. Die Schulkinder waren daher auch die ersten, die systematisch der Propaganda der Partei ausgesetzt waren. Bereits am 14. März 1933 fand auf Anordnung der Regierung eine Schulfeier zur Würdigung der »nationalen Erhebung« statt, an der sämtliche Klassen teilzunehmen hatten. Eine Woche darauf, am

---

[116]   GdeA Ilv. A 562, Aufstellung des Bürgermeisters von Ilvesheim für den Landrat von Mannheim, 5.2.1946. Zum Opferring siehe Hakenkreuzbanner A/Nr. 477 vom 16.10.1934.

21. März (Tag der Reichstagseröffnung), nahmen die Schüler gemeinsam mit der SA am Fackelzug durch den Ort teil. Die Schulfeste wurden fester Bestandteil der »Jugenderziehung« und folgten dem nationalen und NSDAP-Festkalendarium[117].

Die HJ war die erste NS-Organisation, deren Existenz sich für Ilvesheim nachweisen lässt: Schon im Juni 1931 war Ilvesheim gemeinsam mit dem benachbarten Mannheimer Stadtteil Feudenheim in eine HJ-Gefolgschaft zusammengeschlossen worden[118]. Über Mitgliederstärke, Arbeitsweise, Organisation, Führung etc. der Ilvesheimer HJ in dieser frühen Phase vor dem Januar 1933 erfahren wir leider nichts. Lediglich im »Hakenkreuzbanner« ist einmal von einem Überfall zweier Kommunisten auf einen Ilvesheimer Hitlerjungen zu lesen[119]. Ein anderes Mal trug *ein Hitlermädel* [sic] *aus Ilvesheim* bei einem »Deutschen Abend« der SS in Seckenheim vor[120].

Im März 1933 war für die 10–14 jährigen Knaben das Jungvolk-Fähnlein »von Hundheim« (benannt nach dem niederadligen Adelsgeschlecht, das 1700 mit der Ortsherrschaft über Ilvesheim belehnt worden war) aus der Taufe gehoben worden. Gründer und erster Fähnleinführer war der seit 1928 an der Ilvesheimer Volksschule angestellte Lehrer Karl Dusberger[121]. Mitte Juli 1933 schließlich folgte die Gründung des BDM Ilvesheim, dem zunächst 35 Mädchen angehörten. Die HJ zählte zu diesem Zeitpunkt 15, das Jungvolk 28 Mitglieder[122]. Für die Kleinsten (d.h. die unter zehnjährigen Mädchen und Buben) wurde eine »Kükengruppe« der NSDAP-Ortsgruppe eingerichtet, die nachweislich seit Mitte Dezember 1933 bestand[123]. Und an der Badischen Blindenschule in Ilvesheim gab es seit Sommer 1934 – auf Anregung einiger Lehrer der Anstalt – sogar eine Blinden-HJ (»HJ-Bann B«)[124].

Die Jugendorganisationen hatten anfangs nur schleppenden Zulauf. Durch massive Werbung und Gleichschaltung der Jugendverbände, durch sozialen Druck, aber auch im Zuge einer allmählich abflauenden Renitenz der Eltern stiegen die Zahlen freilich an[125],

---

[117] Folgende Auswahl vermag einen Eindruck von den Veranstaltungen des ersten Jahres nach der Machtübernahme zu geben: Schulfeier anlässlich des Feiertages der nationalen Arbeit am 1. Mai; Schlageter-Gedenkfeier mit Rundfunkübertragung der Reichsfeier in Berlin am 26.5.1933; Schulfeier anlässlich des »Schmachfriedens von Versailles« am 28.6.1933; Wienfeier anlässlich des 250. Jahrestages der Befreiung der Stadt nach der Belagerung durch die Türken (12.9.1933); Hindenburgfeier (14.10.1933); Reichsgründungsfeier (18.1.1934); Schulfeier anlässlich des Tages der Machtübernahme (30.1.1934). Siehe GdeA Ilv. NL Grimm.

[118] Feudenheim-Ilvesheim bildete die Gefolgschaft III von insgesamt sieben Mannheimer Gefolgschaften, siehe Hakenkreuzbanner Nr. 29 vom 10.6.1931.

[119] Hakenkreuzbanner Nr. 160 vom 15.7.1932.

[120] Hakenkreuzbanner Nr. 277 vom 7.12.1932.

[121] NSDAP-Mitglied seit 1933, am 1.11.1933 als Hilfslehrer nach Mannheim-Waldhof versetzt. Siehe GdeA Ilv. NL Grimm, S. 23. Dusbergers Nachfolger wurde Volker Barth. Das Jungfähnlein firmierte seit Dezember 1934 unter dem Namen »Wotan«, siehe Hakenkreuzbanner A/Nr. 586 vom 20.12.1934.

[122] Hakenkreuzbanner Nr. 182 vom 23.7.1933.

[123] Hakenkreuzbanner vom 21.12.1933 (Frühausg.).

[124] F. HARTMANN, Schulzeit im Dritten Reich, in: M. JAEDICKE/W. SCHMIDT-BLOCK (Hgg.), Blinde unterm Hakenkreuz. Erkennen, Trauern, Begegnen (Marburger Schriftenreihe zur Rehabilitation Blinder und Sehbehinderter 8), Marburg 1991, S. 189–205, hier: S. 194f.

[125] So wurden beispielsweise von der Ilvesheimer HJ für das »Deutsche Jugendfest 1935« 55 Wettkampfkarten und 200 Festabzeichen bestellt. Vgl. Schreiben des Führers des HJ-Bannes 171

Abb. 11   Gruppenfoto des BDM (Jungmädel) Ilvesheim, um 1935/36

ehe durch die gesetzlichen Regelungen der Jahre 1936 ff. der größte Teil der örtlichen Jugend erfasst war. *(Abb. 11)*

Gewiss kann die zahlenmäßige Stärke einer Partei (und dies gilt gleichermaßen für die Verbände und Gliederungen) nicht als Beweis für einen Erfolg oder das Scheitern des Nationalsozialismus am Ort gelten. Aber eingedenk der besonderen politischen Verhältnisse, insbesondere der demokratischen Traditionen und der durch die politische Kultur geformten sozialmoralischen Milieus, die den Ort vor der NS-Diktatur kennzeichneten, sind die genannten Mitgliederzahlen in der Partei und ihren Organisationen beträchtlich zu nennen. Daran war zunächst und vor allem – das zeigt die Analyse – ein ausgeprägter Opportunismus schuld, der wie ein Türöffner wirkte. Hier blicken wir auf einen der verstörendsten Aspekte der Ilvesheimer Ortsgeschichte, und wir kommen nicht um die Feststellung herum, dass der Nationalsozialismus am Ende auch hier erstaunlich leichtes Spiel hatte. Zwar waren im Fall Ilvesheims die Ausgangsbedingungen bei Beginn der NS-Diktatur ziemlich untypisch. Aber dies lässt sich für die Verhältnisse, wie sie sich nach 1933 ergeben haben, eben nicht sagen.

Die Frage, inwieweit in Ilvesheim Druck ausgeübt wurde, um die Mitgliederzahlen zu erreichen oder ein Wohlverhalten im Sinne des Regimes zu erpressen, ist freilich nur schwer zu beantworten; derlei Dinge fanden kaum Eingang in die Akten. Dass aber nicht nur mit subtilen Mitteln gearbeitet wurde, sondern Nötigung und Erpressung zu den Instrumentarien der Partei gehörten, zeigt das Beispiel des Ilvesheimer Tünchermeisters

(Mannheim) an Gemeinde Ilvesheim vom 5.6.1935, im Privatbesitz des Verfassers.

Johann Müller, der sich trotz seiner vorher abgegebenen Zusage, Mitglied in der NSV zu werden, dem Eintritt verweigerte. Am Ende drohte ihm Bürgermeister Engel, dass er ihn künftig von jeder öffentlichen Arbeit ausschließen werde, falls er nicht umgehend der NSV beitrete[126]. Umgekehrt freilich gehörte es zu den häufigsten Rechtfertigungsmustern Ehemaliger nach dem Krieg, man sei »wegen der Arbeit« in die NSDAP, eine ihrer Gliederungen oder einen angeschlossenen Verband eingetreten bzw. um sich vor »Nachstellungen« zu schützen. Doch waren das meist schwache Rechtfertigungsversuche, die mehr schlecht als recht verhüllten, dass an die Mitgliedschaft eine Art Renditeerwartung geknüpft war[127].

Vom Verhältnis der »kleinen Hitler« zu den »nominellen Mitgliedern«

Eine nicht unwesentliche Frage schließlich ist, wie hoch der Anteil der politisch regen »Hundertprozentigen« und »kleinen Hitler« im Verhältnis zur Gesamtmitgliederzahl war, die also für die Durchsetzung der der nationalsozialistischen Politik im Dorf in besonderem Maße verantwortlich waren. Zwar ist diese Zahl schwer zu bestimmen, jedoch liefern uns die Akten zumindest Hinweise. Wenn wir die Personen betrachten, die in den Spruchkammerverfahren mindestens unter der Gruppe III (»Minderbelastete«) eingereiht wurden, deren Vermögen beschlagnahmt oder deren Betrieb unter Treuhandschaft gestellt wurde, die aus politischen Gründen entlassen oder als Lehrer amtsenthoben worden waren, die als Parteifunktionäre verhaftet und interniert (das waren alleine 14 Personen) oder zur Fahndung ausgeschrieben waren, die auf der Liste als »aktive Mitglieder« (weitere 20 ehemalige Pgs.) oder »eifrige Unterstützer« vermerkt waren und schließlich diejenigen NSDAP-Angehörigen einbeziehen, die zu den Arisierern gehörten, kommt man auf insgesamt 90 Personen, mithin also fast einem Drittel der Ilvesheimer Parteigenossenschaft[128].

Diese Zahl wäre für sich genommen schon erstaunlich genug, aber doch bildet sie nicht die wahren Verhältnisse ab. Die Verengung auf bloße Mitglieder, bringt uns nur bedingt weiter. Nötig ist vielmehr den Blick zu weiten auf jene außerhalb der Parteigenossenschaft, die bei der Durchsetzung der politischen Ziele der Partei mithalfen und so zu einer Stütze der Diktatur wurden. Denn um sich wie ein Nazi zu benehmen, brauchte es keine eingeklebten Marken im Parteibuch. Es sind viele Namen bekannt von Hetzern, Schlägern und Denunzianten, die andere buchstäblich ans Messer lieferten, aber selbst nicht in der NSDAP waren. Gerade die Vorgänge während des Novemberpogroms[129], als sich zahlreiche Ilvesheimer Zivilisten, gar Schulkinder an den Plünderungen in den Judenhäusern beteiligten, aber auch bei der Versteigerung der Haushaltsgegenstände der am

---

[126] GdeA Ilv. A 795, Bürgermeister Engel an Johann Müller, 21.6.1937.
[127] Zur Frage von Zwang und Freiwilligkeit und dem Procedere des Parteieintritts siehe die Beiträge in: WOLFGANG BENZ (HG.), Wie wurde man Parteigenosse? Die NSDAP und ihre Mitglieder, Frankfurt a. M. 2009.
[128] Zusammenstellung auf der Basis von GdeA Ilv. A 563 und 565 sowie IV 1, 19 und XI 2, 7.
[129] Siehe Anm. 82.

22. Oktober 1940 nach Gurs deportierten Juden[130], unterstrichen dies eindringlich. Der Personenkreis, von dem hier die Rede ist, umfasste rund weitere 150 Einwohner.

Von der Sehnsucht nach dem Schlussstrich

Dieses beträchtliche Ausmaß von Verstrickung war nach 1945 der Grund, warum die eigene Geschichte hartnäckig verschwiegen und verdrängt wurde, und was – das sei in Parenthese hinzugefügt – bis auf den heutigen Tag Auswirkungen auf die Erinnerungskultur hat, denn es gibt gegenüber den dunklen Abschnitten der Ortshistorie noch immer eine gewisse Trägheit[131]. Freilich waren Verdrängen und Totschweigen der NS-Vergangenheit allgemeine Phänomene der jungen Bundesrepublik; insofern ist Ilvesheim diesbezüglich nur pars pro toto zu sehen. Aber man hielt die Omertà, die den Rang eines gesellschaftlichen Konsenses hatte, hier doch auffallend eisern durch. In der kleinen Dorfgesellschaft, wo jeder jeden kannte, zahlreiche Einwohner verwandt und verschwägert waren, gab es so gut wie keine Familie, in deren Interesse dies nicht gelegen hätte. Dadurch auch lässt sich wohl erklären, dass einige Kommunisten und Sozialdemokraten, die wahrlich keinen Grund gehabt hatten, gegenüber Nazis Milde walten zu lassen, plötzlich bereit waren, den Synagogenschändern und SA-Schlägern von Gestern zu »Persilscheinen« zu verhelfen. Man beließ es bei den Spruchkammerentscheiden und Strafen, die gegen Einzelne verhängt wurden, ansonsten rührte man nicht im Vergangenen herum.

Allgemein auch war die Auffassung, den am Ort verbliebenen Nazis eine genügend große »Abreibung« verpasst zu haben und es nun gut sei. Womöglich verstand man genau das darunter, wenn man sagte, man habe den *Nazi-Elementen* gegenüber *scharf durchgegriffen*[132]. Gerade in den ersten, geradezu anarchischen Tagen nach dem Zusammenbruch hatten die Opfer gute Gelegenheit, sich an ihren Peinigern von gestern zu rächen und ihre Wiedergutmachung selbst in die Hand zu nehmen. Das Spektrum der zumeist kommunistischen Strafexpeditionen reichte über »wilde« Konfiskationen von Radioapparaten, Fahrrädern, Mobiliar oder Stallhasen bis zu schwersten Misshandlungen von Ex-Nazis und ihren Familienangehörigen[133]. Oft glichen die Taten jener Brutalität, wie man sie von den Braunhemden kannte. Doch jenseits der Frage, ob es der einzelne nun »verdient« hatte oder nicht, wurden viele Einwohner von der Selbstjustiz jener Tage abgestoßen und hofften, dass endlich Ruhe einkehren möge.

---

[130] GdeA Ilv. A 571.
[131] Erstmals wurde die NS-Geschichte in Ilvesheim bei einer Diskussionsrunde im Mai 1995, anlässlich des 50. Jahrestages des Kriegsendes, öffentlich behandelt. Aus dieser Veranstaltung ging eine gut ausgearbeitete Broschüre hervor: T. SCHLUSCHE/A. METZ, Der Nationalsozialismus in Ilvesheim, Ilvesheim ²1996 [Eigendruck im Selbstverlag]. Allerdings durften die Verfasser das Ilvesheimer Gemeindearchiv seinerzeit für ihre Recherchen nicht aufsuchen – das Bürgermeisteramt glaubte Rücksicht auf noch lebende Personen nehmen zu müssen.
[132] GdeA Ilv. IX, 14, Vierzehntägiger Lagebericht der Gemeinde Ilvesheim, 3.5.1946.
[133] Siehe hier die Schilderung über die Misshandlung Leonhard Hartmanns durch mehrere Ilvesheimer Kommunisten in den Räumen des Rathauses am 23.5.1945, GdeA Ilv. NL Johann Haas, Aufzeichnung über dessen Internierung in Ludwigsburg, S. 3 f.

Wenigstens das: Ein Fortleben oder Neuaufflammen nazistischer Bestrebungen am Ort waren nach dem Krieg nirgends und bei niemandem zu beobachten: Das zeigen unisono die erhalten gebliebenen vierzehntägigen Lageberichte der Gemeindeverwaltung für den CIC, den Nachrichtendienst der US-Armee. Die drängenden Gegenwartsfragen der Dorfbewohner drehten sich um die Mangelverhältnisse bei Nahrung, Bekleidung und Wohnraum und nicht um den Nationalsozialismus und die Frage, wie es zum moralischen Bankrott einer ganzen Gesellschaft kommen konnte. Eine Öffentlichkeit hatte das »leidige« Thema nur, wenn es sich zum Kleinreden der eigenen Schuld oder – sollte das nicht gehen – zur Schuld-Delegation auf »die da oben« anbot. So mag sich hieraus auch das rege Interesse der Ilvesheimer für das Nürnberger Kriegsverbrechertribunal erklären. Es sei, hebt ein Bericht hervor, die *allgemeine Meinung der Ilvesheimer Bevölkerung [...], dass alle Volksschädlinge & Volksverderber in diesem Prozess den Tod durch den Strang verdienen*[134]. Und an anderer Stelle hieß es, die Bevölkerung sei der Ansicht, *daß noch mehr Naziverbrecher auf der Anklagebank sitzen müßten*[135].

Die Ilvesheimer waren mit sich selbst freilich milder und schon gar nicht sonderlich nachtragend. Bereits im Februar 1948 wurde mit Jakob Vögele ein ehemaliges NSDAP-Mitglied[136] zum Bürgermeister gewählt. Vögele konnte sich mit knapp 53 % der Stimmen gegen seinen Herausforderer Adolf Feuerstein, einen Kommunisten der ersten Stunde, durchsetzen. 1954 wurde Vögele in seinem Amt bestätigt, das er – zur allgemeinen Zufriedenheit der Einwohnerschaft – bis 1963 versehen sollte.

Die einstigen Nazis hielten sich zurück und nahmen die Segnungen, die ihnen die Demokratie und das Wirtschaftswunder boten, gerne an. Aber ein In-sich-gehen und Hinterfragen der eigenen Verantwortung gab es nicht, schon gar nicht in Form eines öffentlichen Diskurses. »Und die Maulhelden von einst«, so beschrieb es Jürgen Knirsch in seinem im Ilvesheim der Nachkriegsjahre angesiedelten autobiografischen Roman, »verstummten eh bald am Stammtisch, Klagen und Anklagen waren nicht mehr ihre Sache, schon eher stille Flüche«[137]. Großzügig gestanden ihnen die anderen, die auf der richtigen Seite der Geschichte gestanden hatten – oder derlei von sich zumindest behaupteten –, das Recht auf politischen Irrtum zu. Die Integration der Ehemaligen erfolgte durch Aufnahme in die politischen Parteien, aber auch und vor allem im Vereinsleben, das nach der NS-Zeit am Ort eine neue Blüte erlebte. Es entbehrt nicht einer gewissen Komik, dass sich eine ganze Reihe ehemaliger »Parteigenossen« als Gründungsmitglieder im 1951 aus der Taufe gehobenen Karnevalsverein »Insulana« führend einbrachten – im Unterschied zu früher jetzt freilich mit einer fröhlicheren Weltanschauung und in bunteren Kostümen.

---

[134] GdeA Ilv. IX, 14, Vierzehntägiger Lagebericht der Gemeinde Ilvesheim vom 2.6.1946.
[135] Ebd., Vierzehntägiger Lagebericht der Gemeinde Ilvesheim vom 30.5.1946.
[136] Jakob Vögele, *4.6.1897 in Ilvesheim, †5.11.1965 in Mannheim, Technischer Angestellter, ursprüngliche politische Heimat: Zentrum; NSDAP-Mitglied (seit mutmaßlich 1938), außerdem Mitglied in der Kriegerkameradschaft und in der NSV (dort Zellenwalter). Vgl. GdeA Ilv. A 562 und 631; GLA 465a/56/22/1123.
[137] J. KNIRSCH, Neckarschleife, Mannheim 2011, S. 17.

Der Fall Hagenbach. Zur Organisation, Praxis und Wirkung nationalsozialistischer Macht im Dorf 1933–36

VON HANS-JÜRGEN KREMER

Die Übernahme der Macht auf Grund der nationalen Revolution hat sich in den Dörfern des Bezirkes ohne irgendwelchen Widerstand vollzogen und [an] *manchen Orten begeisterte Aufnahme gefunden,* berichtete die Regierung der Pfalz über die Gleichschaltung der Gemeinderäte und die NS-konforme Neubesetzung der Bürgermeisterstellen[1]. Bilanziert wurde hier der Erfolg der NS-Doppelstrategie: Durch die pseudolegale »Revolution« von oben und die aggressiv-militante »Parteirevolution« von unten errichteten die Nationalsozialisten im Frühjahr 1933 in lawinenartiger Dynamik auf allen staatlichen und gesellschaftlichen Ebenen ihre Diktatur[2].

Aus überregionaler Distanz erscheint der Aufbau des totalitären NS-Staates straff gelenkt und gleichförmig-effektiv. Tatsächlich gab es auf Gemeindeebene von Anfang an Konflikte, die den Dualismus zwischen Verwaltung und NS-Parteibürokratie sowie die Konkurrenz innerhalb der chaotischen NS-Polykratie spiegelten. Darum erforderte gerade »schwieriges« kommunales Terrain von den neuen Machthabern besonderes organisatorisches Können, taktisches Geschick und charismatisches Auftreten, um ihre Herrschaft dort nachhaltig zu etablieren, wo die Prägekraft konfessioneller und politischer Milieus Widerständigkeit vorzeichnete[3]. Wenn es daran mangelte und das nivellierende

---

[1] BayHStA MA 106675, Regierung der Pfalz an das bayer. Staatsministerium des Innern, 5.5.1933.

[2] Vgl. K.-H. ROTHENBERGER, Die nationalsozialistische Machtübernahme in der Südpfalz (Januar-November 1933), in: ZGO 132 (1984), S. 305–342; L. MEINZER, Die Pfalz wird braun. Machtergreifung und Gleichschaltung in der bayerischen Provinz, in: G. NESTLER/H. ZIEGLER (Hgg.), Die Pfalz unterm Hakenkreuz. Eine deutsche Provinz während der nationalsozialistischen Terrorherrschaft, Landau/Pfalz 1993, S. 37–62; M. SCHEPUA, Nationalsozialismus in der pfälzischen Provinz. Herrschaftspraxis und Alltagsleben in den Gemeinden des heutigen Landkreises Ludwigshafen 1933–1945, Mannheim 2000.

[3] Vgl. G. PAUL, Zwischen Traditionsbildung und Wissenschaft. Tendenzen, Erträge und Desiderata der lokal- und regionalgeschichtlichen Widerstandsforschung, in: Anpassung, Verweigerung, Widerstand. Soziale Milieus, politische Kultur und der Widerstand gegen den Nationalsozialismus in Deutschland im regionalen Vergleich, hrsg. von D. SCHMIECHEN-ACKERMANN, Berlin 1997, S. 30–41; G. NESTLER, Widerstand gegen den Nationalsozialismus in der Pfalz, in: Widerstand gegen den Nationalsozialismus auf dem Gebiet des heutigen Rheinland-Pfalz.

Gleichheitsversprechen auf volksgemeinschaftlich-rassischer Grundlage noch nicht seine integrierend-disziplinierende Wirkung entfaltet hatte, waren bis Mitte der 1930er Jahre unterschiedlich bedingte Verwerfungen möglich. Rivalitäten im NS-Machtgefüge oder »innerparteiliche Konsolidierungs- und Differenzierungsprobleme«[4] konnten diese zusätzlich verschärfen.

Solche dysfunktionalen Faktoren und Vorgänge beeinträchtigten Ansehen und Akzeptanz der lokalen NS-Führung. Sie dämpften die Loyalität der gleichgeschalteten, zwangsorganisierten Einwohner und hemmten zeitweise die Nazifizierung der Kommunen. Als Folge der rigiden Medienzensur drang davon aber wenig an die breite Öffentlichkeit. Informativer sind die regionalen Verwaltungs-, Partei- und Personalakten, die einen Fundus einschlägiger Ereignisse enthalten. Dieser erweitert und differenziert den Wissensstand über das Selbstverständnis, Erscheinungsbild und die Herrschaftstechnik der unteren NS-Chargen[5]. Das gilt vor allem für die südpfälzische Landgemeinde Hagenbach, in der 1933/35 NS-interne Auseinandersetzungen von seltener Dauer und außergewöhnlicher Schärfe stattfanden[6].

Affekt und Kalkül beim Aufstieg der Nationalsozialisten

Die zu 93 Prozent katholische 2200-Einwohnergemeinde Hagenbach mit ihrem beträchtlichen Industriearbeiteranteil bot den Nationalsozialisten in soziokultureller Hinsicht eher mäßige Perspektiven. Bei den Reichs- und Landtagswahlen vor 1930 lagen die katholischen Parteien, Zentrum und Bayerische Volkspartei (BVP), knapp unterhalb der absoluten Mehrheit, die SPD erreichte rund ein Drittel der Stimmen. Konservativ-agrarische Gruppierungen fehlten. Selbst unter den für sie günstigen Vorzeichen der Weltwirtschafts- und Staatskrise folgten der NSDAP 1930/32 nicht mehr als ein knappes

---

Wissenschaftliche Darstellung und Materialien für den Unterricht, hrsg. v. D. SCHIFFMANN/H. BERKESSEL/A. ARENS-MORCH für die Landeszentrale für Politische Bildung Rheinland-Pfalz, Mainz 2011, S. 103–116.

[4] H.-J. HEINZ, »... Die Reihen fest geschlossen.« Organisationsgeschichtliche Aspekte der pfälzischen NSDAP und ihrer Gliederungen, in: NESTLER/ZIEGLER (wie Anm. 2), S. 87–117, hier: S. 105 ff.

[5] Vgl. E. HENNIG, Regionale Unterschiede bei der Entstehung des deutschen Faschismus. Ein Plädoyer für »Mikroanalytische Studien« zur Erforschung der NSDAP, in: Politische Vierteljahresschrift 21 (1980), S. 152–173; K. DÜWELL, Die regionale Geschichte des NS-Staates zwischen Mikro- und Makroanalyse. Forschungsaufgaben zur »Praxis im kleinen Bereich«, in: Jahrbuch für westdeutsche Landesgeschichte 9 (1983), S. 287–344, hier: S. 287 ff.; U. v. HEHL: Nationalsozialismus und Region: Bedeutung und Probleme einer regionalen und lokalen Erforschung des Dritten Reiches, in: Zeitschrift für Bayerische Landesgeschichte 56 (1993), S. 111–129; M. KISSENER, Chancen und Probleme regionalgeschichtlicher Forschungen zur NS-Zeit, in: M. RUCK/K. H. POHL (Hgg), Regionen im Nationalsozialismus, Bielefeld 2003, S. 58–67.

[6] H.-J. KREMER, Die braune Macht im Dorf. Hagenbachs autochthoner Nationalsozialismus, in: Mitteilungen des Historischen Vereins der Pfalz 113 (2015), S. 315–388 (mit Literatur- und Quellenangaben). H. DREIZEHNTER, Hagenbach. Stationen seiner reichen Geschichte, Karlsruhe 1999, streift die NS-Zeit oberflächlich-knapp.

Fünftel der Abstimmenden, halb so viele wie im Bezirk Germersheim[7]. Sie entstammten vorzugsweise dem statusgefährdeten dörflichen Mittelstand sowie dem katholisch-randständigen Lokalmilieu mit geringer Kirchenbindung, aber hoher Affinität zur radikalisierten Nationalkultur, zum Gedankengut, Stil und dem messianisch verklärten Führerkult der NSDAP. Zulauf kam auch aus Kreisen, die häufig erst während der Weltwirtschaftskrise zu den Linksparteien gestoßen waren und nicht zu dem an der Klassenlinie politisierten, traditionsverwurzelten Anhang zählten, sondern zu einer Affekten und Stimmungswandlungen unterworfenen Gruppe von Protestwählern[8].

Seit Ende Juni 1930 inszenierten sich die Nationalsozialisten in Hagenbach durch Aufmärsche auswärtiger SA-Formationen, Versammlungen und unablässiges Agitieren als junge, entschlossen-dynamische, unverbrauchte Bewegung. Eine effiziente Mund-zu-Mund-Propaganda verschaffte ihnen dort bald große Resonanz[9]. *Ihr herausforderndes freches Benehmen*, bemerkte ein Gendarm, *muß als abgeschmackt und die Bevölkerung aufreizend bezeichnet werden. Die Ausführungen der Redner der Partei in den Versammlungen sind ziemlich aggressiv gehalten. Wenn sie auch durch ihre Redewendungen nicht direkt gegen das Republikschutzgesetz verstoßen, wirken sie bei der Bevölkerung immer erbitternd gegen die derzeit bestehenden Verhältnisse*[10]. Flexibel bedienten die NS-Werber die verschiedenen, oft widersprüchlichen Erwartungen der agrarischen und (unter-)bürgerlichen Lebenswelt, ohne sich dabei festzulegen.

Auf Betreiben eines einheimischen Arztes entstand im August 1930 ein NSDAP-Stützpunkt (Block), der mit den Parteifilialen der Nachbargemeinden die kleine, aber rege Ortsgruppe Rhein-Lautereck bildete[11]. Der Block vereinte fast ein Dutzend bekennender Sympathisanten. Zur selben Zeit prangerte die SPD die NS-Umtriebe im Dorf in ihrem pfälzischen Parteiorgan an: *Besonders die jüngeren Leute sollen für dieses Dritte Reich gewonnen werden. Und dafür machen die Hitlerianer alle Anstrengungen*, indem sie die Jugend *in der unverantwortlichsten Weise verhetzen*. Ein fehlergespickter anonymer Drohbrief *nationalsozialistischer Rowdys* wurde zitiert, um *zu zeigen, wes' Geistes Kind der blöde*

---

[7] H.-J. KREMER, Politik und Wahlverhalten in den Gemeinden des Bezirksamts Germersheim. Die Landtags-, Reichstags-, Reichspräsidentenwahlen und Volksentscheide von 1919 bis 1933, in: Schriftenreihe zur Geschichte des Landkreises Germersheim, hrsg. v. Landkreis Germersheim, Bd. 4 N.F., Germersheim 2016, S. 161–266.

[8] Vgl. K. ROHE, Wahlen und Wählertraditionen in Deutschland. Kulturelle Grundlagen deutscher Parteien und Parteiensysteme im 19. und 20. Jahrhundert, Frankfurt/M. 1986, S. 152 ff.; W. PYTA, Politische Kultur und Wahlen in der Weimarer Republik, in: G. A. RITTER (Hrsg.), Wahlen und Wahlkämpfe in Deutschland. Von den Anfängen im 19. Jahrhundert bis zur Bundesrepublik, Düsseldorf 1997, S. 197–239; J. W. FALTER, Hitlers Wähler, München 1991.

[9] Vgl. H. FENSKE, Die pfälzische NSDAP 1921–1932, in: Mitteilungen des Historischen Vereins der Pfalz 85 (1987), S. 347–381; DERS., Keine verschworene Gemeinschaft. Die pfälzischen Nationalsozialisten in der Weimarer Zeit, in: Zeitschrift für Bayerische Landesgeschichte 52 (1989), S. 593–608; M. SCHEPUA, »Der Gau Pfalz marschiert« – Der Weg der NSDAP von der Splittergruppe zur Staatspartei (1921–33), in: Jahrbuch zur Geschichte von Stadt und Landkreis Kaiserslautern 34/35 (1996/97), S. 41–74.

[10] LASp H 34/3165, Gendarmeriestation Hagenbach an das Bezirksamt Germersheim, 15.10.1930.

[11] Zur Bezirks-/Kreisorganisation vgl. F. MAIER, Biographisches Organisationshandbuch der NSDAP und ihrer Gliederungen im Gebiet des heutigen Landes Rheinland-Pfalz, Mainz/Zarrentin 2007, S. 97 f., 103, 323–325.

Schreiber sei und *wie die* [Nationalsozialisten] *hier »arbeiten«: Wie uns bekannt geworden ist, bist du ein eifriger, sehr strebsamer Sozialdemokrat, wir ermahnen Sie, ihnen den Rücken zu kehren und den Kampf gegen uns aufzugeben. Es ist uns auch nicht unbekannt, daß mann sie zum Führer derselben ausbilden lassen will, deßhalb geb' denn Kampf gegen uns auf, sonst sind wir gezwungen, einmal gründlich abzurechnen mit dir! Wo unsere Faust hintrifft, wächst kein Grashalm mehr*[12].

12,1 Prozent der Hagenbacher Reichstagswähler verhalfen der NSDAP am 14. September 1930 zum lokalen Durchbruch, den das NS-Kampfblatt »Der Eisenhammer« frenetisch feierte: *Besonders wertvoll ist es uns, dass in dem bisher brachgelegenen Gebiet am Rhein der Boden erschlossen ist. Überfüllte Versammlungen hatten wir hier, und im schwarz-roten Hagenbach, das außerdem noch eine Anzahl Hebräer bewohnen, konnte sogar allen Drohungen zum Trotz eine starke Ortsgruppe gegründet werden. Fleißige Mitarbeiter sorgen dafür, dass der Same in dieser Ecke weiter aufgeht*[13].

1931/32 sorgten die »fleißigen Mitarbeiter« wiederholt für Nötigung, Körperverletzung und Sachbeschädigung. Trotzdem zerstörten derartige Entgleisungen weder die persönliche noch die gesellschaftliche Reputation der im sozialen Beziehungsgeflecht des Dorfes offensichtlich gut vernetzten Delinquenten. Ein Zeitungskorrespondent monierte, *daß man bis heute von einer Untersuchung noch nicht das geringste hörte. Anscheinend [...] soll die Angelegenheit vertuscht werden*[14]. Überdies befanden sich einige NS-Anhänger in selbstverschuldeten Turbulenzen: 1931 sistierte die NSDAP-Reichsleitung zwei Parteimitgliedschaften aus disziplinarischem Grund[15]. Ein Bäckermeister verbüßte im Frühjahr 1932 eine mehrwöchige Gefängnisstrafe[16]. Einer der beiden Gemeindeärzte, Artur Schumacher – *als eifriger Hitleragitator* bekannt, *weil er glaubt, im Dritten Reiche auf einen grünen Zweig kommen zu können* – geriet wegen familiärer Gewaltexzesse und Dienstmädchen-Eskapaden ins Zwielicht[17].

Bezeichnend für Hagenbachs NS-Protagonisten war ein narzistisch-autoritär grundiertes Affektverhalten mit hoher Handlungsorientierung und mäßiger Reflexionsneigung. Dessen ungeachtet handhabten sie ihr Repertoire taktisch effektiv und ohne Skrupel, was sie wiederum schwer berechenbar machte. Vor Hitlers Ernennung zum Reichskanzler schmälerte das ihre Chancen, interessenpolitisch bewährte Meinungsführer und einflussreiche Honoratioren mit konventionellem Habitus zu rekrutieren[18].

---

[12] Pfälzische Post, Nr. 200, 28.8.1930.
[13] Der Eisenhammer. Kampfblatt der NSDAP, Gau Pfalz, Ausgabe 8.10.1930.
[14] Pfälzische Post, Nr. 25, 30.1.1931 (*Was sich Hakenkreuzler alles erlauben dürfen*), in: H.-J. KREMER (Bearb.), Eine Blüte auf steinigem Grund. 100 Jahre SPD in Hagenbach (1905–2005). Arbeiterkultur und Sozialdemokratie in der südpfälzischen Landgemeinde Hagenbach. Eine Chronik nach Originalquellen, [Hagenbach] 2005, S. 149 (Nr. 178).
[15] Angaben zu NS-Parteikarrieren enthält der Bestand Berlin Document Center, Orts-/Reich-Zentralkartei (BAB).
[16] Pfälzische Post, Nr. 66, 18.3.1932 (*Sittlichkeitsverbrechen*).
[17] Ebd., Nr. 190, 18.8.1931 (›*Erbauliches‹ aus dem ›Dritten Reich‹*), in: KREMER (wie Anm. 14), S. 154f. (Nr. 189); Pfälzische Post, Nr. 184, 8.8.1932; LASp T 65/5003 (Schumacher an das Oberste NSDAP-Parteigericht München, 28.3.1935).
[18] E. FRÖHLICH, Die Partei auf lokaler Ebene. Zwischen gesellschaftlicher Assimilation und Veränderungsdynamik, in: G. HIRSCHFELD/L. KETTENACKER (Hgg.), Der »Führerstaat«. Mythos und Realität. Studien zur Struktur und Politik des Dritten Reiches, Stuttgart 1981,

Abb. 1   1933/34: Unter Lehrer Eduard Gilb festigt die SA die Macht der NSDAP in Hagenbach. Dazu beigetragen hatte auch dieser 21-jährige SA-Mann der »ersten Stunde«

Erste Kontakte fanden gewöhnlich auf vertraulich-privater Ebene statt, um das politische Anliegen personalistisch-emotional zu unterfüttern. Öffentliche Ansprachen sollten vorausgegangene »stille« Konvergenzphasen beschleunigen, gegebenenfalls vollenden. Manche der Umworbenen hegten zwar latente Sympathie, suchten jedoch nur vereinzelt offen Anschluss. Andere stießen aus eigenem Antrieb direkt zu den Nationalsozialisten. Einige verheimlichten einstweilen ihre politische Umorientierung aus beruflichen oder gesellschaftlichen Rücksichten. Unter ihnen befand sich der seit Herbst 1924 am Ort unterrichtende, vermeintlich BVP-nahe 41-jährige Hauptlehrer Eduard Gilb *(Abb. 1)*. Dessen Camouflage flog auf, als *er und einige Hitlerianer* im April 1932 die »Führer«-Geburtstagsfeier der NSDAP-Gruppe Rhein-Lautereck im Nachbardorf Maximili-

S. 255–269, hier: S. 262 f.; Z. ZOFKA, Die Ausbreitung des Nationalsozialismus auf dem Lande. Eine regionale Fallstudie zur politischen Einstellung der Landbevölkerung in der Zeit des Aufstiegs und der Machtergreifung der NSDAP 1928–1936, München 1979, S. 343–346.

ansau besuchten[19]. Obwohl er der Partei erst elf Monate später beitrat, entzogen der Kirchenverwaltungsrats- und Zentrumsvorsitzende Jakob Wollny und Pfarrer Albin Mayer dem Lehrer postwendend das jährlich mit 400 Mark dotierte Dirigat des Kirchenchors. Das trug beiden die Rachsucht des Enttarnten ein, dem die Regierung der Pfalz *eine übertriebene Empfindlichkeit und Reizbarkeit* attestierte[20]. Dem extrem chauvinistischen Weltkriegsoffizier war von Bürgern vorgeworfen worden, dass er *unsere Jugend in militärischem und kriegerischem Geiste zu beeinflussen sucht*[21]. Jahrelang hatten er und andere multiplikatorisch tätige Vereinsvorstände den Nationalsozialisten ideologische Wegbereiterdienste geleistet, die Dolchstoßlegende kolportiert, die Kriegsgefallenen heroisiert und militaristisch-revanchistische, republikfeindliche Sentiments verbreitet. Rückhalt gewährten ihnen der unter Gilbs Vorsitz seit 1926/27 auf deutschtümelnd-antidemokratisches Gedankengut fixierte Turnverein und der mitgliederstarke Kriegerverein.

Weitaus geschickter agierte der 34-jährige Landwirt, Fuhrmann und Holzhändler Hermann Ruckenbrod, Gesangvereins-Vorsitzender und seit September 1931 BVP-Gemeinderat. Diskret beantragte er am 1. September 1932 die Aufnahme in die NSDAP, trat aber wohl aus geschäftlichem Kalkül erst zum 1. Mai 1933 ein. Derweil sprachen seine Aktivitäten für sich: Bei der Reichspräsidentenwahl im Frühjahr 1932 favorisierte er unverhohlen den Kandidaten Hitler[22]. Augenzeugen zufolge war Ruckenbrod *schon längere Zeit vor der Machtübernahme werbend für die Partei tätig* gewesen, habe *mit seiner Frau in Gastwirtschaften ohne äußeren Anlass in propagandistischer Weise das Horst-Wessel-Lied gesungen. Er galt als einer der größten NS-Akteure und war bei jeder [NSDAP-] Versammlung im Ort aktiv beteiligt*[23]. Ihn begleiteten *immer eine Anzahl von hiesigen Männern*, ausnahmslos Arbeitslose, die er *in den Wirtschaften freihielt*. Bei ihm zuhause herrschte *ein reger Verkehr von Anhängern der Nazis, die alle hofften, durch ihn mal später in Arbeit und Brot zu kommen, was auch zum größten Teil eintraf*[24]. 1949 beschrieb ihn der Denazifizierungsausschuss als *Willens- und Tatmensch*, er sei ein *überzeugter und in seinen Methoden nicht zimperlicher Anhänger* der NS-Bewegung. In seine Hoftorposten eingemeißelte Hakenkreuze wurden *im Orte gebührend beachtet*, jedoch *vor dem Einrücken der* [französischen] *Besatzung* Ende März 1945 beseitigt[25].

Die unter gesetzlichen und propagandistischen Ausnahmebedingungen *hart und voller Leidenschaft*[26] verlaufene Reichstagswahl vom 5. März 1933 hatte das vormals dominierende katholische Lager auf 36 Prozent der Hagenbacher Wähler gedrückt. Davon

---

[19] ABSp, Personalakte Albin Mayer, Pfarrer Mayer an das bischöfliche Ordinariat Speyer, Februar 1933.
[20] LASp H 4/3388, Personalakte Eduard Gilb, Regierung der Pfalz, Kammer des Innern, an die Bezirksschulbehörde Germersheim, 13.12.1928.
[21] Pfälzische Post, Nr. 270, 18.11.1927, in: KREMER (wie Anm. 14), S. 104f. (Nr. 116).
[22] LASp H 4/3338, Gendarmeriestation Hagenbach an das Bezirksamt Germersheim, 15.2.1934.
[23] LASp R 18/21586, Notiz des Untersuchungsausschusses Germersheim-Speyer, März 1949.
[24] Ebd., Gendarmeriestation Hagenbach, Beisel, an den Öffentlichen Kläger beim Kreisuntersuchungsausschuss Germersheim, 9.7.1948, Zeugenaussagen des politisch verfolgten Sozialdemokraten Jakob Brettenmeier und des 1933 aus politischen Gründen dienstentlassenen Polizeidieners Ludwig Zaucker.
[25] Ebd., fol. 2, 9, Säuberungsvorschlag des Kreisuntersuchungsausschusses Germersheim gegen Ruckenbrod, 6.4.1949.
[26] Pfälzische Post, Nr. 56, 7.3.1933.

und von der ungewöhnlich hohen Wahlbeteiligung (89,5 Prozent) profitierte die im Reich mitregierende, zur ungeteilten Macht drängende NSDAP, die 26 Prozent errang. Dennoch erzielte die SPD mit 29 Prozent ihr bezirksweit bestes Ergebnis.

Rasant wurden nun Reich und Länder gleichgeschaltet, sodann die noch nicht willfährigen Kommunen. Dort verlief die Machtübernahme, obwohl sie zentralen Parteidirektiven folgte, keineswegs einheitlich gelenkt, sondern improvisiert auf der Grundlage örtlicher Gegebenheiten. Den Weg ebneten im »schwarz-roten Hagenbach« die wachsende Lethargie und die teils defätistisch, teils desorientiert anmutende Verzagtheit der Führungsschicht. Neue autochthone Organisationen füllten das Machtvakuum: Eine Woche nach der Wahl formierte Ruckenbrod eine NS-Ortszelle[27]. Binnen sechs Wochen zählte sie über 50 eingeschriebene Anhänger und avancierte aus dem Stand zur stärksten politischen Kraft. Bis auf drei Mitglieder waren alle nach dem 30. Januar 1933 eingetreten[28], ein Beleg für den chamäleonesken Eifer, mit dem viele um Anschluss an den Zeitgeist buhlten. Um der »nationalen Bewegung« nötigenfalls gewaltsam den Weg zu bahnen, hatte Hauptlehrer Gilb Mitte März eine ebenfalls 50-köpfige SA-Truppe gegründet, die im dörflichen Prekariat wurzelte[29].

Die kraftstrotzende Aura täuschte: Der zum 1. Mai 1933 durch Aufnahmesperre gedrosselte Masseneintritt hatte der Partei erhebliche Orientierungsprobleme beschert[30]. Opportunisten, sogenannte »Märzgefallene«, kannten die Vorteile der NSDAP-Mitgliedschaft nur allzu gut, wenn es darum ging, ihre Karriereambitionen zu verwirklichen, die berufliche Position vor Konkurrenten zu verteidigen, Besitz und Vermögen auf unorthodox-kreative Art zu mehren, einem ersehnten Machtbedürfnis zu frönen oder gesellschaftlichen Einfluss, etwa im Vereinswesen, zu gewinnen[31]. Distanziertheit und

---

[27] NSZ-Rheinfront, Nr. 63, 15.3.1933; Landauer Anzeiger, Nr. 68, 21.3.1933. Die NSDAP-Ortszelle Hagenbach fußte auf dem Blocksystem. Es diente der Kontrolle, Beeinflussung und Lenkung. Anfang 1934 bildete sie mit den Zellen Wörth und Pfortz-Maximiliansau die Ortsgruppe Wörth, deren Stab 28 auf Hitler eingeschworene »Politische Leiter« umfasste, darunter 15 Blockleiter (vgl. M. BADER/A. RITTER/A. SCHWARZ, Wörth am Rhein. Ortschronik, Wörth a. Rh. 1983, Bd. 2, S. 1444f.). Zur Zusammensetzung und Funktion des Ortsgruppenstabs vgl. C.-W. REIBEL, Das Fundament der Diktatur. Die NSDAP-Ortsgruppen 1932–1945, Paderborn 2002, S. 111–139. Am 1.1.1935 existierten im Bezirk Germersheim 16 Ortsgruppen mit 55 Zellen und 196 Blocks, vgl. Partei-Statistik, Stand 1. Januar 1935, hrsg. vom Reichsorganisationsleiter der NSDAP, Bd. 1, München [1935], Bd. 3, S. 228.

[28] Bisher konnten 103 ortsansässige – ausnahmslos männliche – Parteimitglieder ermittelt werden (BAB, Bestand Berlin, Document Center, Orts-/Reichs-Zentralkartei); LASp R 18). Demzufolge hatten 12.9 Prozent der über 18-jährigen männlichen Einwohner der NSDAP angehört (Stand: Mai 1943). Die Denazifizierungslisten der Gemeinde von 1948 sind heute unauffindbar.

[29] Landauer Anzeiger, Nr. 70, 23.3.1933; NSZ-Rheinfront, Nr. 71, 24.3.1933. 18 SA-Männer besaßen das Parteibuch. Bis auf Gilb und Tünchermeister Otto Scherrer waren die SA-Leute zwischen 19 und 26 Jahre alt.

[30] Vgl. H.-J. HEINZ, NSDAP und Verwaltung in der Pfalz. Allgemeine innere Verwaltung und kommunale Selbstverwaltung im Spannungsfeld nationalsozialistischer Herrschaftspraxis 1933–1939. Ein Beitrag zur zeitgeschichtlichen Landeskunde, Mainz 1994, S. 34ff., 356ff.; DERS. (wie Anm. 4), S. 87–117, hier: S. 88f., 105ff.

[31] B. WEIGEL, »Märzgefallene« und Aufnahmestopp im Frühjahr 1933. Eine Studie über den Opportunismus, in: W. BENZ (Hg.), Wie wurde man Parteigenosse? Die NSDAP und ihre Mitglieder, Frankfurt/M. April 2009, S. 91–109; J. W. FALTER, Die »Märzgefallenen« von 1933.

schwelenden Unmut erzeugte die provozierende Selbstherrlichkeit der vom Führerprinzip inspirierten Ortsgruppen- und Zellenleiter. Ihr Führungsstil prägte zugleich die Leitung der Gemeindegeschäfte[32], die Handhabung des Überwachungsapparates und den Einsatz der vier bis sechs nebenberuflichen Hagenbacher Blockleiter[33], die als uniformierte »Hoheitsträger« der untersten Funktionärsstufe die Diktatur im Alltag personifizierten und den nationalsozialistischen Totalitätsanspruch durchsetzten.

Ideologisches Ungestüm, Affektverhalten, Geltungs- und Vorteilsstreben sowie krasse Inkompetenz ließen die NS-Ortszelle Hagenbach ein um das andere Mal straucheln oder gar scheitern. Gesetzliche Vorgaben, persönliche Unzulänglichkeit, Ziel- und Interessenstreitigkeiten zwischen »Alten« und »Neuen Kämpfern« zeigten ihre Grenzen auf.

Machtwechsel mit Fehlzündung

Unmittelbar nach der Reichstagswahl vom 5. März 1933 setzten die Nationalsozialisten zur Eroberung der Gemeinde Hagenbach an. Hier fanden sie bereitwillig geöffnete Türen vor. Vor dem Hintergrund der Machtverschiebung im Reich und den Ländern beging die Lokalverwaltung am frühen Abend des 12. März die Gedenkfeier für die Gefallenen des Weltkrieges *zusammen mit dem Musikverein Rheingold und der NSDAP*. Nicht wenige Bürger missbilligten die offiziöse Aufwertung der Partei durch die Kommune als abrupte Kehrtwende und Anbiederung, ja als politische Kapitulation. Instinktsicher nutzten die Nationalsozialisten die unverhoffte Gelegenheit. Sie funktionierten den Festakt zur Agitationsbühne um und entrissen der Gemeinde, deren Ratsgremium bezeichnenderweise bis Ende April eine Sitzungspause einlegte, unwidersprochen die Veranstaltungsregie. Konziliant gelobte der 61-jährige Bürgermeister und Bauunternehmer Emil Schneider, *an der* [NS-]*Aufbauarbeit mithelfen zu wollen*[34].

Tags darauf usurpierten die Nationalsozialisten erneut den öffentlichen Raum. Dreist ignorierten sie die Genehmigungspflicht für das Spektakel mit Marschmusik und SA-Spalier. *Ein Großteil der Bürgerschaft* verfolgte die von Ortspropagandaleiter Alfons

---

Neue Forschungsergebnisse zum sozialen Wandel innerhalb der NSDAP-Mitgliedschaft während der Machtergreifungsphase, in: Geschichte und Gesellschaft 24 (1998), S. 595–616.

[32] Hagenbachs Ortszellenleiter bis Juli 1938 [Amtsdauer]: Hermann Ruckenbrod, Landwirt/Holzhändler [12.3.1933–9/1934]; Otto Sollinger, Kaufmann [6.12.1934–30.4.1936]; Otto Scherrer, Tünchermeister [30.4.1936–14.7.1938]. Als Bürgermeister amtierten Ruckenbrod [28.4.1933–5.2.1935] und Scherrer [5.2.1935–14.7.1938]. Am 9.8.1938 wurde Hagenbach dem Bürgermeisteramt Wörth-Pfortz/Maximiliansau angegliedert, um den Zuständigkeitsbereich von Kommunalverwaltung und Ortsgruppe anzugleichen. Hagenbachs Bürgermeister Scherrer legte sein Amt nieder, LASp H 34/251; DREIZEHNTER (wie Anm. 6), S. 567; O. RUDOLPH, Maximiliansau im Wandel der Zeiten. Chronik der Ortsgemeinde Maximiliansau, Karlsruhe 1975, S. 237.

[33] Vgl. C. OLSCHWESKI, Ausrichtung und Stabilisierung des Unterführerkorps der NSDAP in der Konsolidierungsphase der faschistischen Diktatur, in: Jahrbuch für Geschichte 27 (1983), S. 63–74; D. SCHMIECHEN-ACKERMANN, Der »Blockwart«. Die unteren Parteifunktionäre im nationalsozialistischen Terror- und Überwachungsapparat, in: Vierteljahreshefte für Zeitgeschichte 48 (2000), S. 575–602; REIBEL (wie Anm. 27), S. 103–111, hier: S. 103.

[34] Landauer Anzeiger, Nr. 70, 23.3.1933 (*Der Nationalfeiertag*).

Abb. 2 und 3   28. April 1933: Hermann Ruckenbrod (links) verdrängt Bürgermeister Emil Schneider (rechts) im zweiten Anlauf

Zobel *in markanten Worten*[35] kommentierte Hissung der Hitlerfahne auf dem Rathaus. Die NS-Presse rügte Bürgermeister Schneiders Abwesenheit: Er will *geschäftlich verhindert gewesen sein, den feierlichen Akt selbst zu vollziehen oder ihm wenigstens beizuwohnen.* [...] *Dass die neuen Verhältnisse der hiesigen Gemeindeverwaltung nicht passen,* hieß es warnend, *wissen wir*[36]. Triumphierend meldete die nationalsozialistische NSZ-Rheinfront Ende derselben Woche das Beflaggen der Rathäuser in Neuburg, Berg, Scheibenhardt, Pfortz und Wörth mit Hakenkreuz- und schwarz-weiß-roten Fahnen[37]. Die gewaltsame Ausschaltung des linken und die Zersetzung des bürgerlichen Lagers mehrten den Zulauf zur NS-Bewegung, insbesondere derjenigen, die meinten, nun auf die richtige politische Karte zu setzen.

Das Gleichschaltungsgesetz vom 31. März 1933 bestimmte die Auflösung, Verkleinerung und Neubildung der Gemeinderäte nach dem Ergebnis der jüngsten Reichstagswahl. Dadurch fielen der im Hagenbacher Rat bis dahin nicht vertretenen NSDAP drei

---

[35] NSZ-Rheinfront, Nr. 63, 15.3.1933.
[36] Ebd.
[37] NSZ-Rheinfront, Nr. 65, 17.3.1933 (*Das Hakenkreuz über der südlichen Rheinecke*).

der nunmehr zehn Sitze zu. Zentrum/BVP behielten vier von ehemals 16 und die SPD drei von vier Mandaten[38].

Am 27. April 1933 griffen die Nationalsozialisten nach dem lokalen Machtmonopol. Trotz Unterzahl im Rat wollten sie den Ortszellenleiter Ruckenbrod zum Bürgermeister und Gilb zum Stellvertreter wählen lassen *(Abb. 2)*. Dabei bauten sie auf das seit der Kommunalwahl 1929 zerrüttete Verhältnis zwischen Zentrum/BVP und SPD. Eingeplant war auch das abstimmungsentscheidende Fehlen des beim Bezirksamt Germersheim denunzierten, sichtlich zermürbten 64-jährigen zweiten (Zentrums-)Bürgermeisters Oskar Kropp. Diesem hatte Gilb auf einer Schulpflegschaftssitzung am 28. März wider besseres Wissen die Integrität abgesprochen und ihn bezichtigt, *jahrelang am 1. Mai hinter der roten Fahne marschiert* zu sein, im Juni 1930 die Befreiungsfeier hintertrieben und kürzlich, anlässlich der Reichsflaggenhissung am Rathaus, während der Totenehrung und des Deutschlandliedes die Kopfbedeckung aufbehalten zu haben[39]. Zuförderst sollte aber die einschüchternde Präsenz der tatendurstigen SA für den gewünschten Wahlausgang sorgen.

Unerwartet vermochte jedoch Amtsinhaber Schneider *(Abb. 3)* seine Fraktion zusammenzuhalten. Da *gemunkelt wurde, die Gemeinderatsmitglieder sollten hinunter geworfen werden*, wies er den loyalen Gemeindepolizisten Ludwig Zaucker an, im Nebenraum des Sitzungssaales bewaffnet bereitzustehen. Tatsächlich behauptete sich Schneider mit vier gegen drei NSDAP-Stimmen bei Enthaltung der drei Sozialdemokraten. *Für R[uckenbrod] war wohl einige Sympathie vorhanden, für Gilb aber überhaupt nicht*, schilderte der SPD-Rat August Götz die Ereignisse. Seine Fraktion hatte, *wenn es schon sein müßte, Ruckenbrod, nie aber Gilb wählen wolle[n]. Ein ähnlicher Widerstand scheint sich auch bei der Zentrums- oder BVP-Fraktion bemerkbar gemacht zu haben*. Dann *kam die SA geschlossen in den Saal. Als sie erkannten, dass Gilb und Ruckenbrod nicht zum Zuge kamen, wurden sie rebellisch. Sie standen in einem Halbkreis und trugen Uniformen, zum Teil nur Armbinden*. Von *Gilb zum lauten Protestieren aufgefordert*, drohten sie *uns Gemeinderatsmitgliedern mit Hinauswerfen aus Fenstern und Türen. Gilb spielte sich gleich als Hauptmacher auf. U. a. sagte er, dass jetzt aufgeräumt werden müsse in der Gemeinde. [...] Die SA umstellte die Tische. Ruckenbrod richtete sich in seiner ganzen Größe vor den Versammelten auf und, indem er beide Daumen in das Koppel klemmte, erklärte er:* »Die schwarze Saubande muß verschwinden«. Zaucker registrierte *eine erregte Stimmung* und betrat den Ratssaal. Der *SA-Mann Otto Götz rief plötzlich: SA greift an!* Zaucker brüllte zurück: *Den ersten, der angreift, schieße ich über den Haufen*, zog und entsicherte seine Pistole. *Daraufhin wurde es ruhig*, so der resolute Polizeidiener, *und die Leute verließen nach und nach den Saal. Ruckenbrod kam auf mich zu und sagte:* »Auch die Polizei verschwindet«, *worauf ich ihm zur Antwort gab,* »Du hast mir überhaupt nichts zu sagen«[40]. Die SA war in Hagen-

---

[38] LASp H 34/716. Der Rheinpfälzer, Nr. 98, 27.4.1933; vgl. DREIZEHNTER (wie Anm. 6), S. 563 f..

[39] LASp H 34/751, Gilb an Bezirksschulbehörde Germersheim, 28.3.1933; Kropp an die Bezirksschulbehörde Germersheim, 8.4.1933. Darin bestritt Kropp die Vorwürfe und warf Gilb *persönl[iche] Gehässigkeiten* vor.

[40] LASp R 18/21586 fol. 79, Gendarmeriestation Hagenbach an den Kreisuntersuchungsausschuss Germersheim, 22.10.1948, Zeugenaussage von August Götz; ebd., fol. 2, Säuberungsvorschlag des Kreisuntersuchungsausschusses gegen Ruckenbrod, 6.4.1949; LASp R 18/A 22143,

bach sehr scharf, urteilte der Zentrums-Gemeinderat Hermann Meyer. Ohne Zauckers Eingreifen *wäre sicher Blut geflossen*[41].

Zahlreiche Einwohner werteten den Vorfall als herben Fehlschlag der martialisch aufgetretenen Nationalsozialisten. Inzwischen resignierte Bürgermeister Schneider, ohne förmlich zurückzutreten[42]. Gleich am nächsten Vormittag setzte die um Rehabilitierung bemühte NSDAP ihre Kandidaten in einem rund zehnminütigen zweiten Anlauf durch: Ruckenbrod siegte gegen seinen Parteigenossen Otto Scherrer mit fünf gegen vier Stimmen. Beim Patt zwischen Gilb und Major a. D. Walther Herrmann um die Stellvertretung entschied das Los zugunsten des Lehrers[43]. Um einer neuerlichen Blamage vorzubeugen, hatten die NS-Zellenleitung und der eilig herbeigeholte NS-Kreisleiter Karl Guckert durch Druck und Lockung die Zustimmung fast aller Räte erwirkt. Zwei SPD-Räte durften einige dem Zentrum verweigerte Kommissionssitze besetzen und sich so für die Brüskierung bei der Kommissionsvergabe 1929/30 revanchieren. Der dritte SPD-Rat Götz, der die Wahlfarce als einziger boykottiert hatte, legte am 11. Mai sein Mandat nieder. Sechs Wochen später beendete das reichsweite SPD-Verbot die triste Existenz seiner Fraktionsgenossen als Marionetten der NS-Gemeindepolitik. Ende Juni 1933 schieden die vier katholisch-bürgerlichen Räte aus. Fortan waren die zehn nationalsozialistischen Ratsherren unter sich, drei hatten zuvor das Zentrum/BVP vertreten.

Vereinsgleichschaltung mit Kollateralschaden

Im Mai/Juni 1933 festigte die NSDAP ihre politische Macht auf gesellschaftlicher Ebene. Den Vereinsverboten und der Einführung spezieller NS-Formationen folgte nun die Gleichschaltung der Hagenbacher Vereine. Vorsitzende mussten entweder der NSDAP oder einer ihrer Organisationen angehören. Ausschüsse sollten mindestens hälftig aus Nationalsozialisten bestehen. Dank eilfertiger NS-Konvertiten wahrten die Vorstandschaften der meisten Vereine eine bemerkenswerte Kontinuität, vorab der am 30. Mai selbstgleichgeschaltete Kriegerverein, der Turn- und der Fußballverein, die Gesangvereine Eintracht und Liederkranz sowie der zur Nationalsozialistischen Kriegsopferversorgung (NSKOV) mutierte Reichsbund der Kriegsbeschädigten und Hinterbliebenen. Um die Gleichschaltungskriterien – falls überhaupt nötig – zu erfüllen, rochierte das Führungspersonal oder man kooptierte kurzerhand nationalsozialistische Vereinsmitglieder.

Am 15. Juni 1933 diktierten Ruckenbrod und Gilb der Generalversammlung des Musikvereins Rheingold ihre Gleichschaltungswünsche. Der Vereinsvorsitzende Gemeindesekretär Ludwig Friedmann und Schriftführer Major a. D. Herrmann sollten die Vor-

---

Sitzungsprotokoll des Kreisuntersuchungsausschusses, 22.2.1949, Zeugenaussagen von Ludwig Zaucker und August Götz.

[41] Ebd., fol. 48, Meyers Aussage vor dem Kreisuntersuchungsausschuss, 19.11.1948; ebd., fol. 62, Meyer an den Ermittler des Säuberungsverfahrens Weber, 9.3.1948; ebd., Notiz des Untersuchungsausschusses Germersheim-Speyer, März 1949.

[42] LASp H 34/716, Bürgermeisteramt Hagenbach an das Bezirksamt Germersheim, 6.5.1933.

[43] GAH, Mappe: Gemeinderat, Wahlen 1929–1935; Landauer Anzeiger, Nr. 102, 2.5.1933. Am 3. Mai 1933 bestätigte das Bezirksamt den neuen Bürgermeister samt Vertreter (LASp H 34/639).

standsämter tauschen, Gemeindeeinnehmer Wilhelm Schmitthenner den Rechner Hermann Scherrer ersetzen und das von acht auf sechs Mann verkleinerte Beisitzerkollegium drei Zugänge erhalten. Zum Eklat kam es, als Scherrer *erklärte, daß er Nationalsozialist (eingeschr*[iebenes] *Mitglied) sei u*[nd] *sich daher diese glatte Ausschaltung nicht gefallen lassen könnte*. Erbost fuhr ihn der 1929 aus dem Verein ausgeschlossene Gilb an: *Wenn Sie auf Ihrem Posten kleben, dann sind Sie ein Postenjäger*[44]. Den meisten Anwesenden erschien Gilbs Schelte als Ausdruck *blinder Gehässigkeit*. Nach einem hitzigen Wortwechsel zwischen den beiden Kontrahenten schlug Friedmann vermittelnd vor, einfach alles zu belassen. Davon wollten aber Ruckenbrod und Gilb nichts wissen und beharrten auf ihrer Forderung. Daraufhin *sprach niemand mehr ein Wort*. Laut den Vereinsannalen *herrschte Grabesstille*, bis Friedmann darlegte, dass der Verein *parteipolitisch stets auf völlig neutralem Boden gestanden und noch immer nationalen Einschlag gehabt habe*, dass er *heute rückhaltlos hinter der neuen Regierung stehe, sich klar zur nationalen Erhebung, zum neuen Deutschland bekenne*[45].

Zwei Tage später revidierte Ruckenbrod seine *infolge ungenügender und unrichtiger Information*[46] getroffene Entscheidung. Bis auf fünf aussortierte Beisitzer blieb die Vereinsspitze unverändert. Friedmann, der durch das Revirement verdrängt werden sollte, amtierte weiter – als Folge eines belächelten Faux-pas der Gleichschaltung, dessen Anstoß persönliche Rachegelüste waren. Erst im Januar 1934 gelang die Umbesetzung des Vorstands hin zu einer stärkeren NS-Repräsentanz[47]. Der einmal mehr benötigte zweite Versuch war wenig geeignet, das Ansehen von Zellenleitung und Partei zu heben.

Das Verschwinden der nichtkirchlich-katholischen Vereine dünnte die örtliche Vereinslandschaft aus. Diese stand Mitte der 1930er Jahre unter der Führung tonangebender Nationalsozialisten, meist bewährten Blockleitern.

Über Kreuz mit dem Ortsgeistlichen

Repräsentant der einzigen nicht gleichgeschalteten Institution in Hagenbach war der seit 1907 am Ort pastorierende katholische Geistliche Albin Mayer *(Abb. 4)*. Ungeachtet der im Reichskonkordat garantierten Rechte setzten die Nationalsozialisten alles daran, Mayers Einfluss zu beschneiden und die Kirche aus dem öffentlichen Leben zu verdrängen[48]. Katholische Vereinsaktivitäten, soweit es sich nicht um *rein kirchliche Veranstaltungen handelt*, waren bezirksamtlich untersagt. Weisungsgemäß suchte die Gemeindeverwaltung *mit aller Schärfe darüber zu wachen, dass die zugelassene Betätigung der religiösen berufsständischen und charitativen Verbände und Vereine nicht in eine politische Betätigung*

---

[44] LASp H 4/3338, Gendarmeriestation Hagenbach an das Bezirksamt Germersheim, 15.2.1934.
[45] Musikverein Rheingold, Protokollbuch 1921–1959 fol. 151 f., Generalversammlung 15.6.1933.
[46] Ebd., fol. 153, Vorstandssitzung 17.6.1933.
[47] Ebd., fol. 167, 169 f., 172, Generalversammlung 28.1.1934/Vorstandssitzung 16.2.1934.
[48] BayHStA MA 106676, Regierung der Pfalz, Kammer des Innern, an das bayer. Staatsministerium des Innern, 9.3.1938: Die Konfiskation des Eigentums der aufgelösten katholischen Verbände habe *in weiten Volkskreisen Empörung hervorgerufen*.

Abb. 4 *Innerlich ablehnend:*
Albin Mayer, bis Mai 1936
Pfarrer in Hagenbach

*ausartet*⁴⁹. Antiklerikale Motive und persönliche Animosität spielten beim Eliminieren des Vereinskatholizismus eine maßgebliche Rolle. Nun richteten sie sich gegen den Geistlichen.

Bürgermeister Ruckenbrod und Lehrer Gilb veranlassten den Gemeinderat am 10. Juni 1933, den jährlichen Pfarrbesoldungszuschuss von 250,20 Reichsmark und 24 Ster Scheitholz unverzüglich einzustellen: Da der Pfarrer vom Staat besoldet werde, sei der Zuschuss eine *Sonderbelastung*, die sich die arme Gemeinde *nicht mehr leisten kann*⁵⁰. Das von Mayer beantragte regierungsamtliche Schiedsverfahren ließ noch Ende 1934 auf

---

⁴⁹ GAH, Bezirksamt Germersheim an die Gemeindeverwaltung Hagenbach, 21.9./6.11.1933. Auf Anordnung der Behörde wurden am 11.12.1934 *sämtliche öffentliche Veranstaltungen und Kundgebungen kirchlich-konfessionellen Charakters verboten. Ausgenommen sind Veranstaltungen in der Kirche, althergebrachte Prozessionen und Wallfahrten, geschlossene Weihnachtsfeiern und Krippenspiele* sowie *nicht öffentliche Vereinsveranstaltungen* (ebd.).

⁵⁰ GAH, Ratsprotokoll-Band 1929–1935 fol. 203, Sitzung 10.6.1933; ebd. fol. 248, Sitzung 3.1.1934.

sich warten, zumal die der repressiven kirchenpolitischen Generallinie verpflichteten Behörden keine Eile hatten[51].

Ein Hauptschauplatz des Konflikts war die von den Nationalsozialisten umgestaltete Volksschule. Großformatige Hitler-Porträts in den Schulsälen[52], wirkungspsychologisch planvolle Indoktrination durch Lehrbücher und Wandbilder[53], kollektives Feiern mit Rundfunk-Übertragung[54], Schulsportfeste[55], das Singen des Deutschland- und des Horst-Wessel-Liedes, Sammel- und Werbeaktionen sowie das zentrale Ritual des »Deutschen Grußes«[56] befremdeten die unterrichtenden Ordensschwestern und den Priester. Vor allem aber betrieb die Schule nicht mehr vorrangig Wissensvermittlung und -aneignung, sondern *völkische Erziehung* in *rassische[r] Harmonie*[57] zur Formung von Volksgenossen[58].

Als eine der drei katholischen Schulschwestern Ende Mai 1933 aus Altersgründen ausschied, wollte der Gemeinderat die Parität im Lehrkörper zugunsten der männlichen Laien ändern. Er verlangte die Zusammenlegung der Knaben- und Mädchenklassen, die sofortige Kündigung der Verträge mit dem Schulschwesterninstitut und die Errichtung einer neuen Hilfslehrerstelle[59]. Am 29. August drängte der Rat die Pfalz-Regierung, die Vakanz durch Ernennung einer männlichen Lehrkraft zu beenden. Es sei *von größter Wichtigkeit, daß die Stelle mit einem nationalsozialistischen Beamten besetzt wird, da in unserem Grenzgebiet eine national gleichgültige Lehrperson, wie es Klosterfrauen sind, verheerend auf die Jugend wirken muß*[60].

Umgehend alarmierte Pfarrer Mayer das bischöfliche Ordinariat: *Hinter der ganzen Sache steckt niemand anders als der Lehrer und 2. Bürgermeister (richtiger 1. Bürgerm[eister]) Gilb*[61]. Lakonisch verwies die Kirchenbehörde auf die bestehende Rechtslage. Die

---

[51] ABSp, Pfarrfaszikel Hagenbach VIII.
[52] GAH, Ratsprotokoll-Band 1929–1935 fol. 192, Sitzung 28.5.1933.
[53] LASp H 34/1298. Am 16.9.1935 bestellte die Schulleitung Hagenbach beim Bezirksamt Germersheim eine Wandkarte mit dem Grenz- und Auslandsdeutschtum, im selben Monat die Zeitschrift des Deutschen Sprachvereins »Muttersprache«. Die Karte »Deutschlands Kolonien« wurde im Juni 1937 erworben.
[54] LASp H 34/1345, Schulleiter Hermann Eberle an die Bezirksschulbehörde Germersheim, 26.1.1935.
[55] LASp H 34/1295, bayer. Ministerium für Unterricht und Kultus, 13.5.1933: Sporttreffen für jeweils zwei bis vier Schulen sind *in vaterländischem Geiste zu halten*.
[56] LASp H 34/1297. Das bayer. Staatsministerium für Unterricht und Kultus ordnete am 27.9.1933 den »Deutschen Gruß« zu Beginn und am Ende der Schulstunde an. Die Grußpflicht galt auch für Schulhof und Schulwanderung.
[57] Landauer Anzeiger, Nr. 95, 24.4.1935 (*Rasseerkenntnisse in der Schule*).
[58] Vgl. H. J. APEL/M. KLÖCKER (Hgg.), Die Volksschule im NS-Staat. Nachdruck des Handbuches »Die deutsche Volksschule im Großdeutschen Reich. Handbuch der Gesetze, Verordnungen und Richtlinien für Erziehung und Unterricht in Volksschulen nebst den einschlägigen Bestimmungen über Hitler-Jugend und Nationalpolitische Erziehungsanstalten« von A. KLUGER, Breslau 1940, Köln u.a. 2000, S. XXXIXff.; H.-J. GAMM, Führung und Verführung. Pädagogik des Nationalsozialismus, München 1990.
[59] GAH, Ratsprotokoll-Band 1929–1935 fol. 192, Sitzung 28.5.1933; ebd. fol. 219, Sitzung 29.8.1933.
[60] LASp H 3/11716 fol. 338, Ruckenbrod an die Regierung der Pfalz, Kammer des Innern, 13.10.1933.
[61] ABSp Bona 28/10 (4), Pfarrer Albin Mayer an das bischöfliche Ordinariat Speyer, 5.9.1933.

Behauptung, *es seien in hiesiger Gemeinde die Schulschwestern unbeliebt oder hätten sich verhaßt gemacht*, bestritt der Ortsgeistliche vehement. *Daß der eine oder andere ihnen nicht wohlgesinnt ist, beweist nichts. Jeder Mensch hat seine Feinde*, und deren *Aussagen sind in das Reich der Verleumdung zu verweisen*[62]. Gegen die zum Oktober 1933 eingeführte Koedukation erhob das Ordinariat letztlich vergeblich organisationsrechtliche Einwände[63]. Der im Kern verteidigte Status quo ante hatte noch fast dreieinhalb Jahre Bestand, bis die Bekenntnisschule nach der Abstimmung am 20. März 1937 gauweit abgeschafft wurde[64].

Seit dem Spätsommer 1933 klagte SA-Führer und Schulleiter Gilb über die *Brutalität* des Seelsorgers im Religionsunterricht. *Dieser versuchte bisher mit allen Mitteln, sog[ar] mit Schlägen, das Gebet für den Reichskanzler, das lautet »Gott beschütze unsern Reichskanzler Adolf Hitler!« zu unterbinden. [...] Von den Lehrern wird den Kindern befohlen, mit dem Deutschen Gruss zu grüßen u[nd] für den Reichskanzler zu beten, u[nd] vom Religionslehrer werden sie dafür bestraft*, schimpfte Gilb und erbat Mayers baldige Pensionierung: *Im Dritten Reich ist für einen solchen Mann in Amt und Würden kein Platz mehr*[65]. Der dem Geistlichen zugetane Lehrer Hermann Eberle informierte seine vorgesetzte Behörde über Details: Die meisten Knaben benahmen *sich sehr ungezogen und frech* gegen den Pfarrer. *Alles wurde geduldet*, auch dass ihm *manche Schüler 5 bis 6mal hintereinander in herausfordernder Weise »Heil Hitler« zuriefen. Wurden sie nun von Pfarrer Mayer dafür abgestraft, dann beschwerten sie sich bei Hauptlehrer Gilb. Die Strafe war aber doch nicht des Grußes wegen erfolgt, sondern wegen der Art u[nd] Weise der Ausführung.* Viele Kinder glaubten, *sich in der Katechetenstunde alles erlauben zu dürfen. Wurden sie* dann *für ihre Ungezogenheit bestraft,* [so] *waren sie sicher, bei* Gilb, *dem sie aber doch nicht die Wahrheit sagten, eine Stütze zu finden. Das ganze Dorf weiß ja von der Feindschaft* zwischen den beiden[66].

Da der Pfarrer den Schülern weiterhin den Deutschen Gruß verweigerte, untersuchte Anfang 1934 ein Sonderbeauftragter des Bezirksamts Germersheim den Fall: Der Geistliche *konnte nicht in Abrede stellen, dass er den Deutschen Gruß fast nicht und dann nur widerwillig zur Anwendung bringt. [...] Man könne dies doch auch öfter vergessen*, wandte der Priester augenzwinkernd ein, *gab aber gleichzeitig zu, dass er den Deutschen Gruß höchstens gebrauche, wenn er selbst mit diesem gegrüßt werde. Er meinte wörtlich: »Er könne doch nicht heucheln!«* Für den Beauftragten bestand *kein Zweifel, dass Pfarrer Ma-*

---

[62] LASp H 3/11716 fol. 334, bischöfliches Ordinariat Speyer an die Regierung der Pfalz, Kammer des Innern, 7.9.1933; ebd. fol. 335, Pfarrer Albin Mayer an die Regierung der Pfalz, Kammer des Innern, 16.9.1933.
[63] Ebd., fol. 337–340, Korrespondenz des bischöflichen Ordinariats und der Regierung der Pfalz, 5.12.1933–17.1.1934.
[64] Von den 251 Hagenbacher Erziehungsberechtigten stimmten 204 ab. 190 (93 Prozent) votierten für die Gemeinschaftsschule der Nationalsozialisten, vgl. K. H. DEBUS, Kreuz gegen Hakenkreuz. Kirchen in der Pfalz im Alltag, in: NESTLER/ZIEGLER (wie Anm. 2), S. 273–292, hier: S. 280.
[65] LASp H 34/1632, Rektor Gilb an die Regierung der Pfalz, Kammer des Innern, 19.10.1933.
[66] Ebd., Lehrer Eberle an die Bezirksschulbehörde Germersheim, 15.11.1933.

yer dem nationalsozialistischen Staat innerlich ablehnend gegenübersteht und aus dieser Gesinnung auch kein Hehl macht. Darum wurde dieser *ernstlich verwarnt*[67].

Zwei Wochen später folgte die Retoure: Kirche und Pfarrhaus blieben am »Heldengedenktag« unbeflaggt. Bürgermeister Ruckenbrod warf Mayer vor, *wiederholt nicht oder nur mangelhaft beflaggt* zu haben. Zwar hätte ihm der Pfarrer bereits gesagt, *noch keine Gelegenheit gehabt* zu haben, *eine schwarz-weiss-rote Fahne anzuschaffen*. Inzwischen wäre das aber *doch sicher möglich gewesen*. Als *Bezieher von Staatsgehalt* müsse er *hier mit gutem Beispiel vorangehen. Ihr Verhalten*, rüffelte Ruckenbrod, *finde ich recht sonderbar*. Frostig erwiderte der Seelsorger: *Eine schwarz-weiss-rote Fahne kaufe ich mir nicht, denn ich bin Bayer. In Zukunft werde ich halt die weiss-blaue Fahne heraushängen. Vom Staat beziehe ich keinen Gehalt.*

Durch Mayers *Verhalten*, tadelte die Gendarmerie, *werden gläubige Katholiken immer wieder in Gewissenskonflikte gebracht und wird dadurch die politische Einheit der Bevölkerung gefährdet. Er ist eine äußerst starrköpfige Person, [...] die nie und nimmer gewillt ist, sich dem neuen Staat einzugliedern und diesem zu dienen*[68]. Auch das Bezirksamt hielt seinen Verbleib in Hagenbach für *untragbar* und empfahl der Politischen Polizei entsprechende Schritte beim Ordinariat. Solche seien insbesondere deshalb notwendig, *weil die Verantwortung, dass Pfarrer Mayer bei seiner unverhohlenen Einstellung gegen den nationalsozialistischen Staat auch einmal Gegenstand tätlicher Angriffe werden könnte, nicht ohne weiteres übernommen werden kann*[69].

Physische Sicherheit bekümmerte den Priester nicht allzu sehr. Er leistet *fortgesetzt »passiven« Widerstand*, protokollierten die Gendarmen: *Kein Wort der Anerkennung usw. für den neuen Staat*, dafür umso mehr *von den Rechten der Kirche. Dabei ist er aber derart vorsichtig, dass er nicht gefasst werden kann*. Am »Heldengedenktag« sei Mayer *mit keinem Wort auf die Gefallenenehrung zu sprechen gekommen. Dagegen hat er in der Kirche schon wiederholt für katholische Zeitungen geworben* und gesagt: *In jedes katholische Haus gehört eine katholische Zeitung. Er ist auch wiederholt angegangen worden, beim WHW* [NS-Winterhilfswerk] *in den* [Orts-]*Ausschuss einzutreten, wie dies von der Gauleitung gewünscht war. Dies hat er jedoch abgelehnt.* Für NS-Sammlungen spende er kaum[70].

Mithilfe *mündlicher, an ihn persönlich herangetragener Äußerungen* ging der Bezirksamtmann im Juli 1934 dem Vorwurf nach, der Pfarrer überschreite im Unterricht die Grenzen des großzügig gehandhabten Züchtigungsrechts. Die Recherchen ergaben indes kein schlüssiges Bild, das Sanktionen rechtfertigte. Zudem unterstand Mayer der kirchlichen Dienstaufsicht[71]. Danach wurde es ruhig um den erkrankten Geistlichen, der im Mai 1936 verstarb.

---

[67] LASp H 3/9969 fol. 14, Bericht des Bezirksamts Germersheim, 12.2.1934.
[68] Ebd., fol. 15, Gendarmeriestation Hagenbach an das Bezirksamt Germersheim, 26.2.1934.
[69] Ebd., fol. 13, Bezirksamt Germersheim an die bayer. Politische Polizei und die Regierung der Pfalz, Kammer des Innern, 27.2.1934.
[70] Ebd., fol. 17, Gendarmeriestation Hagenbach an das Bezirksamt Germersheim, 3.5.1934.
[71] Ebd., fol. 8 ff., Bezirksamt Germersheim an die Regierung der Pfalz, Kammer des Innern, 23.7.1934.

Misslungene Säuberung: Der Gemeindesekretär bleibt im Amt

Desolate Gemeindefinanzen und die wenigen Stellen in der Kommunalverwaltung verhinderten eine forcierte NS-Protektionspolitik im öffentlichen Dienst. Freie Hand besaßen die Nationalsozialisten allein beim Ersetzen ausgeschiedener Beschäftigter. Etwa im Falle des als *Schädling an der nationalen Erhebung* und wegen *dauernder Sabotage* am 24. Mai 1933 fristlos entlassenen Gemeindepolizisten Ludwig Zaucker. Er hatte bei der vorgezogenen Bürgermeisterwahl am 27. April 1933 den Angriff der SA mit gezückter Waffe abgewehrt[72]. Aus haushälterischen Erwägungen drückten die neuen Machthaber die Gehälter der Bediensteten auf ein monatliches Fixum zwischen 100 und 75 Reichsmark[73].

Mit dem beamteten Gemeindesekretär Friedmann nahmen Ruckenbrod und Gilb den letzten exponierten Vertreter der ihnen verhassten »System-Zeit« ins Visier. Um ihm ein Versetzungsgesuch abzupressen, senkten sie sein Ende Mai 1933 um 100 Reichsmark reduziertes Monatssalär[74] Mitte Juli erneut, und zwar auf 46 Prozent der ursprünglichen Summe. Dagegen klagte der Sekretär bei der Bezirksaufsicht: Das Bürgermeisteramt handle *unsachlich*, da Hagenbachs Haushaltsentwurf ausgeglichen und sein Gehalt schon im Februar 1932 durch eine Notverordnungs-Sparmaßnahme angemessen verringert worden sei.

Gestützt auf das einhellige Ratsvotum verlangte Ruckenbrod abermals die Zurückstufung der Bezüge gemäß den Gau-Richtlinien vom 29. Juni 1933. Sein Vorschlag werde im Übrigen vom Ortsgruppenleiter und dem kommunalpolitischen Gau-Fachberater befürwortet. Friedmann verschanze sich hinter den Beamtengesetzen, grollte der Bürgermeister: *Wie sollte man auch so etwas rechtfertigen vor den Volksgenossen, die von ihren Hungerpfennigen (7–17* Reichsmark *pro Woche) so fleißig für die V[olks-]S[ozialistische Selbsthilfe] und Winterhilfe gezeichnet haben*[75]? Aus seiner Sicht endete das Verfahren unbefriedigend: Im Februar 1934 begnügte sich die Behörde mit einer minimalen Gehaltsminderung und bestätigte Friedmanns Position im Wesentlichen[76].

Des Weiteren beschuldigte Bürgermeister Ruckenbrod den Sekretär, eine Zusammenarbeit *unmöglich*[77] gemacht und sein Vertrauen missbraucht zu haben: *Von allem, was auf dem Bürgermeisteramt vorgeht, unterrichtet er nachweislich alle jene Personen, die der neuen Gemeindeverwaltung in keiner Weise geneigt sind*, insbesondere die beiden früheren Bürgermeister und den Polizeidiener. Sie *sabotieren bewusst fortgesetzt die Arbeit der neuen Verwaltung. Weil sich Friedmann von diesen Personen nicht lossagen kann, muss ich auf dessen Versetzung bestehen*[78]. Dieser bestritt die Vorwürfe und betonte seinen Willen zur Kooperation, zumal er mit dem derzeitigen Bürgermeister einst *in bester freundschaftli-*

---

[72] GAH, Ratsprotokoll-Band 1929–1935 fol. 191, Sitzung 28.5.1933; Zauckers Einspruch wurde abgewiesen, ebd. fol. 207 f., Sitzung 4.8.1933.
[73] LASp H 34/2435; GAH, Ratsprotokoll-Band 1929–1935 fol. 190, Sitzung 13.5.1933.
[74] Ebd., fol. 190, Sitzung 13.5.1933.
[75] Ebd., fol. 236, Sitzung 19.10.1933.
[76] LASp H 34/2435.
[77] LASp H 34/309, NSDAP-Zelle/Bürgermeisteramt Hagenbach an das Bezirksamt Germersheim, 22.8.1933.
[78] Ebd., Protokoll der Gendarmeriestation Hagenbach, 7.9.1933.

cher Beziehung lebte. Jedoch gehe *ein böser Geist um, in dessen Einfluss die anderen Herren stehen.* Damit meine er *Gilb, der für frühere persönliche gegenseitige Reibereien scheinbar Rache üben will*[79].

Seit dem 4. August 1933 war Friedmann vom Protokollieren der Gemeinderatssitzungen entbunden worden. Ferner erklärte man ihn als Vorsitzenden des Musikvereins verantwortlich für ein Geschenk von zehn Reichsmark, das der Musiker und KPD-Ortszellenleiter Ludwig Wayand nach dreiwöchiger »Schutzhaft« Ende März 1933 aus der Vereinskasse erhalten hatte. Derartigen Zweifeln an seiner politischen Zuverlässigkeit begegnete Friedmann entschieden. *Meine Gesinnung,* schrieb er dem Bezirksamt, *ist von jeher national gewesen*[80]. Selbst die aufmerksamen Gendarmen konnten nichts entdecken, das ausschließlich ihn belastete: Die Schenkung hätten im Vorstand auch der NS-affine Major a. D. Herrmann und das NSDAP-Mitglied Hermann Scherrer gebilligt. Der Verein habe *die politischen Geschehnisse außer acht gelassen*, kritisierten die Polizisten. Folglich sei die Schenkung *auf politische Unreife, spießbürgerliche Gleichgültigkeit und Gefühlsduselei zurückzuführen. Dass* dadurch *indirekt gegen die nationale Regierung gearbeitet werden wollte, ist nicht anzunehmen*[81].

Ende Oktober signalisierte Ruckenbrod Entspannung und räumte ein: Friedmann habe *sich gebessert.* Er gebe sich *willig und untergeordnet.* Wenn es so weitergehe, habe er an dessen Versetzung *kein Interesse* mehr[82].

Einig im Gegeneinander: Die Kabalen der Partei- und Volksgenossen

Ruckenbrods Einlenken zeigte die problematisch gewordenen Beziehungen zu seinem Stellvertreter Gilb und die durch diesen verursachten Turbulenzen. Sie erschütterten und spalteten Hagenbachs NSDAP seit dem Sommer 1933. Konfliktverschärfend wirkte der Unmut vieler Parteigenossen über die ausgebliebenen sozialen Verbesserungen[83].

Nach den Erhebungen der Regierung der Pfalz war der Rektor, zweite Bürgermeister und SA-Sturmführer Gilb bis Frühjahr 1934 *stark dem Trunke ergeben,* woraus inner- wie außerdienstliche *Verfehlungen* resultierten[84]. Wenig Vorteilhaftes berichtete Mitte Februar 1934 auch der auf Geheiß der Bezirksaufsicht ermittelnde Gendarm Georg Scheuer-

---

[79] Ebd., Ludwig Friedmann an das Bezirksamt Germersheim (durch Gendarmeriestation Hagenbach), 3.10.1933.
[80] Ebd.
[81] Musikverein Rheingold, Protokollbuch 1921–1959 fol. 139, Vorstandssitzung 30.3.1933.
[82] LASp H 34/309, Gendarmeriestation Hagenbach an das Bezirksamt Germersheim, 27.10.1933. 1936/38 wurde Friedmann des Meineids, der Passfälschung und des Gummischmuggels nach dem Ersten Weltkrieg beschuldigt und in mehrere Gerichtsverfahren verwickelt (Pfälzer Anzeiger, Nr. 285, 9.12.1937, *Schöffengericht Landau: Es ist nichts so fein gesponnen ...*). Darunter litten seine Gesundheit und berufliche Reputation, so dass er im Sommer 1940 seiner vom Ortsgruppenleiter/Bürgermeister Wahl angestrengten Pensionierung zustimmte.
[83] Vgl. OLSCHWESKI (wie Anm. 33), S. 68 f.; LASp R 18/9434, August Götz, Anfang Januar 1949: Beitritte erfolgten, *indem ein großer Nazi – Lehrer Gilb – den Arbeitslosen versprochen hatte: Sie* [be]*kämen sofort Arbeit.*
[84] LASp H 4/3338, Regierung der Pfalz an das bayer. Staatsministerium für Unterricht und Kultus, 20.1.1934.

lein[85]: Angetrunken entwickle Gilb *ein krankhaftes Geltungsbedürfnis* und werde *dann regelmässig anmassend, beleidigend und herausfordernd*. Widerspruch könne er *nicht vertragen. Wenn er nicht einzig und allein tonangebend sein darf, dann stänkert er. [...] Von Verwaltungssachen versteht er scheinbar gar nichts, und bei allem, was er als II. B*[ür]*g*[er]*m*[eister] *unternommen hat, hat er stets gründlich daneben gehauen*. Bürgermeister Ruckenbrod und NS-Ortspropagandist Zobel hatten mit dem Lehrer *wiederholt Auseinandersetzungen, weil er zu einzelnen Fragen einen Standpunkt einnimmt, der praktisch nicht verwirklicht werden kann und der oftmals auf persönliche Gehässigkeit zurückzuführen ist*. Er nehme *es mit der Wahrheit und mit der Ehre seiner Nebenmenschen nicht genau*, habe seine Stellung *zu Schikanen missbraucht* und übe *kleinliche Rache*, wolle zudem *absoluter Herrscher in der Ortschaft sein*.

Wütend über Scheuerleins Bericht verschärfte Gilb die Gangart. Mehrfach versuchte er als zweiter Bürgermeister *in Angelegenheiten der Gendarmerie hineinzureden*. Er *schreckte sogar vor persönlichen Verunglimpfungen und Beleidigungen gegenüber dem ihm verhassten Beamten nicht zurück*, stellte die Pfalz-Regierung fest[86]. Zusätzlich wiegelte Gilb die SA-Unterführer *gegen die Gendarmerie und besonders gegen Hauptwachtmeister Scheuerlein auf* [...], *indem er ihnen empfahl, in der ganzen SA bekannt zu geben, daß sich in Zukunft kein SA-Mann von einem Gendarmen vernehmen lassen dürfe, es sei denn, daß der Sturmführer* [Gilb] *dabei sei. Scheuerlein hieß er einen Schuft. [...] Von einem Strafantrag wegen Beamtenbeleidigung* habe das Gendarmeriekommando *lediglich aus Rücksicht auf höhere Staatsinteressen* abgesehen. Schließlich habe der Lehrer *in seiner Eigenschaft als SA-Sturmführer* Unterschriften gesammelt, um Scheuerlein *in der öffentlichen Meinung als national unzuverlässig* zu diskreditieren, weil jener angeblich den Deutschen Gruß unterlassen habe.

Am »Enfant terrible« Gilb schieden sich die Geister. Er blieb *umstritten*, galt seinen Gegnern als *Blender* und *politischer Konjunkturritter*[87], ein binnen zwölf Jahren von links nach rechts durch die Parteienszenerie gewanderter Opportunist, der nun in fanatischer Linientreue überkompensiere. Der Lehrer werde *von der Bevölkerung nicht geachtet, aber umso mehr gefürchtet*, resümierte der Gendarm im Februar 1934. Nahezu die ganze Ortschaft habe vor ihm Angst[88]. Sein Einfluss *scheint ein sehr grosser zu sein*, bestätigte das Bezirksamt sechs Monate später. *Niemand will mit ihm in Schwierigkeiten kommen. Die Beurteilung wird außerdem noch dadurch erschwert, daß die einzigen Zeugen, die wirklich unumwunden aussagen, nämlich Bürgermeister Ruckenbrod und Hauptwachtmeister Scheuerlein, mit Gilb auf sehr gespanntem Fuß leben*[89].

Zunächst schien das machtpolitisch motivierte Zusammenspiel des »Alten Kämpfers« Ruckenbrod und des »Neuen Kämpfers« Gilb »im Interesse des Funktionierens

---

[85] Ebd., Gendarmeriestation Hagenbach an das Bezirksamt Germersheim, 15.2.1934. Nach Erhalt des 18-seitigen Berichts hatte die Bezirksschulbehörde zunächst abgewartet, am 23.6.1934 aber die Initiative ergriffen.
[86] Ebd., Regierung der Pfalz an das bayer. Staatsministerium für Unterricht und Kultus, 20.1.1934.
[87] Ebd., Gendarmeriestation Hagenbach an das Bezirksamt Germersheim, 15.2.1934.
[88] Ebd.
[89] Ebd., Bezirksamt Germersheim an die Regierung der Pfalz, Kammer des Innern, 22.8.1934, Protokollanhang mit Zeugenaussagen, 23./28.7., 2.8.1934.

eines an allen Ecken und Enden verschlampten Partei-Betriebes«[90] zu gelingen. In Hagenbach, führte der Bürgermeister aus, gab es vor dem 30. Januar 1933 kaum Nationalsozialisten. Propagandist Zobel und er entschlossen sich deshalb, den Lehrer *in die Bewegung hereinzunehmen. Nach dem 5.3.[19]33 hat sich Gilb förmlich angeboten, mit uns zu arbeiten. Wir kamen zu der Ansicht, dass wir mit Gilb die ganze Schule erobern könnten. Dies ist uns auch geglückt*[91].

Ungezügelte Ambitionen sowie der Dissens über Ziele und Methoden unterhöhlten alsbald ihr Zweckbündnis. Bereits im Juni/Juli 1933 hörte man, *dass R[uckenbrod] und G[ilb] nicht mehr zusammen harmonieren würden*, erinnerte sich SPD-Gemeinderat August Götz nach Kriegsende. *Der eigentlich Regierende hier [war] Gilb, während R[uckenbrod] nur das ausführende Organ war. Der Streit zwischen den beiden entstand dadurch, dass R[uckenbrod] die Bevölkerung viel schärfer anpacken sollte, was er aber nicht tat und sich oft dagegen stemmte. Es kam deshalb zu Disputen [...], die allmählich den Charakter einer offenen Feindschaft annahmen*[92]. Rückblickend schrieben die um Entlastung bemühten Einheimischen Gilb mephistophelische Züge zu, stempelten ihn zum *bösen Geist*, zum *Scharfmacher* und *Drahtzieher*, zum Haupt- oder gar Alleinverantwortlichen der NS-Exzesse 1933/34. Befragungen der Denazifizierungsbehörde korrigierten dieses Bild: Ruckenbrod war *nicht der Mann, der sich ständig mißbrauchen, treiben und dreinreden läßt. Er hat sein Amt und seine Verantwortung [...], vor allem seinen eigenen Kopf und seine eigene Meinung. Außerdem ist er nicht der Radikalist wie Gilb. Er billigt nicht alles, was dieser tut. Er ist weit davon entfernt, alles so zu machen, wie Gilb es für nötig und recht hält. So ist es unvermeidlich, daß bald Meinungsverschiedenheiten, Reibungen, Unstimmigkeiten zwischen beiden entstehen. [...] Es kommt zum Krach. Ruckenbrod steht auf dem Standpunkt, daß man es nicht zu toll treiben dürfe, daß man sozusagen die Kirche im Dorf lassen müsse, und gibt Gilb zu verstehen, daß er nicht wie dieser nur nach Hagenbach versetzt, sondern dort geboren sei, wohne, sein Geschäft habe und daß er auch weiterhin unter den Hagenbachern leben wolle*[93].

Mit dem Grabenkrieg der beiden NS-Galionsfiguren und ihren taktisch kalkulierenden Seilschaften war für den Bürgermeister das Tischtuch zerschnitten: *Es ist uns vollkommen unmöglich, mit Gilb auskommen zu können*. Er bitte um dessen Versetzung, teilte er Scheuerlein im Februar 1934 mit. Beispielsweise sei es am 1. Oktober 1933 auf der Hindenburg-Geburtstagsfeier im Parteilokal »Schwanen« zu heftigem Streit gekommen, weil sich Gilb weigerte, einen betrunkenen SA-Mann zur Ordnung zu rufen. *Für Nationalsozialisten und Freunde der Bewegung war dies eine peinliche Situation*, schimpfte Ruckenbrod. *Die Gegner der NSDAP freuten und ergötzten sich darüber*. Dafür trage Gilb die alleinige Schuld, genauso wie für die *Massendurchsuchung von Marxisten-Wohnungen*

---

[90] M. H. KATER, Sozialer Wandel in der NSDAP im Zuge der nationalsozialistischen Machtergreifung, in: W. SCHIEDER (Hg.), Faschismus als soziale Bewegung, Göttingen 21983, S. 25–67, hier: S. 41. Vgl. auch M. MOLL, Der Sturz Alter Kämpfer. Ein neuer Zugang zur Herrschaftsanalyse des NS-Regimes, in: Historische Mitteilungen der Ranke-Gesellschaft 5 (1992), S. 1–52.

[91] LASp H 4/3338, Gendarmeriestation Hagenbach an das Bezirksamt Germersheim, 15.2.1934.

[92] LASp R 18/21586, Gendarmeriestation Hagenbach, Beisel, an den Kreisuntersuchungsausschuss Germersheim, 9.7.1948, Zeugenaussagen von August Götz und Ludwig Zaucker.

[93] Ebd. fol. 6, 9, Säuberungsvorschlag des Kreisuntersuchungsausschusses Germersheim, 6.4.1949.

in Hagenbach im Oktober 1933. Diese begründete er [Gilb] *damit, dass in Hagenbach das Gerücht umgehe, über Winter würde die NSDAP zusammenbrechen. Das Ergebnis war mager,* die Aktion hatte aber *eine ungeheuere Erregung* verursacht. Auf Gilbs Liste standen Leute, *bei denen nach Ansicht der Gendarmerie eine Durchsuchung wirklich vollkommen unnötig war. Die Bevölkerung wurde damals so richtig scheu. Alles machte seinerzeit die Faust im Sack.* Gilbs *Hausdurchsuchungen und die fortgesetzten Beleidigungen* früherer Anhänger *von schwarz und rot* hatten die Einwohner *stark verärgert* und gezeigt, *dass auch die SA-Leute nicht mit Freude und Ueberzeugung ihren Dienst machen, sondern auch mehr aus Furcht und Angst*[94].

Im Anschluss an Scheuerleins Bericht vom Februar 1934 eröffnete das Bezirksamt ein Dienststrafverfahren gegen Gilb, das die Schulbehörde aber monatelang halbherzig betrieb. Erst am 27. Juli, in stark zugespitzter Situation, überprüfte man sein Dienstverhalten eingehender. Acht Tage zuvor hatte die aus SA-Standartenführer und Gauinspektor Otto Angerer, Bezirksamtmann Stumm und Schulrat Oskar Mohr bestehende Germersheimer Untersuchungskommission den Lehrer und einige Zeugen vernommen. Ihre Themenschwerpunkte waren *a. Trunkenheit; b. Unzuverlässigkeit in politischer und menschlicher Hinsicht – Lügenhaftigkeit; c. Einmischung in alle möglichen Dinge, Unverträglichkeit, Stänkereien*[95]. Erneut bestritt beziehungsweise verharmloste der Beschuldigte die Vorwürfe, ohne dabei zu überzeugen. So behauptete er, *einem guten Tropfen nicht abgeneigt,* allerdings *selten betrunken* zu sein.

Entrüstet kritisierte er die fortlaufenden Recherchen und die *abfälligen Bemerkungen* des Gendarmen. Gilb wähnte sich als Opfer einer lange geplanten Verschwörung: *Scheuerlein, Zobel und Ruckenbrod sitzen schon seit Monaten fast täglich beisammen und hecken Pläne gegen mich aus. Das ganze Dorf spricht von diesen Zusammenkünften*[96]. Er aber werde, *bevor er von hier weggehe, Hagenbach noch bereinigen.* Dem Bauernführer Emil Meyerer drohte er vollmundig: *Auch Sie werden abgesetzt*[97]. Gilbs Auffassung, *daß die ärmere Bevölkerung – Arbeiter und Bauersleute – auch soweit sie nicht in der SA sind, hinter mir stehen,* war überzogen, doch nicht falsch. 13 partei- und SA-nahe Bürger petitionierten am 4. September 1934 zu seinen Gunsten an die Regierung der Pfalz, nachdem Ende August erste Versetzungsgerüchte kursierten: *Nicht die Autorität des Lehrers Gilb ist untergraben, sondern die Autorität derjenigen, die ihn mit Schmutz bewerfen. Das ganze Dorf verurteilt die Machenschaften einzelner gewissenloser Hetzer und wünscht, dass Lehrer Gilb im Ort bleibt*[98]. Der war jedoch kaum mehr zu halten, obwohl Ruckenbrod noch Mitte Oktober argwöhnte, sein Widersacher beabsichtige *über die Partei und die SA-Füh-*

---

[94] LASp H 4/3338, Gendarmeriestation Hagenbach an das Bezirksamt Germersheim, 15.2.1934.
[95] Ebd., Bezirksamt Germersheim an die Regierung der Pfalz, Kammer des Innern, 22.8.1934, hier: Protokollanhang mit Zeugenaussagen, 23.7.1934.
[96] Ebd., Gilb an die Kreisschulbehörde Germersheim, 26.7.1934.
[97] LASp H 34/751, Ruckenbrod an das bayer. Staatsministerium des Innern (durch Bezirksamt Germersheim), 13.10.1934.
[98] LASp H 4/3338. 13 Personen unterzeichneten die Petition an die Regierung der Pfalz, Kammer des Innern, 4.9.1934, überreicht in Speyer am 6.9.1934. Am 11.5.1946 versuchten sieben ehemalige NSDAP-Mitglieder Ruckenbrod politisch zu entlasten. Einer hatte 1934 Gilb unterstützt. Die Übrigen waren Ruckenbrod-Anhänger (LASp R 18/21586).

rung die [Versetzungs-]*Massnahmen der Regierung* [zu] *durchkreuzen*[99]. Seinen Versuch, den Antipoden ab Juli 1934 durch Nichteinladung von den Ratssitzungen auszuschließen, untersagte das Bezirksamt, das von einem der Mitunterzeichner der Pro-Gilb-Petition, dem Gemeinderats-Obmann Otto Scherrer, hierüber befragt worden war: Solange keine ordnungsgemäße Amtsenthebung oder Suspendierung vorliege, müsse Gilb *zu den Gemeinderatssitzungen eingeladen werden, wenn anders nicht die Rechtsgültigkeit der Beschlüsse in Frage gestellt werden soll*[100].

Der Oktober 1934 brachte Bewegung in die festgefahrene Front zwischen den verfeindeten, parteifunktional gleichwohl verklammerten Kohorten. Infolge geballter *Mißstimmung* war Gilb nahegelegt worden, *ein allgemein gehaltenes Versetzungsgesuch einzureichen*. Der Lehrer hatte das Gebot der Stunde rechtzeitig erkannt und kooperierte mit der NS-Kreisleitung, indem er seine politischen Ambitionen in Hagenbach der beruflichen Karriere unterordnete. Am 15. Oktober wurde er zum Monatsende nach Pirmasens versetzt, da sein Verbleib in Hagenbach bis zum Abschluss des Disziplinarverfahrens *nicht mehr angängig erschien*. Angelastet wurde ihm die Einmischung *in Angelegenheiten der Gendarmerie, die ihn nichts angingen*, ferner Handlungen und Äußerungen gegen Gendarm Scheuerlein aus persönlicher Feindschaft, die dessen *amtliche Tätigkeit* beeinträchtigt und das Ansehen der Polizei beschädigt hatten. Letzteres sei *umso mehr zu verurteilen, als der Hauptlehrer* kraft Amtes *verpflichtet ist, durch Vorbild und Belehrung die ihm anvertrauten Kinder zum Gehorsam gegenüber den Anordnungen des Staates und seiner Beamten anzuhalten*. Er habe *als nat[ional]soz[ialistischer] Bürgermeister und Sturmführer der SA die erhöhte Verpflichtung* getragen, *auf ein gedeihliches Zusammenwirken zwischen den Behörden des Staates, der Gemeinde und der Partei hinzuwirken und alles zu unterlassen, was irgendwie die Ordnung und den Frieden in Hagenbach stören konnte*[101].

Auf Gilb und den Ende September von der Zellenleitung entbundenen Bürgermeister Ruckenbrod wartete inzwischen ein Verfahren vor dem NSDAP-Kreisgericht. Diese Straf- und Ordnungsinstanz sollte die Einhaltung des NS-Verhaltenskodex, des *Pflichtenkreises* der Parteigenossen, *über das allgemeine staatsbürgerliche Maß hinaus* garantieren[102]. Sie entschied über das politische und berufliche Schicksal der beiden Antagonisten, während der Verwaltung die ressortgerechte Zuarbeit und die Exekutivmaßnahmen im Rahmen der Staatsaufsicht oblagen. Vor der Verhandlung signalisierten Kreisleiter Guckert und der für innerparteiliche Differenzen zuständige Gauinspektor Angerer, dass *sich die gegen Gilb erhobenen Vorwürfe nicht in vollem Umfang u[nd] nachweislich aufrechterhalten* ließen. *Zur Befriedung in Hagenbach* sei neben dessen Versetzung aber *auch*

---

[99] LASp H 34/751, Ruckenbrod an das bayer. Staatsministerium des Innern (durch Bezirksamt Germersheim), 13.10.1934.

[100] Ebd., NSDAP-Fraktionsführer Otto Scherrer an das Bezirksamt Germersheim, 9.7.1934; Bezirksamt Germersheim an das Bürgermeisteramt Hagenbach, 29.8.1934.

[101] LASp H 4/3338, Regierung der Pfalz an das bayer. Staatsministerium für Unterricht und Kultus, 20.1.1935. Dem Rapport zufolge hatte Gilb außerdem seine Pflichten *gröblich verletzt*, das Ansehen des Lehrerstandes untergraben, die Stellung der Gendarmerie beschädigt und deren Tätigkeit erschwert. Die Regierung erteilte ihm im Januar 1935 einen Verweis. Zusätzlich erhielt er am 27.4.1935 eine Geldstrafe in Höhe von 180 Reichsmark.

[102] Organisationshandbuch der NSDAP, hrsg. v. Reichsorganisationsleiter der NSDAP, München 1938, S. 341–356.

ein Rücktritt Ruckenbrods als 1. Bürgermeister unerläßlich. Dieser habe die Weisung der Partei, mit Gilb zu kooperieren, missachtet, ihn *öffentlich einen Charakterlumpen genannt* und massiv gegen die Parteidisziplin verstoßen[103]. Zweifellos favorisierten Gau und Kreis eine alle Beteiligten sanktionierende »Tabula rasa«-Lösung. Vom Sieg einer Seite erwarteten sie keine Besserung der desolaten Verhältnisse.

Zur Rettung seines Status wandte sich Ruckenbrod am 13. Oktober 1934 an das bayerische Innenministerium. Da der Dienstweg nach München über das Bezirksamt Germersheim führte, lag der Wortlaut des Briefes prompt der pfälzischen NSDAP-Gauleitung in Neustadt/Weinstraße vor. Die sah ihr Bemühen um eine geräuschlose interne Lösung konterkariert und betrachtete die Bitte des Schreibers, *die Angelegenheit sobald als möglich untersuchen zu lassen*, als Affront.

Vor Minister Adolf Wagner stilisierte sich Ruckenbrod als loyaler, pflichtbewusster Nationalsozialist. Wegen des unverschuldeten Konflikts mit Gilb drohe ihm die Amtsenthebung, weil er sich *nicht mit ihm versöhne.* [...] *Eine solche ungerechte Behandlung* wolle er *nicht ohne weiteres* hinnehmen, zumal ihm sein Bürgermeisteramt *ausserordentliche Arbeit* aufbürde, die er *nur unter grossen Opfern* leisten könne. Gilb wurde dagegen als »bête noire« gezeichnet: Er verdanke die Ernennung zum SA-Führer und Bürgermeistervertreter allein seinen *grosse[n] Fähigkeiten zu heucheln – obwohl er unserer Bewegung bis zuletzt fernstand*, früher sogar der SPD und den katholischen Parteien angehört habe. *Bald musste ich* [Ruckenbrod] *feststellen, dass Gilb durch seine Stellung persönliche Gehässigkeiten auszutragen suchte, dass er mit Lügen umging und gegen meine Person, obwohl noch gut befreundet, stänkerte. Bei besonderen Gelegenheiten betrinkt er sich wiederholt und rühmt sich in öffentlichen Lokalen seiner politischen Macht.* [...] *Ich habe anfangs über Verschiedenes hinweggesehen und ihm immer wieder mein Vertrauen geschenkt. Endlich war das Mass voll. Ich musste ihm die Freundschaft kündigen*, da *seine Hetze gegen die P*[olitische] *O*[rganisation: die NSDAP] *sich immer* [mehr] *steigerte und ich auch durch seine vorbereitete Maßnahmen die Ueberzeugung gewonnen habe, dass er am 30. Juni* [1934] *hier auch putschen wollte.*

Indem er seinen Intimfeind als Unterstützer des ermordeten SA-Kommandeurs und angeblichen Putschisten Ernst Röhm brandmarkte, die örtliche Konkurrenz also mit dem Machtkampf im Reich verknüpfte, glaubte Ruckenbrod, Gilbs Position entscheidend schwächen zu können. Tatsächlich verkannte er, dass die Partei nach der Säuberungsaktion Geschlossenheit um jeden Preis demonstrieren und die Röhm-Affäre keinesfalls als Agitationsvehikel im lokalen Streit wiederbelebt wissen wollte. Das Festhalten an dem zweischneidigen Thema führte zur Freude seiner Widersacher in die Sackgasse. Für ihn gab es jedoch keine Alternative zum Triumph über Gilb: Friede am Ort, beteuerte der Gemeindevorsteher, *kann erst eintreten, wenn er von hier wegkommt*[104].

Ruckenbrod irrte gleich zweifach: Seine im Februar eingestandene uneingeschränkte Verantwortung für Gilbs Ernennung war evident und kaum mehr zu bagatellisieren. Das nachträgliche Betonen negativer Charakterzüge beim Rivalen konnte den folgenschweren Patzer nicht mehr retouchieren. Mittlerweile war Gilb in der SA und dem National-

---

[103] LASp H 34/751, Notiz des Bezirksamts Germersheim, 16.10.1934.
[104] Ebd., Ruckenbrod an das bayer. Staatsministerium des Innern (durch Bezirksamt Germersheim), 13.10.1934.

sozialistischen Lehrerbund[105] gut vernetzt. Auch überschätzte der Bürgermeister den Einfluss der Verwaltung auf die Partei. So war der Bezirksamtmann *von den Vorgängen und von den gegen Ruckenbrod erhobenen Vorwürfen [...] nur durch gelegentliche mündliche Erzählungen des Kreisleiters bzw. des Gauinspekteurs unterrichtet* worden[106].

Ruckenbrods Chancen vor dem NSDAP-Kreisgericht standen denkbar schlecht: Das vage formulierte Parteistatut bot dem mit Gauleiter Josef Bürckel eng befreundeten Gauinspekteur Angerer hinreichend Freiraum, um dem Tätigkeitsprofil als »Vertuscher, Sorgen-Onkel und Richter« nach Gutdünken entsprechen zu können[107]. Hinzu kam das Vorschlagsrecht für Personalveränderungen auf unterster Ebene. Konfliktbewältigung erschöpfte sich für die Parteigerichte in oktroyierten Scheinlösungen, die eher dem Kaschieren als dem Beheben der Streitfälle dienten. Die ehrenamtliche »volkstümliche Rechtsprechung« jenseits juristischer Standards bedeutete institutionalisierte Willkür. Statt transparenten Prozessregeln und klarer Kompetenzzuschreibung bestimmten Opportunitätsaspekte den Verfahrensablauf, etwa die Persönlichkeit und die Beziehungen des Delinquenten zu führenden Parteifunktionären. Ausschlaggebend für die Entscheidungsfindung waren personelle und situative Faktoren, vorab das Tatumfeld und die Folgenabschätzung, weniger die Schwere des Tatbestands beziehungsweise die als unverbindlich erachteten rechtlichen Vorgaben. Insofern war die Parteigerichtsbarkeit ein janusköpfiges Machtinstrument, die einerseits disziplinierte, andererseits privilegierte Parteigenossen schützte[108].

Das sechsköpfige NSDAP-Kreisgericht[109] tagte am 22. Oktober 1934. Es forderte Bürgermeister Ruckenbrod erneut zum Rücktritt auf. Kurzerhand verlangte dieser die Zeugenvernehmung, sie würde *ein klares Bild über die ganze Angelegenheit ergeben*. Er beanstandete Angerers Prozess-Regie: *Die erst vor wenigen Tagen zwischen Gilb und mir vorgefallenen Angelegenheiten* [würden] *sofort zur Verhandlung kommen, dagegen meine, die über 3 Monate zurückliegen, nicht. [...] Man nötigte mich nun ununterbrochen, [...] mein Amt freiwillig niederzulegen*. Auf seine trotzige Frage *Was habe ich mir zuschulden kommen lassen?* entgegnete Kreisleiter Guckert lapidar: *Wer das Vertrauen der Partei nicht mehr besitzt, kann auch nicht mehr Bürgermeister sein, weil er von uns eingesetzt ist.*

---

[105] BAB, Bestand Berlin Document Center, Lehrerbundkartei MF, A 0072, Bl. 2952. Ab dem 1.11.1933 fungierte Gilb als Kreispropagandist.

[106] LASp H 34/751, Bezirksamt Germersheim an die NSDAP-Gauleitung/Kommunalpolitische Abteilung, 13.12.1934.

[107] C. ARBOGAST/B. GALL, Aufgaben und Funktionen des Gauinspekteurs, der Kreisleitung und der Kreisgerichtsbarkeit der NSDAP in Württemberg, in: C. RAUH-KÜHNE/M. RUCK (Hgg.), Regionale Eliten zwischen Diktatur und Demokratie. Baden und Württemberg 1930–1952, München 1993, S. 151–169, hier: S. 152 f.

[108] H. ROSER, Nationalsozialistische Beamte auf der Anklagebank? NS-Parteigerichtsbarkeit und öffentliche Verwaltung in Südwestdeutschland 1933–1945, in: RAUH-KÜHNE/RUCK (wie Anm. 107), S. 125–149.

[109] Vorsitzender: Kreisamtsleiter Josef Blätz (Germersheim); Beisitzer: Bezirksamtmann Dr. Werner Beuschlein (Germersheim); Beiräte: Ortsgruppenleiter Leonhard Wüchner (Germersheim), Gauinspekteur Otto Angerer (Germersheim), Kreisleiter Karl Guckert (Minfeld), Volksschullehrer Heinrich Koch (Ortsgruppenleiter Wörth, zuständig für die Ortszelle Hagenbach).

Im Zeugenstand bestätigte der SA-Mann Otto Tropf Ruckenbrods Behauptung, dass Gilb *vor dem 30. Juni von Auseinandersetzungen zwischen SA und PO [NSDAP] und einer Hetze gegen die PO gesprochen* habe, wogegen Gilb dies lachend abstritt und *zu verdrehen suchte*. Verärgert giftete Tropf: *Da braucht man sich nicht zu wundern, wenn sich der Sturmführer vor die ganze SA hinstellt und was vorlügt*. Daraufhin fuhr ihn Gauinspektor Angerer wütend an: *Sie Lausjunge, wie können Sie sich so etwas erlauben, Sie werf' ich raus*. Jetzt griff das Gericht in die Trickkiste, um den politisch heiklen Punkt aus dem Diskurs zu nehmen: Der Vorsitzende wollte Ruckenbrod *überzeugen*, dass er sich *von einem Ortsgespräch habe hinreissen lassen*. Der beharrte aber auf seiner Version.

Nach dem Lob für Gilbs *freiwillige* Demission und Versetzung erklärte Angerer *mit aller Schärfe*, er werde Ruckenbrods Verbleib im Amt *unter keinen Umständen* dulden, ihn notfalls absetzen und seinen *Ausschluss aus der Partei* betreiben. Angesichts eines auf 18 Uhr des nächsten Tages befristeten Ultimatums streckte Ruckenbrod zähneknirschend die Waffen: Um *als Parteigenosse zu meinem Recht zu kommen*, habe ich *die Niederlegung des Amtes mir erpressen lassen*[110], lamentierte er ohnmächtig. Seinen Amtsverzicht verkündete am 27. Oktober die Regionalpresse[111], die amtliche Bekanntgabe besiegelte am 28. Januar 1935 die Entlassung[112].

Gegenüber der bayerischen Regierung bezeichnete er am 2. November 1934 seinen Rücktritt *als Folge einer Zwangslage ohne rechtliche Voraussetzungen*[113]. Zum zweiten Mal in nur 20 Tagen desavouierte sein eigenmächtig-impulsives Vorgehen die NS-Kreisleitung, die einen Schlussstrich unter die Querelen ziehen wollte. Gereizt sprach sie von einem schweren Verstoß gegen die Parteidisziplin und entzog ihm definitiv das Vertrauen. Dagegen *läuft nun Herr Ruckenbrod Sturm*, bemerkte das Bezirksamt Mitte Dezember 1934. Mit der erhofften parteioffiziösen Ehrenerklärung war jetzt nicht mehr zu rechnen, obgleich die Verwaltung gegen Ruckenbrods Amtsführung *nichts einzuwenden*[114] fand. Seither bezichtigte der Gemaßregelte in ehrverletztem Groll Angerer und Gilb öffentlich der NS-widrigen Konspiration. Dem Gauinspekteur sowie dem Beauftragten der Reichsleitung Adjutant Erkert hatte er gar gedroht: *Wenn die Partei – NSDAP – meine Ehre nicht herstellt, werde ich sie durch die Bürgerschaft in Hagenbach herstellen lassen. Ich kenne die Stimmung in der Partei, ich kenne auch die Stimmung im Ausland. Das Gaugericht hat mich ungerecht behandelt, es ist beeinflusst gewesen. Der Verrat des 30.VI.1934 [»Röhm-Affäre«] ist in Hagenbach durch den ehem[aligen] Sturmführer Gilb ebenfalls vorbereitet gewesen. Dieser ist jedoch gedeckt worden durch seine oberen Führer Damian u[nd] Angerer*.

Damit hatte er den Bogen überspannt. Die Angegriffenen schlugen hart zurück: Wegen parteischädigenden Verhaltens wurde Ruckenbrod auf Geheiß der pfälzischen Gauleitung vom 11. bis 17. Mai 1935 in »Schutzhaft« genommen und seine Wohnung

---

[110] LASp H 34/751, Kreisgerichtsverhandlung, 22.10.1934.
[111] Landauer Anzeiger, Nr. 251, 27.10.1934.
[112] LASp H 34/751, bayer. Staatsministerium des Innern an die Regierung der Pfalz, Kammer des Innern, 28.1.1935; vgl. DREIZEHNTER (wie Anm. 6), S. 565 f.; Landauer Anzeiger, Nr. 33, 8.2.1935 (*Der neue Bürgermeister*).
[113] LASp H 34/751, Bezirksamt Germersheim an die NSDAP-Gauleitung/Kommunalpolitische Abteilung, 13.12.1934.
[114] Ebd.

durchsucht[115]. Ungeachtet der *reumütigen* Rücknahme seiner Äußerungen und der Verpflichtung, künftig nichts mehr gegen die Partei und ihre Repräsentanten zu unternehmen, musste der Ex-Bürgermeister wieder vor dem NSDAP-Kreisgericht erscheinen, das seinen Parteiausschluss verfügte. Gleichzeitig annullierten diverse Hagenbacher Vereine seine Mitgliedschaft, die Begründung lautete *Aufwügelung* [sic!] *u*[nd] *politische Unzuverlässigkeit*[116].

Dennoch zehrte er weiterhin vom – allmählich verblassenden – Nimbus des Alt-Parteimitglieds und Ortszellengründers, ein Indiz dafür, dass seine Kritik weder ideologischen Dissens bedeutete noch so verstanden worden war. Seinen Antrag auf Ausstellung einer Grenzkarte für das Elsass im Frühjahr 1937 genehmigten die Geheime Staatspolizei und das Bezirksamt ohne zu zögern. Zuvor hatte der befragte Ortsgendarm versichert: *Trotz Verlust der* [Partei-]*Mitgliedschaft hält er die Bewegung hoch*[117]. Mitte November 1936 erhielt er nach verschiedenen Devisenvergehen eine auffällig niedrige Bagatellstrafe von drei Reichsmark[118]. Und noch im September 1944 schützte ihn die UK-Stellung vor dem Dienst im Volkssturm.

Am 5. Februar 1935 wurde Gemeinderats-Obmann Otto Scherrer kommissarisch und am 16. Juli 1935 formell Bürgermeister von Hagenbach *(Abb. 5)*. Der Gilb einst gewogene Tünchermeister stabilisierte die durch Austritte geschwächte Ortszelle[119], die er zwischen April 1936 und Juli 1938 leitete. Die Kritik des erzürnten Vorgängers an seiner Amtsführung empfand er als *böswillige Stänkerei*. Im Juli 1936 bemängelte Ruckenbrod mehrere kommunale Entscheidungen, darunter die stockende Kanalisierung einer Ortsstraße und seine Enthebung als Gemeindeschätzer von Liegenschaften, die ihn zum *Bürger zweiter Klasse* degradiert habe. Als Motiv nannte er *reinen Ekoismus* [sic!], *denn von jeder Schätzung wird eine Gebühr erhoben,* [und] *diese stecken die Herrschaften* [zwei neuberufene Schätzer] *gern alleine ein*[120].

Dem Bezirksamt erwiderte Scherrer, Ruckenbrod sei am Verlust seines Amtes und Parteibuchs selbst schuld und wolle sich lediglich an *seinem Nachfolger reiben. Ausgelacht von den meisten Bürgern, denen gegenüber er sich nicht als ihr Bürgermeister, sondern als ihr Bedrücker, als wilder Mann aufspielte, sind bloß Neid und Boshaftigkeit die Gründe.* Der Fortgang des Straßenausbaus hänge im Übrigen an der Genehmigung der beantragten Förderung nach der wertschaffenden Arbeitslosenfürsorge *(Abb. 6)*. Angesichts der *Höchstsätze an Umlagen, Steuern und Abgaben* könne er die Gemeindeeinnahmen *nicht mehr steigern, und neue Schulden mache ich nicht,* beteuerte Scherrer. *Ich will die vorhan-*

---

[115] LASp H 91/13799, Aktenvermerk der Geheimen Staatspolizei Neustadt/W., 23.3.1937. Meldung im Landauer Anzeiger, Nr. 112, 15.5.1935. Am Folgetag dementierte das Deutsche Nachrichtenbüro Mannheim die vom Anzeiger übernommene Schutzhaftnahme, während dieser (Nr. 114, 17.5.1935) die Verhaftung bestätigte.

[116] LASp R 18/21586, politischer Lebenslauf Ruckenbrods, 16.9.1945.

[117] LASp H 91/13799, Gendarmeriestation Hagenbach an das Bezirksamt Germersheim, 28.4.1937.

[118] GAH, Hauptzollamt Landau an das Bürgermeisteramt Hagenbach, 14.11.1936.

[119] BAB, Bestand Berlin, Document Center, Orts-/Reichs-Zentralkartei. Sechs Austritte/Ausschlüsse 1934/35 standen im Zusammenhang mit dem Konflikt Ruckenbrod–Gilb; vgl. Anm. 118.

[120] LASp H 34/751, Schreiben Ruckenbrods an das Bezirksamt Germersheim, 27.7.1936.

Abb. 5   Lachender Dritter: Dem geschassten NS-Führungsduo Ruckenbrod-Gilb folgt Otto Scherrer, Bürgermeister seit Februar 1935

denen tilgen, und nicht mit dem Schuldenmachen fortfahren, wie der Beschwerdeführer es tat, der in seiner 1 ¾-jährigen Amtszeit die Schulden der Gemeinde mehr als verdoppelte. Die bis Frühjahr 1933 amtierenden Schätzer habe Ruckenbrod *bei jeder Gelegenheit Pack* [und] *Lumpengesindel* genannt und sie *zur Niederlegung ihrer Ämter gezwungen*. Nach Amtsenthebung und Parteiausschluss wurde Ruckenbrod im Frühsommer 1935 auf Weisung des Ortsgruppenleiters auch als vereidigter Schätzmann abgelöst, und zwar wegen *grober Pflichtverletzung*: Ruckenbrod habe *besonderes Interesse* an diversen Grundstücken von nahezu zwei Hektar Fläche bekundet, die er *möglichst niedrig eingeschätzt* habe wissen wollen. *Warum, wurde mir nachträglich klar,* erläuterte Scherrer, *als ich hörte, daß er sie gekauft hat. An dieser Schätzung hätte er, weil persönlich interessiert, nicht teilnehmen dürfen, geschweige denn* [um] *seine persönlichen Interessen zu verteidigen*[121].

Vorteilsnahme im Amt war Ruckenbrod offenbar geläufig. Schon 1933 hatte der Bürgermeister ein Waldareal fällen lassen und als Holzhändler und Fuhrunternehmer davon profitiert[122]. Seine Einkünfte stiegen kontinuierlich, vor allem im Krieg um ein Mehrfaches, weshalb er eine 1941 erworbene Immobilie seinen beiden Kindern steuergünstig

---

[121]   Ebd., Bürgermeister Scherrer an das Bezirksamt Germersheim, 13.8.1936.
[122]   LASp R 18/21586, Notiz des Untersuchungsausschusses Germersheim-Speyer, März 1949: *Sein persönliches Vermögen gibt er mit 60.000 M*[ark] *an, obwohl sein Fuhrpark allein schon einen Wert von 60.000 M*[ark] *repräsentiert.*

Abb. 6   Der Aufschwung lässt warten: 1934 leistet der Reichsarbeitsdienst kommunale Notstandsarbeit

überschrieb. Da konkurrierende persönliche Interessen im totalitären Staat zwangsläufig zur Parteiangelegenheit wurden und sich in die NSDAP verlagerten, versuchte man gegenläufig die Partei und ihre Gliederungen für eigene Zwecke zu instrumentalisieren. Aus dieser korrumpierend-kompromittierenden Wechselseitigkeit erwuchsen lukrative Verbindungen, deren Gewinne die NS-Diktatur überdauerten[123].

Dank der Deutschen Gemeindeordnung vom 30. Januar 1935 prallten Ruckenbrods Querschüsse an Scherrer ab. Jener nutzte die Machtfülle des darin verankerten »Führerprinzips«, um Personalentscheidungen vom April und Juli 1933 zu revidieren[124]. Bürgermeister und Gemeinderäte wurden nicht mehr gewählt, sondern vom NS-Kreisleiter auf

---

[123] ARBOGAST/GALL (wie Anm. 107), S. 165; vgl. F. BAJOHR, Parvenüs und Profiteure. Korruption in der NS-Zeit, Frankfurt/M. Oktober 2004.

[124] ZOFKA (wie Anm. 18), S. 245–247, 257. Am 24.8.1935 ersetzten der Gastwirt Ludwig Scherrer und der Maurer Wilhelm Sucietto den Ortsbauernführer Emil Meyerer und den Zimmermann Richard Scherrer (Parteiausschluss am 14.9.1935). Im Dezember 1937 rückte Otto Tropf, Ruckenbrods Zeuge vor dem Kreisparteigericht, in den Gemeinderat. Ausgeschieden waren die Rats-Ersatzleute Zimmermann Eugen Bentz (1935), Zimmermann Eugen Buchlaub (Januar 1934, gleichzeitig Parteiaustritt), Fabrikarbeiter Julius Vesper (Februar 1934) und Kunstmaler Alfons Zobel (Juni 1935), KREMER (wie Anm. 6), Tabelle 1, S. 382 f.

Vorschlag ernannt[125]. Der ab August 1934 auf Hitler vereidigte zehnköpfige, 1942 auf vier Mandatare geschrumpfte Rat[126] war kein beschließendes Gremium mehr, sondern ein auf Akklamation beschränktes, personal verstandenes Ehrenamt mit beratender Funktion[127]. Abstimmungen nach dem Mehrheitsprinzip waren unerwünscht: *Dort, wo nationalsozialistischer Geist herrscht, darf keine Zersplitterung stattfinden*, befahl eine NS-Richtlinie[128]. Demgemäß schwor Scherrer am 21. November 1935, *die Gemeinde nach besten Kräften zu führen und zu leiten [...] im Sinne unseres Führers Adolf Hitler*[129].

Epilog: Die Parteikrise und die Nazifizierung der Dorfgesellschaft

Zwischen dem Sommer 1933 und dem Frühjahr 1935 erlebte die NSDAP-Ortszelle Hagenbach heftige interne Konflikte. Individuelle Fehleinschätzung, gravierende Inkompetenz, ein konzeptlos-rigider Aktionismus und ein mitunter groteskes Affektverhalten hatten den Einwohnern die beschränkten Fähigkeiten der Nationalsozialisten vor Augen geführt und Vorbehalte verstärkt. Das belastete insbesondere die neu eingeführten NS-Organisationen, die auf ideologische Konformität, unbedingte Regimetreue und Verfügungsgewalt über die Bevölkerung abzielten[130]. Gehemmt wurde die Entwicklung der NS-Bewegung ferner dadurch, dass die zerstrittene, teilweise paralysierte lokale NSDAP-Spitze die Einwurzelung und das Wachstum der Gliederungen nur unzureichend koordinieren und fördern konnte.

Am wenigsten beeinträchtigt schienen noch die Deutsche Arbeitsfront (DAF) und die Nationalsozialistische Kriegsopferversorgung (NSKOV), der umetikettierte Reichsbund der Kriegsbeschädigten und Hinterbliebenen. Dessen Gründungsvorsitzender Franz Josef Götz hatte seine Vereins-Hausmacht wendig als politische Morgengabe in die NS-Volksgemeinschaft eingebracht und wurde dafür 1938 zum Ortsvorsteher befördert. Trumpfkarte der Arbeitsfront war das zugkräftige Programm ihrer Freizeitorganisation »Kraft durch Freude« (KdF) mit den begehrten Theater- und Konzertfahrten nach Karlsruhe[131].

Hinter dem etablierten Katholischen Frauenbund fristete die im April 1933 errichtete NS-Frauenschaft (NSF) ein Schattendasein, das der von gewalttätigen Demonstrationen flankierte »Kirchenstreik« Mitte 1938 beendete[132]. Im Juni 1937 zählte die NSF lediglich 43 Personen: eine Handvoll protestantischer Damen und katholischer Außenseite-

---

[125] Landauer Anzeiger, Nr. 198, 27.8.1935.
[126] LASp H 34/252, Bürgermeisteramt Hagenbach an das Bezirksamt Germersheim, 28.8.1934.
[127] Vgl. HEINZ, NSDAP und Verwaltung (wie Anm. 30), S. 429, 547 f.; LASp H 34/252, Schreiben Ruckenbrods an das Bezirksamt Germersheim, 28.8.1934.
[128] NS-Richtlinie über die Arbeitsweise der mit der Kommunalpolitik beauftragten Organe, 1.10.1933, zit. nach HEINZ, NSDAP und Verwaltung (wie Anm. 30), S. 409.
[129] Landauer Anzeiger, Nr. 273, 23.11.1935 (*Amtseinführung des Bürgermeisters*).
[130] M. WENZEL, Die NSDAP, ihre Gliederungen und angeschlossene Verbände. Ein Überblick, in: BENZ (wie Anm. 31), S. 19–38.
[131] Pfälzer Anzeiger, Nr. 25, 31.1.1938.
[132] Vgl. T. FANDEL, Konfession und Nationalsozialismus. Evangelische und katholische Pfarrer in der Pfalz 1930–1939, Paderborn 1997, S. 492–500; KREMER (wie Anm. 6), S. 330 f.

rinnen, ansonsten Ehefrauen, deren Mitgliedschaft der beruflichen Stellung des Gatten geschuldet war[133].

Um Gesundheitspflege, Rassenhygiene sowie Kinder- und Jugendarbeit kümmerte sich die Nationalsozialistische Volkswohlfahrt (NSV)[134]. Noch im März 1935 war ihr Ansehen in Hagenbach dürftig, wie die schwache Resonanz einer Benefizaktion veranschaulicht: Von 450 gelieferten Anstecknadeln einer »Volkssozialistischen Selbsthilfe«-Sammlung konnte sie nur 52 verkaufen, von 50 Haustürplaketten zwei[135].

Auch die 1933 zur außerschulischen Erziehung der Zehn- bis 18-jährigen gegründete Hitlerjugend (HJ) blieb hinter den Erwartungen zurück[136]. Obwohl Rektor Gilb in der Jungvolk-Altersgruppe der fünften bis achten Klasse eifrig warb, gehörten ihr im Herbst 1934 erst 28 Prozent der Schulpflichtigen an. Schließlich ermunterte der zum Staatsjugendtag erhobene Samstag, der die Mitglieder der HJ vom Unterricht befreite, viele Abseitsstehende zum Eintritt. Im Frühjahr 1936 umfasste die HJ zwei Drittel der Schüler[137]. Und im Dezember desselben Jahres erlangte die Organisation das mit der Pflichtmitgliedschaft verbundene Staatsjugendmonopol.

Seit Juli 1934 verlor die SA, die der NSDAP zur Macht verholfen hatte, kontinuierlich an Bedeutung. Ihr nach heftigen Querelen versetzter Kommandeur Gilb und die blutige Ausschaltung der Reichsführung hatte sie derart erschüttert, dass einige Mitglieder ausschieden. *Anfänglich waren wir ein Trupp, zuletzt nur eine Schar*, erinnerte sich ein einheimischer Aktivist[138]. Von den rund 50 SA-Leuten des April 1933 waren im Frühsommer 1935 noch 29 übrig[139], die sich fortan mit Marschieren, repräsentativem Spalierstehen und Ordnungsdiensten an NS-Feiertagen bescheiden mussten. Beim finalen Terror gegen die jüdische Rumpfgemeinde traten sie am 10. November 1938 noch einmal als erprobte Kerntruppe des Nationalsozialismus in Erscheinung[140].

Im September 1933 verleibte sich der nationalsozialistische Bundschuh die Filiale des zentrumsnahen Pfälzer Bauernvereins ein[141]. Der Bundschuh-Vorsitzende Emil Meyerer präsentierte im Juni 1933 eine stattliche Beitrittsliste mit ledigen Bauernsöhnen ohne

---

[133] GAH, Monatsbericht des Bürgermeisteramts Hagenbach, 19.7.1937.
[134] Vgl. H. VORLÄNDER, Die NSV. Darstellung und Dokumentation einer nationalsozialistischen Organisation, Boppard am Rhein 1988.
[135] LASp H 34/2393.
[136] Vgl. M. BUDDRUS, Totale Erziehung für den totalen Krieg. Hitlerjugend und nationalsozialistische Jugendpolitik, 2 Bde., München 2003; M. H. KATER, Hitler-Jugend, Darmstadt 2005.
[137] LASp H 34/2394. Von den Hagenbacher Volksschülern gehörten der Hitler-Jugend an (1.11.1934–30.8.1936): 28 Prozent (1.11.1934), 30 (30.4.1935), 36 (30.8.1935), 60 (30.12.1935), 66 (2.4.1936), 67 (30.8.1936).
[138] LASp J 74/3469, Protokoll Wilhelm Sucietto, 13.1.1948.
[139] LASp H 91/26412; T 65/6684.
[140] H.-J. KREMER, Novemberpogrom 1938. Das gewaltsame Ende der jüdischen Gemeinde Hagenbach, in: G. NESTLER/S. SCHAUPP (Hgg.), Zwischen Revolution und Demokratie. Studien zur Geschichte der Pfalz vom späten 18. bis Mitte des 20. Jahrhunderts, Neustadt/Weinstraße 2012, S. 247–315, hier: S. 268–279.
[141] GAH, Bezirksamt Germersheim an das Bürgermeisteramt Hagenbach, 18.9.1933: Der hiesige Pfälzer Bauernverein sei *überflüssig geworden* und könne sich der bestehenden Bauernorganisation [Bundschuh] anschließen.

Hofstelle, die eine Generationenbruchlinie sichtbar machte[142]. Anfang Januar 1934 ging Hagenbachs Bundschuh als Ortsbauernschaft im Reichsnährstand auf[143], der die Standesfragen gemäß der NS-Blut-und-Boden-Ideologie lenkte. Die immer strengere Reglementierung des Agrarwesens schürte die Renitenz der auf betriebliche Unabhängigkeit bedachten Kleinlandwirte. Als Transmissionsriemen der NS-Agrarpolitik und deren kriegswirtschaftlich definierten Vorgaben ernteten die von der Kreisbauernschaft berufenen Ortsbauernführer oft Unverständnis und Widerspenstigkeit. Da sie Direktiven umsetzen und die gleichermaßen unbeliebte wie konfliktträchtige Ablieferungspflicht für Agrarprodukte kontrollieren sollten, standen sie im zermürbenden Zwiespalt zwischen Dienstpflicht, persönlicher Ansicht und den Erwartungen ihres Umfelds. Darum wechselten die Amtsinhaber häufig[144].

Die Anfangsjahre der NS-Herrschaft in Hagenbach verdeutlichen, wie sehr persönliche Unzulänglichkeit und Interessen, Versagen im Amt und Fehlschläge beim Erreichen selbstgesteckter Ziele die Position der verfeindeten Parteispitzen zerrüttet hatten. Sie zeigen, wie der massenhafte Zulauf im Frühjahr 1933 die elitäre Attitüde der anfangs winzigen Parteizelle unterminierte, wie Grabenkämpfe um Ziele und Methoden zwischen »Alten« und »Neuen« Kämpfern die rissige Fassade der propagandistisch beschworenen »nationalen« Geschlossenheit bröckeln ließen. 19 Monate nach der Machtübernahme waren die Gau- und Kreisleitung der NSDAP in Hagenbach zum Wechsel ihres Führungspersonals gezwungen.

Weltanschauliche Opposition zum NS-Staat spielte dabei jedoch keine Rolle. Nonkonforme Auseinandersetzungen hatten keine unmittelbar systemgefährdende Wirkung, sondern waren charakteristisch für die nationalsozialistische Herrschaft. Deren polykratische Struktur und Funktionsweise barg ein beachtliches Konfliktpotenzial, das Verstöße gegen die »NS-Norm« geradezu unausweichlich machte[145]. Der formidable Fehlstart der »nationalen Bewegung« in Hagenbach bedeutete einen empfindlichen Zeit- und Imageverlust, zumal die Implantierung, Konsolidierung und Entwicklung der unterschiedlich betroffenen lokalen NS-Organisationen insgesamt gebremst wurde. Die mittelfristigen Folgen für die Dorfgesellschaft sind unter anderer Themenstellung zu erörtern.

Erst nach Beilegung der Differenzen, im günstigen Klima des durch Staatssubventionen entspannten Arbeitsmarktes und die einseitige Revision des Versailler Vertrages, konnten die Nationalsozialisten ihren Einfluss auf das öffentliche wie private Leben intensivieren. Beim Einebnen der pluralen Gemeinde- und Vereinskultur und dem Vertakten des NS-Machtgefüges assistierten die meinungsführenden »Gebildeten« und Honoratioren durchweg freiwillig, ja begeistert in vorderster Reihe. Ihr Vorbild stimulierte Nachahmer und Mitläufer. Wie anderswo füllten den Ortskalender zahlreiche miteinan-

---

[142] LASp T 63/142.
[143] H. Ziegler, Zwischen Revolution und Diktatur. Die pfälzischen Bauernverbände (1918 bis 1933), in: Nestler/Schaupp (wie Anm. 140), S. 199–223; J. Osmond, Pfälzer Bundschuh 1933, in: http://www.historisches-lexikon-bayerns.de; ders., Pfälzer Bauernverein 1918–1933, ebd.
[144] Hagenbachs Ortsbauernführer bis 1938 (Amtsdauer): Emil Meyerer (Mai 1933–17.6.1935), Eugen Sucietto (17.6.-August 1935), Josef Antoni (August 1935–1938).
[145] Vgl. Arbogast/Gall (wie Anm. 107), S. 163.

Abb. 7   1935: Appell der NSDAP und NS-Gliederungen am Horst-Wessel-Platz

der verzahnte Veranstaltungen, Aufmärsche, politische Feste und NS-Feiern *(Abb. 7)*. Sie dienten der umfassenden Mobilisierung, Reglementierung und Kontrolle der Menschen. Insoweit war Hagenbach seit Mitte 1935 eine ganz »normale« nationalsozialistische Gemeinde in der Südpfalz geworden[146].

---

[146]   Vgl. KREMER (wie Anm. 6), passim.

Blumberg – Die Zwangsindustrialisierung eines Bauerndorfs

VON WOLF-INGO SEIDELMANN

Auf der Baar, nahe der Schweizer Grenze, liegt Blumberg, eine Stadt, die 1933 noch ein kleines Dorf mit 145 Haushalten war *(Abb. 1)*[1]. Die Lebensumstände seiner 695 Bürger werden so beschrieben: *Die Bevölkerung ist der verkehrsentrückten Lage entsprechend in sich gekehrt und verschlossen. Sie lebt zum größten Teil von kärglicher Kleinbauernwirtschaft*[2]. Im März 1934 erschien plötzlich Dr. Wilhelm Lillig (1900–1945) als Abgesandter der saarländischen Stahlindustrie im Blumberger Rathaus und bat Bürgermeister Theodor Schmid (1892–1975) um die Bereitstellung von zehn Arbeitern. Mit ihnen suchte der Bergingenieur die Umgebung nach Eisenerz ab und ließ zahlreiche Schürfschächte ausheben. Mit diesem Ereignis nahm die Industrialisierung eines Bauerndorfs ihren Lauf. Ein Ort, der eben noch unter Arbeitslosigkeit litt, besaß 1939 ein Bergwerk, das über 1.600 Menschen Arbeit gab. Die Zahl der Einwohner hatte sich binnen vier Jahren auf über 4.500 nahezu versiebenfacht.

Und das sollte nur der Anfang sein! 1939 kündigte Schmid an: *Nachdem im Jahre 1938 der Ausbau der Gemeinde Blumberg zu einer Stadt bis zu 15.000 Einwohnern entschieden und bestimmt war, wurde Herr Reg.Baumeister a. D. Wolf, Architekt in Freiburg/Br., mit der Aufstellung des Gesamtbebauungsplanes der Stadt Blumberg beauftragt. Nach diesem Plane werden nunmehr Geschäftshäuser, Gemeinschaftshäuser, Schulen und alle erforderlichen öffentlichen Gebäude entstehen, die der neu erstandenen Stadt das Gepräge nationalsozialistischen Gestaltungswillens geben werden. Tausende weiterer Arbeiterwohnstätten werden noch entstehen, um der immer mehr anwachsenden Belegschaftszahl des Eisenerzbergwerkes Wohnungsmöglichkeit zu geben und so wird sich nach 2–3 Jahren das Bild der Stadt formen, wie es im Modell bereits festliegt [... und] eine völlig neue, vom Lied der Arbeit und dem Gesang der Bohrhämmer erfüllte Industriestadt als Folge nationalsozialistischer Staats- und Wirtschaftsführung erstanden sein*[3].

---

[1] T. MIETZNER, Zwischen Demokratie und Diktatur, in: J. STURM, Blumberg – Die Geschichte einer außergewöhnlichen Stadt, Vöhrenbach 1995, S. 195.
[2] LANRW NW B-38022, Tätigkeitsbericht des Blumberger Bergwerksdirektors Hans Bornitz v. 19.6.1947.
[3] StadtA Blumberg III/4, Redetext Schmid, *Die Entwicklung der Stadt Blumberg von 1933 bis 1. Mai 1939*.

Abb. 1   Das Dorf Blumberg vor der Industrialisierung, Postkarte

Die Akteure

Die Initiative zum Blumberger Projekt ging Ende 1933 von der Stahlindustrie des Saarlands aus, das – als Folge des Versailler Vertrags – bis 1935 zum französischen Wirtschaftsgebiet gehörte. Danach sollte eine Volksabstimmung über die endgültige Staatsangehörigkeit der umstrittenen Grenzregion entscheiden. Fiel sie zugunsten Deutschlands aus, mussten die saarländischen Eisenproduzenten Versorgungsengpässe mit französischen Minetteerzen befürchten. Daher gründeten das Neunkircher Eisenwerk und die Röchling'schen Eisen- und Stahlwerke mit Sitz in Völklingen Anfang 1934 eine Arbeitsgemeinschaft, mit der sie die Ausbeutung der südbadischen Eisenerz-Lagerstätten in Angriff nahmen. 1936 wandelten sie die bestehende Arbeitsgemeinschaft in die Doggererz-Bergbau GmbH mit Sitz in Blumberg um. Das Unternehmen hatte mit zahllosen Problemen zu kämpfen: Das geförderte Erz war eisenarm und in chemischer Hinsicht sehr problematisch. Zudem verursachte es hohe Abbau- und Transportkosten. Daher arbeitete das Bergwerk stets mit hohem Verlust und musste alle Möglichkeiten ausschöpfen, seine Produktionskosten zu minimieren[4].

---

[4] Weiterführend W.-I. SEIDELMANN, »Eisen schaffen für das kämpfende Heer!«. Die Doggererz AG – ein Beitrag der Otto-Wolff-Gruppe und der saarländischen Stahlindustrie zur nationalsozialistischen Autarkie- und Rüstungspolitik auf der badischen Baar, Konstanz/München 2016.

Das Bergbauunternehmen stand seinerseits unter dem massiven Druck der aufrüstenden Reichsregierung. Ende 1936 forderte das soeben errichtete Amt für deutsche Roh- und Werkstoffe die Saarwerke ultimativ dazu auf, ihren Minenbetrieb rasch auszubauen und die Förderung auf 3,6 Mio. t Erz pro Jahr stark auszuweiten. 1937 wurde der Grubenausbau in die Ziele des Vierjahresplans aufgenommen; 1939 hatten die Saarwerke auf Geheiß des Reichswirtschaftsministeriums ihre defizitäre Bergbau-GmbH in eine Aktiengesellschaft umzuwandeln und das Grundkapital von 2 auf 40 Mio. RM zu erhöhen. Das Reich beteiligte sich mit 50 % an der Firma und trieb die zögerliche Saarindustrie vor sich her. 1940 musste die Doggererz AG sogar mit dem Bau eines Hüttenwerks bei Donaueschingen beginnen (*Tafel 1*).

Die Bürger der vom zwangsweisen Strukturwandel überrollten Gemeinde Blumberg waren gespalten: Der Einzelhandel begrüßte die Entwicklung, die Landwirte standen ihr skeptisch gegenüber. Sie befürchteten Landverluste, Lohnsteigerungen und Personalverknappung im Agrarbereich. Ihr Einfluss war aber begrenzt. Die Macht im Ort vertrat Theodor Schmid, ein gebürtiger Blumberger, der seinen Posten als Bürgermeister bereits seit 1929 ausübte. In dieser Funktion hatte er – trotz seiner Mitgliedschaft in der Deutschen Staatspartei – ab 1932 die Nazifizierung seiner Gemeinde gefördert. Seiner Initiative war es zu verdanken, dass sich im April 1933 die örtlichen Honoratioren auf dem Rathaus versammelt und den Beschluss zum gemeinsamen Übertritt in die NSDAP gefasst hatten[5]. 1934 trat Schmid auch noch den Posten des Ortsgruppenleiters an. Eigenem Bekunden zufolge war er ein unerschütterlicher Nationalsozialist, *durchdrungen von nationalsozialistischem Geist*[6], der Hitler für den *genialsten Deutschen*[7] hielt. Ohne Zweifel billigte und förderte Schmid das Doggererz-Projekt, in dessen Bedeutung er sich sonnte und von dem er sich Profit für seine Gemeinde und ein höheres Ansehen für sich selbst versprach. An den Entscheidungen selbst hatte er jedoch nur wenig Anteil, denn diese wurden in der Regel andernorts gefällt. Die Machtzentrale des Gaus lag in Karlsruhe: Gauleiter Robert Wagner (1895–1946) förderte die Industrialisierung der Baar anfangs aus arbeitsmarkt-, später vor allem aus wirtschaftsstrukturpolitischen Gründen. Die Landesregierung unter Ministerpräsident Walter Köhler (1897–1989) folgte in dieser Angelegenheit vor allem Wagners Vorgaben.

Objekte der Macht

Den machtausübenden Akteuren in Partei, Staat und Wirtschaft standen die Objekte der Macht gegenüber. Es waren dies die Menschen, deren Arbeitskraft oder Land man für das Bergwerk brauchte. Eine wirksame Interessenvertretung in Form von Gewerkschaften

---

[5] Biografie Theodor Schmid: W.-I. SEIDELMANN, Theodor Schmid. Ein »Vorbild für das Denken und Handeln im Sinne einer Gemeinschaft«?, in: W. PROSKE (Hg.), Täter, Helfer, Trittbrettfahrer, NS-Belastete aus Südbaden, Band 6 (2017), S. 312–326.

[6] StadtA Blumberg II, Vermerk Schmid »Die Neugestaltung Blumbergs im Vierjahresplan« vom 30.8.1938.

[7] StadtA Blumberg, Von Theodor Schmid unterzeichnetes Schriftstück vom 2.6.1942 im Blumberger Kriegerdenkmal.

> **Nicht Klassenkampf – sondern Werte schaffen!**
>
> "Wir Nationalsozialisten sehen in der Herstellung einer gesunden Sozialordnung stets das Volk. Unser Sozialismus ist deshalb kein Mittel, um dem Einzelnen zu helfen, sondern unser Sozialismus ist Gerechtigkeit und Recht, ist das, was dem Volke nützt, was Deutschland ewig machen kann. So setzen wir die Begriffe Ehre, Treue, Kameradschaft, Einsatz, Opferbereitschaft und Leistung in den Mittelpunkt unseres Denkens. – Wir all helfen dem Führer, damit dieses große Werk gelingt.
>
> Nürnberg, Parteitag der Arbeit 1937. Dr. Robert Ley
>
> **Willst Du mittun, Kamerad?**
>
> Eingang zum Eichbergstollen
>
> **DOGGERERZ-BERGBAU GMBH., ZOLLHAUS-BLUMBERG**
> BADISCHER SCHWARZWALD / FERNRUF BLUMBERG 27/28

Abb. 2   Werbeprospekt der Doggererz-Bergbau GmbH um 1938

oder freien Verbänden hatten sie seit 1933 ja nicht mehr – und brauchten sie nach Meinung der NS-Machthaber auch nicht. An die Stelle des früheren Klassenkampfes war ja nun die »Volksgemeinschaft« getreten, ein nationalsozialistisches Ideal, das eine konfliktfreie und harmonische Gesellschaft verhieß, in der eine »gesunde Sozialordnung« gelten solle. Mit dieser schönen Verheißung warben auch die Verfechter des Blumberger Bergbauprojekts um die Akzeptanz der Betroffenen vor Ort *(Abb. 2)*. Diese Objekte der Macht waren:

Die Landeigentümer

Das Werk benötigte riesige Areale für seine Betriebsanlagen – und nahm sie sich. Bis 1942 verlor Blumberg 15% seiner landwirtschaftlichen Anbaufläche[8]. Deren Besitzer verzichteten keineswegs freiwillig. 1947 gab Bergwerksdirektor Hans Bornitz rückschauend folgende Bewertung ab: *Der mit diesen inneren, technischen Schwierigkeiten ringende Bergbau fand äusserlich keine freundliche Aufnahme oder auch nur Verständnis, sondern strickte [!] Ablehnung. Die ›Einheimischen‹ wollten vom Eindringen der Industrie in diesen entlegenen, ruhigen, land- und forstwirtschaftlichen Winkel nichts wissen und ließen das die ›fremden‹ Bergleute von der Saar offen spüren. [...] Die Ortsansässigen selbst waren taub gegenüber dem unermüdlichen Werben des Bergbaues. [...] Tiefbohrungen und Schürfe wurden durch fortgesetzte Einsprüche von Wald- und Feldbesitzern, Privaten wie Gemeinden gestört. Klagen über Wege- und Flurschäden rissen nicht ab. Um jedes Stück Gelände, und wenn es nur für einen Leitungsmasten war, gab es Zank und Streit*[9].

Tatsächlich aber drang die Minengesellschaft als industrieller Fremdkörper rücksichtslos in die gewachsene Sozialstruktur eines bäuerlichen Ortes ein und wunderte sich über den Widerstand. So räumte die Geschäftsführung 1936 selbst ein, dass man, ohne die Besitzer zu informieren, auf fremdem Gelände Schürfungen vornahm, Stollen bohrte oder Häuser baute: *Sämtliche Gebäude stehen auf fremden Grund und Boden*[10]. Trotz seiner Einsicht, dass *es sich wohl nicht vermeiden*[11] lasse, sich mit den Betroffenen zu einigen, hielt das Management weiter an seinem rücksichtslosen Kurs fest: Das Unternehmen legte Zäune nieder, pumpte Wasserbecken auf den Bauernhöfen leer, zog Gräben durch die Äcker und lagerte den Grubenaushub auf ernteifen Getreidefeldern ab. Es unterbrach Feldwege und verhinderte mitunter monatelang, dass Äcker bestellt werden konnten. Gern setzte man auf eine Zermürbungstaktik oder zielte auf die Enteignung der Landbesitzer zum Billigtarif ab. Erbrachten die Landwirte Dienstleistungen, wurden ihre Rechnungen gern ignoriert.

Noch 1940 weigerte sich die Doggererz AG, Grundstücksverträge zu unterzeichnen, weil die Verkäufer eine Entschädigung für die jahrelange widerrechtliche Inanspruchnahme ihres Landes forderten *(Abb. 3)*. Bürgermeister Schmid bat die Kreis- und Landesbehörden um Abhilfe; die Kreisbauernschaft verfasste einen Bericht, in dem sie auf die existenzgefährdenden Folgen des Landentzugs für kleine Höfe hinwies, und klagte: *Bei der Bauernschaft Blumberg hat gegen das Bergwerk eine maßlose [...] Erbitterung Platz gegriffen. Die Landwirte empfinden sich als vollkommen entrechtet, da man mit ihren Grundstücken macht, was man will. [...] Es ist sicher kein Landwirt in Blumberg zu finden, der nicht glücklich wäre, wenn das Bergwerk nie nach Blumberg gekommen wäre*[12]. Das Landratsamt Donaueschingen kündigte der Doggererz AG daraufhin *geeignete Massnah-*

---

[8] A. WALZ, Von der Agrarsiedlung zur Industriestadt, in: J. STURM, Blumberg – Die Geschichte einer außergewöhnlichen Stadt, Vöhrenbach 1995, S. 364f.
[9] Wie Anm. 2.
[10] StAF V 500/3-99, Prüfbericht zur DBG-Eröffnungsbilanz zum 1.2.1936.
[11] StAF V 500/3-100, Bericht Würtz/Gärtner vom 1.4.1936.
[12] StadtA Blumberg III/4, Bericht Kreisbauernschaft Donaueschingen vom 24.9.1940.

Abb. 3 Der Flächenverbrauch des Bergwerks war gewaltig. Die Betriebsanlagen der Doggererz AG Anfang der 1940er Jahre mit Blickrichtung vom Eichberg auf den Stoberg: In der Bildmitte das mit Walmdach versehene Verwaltungsgebäude, das 1940 an die bereits 1937 erstellte Waschkaue (langgestreckter Gebäudeteil rechts) angebaut wurde. Die Gleise im Bildvordergrund führen zum Tagebaugebiet Eichberg

men[13] an, die sich aber allesamt als leere Drohungen erwiesen. So kritisierte die Landesbauernschaft Baden, dass *mit Rücksicht auf die große wehrwirtschaftliche Bedeutung dieses Unternehmens* jegliche Sanktionen unterblieben, wodurch sich *die Dogger-Erz A.-G. mehr denn je [als] Herr der Lage fühlt und sich weder um die Wünsche der Privaten noch die Anordnungen der Behörden bekümmert*[14].

Der staatliche Träger für den Wohnungsbau, die Badische Heimstätte, verhielt sich kaum rücksichtsvoller. Sie diktierte die Bodenpreise, reagierte auf den geschlossenen Widerstand der Landwirte mit Enteignungsdrohungen und forderte den Donaueschinger Kreisleiter Eberhard Sedelmeyer (1894–1966) zu hartem Durchgreifen auf. Vor diesem Hintergrund gelang es Bürgermeister Schmid leicht, die Preisvorstellungen der Siedlungsgesellschaft durchzusetzen[15]. Bäuerlicher Protest gegen die existenzbedrohenden Folgen des Landentzugs und gegen die als zu gering empfundenen Entschädigungszah-

---

[13] StadtA Blumberg III/4, Landrat Donaueschingen an DAG vom 24.9.1940.
[14] LGRB 9 A/92, Landesbauernschaft Baden an Reichsstatthalter vom 1.2.1941.
[15] Vgl. GLA 478/49.

Abb. 4   Bergarbeiter der Doggererz-Bergbau GmbH in der Grube Stoberg

lungen fand zwar statt[16], blieb aber ohne jede Wirkung. Wer die Landwirte zu höheren Forderungen ermutigen wollte, wurde auf Anordnung des Innenministeriums massiv von der Polizei eingeschüchtert[17]. Die desillusionierten Bauern reagierten unterschiedlich auf ihren Eigentumsverlust: Viele hegten *trotz nachdrücklicher Einwirkung nicht die Absicht [...], sich mit dem Verkaufserlös andere Grundstücke zu beschaffen*[18]; andere kämpften unverdrossen gegen weitere Landabgaben an, konnten sich am Ende aber nicht durchsetzen.

Die Arbeiter

Anfangs stellte Geschäftsführer Lillig fast nur Arbeitslose aus der Region ein. Diese bekamen einen äußerst knappen Lohn, der zur Deckung des notdürftigsten Bedarfs geradeso ausreichte *(Abb. 4)*. 1935 wurden die ersten Bergleute von der Saar und von der Ruhr angeworben und bei den Landwirten in den umliegenden Dörfern untergebracht. Die Bergleute zahlten für Kost und Logis weit überhöhte Preise. In vielen Fällen erhielten sie dafür weder eine ausreichende Verpflegung noch fanden sie hygienische Verhältnisse vor. In welchem Ausmaß die örtliche Bevölkerung an den Bergarbeitern verdienen konnte,

---

[16] StadtA Blumberg III/4, Blumberger Landwirte an Landes- und Kreisbauernführer Donaueschingen v. 7.11.1937.
[17] GLA 478/8; Minister des Innern an Polizeidirektion Freiburg, 23.12.1937.
[18] So Schmid lt. Vermerk über die Besprechung im BMI am 29.9.1937, GLA 478/7.

zeigt das Beispiel eines Gastwirts aus Riedöschingen, dessen Anwalt nach dem Krieg erklärte, die exorbitant hohen Einkommenssteigerungen seines Mandaten beruhten darauf, dass er *viele Arbeiter, die in Blumberg und im Doggererzbergwerk beschäftigt waren, verköstigt und auf seinem Anwesen untergebracht*[19] habe.

Von ihren Einkommen konnten die Bergleute nicht leben: Tageslöhne zwischen 6,95 RM und 7,80 RM gewohnt, waren sie von Lillig mit einem Lohnangebot von 6 bis 7 RM nach Blumberg gelockt worden. Tatsächlich wurde nur der Mindestlohn von 4,25 RM ausbezahlt. Das Arbeitsamt Villingen bescheinigte diesen Einkommenshöhen, dass sie *naturgemäss für die ledigen Arbeitskräfte schon das äusserste Mass des Zumutbaren darstellen, während verheiratete Leute ihre und ihrer Familien Existenz auch bei Weitergewährung von Sozialleistungen [...] nicht mehr zu bestreiten vermögen*[20].

Die Arbeitsbedingungen waren extrem schlecht: Für 250 Bergleute gab es bis zum Herbst 1935 weder Waschkauen noch Wirtschafts- oder Unterkunftsbaracken. Die Arbeiter beschwerten sich bei den Behörden und forderten ihre Werksleitung monatelang zur Abhilfe auf. Geschäftsführer Lillig verhinderte über den badischen Ministerpräsidenten Walter Köhler und Innenminister Karl Pflaumer (1896–1971), dass die Deutsche Arbeitsfront Kontrollbesuche im Werk durchführen konnte[21]. Im Wesentlichen ging der Widerstand von den gut organisierten Saarkumpel aus, während die eher anspruchslosen Einheimischen dankbar für die neuen Arbeitsplätze waren. In der Folge kam es zu einer Spaltung der Belegschaft, in der sich die beiden Gruppen gegenseitig Faulheit vorwarfen. Da Lillig keinerlei Anstalten traf, die Missstände zu beheben, stellte das Arbeitsamt Villingen nach vergeblichen Mahnungen die Transporte von Bergarbeitern aus der Saar ein. Lillig beschwerte sich daraufhin bei Hitlers Wirtschaftsberater Wilhelm Keppler (1882–1960), beim Reichsarbeitsminister und beim Präsidenten der Reichsanstalt für Arbeitsvermittlung. Der Bergingenieur führte den Widerstand der Saarkumpel nicht auf die von ihm zu verantwortenden Verhältnisse zurück, sondern auf *das Gehetze* einzelner staatsfeindlicher Individuen und forderte die Gestapo im Oktober 1935 dazu auf, *hier säubernd einzugreifen und Sorge dafür zu tragen, dass solche Elemente unschädlich gemacht werden*[22].

Wie die Dinge wirklich lagen, schildert ein Bericht des Arbeitsamts Villingen. Dessen Leiter notierte im Oktober 1935: *Die Arbeitnehmer machen offen gestanden einen so abgerissenen Eindruck, dass es wunder nehmen muss, dass überhaupt die Arbeit noch weiter durchgeführt wird und dass noch keine offene Revolte ausgebrochen ist. An dem Arbeitswillen der Gefolgschaft besteht m[eines] E[rachtens] kein Zweifel*. Die Ursache für die Misere sei vielmehr auf die *Verständnislosigkeit der Betriebsführung* zurückzuführen. Daher müsse gesagt werden, *dass auf die Dauer die bestehenden Zustände untragbar sind*[23].

---

[19] StAF D 180/2-161360. Das Jahreseinkommen stieg von 2.295 RM (1935) auf 17.329 RM (1939).
[20] LGRB 41/1, Arbeitsamt Villingen an Bad. Finanz- und Wirtschaftsministerium, 24.10.1935.
[21] GLA 478/49, Vermerk Lillig vom 17.12.1935.
[22] LGRB 41/1, Vermerk Lillig »Arbeitsmarktlage [...]« vom 2.10.1935.
[23] LGRB 41/1, Arbeitsamt Villingen an Badisches Finanz- und Wirtschaftsministerium, 24.10.1935.

Abb. 5   An Karfreitag 1940 ereignete sich mit 6 Toten der schwerste Bergunfall in der Geschichte der Blumberger Mine. Im Bild die aufgebahrten Särge der Opfer am Grubenmund

Auch die Gestapo untersuchte die Sache und befand, die Bergleute hätten in Blumberg Arbeitsbedingungen vorgefunden, *die in einem nationalsozialistischen Deutschland unmöglich sein sollten.* Deshalb sei es *erklärlich und menschlich durchaus verständlich, dass die Arbeiterschaft ihrer Empörung über die schlechten Arbeitsverhältnisse offen zum Ausdruck*[24] bringe. Angesichts dieser Erkenntnisse blieb die von Lillig geforderte Säuberung aus. In ihrem Lagebericht[25] vermerkte die Gestapo allerdings doch, dass sich Ansätze kommunistischer Zersetzungszellen im Blumberger Bergwerk bemerkbar machten.

Positive Folgen für die Arbeitsbedingungen hatten die behördlichen Analysen freilich nicht. Die Betriebsleitung regierte jahrelang mit harter Hand und rief die Gestapo immer wieder zu Hilfe, weil sie den Ausbruch organisierter Streiks, politischer Demonstrationen oder sonstiger Unruhen befürchtete. Der Karlsruher Polizeibeamte Denecke stellte Ende 1938 jedoch fest, solche Meldungen hätten sich bei einer Nachprüfung sämtlich als falsch oder stark übertrieben herausgestellt. Allerdings herrsche unter der Belegschaft eine dauernde Unzufriedenheit und Missstimmung. Die Arbeiter brächten keinerlei Verständnis dafür auf, dass sie beim Vorbringen ihrer Wünsche angebrüllt und hinausgeworfen wür-

---

[24] So rückblickend der Bericht von Kriminalkommissar Denecke vom 15.12.1938, LGRB 9 A/88.
[25] J. SCHADT, Verfolgung und Widerstand unter dem Nationalsozialismus in Baden. Die Lageberichte der Gestapo und des Generalstaatsanwalts Karlsruhe 1933–1940, Stuttgart 1976, S. 164.

Abb. 6 Als Folge des Unfalls besuchte NSDAP-Reichsorganisationsleiter Robert Ley Blumberg am 10. April 1940. V.l.n.r., 1. Reihe: Grubenbetriebsleiter Karl Breiing, Bergwerksdirektor Dr. Hans Bornitz, Robert Ley, Donaueschingens Kreisleiter Walther Kirn, Blumbergs Bürgermeister Theo Schmid; 2. Reihe Betriebsobmann Karl Kurz, Leys Adjutant Witteler, Leys Pressereferent Kiehl, angeschnitten Reichsfachamtsleiter Stein

den, dass die Zahl der Betriebsunfälle äußerst hoch sei und dass das Wort »Volksgemeinschaft« für sie anscheinend keine Geltung habe. Schuld trage nicht nur die Werksleitung, sondern auch Behörden und Parteiinstanzen, die dem *amerikanischen Aufbautempo* nicht gewachsen seien: *Es wäre hier Sache der Partei gewesen, rechtzeitig einzugreifen und durch geeignete Massnahmen eine Werkgemeinschaft im nationalsozialistischen Sinne herzustellen*[26].

Die Zahl der tödlichen Unfälle blieb in Blumberg extrem hoch: Binnen 4 Jahren starben 21 Kumpel. Um rasche Fördererfolge zu erzielen, wandte die Minengesellschaft eine neue Abbaumethode an, den »Wanderpfeilerbruchbau« *(Abb. 5–6)*. Die deutschen Bergämter begegneten der *an sich nicht ungefährlichen Abbaumethode*[27] zunächst mit Widerstand, der seitens der badischen Instanzen auch 1937 noch anhielt. Die Doggererz-Bergbau GmbH kritisierte deshalb das Karlsruher Bergamt gegenüber den Berliner Behörden, was dazu beigetragen haben dürfte, dass der unbequeme Chef der Badischen

---

[26] LGRB 9 A/88, Bericht Kriminalkommissar Denecke v. 15.12.1938.
[27] LGRB 1/28, Leiter der badischen Bergpolizei, Hermann Ziervogel, an Hermann Reusch, 29.2.1936.

Bergpolizei, Oberbergrat Dr. Hermann Ziervogel (1883–1963), vorzeitig abgelöst wurde. Dessen Nachfolger vertrat dann Ende 1938 die staatspolitisch erwünschte Meinung, dass der Wanderpfeilerbruchbau beim Doggererz *ohne Gefahrenerhöhung*[28] realisierbar sei.

Von der Deutschen Arbeitsfront konnten die Bergleute keine Hilfe erwarten. Ihr Kreisobmann Robert Lucas (1901–1945) war ein brutaler, anmaßender Alkoholiker. 1939 teilte die Gestapoleitstelle Karlsruhe dem Innenministerium mit, Lucas bringe wenig Verständnis für die sozialen Probleme der Bergleute auf. Vom Sicherheitsdienst der SS werde er *als willenloses Werkzeug der Doggererzbergbau G.m.b.H.* bezeichnet. Blumberg sei im Saarland als regelrechte *Strafkolonie* berüchtigt[29].

Die Gemeinde Blumberg

Anfangs war der Ort nicht für den Bau einer geschlossenen Bergarbeitersiedlung vorgesehen. Gauleiter Wagner fürchtete das Unruhepotential der oft systemkritischen Kumpel. Über den Vierjahresplan ordnete das Reich 1937 dann aber doch ein Wohnungsbauprogramm für Blumberg an, das bis zu 2.000 Einheiten umfassen sollte. Die Erschließungskosten für die ersten 948 Wohnungen betrugen 936.200 RM (*Tafel 2*). Blumberg nahm 1936 aber nur rund 22.000 RM Steuern ein. Den ersten Bauabschnitt konnte die Gemeinde noch mit einem außerordentlichen Holzhieb finanzieren; danach waren ihre Mittel erschöpft. Das badische Innenministerium sah das Reich nun in der Pflicht; das Reich verwies demgegenüber auf die Zuständigkeit der überforderten Gemeinde. Erst nach zahllosen Konferenzen einigte man sich im Juni 1938: Widerstrebend sagte das Reich zu, für die Erschließungskosten in Vorlage zu treten: *Die Gemeinde werde zunächst nicht Schuldner; erst später werde festgelegt, ob eine darlehensmäßige Belastung erfolge oder die Beiträge als Zuschüsse gewährt werden*[30]. Bis zum 15. Mai 1940 flossen über 7,7 Mio. RM in den Ausbau der Blumberger Infrastruktur, wovon das Reich rund 4,3 Mio. RM übernahm. Woraus sich später die Gemeinde hätte refinanzieren sollen, blieb offen. 1939 steuerte das verlustreiche Bergwerk ja nur 6.400 RM zum Blumberger Haushalt bei, dessen laufende Ausgaben 280.000 RM betrugen. Auch die 1940 eingeführte Lohnsummensteuer erbrachte lediglich 77.000 RM Mehreinnahmen.

Maßnahmen zur Realisierung des Blumberger Rüstungsprogramms

Die Personalbeschaffung

Bis 1940 benötigte die Minengesellschaft rund 1.600 Bergleute. Da sie nur niedrigste Löhne zahlte, gab es kaum Bewerbungen. Der Saarindustrielle Hermann Röchling (1872–1955) und der saarländische Gauleiter Josef Bürckel (1895–1944) lösten das Pro-

---

[28] C. SPANNAGEL, Erfahrungen mit Bruchbau im badischen Doggererzbergbau, in: Glückauf 74 (1938), S. 953.
[29] GLA 478/11, Gestapoleitstelle Karlsruhe an Minister des Innern, 28.2.1939.
[30] GLA 478/9, Vermerk des Ministers des Innern über die Besprechung mit Berliner Ministerien am 21./22.6.1938.

blem mit Zwangsrekrutierungen. Um missliebige Kumpel zu bestrafen, die beim Saarreferendum 1935 gegen den Anschluss an Deutschland gestimmt hatten, aber auch um arbeitslose Parteigänger unterzubringen, sprachen die staatlichen Saargruben 1937 etwa 1.300 Bergarbeitern die Kündigung aus. Die Entlassenen hatten kaum eine andere Wahl, als nach Blumberg zu gehen, wo sie Lohnabschläge von mindestens 25 % hinnehmen mussten. Auch missliebige Arbeitslose gerieten in dieses System einer zwangsweisen Personalbeschaffung. Die Gauleitung Baden versuchte im Sommer 1937 vergeblich, den Zuzug von Systemgegnern mit dem Argument zu stoppen, *daß gerade der angrenzende Kanton Schaffhausen stark kommunistisch durchsetzt ist, so daß grösste Vorsicht bei der Auswahl der Siedler in Blumberg angebracht erscheint. Es möchte jedenfalls vermieden werden, daß in Blumberg eine Zelle entsteht, die im Sinne ausländischer Kommunisten arbeiten könnte*[31]. Bereits zum Jahresende 1937 bestand die 724 Personen starke Belegschaft des Blumberger Bergwerks zu über 61 % aus Saarländern; einheimische Kräfte rangierten mit knapp 24 % nur noch an zweiter Stelle[32].

Die Lebensumstände der Zugezogenen waren trist: Da in Blumberg bis in den November 1937 hinein keine einzige Wohnung bezugsfertig geworden war, mussten die verheirateten Bergleute ihre Familien in der Heimat zurücklassen und zu den Junggesellen in die Baracken ziehen. Dort wohnten 1937 44 % der Belegschaft; 20 % der Insassen waren vorbestraft. Sie alle standen unter der Knute des Lagerleiters Michl Huber (1890–1942), eines brutalen SS-Hauptsturmführers, der sich 1932 an einem Sprengstoffanschlag gegen die Polizeidirektion von Baden-Baden beteiligt hatte. Huber hielt das Lager in derart straffer Zucht, dass ein Zeitzeuge später von *Terror* sprach[33]. Die Barackenbewohner zahlten für Unterkunft und Verpflegung eine RM pro Tag, fanden aber kaum erträgliche Zustände vor *(Abb. 7)*. Die Quartiere waren verwanzt und verlaust; ständig fielen die warmen Mahlzeiten aus, weil die Trinkwasserversorgung überfordert war. Toiletten gab es viel zu wenige. So klagte Theodor Schmid 1936, es sei *ein Begehen der Grundstücke und auch zum Teil des Waldrandes in der Nähe der Baracken ohne schmierige Schuhe zu bekommen, fast nicht mehr möglich*[34].

1937 stellte der katholische Blumberger Pfarrer Karl Hüfner (1902–1981) fest, viele der Zugezogenen seien *verbittert, weil sie wandern mussten und wollen vorerst überhaupt von nichts wissen. Sie sind unzufrieden*[35]. Die Bergarbeiter-Familien waren meist kinderreich und bitterarm. Ihre erbärmliche Haushaltsausstattung wurde zum Gegenstand einer mitleidigen Berichterstattung, in der die Nationalsozialistische Volkswohlfahrt (NSV) publizistische Triumphe ihres Wirkens feiern konnte[36]. Eilends grub die NSV kirchlichen Aktivitäten das Wasser ab und baute bis 1939 in Blumberg eine Schwesternstation, einen Kindergarten und ein Säuglingsheim. Die katholische Kirche und ihre Sozialeinrichtungen wurden in dieser prestigeträchtigen Angelegenheit an den Rand ge-

---

[31] BArch Berlin R 3901/20217, Reichsstelle für Raumordnung (Kerrl) an Präsidenten der Reichsanstalt für Arbeitsvermittlung vom 19.6.1937.
[32] StadtA Neunkirchen, Bestand DAG.
[33] Eidesstattl. Aussage Julius Peter vom 20.11.1946, Privatbesitz.
[34] StadtA Blumberg III/4, Schmid an DBG vom 8.12.1936.
[35] Archiv des Erzbischöflichen Ordinariats Freiburg B4/1066, Bericht Hüfner an Erzbischöfliches Ordinariat Freiburg vom 28.9.1938.
[36] Schwarzwälder Tagblatt vom 18.10.1938.

Abb. 7   Wohnen in der Einöde: die Barackensiedlung der Doggererz AG

drängt. Ihre Helfer, wie etwa den Apotheker Alfred Bausch (1889–1985), einen trotz seiner Parteizugehörigkeit gläubigen Katholiken, strafte Theodor Schmid mit Boykott und Verachtung. Der Blumberger Ortsgruppenleiter und das Innenministerium[37] sahen in den Bergleuten ein parteifernes Gefahrenpotential mit charakterlichen Defiziten, das man kirchlichem Einfluss entziehen und durch eine Mischung aus Indoktrination und Wohltaten auf den rechten Weg bringen musste. 1942 brüstete sich Schmid, er habe *in aufopfernder, unermüdlicher Arbeit* die *wurzel- und heimatlosen* Saarländer, die *dem NS-Staat in keiner Weise verbunden* gewesen und *unter der französischen Fremdherrschaft völlig haltlos geworden* seien, an *ein geregeltes Arbeiten* und *eine ordentliche Lebensführung* gewöhnen können, *wobei es sich ausserordentlich vorteilhaft auswirkte, daß der Endesunterzeichnete nicht nur als Bürgermeister, sondern auch als Ortsgruppenleiter der NSDAP. tätig sein konnte*[38].

Der Wohnungsbau

Der Blumberger Arbeiterwohnungsbau fügte sich in den Rahmen eines staatlichen Gesamtprogramms, das Bestandteil des Vierjahresplans war *(Abb. 8)*. Die Organisation des Vorhabens lieferte ein besonders abschreckendes Beispiel nationalsozialistischer Polykra-

---
[37]   GLA 478/8, Minister des Innern an Reichsstatthalter, 12.1.1938.
[38]   StadtA Blumberg 793.53, Denkschrift Schmid vom 30.4.1942.

Abb. 8   Bergarbeitersiedlung Blumberg um 1940. Im Vordergrund rechts der östliche Rand des alten Dorfs

tie: Die Ermittlung des Bedarfs und die Vorgabe der Erstellungstermine lagen in den Händen des 1936 errichteten Amts für deutsche Roh- und Werkstoffe, das sich innerhalb der Vierjahresplan-Behörde mit der Geschäftsgruppe Arbeitseinsatz abstimmen musste. Auf staatlicher Ebene war das Reichsarbeitsministerium für das Siedlungswesen zuständig; seit 1935 förderte es den Bau von sogenannten Volkswohnungen durch die Vergabe öffentlicher Kredite. Ein weiterer Beteiligter war das Reichsheimstättenamt, eine Institution der NSDAP und der Deutschen Arbeitsfront (DAF). Gegen die Vorbehalte mehrerer Reichsministerien[39] übertrug Hermann Göring Ende 1936 die Zuständigkeit für die Planung und die Realisierung des reichsweiten Arbeiterwohnstättenbaus auf die DAF und ihr Heimstättenwerk. Die DAF schuf ihrerseits eine Zentralstelle für den Vierjahresplan, der die zentrale Betreuung und Durchführung des Programms oblag.

Diese multipolare Struktur aus Staats- und Parteidienststellen, die sich eifersüchtig um Kompetenzen stritten, existierte auch in Baden. Dem Karlsruher Gauheimstättenamt stand das Innenministerium gegenüber, dessen Bau- und Wohnungsabteilung von Ministerialrat Dr. Eugen Imhoff (1876–1951) geführt wurde. Mit der Badischen Landeskreditanstalt für Wohnungsbau stand dem Ministerium ein eigenes Instrument zur Durchsetzung und Finanzierung der wohnungsbaupolitischen Ziele des Landes zur Verfügung, das den Ansprüchen vollauf genügte. Dennoch sah sich das Land Baden, vor al-

---

[39] R. Hachtmann, Das Wirtschaftsimperium der Deutschen Arbeitsfront 1933–1935, Göttingen 2012, S. 442.

lem auf Druck des Reichsarbeitsministeriums, das den gleichgelagerten Plänen der Heimstättenorganisation zuvorkommen wollte, im Herbst 1936 genötigt, gemeinsam mit dem Reich eine Betreuungsgesellschaft für den stockenden Kleinsiedlungsbau zu gründen, die als »Badische Heimstätte GmbH« in das Handelsregister eingetragen wurde. Den Aufsichtsratsvorsitz übernahm der badische Innenminister Pflaumer; die Geschäftsführung oblag Diplom-Kaufmann Dr. Paul Wirths (1901–1973). Der Badischen Heimstätte fiel nach Verkündung der wohnungsbaupolitischen Ziele des Vierjahresplans kraft dank ihrer schieren Existenz die Rolle eines Projektentwicklers für den Arbeitersiedlungsbau auf der Baar zu. Der Badischen Landeskreditanstalt für Wohnungsbau oblag die Funktion einer Bewilligungsbehörde gegenüber einem Bauträger, der erst im Sommer 1937 als »Siedlungsgesellschaft für das Doggererzgebiet Oberbaden GmbH« gegründet wurde. 60 % der Geschäftsanteile hielt das Reich. Im Ergebnis reduzierte sich die Funktion des für den Wohnungsbau im Lande zuständigen Karlsruher Innenministeriums auf die eines schlecht informierten und verzweifelt um Einfluss ringenden Erfüllungsgehilfen für die DAF.

Zahllose Kompetenzkonflikte und Probleme behinderten den Baufortschritt. Lange fehlten ein Bauträger und exakte Vorgaben über den Umfang des Bauprogramms. 18 Monate lang stritten sich Reich und Land über die Verteilung der Baukosten. Im Sommer 1937 hielt das Badische Innenministerium dem Berliner Rohstoffamt vor, dass es nur *unter einem kaum vorstellbaren Aufwand von Verwaltungsarbeit möglich gewesen* sei, die Finanzierung der ersten 400 Wohnungen sicherzustellen. Werde das bestehende Kompetenzchaos nicht beseitigt, so halte man es für *ausgeschlossen, die noch vor uns liegenden Aufgaben zu bewältigen*[40]. Göring kam im August 1937 nicht umhin, der DAF den 1936 erteilten Auftrag zu widerrufen und dem Badischen Innenministerium die Leitungskompetenz zu übertragen. Damit waren die gröbsten Organisationsmängel zwar beseitigt, doch haperte es nun an anderer Stelle: Wegen des ab 1938 stark zunehmenden Material- und Arbeitskräftemangels wurden die letzten von insgesamt 948 Wohnungen in Blumberg erst 1941 fertiggestellt.

Die Häuser waren winzig: Nach den Vorstellungen der DAF sollten in die 42 m² großen Erdgeschosswohnungen, bestehend aus einer Wohnküche und zwei Schlafräumen, vor allem Großfamilien mit fünf bis acht Kindern einziehen *(Abb. 9)*. Der Bauträger hielt dem erfolgreich entgegen, dass es *aus sozialen und gesundheitlichen Gründen unmöglich sei, kinderreiche Familien in die viel zu kleinen Wohnungen des I. Bauabschnitts hineinzuzwängen*[41]. In die Erdgeschosswohnungen zogen daher »nur« Familien mit maximal drei Kindern ein. Größere Familien erhielten 2 Räume mehr. Bäder gab es nicht – aber große Gärten, in denen die unterbezahlten Bergleute während ihrer Freizeit Gemüse anbauen sollten, damit sie und ihre Familien ernährungsmäßig einigermaßen über die Runden kamen.

Die Qualität der ungedämmten Häuser war miserabel. In kürzester Zeit erwiesen sich viele als Sanierungsfall. 1940 stellte ein Gutachter fest: *In den ungeheizten, bzw. nicht heizbaren Räumen hängen die Tapeten von den Wänden. Letztere sind feucht und schimmelig. An Möbeln sind Schubladen nicht zu bewegen und durch Werfen von Schranktüren*

---

[40] GLA 478/7, Minister des Innern an Rohstoffamt, 16.8.1937.
[41] Ebd., Vermerk Badische Heimstätte GmbH (Wirths) vom 4.11.1937.

Abb. 9   Im Blumberger Neubaugebiet

entstehen erhebliche Schäden[42]. Mehrere Wohnungen befanden sich in gesundheitsgefährdendem Zustand, so dass der Landrat sie räumen ließ. Die Beteiligten schoben sich daraufhin gegenseitig die Schuld zu: 1941 warf der stark unter Druck geratene Bauträger der Minengesellschaft vor, sie habe ja *an der Festlegung der Baukonstruktion, usw. maßgeblich mitgewirkt; allerdings wie wir ausdrücklich hervorheben, nicht mit dem Ziel, die Pläne und Baukonstruktionen zu verbessern, sondern sie zu verkleinern und zu verschlechtern, um durch die hieraus erhofften Ersparnisse die* Höhe der Werkdarlehen herabmindern zu können. Ihr damaliger *Aufsichtsratvorsitzer, Herr Kommerzienrat Röchling, hat sogar mehrfach uns gegenüber und in allgemeinen Sitzungen erklärt, daß die von uns errichteten Bauten und Wohnungen für die Bedürfnisse der Bergarbeiter zu üppig seien, und auf wesentliche Einsparungen, die nur auf Kosten der Qualität der Bauten gehen konnten, gedrängt*[43].

Die (unterbliebene) Anpassung der Versorgungsinfrastruktur

Die Versorgung der stark wachsenden Bevölkerung mit Waren und Dienstleistungen war prekär. Ende 1936 besaß Blumberg eine einzige Metzgerei, zwei Bäckereien, drei Lebensmittelgeschäfte und vier Gaststätten. Im April 1938 lagen lediglich sechs Bauanträge für Geschäftshäuser bei der Gemeindeverwaltung vor; einen Monat später wurde an vier Projekten gebaut, was bei weitem nicht ausreichte, um den örtlichen Bedarf zu decken. Zwar

---

[42] StadtA Blumberg II/1, Gutachten Architekt Wurm v. 22.11.1940.
[43] Siedlungsgesellschaft für das Doggererzgebiet Oberbaden an DAG v. 6.5.1941, GLA 478/32.

gab es Bewerber für rund drei Dutzend weiterer Objekte, doch konnten diese nicht realisiert werden, weil die Straßenführungen noch nicht feststanden. Als dies im Spätsommer 1938 endlich der Fall war, wurden Baustoffe und Arbeitskräfte kontingentiert. Der Westwallbau und andere Rüstungsprojekte erwiesen sich als überlegene Konkurrenten im Kampf um die knappen Ressourcen. Für die Blumberger Investitionsvorhaben fehlten die nötigen 189 t Eisen und 1.080 m³ Holz. Bürgermeister Schmid forderte Abhilfe beim Innenministerium ein, löste aber nur eine Kontroverse zwischen den Behörden in Karlsruhe und Berlin aus[44]. Da es nicht gelang, die Zahl der Geschäfte bedarfsgerecht zu erhöhen, entstand nach Kriegsbeginn eine dramatische Lage: 1940 stellte ein Bericht fest, das neu eingeführte Abgabesystem gegen Lebensmittelmarken verzögere die Bedienung der Kunden derart, dass es nicht selten vorkomme, dass die Hausfrau bei Heimkehr des Bergmanns noch kein Essen habe zubereiten können oder dass das Feuer ausgegangen sei und der Bergmann mit den heimgekehrten Schulkindern in der kalten Wohnung sitzen müsse[45].

Nicht besser sah es bei der öffentlichen Infrastruktur aus: Ende Oktober 1939 übergab die Minenleitung Gauleiter Robert Wagner ein Memorandum, in dem sie die Zustände in Blumberg hart kritisierte. Das Papier bemängelte, dass eine höhere Schule ebenso fehle wie ein Krankenhaus, über das seit 18 Monaten ergebnislos verhandelt werde. Dringlich sei auch der Bau einer Badeanstalt, einer Gemeinschaftshalle und eines Schlachthauses, damit die Schlachtungen nicht mehr in einer Autogarage stattfinden müssten. Zudem existierten weder eine ausreichende Trinkwasserversorgung noch eine leistungsfähige Abwasserkanalisation oder eine Kläranlage. In Blumberg sei keine einzige Straße mit Sorgfalt ausgeführt oder zu Ende gebaut worden. Dadurch werde der Verkehr gefährdet und das Gesamtbild der Stadt unzumutbar herabgewürdigt[46].

Im Februar 1940 teilte der Generalbevollmächtigte für das Bauwesen endlich 130 t Eisen und 400 m³ Holz für den Bau eines Schulhauses, von 12 Geschäften und der Blumberger Wasserversorgung zu, doch blieb die entscheidende Frage der Kriegswichtigkeit, ohne die der Bau nicht begonnen werden konnte, ungeklärt. Die Doggererz AG drängte die badische Regierung im März 1940 zu mehr Engagement[47], ging ihr damit aber derart auf die Nerven, dass man in Karlsruhe beschloss, solche Demarchen aus Blumberg künftig zu ignorieren[48]. Die Firmenleitung wandte sich daraufhin an NSDAP-Reichsorganisationsleiter Robert Ley (1890–1945). Dieser verkündete vollmundig, *sich für die Belange des Werkes und der Stadt persönlich einzusetzen*[49], doch folgten seinen Ankündigungen keine Taten

Angesichts des kriegsbedingt zunehmenden Bergarbeitermangels und neuer, für die Zeit nach dem Endsieg entwickelter Konzepte, denen zufolge ausländische Zwangsarbeiter die gelichteten Reihen füllen sollten, gerieten die städtebaulichen Planungsgrundlagen dann vollends ins Wanken. So notierte im März 1941 das Karlsruher Innenministe-

---

[44] Vgl. GLA 478/9 und 10.
[45] StadtA Blumberg III, Bericht Badische Heimstätte, Geschäftsstelle Blumberg v. 10.1.1940.
[46] LGRB 10 A/109, Denkschrift DBG v. 30.10.1939.
[47] StadtA Blumberg III/4, DBG (Bornitz) an Ministerpräsident Köhler v. 8.3.1940.
[48] GLA 478/14, Vermerk BMI (Staiger) v. 14.3.1940.
[49] StAF V 500/1, Monatbericht DAG v. April 1940.

rium: *Es ist für die ganze bevölkerungsmäßige Struktur Blumbergs und damit auch für seinen äußeren Aufbau nicht gleichgültig, ob Blumberg auf der Basis einer rein deutschen, oder wenigstens in überwiegendem Maße deutschen Bevölkerung geplant und aufgebaut wird, oder ob auf unbestimmte Zeit damit zu rechnen ist, daß ausländische Bergarbeiter verschiedener Nationalitäten zu größerer Zahl in den Bergwerken von Blumberg arbeiten und dann auch dort untergebracht werden müssen. Glaubt man mit der letzteren Möglichkeit rechnen zu müssen, so muß man sich darüber klar werden, wie weit die behelfsmäßige Unterbringung der ausländischen Bergarbeiter in Baracken ein Dauerzustand sein soll, oder ob irgend eine andere Form der Unterbringung in Frage kommen wird, ob auch die Familien dieser Ausländer nach Blumberg geholt werden sollen und auf welche Weise räumlich das Verhältnis der deutschen Siedler und der ausländischen Arbeiter geordnet werden soll. Gerade im Hinblick auf den* sicheren Sieg Deutschlands und den *Anfall heute noch nicht übersehbarer Aufgaben nach dem Krieg* im europäischen und außereuropäischen Raum *muß mit einer Verknappung des deutschen Menschenmaterials [...] gerechnet werden*[50].

Der Endsieg blieb jedoch aus. Nach dem festgefahrenen Angriff auf die UdSSR stellte man Anfang 1941 den Infrastrukturausbau in Blumberg weitgehend ein. Nur der Ersatz des alten Schulgebäudes blieb weiterhin aktuell. Weil die Finanzierung des Vorhabens zwischen dem Reich und dem Land umstritten gewesen war, hatte man erst 1939 mit dem Bau des neuen Gebäudes beginnen können, der sich durch kriegsbedingte Mängel in der Materialzuteilung lange hinzog. Über mehrere Jahre hinweg erhielten die meisten der bis zu 600 Kinder ihren Unterricht in sechs Baracken, die eilends aufgerichtet worden waren. Erst im Frühjahr 1943 konnte in vier Erdgeschossräumen des noch an gefährlichen Baumängeln leidenden Neubaus unter provisorischen Bedingungen der Unterricht aufgenommen werden.

Stadtplanung

Die magere Bilanz der NS-Infrastrukturpolitik stand im Gegensatz zu den markigen Ankündigungen Robert Wagners, der die Ausgestaltung der Mustersiedlung *(Abb. 10)* des Vierjahresplans im September 1937 zu seiner persönlichen Sache gemacht und das von Görings Staatssekretär Paul Körner (1893–1957) wenige Wochen zuvor mit dieser Aufgabe betraute Badische Innenministerium rüde beiseite gestoßen hatte. Ganz offensichtlich bestanden zwischen dem badischen Gauleiter und Pflaumers Ministerium grundlegende Gegensätze in der Frage, wer die Projektrisiken tragen sollte. So hatte Eugen Imhoff, der Leiter der Wohnbauabteilung des Innenministeriums, in einer Sitzung mit Wagner gewarnt: *Man wisse nicht, welche Ausdehnung der Bergbau nehme und wie lange er bestehen würde, man müsse vermeiden, daß bei Einstellung des Bergbaues die erbauten Wohnungen wertlos würden und ein häßliches Torso bestehen bleibe, es handle sich um eine Aufgabe des Reichs, dieses müsse deshalb für die Finanzierung sorgen und nicht das Land Baden. Der Reichsstatthalter wies meine Auffassung sehr schroff und in einer für mich kränkenden Weise zurück; er verlangte, dass eine nationalsozialistische Mustersiedlung in Blumberg erstellt würde, er werde etwaige Widerstände, auch personeller Natur, beseitigen*[51].

---

[50] GLA 478/15, Minister des Innern an DAG, 24.3.1941 (Streichungen im Original).
[51] StAF D 180/2–700, Vermerk Imhoff vom 18.1.1946.

Abb. 10 Besichtigung der Mustersiedlung des Vierjahresplans durch Gauleiter Robert Wagner um 1938/39. V.l.n.r, 1. Reihe: Architekt Alfred Wolf, Bergwerksdirektor Dr. Hans Bornitz, Gauleiter Robert Wagner, DBG-Geschäftsführer Kurt Heyer, Donaueschingens Kreisleiter Walter Kirn, Grubenleiter Karl Breiing; 2. Reihe: Donaueschingens Landrat Rudolf Binz, Bürgermeister Theodor Schmid, DBG-Ausbildungsleiter Albert Moses

Imhoff behauptete später, diese *ungerechte und verletzende Behandlung*[52] habe ihn bewogen, 1938 seinen Posten im Innenministerium zu räumen. In der Sache setzte sich Wagner jedenfalls über die Kompetenzen von Innenminister Pflaumer hinweg und zwang ihn, den Auftrag für den Blumberger Generalbebauungsplan an den Freiburger Architekten Alfred Wolf (1892–1962) zu vergeben. Der alte »Parteigenosse« hatte nach Wagners Vorgabe den Kern der angehenden Bergarbeiterstadt *in einfacher Form* so zu gestalten, dass er *Ausdruck des nationalsozialistischen Gestaltungswillens wird*[53].

Wagner hatte seine Rechnung allerdings ohne das Reichsarbeitsministerium gemacht, aus dessen Haushalt die nötigen Mittel kommen sollten. Die Behörde pochte 1938 auf ihr Mitspracherecht und erklärte, *daß bei dem starken Einsatz von Reichsmitteln bei den Vierjahresplanbauten nur städtebaulich Vorbildliches geschaffen*[54] werden dürfe. Zu Wagners und Wolfs Verdruss ordnete das Ministerium Mitte 1938 die *Einschränkung und Umarbeitung des Gesamtbebauungsplans*[55] an. Wolf kam anschließend nur noch langsam voran, weil zwischen ihm und Karl Pfeiffer (1902–1957), dem Leiter des Referats Siedlung und

---

[52] Ebd., Imhoff an Stenz, 18.1.1946.
[53] LGRB 9 A/98, Protokoll der Behördenbesprechung vom 5.10.1937.
[54] StAF G 11/2-216, Vermerk des Ministers des Innern über die Besprechung im Reichsarbeitsministerium am 10.8.1938.
[55] GLA 478/9, Reichsarbeitsministerium an [badischen] Minister des Innern, 14.7.1938.

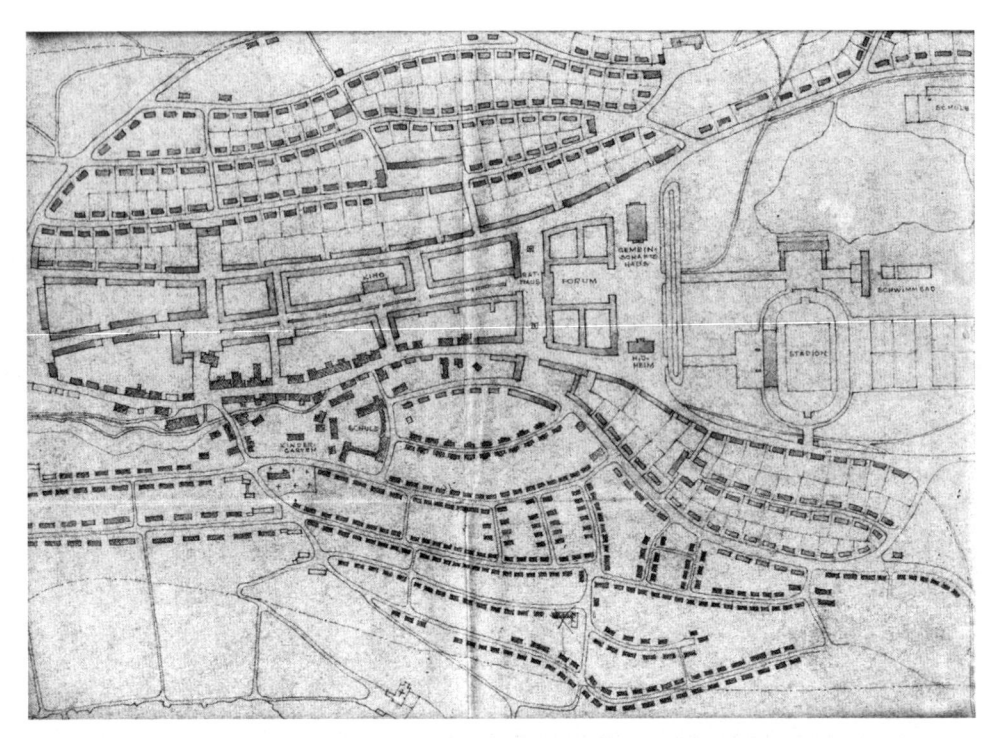

Abb. 11   Die frühe Planung des Freiburger Architekten Alfred Wolf vom November 1938 für die nationalsozialistische Mustersiedlung des Vierjahresplans. Von unten nach oben: die realisierte Bergarbeitersiedlung; dann der alte dörfliche Ortskern; das neue, städtische Zentrum mit langen Fassaden, rechts im Bild Sport- und Aufmarschplätze. Die nördliche Richtung weist nach oben

Planung im Reichsarbeitsministerium, starke Differenzen über die Ausgestaltung des Blumberger Stadtzentrums bestanden. Während Wolf die bestehende Bausubstanz weitgehend unangetastet lassen und bei der städtebaulichen Dimensionierung Rücksicht auf die kleinteiligen Strukturen des alten Bestands nehmen wollte *(Abb. 11)*, hegte Pfeiffer deutlich radikalere Pläne. Das Zerwürfnis zwischen den Architekten spitzte sich derart zu, dass das Reichsarbeitsministerium das Badische Innenministerium im Dezember 1939 aufforderte, Wolf den Auftrag für die städtebauliche Planung zu entziehen und diesen an Pfeiffer zu vergeben. Pflaumers Innenministerium musste jedoch passen, denn es befand sich in einer einflusslosen Position, da Wolf Wagners uneingeschränkte Unterstützung genoss.

Mitte 1939 fassten die Landes- und Reichsbehörden auf Wagners Wunsch den Beschluss, in Blumberg eine große Ost-West-Achse mit repräsentativen Bauten zu errichten. Im Oktober 1940 legten Parteifunktionäre die Standorte der Parteigebäude, des Gemeinschaftshauses sowie von Sport- und Freizeitanlagen in Blumberg fest. Wolf erhielt von Herbert Steinwarz, dem Leiter des Referats für NS-Gemeinschaftshäuser beim NSDAP-Reichsorganisationsamt, den Auftrag zur Ausarbeitung eines Vorentwurfs.

ZUM BEITRAG VON WOLF-INGO SEIDELMANN

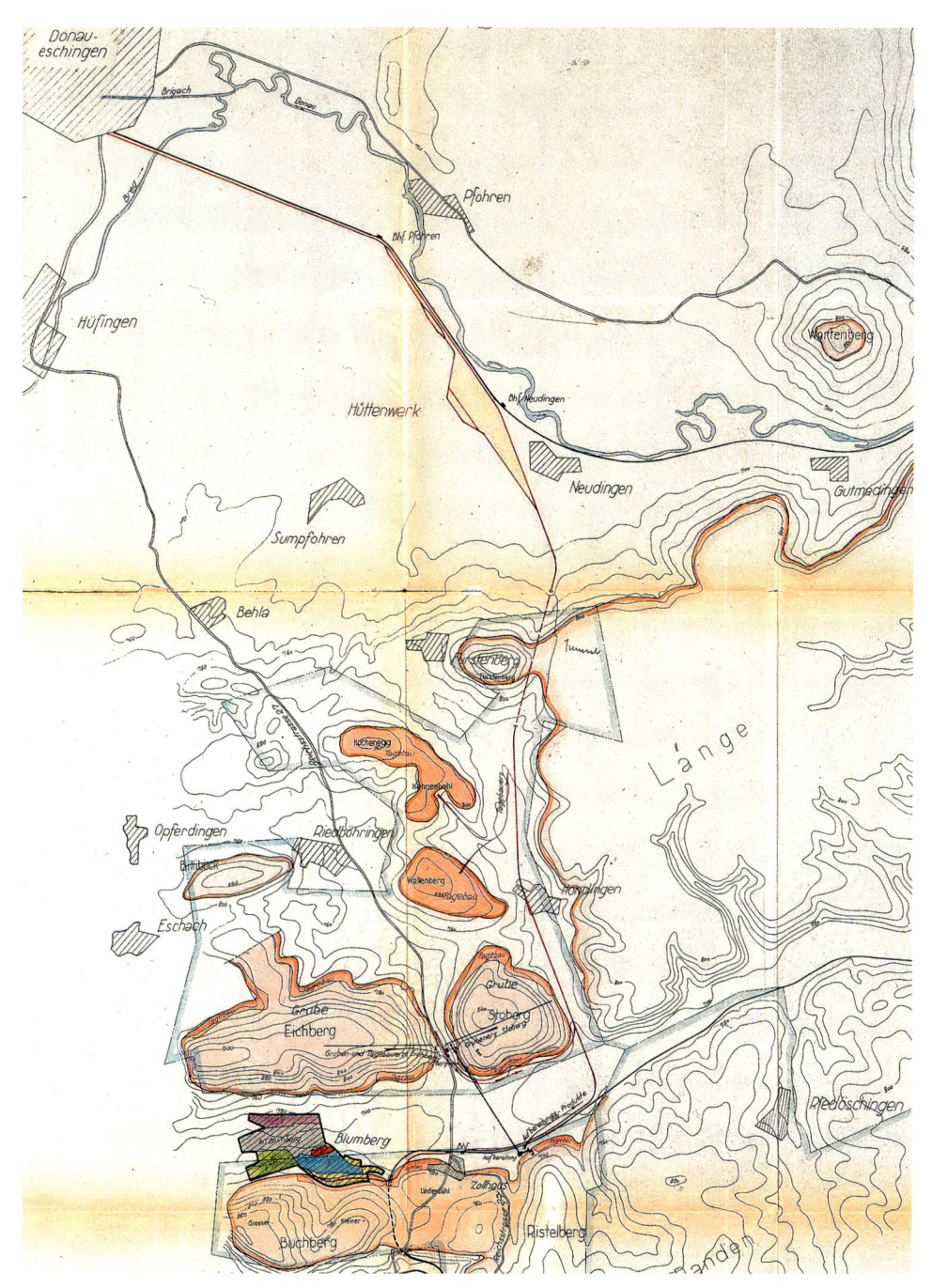

Tafel 1   Die Baar war ab 1936 ein weitläufiges schwerindustrielles Entwicklungsgebiet im Rahmen des Vierjahresplans. So wurde 1940 bei Neudingen sogar mit dem Bau eines Hüttenwerks begonnen. Die ursprüngliche Größe des Dorfs Blumberg in Grau; andersfarbig die Bergmannssiedlungen

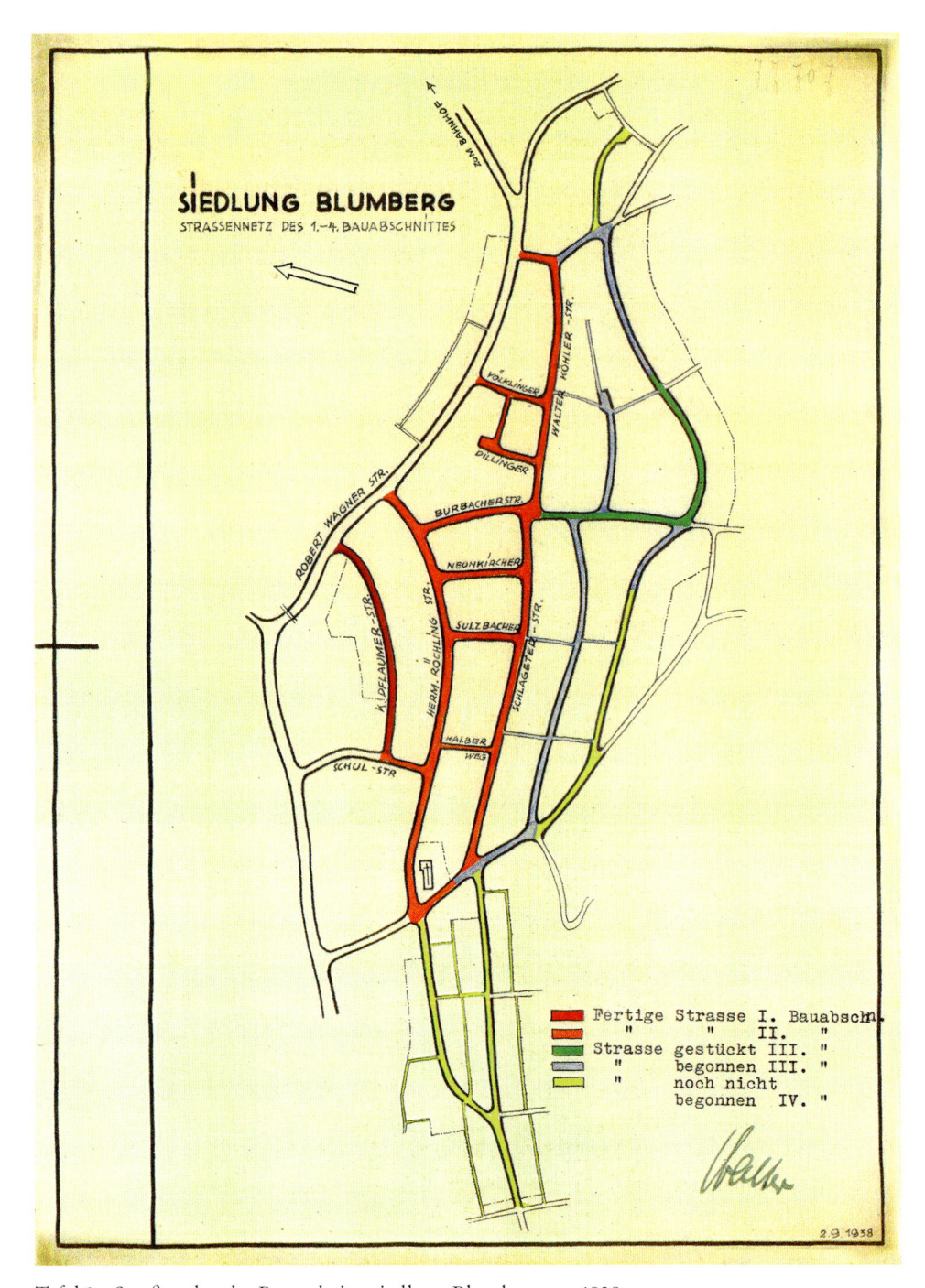

Tafel 2   Straßenplan der Bergarbeitersiedlung Blumberg um 1938

Tafel 3   Die vom Randener Künstler Bernhard Schneider-Blumberg gestaltete Fassade des Wohnhauses von Theodor Schmid

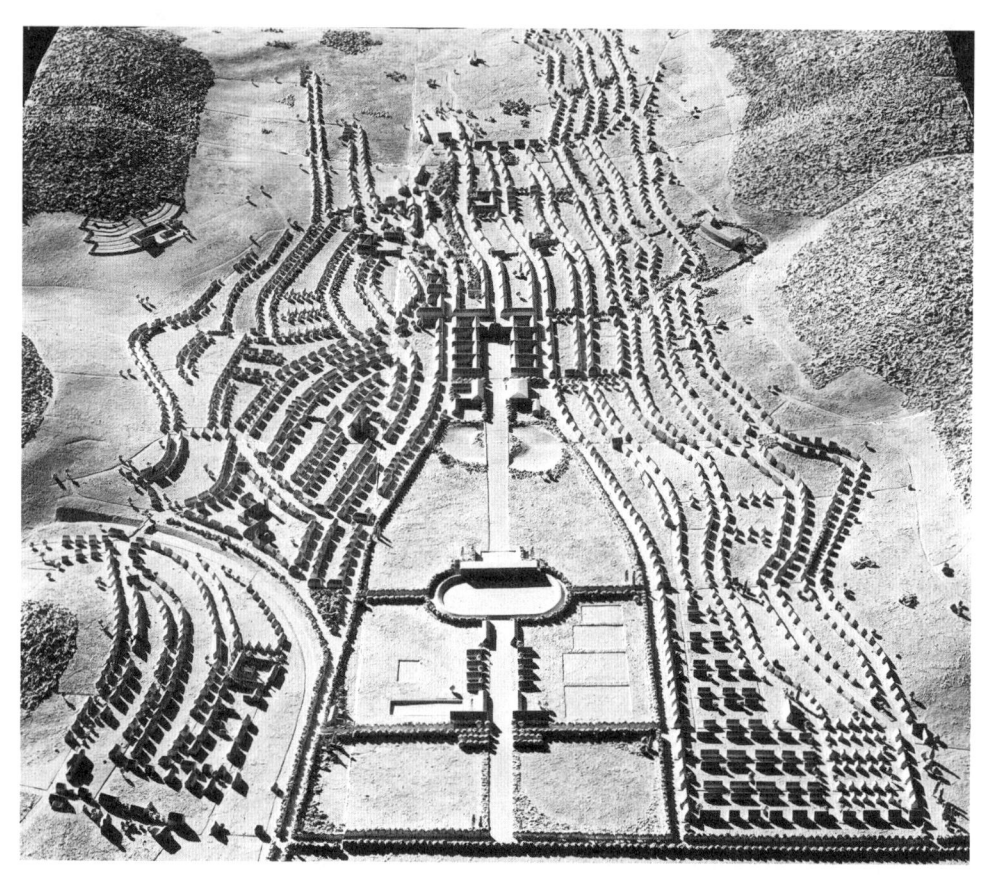

Abb. 12   Alfred Wolf, Modell des Blumberger Generalbebauungsplans, 1940, Sicht von Osten nach Westen. Wolf sah ein großes Sport- und Aufmarschareal östlich der Stadt vor. In der Bildmitte die vom Bergwerk zur Innenstadt führende Ost-West Achse. Der Stadtkern weist große, gleichförmige Baukörper aus, was vom Badischen Innenministerium als *eine Abkehr vom bürgerlichen Siedlungsbild und [...] Ausdruck einer besonders militärischen Haltung* gewürdigt wurde. In der linken Bildmitte liegt die zwischen 1937 und 1941 errichtete Bergarbeitersiedlung. Der Entwurf war zweifellos inspiriert von den Planungen Herbert Rimpls, der 1940 ähnliche Elemente für Salzgitter vorsah

Ende 1940 fand, wieder ohne Beteiligung staatlicher Behörden, die Abstimmung unter den Parteiinstanzen statt. Steinwarz erklärte, er habe Generalbauinspektor Albert Speer (1905–1981) Wolfs Entwürfe vorgelegt; nach deren Prüfung werde *eine endgültige Festlegung der durch die NSDAP-Reichsleitung zur Erstellung bezw. Finanzierung vorgesehenen Bauvorhaben erfolge[n]*[56].

---

[56]   GLA 478/17, Protokoll der Besprechung in Karlsruhe am 16.12.1940.

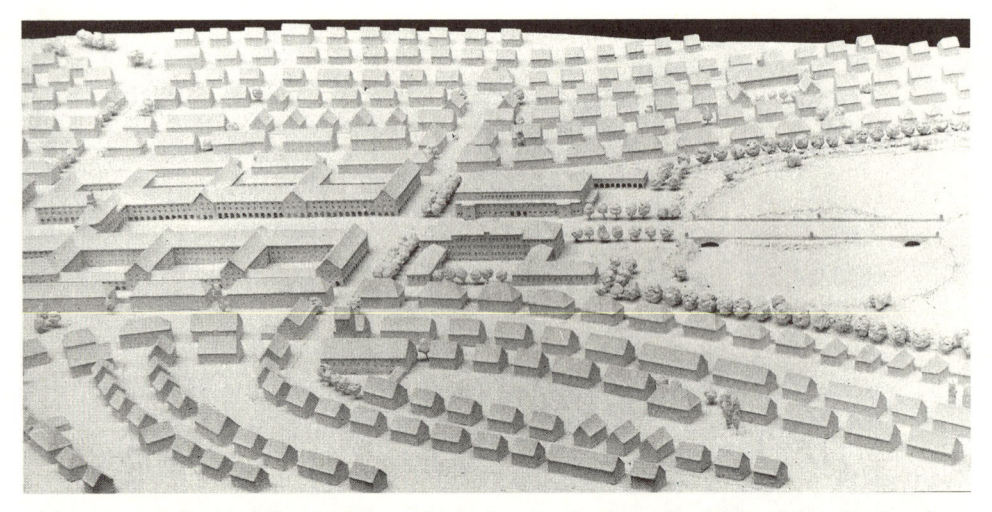

Abb. 13   Dasselbe Modell von Süden nach Norden. Das Rathaus überspannt als Brückenbau die Ost-West-Achse und trennt damit den »Alltagsraum« des alten Siedlungskerns optisch vom Bereich des Festplatzes ab. Wolf handelte sich mit diesem Konzept jedoch massive Kritik des Reichsarbeitsministeriums ein, dem die Planungen nicht großzügig genug erschienen. Parallel zur Achse stehen sich Verwaltungs- und Parteigebäude mit jeweils 120 m Fassadenlänge gegenüber. Anordnung und Größe der Bauten, die das Machtverhältnis zwischen Staat und Partei widerspiegeln sollte, waren lange umstritten

Wolf leitete daraus, dass er seine Direktiven von Speer bekam, eine derart starke Position für sich selbst ab, dass er den Ministerien erklärte, es erübrige sich deren Stellungnahme zu seinen Plänen. Das Reichsarbeitsministerium und das Badische Innenministerium liefen den Informationen Anfang 1941 nur noch hinterher und befanden sich in Unkenntnis darüber, *was der Reichsschatzmeister für die NSDAP. tatsächlich zugesagt hat oder noch zusagt*[57]. Ein gemeinsam unternommener Aufstand der beiden Ministerien gegen die Allmacht der Partei und den von ihr beauftragten Architekten Wolf endete im Mai 1941 in einem Fiasko und in der peinlichen Einsicht, dass *wir weit davon entfernt sind, die grundsätzlich maßgebenden und richtigen Forderungen der Parteistellen zu sabotieren, daß aber auch eine Beratung im einzelnen dem Erfolg seiner [gemeint: Wolfs] Planung nur förderlich sein kann*[58].

Im März 1941 stellten Architekt Wolf, Bürgermeister Schmid und der Donaueschinger Interims-Kreisleiter Arnold Haller (1894–1967) dem badischen Gauleiter Wagner und der NSDAP-Reichsleitung die Entwürfe vor. In München ordnete man einige Änderungen an, die Wolff im zweiten Quartal 1941 vollzog und, abermals gemeinsam mit Schmid und Haller, am 10. Juli 1941 Wagner präsentierte. Dieser stimmte dem sogenannten Entwurf D zu, der Baukosten in Höhe von rund 3,5 Mio RM auslöste, woraufhin sämtliche Unterlagen zur NSDAP-Reichsleitung nach München wanderten. Am

---

[57]   GLA 478/15, Aktenvermerk des Ministers des Innern (Kobe) zur Besprechung am 18.2.1941.
[58]   Ebd., Kobe an Büge, 30.5.1941.

24. Oktober 1941 setzte der neue Donaueschinger Kreisleiter Felix Elger (1911–1960) Schmid darüber in Kenntnis, dass die parteiamtliche Genehmigung zum Bau eines Gemeinschaftshauses vorliege und forderte ihn auf, *dem Ministerialdirektor Müller-Trefzer [...] von der Genehmigung des Entwurfs und der Tatsache, daß das Gemeinschaftshaus errichtet wird, [Kenntnis] zu geben*[59] *(Abb. 12–13)*. Damit wusste nun auch das zuständige Innenministerium in Karlsruhe endlich Bescheid.

Praktische Bedeutung besaßen die Planungen nicht mehr: Nach dem Angriff auf die UdSSR nahm die Wehrmacht im August 1941 den Eisenerzbezirk von Krivoy Rog ein, was nach der zutreffenden Einschätzung des Badischen Innenministeriums *eine Beschränkung der Bedeutung Blumbergs und wahrscheinlich auch auf längere Zeit eine Beschränkung in der Zahl der für Blumberg verfügbaren deutschen Bergarbeiter mit sich bringen wird*[60]. Im Oktober 1941 stellte man in einer Behördenkonferenz fest, dass wegen der kritischen Arbeitskräfte- und Baustoffversorgung an eine sofortige Realisierung der Bauten nicht mehr zu denken sei. Bürgermeister Schmid warnte vergeblich davor, *dass ein Steckenbleiben der städtebaulichen Entwicklung einen kommunalen Torso zur Folge haben würde, den als Gemeinwesen auszustatten und zu verwalten für die Gemeinde eine kaum lösbare und nicht tragbare Aufgabe bedeuten würde*[61]. Im April 1942 gab die Doggererz AG ihren Erzabbau in Blumberg auf; das Badische Innenministerium kassierte daraufhin den Planungsauftrag an Wolf und zog seinerseits den Schluss, *daß die geistigen und materiellen Grundlagen für einen großzügigen Auf- und Ausbau von Blumberg sehr in Frage gestellt sind*[62].

Abgesang

Das Scheitern der Blitzkriegstrategie vor Moskau führte Ende 1941 zu einer Rationalisierung in der deutschen Rüstungsindustrie, deren Produktion fortan auf die leistungsfähigsten Betriebe konzentriert werden sollte. Am 23. März 1942 verfügte Rüstungsminister Albert Speer die Schließung der Blumberger Grube *(Abb. 14)*; die Bergleute wurden überwiegend in den Siegerländer Bergbau zwangsverpflichtet. Ihre soziale Lage verschlechterte sich nun drastisch: Einerseits erhielten die Kumpel geringere Löhne, andererseits hatten sie die Kosten einer doppelten Haushaltsführung zu tragen, weil ihre Familien in Blumberg bleiben mussten. Vor allem kinderreiche Familien gerieten in derart große Bedrängnis, dass sie nach den Erkenntnissen der DAF *nicht einmal das Geld haben, um den Kindern überhaupt noch Brot kaufen zu können. Diese katastrophalen Zustände weiten sich immer mehr aus und es muss daher alles getan werden, um diese Zustände zu beheben*[63]. Die Gemeinde bemühte sich um eine Linderung der ärgsten Not und zahlte

---

[59] So zitiert Schmid Elger in seinem Schreiben an das Ministerium des Innern, 30.10.1941, GLA 478/17.
[60] Ebd., Vermerk des Ministers des Innern (Müller-Trefzer) über die Besprechung am 6.10.1941.
[61] GLA 478/15, Vermerk Reichsarbeitsministerium über die Behördenbesprechung am 7.10.1941.
[62] Ebd., Minister des Innern (Müller-Trefzer) an Wolf, 30.6.1942.
[63] StadtA Blumberg, Akten der nach dem Siegerland dienstverpflichteten Männer, DAF Donaueschingen an DAF Gauverwaltung, 14.8.1942.

Abb. 14 Die letzte Grubenfahrt am 27. Juli 1942 im Blumberger Bergwerk. Mittig im Förderkorb der Steiger Edgar Kießling.

2.600 RM Vorschüsse an 66 bedürftige Haushalte aus. Da die verarmten Familien ihre Miete oft nicht mehr zahlen konnten, häuften sich im Laufe des Sommers 1942 große Mietrückstände bei der Badischen Heimstätte GmbH an. Deren Geschäftsführung sprach säumigen Zahlern die Kündigung aus und schikanierte rücksichtslos die verzweifelten Bergarbeiterfrauen.

Monatelang gelang es nicht, einen Nachfolgebetrieb anzusiedeln. Die Blumberger Kaufleute litten unter dem Nachfrageausfall und machten Bürgermeister Schmid insgeheim heftige Vorwürfe. So sah sich ein Kaufmann genötigt, Schmid gegenüber zu dementieren, dass er behauptet habe, *Ihr Verhalten, um nicht zu sagen, Ihre Unfähigkeit hätte wesentlich zur Schliessung der Doggererz A-G. beigetragen*[64]. Schmid setzte die Gauleitung mit einer Denkschrift unter Druck, in der er auf das *verloren gegangene Vertrauen*[65] der Bevölkerung in das Regime hinwies. Im August 1942 ordnete das Rüstungsministerium an, dass der Hamburger Rüstungsbetrieb »Walter Kopperschmidt & Söhne«, der Plexiglas-Kanzeln für U-Boote und Flugzeuge baute, seine Produktion nach Blumberg zu verlegen habe. Anfang 1943 lief die Fertigung mit 750 Leuten an; im Mai 1944 arbeiteten 1.250 Kräfte im Betrieb.

---

[64] StadtA Blumberg IV/2, Willy Klumpp an Theodor Schmid, 20.7.1942.
[65] StadtA Blumberg 793.53, Denkschrift vom 30.4.1942.

Die Belegschaft hielt Blumberg für ein *furchtbares Nest* und kam widerwillig in die angeblich *kriminellste Gemeinde von ganz Baden*[66], wo, gemessen am hohen Bedarf, ausreichend Wohnraum fehlte. Häufig mussten sich mehrere Familien eine einzige Wohnung teilen; rund 50 Haushalte besaßen im Oktober 1943 noch gar keine eigene Unterkunft. Auch die Versorgungsinfrastruktur hielt nicht Schritt: Lange Schlangen vor den wenigen Läden prägten das Bild. Der Gemeindekasse tat die Entwicklung dagegen gut. Da Kopperschmidt – anders als das Bergwerk zuvor – gute Gewinne erzielte, stiegen die Steuereinnahmen stark an. 1943 war man erstmals seit 1937 in der Lage, einen ausgeglichenen Haushalt aufzustellen.

Bei Kopperschmidt arbeiteten 400 bis 500 Zwangsarbeiter und Kriegsgefangene. Deren Gesundheitszustand war so erbärmlich, dass Betriebsarzt Alfred Gerstner viele für arbeitsunfähig erklärte. In der Folge bekam Gerstner massive Probleme mit seinem Arbeitgeber und mit der Gestapo, die ihm *zweifelhafte Krankschreibungen*[67] vorwarf. Die Firmenleitung setzte Spitzel auf Gerstner an und wollte ihn mit Hilfe der NSDAP-Kreisleitung loswerden. Heinrich Ueberle (1905–1992), Betriebsleiter von Kopperschmidt, reklamierte später für sich, *das Schlimmste verhütet zu haben*[68], doch bezeugte 1948 der Chauffeur Andreas Sprengart, dabei gewesen zu sein, *wie besprochen wurde, daß man Dr. Gerstner zwingen müßte, vor allen Dingen den Ausländern einfach nur Rizinusöl zu verabreichen und sie wieder zur Arbeit zu schicken, gleich ob sie dabei verrecken oder nicht*[69].

Beispielloser Strukturbruch nach Kriegsende

Im April 1945 waren die Blumberger Betriebsanlagen zwar immer noch intakt, doch verboten die alliierten Siegermächte jegliche Rüstungsproduktion. 1947 beschlagnahmte die französische Militärverwaltung den größten Teil des Gebäudekomplexes und vertrieb die wenigen Hersteller von Zivilgütern. Als sie 1948 zurückkehren durften, glitten viele Betriebe nach Einführung der westdeutschen Währungsreform in die Insolvenz.

Der Zusammenbruch der einst dominierenden Rüstungsindustrie löste eine soziale Katastrophe in Blumberg aus. 1954 schilderte Bürgermeister Karl Müller die Ereignisse rückblickend wie folgt: *Hunderte von Arbeitern wurden mit einem Schlag brotlos, weitere kamen laufend aus der Gefangenschaft zurück, so dass wir nach und nach ein ganzes Heer Arbeitsloser hatten. Und eine Armut setzte ein, wie sie vielleicht kein zweiter Ort erleben musste. Um nicht zu verhungern, gingen Männer, Frauen und Kinder zum Betteln, oft kilometerweit zu den Bauern*[70].

Erst in den 1950er Jahren gelang es dem Ort, neue Industriebetriebe zu akquirieren und die Arbeitslosigkeit spürbar zu senken. Als chronisches Problem erwies sich, dass die Doggererz AG ihr Gewerbeflächenmonopol zur Erpressung nutzen konnte. Als das Rat-

---

[66] So Betriebsleiter Heinrich Ueberle rückblickend am 15.3.1990, KrASB, Kassette Ueberle.
[67] StAF D 180/2-57506, Gestapo Singen an Dr. Graf, 18.9.1944.
[68] MIETZNER (wie Anm. 1), S. 211.
[69] StAF D 180/2-57506, Erklärung Johann Peter und Andreas Sprengart vom 28.1.1948.
[70] KrASB Landratsamt Donaueschingen 1259, Bürgermeisteramt Blumberg an Regierungspräsidium Südbaden, 17.8.1954.

haus 1960 neue Arbeitgeber ansiedeln wollte, gab die Minengesellschaft zwar einen Teil ihrer ehemaligen Betriebsgrundstücke ab, doch musste ihr die Stadt im Gegenzug zahlreiche wertlose Tagebauflächen abkaufen und die darauf lastenden Rekultivierungspflichten übernehmen. Erst Ende der 1970er Jahre wurde die Doggererz AG liquidiert. Ihre Eigentümer, das Land Baden-Württemberg und die Saarhüttenwerke, erzielten Millionengewinne. Blumberg blieben die Tagebauflächen, zerstörte Landschaften, die nicht mehr rekultiviert wurden – aber auch die früheren Betriebsgebäude, in denen heute leistungsfähige Firmen tätig sind.

Ausblick

Das Blumberger Rüstungsprojekt war nicht das Ergebnis einer seriösen staatlichen Planung, sondern verlief als chaotischer und gewalttätiger Prozess, der auf die Menschen und die gewachsene Wirtschafts- und Sozialstruktur eines kleinen Bauerndorfs keine Rücksicht nahm. Die Verantwortlichen aus Wirtschaft und Politik sahen in den rechtlosen Objekten ihrer Macht lediglich eine Verfügungsmasse zur Durchsetzung eigener Ziele. Selbst in den Augen der staatstragenden Geheimen Staatspolizei sprachen die prekären Blumberger Verhältnisse der »Volksgemeinschaft«, dem sozialpolitischen Leitbild der NSDAP, ganz offen Hohn. Auch dem überzeugten Nationalsozialisten Theodor Schmid ist die Lücke zwischen Anspruch und Wirklichkeit der NS-Herrschaft nicht entgangen. Mit seinen bescheidenen Mitteln bemühte sich der Bürgermeister und Ortsgruppenleiter, grobe soziale Missstände vor Ort abzumildern. Generelle Zweifel am Kurs der Partei plagten ihn aber nicht, als er 1938 formulierte: *Bei dem gewaltigen Geschehen, das sich hier vollzieht, ist es nicht zu verhüten, dass da und dort Unannehmlichkeiten auftreten. Aufgabe ist es, von der NSDAP. und allen NS-Organisationen sich hier mit voller Tatkraft einzuschalten, sodass bei der Schaffung des für die Nation lebenswichtigen Betriebes der Aufbau des Dritten Reiches in keiner Weise gestört, sondern mit ganzer Kraft und festem Willen gefördert wird*[71].

Eine Aufarbeitung der Vergangenheit fand nach 1945 in Blumberg nicht statt. Der weitere Lebensweg Schmids ist ein Paradebeispiel für die Kontinuität der NS-Eliten. 1948 nahm der Mann seine Tätigkeit als freier Architekt wieder auf und kehrte in die Kommunalpolitik zurück. Er schloss sich den Freien Wählern an, wurde 1953 in Blumberg mit hohem Stimmenanteil zum Stellvertretenden Bürgermeister gewählt und zweimal im Amt bestätigt[72]. Im Laufe dieser Zeit verdichtete und dramatisierte Schmid seine Legende vom unpolitischen Retter Blumbergs, der das Rathaus 1933 vor der Erstürmung durch *radikale Elemente*[73] bewahrt haben will. Die Gesellschaft der 1960er Jahre, mehr um inneren Frieden denn um Sachaufklärung bemüht, beteiligte sich willig an der Verklärung einer nationalsozialistischen Karriere. 1967 erhielt Schmid auf einmütigen Beschluss des Gemeinderats die Ehrenbürgerwürde. In seiner Laudatio bescheinigte ihm Bürgermeister Gerber *Lauterkeit und Warmherzigkeit* und pries ihn *als Vorbild für das*

---

[71] StadtA Blumberg III/4, Vermerk Schmid vom 4.2.1938.
[72] Donaueschinger Zeitung vom 15.3.1992.
[73] StadtA Blumberg 021.43, Lebenslauf Schmid vom 6.3.1967.

Abb. 15   Sitzungssaal des Blumberger Rathauses zur Zeit des »Dritten Reichs«. Das mittlere Bild und die Motive des geschnitzten Mobiliars stammen von Bernhard Schneider-Blumberg (1881–1956), einem in Randen geborenen Künstler, mit dem Theodor Schmid gut bekannt war

Denken und Handeln im Sinne einer Gemeinschaft[74]. Pfarrer Willi Lohr betonte, so als gäbe es die gegenteiligen Berichte der Geistlichen zur NS-Zeit nicht, *Schmid habe den damaligen kirchenfeindlichen Kurs abgemildert und die Konfessionen und Kirchen sogar unterstützt*[75]. Einer von Schmids Entlastungszeugen im Entnazifizierungsverfahren zählte ihn *zu jenen, deren Ideale in Nichts zusammensanken, bevor ihre Verwirklichung überhaupt begonnen hatte*[76]. Ob sich Schmid jemals glaubwürdig vom Nationalsozialismus distanzierte, ist unbekannt. 1975 starb er im Alter von 83 Jahren, was der Blumberger Stadtrat zum Anlass nahm, nachfolgende Generationen an seine Lebensleistung zu erinnern: Die Straße, in der er lange gewohnt hatte, wurde nach ihm benannt. In ihr prangte noch Jahrzehnte nach Schmids Tod dessen Credo in großen Lettern auf seiner Hausfassade: *Unser Glaube, unsere Liebe, unserer Hände Arbeit, Deutschland, für dich (Abb. 15, Tafel 3).*

---

[74]   Schwarzwälder Bote vom 15.3.1967.
[75]   Schwarzwälder Bote vom 16.3.1967.
[76]   Südkurier vom 16.3.1967.

Die Geschichtsschreibung zum Nationalsozialismus in Villingen-Schwenningen

VON HEINRICH MAULHARDT

Auch für Villingen-Schwenningen trifft das *bonmot* von Alaida Assmann zu: »Der Nationalsozialismus findet Stadt« – eine Formulierung, die man auch auf die Region, die Kommune oder die Dörfer beziehen könnte[1]. In den vergangenen 25 Jahren sind vom Stadtarchiv Villingen-Schwenningen sieben Chroniken von kleinen Stadtbezirken erschienen, in denen auch die Geschichte zwischen 1933 und 1945 thematisiert wird. In meinem Beitrag beziehe ich mich jedoch auf die Geschichtsschreibung zu den beiden großen Stadtbezirken Villingen und Schwenningen der im Jahre 1972 neu gegründeten Stadt Villingen-Schwenningen. Meine Untersuchungen der Geschichtsschreibung zum Nationalsozialismus berücksichtigen Monografien, in Zeitschriften publizierte Artikel, Hochschulschriften und schriftliche Beiträge von Geschichtswettbewerben, wobei Geschichtsschreibung immer dann vorliegt, wenn historische Ereignisse schriftlich festgehalten werden. Nicht berücksichtigt sind Zeitungsartikel. Zur gleichen Zeit, als die Geschichtsschreibung in Büchern und Zeitschriften zunahm, wurde das Thema auch in Zeitungsserien aufgegriffen. Die Geschichtsschreibung ist nicht die einzige Form der Vergangenheitsbewältigung im lokalen Bereich. Dazu kommen Vorträge, Schulunterricht, Ausstellungen, Vereinsjubiläen und -chroniken, die ich aus zeitlichen Gründen nicht untersucht habe. Nichtsdestoweniger sind derartige Fragestellungen eine weitere Untersuchung Wert[2].

Geschichtsschreibung bis zum Ende der 1970er Jahre

Wann der Nationalsozialismus die Städte Villingen und Schwenningen »gefunden« hat und wie die Geschichtsschreibung ihn bis heute untersucht, weist Ähnlichkeiten mit anderen ländlichen Regionen von Baden-Württemberg auf. Konstantin Huber hat in einem

---

[1] A. ASSMANN, Geschichte findet Stadt, in: CSÁKY/LEITGEB, Kommunikation – Gedächtnis – Raum. Kulturwissenschaften nach dem »Spatial Turn«, Bielefeld 2009, S. 13–27, zit. nach M. THIESSEN, Der kleine Nationalsozialismus (in diesem Band, S. 41–58).

[2] Ich danke Heinz Lörcher und Wolfgang Heitner für wertvolle Hinweise bei der Abfassung meines Textes.

Aufsatz³ die Auseinandersetzung mit dem wohl dunkelsten Kapitel deutscher Kommunen in Ortsgeschichten und Heimatbüchern des Enzkreises untersucht. Angeregt durch den Artikel von Wilfried Setzler »Die NS-Zeit im Heimatbuch – ein weißer Fleck?«⁴ kam er zu dem Ergebnis, dass seine Detailstudie mit Setzlers zufälliger Auswahl von 60 Beispielen in den Ergebnissen übereinstimmt. Huber geht noch einen Schritt weiter und betrachtet die Ergebnisse sogar als repräsentativ für Südwestdeutschland⁵.

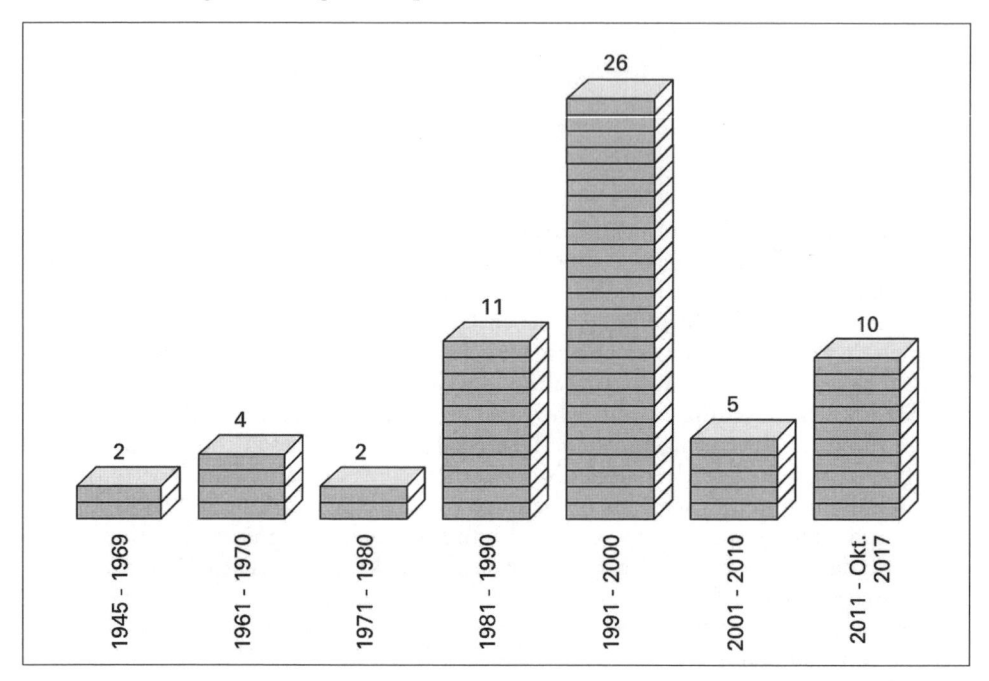

Tabelle   Monografien und Aufsätze in Publikationen zum Thema Nationalsozialismus in Villingen und Schwenningen, Stand: Oktober 2017

Was die Häufigkeitsverteilung von Beiträgen zum Nationalsozialismus anbetrifft, so korrelieren die Ergebnisse von Villingen-Schwenningen mit jenen von Huber zum Enzkreis⁶. Die Aufarbeitung des Kapitels »Nationalsozialismus« beginnt in den 1980er-Jahren und verstärkt sich in den 1990ern. Dieser Trend ist auch deutschlandweit zu beobachten. Ulrich Herbert kommt zu dem Schluss: *Tatsächlich waren die fünfzehn Jahre nach*

---
³   K. HUBER, Der Nationalsozialismus in Ortsgeschichten und Heimatbüchern des Enzkreises, in: Schwäbische Heimat 2018/1, S. 56–61.
⁴   W. SETZLER, Die NS-Zeit im Heimatbuch – ein weißer Fleck?, in: M. BEER (Hg.), Das Heimatbuch. Geschichte, Methodik, Wirkung, Göttingen 2010, S. 203–220.
⁵   HUBER (wie Anm. 3), S. 61.
⁶   Vgl. hierzu die Zahlen zur Berücksichtigung der NS-Zeit in den Ortsgeschichten des Enzkreises nach HUBER (wie Anm. 3), S. 58: 1952–1975 = 9 Ortsgeschichten und Heimatbücher, 1980–1995 = 17, 1996–2017 = 21.

1990 die Phase der intensivsten Debatten über die NS-Vergangenheit in der Nachkriegszeit (...) Waren im Jahre 1972 ganze sechzehn Bücher in deutscher Sprache über die Geschichte des NS-Staats erschienen und 1981 sechzig, so waren es im Jahre 1997 174 und zwischen 1990 und 2009 im Durchschnitt 142, 2012 hingegen wieder 74[7].

In der unmittelbaren Nachkriegszeit bis in die 1970er-Jahre wird der Nationalsozialismus auch in Villingen und Schwenningen *auf den Zweiten Weltkrieg und dessen negative Auswirkungen auf die deutsche Bevölkerung, also auf deren Not und Opfer*[8] reduziert. Der Villinger Chronist des Kriegsendes Hermann Riedel[9] (1897–1982) sieht zum Kriegsende eine *schwere Zeit* gekommen und blendet, worauf Wolfgang Heitner zurecht hinweist[10], den Zeitraum davor aus, in welchem der Krieg von den Nationalsozialisten vorbereitet und begonnen wurde. Eine ähnliche Beobachtung macht auch Huber für den Enzkreis in den Geschichtsdarstellungen bis 1995: *Die letzten Kriegstage und die französische Besatzung [werden] überaus detailliert geschildert (werden), die Vorkriegsjahre aber relativ knapp und teilweise problematisch*[11]. In den Darstellungen zum Krieg und zur unmittelbaren Nachkriegszeit wird dabei die Opferrolle Deutschlands betont. Riedel war seit 1929 Villinger Ratsschreiber und wurde im November 1935 zum Ersten Beigeordneten in hauptamtlicher Funktion ernannt. 1937 wurde er Parteimitglied der NSDAP und war innerhalb der Stadtverwaltung eine wesentliche Stütze der Nationalsozialisten[12]. Seine eigene Rolle im kommunalen Herrschaftssystem der NSDAP hat Riedel in seinen historischen Darstellungen nicht thematisiert. Er diente der Stadt Villingen auch nach dem Krieg als Verwaltungsdirektor bis zum Jahre 1961, in dem er auch das Bundesverdienstkreuz erhielt.

Prof. Dr. Paul Revellio (1886–1966) war Gymnasiallehrer und von 1921 bis 1966 in Villingen als Stadtarchivar und Museumsleiter tätig. Für seine Leistungen wurde er 1952 mit dem Bundesverdienstkreuz ausgezeichnet und 1961 zu seinem 75. Geburtstag zum Ehrenbürger der Stadt ernannt. In seinen 1964 erschienenen »Beiträgen zur Geschichte der Stadt Villingen – Gesammelte Arbeiten von Paul Revellio« war kein Artikel zu finden, der sich mit der Stadtgeschichte zwischen 1933 bis 1945 auseinandersetzt[13]. Revellio war seit 1937 Mitglied der NSDAP[14] und unterstützte sie vor Ort ideologisch u. a. durch die Ausstellung »Der Kreis Villingen im Wandel der Jahrtausende« 1938 aus Anlass des Kreistages der NSDAP[15]. Im Grußwort zur Ausstellung schreibt Bürgermeister Berck-

---

[7] U. HERBERT, Geschichte Deutschlands im 20. Jahrhundert, München 2014, S. 1193.
[8] HUBER (wie Anm. 3), S. 56.
[9] H. RIEDEL, Villingen 1945. Bericht aus einer schweren Zeit, Villingen 1968.
[10] W. HEITNER, Villingen in der Nachkriegszeit – Besatzung, Entnazifizierung, Neuanfang, in: Schriften des Vereins für Geschichte und Naturgeschichte der Baar, Band 61, 2018, S. 81–104, hier: S. 94 f.
[11] HUBER (wie Anm. 3), S. 58.
[12] HEITNER, Villingen in der Nachkriegszeit (wie Anm. 10), S. 85–88.
[13] P. REVELLIO, Beiträge zur Geschichte der Stadt Villingen. Gesammelte Arbeiten, Villingen 1964.
[14] Spruchkammerakte 24.09.1948, AOFAA La Courneuve, 1BAD, Nr. 891, zitiert nach Stadtarchiv Villingen-Schwenningen, Best. 5.13 Nr. 91; siehe auch: Politische Polizei, Fragebogen zur politischen Beurteilung 8. Mai 1940, Archiv des Schwarzwald-Baar-Kreises Best. E2, Nr. 45.
[15] H. FLAIG, Villingen, Zeitgeschehen in Bildern 1928–1950, Villingen-Schwenningen 1978, S. 94 f.; SCHWARZWÄLDER TAGBLATT 11./12.06.1938, »Die kulturhistorische Schau im

müller, der neben Revellio als Leiter der »Schau« genannt wird, dass die *kulturhistorische Schau vor allem zeigen soll, daß unsere Vorfahren infolge innerer Uneinigkeit immer wieder das Aufblühen und Erstarken einer einigen deutschen Nation über eine Zeitspanne von mehr als zweitausend Jahren selbst zerstörten, bis endlich dem deutschen Volk der Führer zur Einigung aller deutschen Stämme und der Gründer Großdeutschlands erstand*[16]. Im Vorwort zu seinen »Gesammelten Arbeiten« geht Revellio 19 Jahre nach Ende des 2. Weltkriegs auf das Ende des 1. Weltkriegs und auf das Jahr 1945 ein. Nebulös beschreibt er das Kriegsende 1945 als *unglückliche Gegenwart*, in der *Not* geherrscht habe. Ohne auf die NS-Vorgeschichte des Krieges und seine eigene Rolle in dieser Zeit einzugehen, stellt er fest: *Mehr denn je brauchte man jetzt die gesunden und bewahrenden Kräfte der Vergangenheit.* Welche Kräfte damit gemeint waren, nennt er nicht. Am Schluss der Publikation bilanziert Revellio die *Geschichte der Stadt Villingen im Schwarzwald in Daten*[17]. Dabei wird insbesondere die Geschichte des 20. Jahrhunderts im Vergleich zu früheren Jahrhunderten nahezu ausgeblendet.

Auch Revellio reduziert die NS-Zeit weitgehend auf den Zweiten Weltkrieg und dessen negative Auswirkungen auf die deutsche Bevölkerung, also auf deren Not und Opfer. Der 2. Weltkrieg wird thematisiert im Kapitel *Die Zerstörungen im zweiten Weltkrieg*[18], in dem nur die von alliierten Bomben hervorgerufenen Zerstörungen in Villingen dargestellt werden. Im Kapitel *Kriegerische Ereignisse*[19] werden zum 20. Jahrhundert allein die Villinger Opfer des Ersten und Zweiten Weltkriegs bilanziert. Als Ereignisse zwischen 1933 und 1945 werden erwähnt: die Errichtung des Kneippbades und der Kneippbadanlagen 1934/35[20], im Kapitel *Druckereien und Zeitungen*[21] das Ende des Villinger Volksblatts 1936 und die Umwandlung des Schwarzwälder Tagblatts 1936 zum NS-Parteiorgan. Das Kapitel *Die Juden in der Stadt* endet chronologisch im Spätmittelalter mit dem Satz: *Um 1510 Ausweisung der Juden durch Kaiser Maximilian. Geschäfte der Juden fortan in der Stadt nur noch unter Geleit des Stadtknechtes erlaubt*. Die Geschichte der Villinger Juden im 19. und 20. Jahrhundert stellt Revellio nicht dar, insbesondere nicht ihre Beraubung[22], Deportation und Vernichtung. Im Abschnitt *Die Bevölkerung der*

›Waldschlößle‹«. Zur Museumsarbeit Revellios zwischen 1933 und 1945 vgl. A. WALZ, »... unter den kleineren Städten Badens so früh einen so herrlichen Anfang gemacht ...« Die Geschichte der Villinger Altertümersammlung, in: Schöne Aussichten – Beiträge zum Tourismus und zur kulturellen Identität in Villingen und Schwenningen, Zwischen Kopfhörer und Trachtenhaube, Band 3, Villingen-Schwenningen 2002, S. 22–35, hier S. 31–35.

[16] FLAIG (wie Anm. 12), S. 94 f.
[17] REVELLIO (wie Anm. 13), S. 457–490.
[18] REVELLIO (wie Anm. 13), S. 466.
[19] REVELLIO (wie Anm. 13), S. 474.
[20] REVELLIO (wie Anm. 13), S. 486; vgl. R. NEISEN, Nationalsozialismus in Villingen und Schwenningen, in: Geschichte der Stadt Villingen-Schwenningen, Band II Der Weg in die Moderne, hg. im Auftrag der Stadt Villingen-Schwenningen von C. BUMILLER, Villingen-Schwenningen 2017, S. 326–427, hier S. 350 f.
[21] REVELLIO (wie Anm. 13), S. 489.
[22] Die Funktion von Revellio bei der Aneignung von Eigentum der jüdischen Familie Bloch durch die Stadt Villingen für ihre Städtischen Sammlungen siehe M. HÜTT, »Neu bemalt blau-rot«. Geraubtes jüdisches Eigentum in der Villinger Altertümersammlung, in: Villingen im Wandel der Zeit. Geschichts- und Heimatverein Villingen 34 (2011), S. 68–70.

*Stadt. Herkunft der Bevölkerung*²³ werden Juden nicht erwähnt²⁴. Kein Wort findet sich in dem Buch über die Verfolgten und Opfer der NS-Gewaltherrschaft.

Dr. Rudolf Ströbel (1910–1972) war von 1950 bis 1972 der erste hauptamtliche Leiter²⁵ des Heimatmuseums und Stadtarchivs Schwenningen. Vor 1945 war Ströbel, der bereits 1930 der NSDAP angehörte, in verschiedenen NS-Institutionen tätig und vertrat eine streng *völkisch ausgerichtete Vorgeschichte*²⁶. Publikationen zur NS-Geschichte Schwenningens waren von Ströbel ebenfalls nicht zu finden. Ströbels ideologische Überzeugungen aus dieser Zeit kommen jedoch, wie Michael Hütt schlüssig nachweist, in seiner Gestaltung des Schwenninger Heimatmuseums deutlich zum Ausdruck²⁷.

Zusammenfassend kann man sagen, dass die amtlichen ›Erinnerungsverwalter‹ von Villingen und Schwenningen in den ersten beiden Jahrzehnten nach dem Zweiten Weltkrieg keine Anstrengungen zur Geschichtsschreibung über den Nationalsozialismus unternahmen. Das Gleiche galt auch für die Thematisierung ihrer eigenen Rolle während der NS-Herrschaft.

Geschichtsschreibung seit dem Ende der 1970er Jahre

Ende der 1970er Jahre begann die lokale Geschichtsschreibung die Opfer des Nationalsozialismus zu entdecken²⁸. Gabriele Kroneisen aus Villingen legte 1977 eine Zulassungsarbeit an der Pädagogischen Hochschule Freiburg vor, in der sie u. a. Opfer aus dem katholischen Bereich thematisierte²⁹. Darunter befindet sich ihr Großvater Ewald Huth (1890–1944), Chordirektor und Organist am Villinger Münster, der bald nach der Übernahme der Macht durch die Nationalsozialisten im Jahre 1933 sich nicht scheute, in Gesprächen und Diskussionen die verbrecherischen Machenschaften derselben anzuprangern. Huth wurde 1944 wegen seiner regimekritischen Äußerungen von den Nationalsozialisten hingerichtet.

---

[23] P. Revellio (wie Anm. 13), S. 466 f.
[24] Zur Bevölkerungsstatistik, welche die jüdische Bevölkerung berücksichtigt, siehe: H. Lörcher, Zusammenleben von Juden und Nicht-Juden in Villingen nach 1862, in: Villingen im Wandel der Zeit. Geschichts- und Heimatverein Villingen 36 (2013), S. 53–67, hier: S. 54. Lörcher kommt zu dem Ergebnis: »Insgesamt sind in der Zeit zwischen 1862 und 1940 ca. 350 jüdische BürgerInnen für längere und kürzere Zeit in Villingen gewesen«. (S. 54)
[25] H. Maulhardt, Opfer des Nazi-Terrors werden zu Vorbildern der Menschlichkeit, in: Marketing und Tourismus Villingen-Schwenningen GmbH (Hg.), Villingen-Schwenningen, Ostfildern 2010, S. 46–51.
[26] M. Hütt, Rudolf Ströbel. Vom Reichsamt für Vorgeschichte der NSDAP ins Heimatmuseum in Schwenningen, in: Museumsblätter – Mitteilungen des Museumsverbands Brandenburg 21 (2012), S. 50–55, hier S. 51.
[27] Vgl. ebd.
[28] Die entsprechenden Publikationen sind nachgewiesen in: B. Stadie, Bibliographie zu Villingen-Schwenningen und seinen Stadtbezirken, Villingen-Schwenningen 1998.
[29] G. Kroneisen, Die Rolle der katholischen Kirche im NS-Staat, unter besonderer Berücksichtigung politischer Auswirkungen und persönlicher Schicksale der Stadt Villingen, Zulassungsarbeit PH Freiburg, Freiburg im Breisgau 1977.

Abb. 1 Gedenktafel in der Villinger Gerberstraße

Ein öffentliches Gedenken an die Vertreibung der jüdischen Bürger hat es erst 1978 auf die »private« Initiative von Rudolf Janke, eines Mitarbeiters des Stadtarchivs, gegeben. Wolfgang Heitner schreibt: »Ein Brief an den damaligen Villinger Oberbürgermeister Severin Kern (von 1950 bis 1972) im April 1969 blieb unbeantwortet. Sein Vorgesetzter im Stadtarchiv versuchte weitere Aktivitäten zu verhindern«[30]. Der unbeirrten Aufklärungsarbeit von Janke ist es zu verdanken, dass der Gemeinderat einer Gedenktafel in der Villinger Gerberstraße, in der sich der jüdische Betsaal befand, schließlich zustimmte. Seit 1978 findet jedes Jahr am 9. November ein Gedenken an die »Reichspogromnacht« und ihre lokalen Auswirkungen vor der Gedenktafel neben der evangelischen Johanneskirche in der Gerberstraße statt. *(Abb. 1)*

Zwischen 1980 und 2010 beschäftigte sich die lokale Geschichtsschreibung vor allem mit dem Schicksal von Menschen der verschiedenen Opfergruppen, seien es Juden, Fremdarbeiter, politisch und religiös Verfolgte u. a. sowie der Darstellung der Verhältnisse, welche die Verbrechen ermöglichten. Den Anlass gaben dabei auch verschiedene Jubiläen: 50 Jahre Ausbruch des Zweiten Weltkriegs im Jahr 1989[31]; 50 Jahre Kriegsende

---

[30] HEITNER, Villingen in der Nachkriegszeit (wie Anm. 10), S. 100.
[31] STADT VILLINGEN-SCHWENNINGEN (Hg.), 1939/1945. Fünfzig Jahre Kriegsausbruch vierzig Jahre Bundesrepublik Deutschland. Villingen-Schwenningen in Aussagen, Bildern und Dokumenten. Kriegs- und Nachkriegszeiten, Kunst und Kultur, Villingen-Schwenningen 1989.

im Jahr 1995; 1000 Jahre Marktrecht Villingen im Jahr 1999[32]; 100 Jahre Stadterhebung von Schwenningen im Jahr 2007. Zu nennen sind dabei insbesondere die Publikationen von Annemarie Conradt-Mach, Hartmut Danneck, Ekkehard Hausen, Ingeborg Kottmann, Heinz Lörcher und Michael Zimmermann[33].

In seinem Rückblick auf »Die Katholische Kirche in Villingen im 19. und 20 Jahrhundert«[34] anlässlich der Feier »1000 Jahre Marktrecht Villingen« 1999 ging der damalige Dekan und Münsterpfarrer Kurt Müller auch auf die NS-Zeit ein. Er wurde 1937 in Kehl geboren[35] und verbrachte seine Schulzeit und Jugendjahre in Villingen. Ingesamt sieht Müller die Villinger Katholiken zwischen 1933 und 1945 *unter vergleichsweise erträglichen Bedingungen*[36]. Sein moderates Urteil fällt er trotz zahlreicher Verbote (kath. Vereine, Pressewesen) und Einschränkungen der Kirche auf den Innenraum und private Kreise und der Hinrichtung des Münsterkantors Ewald Huth wegen angeblicher Wehrkraftzersetzung. Die lokale katholische Kirche konnte nach seiner Meinung *mit diplomatischem Geschick härtere Konfrontationen mit den Machthabern verhindern* doch *das Schicksal der Juden hat niemand verhindern können*[37].

Die Stadt Villingen-Schwenningen beauftragte den Künstler Klaus Ringwald einen Brunnen auf dem Villinger Münsterplatz zu errichten[38], der 1989 eingeweiht wurde. Die Brunnenwände tragen Schrifttafeln zur Geschichte Villingens deren Texte Werner Huger, Vorsitzender des Geschichts- und Heimatvereins Villingen, verfasste. Auf einer der Tafeln[39] ist über den Zeitraum 1933–1945 zu lesen: *Die jüdische Gemeinde ist verjagt oder ausgerottet*, und zum Jahr 1945 wird bemerkt, dass die *Gewaltherrschaft* durch den Einmarsch der französischen Truppen beendet wurde.

Der von Gunther Volk 2002 initiierte und finanziell ausgestattete »Geschichtspreis des Oberbürgermeisters«, der seit 2010 den Namen »Joseph-Haberer-Preis« trägt, richtet sich an Schüler und prämiert Arbeiten, die sich insbesondere mit der Geschichte jüdischer und anderer Opfer der NS-Herrschaft beschäftigen. Jugendliche sollen ermutigt werden, sich an die Leiden der Opfer des NS-Regimes und an den Widerstand gegen den Nationalsozialismus zu erinnern und damit auseinanderzusetzen. Der Preis ist Joseph Haberer (1929–2013) gewidmet, einem Villinger Juden, der 1938 als Kind vor den Natio-

---

[32] STADT VILLINGEN-SCHWENNINGEN (Hg.), Villingen und Schwenningen. Geschichte und Kultur, Villingen-Schwenningen 1998.
[33] Die Autoren sind bis 1998 nachgewiesen in: STADIE (wie Anm. 28).
[34] K. MÜLLER, Die Katholische Kirche in Villingen im 19. und 20. Jahrhundert, in: Villingen im Wandel der Zeit. Geschichts- und Heimatverein Villingen 23 (1998), Jubiläumsausgabe zum Stadtjubiläum, S. 62–63.
[35] Villingen im Wandel der Zeit. Geschichts- und Heimatverein Villingen 40 (2017), S. 163.
[36] K. MÜLLER, (wie Anm. 34), S. 64.
[37] K. MÜLLER, (wie Anm. 34), S. 64. Dass die Geschichte auch in Bezug auf das Schicksal der Juden nicht nur eine Möglichkeit bietet, äußert dagegen H. LÖRCHER schon zu Beginn seines grundlegenden Artikels zur Geschichte der Juden im 19. und 20. Jahrhundert: »Geschichte nimmt immer nur *einen Verlauf*, aber es bestehen *verschiedene Möglichkeiten* und wir sollten versuchen, diese verschiedenen Möglichkeiten wahrzunehmen. Das 3. Reich war nicht die einzige Möglichkeit der Geschichte«. H. Lörcher (wie Anm. 23), S. 53.
[38] Der neue Brunnen auf dem Münsterplatz in Villingen, in: Villingen im Wandel der Zeit. Geschichts- und Heimatverein Villingen 14 (1989/90), S. 58–65.
[39] Der neue Brunnen (wie Anm. 38), S. 64.

nalsozialisten durch einen Kindertransport nach England von seinen Eltern in Sicherheit gebracht wurde und dabei seine Familie zurücklassen musste. Später lehrte er Politikwissenschaften an einer amerikanischen Universität und engagierte sich sein Leben lang für Demokratie und Toleranz. Seit 2002 sind mehrere Arbeiten von hoher Qualität im Rahmen dieses Preises für Schüler entstanden, die teilweise auch baden-württembergische Landespreise erhielten[40]. Einige dieser Arbeiten wurden angeregt durch das Schicksal des 1942 in Villingen ermordeten polnischen Kriegsgefangenen und Zwangsarbeiters Marian Lewicki (1918–1942)[41]. Am Ort des wegen eines Liebesverhältnisses mit einer Deutschen hingerichteten Polen errichtete der Geschichts- und Heimatverein Villingen 1988 ein Sühnekreuz[42], dessen Einweihungsfeier auch von Schulklassen gestaltet wurde.

Nachdem die Verlegung von ›Stolpersteinen‹ des Künstlers Gunter Demnig im öffentlichen Raum 2004 und 2014 vom Gemeinderat mehrheitlich abgelehnt wurde, gründeten Bürger den Verein Pro Stolpersteine Villingen-Schwenningen e. V. Dieser stellt sich neben der Verwirklichung des »Kunstprojektes für Europa« von Gunter Demnig u. a. die Aufgabe, die Biografien der NS-Opfer zu recherchieren und zu veröffentlichen[43].

Benennung und Beschreibung von Unrecht und Verbrechen

In der vielbeachteten Rede des damaligen Bundespräsidenten Richard von Weizsäcker zum 40. Jahrestag des Kriegsendes am 8. Mai 1985 gedachte er aller Opfer von Krieg und Vernichtungspolitik. »Von den Tätern hingegen sprach von Weizsäcker«, wie Ulrich Herbert bemerkt, »nicht oder nur in sehr generalisierenden Begriffen. Mit den verschiedenen Gruppen der Opfer war eine vorurteilsfreie Beschäftigung nun möglich, mit den NS-Tätern und der dem Regime entgegengebrachten Zustimmung im Volk hingegen offenkundig noch nicht«[44]. Der Blick auf die Täter und auf das Verhalten der Bevölkerung bei dem Völkermord an den Juden geschah in der bundesdeutschen Geschichtsschreibung erst in den 1990er Jahren. Die großen Debatten zu diesem Thema[45] waren die Veröffentlichung des Buches »Hitlers willige Vollstrecker« 1996 von Daniel Goldhagen, die Errichtung eines Denkmals für die ermordeten europäischen Juden in Berlin, die Rede Martin Walsers 1995 in der Frankfurter Paulskirche, die Entschädigung der ausländischen Zwangsarbeiter und 1995 die Ausstellung über die »Verbrechen der Wehrmacht«.

---

[40] Link zu der Geschichte des Joseph-Haberer-Preises und seinen Preisträgern: https://www.villingen-schwenningen.de/kultur/stadtarchiv/ueber-das-stadtarchiv/joseph-haberer-preis (Zugriff am 4. November 2018).

[41] H. MAULHARDT, Gedenken an Marian Lewicki (1918–1942) in Polen, in: Villingen im Wandel der Zeit. Geschichts- und Heimatverein Villingen 39 (2016), S. 50–55.

[42] W. HUGER, Sühnekreuz im Tannhörnle, in: Villingen im Wandel der Zeit. Geschichts- und Heimatverein Villingen 18 (1993/94), S. 74–77.

[43] PRO STOLPERSTEINE VILLINGEN-SCHWENNINGEN E. V., Mahnwachen 2015–2016. Villingen-Schwenningen 2016. In den Jahren 2017 und 2018 erschienen weitere Ausgaben der »Mahnwachen«, in denen die Biografien der Opfer im Mittelpunkt standen.

[44] HERBERT (wie Anm. 7), S. 1017.

[45] HERBERT (wie Anm. 7), S. 1194–1201.

Die Geschichtsschreibung in Villingen-Schwenningen nahm sich mit einiger Verzögerung erst im zurückliegenden Jahrzehnt dieser Themen verstärkt an. Dabei spielte die vom Stadtarchiv 2013 gestartete Initiative für das Publikationsprojekt »Stadtgeschichte Villingen-Schwenningen« eine nicht geringe Rolle. Wurde dieses Vorhaben 2013 noch von einer Mehrheit im Gemeinderat abgelehnt, wendete sich das Blatt schon ein Jahr später. Anlass war ein Antrag der SPD-Fraktion, den Straßennamen »Ludwig Finckh« wegen Mitgliedschaft des Namensgebers in der NSDAP und seiner Tätigkeit als aktiver Propagandist der NS-Rassekunde in der Funktion eines Kulturstellen- und Propagandaleiters 1935–1939 zu tilgen[46]. Anstelle Finckhs sollte die Straße den Namen des aus politischen Gründen verfolgten Schwenningers Karl Schäfer (1888–1938) erhalten. Die Entscheidung dazu wurde vertagt zugunsten einer grundlegenden Aufarbeitung der NS-Geschichte der Stadt im Band 2 einer noch zu bearbeitenden Stadtgeschichte. In diesem zweiten Band, der sich mit dem 19. und 20. Jahrhundert von Villingen und Schwenningen beschäftigt, verfasste Robert Neisen den Beitrag »Nationalsozialismus in Villingen und Schwenningen«[47]. Fast zeitgleich hat Wolfgang Heitner sich in zwei Artikeln mit den »Nutznießern und Tätern«[48] sowie der »Entnazifizierung«[49] in Villingen befasst. Dem Oberbürgermeister Schwenningens Otto Gönnenwein während der NS-Zeit widmete Joachim Schäfer seine Dissertation, die er 2013 veröffentlichte[50].

Zusammenfassung

Die Geschichtsschreibung zum Nationalsozialismus in Villingen-Schwenningen ist in ihrem zeitlichen Auftreten, der Häufigkeit und der inhaltlichen Ausrichtung vergleichbar mit anderen Regionen in Baden-Württemberg. Sie wurde beeinflusst durch die bundesdeutsche Geschichtsforschung und die Debatten, die es in Deutschland in den vergangenen 40 Jahren gegeben hat. War die lokale Geschichtsschreibung bis 1970 weitgehend geprägt von den amtlichen Erinnerungsverwaltern der Städte Villingen und Schwenningen, die alle als Mitglieder der NSDAP auch eine aktive Rolle in der NS-Zeit spielten, so befassten sich ab dem Ende der 1970er Jahre jüngere Generationen mit dem ›kleinen Nationalsozialismus‹, der lokalen NS-Diktatur und ihren Opfern, den Verbrechen und Tätern. Dabei ist festzustellen, dass die Autoren größtenteils aus der Stadt ka-

---

[46] Zu Ludwig Finckh vgl. M. WOLTER, Dr. Ludwig Finckh: »Blutsbewußtsein«. Der Höri-Schriftsteller und die SS, in: W. PROSKE (Hg.): Täter, Helfer, Trittbrettfahrer. NS-Belastete aus dem Bodenseeraum, Gerstetten 2016, S. 78–102.

[47] R. NEISEN, Nationalsozialismus in Villingen und Schwenningen, in: Geschichte der Stadt Villingen-Schwenningen, Band II Der Weg in die Moderne, hg. im Auftrag der Stadt Villingen-Schwenningen von C. BUMILLER, Villingen-Schwenningen 2017, S. 326–427.

[48] W. HEITNER, Nutznießer und Täter – Villingen in der Zeit des Nationalsozialismus, in: Schriften des Vereins für Geschichte und Naturgeschichte der Baar 60 (2017), S. 69–88.

[49] HEITNER, Villingen in der Nachkriegszeit (wie Anm. 10).

[50] J. SCHÄFER, Otto Gönnenwein, 16. Mai 1896–9. Januar 1963, Verwaltungsmann – Politiker – Rechtsgelehrter, Aachen 2013. Zu Gönnenwein, der schon vor der Machtübernahme der Nationalsozialisten zum Oberbürgermeister von Schwenningen gewählt worden war und das Amt auch in den ersten Jahren nach Kriegsende innehatte, vgl. ferner den Beitrag von R. NEISEN in diesem Band.

men und der Anteil externer Fachleute eher in der Minderheit war. »Das ›Dritte Reich‹ kam«, wie Malte Thießen in diesem Band bemerkt, »nicht von ›oben‹ nach ›unten‹, sondern es wurde vor Ort ›gemacht‹«. Das gilt auch für die ortsbezogene Aufklärungsarbeit zur Zeit des Nationalsozialismus in Villingen-Schwenningen, die noch einige Fragen zu beantworten hat: Wie wird der Nationalsozialismus in Vereinschroniken dargestellt? Was wurde im privaten Bereich weitergegeben? Wie hat sich der Schulunterricht zu diesem Thema in den vergangenen Jahrzehnten verändert? Auch was die Untersuchungen zu den einzelnen Opfergruppen betrifft, die in den letzten Jahrzehnten deutlich zugenommen haben, sind noch einige Arbeiten wünschenswert. Das gilt auch für die Beziehungen zwischen dem Nationalsozialismus und den örtlichen Firmen (Kienzle, Saba u. a.) sowie der Geschäftswelt.

»Die kleine Gewalt« – Ortsgruppenleiter der NSDAP in Stuttgart

VON ROLAND MÜLLER

»Nicht mehr die Frage nach dem Ausmaß an Repression gegenüber der deutschen Bevölkerung steht im Vordergrund, sondern die Frage, warum das Regime, vor allem in der Zeit von etwa 1936 bis 1943, von einer so breiten Zustimmung getragen wurde«[1]. Prägnant hat Ulrich Herbert die Perspektive der NS-Forschung der letzten Dekade bezeichnet, die in erster Linie ihren Ausdruck insbesondere in der Diskussion um die Bedeutung der »Volksgemeinschaft« gefunden hat[2].

Hinweise auf die Mobilisierungsleistungen der NS-Bewegung, auf die konstitutive Bedeutung von Inklusion der Volksgenossen und Exklusion von sogenannten Gemeinschaftsfremden, sowie von Zwang und Zustimmung als zwei Säulen der Gesellschaft gab es auch in der älteren NS-Forschung[3]. Gellately kam aufgrund seiner Forschungen zur Bedeutung von Denunziationen zum Ergebnis, dass das Regime eine erhebliche Integrationskraft entwickelt hatte und bis weit in die Kriegsjahre hinein vom Volk unterstützt wurde; er prägte den Begriff einer sich selbst überwachenden Gesellschaft[4]. War damit bereits eine Dichotomie von Herrschenden und Beherrschten in Frage gestellt, so er-

---

[1] U. HERBERT, Treue, Rache, Triumph. Raphael Gross fragt, ob die Nationalsozialisten durch ein besonderes Moralempfinden verbunden waren, in: Die ZEIT 31.3.2011.

[2] Für die Breite und die vielfältigen Aspekte sei hier nur verwiesen auf mehrere Sammelbände zum Thema: F. BAJOHR/M. WILDT (Hgg.), Volksgemeinschaft. Neue Forschungen zur Gesellschaft des Nationalsozialismus, Frankfurt 2009; D. SCHMIECHEN-ACKERMANN (Hg.), »Volksgemeinschaft«. Mythos, wirkungsmächtige soziale Verheißung oder soziale Realität im »Dritten Reich«? Zwischenbilanz einer kontroversen Debatte, Paderborn u. a. 2012; D. VON REEKEN/M. THIESSEN (Hgg.), ›Volksgemeinschaft‹ als soziale Praxis. Neue Forschungen zur NS-Gesellschaft vor Ort. Paderborn u. a. 2013; D. SCHMIECHEN-ACKERMANN/M. BUCHHOLZ/B. ROITSCH/C. SCHRÖDER (Hgg.), Der Ort der »Volksgemeinschaft« in der deutschen Gesellschaftsgeschichte, Paderborn u. a. 2017.

[3] Beispielhaft seien genannt: M. BROSZAT, Soziale Motivation und Führer-Bindung des Nationalsozialismus, in: VfZG 18, 1970, S. 392–409; D. J. K. PEUKERT, Volksgenossen und Gemeinschaftsfremde. Anpassung, Ausmerze und Aufbegehren unter dem Nationalsozialismus, Köln 1982; H.-U. THAMER, Verführung und Gewalt. Deutschland 1933–1945, Berlin 1986.

[4] R. GELLATELY, Die Gestapo und die deutsche Gesellschaft. Zur Entstehungsgeschichte einer selbstüberwachenden Gesellschaft, in: D. SCHMIECHEN-ACKERMANN (Hg.), Anpassung, Verweigerung, Widerstand. Soziale Milieus, politische Kultur und der Widerstand gegen den Nationalsozialismus in Deutschland im regionalen Vergleich, Berlin 1997, S. 109–121; DERS., Hingeschaut und weggesehen. Hitler und sein Volk, Bonn 2003.

scheint die nationalsozialistische »Volksgemeinschaft« – über durchaus vorhandene bloß propagandistische Instrumentalisierungen hinaus, verstanden als soziale Praxis – als gesamtgesellschaftliches Deutungsmodell.

Der NSDAP wird dabei die Rolle einer »Inklusionsmaschine« (Nolzen) zugeschrieben, einer Basisagentur für die Selbstmobilisierung weiter Teile der Bevölkerung, sei es aus Überzeugung oder Opportunismus, für die die Teilnahme an der Exklusion von Gemeinschaftsfremden, besonders die Gewalt gegen Juden, geradezu konstitutiv war[5]. Süß spricht in seiner Gesellschaftsgeschichte des Dritten Reichs von der NSDAP als einer »Partei des Volkes«; oberste Priorität der NSDAP-Basisgruppen war dabei die Herstellung der »Volksgemeinschaft«[6]. Trotz manchen Leerlaufs arbeitete gerade die Masse der unteren Funktionäre »dem Führer entgegen« und trug so wesentlich zur radikalen Dynamik bei[7].

»Eine systematische Darstellung zum Funktionärskorps der NSDAP nach der ‚Machtergreifung‘ steht noch aus«[8]. An diesem Befund Nolzens hat sich insgesamt nur wenig geändert, obwohl gerade er selbst maßgebliche Beiträge zum Thema geleistet hat[9]. Zu den Kreisleitern liegen seit längerem regionalgeschichtliche Studien vor[10]. Thieler hat darauf hingewiesen, dass diese vornehmlich gruppenbiografischen Analysen über die Kreisleiter Defizite bei der Untersuchung der »Interaktionen zwischen der Gau-, Kreis- und Ortsgruppenebene der Partei sowie deren Auseinandersetzung mit den einzelnen Bevölkerungsteilen« aufweisen[11]. Thieler selbst hat dies inzwischen überzeugend in einer Untersuchung des Beurteilungswesens der NSDAP-Kreisleitung Göttingen geleistet;

---

[5] M. WILDT, Volksgemeinschaft als Selbstermächtigung. Gewalt gegen Juden in der deutschen Provinz 1919 bis 1939, Hamburg 2007.

[6] D. SÜSS, »ein Volk, ein Reich, ein Führer«. Die deutsche Gesellschaft im Dritten Reich, München 2017 (so die Überschrift von Kapitel 5, S. 41 ff., S. 47).

[7] Ebd. S. 48 f.

[8] A. NOLZEN, Funktionäre in einer faschistischen Partei. Die Kreisleiter der NSDAP, 1932/33 bis 1945, in: T. KÖSSLER/H. STADTLAND (Hgg.), Vom Funktionieren der Funktionäre. Politische Interessenvertretung und gesellschaftliche Integration in Deutschland nach 1933, Essen 2004, S. 37–75.

[9] A. NOLZEN, Die NSDAP, der Krieg und die deutsche Gesellschaft, in: J. ECHTERNKAMP (Hg.), Das Dritte Reich und der Zweite Weltkrieg, Bd. 9, Die deutsche Kriegsgesellschaft. Erster Halbband, Politisierung, Vernichtung, Überleben, München 2004, S. 99–193; DERS., Inklusion und Exklusion im »Dritten Reich«. Das Beispiel der NSDAP, in: BAJOHR/WILDT, Volksgemeinschaft (wie Anm. 2), S. 60–77.

[10] A. RUPPERT, Der Kreisleiter in Lippe. Zur Funktion einer Mittelinstanz der NSDAP zwischen Ortsgruppen und Gau, in: Lippische Mitteilungen 60. 1991, S. 199–219; C. ROTH, Parteikreis und Kreisleiter der NSDAP unter besonderer Berücksichtigung Bayerns, München 1997; C. ARBOGAST, Herrschaftsinstanzen des württembergischen NSDAP. Funktion, Sozialprofil und Lebenswege einer regionalen NS-Elite, München 1998; A. RUPPERT/H. RIECHERT, Herrschaft und Akzeptanz. Der Nationalsozialismus in Lippe während der Kriegsjahre. Analyse und Dokumentation, Opladen 1998; W. STELBRINK, Die Kreisleiter der NSDAP in Westfalen und Lippe. Versuch einer Kollektivbiographie mit biographischem Anhang, Münster 2003; S. LEHMANN, Kreisleiter der NSDAP in Schleswig-Holstein. Lebensläufe und Herrschaftspraxis einer regionalen Machtelite, Gütersloh 2007.

[11] K. THIELER, Die Herrschaftspraxis der NSDAP-Kreisleitungen und die Zugehörigkeit zur ›Volksgemeinschaft‹, in: SCHMIECHEN-ACKERMANN, Volksgemeinschaft (wie Anm. 2), S. 211–225; hier 211.

sie gelangte dabei zum Ergebnis, dass die Funktionäre im Spannungsfeld zwischen der Unsicherheit über die Loyalität der ›Volksgenossen‹ und dem Auftrag, jene zu mobilisieren, überwiegend mit Überforderung und Willkür reagierten[12]. Ihre Untersuchung basiert auf einem aussagekräftigen Quellenbestand der NSDAP-Kreisleitung Göttingen. Jenseits der inhaltlichen Fragestellungen wird damit auch die Frage nach den Quellen aufgeworfen. Zurecht hat Schmiechen-Ackermann empirisch gesättigte und exemplarisch angelegte Fallstudien als Diskussionsgrundlage angemahnt[13].

Die Quellen zur Stuttgarter NSDAP sind für die maßgeblichen Fragen nach internen Interaktionen und mehr noch mit der Bevölkerung allerdings defizitär. Neben den seit 1990 nach Maßgabe der persönlichen Sperrfristen nutzbaren Spruchkammerverfahrensakten sowie einem kleinen Bestand der NSDAP-Kreisleitung Stuttgart hat das Staatsarchiv Ludwigsburg einen Bestand »Sammlungsgut der US-Militärregierung zur Dokumentation der NS-Belastung von Personen« formiert. Trotz aller verbliebenen Lücken war damit über die 1986 abgeschlossene und 1988 erschienene Monographie über Stuttgart zur Zeit des Nationalsozialismus eine vertiefte Beschäftigung mit den Stuttgarter NSDAP-Ortsgruppenleitern möglich[14]. Schmiechen-Ackermann hat diese Bestände für seinen instruktiven Aufsatz über den »Blockwart« als Basiselement des NS-Verfolgungsapparats bereits herangezogen, ebenso Christine Müller-Botsch für ihren vergleichenden Beitrag über großstädtische Parteiorganisationen[15]. Die Unterlagen ermöglichen in Kombination mit anderen Quellen Aussagen zum Profil der Ortsgruppenleiter und zu den innerparteilichen Verhältnissen; sie liefern indes kaum Aufschlüsse über konkrete Beziehungen und Interaktionen mit den Volksgenossen. Gleichwohl erscheint es aus lokalgeschichtlicher Perspektive sinnvoll, die von den Quellen gebotenen Möglichkeiten für eine Analyse der Ortsgruppenleiter der NSDAP in Stuttgart zu nutzen.

---

[12] K. Thieler, «Volksgemeinschaft« unter Vorbehalt. Gesinnungskontrolle und politische Mobilisierung in der Herrschaftspraxis der NSDAP-Kreisleitung Göttingen, Göttingen 2014.
[13] D. Schmiechen-Ackermann, »Volksgemeinschaft«. Mythos, wirkungsmächtige soziale Verheißung oder soziale Realität im »Dritten Reich«? – Einleitung, in: ders., Volksgemeinschaft« (wie Anm. 2), S. 19.
[14] StAL PL 502/29. Vgl. R. Müller, Stuttgart zur Zeit des Nationalsozialismus, Stuttgart 1988; ders., Lokalgeschichte und Herrschaftssystem Stuttgart 1930 bis 1945. Ein Überblick, in: ZWLG 49, 1990, S. 343–392.
[15] D. Schmiechen-Ackermann, Der »Blockwart«. Die unteren Parteifunktionäre im nationalsozialistischen Terror- und Überwachungsapparat, in: VfZG 48 (2000), S. 575–602 (Zitat auf S. 576); C. Müller-Botsch, Parteien in modernen Diktaturen. Großstädtische Parteiorganisationen von NSDAP und SED im Vergleich, Berlin 2003. Einzelfälle analysierte C. Müller-Botsch, »Den richtigen Mann an die richtige Stelle«. Biographien und politisches Handeln von unteren NSDAP-Funktionären, Frankfurt/ New York 2009.
Ich danke Prof. Dr. Peter Steinbach und Prof. Dr. Detlef Schmiechen-Ackermann, die mir die Teilnahme an Veranstaltungen und Diskussionen des Projekts »Funktionsweise, soziale Basis und Rezeption diktatorischer Herrschaft auf lokaler Ebene. Die unteren Parteiapparate der NSDAP und SED im Vergleich« ermöglicht haben.

1. Ausgangsbedingungen

Stadt und Region Stuttgart waren Anfang des 20. Jahrhunderts geprägt von ökonomischer Stabilität, sozialer Saturiertheit und einem hohen Maß an gesellschaftlicher Kontinuität; politisch bildeten sie eine Kernregion der Liberalen[16]. Die NSDAP-Ortsgruppe, bis 1923 Zentrum der Nationalsozialisten im Südwesten, war nach dem Putsch diskreditiert und machte vor allem durch Querelen von sich reden[17]. Die prominenten Parteifunktionäre waren vor 1933 in den Vereinen und Gesellschaften der Stuttgarter Mittelstandsgesellschaft nicht erwähnenswert präsent.

Angesichts dieser strukturellen und personellen Voraussetzungen konnte die NSDAP ohne Verbindung mit traditionellen Eliten nicht reüssieren. Hinreichendes »soziales Kapital« besaß allein ihr Kandidat bei der Oberbürgermeister-Wahl 1931: Dr. Karl Strölin, Beamter im städtischen Gaswerk aus einer Familie der Ehrbarkeit, erreichte für die NSDAP in den wohlsituierten Wohngebieten in Hanglagen 22 %, in der Gesamtstadt 15,7 %[18]. In der NSDAP-Fraktion, die nach der Kommunalwahl vom 7. Dezember 1931 (21,5 %) bei der in Württemberg üblichen hälftigen Wahl mit sieben Sitzen in den Gemeinderat eingezogen war, nahm Strölin eine Sonderstellung ein[19]. Der promovierte Staatswissenschaftler mit Verwaltungserfahrung erwarb sich Reputation als Fachmann – und konnte auf Meriten in der Bewegung verweisen. Er war vermutlich bereits 1923 in die NSDAP eingetreten, jedenfalls 1924 in der Nationalsozialistischen Deutschen Freiheitsbewegung aktiv gewesen[20]. Im März 1933 als Staatskommissar, dann ab Juli 1933 als Oberbürgermeister war er gleichsam alternativlos. Wie die führenden Nationalsozialisten im Land verfolgte er eine Bündnisstrategie; im Rathaus gelang an der Spitze ein »geräuschloser Umbau«.

2. Parteiorganisation und Führungsstruktur

Einen konzisen Überblick über die Stuttgarter Parteiorganisation hat Müller-Botsch 2003 vorgelegt[21]; hier soll der Fokus allein auf die Ortsgruppenleiter gelegt werden. Im Zuge einer allgemeinen Organisationsreform wurden auch im Gau Württemberg-Ho-

---

[16] M. ZELZER, Stuttgart unterm Hakenkreuz. Chronik aus Stuttgart 1933–1945, Stuttgart 1982, S. 14, spricht vom Mittelstand als dem sozialen Ideal der Stuttgarter.

[17] J. GENUNEIT, Völkische Radikale in Stuttgart. Zur Vorgeschichte und Frühphase der NSDAP 1890–1925. Ausstellungsreihe Stuttgart im Dritten Reich, Stuttgart 1982; W. NACHTMANN, Von der Splitterpartei zur Staatspartei. Zur Entwicklung des Nationalsozialismus in Stuttgart 1925–1933, in: Die Machtergreifung. Von der republikanischen zur braunen Stadt. Ausstellungsreihe Stuttgart im Dritten Reich, Stuttgart 1983, S. 128–156.

[18] W. NACHTMANN, So wählten die Stuttgarter. NSDAP-Erfolge auch in der Hanglage, in: Die Machtergreifung (wie Anm. 17), S. 310–312.

[19] Die Ortsgruppe hatte prominente Nationalsozialisten wie Stadtpfarrer Ettwein und Rechtsanwalt Glück zugunsten von zwei Arbeitervertretern bewusst auf schlechtere Listenplätze gesetzt; vgl. MÜLLER, Stuttgart (wie Anm. 14), S. 30.

[20] W. NACHTMANN, Karl Strölin. Stuttgarter Oberbürgermeister im »Führerstaat«, Tübingen/Stuttgart 1995.

[21] MÜLLER-BOTSCH (wie Anm. 15).

henzollern ab Juli 1932 Parteikreise als mittlere Ebene der Parteiorganisation zwischen Gauleitung und Ortsgruppen eingeführt[22]. Sie waren im Wesentlichen mit der mittleren Verwaltungsebene (Oberämter, später Kreise) kongruent. Angesichts des starken Anwachsens der Partei sollten damit eine bessere Einbindung der zuvor relativ selbständigen Ortsgruppenleiter sowie eine straffere Verwaltung der stark wachsenden Partei gesichert werden.

Der seit 1930 amtierende Ortsgruppenleiter Maier avancierte zum Kreisleiter, die größeren Sektionen bildeten nunmehr Ortsgruppen. In Stuttgart erfolgte die Umwandlung von Sektionen der bisherigen Ortsgruppe Stuttgart im NSDAP-Kreis nicht wie vorgesehen zum 1. August 1932, sondern meist zum 1. Oktober. Dass in Stuttgart damals neben dem Kreisleiter auch Geschäftsführer und Kassenwart hauptamtlich beschäftigt waren, bildete in Württemberg eine Ausnahme[23].

Die Parteiorganisation wies in Stuttgart allerdings 1933 noch erhebliche Abweichungen von den allgemeinen Richtlinien auf[24]. Vor allem wurden als zusätzliche Instanz sechs sog. Bezirke (Mitte, Süd, Ost, West, Nord und Cannstatt) beibehalten; sie umfassten anfänglich etwa fünf Ortsgruppen. Diese Einheiten, 1935 umbenannt in Inspektionen und 1937 aufgelöst, waren in der Aufbauorganisation der Reichsleitung nicht vorgesehen; auch wird bei Reibel kein solches Beispiel angeführt. Sie ermöglichten dem Kreisleiter eine straffere Steuerung und entlasteten diesen zugleich. Im Vergleich zu den Ortsgruppenleitern waren die Bezirksleiter – ein Versicherungsdirektor, ein mittlerer Angestellter bei Daimler-Benz, ein Studienassessor, ein Diplom-Ingenieur sowie ein promovierter Ingenieur bei Bosch – sozial höher positioniert. Der langjährige Kreiskassenleiter sprach 1948 entlastend von bloßen *Verteilungsstellen*[25]. Die Bezirksleiter gehörten jedoch zum Kreisstab und besaßen eine klare Position in der Parteihierarchie; auch waren sie für die Vorbeurteilung der Ortsgruppenleiter zuständig. Erst im Oktober 1936 löste im Zusammenhang mit der Block- und Zellen-Neuordnung der amtierende Kreisleiter Mauer ihre eigenen Geschäftsstellen auf und band die Inspekteure stärker an die Kreisleitung; sie behielten vorerst noch eine herausgehobene Stellung: *Die Inspekteure werden (...) ihren Dienstrang als Kreisamtsleiter beibehalten und von der Kreisleitung mit Sonderaufgaben betraut. Sie leiten gemeinsame Veranstaltungen der Ortsgruppen und haben vor allen Dingen Beschwerden zu behandeln. Auch werden sie den Kreisleiter des* öfteren *bei Besprechungen, Veranstaltungen und Parteigerichtsverfahren vor dem Kreisgericht vertreten*[26].

Die Gründung von Sektionen bzw. Ortsgruppen als unterer Ebene der Parteiorganisation der NSDAP verlief bei der Ausbildung einer Massenorganisation vor allem im inneren Stadtgebiet nicht planmäßig, sondern situativ je nach Anwachsen der Mitglieder;

---

[22] Vgl. C.-W. REIBEL, Das Fundament der Diktatur. Die NSDAP-Ortsgruppen 1932–1945, Paderborn u. a., S. 32 ff.
[23] MÜLLER-BOTSCH (wie Anm. 15), S. 33, verweist unter Bezug auf Unterlagen der Kreisleitung auf drei weitere, nicht näher ausgewiesene Angestellte. Es ist mit Sicherheit davon auszugehen, dass es sich z. B. um Schreibkräfte, nicht aber um Amtsträger gehandelt hat.
[24] Ebd., S. 18 f.
[25] StAL EL 903/4 Bü 47, Eidesstattliche Versicherung Schaufler im Spruchkammer-Verfahren Wilhelm Gschwend.
[26] StAL PL 502/29 Bü 16, Erlass Mauer, 12.10.1936, in Personalakte Walter Breitweg.

mehrfach wurden deshalb Ortsgruppen geteilt. Gab es 1934 noch 32 Ortsgruppen, so betrug ihre Zahl nach einer Neustrukturierung im Gau, bei der die Bemessungsgrenze von 51 bis 500 Mitgliedern nicht verändert worden war, 48 Ortsgruppen sowie einen Stützpunkt im 1931 eingemeindeten Weiler Rotenberg.

1936/1937 brachte eine neue Organisationsstruktur der Partei den Übergang von einer Mitgliederpartei zu einer Einwohnerpartei. Basis der Ortsgruppen war nicht mehr die Zahl der NSDAP-Parteigenossen im Zuständigkeitsbereich, sondern die der Haushaltungen[27]. Nach Eingemeindungen zum 1. April 1937 gab es in Stuttgart 129.794 Haushaltungen, die in 11.638 Hausgruppen, 2.618 Blöcken, 428 Zellen sowie 52 Ortsgruppen und einem Stützpunkt zusammengefasst waren. Dies bedeutete zum einen den Abschluss einer Entwicklung, die durchaus als »interne Gleichschaltung« bezeichnet werden kann; nun verschwand in Stuttgart das Spezifikum der Bezirke bzw. der Inspektionen. Zum anderen kam der Anspruch der NSDAP zum Ausdruck, die gesamte Bevölkerung systematisch durch den Parteiapparat zu erfassen. Kreisleiter Mauer bezeichnete den Organisationsplan, eine von Hitler seit 1933 wiederholt verwendete Terminologie aufgreifend, als *Instrument zur Betreuung und Überwachung des ganzen Volkes*[28]. Die Kreisgeschäftsführung sprach einerseits von Erziehung und Überwachung, andererseits von *Betreuung aller Volksgenossen auf weltanschaulichem, politischem, kulturellem und sozialem Gebiet*[29]. Der Begriff der »Betreuung« umfasste sowohl die überwachenden Aspekte der Herrschaft als auch die Integrationsangebote.

In Stuttgart residierten Gauleiter und Kreisleiter mit ihren Stäben sowie die Gau- und Kreisführungen der Gliederungen und der angeschlossenen Verbände. Hier waren die Ortsgruppenleiter, anders als in kleinen und mittleren Kommunen, nicht die ersten Vertreter der Staatspartei. Angesichts dieser spezifischen lokalen Situation sowie der quasi-feudalen Elemente der Führungsstruktur waren Person und Führungsstil der drei Stuttgarter Kreisleiter als direkte Vorgesetzte in der Parteihierarchie von Bedeutung.

Otto Maier, 1930 als Ortsgruppenleiter ernannt und 1932 bei der Neuorganisation der Stuttgarter NSDAP zum Kreisleiter avanciert, hatte die zuvor desolate Parteiorganisation konsolidieren, sich aber nach außen nicht profilieren können. Geprägt von der sogenannten Kampfzeit lehnte er nach dem Machtantritt die von der Gauleitung sowie vom einflussreichen Stuttgarter Staatskommissar bzw. Oberbürgermeister verfolgte Bündnisstrategie ab und kritisierte die massenhafte Aufnahme von »Konjunkturrittern« vor allem aus dem öffentlichen Dienst. Zunehmend geriet Maier damit in Gegensatz zur Führung in Gau und Land. Zwei Wochen nach der Ermordung der SA-Führung suchte er im August 1934 den Freitod; dieser Schritt ist ohne politische Motive nicht denkbar[30].

Der Nachfolger, Adolf Mauer (Jahrgang 1899), hatte zwar Jugend und Lehrjahre in Untertürkheim und Cannstatt verbracht. In der NSDAP aber hatte er sich 1923 und

---

[27] Vgl. dazu REIBEL (wie Anm. 22), S. 49 ff.; MÜLLER-BOTSCH (wie Anm. 15), S. 23 ff.
[28] StAL PL 501 I Bü 45, Rundschreiben, 16.11.1936.
[29] StAL Pl 501/I Bü 45, Rundschreiben, 8.6.1936.
[30] Maier bewegte sich nur innerhalb des NS-Milieus; dass er nach der Neuformierung des Gemeinderats kein Mandat annahm oder erhielt, passt ins Bild. Vgl. MÜLLER, Stuttgart (wie Anm. 14), S. 274; F. RABERG, Wahn und Selbsttötung, in: Beiträge zur Landeskunde 2000, H.1., S. 1–10.

dann seit 1930 als Gründer und Organisator der NSDAP in Heidenheim einen Namen gemacht; dort war der Ingenieur 1932 Kreisleiter geworden. Gauleiter Murr ernannte Mauer im Herbst 1933 zum hauptamtlichen Gaupropagandaleiter – die Personalstelle war beim Stuttgarter Finanzamt etatisiert[31] – und beauftragte ihn nach dem Selbstmord Maiers mit der Führung des Kreises Stuttgart der NSDAP. Es fällt auf, dass Murr den über drei Jahre amtierenden Mauer niemals formell zum Kreisleiter ernannte. Freilich fügte sich eine provisorische Besetzung mit einem Mitglied des Gaustabs durchaus in die Linie der Gauleitung ein: Murr konnte so der Gauleitung eine dominierende Position in der Stuttgarter Parteiorganisation sichern. Dem organisatorisch befähigten Mauer ging es nach dem Selbstmord Maiers und der dadurch ausgelösten Verunsicherung um Stabilisierung und klare Führung. Dazu zählte auch eine Vereinbarung mit der Stadt, wonach jeder direkte Kontakt untersagt und der Kreisleitung vorbehalten war. In gleicher Weise untersagte Strölin den Ämtern unmittelbaren Schriftwechsel mit der Kreisleitung oder den Ortsgruppen. Die Korrespondenz war über die Kanzlei des Oberbürgermeisters zu leiten; deren Leiter war wiederum Leiter des Amts für Beamte der Kreisleitung. Mauer gab sein Stuttgarter Parteiamt im Zuge der nochmaligen Neuorganisation der NSDAP auf. Er übernahm im Juni 1937 die Leitung der Landesstelle Württemberg des Propagandaministeriums, außerdem wurde er zum Landeskulturwalter und zum Leiter des Landesfremdenverkehrsverbands Württemberg-Hohenzollern berufen[32].

Bei der Nachfolgeregelung spielte auch die »Versorgung« eines von der Parteireform betroffenen Kreisleiters eine Rolle: Wilhelm Fischer, Jahrgang 1901, hatte seine Parteikarriere 1930 als Zellenleiter der Ortsgruppe Stuttgart begonnen und führte seit Mai 1933 den NSDAP-Kreis Stuttgart-Amt; 1934 übernahm er zusätzlich den NSDAP-Kreis Böblingen und 1936 den NSDAP-Kreis Herrenberg[33]. Als 1937 der nach einigen Eingemeindungen zugunsten Stuttgarts in den Jahren 1933 und 1937 stark geschrumpfte Kreis Stuttgart-Amt (wie auch Herrenberg) aufgelöst wurde, rückte Fischer in Stuttgart nach. Ausgebildet als Landwirt und Kaufmann, war Fischer 1933 zum Verlagsleiter der Tageszeitung »Filderbote« aufgestiegen; so sicherte die NSDAP ihrem Kreisleiter ein angemessenes Gehalt aus fremdem Portefeuille.

Fischer, als ehemaliger Stuttgarter Zellenleiter mit zahlreichen Politischen Leitern seit Jahren persönlich bekannt, suchte den Kompromiss nach innen und außen. Damit trug er zum einen den internen Machtverhältnissen und der Rangordnung in der NSDAP Rechnung. Zum anderen war er damit für die neue Aufgabe der Parteiorganisation, der »Betreuung« der Bevölkerung, die richtige Wahl, konnte doch dieses Ziel mit einem vermittelnden und vermittelbaren Funktionär besser als mit einem »Hardliner« realisiert werden[34]. Im Entnazifizierungsdiskurs konnten Repräsentanten der Verwaltung, ob »Pg.« oder nicht, den kompromissbereiten »guten« Nationalsozialisten Fischer dem

---

31 StAL EL 902/8 Az. 16/21/4689 (Spruchkammer-Akte).
32 Vgl. auch G. KLEHR, Adolf Mauer. Propagandaleiter und Organisator der Pogromnacht, in: H. ABMAYR (Hg.), Stuttgarter NS-Täter. Vom Mitläufer bis zum Massenmörder, Stuttgart 2009, S. 199–203.
33 Zu Fischer StAL EL 903/4 Bü 16. Vgl. auch K.-H. MARQUART, Hans Junginger und Wilhelm Fischer. Sie terrorisierten die Vaihinger Bevölkerung, in: ABMAYR (wie Anm. 32), S. 204–213.
34 Sowohl der frühere Landrat von Herrenberg wie auch OB Strölin attestierten ihm eine an der Sache orientierte Zusammenarbeit. Freilich hatte Strölin schon mit Mauer regelmäßige Treffen

»bösen« Gauleiter Murr gegenüberstellen und mit dieser kontextfreien Personalisierung ein Entlastungsnarrativ kreieren.

Tatsächlich hatte Murr Fischer, der anders als sein Vorgänger nicht Mitglied des Gaustabs war, geschwächt, als er 1937 das Amt eines Beauftragten für die Stadt Stuttgart selbst übernahm. Dies war ungewöhnlich, denn eine Ausführungsverordnung des Stellvertreters des Führers sah die Kreisleiter als Beauftragte vor[35]. Murr hatte einen ausgeprägten Machtwillen, er gab sich verbal schroff und kompromisslos[36]. Vielfach erwies er sich indes als Zauderer und er war durchaus ein Realpolitiker; jedenfalls hätte er ohne Weiteres einen »schärfer« agierenden Kreisleiter berufen können, wenn ihm dies nötig erschienen wäre.

3. (Sozial-)Profil der Ortsgruppenleiter

Wir hatten in Stuttgart an einem Tag bis zu 2500 Neuanmeldungen und innerhalb zwei Monaten etwa 14 000 zu bearbeiten. So beschrieb Kreisleiter Maier den Andrang auf die NSDAP im Frühjahr 1933[37]. Mit der großen Zahl der Neumitglieder wandelte sich das Gesicht der Partei. Die Zahl der bisher überschaubar großen Ortsgruppen, stark von der Initiative einiger Aktivisten abhängig, verdoppelte sich binnen eines Jahres.

Die NSDAP wandelte sich von einer politisch-propagandistischen Avantgarde zur Staatspartei und Massenorganisation. Damit einher ging eine »Aushöhlung« als Kaderpartei[38]. Für die Leiter, die für die politische und weltanschauliche Führung und Ausrichtung ihres Hoheitsbereichs verantwortlich waren, bedeutete dies eine mentale Umstellung sowie zahlreiche neue und neuartige Aufgaben, darunter auch die Integration der Neumitglieder. Die Ortsgruppenleiter waren im Ehrenamt tätig, sie erhielten allenfalls eine kleine Aufwandsentschädigung. Wenngleich seit 1933 wie auf Gau- und Kreisebene sukzessiv Stäbe mit bis zu elf Ortsamtsleitern unter anderem für Personal, Schulung, Presse, Organisation und Kassenwesen gebildet wurden, standen den Pflichten und Erwartungen viele objektive Unzulänglichkeiten entgegen.

Für die Analyse konnten, in unterschiedlicher, aber hinreichender Dichte, Daten von über 60 Personen berücksichtigt werden. Einbezogen wurden Ortsgruppenleiter, die bereits 1932 im Amt bzw. seitdem ins Amt gelangt waren, sowie jene der bis 1942 nach Stuttgart eingemeindeten Orte. Ortsgruppenleiter, die infolge Einberufung der amtie-

---

vereinbart sowie eine Absprache über die Kommunikation von Kreisleitung und Stadtverwaltung über die je zentrale Ebene getroffen.

[35] Mauer hatte dieses Amt innegehabt. Ausnahmen waren allerdings möglich; auch Gauleiter Streicher hatte für Nürnberg das Amt übernommen: ROTH (wie Anm. 10), S. 205 f.

[36] So erklärte er am 8.6.1936 in einem Schreiben an OB Strölin: *Ich sehe das Merkmal eines nationalsozialistischen Beamten nicht darin, dass er hundert Paragraphen auskramt, um Wünschen von Parteidienststellen zu begegnen, sondern darin, dass er nach einem gangbaren Weg durch das Gestrüpp der Paragraphen sucht, um Wünsche zu erfüllen. Die Partei muss es sich grundsätzlich versagen, in der Erfüllung ihrer Wünsche seitens der Behörden auch nur ein Entgegenkommen zu erblicken*; zit. nach MÜLLER, Stuttgart (wie Anm. 14), S. 217.

[37] Vgl. P. SAUER, Württemberg in der NS-Zeit, Ulm 1975, S. 71.

[38] SCHMIECHEN-ACKERMANN, Blockwart (wie Anm. 15), S. 588.

renden Ortsgruppenleiter in Kriegszeiten kommissarisch oder seit Anfang 1943 auch formell die Ortsgruppen führten, bilden keine gleichrangige Vergleichsgruppe; sie blieben deshalb außer Betracht. Obwohl die offizielle Parteistatistik den Status zu Jahresbeginn 1935 darstellt, die Datenerhebung der Ortsgruppenleiter hingegen fließend erfolgt, ist ein Vergleich sinnvoll; es werden Tendenzen sichtbar[39].

Altersprofil der Ortsgruppenleiter[40]

	18–20 J	21–30	31–40	41–50	51–60	61 u. älter
Reich	0,1 %	15,7 %	47,0 %	27,8 %	8,4 %	1,0 %
Württemberg-Hohenzollern	0,1 %	19,0 %	48,4 %	24,8 %	6,8 %	0,9 %
Stuttgart (n=63)	–	27 %	46 %	19 %	8 %	–

Das Korps der Stuttgarter Ortsgruppenleiter (hier: bei Übernahme des Amts) war deutlich jünger als der Altersdurchschnitt der Ortsgruppenleiter im Reich und in Württemberg am 1. Januar 1935; knapp die Hälfte (29) war zwischen 1901 und 1912 geboren[41]. Diese Jahrgänge wurden als »überflüssige Generation« (Peukert) oder als »verlorene Generation« (Arbogast) bezeichnet, die vom Krieg um ihre Jugend gebracht und zugleich vom »Fronterlebnis« ausgeschlossen worden sei, während die in den 1880er- und 1890er-Jahren Geborenen zur »Frontgeneration« gezählt werden.[42]. Der Befund für die Stuttgarter Ortsgruppenleiter ist umso bemerkenswerter, als bei den württembergischen Kreisleitern der prozentuale Anteil der »verlorenen Generation« geringer war.

Unterschiede lassen sich auch bei der politischen Sozialisation in der NSDAP feststellen. Waren laut Arbogast 20 % der Kreisleiter schon vor dem Putsch 1923 Mitglied der NSDAP, waren es bei den Stuttgarter Ortsgruppenleitern lediglich 10 % (6); alte völkische Aktivisten waren eine Ausnahme. Gleichsam den Idealtypus stellte der erste Ortsgruppenleiter des bis 1931 selbständigen Zuffenhausen dar; der 1869 geborene selbständige Geschäftsmann Ludwig Eichler war zunächst Mitglied des »Deutsch-Völkischen Schutz- und Trutzbunds« und des »Deutschnationalen Handlungsgehilfen-Verbands« und stieß von der Bürgerpartei im November 1922 zur NSDAP. Obwohl er das Amt schon 1931 niederlegte, angeblich nach einer Auseinandersetzung mit Murr, blieb er vor Ort eine Instanz und wurde 1935 als Ratsherr berufen[43].

---

[39] Vgl. die kritischen Bemerkungen zur Parteistatistik v. a. für die Frühzeit bei P. MANSTEIN, Die Mitglieder und Wähler der NSDAP 1919–1933. Untersuchungen zu ihrer schichtmäßigen Zusammensetzung, Frankfurt u. a. 1988, S. 143 ff.

[40] Parteistatistik. Stand 1. Januar 1935, Bd. II, Politische Leiter. Hrsg. Der Reichsorganisationsleiter der NSDAP, S. 385. Die Daten der Stuttgarter Ortsgruppenleiter jeweils zum Zeitpunkt der Übernahme des Amts.

[41] Den 52-jährigen Ortsgruppenleiter von Cannstatt-Kursaal, Daur, nannte Kreisleiter Maier in seiner Beurteilung vom Mai 1934 *etwas alt*; vgl. StAL PL 502/29 Bü 17. Daur amtierte nur bis Ende Juni 1934 und war anschließend Bezirkspropagandaleiter.

[42] D. PEUKERT, Die Weimarer Republik. Krisenjahre der klassischen Moderne, Frankfurt 1987, S. 26 ff.

[43] StAL EL 902/ Bü 55423; StAL EL 9057/4 Bü 2534.

Parteieintritt der Ortsgruppenleiter[44]

	bis 14.9.1930	15.9.1930–30.1.1933	nach 30.1.1933
Reich	29,5 %	54,9 %	15,6 %
Württemberg-Hohenzollern	17,7 %	54,3 %	29,0 %
Stuttgart (n=63)	35 %	57 %	8 %

Der Anteil der späteren Stuttgarter Ortsgruppenleiter, die vor dem Wahlerfolg vom 14. September 1930 erneut oder erstmals Mitglieder der NSDAP geworden waren, liegt demnach über dem Reichs- und weit über dem württembergischen Ergebnis. Beim binnen-württembergischen Vergleich sind die Unterschiede der einzigen württembergischen Großstadt mit den ländlichen katholischen Regionen überwiegend im Süden des Landes in Rechnung zu stellen[45]. Wer vor dem September 1930 (und bis ins Jahr 1931 hinein) der NSDAP beigetreten war, möglicherweise bereits eine Funktion übernahm, jedenfalls sich öffentlich bekannte, konnte in Stuttgart, wo die NSDAP damals keine Rolle spielte und gesellschaftlich schwach verankert war, nicht auf Vorteile hoffen. Vielmehr wurde er von der Partei in hohem Maße in Anspruch genommen.

Der erste Stuttgarter NSDAP-Ortsgruppenleiter, der nach dem 30. Januar 1933 zur NSDAP gestoßen war, übernahm im August 1935 die Ortsgruppe im ehemals »roten« Münster; er ist also in der zum 1. Januar 1935 erstellten Parteistatistik nicht erfasst. Er bildete auch insoweit einen Sonderfall, als er vor 1933 – soweit feststellbar – als einziger dem Zentrum angehört hatte[46]. Erst als nach der Neuorganisation die Zahl der Ortsgruppen und damit der Bedarf an Leitern stieg, übernahmen ab 1938 weitere »Märzgefallene« die Leitung von NSDAP-Ortsgruppen[47]. Bei der Interpretation ist Zurückhaltung geboten: Dies könnte u. a. auf Rekrutierungsprobleme unter altgedienten Parteimitgliedern verweisen, ebenso aber auch auf den Ehrgeiz oder inzwischen besonders nachgefragte Fähigkeiten und Kompetenzen der neuen Politischen Leiter.

Frühere Mitgliedschaften in anderen Parteien werden nur selten genannt – sowohl in den Unterlagen für die Kreisleitung, wo dies möglicherweise eher verschwiegen worden sein könnte, wie auch in Spruchkammerverfahren mit entlastender Absicht. Insoweit wird man von einem verlässlichen Befund ausgehen können. Das Korps der Stuttgarter Ortsgruppenleiter fiel vor dem Engagement in der NSDAP demnach nicht durch anderweitige politische Aktivitäten auf; auch frühere Mitgliedschaften in ehemaligen Vorfeldorganisationen wie dem »Alldeutschen Verband« und dem »Deutsch-Völkischen Schutz- und Trutzbund« lassen sich bei den nach 1930 Eingetretenen nicht belegen. Insoweit kann der Parteieintritt der nach dem Wahlerfolg vom September 1930 zur NSDAP

---

[44] Parteistatistik (wie Anm. 40), S. 378.
[45] ARBOGAST (wie Anm. 10), S. 141 nennt nur volle Jahre und differenziert 1930 zwischen einem Eintritt vor bzw. nach der Reichstagswahl vom 14. September. Von den 64 Kreisleitern der NSDAP waren demnach 42 bis Ende 1930 eingetreten; die dennoch zweifelsfrei früheren Eintrittsdaten der Kreis- gegenüber den Stuttgarter Ortsgruppenleitern sind nicht überraschend.
[46] StAL PL 502/29 Bü 40; EL 903/1 Bü 536.
[47] Günter, Ortsgruppe Platz der SA; Haug, Ortsgruppe Zuffenhausen-Hohenstein; Seitz, Möhringen-Sonnenberg; Dr. Bader, Möhringen-West.

gestoßenen Funktionäre in erster Linie als Reaktion auf individuelle und gesellschaftliche Krisenerscheinungen einerseits sowie als Ergebnis der Mobilisierungsleistungen der Nationalsozialisten andererseits gedeutet werden[48]. Bei der Berufsstruktur der Stuttgarter Ortsgruppenleiter fällt auf, dass sich darunter nur zwei Lehrer befanden, die zudem erst 1936 und 1938 ihr Amt übernahmen. Demgegenüber zählten zum Korps der württembergischen Kreisleiter nicht weniger als 16 Lehrer, die auch ansonsten überdurchschnittlich vertreten waren[49]. In Stuttgart dominierten mit weitem Abstand die Kaufleute (27); dazu zählten Bank- und Versicherungsanstellte (8) wie auch Handlungsreisende. Von einer einheitlichen Gruppe kann zwar nur bedingt gesprochen werden. Aber sie hatten eine Lehre absolviert und die Handelsschule besucht, verfügten also über eine solide Ausbildung, wenngleich einige prekäre Phasen durchlebt hatten. Dasselbe gilt für die Meister in Handwerk (7) und Industrie (2)[50]. Arbeiter spielten in beiden Gruppen (zwei bzw. drei) ebenso keine nennenswerte Rolle wie die wenigen Akademiker, wenn man die an den Lehrerseminaren und Bauschulen ausgebildeten Lehrer sowie die Baumeister und Ingenieure ausnimmt.

Die Unterschiede der Berufsstruktur spiegeln sich in der Berufsstellung, wobei eine eindeutige Zuordnung nicht immer möglich ist.

Berufsstellung der Ortsgruppenleiter[51]

	Arbeiter	Angestellte	Selbständige	Beamte einschl. Lehrer	Bauern	Sonstige
Reich	9,3 %	31,3 %	24,6 %	17,9 %	28,9 %	2,5 %
Württemberg-Hohenzollern	15 %	19,3 %	26,3 %	27,7 %	10,1 %	2,2 %
Stuttgart (n= 61)	3,2 %	60,6 %	21,3 %	14,7 %	–	

Im Vergleich zum Reich und noch mehr zum Gau fällt der außerordentlich hohe Anteil der Angestellten auf. Hierunter sind sowohl die privat, öffentlich sowie in NSDAP und NS-Organisationen angestellten Personen subsummiert. Die Fluktuation war erheblich. Auch sind Ortsgruppenleiter, die durch Protektion in den öffentlichen Dienst kamen, in den Angestelltenstand gelangt; z.B. waren Hausmeister in Schulen üblicherweise als Arbeiter eingestuft, während Ortsgruppenleiter hier gleich doppelt privilegiert waren. Eindeutig bleibt die Überrepräsentanz der Angestellten, die auch für die Stärke des tertiären

---

[48] ARBOGAST (wie Anm. 10), S. 259 stellt für die Kreisleiter hingegen frühes politisches Interesse und Engagement fest, wenn auch in heterogener Weise.
[49] Ebd., S. 130. Zu den bei den Kreisleitern insgesamt stark vertretenen Lehrern und Beamten vgl. auch NOLZEN, Funktionäre (wie Anm. 8), S. 46 f. StAL EL 902/20 Az. 37/41335 und PL502/29 Bü 15. Blon war allerdings schon 1931 in Köngen Ortsgruppenleiter, nach dem Umzug nach Stuttgart übernahm er eine Ortsgruppe in Feuerbach. Dr. August Bader, Pg. 1.5.1933, trat 1938 in Möhringen an.
[50] Dies bestätigt den Befund Katers, dass die überwiegende Mehrzahl der Ortsgruppenleiter der Mittelschicht angehörte. Vgl. M. KATER, The Nazi Party. A social profile of members and leaders 1919–1945, Cambridge 1983, S. 222.
[51] Parteistatistik (wie Anm. 40), S. 385.

Sektors in Stuttgart spricht, sowie die vergleichsweise niedrige Zahl von Beamten einschließlich der Lehrer.

Die Frage eines beruflichen Aufstiegs infolge des NS-Engagements sowie einer direkten oder indirekten Nutznießerschaft kann anhand der Angaben in den Entnazifizierungsverfahren generell bejaht werden. Zahlreiche Ortsgruppenleiter machten einen Karrieresprung oder wechselten – nicht zuletzt in Abhängigkeit von der ökonomischen Situation – aus dem erlernten bzw. bisher ausgeübten Beruf in eine hauptamtliche Tätigkeit in NS-Dienststellen oder in die öffentliche Verwaltung. Handwerker nutzten das Amt zu einer Verbesserung ihrer Geschäftsbeziehungen, einige zu Karrieren im Verbandswesen, die materielle Vorteile mit sich brachten.

Obwohl mehrere Ortsgruppenleiter frühere Phasen der Erwerbslosigkeit erlebt hatten, war zum Zeitpunkt des Machtwechsels nur ein Ortsgruppenleiter namens Vollmar ohne Arbeit. Er fand nach zweijähriger Arbeitslosigkeit bei der Städtischen Sparkasse ein zunächst befristetes Unterkommen. Wenig später verlangte dort das Kreispersonalamt trotz mäßiger Beurteilung für den *bewährten Kämpfer* eine Festanstellung. Schließlich kam Vollmar bei der DAF unter; 1939 wurde er Sachbearbeiter in der Devisenstelle der Reichsbank in Stuttgart[52].

Wichtiger war in Stuttgart eine ökonomische Besserstellung samt einem gehobenen Sozialprestige. So wechselte der Dentist Ströbele, Selbständiger in einem »übersetzten« Beruf, 1934 *mit fliegenden Fahnen* zur NSV-Gauleitung[53]. Der bei Bosch im Schichtdienst beschäftigte Ortsgruppenleiter im 1937 eingemeindeten Rohracker wünschte, angeblich aus gesundheitlichen Gründen, eine Bürotätigkeit – beim Steueramt der Stadt Stuttgart erhielt er in der Tat geregelte Arbeitszeiten und konnte das Image des Schichtarbeiters abstreifen[54]. Auch die Leiter der Ortsgruppen Furtbach (Piro), Kräherwald (Lechner), Feuerbach-Burghalden (Schürger), Wangen (Weidmann), Reinsburg (Glaser) und Rotenberg (Lutz) kamen bei der Stadtverwaltung unter und genossen dort den Vorteil, trotz häufiger Befreiung für Parteizwecke vorrangig befördert zu werden[55]. Der Leiter der Ortsgruppe Stadtgarten, Kramer, schon 1921 bis 1923 Mitglied der NSDAP, konnte ohne entsprechende Voraussetzungen bei der Reichsbahn in die gehobene Laufbahn ein- und trotz einer parteigerichtlichen Verwarnung 1942 zum Leiter der Gepäckabfertigung im Hauptbahnhof aufsteigen[56]. Und der einzige Ortsgruppenleiter, der schon vor 1933 bei der Stadt beschäftigt war, der Gablenberger Ortsgruppenleiter Mäckle, stieg 1940 in den höheren Dienst auf, obwohl er wiederholt seine Kompetenz überschritten und nachweislich im Interesse des Gauamts für Technik gegen die Belange der Stadt gearbeitet hatte[57]. Freilich waren die Erwartungen auch im öffentlichen Dienst oft

---

[52] StAL PL 502/29 Bü 46: Vollmar, Ortsgruppe Cannstatt-Seelberg, Zeugnis; ansonsten StAL EL 903/1 Bü 281 (Spruchkammerakte).
[53] StAL EL 902/20, Az. 37/8/20147.
[54] StAL PL 502 Bü 27 (Kreisleitung); auch Spruchkammerakte StAL EL 903/1 Bü 126. Der Ortsgruppenleiter wurde dann bei der Stadt z. B. zu »Führers Geburtstag« 1941 außer der Reihe befördert und uk gestellt.
[55] StAL EL 903/1 Bü 158: Für Lechner als Lagerrevisor bei den TWS wurde sogar ein älterer Angestellter in den Ruhestand versetzt.
[56] Spruchkammerakte StAL EL 903/2 Bü 74.
[57] Spruchkammerakte StAL EL 902/20 Az. 37/19743.

größer als die Möglichkeiten, was zu häufigen Klagen führte. Hingegen hatte die Partei offenbar Schwierigkeiten, die häufig beanspruchten Funktionäre in der freien Wirtschaft unterzubringen[58]. Im Übrigen war der Kreisleitung bewusst, dass sie keineswegs geeignete Leute protegierte[59].
Selbständige Handwerker sowie Groß- und Einzelhändler unter den Ortsgruppenleitern profitierten von Aufträgen der Partei oder ihrer Gliederungen[60]. Wer allerdings beruflich erfolgreich war, bedurfte solcher Hilfestellung nicht und zog im Zweifelsfall sein berufliches Fortkommen vor. Zumindest zwei Ortsgruppenleiter gaben ihr ökonomisch weniger lukratives Parteiamt zugunsten ihrer beruflichen Karriere auf.

Sieht man von den Wechseln in hauptberufliche Tätigkeiten in Partei, Gliederungen und angeschlossenen Verbänden ab, war die Position des Ortsgruppenleiters kein Sprungbrett für eine Parteikarriere. Der damalige Leiter der Ortsgruppe Furtbach, Eberlen, seit 1937 hauptamtlich im Propagandaapparat der Partei, wechselte 1943 vollends ins »Braune Haus«. Der Ortsgruppenleiter Kursaal Bad Cannstatt, Kälble, der ehrenamtlich die Gaufilmstelle aufgebaut hatte, gab sein Amt auf, als er hauptamtlicher Landesleiter der Reichsfilmkammer wurde[61]. Von nennenswerten Karrieren konnte aber auch hier nicht die Rede sein.

Der Krieg und die Eroberungen eröffneten neue Aufgaben. Zahlreiche Ortgruppenleiter wurden zur Wehrmacht eingezogen; einige waren im Fronteinsatz, andere suchten sich Aufgaben in der Etappe, wobei ihnen die Parteifunktion behilflich sein mochte. Häffner beispielsweise rückte erst Anfang 1943 ein und war als Sonderführer in der Landwirtschaftsverwaltung Frankreichs eingesetzt. Der Architekt Rosenfelder, seit November 1936 Ortsgruppenleiter in Weil im Dorf, ging 1940 zur Waffen-SS, seit August 1943 war er beim Wirtschafts- und Verwaltungshauptamt der SS[62]. Der Leiter der Ortsgruppe Reinsburg, Glaser, 1922 und wieder 1929 der NSDAP beigetreten, hatte es zum Leiter des Arbeiterbüros bei den Technischen Werken der Stadt gebracht; er wurde Anfang 1943 zur Bezirksleitung Weißruthenien bei Gauleiter Kube und auf dem Rückzug

---

[58] StAL PL 502/29 Bü 27. Kestin, seit 1937 Ortsgruppenleiter in Gaisburg, hatte nach dem Ersten Weltkrieg und einer kaufmännischen Lehre beruflich nicht richtig Fuß gefasst, ehe er 1933 bei der DAF unterkam. Vier Jahre später drängte der Kreispersonalamtsleiter das Arbeitsamt vergeblich, Kestin rasch als Kaufmann in der Industrie unterzubringen. Stattdessen erhielt Kestin 1939 mit Unterstützung des Kreisleiters die Stelle eines Geschäftsführers des gleichgeschalteten »Volksbunds Deutsche Kriegsgräberfürsorge«. Vgl. auch den »Fall« Bertele, zu dessen Absetzung als Ortsgruppenleiter auch sein Auftreten bei seinem Arbeitgeber, der Allianz, beitrug. Siehe S. 241 Anm. 70.

[59] StAL PL 502/29 Bü 42. Z.B. warf Kreisleiter Maier 1934 Schürger vor, seit seinem Eintritt in die Stadtverwaltung neige er zum Nichtstun.

[60] StAL PL 502/29 Bü 27. Als Beispiel sei der 36jährige Schreinermeister Theodor Kaiser genannt, Leiter der Ortsgruppe Zeppelin seit Oktober 1932. Er hatte 1935 den Meisterbrief erworben und wurde ein Jahr später zum Reichsinnungsmeister des Tischlerhandwerks ernannt. Kreisleiter Maier hatte Kaiser 1934 als *einer der besten Ortsgruppenleiter* apostrophiert, auch von Mauer erhielt er beste Beurteilungen.

[61] Zu Eberlen vgl. StAL PL 501 II Bü 452; PL 502/29 Bü 18. Zu Kälble StAL EL 902/20 Az. 37/41397. An seine Stelle trat 1939 der bisherige NSV-Leiter der Ortsgruppe Sulzbad, Thierauf, hauptberuflicher Kreisbetriebsgemeinschaftswalter der Reichsbetriebsgruppe Eisen und Metall der DAF. Vgl. StAL PL 502/29 Bü 45.

[62] StAL EL 902/5 Bü 390 (Karteikarte), PL 502/29 Bü 37 und BDC.

zum Stab des Obersten Kommissars der Adriatischen Küstenzone in Triest kommandiert[63]. Der Leiter der 1935 durch Teilung der Ortsgruppe Prag gebildeten Ortsgruppe Weißenhof, Heinrich Must, übernahm in der Ukraine einen Betrieb und betätigte sich nebenbei als NSDAP-Ortsgruppenleiter von Tscherkassy[64].

4. Personalführung in der NSDAP

Die Ortsgruppenleiter waren direkt dem Kreisleiter unterstellt, der die politische Arbeit wie die Amtsführung nicht zuletzt gegenüber der Bevölkerung zu überwachen hatte. Maßgebliches Instrument der Personalführung war seit 1934 eine jährliche Beurteilung der Ortsgruppenleiter durch die Kreisleitung, wobei in Stuttgart bis zur Abschaffung des Amts die Bezirksleiter eine Vorbeurteilung vornahmen. Maier und anfänglich auch Mauer verfassten einen wenige Zeilen umfassenden, ungebundenen, aber inhaltlich an einigen feststehenden Kategorien orientierten Text. Erst 1937 wurde ein formalisierter Personalbogen eingeführt[65].

Die Beurteilungen lassen zugleich die wesentlichen Kriterien der Beurteiler selbst erkennen. Bei Maier, von dem Beurteilungen vom Mai 1934 vorliegen, zählten – noch ganz im Geist der »Kampfzeit« – Schneid, Attacke und Durchsetzungsfähigkeit mehr als organisatorische und rednerische Befähigung. Mauer hingegen maß den organisatorischen und propagandistischen Fähigkeiten höhere Bedeutung zu. Beide waren in ihrem Urteil klar und kritisch, Fischer war hingegen um Harmonie bemüht. Nicht nur bedachte er seine Ortsgruppenleiter regelmäßig mit Geburtstags- und anderen Glückwünschen zu persönlichen Anlässen. In auffälliger Weise beurteilte er einige Funktionäre, die Mauer ein Jahr zuvor noch kritisiert hatte, sehr wohlwollend[66]. Dem Verhältnis der Ortsgruppenleiter zur Bevölkerung widmeten alle Kreisleiter besonderes Augenmerk; vor allem Fischer schätzte Integrationsleistungen. Dies entsprach wohl nicht nur einem persönlichen Wertekanon, sondern vielmehr dem seit 1937 zunehmend und dann in der Kriegszeit massiv vertretenen Anspruch, die Bevölkerung umfassend zu überwachen und zu betreuen[67].

---

[63] StAL EL 903/2 Bü 916.

[64] StAL PL 502/29 Bü 34: Zeugnis der NSDAP Landesleitung Ukraine, Gebietsleitung Smela, 15.10.1943.

[65] Die Kategorien bildeten ein eigentümliches Durcheinander: *Charakter, Umgangsformen, Organisatorisch, Propagandistisch, Rednerisch, Allgemeinwissen, Fachwissen, Weltanschaulich, Ansehen bei Partei, Bevölkerung, Behörden.* Vgl. allgemein REIBEL (wie Anm. 22), S. 155 ff.

[66] So hatte Mauer 1935 und 1936 dem Ortsgruppenleiter Bopser, Schelling, neben positiven Attributen auch Rechthaberei und Eitelkeit beigemessen sowie auf Auseinandersetzungen innerhalb der Ortsgruppe hingewiesen. Fischer nahm 1938 ausschließlich positive Wertungen vor; der früher umstrittene Schelling galt jetzt als beliebt; vgl. StAL PL 502/29 Bü 39.

[67] StAL PL 502/29 Bü 4. Bezeichnend waren Formulierungen wie die Beurteilung des im Januar 1935 kommissarisch, ein Jahr später offiziell bestallten Leiters der Ortsgruppe Uhlandshöhe, des Apothekers Besenbeck, den Fischer als einen bei Partei und Bevölkerung *beliebten Kamerad ohne Standesdünkel* lobte (20.1.1943); Ortsgruppenleiter Häring (Prag) nannte Fischer gar *Vater seiner Ortsgruppe*, BDC Thomas Häring, 13.1.1942: Antrag auf Verleihung des Kriegsverdienstkreuzes II. Klasse.

Eine konsequente Personalpolitik der Kreisleitung war nicht zu erkennen. Schlechte Leistungen bzw. Beurteilungen blieben folgenlos[68]. Suspendierungen erfolgten stets wegen *Disziplinlosigkeit*. In mehreren Fällen griffen nachweislich die Parteigerichtsbarkeit oder die Kreisleitung ein: Fritsche, der *Schrecken von Degerloch*, entsprach mit Übergriffen und Schikanen gegen Andersdenke sowie interner Unbotmäßigkeit nicht mehr den damaligen Anforderungen[69]. In einem anderen Fall war wohl weniger die weitgehende Inanspruchnahme von Privilegien als die gleichzeitige Untätigkeit für die Partei der eigentliche Grund für eine Suspendierung (Bertele[70]); ein Ortsgruppenleiter scheiterte wohl an seinem Lebenswandel (Rosenheimer[71]). Bei zwei Ortsgruppenleitern führten Auseinandersetzungen mit der NSV bzw. der SA zur Absetzung, wobei die ausschlaggebenden Faktoren unklar bleiben (Albrecht[72], Gluske[73]). Diese Maßregelungen, allesamt von Mauer initiiert, entsprachen der internen Formierung und Gleichschaltung. Dennoch sind sie, gemessen am Ausmaß von Kritik und internen Differenzen, begrenzt. Der

---

[68] Ein Beispiel war der Ortsgruppenleiter Dreieck, Schweickert, der ständig mit seinen Amtswaltern im Streit lag. Schließlich legten mehrere ihr Amt nieder, während der umstrittene Schweickert blieb: StAL PL 502/29 Bü 42. MÜLLER-BOTSCH (wie Anm. 15), S. 51 stellt auch für Blockleiter fest, dass sehr negative Beurteilungen selten zu ernsten Konsequenzen geführt hätten. REIBEL (wie Anm. 22), S. 147 verweist auf ein Bündel von Argumenten, die zur Belassung eines Ortsgruppenleiters führen konnte, der aufgrund von Verfehlung oder nicht Nichteignung seines Amtes hätte enthoben werden müssen; demnach waren »Alte Kämpfer« nicht besonders geschützt. An anderer Stelle bezeichnet er eine stringente Personalpolitik als »fraglich« (S. 386).

[69] Zu Fritsche vgl. Spruchkammerverfahren StAL EL 902/20 Az. 37/5/11650; Personalunterlagen Kreisleitung StAL PL 502/29 Bü 20. Er hatte Hausdurchsuchungen bei Funktionären der Arbeiterbewegung vorgenommen, Bewohner der Siedlung Falterau und der katholisch orientierten Hoffeld-Siedlung schikaniert sowie Gottesdienste gestört. Der Nachfolger Dr. Franz Keller, der einzige Jurist unter Stuttgarts Ortsgruppenleitern, bildete einen Kontrapunkt. Keller, seit Juli 1935 auch Ratsherr, konnte internen Berichten zufolge die Ortsgruppe befrieden; er war wohl auch dem Degerlocher Sozialprofil angemessen.

[70] StAL PL 502/29 Bü 14. Der DAF-Vertrauensmann bei der Allianz ließ sich zwar von der Firma für Parteitermine freistellen, fehlte aber bei Arbeitstagungen der Kreisleitung. Deutlich wird, dass die Firma Kritik geübt hatte. Außerdem galt Bertele in der Öffentlichkeit als »umstritten«.

[71] StAL EL 902/20 Az. 37/10/5098. Einige Jahre später musste Rosenheimer wegen seines Lebenswandels eine parteigerichtliche Untersuchung hinnehmen. Dennoch kam aber auch er, wenngleich zunächst nur in Teilzeit, als Hausmeister bei der Stadt unter.

[72] StAL PL 502/29 Bü 12. Zwischen der Leitung der Ortsgruppe Marienplatz (später: Platz der SA) und der Ortsgruppenamtsleitung der NSV gab es Mitte der 1930er Jahre einen anhaltenden Streit, der *sehr dem Ansehen der N.S.D.A.P und der N.S.V. geschadet hat*. Dass wenig später ein Wechsel im Amt des Ortsgruppenleiters erfolgte, offiziell aus Krankheitsgründen, deutet in der Tat auf einen tiefgreifenden Konflikt hin. Diesen Fall erwähnt auch MÜLLER-BOTSCH (wie Anm. 15), S. 54, dort die Anm. 258.

[73] StAL PL 502/29 Bü 3, Bezirksleiter Gschwend an Kreisleiter Maier, 23.5.1934. Vgl. auch BDC-Gluske. Gluske wurde vorgeworfen, in einem Schreiben an die Gauleitung die SA-Gruppe Südwest beleidigt zu haben. Das Gaugericht und in der Berufung das Oberste Parteigericht schlossen Gluske deshalb für zwei Jahre von Parteiämtern aus. Hintergrund war ein Streit um Schlosserarbeiten an einem SA-Heim, wo sich Gluske als teuerster Anbieter Vorteile bei der Vergabe verschaffen wollte. Die Parteirichter bescheinigten ihm zwar, dass er als Ortsgruppenleiter zur Vorteilnahme berechtigt war. Bei seinem Vorgehen gegen einen einflussreichen Architekten hatte er aber offenbar überzogen.

Hintergrund zweier weiterer Suspendierungen ist nicht ersichtlich. Durchweg führte ein befristetes Verbot, Parteiämter zu bekleiden, zu dauerndem Amtsverlust[74].

Die Reihen der Partei waren eben nur »fast« geschlossen. Die Überlieferung gibt zwar nur wenig Aufschluss über innerparteiliche Verhältnisse. Dennoch bestätigen sich andernorts gemachte Beobachtungen, dass sich eher Nationalsozialisten der frühen Jahre aus der aktiven Arbeit zurückzogen. Drei Beispiele aus Vorortsgruppen seien genannt. Der Uhlbacher Ortsgruppenleiter Lang hatte mit Murr schon 1923 in enger Verbindung gestanden, war im Juli 1925 in die NSDAP eingetreten und 1936 vom Stützpunkt- zum Ortsgruppenleiter avanciert. Lang ging, so der bis zur Eingemeindung 1937 zuständige Esslinger Kreisleiter, *im Dritten Reich alles zu langsam*. 1941 zog Lang für seinen »Führer« in den Krieg, aus dem er nicht zurückkehrte. In einem Testament vom Juni 1943 hatte er sich Nachrufe und Trauerfeier *auch von Seiten der Partei und der SA* verbeten[75]. Der Ortsgruppenleiter in Untertürkheim, Gienger, war 1923 und wieder 1928 der NSDAP beigetreten; ein Jahr später hatte er die Leitung der Ortsgruppe übernommen[76]. Der in die örtlichen Strukturen eingebundene Bäckermeister übernahm 1928 eine offenbar florierende Teigwarenfabrik, gelangte 1932 in den Gemeinderat und wurde 1935 Ratsherr. Seine hervorragenden Beurteilungen erhielten wegen eines offen gelebten Verhältnisses einen Knick. Zunehmend zog sich Gienger zurück, 1944 wurde er wegen despektierlicher Bemerkungen über Hitler und Goebbels denunziert. Während solche Vorwürfe manche Personen den Kopf kosten konnten, blieb die Angelegenheit für den alten Nationalsozialisten ohne Folgen[77].

Der zwischenzeitliche Ortsgruppenleiter in Obertürkheim, Springer, der im Jahre 1927 der Partei beigetreten war, rückte 1937 an die Stelle des Gauschatzmeisters Vogt, der auch Aufgaben im »Braunen Haus« in München wahrnahm. Doch obwohl er bei der Suche nach einer neuen Arbeitsstelle von seinem Amt profitierte, zog sich Springer bald zurück. Der Haudegen Vogt übernahm erneut die Ortsgruppenleitung; dem Nachfolger und Vorgänger schrieb er: *In der Partei werden Sie, nachdem Sie schon seit Jahren keine Versammlung besuchen, sowieso nur mehr mit Ihrem Altertumswert geführt*[78].

Ein einziger Ortsgruppenleiter, Georg Erhardt, der Ende 1931 der NSDAP beigetreten war und die Ortsgruppe im ehemals »roten« Botnang führte, wandte sich offensicht-

---

[74] StAL EL 902/20 Az. 37/5/11692; BDC Piro. Der erste Leiter der Ortsgruppe Furtbach war 1934 von der Stadt übernommen worden. Nach einer Verwarnung und einjähriger Sperre verließ Piro Stuttgart. Die wenigen vor Parteigericht verhandelten Fälle lassen keine belastbaren Aussagen zu; zu den Kreisgerichten im Gau Württenberg vgl. C. ARBOGAST/B. GALL, Aufgaben und Funktionen des Gauinspekteurs, der Kreisleitung und der Kreisgerichtsbarkeit der NSDAP in Württemberg, in: C. RAUH-KÜHNE/M. RUCK (Hgg.), Regionale Eliten zwischen Diktatur und Demokratie. Baden und Württemberg 1930–1952, München 1933, S. 160 ff.

[75] StAL EL 902/20 Az. 37/SV 34. Schon 1938 sollte Lang laut Kreisleiter Fischer bei geeignetem Ersatz abgelöst werden, dazu kam es aber nicht.

[76] StAL EL 903/1 Bü 83.

[77] StAL PL 502/29 Bü 22.

[78] StAL PL 502/29 Bü 44; EL 903/1 Bü 235. Springer hatte unter Hinweis auf die Wiederherstellung der Gesundheit und den Wiederaufbau der beruflichen Existenz um Entbindung von seinem Amt nachgesucht mit der Erlaubnis, die Uniform eines Ortsgruppenleiters zu tragen. Dies falsifizierte die übliche spätere Schutzbehauptung, aufgrund von politischen Differenzen sein Amt aufgegeben zu haben.

lich vom Regime ab, ohne von sich aus zurückzutreten. Mitten im Kriege widersetzte er sich Anordnungen der Partei, soll Anzeigen wegen Schwarzhörens und politischer Äußerungen niedergeschlagen haben. Als er am 20. April 1942 eine Feier zu Hitlers Geburtstag verweigerte, provozierte er seine Absetzung und die Einberufung an die Ostfront; dort ist er am 16. Januar 1944 gefallen[79].

Amtsmüdigkeit und Passivität waren nicht nur auf enttäuschte »Idealisten« beschränkt. Sowohl seitens der Kreisleitung als auch anderer überwachender und beurteilender Organisationen gab es wiederholt Kritik am Engagement der Politischen Leiter. So rügte im August 1938 der Kreisorganisationsleiter: *Im Bereiche von 12 Ortsgruppen habe ich in 17 Straßen 51 Wohnhäuser aufgesucht und musste feststellen, dass nur in 19 Häusern die Haustafeln angebracht waren. Auch die Karteien der Blockleiter waren anscheinend nicht auf aktuellem Stand*[80]. Mit diesen Einzelbeobachtungen stimmt ein Bericht des SD-Unterabschnitts vom Ende 1938 überein, der in den NS-Gliederungen allgemein eine große Dienstmüdigkeit konstatierte[81].

5. Handlungsspielräume der Ortsgruppenleiter

Die Entwicklung der NSDAP zu einer Massenorganisation im Allgemeinen und die spezifische Stuttgarter Situation als Sitz von Kreis- und Gauleitung von NSDAP und anderen NS-Dienststellen im Besonderen trug zu einer Schwächung des politischen Einflusses der Ortsgruppenleiter bei. Sogenannte Alte Kämpfer waren enttäuscht über politische Disziplinierung, Bürokratisierung und den Bedeutungszuwachs von »Märzgefallenen«. Während der Ortsgruppenleiter in Zuffenhausen, ein promovierter Rechtsanwalt, 1932 schon bei Einführung der Ebene der Kreisleitung wegen *Machtlosigkeit* um Bewilligung des Rücktritts nachgesucht hatte[82], trauerten viele im Amt ihrer Rolle als Avantgarde nach.

Die Kreisleitung hatte kein Interesse an eigenständigen, unkontrollierten Äußerungen aus den Ortsgruppen. Im Dezember 1935 vereinbarten Mauer und Strölin, dass die Kontakte von Partei und Stadtverwaltung jeweils ausschließlich über die Kreisleitung und das Büro des Oberbürgermeisters zu führen waren. Fischer übernahm diese Regelung. Dabei wurde ihre Beachtung gelegentlich angemahnt. Zwar könnten solche Hinweise als Indiz für eine Umgehung gedeutet werden; die allerdings überschaubaren Quellen weisen im Gegenteil auf eine überwiegende Einhaltung hin. Deshalb sind auch direkte Zuordnungen nur selten möglich; meist lautete die Formulierung in den Schreiben der

---

[79] StAL EL 902/20 Az. 37/41436. Vgl. »Aufwiegler, Rebellen, saubere Buben«. Alltag in Botnang. Geschichte eines Stuttgarter Stadtteils, Stuttgart 1994, S. 350 ff.
[80] StAL PL 501/1 Bü 45, Rs. Kreisorganisationsleiter, 2.8.1938 und 30.9.1938.
[81] StAL K 110 Bü 44.
[82] StAL PL502/29 Nr. 16, Schreiben Bruy über Kreisleitung an Gauleitung, 8.8.1932: Dem Politischen Leiter bleibe – entgegen dem Führerprinzip – nur im Bereich der Propaganda eine gewisse Selbständigkeit. Allerdings würden Außenstehende den Ortsgruppenleiter *für alle Vorkommnisse innerhalb der Bewegung verantwortlich machen, weil sie die tatsächliche Machtlosigkeit desselben nicht kennen*. Später übernahm der Kritiker die Funktion eines Ortsgruppen-Amtswalters.

Kreisleitung, *aus der Ortsgruppe x wird verlangt*. So klagte die Kreisleitung unter Berufung auf Ortsgruppen über das Treiben von Juden in der Markthalle oder über Rücksichtnahme auf Kriegsgefangene – und trug so in Wechselwirkung mit der Kommunalverwaltung zur Radikalisierung bei[83].

Schon frühere Untersuchungen auf einer bezüglich der Partei noch schwächeren Quellenbasis haben gezeigt, dass in Stuttgart von einem bloßen Dualismus von Kommune und Partei nicht die Rede sein konnte, sondern dass vielmehr die Kommunalverwaltung unter Führung machtbewusster Nationalsozialisten trotz aller systeminternen Rivalitäten mit NS-Dienststellen ein herausragender Machtträger war. Entgegen der später im eigenen Interesse von Repräsentationen der Verwaltung vertretenen Konstrukte konnte die Stadtverwaltung wesentliche genuin nationalsozialistische Zielsetzungen realisieren[84].

Ein für Stuttgart durchaus typisches und ausnahmsweise gut belegtes Beispiel für die Zusammenarbeit von Stadt und Kreisleitung in politisch relevanten Angelegenheiten zu Lasten von Ortsgruppenleitern lieferte eine Auseinandersetzung über die Entschädigung anlässlich des von der Stadt betriebenen Grunderwerbs für den Neckarkanal in Hedelfingen, Wangen sowie Ober- und Untertürkheim. Die an den Verhandlungen zunächst nicht beteiligten Ortsgruppenleiter schalteten sich ein, als die Eigentümer das Angebot der Stadt ablehnten und Ratsherren mahnten, ein Einvernehmen mit der Partei herzustellen[85]. Nach einem Gespräch mit den vier Ortsgruppenleitern erklärte sich die Stadt zu einem Zuschlag für hauptberufliche Winzer und Landwirte bereit. Dies führte wiederum zu Unmut bei den übrigen Betroffenen; nun verlangten die Ortsgruppenleiter den Zuschlag für alle[86]. Die Stadt war auch dazu, wenngleich zu einem etwas erniedrigten Satz, bereit, allerdings mit der Maßgabe, dass bis Jahresende 90% der Betroffenen einen entsprechenden Vertrag abschlössen.

Eine Verzögerung nach Kriegsbeginn nutzte der Hedelfinger Ortsgruppenleiter Bohnenberger zu einem neuen Vorstoß; er kritisierte ein *mit nationalsozialistischen Grundsätzen unvereinbares* Geschäftsgebaren der Stadt[87]. Doch Kreisleiter Fischer stellte sich auf Seiten der Stadt und erklärte: *Nachdem diese Volksgenossen auf eine vernünftige Regelung nicht eingegangen sind, muss ihnen mit allem Nachdruck und zwar in erster Linie am Geldbeutel einmal deutlich gemacht werden, was für Folgen derart verwerfliche Methoden*

---

[83] Vgl. zur Rolle der Kommunalverwaltungen v. a. die Forschungen von Wolf Gruner sowie als Beispiel für eine ausgezeichnete Lokalstudie R. FLEITER, Stadtverwaltung im Dritten Reich. Verfolgungspolitik auf kommunaler Ebene am Beispiel Hannovers, Hannover 2006. Für die Stuttgarter Kommunalverwaltungen wurden als wichtige Elemente lokaler antijüdischer Verfolgungsmaßnahmen vor allem ein sogenanntes Judenprogramm von 1936, eine mit der Rüstungsindustrie koordinierte Räumung von »Judenwohnungen« durch Binnendeportation sowie die Einrichtung eines »Judenladens« benannt. Vgl. MÜLLER, Stuttgart (wie Anm. 14), S. 296 f., 396 ff.

[84] Vgl. dazu auch demnächst meinen Aufsatz zum Verhältnis von Kommunalverwaltung und Landesministerien am Beispiel Stuttgart für Band 2 des Projekts »Landesministerien in der NS-Zeit«.

[85] Vgl. StadtAS, Niederschrift Wirtschaftsbeiräte 15.2.1939, § 99; 24.5.1939, § 311.

[86] Stadtarchiv Stuttgart (StadtAS) 22/1 Az. HA 840–2/47, Waldmüller an Ortsgruppenleiter, 11.7.1939, und passim.

[87] Ebd./70: Bohnenberger an OB, 11.11.1939.

nach sich ziehen[88]. Fischer hatte offenbar den Ortsgruppenleiter an die Kandare genommen: Dieser teilte nun den Eigentümern mit, die Partei habe sich *bis zum letzten* eingesetzt; sie lehne jede Verantwortung ab, wenn wenige die gütliche Vereinbarung zerschlügen[89]. Der Vorgang illustriert das Engagement der Ortsgruppenleiter wie auch dessen Grenzen.

Der Krieg brachte für die Politischen Leiter zahlreiche zusätzliche Aufgaben. Von Anfang an waren die Ortsgruppen für die Ausgabe der Lebensmittelkarten sowie die Überwachung der Verdunkelung verantwortlich. Im weiteren Verlauf kamen neue Aufgaben hinzu[90]. Die Leiter der personell ausgedünnten Ortsgruppen waren dafür fachlich und persönlich nur bedingt geeignet. Die Aussage eines Ortsgruppenleiters, die Aufgaben während des Krieges seien ihm über den Kopf gewachsen, kann sicherlich verallgemeinert werden – es charakterisiert den Entnazifizierungsdiskurs, dass dies entlastend gewertet wurde[91]. Tatsächlich waren die Voraussetzungen verschieden. Während der eine Ortsgruppenleiter auf Antrag der Kreisleitung für die Ortsgruppenarbeit freigestellt wurde, war der andere nach wie vor ehrenamtlich tätig und hatte bei ständig erhöhten Wochenarbeitszeiten dem Beruf nachzugehen[92].

Von Anfang an schaltete sich die Partei in bisher öffentliche Aufgaben ein. So trafen beim Ernährungsamt im November 1939 die von der Kreisleitung weitergereichten Klagen von Ortsgruppenleitern über Versorgungsmängel ein[93]. Nach dem ersten Luftangriff im August 1940 sammelten die Ortsgruppen auf Geheiß der Kreisleitung bei Betroffenen Erfahrungsberichte über die Schadensabwicklung und -regulierung durch die Stadtverwaltung. Kreisleiter Fischer lobte zwar die Großzügigkeit der Stadt, rügte aber Anstände

---

[88] Ebd. (Teilakte Enteignung): Fischer an Strölin, 10.1.1940.
[89] StadtAS Ns. Wirtschaftsbeiräte 14.2.1940, § 20.
Trotz weiterer Interventionen der Bauernschaft genehmigte das Staatsministerium im Oktober 1941 den Antrag der Stadt vom 7. August 1939 auf Zwangsenteignung. Diese wurde aber mitten im Kriege, wie schon 1940 von Ratsherren und Ortsgruppenleitern verlangt, nicht vollzogen.
[90] Zu den Kriegsaufgaben der Ortsgruppenleiter siehe allg. REIBEL (wie Anm. 22), S. 329ff., sowie NOLZEN, NSDAP, Krieg und Gesellschaft (wie Anm. 9). Für Stuttgart ist die Quellenlage defizitär. Weder liegen interne Berichte der Ortsgruppen noch Berichte oder Schriftwechsel zwischen Partei und Stadt vor. Die Restakten der Stadtverwaltung, der Kreisleitung Stuttgart der NSDAP sowie die in Baden-Württemberg bis 1990 gesetzlich gesperrten Spruchkammerakten ermöglichen kaum valide Aussagen zur sozialen Praxis, auch zum Feierwesen und zur Aktivierung der Partei – Aussagen über eine konsequente Durchführung und die Wirkung sind nicht möglich (S. 136ff.). Insoweit kann im Folgenden der Kritik von Nolzen (S. 100, dort die Anm. 10) an meiner bereits 1986 abgeschlossenen Arbeit nicht abgeholfen werden.
[91] StAL EL 903/1 Bü 281, Spruch in zweiter Instanz vom 2.3.1949.
[92] NOLZEN, NSDAP, Krieg und Gesellschaft (wie Anm. 9), S. 109: Von 28.606 Ortsgruppenleitern waren Stand 1.1.1940 waren gerade zehn hauptamtlich tätig. Für Stuttgart sind jedoch auch die erwähnten Freistellungen nachweisbar; zudem blieb jenen Ortsgruppenleitern ein gewisser Spielraum, die hauptamtlich in einer NS-Organisation tätig waren. Einberufen waren Stand 1.1.1940: knapp 20% der Ortsgruppenleiter; ebd. S. 117.
[93] StadtAS 120 Nr. 230. Die Akte umfasst (nur) 2,5 cm mit einer Laufzeit bis 1944. Offenkundig war die Versorgunglage in Stuttgart wenig problematisch; das entspricht auch den sonstigen Quellen. Während vor allem 1939/40 die Klagen aus den Ortsgruppen wie vereinbart über die Kreisleitung an die Stadt gelangten, wählten die Petenten, zumal SS- und SA-Ränge, zunehmend den direkten Weg.

bei der Erstattung von Bezugsscheinen und Entschädigungsleistungen. Der Aufbau paralleler und konkurrierender Strukturen war durch die inzwischen bei den Ortsgruppen angelegten Karteien leicht möglich[94]. Dennoch kann, gerade auch in der Auswirkung auf die Bevölkerung, nicht von einem Gegeneinander gesprochen werden, unbeschadet persönlicher Rivalitäten und Machtfragen.

Ein Beispiel ist die – nicht konfliktfreie – Zusammenarbeit in der Phase des Luftkriegs, die in Stuttgart mit der Jahreswende 1942/43 anzusetzen ist[95]. Die Aufgaben vor Ort verteilten sich auf drei Instanzen. Der Polizeipräsident als örtlicher Luftschutzleiter befehligte die Luftschutzpolizei, im Ernstfall auch den Werkschutz und den Selbstschutz der Hausgemeinschaften. Die Stadt war für die Beseitigung von Gebäudeschäden zuständig und richtete nach Luftangriffen Notdienststellen ein, an denen die Geschädigten unter anderem Geldvorschüsse und Ausweise erhielten, mit denen sie Bezugsscheine für Bekleidung und Hausrat erhalten und an der Notverpflegung der Partei teilnehmen konnten. Die Ortsgruppen der NSDAP, NSV und der NS-Frauenschaft, faktisch meist zu einem Ortsgruppenstab verschmolzen, waren für die Betreuung der Fliegergeschädigten zuständig und hatten für Ernährung und Unterkunft zu sorgen. Der zuständige Kreisstabsamtsleiter Riegraf schärfte den Politischen Leitern, ein, sich *um die persönlichsten Dinge der Betroffenen zu kümmern [...] Es darf nicht vorkommen, dass der eine oder andere praktisch nicht weiß, wo er im Ernstfall für 1000 Menschen Essen herholen soll*[96].

Die Kreisleitung der NSDAP sah in der Partei das *tragende Organ der Abwehrkraft der Stuttgarter Bevölkerung gegen den Luftterror, die gerade in solchen entscheidenden Kampfeinsätzen ihren totalen Führungsanspruch auch praktisch in die Tat umsetzen* könne[97]. So bildeten sich zusätzlich zu den Hausgemeinschaften seit 1942 aus den Reihen »zuverlässiger« Parteigenossen sogenannte Selbstschutztrupps als *Infanterie der Heimat*. Ein Selbstschutzbereich umfasste in der Regel eine Zelle, die Zellenleiter waren Führer des Bereichs. Insgesamt waren in der Stadt 1.787 solcher Trupps mit durchschnittlich fünf Mann eingesetzt. Ihre wichtigste Aufgabe war die Brandbekämpfung. Ein Ortsgruppenleiter vermerkte im April 1944, Reichsluftschutzbund sowie Sicherheits- und Hilfsdienst seien bei den Angriffen *seltene Gäste*; die Brandbekämpfung sei allein Sache der Hausgemeinschaften und der Selbstschutztrupps der Partei[98].

Auf Druck der Partei wurden gegen anfänglichen Widerstand von Stadt und Luftschutzleitung sogenannte Pionierstollen gebaut; die Bewohner selbst trieben unter fachkundiger Anleitung einfache Stollen in die Hänge. Diese trugen angesichts der Stuttgar-

---

[94] Wie detailliert diese waren, illustrierte eine Erfassung derjenigen Frauen, die *evtl. zu gewerblichen Arbeiten herangezogen werden können*. Als die Kreisleitung von den Ortsgruppen die Namen jener Frauen verlangte, die *früher einmal in einem gewerblichen oder industriellen Betrieb gearbeitet haben*, konnte der Gablenberger Ortsgruppenleiter die Zellenleiter anweisen, keine Erhebungen in den Haushaltungen vorzunehmen, sondern anhand der Kartei vorzugehen. StAL EL 902/20 Az. 37/19743, Rundschreiben an die Zellenleiter der Ortsgruppe Gablenberg, 14.2.1940.
[95] Vgl. allg. REIBEL (wie Anm. 22), S. 364 ff.
[96] StAL PL 704 Bü 4a, Bericht der Kreisleitung anlässlich des Besuchs der Reichsinspektion für zivile Kriegsmaßnahmen am 12./13.7.1944.
[97] Ebd.
[98] Vgl. dazu MÜLLER, Stuttgart (wie Anm. 14) S. 441 ff.

ter Topographie erheblich dazu bei, dass die Zahl der Luftkriegsopfer relativ niedrig war. Einige Ortsgruppenleiter setzten sich ein, sorgten für Baumaterial, arbeiteten mit. Ein bezeichnendes Selbstlob lautete: *Trotz erheblicher Schwierigkeiten konnte ich durchsetzen, dass im Bereich der Ortsgruppe Heslach 7 bombensichere Stollen gebaut wurden und zwar alle in Gemeinschaftsarbeit aller Kategorien der im Ortsgruppenbereich wohnenden Bevölkerung*[99]. Nolzen spricht in diesem Kontext von »einer Art improvisiertem Sozialpopulismus«[100].

Die Partei feierte den verständlichen Einsatz der Menschen als Durchbruch auf dem Wege zur Volksgemeinschaft. Die Kreisleitung lobte im Juli 1944: *Man kann die Auswirkungen der Gemeinschaftsarbeit aller Stände auf diesem Gebiet geradezu als revolutionär bezeichnen*[101]. Indes waren die Ortsgruppen nach der Zerstörung der Innenstadt überfordert; die Stadtverwaltung übernahm wieder Kompetenzen und spielte ihre Effizienz bei Konflikten bewusst aus[102].

Die Aktivitäten der Ortsgruppenleiter gerade in Kriegszeiten können nicht nur als Versuch von Seiten der Partei verstanden werden, Kompetenzen an sich zu ziehen. Die Berufung auf die »Volksgemeinschaft« im Kontext des Pionier-Stollenbaus mochte angesichts der unmittelbaren Gefahr ebenso wenig wie der aktive Einsatz von Funktionären der Ortsgruppen ihre Wirkung auf die »Volksgenossen« verfehlen wie zuvor deren Unterstützung im Kriegsalltag. Zentrales Motiv der Mobilisierung war freilich die existenzielle Bedrohung angesichts der zunehmenden Luftangriffe.

Die Aufstellung des »Volkssturms« eröffnete den Ortsgruppenleitern ein neues Handlungsfeld, waren sie doch für die Einteilung in vier Aufgebote zuständig. Auseinandersetzungen mit den Betroffenen und ihren Arbeitgebern waren an der Tagesordnung. Gegen zahlreiche Ortsgruppenleiter wurde später der Vorwurf der politisch motivierten Ungerechtigkeit bei der Rekrutierung von Kräften für den »Volkssturm« erhoben. Noch weiter ging Ortsgruppenleiter Mäckle in Gablenberg, der gegen Kriegsende als Bataillonsführer des Volkssturms eigenmächtig eine Evakuierung vorbereitete: *Die Bevölkerung hat sich sofort reisefertig zu machen und beim nächsten Fanfarensignal vor den Häusern zwecks Abmarsch anzutreten. Wer zuwiderhandelt wird als Saboteur betrachtet und entsprechend behandelt*[103].

Überwachung und Betreuung – Macht und Vermittlung

Überwachung und Betreuung galten als zentrale Aufgabe der Politischen Organisation. Letzterer Aspekt rückte besonders seit der Neustrukturierung der Partei 1936/37 mit der Zuständigkeit der Ortsgruppen für die gesamte Bevölkerung in den Vordergrund. Soziale Fürsorge findet sich in allen Aufgabenbeschreibungen der Politischen Leiter; Sprechstun-

---

[99] StAL EL 903/1 Bü 298, Verteidigungsschrift Februar 1947.
[100] NOLZEN, Funktionäre (wie Anm. 8), S. 67.
[101] StAL PL 704 Bü 4a: Bericht vom 12./13.7.1944.
[102] Vgl. dazu StadtAS 13 Bü 242.
[103] StAL EL 902/20 Az. 37/19743: Otto Retz, 22.11.1947, 1945 Ordonnanz des Volkssturm-Bataillons in Gablenberg.

den und Beratungsstellen waren einzurichten[104]. Die Quellen erlauben allerdings für Stuttgart keine belastbare Einschätzung über deren Inanspruchnahme. Die Haustafel, so in einem Rundschreiben an die »Volksgenossen«, galt als *Bindeglied zwischen dem Block als dem engsten Hoheitsgebiet der Partei einerseits und der kleinsten Zelle der Volksgemeinschaft, der Familie andererseits. Die Beschaffung und Anbringung der Haustafel ist das Zeichen dafür, dass Sie Ihr Haus mit allen seinen Bewohnern der betreuenden Sorge der Partei unterstellen*[105]. Für diesen Dienst der Partei sollten allerdings die Hausbesitzer die Kosten der Tafel tragen.

Vielfach ist auf die Bedeutung des Instruments der politischen Beurteilungen hingewiesen worden[106]. Zuständig waren zwar die Kreisleiter. Grundlage waren jedoch die Beurteilung durch die Ortsgruppenleiter anhand von Karteien sowie Erhebungen der Block- und Zellenleiter; dort lag die Definitionsmacht über die »Volksgenossen«, mit einem erheblichen Ermessensspielraum. Beurteilungen mussten zu allen möglichen Anlässen eingeholt werden; sie boten enorme Einflussmöglichkeiten besonders in Personalfragen und vor allem im öffentlichen Dienst. Für Stuttgart liegt kein geschlossener oder jedenfalls umfangreicher Bestand vor; die Wirkungen sind jedoch aufgrund direkter oder indirekter Hinweise evident.

In den Spruchkammer-Unterlagen und Personalakten der Ortsgruppenleiter bei der Kreisleitung finden sich vielfach Hinweise auf Listen und Karteien, die in den Ortsgruppen geführt wurden. Damit war die Parteiorganisation partiell besser informiert als die Kommunalverwaltung und auch als der Sicherheitsapparat, in dessen Kartotheken vorrangig politische Gegner, rassisch Verfolgte und sog. Gemeinschaftsfremde erfasst waren. Die Listen und Karteien der Ortsgruppen dokumentierten hingegen die Bevölkerung insgesamt. Der Kategorisierung dienten die Lektüre von NS-Presse, Spenden, Flaggen an NS-Feiertagen etc. Die auffälligen »Volksgenossen« wurden entsprechend unter Druck gesetzt. So ließ, um ein Beispiel zu nennen, ein Cannstatter Ortsgruppenleiter einen Bürger wissen, dass die Spende zum WHW *in keinem Verhältnis zu Ihrem Einkommen steht (...) Ich glaube sicher, dass dieser Hinweis genügt*[107].

Die Ortsgruppenleiter verfügten also über einen breiten Handlungs- und Entscheidungsspielraum; sie konnten Denunziationen und Meldungen weitergeben oder nicht, Parteigenossen bevorzugen oder sich beim Zugang zu den Stollen für alle Volksgenossen einsetzen. Wie nutzten sie ihren Spielraum? Ganz offenkundig spielte das Auftreten in Uniform eine relevante Rolle, ebenso das im März 1934 verliehene Privileg, Waffen zu tragen[108]. Beides waren für einige Funktionäre unverzichtbare Insignien der Macht, deren übertriebene Verwendung freilich gegenteilige Wirkung entfalten konnte. So soll bei-

---

[104] Vgl. REIBEL (wie Anm. 22), S. 274 ff.
[105] StadtAS Kopiensammlung Richard Glaser: Rundschreiben der NSDAP-Ortsgruppe Karlshöhe, 29.1.1937 (Kopie).
[106] Vgl. D. REBENTISCH, Die »politische Beurteilung« als Herrschaftsinstrument der NSDAP, in: D. PEUKERT/J. REULECKE (Hgg.), Die Reihen fast geschlossen. Beiträge zur Geschichte des Alltags unter dem Nationalsozialismus, Wuppertal 1981, S. 107–125. Vgl. auch die in Anm. 10 erwähnten Arbeiten zu den Kreisleitern sowie jetzt v. a. THIELER, Volksgemeinschaft unter Vorbehalt (wie Anm. 12).
[107] StAL EL 903/1 Bü 281, Spruchkammerakte Vollmar: Schreiben vom 29.6.1942.
[108] REIBEL (wie Anm. 22), S. 89.

spielsweise der Leiter der Ortsgruppe Kräherwald, Lechner, seit 1935 zugleich Leiter des Spielmannszugs des NSDAP-Kreises und seit 1939 des Gauspielmannszugs, Kollegen wiederholt mit vorgehaltener Waffe und Einweisung in ein Konzentrationslager bedroht haben[109]. Der Leiter der Ortsgruppe Dreieck, Schweickert, ein selbständiger Kunstglasermeister, hatte sich nicht nur in rascher Folge zahlreiche Posten gesichert, sondern erschien selbst bei Innungsversammlungen in Uniform und mit Pistole. So erarbeitete er sich den Spottnamen »Die kleine Gewalt«[110].

Dieses Verhalten umfasst der Begriff des »Goldfasans«. Ein solcher Ortsgruppenleiter schikanierte die Kollegen (Fetzer)[111], erwirkte Vorladungen und Einberufungen (Feyer), verlangte einen rigiden Umgang mit sowjetischen Zwangsarbeiterinnen und benahm sich derart schlimm, dass selbst die anderen Funktionäre der Ortsgruppe den Kreisleiter um einen neuen Führer mit einem *offenen und ehrlichen Charakter* ersuchten[112]. Ein anderer, selbst von Parteigenossen gefürchteter Ortsgruppenleiter (Gartenmaier) benachteiligte nachweislich politisch wie ihm persönlich missliebige Personen bei der Unterbringung nach Luftangriffen, verteilte Sonderzuweisungen für Fliegergeschädigte nach Gutdünken und nahm massiv Einfluss auf UK-Stellungen sowie auf Einberufungen zum Volkssturm[113]. Einen negativen Eindruck machten eifrige Nationalsozialisten in ihren Betrieben und Amtsstuben, wo sie Beförderungs- und Karrieremuster durchkreuzten, Kollegen durch die Absenz in Parteiangelegenheiten zusätzliche Aufgaben übernehmen und Drohungen erfahren mussten.

Die Beobachtung, dass sich die »Goldfasane« fast durchweg in Ortsgruppen der Innenstadt finden, führt zu der These, dass grosso modo Unterschiede zwischen den Ortsgruppenleitern in den noch stärker ländlich geprägten Außenbezirken und den anonymeren innerstädtischen Ortsgruppen existierten. Offenkundig spielte die örtliche Verankerung, wie sie bei Ortsgruppenleitern in den Vororten mehrfach nachweisbar ist, eine entscheidende Rolle. So erklärte, freilich in exkulpatorischer Absicht, der Leiter der Ortsgruppe des ländlichen Weil im Dorf vor der Spruchkammer: *Ich möchte aber aus-*

---

[109] StAL EL 903/1 Bü 158, auch Personalakte der Kreisleitung StAL PL 502/29 Bü 31. Mauer bezeichnete Lechner, damals noch in der Privatwirtschaft, als nicht besonders beliebt, während Fischer ihm ein gutes Verhältnis zu Partei und Bevölkerung attestierte und vermerkte, Lechner sei ohne Geltungsbedürfnis.

[110] StAL EL 903/1 Bü 676. Während zahlreiche Handwerker einrücken mussten oder in die Industrie dienstverpflichtet wurden, konnte Schweickert rund zwei Dutzend französische Kriegsgefangene beschäftigen. Auch im Alltag nutzte er in Kriegszeiten seine Macht aus: Bei der Abholung von Lebensmittelmarken in der Geschäftsstelle schikanierte er Andersdenkende und politisch Missliebige, ebenso verweigerte er ihnen die Evakuierung. Als das Gebiet der Ortsgruppe bei einem Luftangriff schwer getroffen worden war, beorderte er die Feuerwehr zum nahegelegenen Parteihaus. Parteigenossen beschwerten sich bei der Kreisleitung schon früh, aber folgenlos über Ämterhäufung und Auftreten Schweickerts.

[111] StAL EL 902/20 Az. 37/16/2640.

[112] StAL EL 903/1 Bü 65: Das auf 31.12.1941 datierte Schreiben ist in der Spruchkammerakte allerdings lediglich in einer nicht beglaubigten Abschrift überliefert.

[113] StAL EL 903/3 Bü 101, sowie Personalakte der Kreisleitung, StAL PL 502/29 Bü 21.

drücklich betonen, dass ich bei der Bevölkerung keine große Beachtung fand, weil ich eben nicht bodenständig, sondern ›hereingeschmeckt‹ gewesen bin[114].

Ein Indiz war das Verhältnis zu den Pfarrern. In mehreren Vorort-Ortsgruppen herrschte offenbar eine Art Nichtangriffspakt. Zwar traten, soweit feststellbar, die Ortsgruppenleiter sukzessive mit einer einzigen Ausnahme aus der Kirche aus. Nicht selten blieben, gleichsam als Rückversicherung, jedoch die Familienangehörigen Mitglied und wurden für die Kinder kirchliche Angebote wie Taufen und Konfirmationen in Anspruch genommen. Insoweit typisch war das Verhalten des Leiters des Stützpunkts bzw. der Ortsgruppe Rotenberg. Der dort seit 1905 ansässige, erstmals 1923 in die NSDAP eingetretene Ortsgruppenleiter genoss laut Kreisleiter Fischer *wegen seiner vorbildlichen Haltung (...) das Ansehen der Bevölkerung*. Obwohl er 1939 aus der Kirche ausgetreten war, arrangierte er für einen gefallenen Sohn aus erster Ehe eine kirchliche Trauerfeier anstelle einer Parteifeier und ließ die Söhne aus zweiter Ehe konfirmieren[115]. Hingegen sind Konfrontationen mit den Kirchengemeinden von dem 1936 suspendierten Degerlocher Ortsgruppenleiter Fritzsche bekannt, auch Mäckle sowie die oben genannten »Goldfasane« Kramer und Schweickert sollen Leute wegen des Gottesdienstbesuchs zur Rede gestellt oder angegriffen haben.

Die Ortsgruppenleiter in den Stadtbezirken, die zwischen 1922 und 1942 eingemeindet wurden, waren mehrheitlich »eingesessen«, also dort länger wohnhaft, und verfügten über zahlreiche Kontakte und Verbindungen zu örtlichen Vereinen und anderen Netzwerken. Einige waren auch beruflich exponiert: in Untertürkheim als Bäckermeister bzw. Teigwarenfabrikant, in Botnang als Buchdruckereibesitzer; der erste Ortsgruppenleiter in Zuffenhausen (bis 1931) führte ein Eisenwarengeschäft. Sein Kollege Dreizler in Sillenbuch besaß seit 1910 eine Gärtnerei und war bis 1935 Mitglied im Kirchengemeinderat. In Sillenbuch, das sich damals von einer kleinen Landgemeinde zu einem Stuttgarter Vorort mit erheblichen Spannungen zwischen Alteingesessenen und Neubürgern wandelte, konnte er offenbar Konflikte auf ortsinterne Weise lösen[116]. Der Ortsgruppenleiter von Rohracker legte erst 1937 seinen Sitz im Kirchengemeinderat nieder, dem er als Zellen- und Stützpunktleiter angehört hatte. Kaiser wurde parteiintern ein gutes Verhältnis zur Bevölkerung attestiert. Später bescheinigten ihm zahlreiche Zeugen, manchen Streit im Ort geschlichtet sowie Meldungen und Denunziationen nicht weiter gegeben zu haben. Genauso aber hatte er in anderen Fällen, so die Spruchkammer, *als getreuer Diener des NS-Regimes* nicht gezögert, Auskünfte und Meldungen weiterzugeben – mit Konse-

---

[114] Beide Zitate aus Spruchkammerakte Häffners: StAL EL 903/1 Bü 96. Die Bewertung seiner Tätigkeit stammt von Bezirksbürgermeister Schnierle, 22.1.1947.

[115] BDC Gotthilf Lutz: Antrag Fischers auf Verleihung des Kriegsverdienstkreuzes II. Klasse vom 24.3.1942; ähnlich auch Beurteilung vom 10.1.1943: StAL PL 502/29 Bü 31.

[116] StAL EL 902/20 Az. 37/6/16823. Offenbar behandelte Dreizler die zahlreichen eingehenden Meldungen dilatorisch. 1947 bezeichnete der neue Bezirksvorsteher Dr. Grünberg den früheren Ortsgruppenleiter als einen einfachen Mann *mit sehr beschränkten geistigen Qualitäten*, der bis zum Schluss an Hitler geglaubt, aber andere in Ruhe gelassen habe. Dies war unter den gegebenen Umständen nicht das Schlimmste, das man einem Ortsgruppenleiter vorwerfen konnte. Auch Kreisleiter Fischer hatte beim Antrag auf Verleihung des Kriegsverdienstkreuzes II. Klasse hervorgehoben, dass *in seiner Ortsgruppe der Gemeinschaftsgedanke vorherrschend ist*: BDC Karl Dreizler.

quenzen für die Betroffenen[117]. Auf eine wachsende Distanz der langjährigen Ortsgruppenleiter und »Alten Kämpfer« Gienger in Untertürkheim sowie Lang in Uhlbach wurde bereits hingewiesen, ebenso auf die zunehmende Renitenz des Botnanger Ortsgruppenleiters Erhardt.

Obwohl also auch diese Ortsgruppenleiter dafür gesorgt hatten, dass einzelne politisch missliebige Leute zum Schanzen an den »Westwall« oder nicht uk-gestellt wurden, gewährten sie den ihnen bekannten Andersdenkenden, soweit sie sich unauffällig verhielten, einen gewissen Schutz. Wer in der Gemeinschaft fremd war oder sich nicht an den Komment hielt, hatte eher mit Konsequenzen zu rechnen. Freilich war die Unterscheidung von »fremd« und »eigen« in den anonymen Lebensverhältnissen der Kernstadt kaum möglich.

Fazit

Die Ortsgruppenleiter hatten unter den NS-Funktionärsgruppen bis 1945 den stärksten Machtverlust erfahren[118]. Dennoch besaßen sie auch in der Großstadt mit Sitz der Gau- und Kreisleitung relevante Befehlsgewalt über die unteren Parteifunktionäre und die Leistungsfähigkeit der Ortsgruppen. Nicht zuletzt hatten sie im Alltag erhebliche Macht und erheblichen Handlungsspielraum; sie waren ein entscheidendes Instrument der NS-Herrschaft. Maßgeblich entschied über den Umgang mit diesen Handlungsspielräumen die Einbindung in lokale Netzwerke. Dabei konnten jenseits subjektiver Dispositionen – freilich nicht idealtypische – Unterschiede in den innerstädtischen und äußeren Bezirken ausgemacht werden.

Der Bevölkerung blieben Missstände und Misswirtschaft, Anmaßung und Schikanen der »Goldfasane« nicht verborgen. Nicht umsonst sank trotz mancher sozialpopulistischer Maßnahmen das Ansehen der NSDAP stets weiter ab[119]. Abgesehen von Einzelfällen im Übergang von der Phase der Propaganda und Machtübernahme, bei der vor allem die politischen Gegner im Fokus standen, zur Phase der »Betreuung« der Bevölkerung blieben mäßig bis negativ beurteilte Ortsgruppenleiter vom Typus »Goldfasan« im Amt; die Kreisleiter zogen aus den ihnen durchaus bekannten Problemen kaum Konsequenzen. Freilich boten auch die bei einem größeren Personalrevirement zu erwartende ungewisse Außenwirkung sowie eine damit verknüpfte interne Konfrontation mit den meist langjährigen Funktionären (»Treue«) wenig verlockende Aussichten. Man wird jedoch trotz

---

[117] StAL EL 903/1 Bü 126: Spruch vom 26.1.1948. Vgl. auch Personalakte der Kreisleitung StAL PL 502/29 Bü 27. Beim Austritt aus dem Kirchengemeinderat, den er mit Kritik an Wurm und der Kirchenleitung begründete, nahm er ausdrücklich den ortsansässigen Pfarrer aus und versicherte, sich jeder Einmischung in innerkirchliche Verhältnisse zu enthalten.
[118] So REIBEL (wie Anm. 22), S. 75.
[119] I. KERSHAW, Der Hitler-Mythos. Führerkult und Volksmeinung, Stuttgart 1999, S. 121 ff. Vgl. auch KATER (wie Anm. 50), S. 214, zum Vorwurf der Drückebergerei gegenüber den Politischen Leitern.

begrenzter Quellenbasis konstatieren können, dass bei den Stuttgarter Ortsgruppenleitern soziale Kontrolle und Disziplinierung ausgeprägter war als Mobilisierungsleistungen. Und gerade in Stuttgart leistete die Kommunalverwaltung mit ihren Inszenierungen und Aktionen sowie ihrer technokratischen Effizienz einen bedeutenderen Beitrag zu Inklusion und Integration der Bevölkerung als die Ortsgruppenleiter.

Im Dienste der Stadt oder der NSDAP?
Die Bürgermeister von Villingen und Schwenningen im Vergleich

VON ROBERT NEISEN

Einleitung

Als das Schwenninger »Gemeinderatskomitée« am 4. Juni 1946 zu einer Sitzung zusammentrat, war die Empörung groß. Wenige Tage zuvor hatte ein französisches Militärgericht den Schwenninger Oberbürgermeister Otto Gönnenwein, der schon am 4. Mai 1930 zum Oberbürgermeister der Stadt gewählt worden war und dieses Amt trotz seiner früheren Mitgliedschaft in der DDP auch während der Zeit des Nationalsozialismus ausgeübt hatte, zu einer zweimonatigen Haftstrafe verurteilt. Der Vorwurf: Gönnenwein habe im Juli 1945 in einem Empfehlungsschreiben an die neue Militärregierung einen örtlichen Lebensmittelgroßhändler als Lieferanten der Besatzungsmacht empfohlen, dabei aber verschwiegen, dass dieser Mitglied der NSDAP gewesen sei. Dagegen verwahrte sich der Gemeinderat auf das Entschiedenste. Die *Vertreter der antifaschistischen Parteien*, vermerkte das Sitzungsprotokoll, würden die vom Militärgericht verhängte Strafe als *außerordentlich hart* empfinden. *Oberbürgermeister Dr. Gönnenwein,* so das Protokoll weiter, *seien dauernd von der NSDAP Schwierigkeiten gemacht worden, und er habe daher keinen Grund gehabt, nach dem Zusammenbruch irgendein früheres Parteimitglied zu begünstigen.* Einige der Gemeinderäte äußerten sogar den Verdacht, dass hinter dem Verfahren ein *Intrigenspiel* ehemaliger nationalsozialistischer Kräfte stecke, die sich nun an Gönnenwein aufgrund seiner kritischen Einstellung gegenüber dem Nationalsozialismus rächen wollten. Einmütig sprachen sich daher die Mitglieder des *Gemeinderatskomitées* für Gönnenweins Verbleib im Amt aus – darunter auch die Vertreter der KPD und SPD, die Gönnenwein in der Weimarer Republik wegen seiner Zugehörigkeit zum »bürgerlichen« Lager teilweise noch heftig bekämpft hatten[1].

Zwei Jahre später kam ein interner Vermerk der Stadtverwaltung, der eine Art Dienstzeugnis von Gönnenweins Oberbürgermeistertätigkeit in den vergangenen 18 Jahren darstellte, zu einem ähnlich positiven Urteil hinsichtlich seiner Amtsführung und seines Verhältnisses zum NS-Regime. Als Fachmann des Verwaltungsdienstes, hieß es darin in

---

[1] StadtA VS 1.17 Personalakte Otto Gönnenwein, Auszug aus der Niederschrift über die Beratungen des Oberbürgermeisters mit dem Gemeinderatskomitée, 4.6.1946.

Anspielung auf Gönnenweins beruflichen Hintergrund als promovierter Verwaltungsjurist, genieße Gönnenwein in weiten Kreisen ein hohes Ansehen. Wegen seiner ausgezeichneten Fähigkeiten sei er wohl, vermutete der unbekannte Verfasser des Vermerks, auch in den *politisch so hoch bewegten Zeiten von 1933 und 1945*, die *so viele Personalveränderungen im Gefolge* gehabt hätten, im Amt geblieben. Dabei habe er es verstanden, wie es in einer für die unmittelbare Nachkriegszeit typischen, euphemistischen Umschreibung der nationalsozialistischen Gewaltherrschaft hieß, *die Geschicke der Stadt auch in recht aufregenden Zeiten fest in der Hand zu halten*. Während dieser Zeit habe er auch *persönliche Opfer und Demütigungen* durch die NSDAP nicht gescheut, wenn es gegolten habe, *für seine Stadt und deren Bevölkerung einzutreten*[2].

Nur wenige Kilometer entfernt, in Villingen, der badischen Nachbarstadt des württembergischen Schwenningen, gelangten die Angehörigen des Gemeinderats bei der Beurteilung ihres ehemaligen Bürgermeisters Hermann Schneider, der als »Alter Kämpfer« der NSDAP im Juni 1933 handstreichartig als Bürgermeister von Villingen eingesetzt worden war, in der Sitzung des Gemeindeausschusses vom 21. Januar 1946 zu einem deutlich anderen Ergebnis. In dieser Sitzung kam unter anderem der »goldene Handschlag« zur Sprache, mit dem Schneider im Herbst 1937 als Bürgermeister von Villingen verabschiedet worden war, weil er seinem »Parteigenossen« Karl Berckmüller hatte weichen müssen, für den die badische NSDAP nach dessen Entmachtung als Leiter der badischen Gestapo dringend einen Posten benötigt hatte. Damals hatte der nationalsozialistisch dominierte Gemeinderat Schneider kurzer Hand mit einem großzügigen Übergangsgeld und einem zusätzlichen Monatsgehalt versorgt. Während der Erste Beigeordnete Hermann Riedel, der den Posten des Bürgermeister-Stellvertreters schon in der NS-Zeit bekleidet hatte, Schneider wortreich in Schutz nahm und das Übergangsgeld mit dessen geringerem Verdienst als Kreisleiter – Schneider war im Zuge seiner Verabschiedung als Villinger Bürgermeister zum Kreisleiter von Mannheim ernannt worden – rechtfertigte, ließen die übrigen Ausschussmitglieder kein gutes Haar an den Verwaltungspraktiken unter seiner Ägide. Bürgermeister Bräunlich kritisierte offen die Vetternwirtschaft im Villingen der NS-Zeit, sei doch unter Schneider die Stellenbesetzung nach 1933 allein nach dem Kriterium des *Parteibuches* erfolgt. Im gleichen Atemzug kritisierte eines der Ausschussmitglieder die Haltung der Gemeinderäte in der NS-Zeit, die in unverantwortlicher Weise Gelder *hinausgeworfen* hätten, um ihrem Förderer den Abschied vom Bürgermeisterposten erträglicher zu machen[3].

Hier der sachliche, erfahrene, vor allem den Interessen der Stadt dienende Verwaltungsjurist Gönnenwein, der überparteiliches Ansehen genoss; dort der allein aus parteipolitischen Motiven agierende, die nationalsozialistische Vetternwirtschaft fördernde Schneider – unterschiedlicher könnte das Bild, das die politischen Akteure der ersten Nachkriegsjahre vom Verhalten »ihrer« Bürgermeister während der Zeit der nationalsozialistischen Diktatur zeichneten, kaum sein. Und in der Tat waren die beiden Bürgermeister von Villingen und Schwenningen während der Zeit des Nationalsozialismus, wie

---

[2] Das »Zeugnis« befindet sich ebenfalls in der Personalakte von Gönnenwein (ebd.).
[3] StadtA VS 1.17 Personalakte Hermann Schneider. Aktenvermerk zur Sitzung des Gemeindeausschusses vom 21.1.1946.

aus den nachfolgenden Ausführungen ersichtlich werden wird, bei der Ausführung ihrer Amtsgeschäfte sehr unterschiedlichen handlungsleitenden Maximen gefolgt.

Diese Beobachtung verweist auf einen zentralen Sachverhalt: Entgegen der lange Zeit verbreiteten Sichtweise von einer weitgehend monolithischen nationalsozialistischen Diktatur, in der auch die »gleichgeschalteten« Kommunen kaum Entscheidungsfreiheit besessen hätten und zu machtlosen Ausführungsorganen eines vom Zentralstaat dominierten Unrechtsregimes mutiert seien[4], besaßen die kommunalen Herrschaftsträger vor Ort, allen voran die Bürgermeister, durchaus erheblichen Interpretations- und Gestaltungsspielraum bei der konkreten Ausgestaltung der lokalen Politik. Dieser Aspekt steht im Mittelpunkt dieses Beitrags: Mittels eines Vergleichs der Bürgermeister von Villingen und Schwenningen in der Zeit des Nationalsozialismus sollen die Handlungsspielräume von Bürgermeistern im nationalsozialistischen Staat ausgelotet werden. Dies geschieht durch eine Gegenüberstellung des konkreten Verhaltens der Bürgermeister beider Städte in den Bereichen Personalpolitik, Verhältnis von NSDAP und Rathaus, Haushaltspolitik, Kirchenpolitik und Verfolgung aus »rassischen« Gründen. Dabei sollen bewusst aber auch die Grenzen der Einflussmöglichkeiten von Bürgermeistern im NS-Staat aufgezeigt werden. Denn im Unterschied zu der dichotomischen Unterscheidung von »guten« und »bösen« Akteuren, welche die Wahrnehmung ehemaliger Handlungsträger des NS-Staates in der Nachkriegszeit oftmals prägte, zeigt eine differenzierte Betrachtung verschiedener Handlungsfelder, dass die Bürgermeister im totalitären nationalsozialistischen Staat trotz partieller Gestaltungsautonomie auf der anderen Seite keine vollkommene Handlungsfreiheit besaßen. So waren auch Stadtoberhäupter, die sich eine gewisse Unabhängigkeit gegenüber der NSDAP bewahrt hatten, zur Mitwirkung an der Unterdrückungs- und Verfolgungspolitik des nationalsozialistischen Staates gezwungen. Mehr noch: Es ließe sich die Frage stellen, ob erfahrene Verwaltungsbeamte wie Gönnenwein trotz oder gerade wegen ihrer Distanz gegenüber den Nationalsozialisten in nicht viel größerem Maß zum reibungslosen Funktionieren des nationalsozialistischen Unrechtsregimes beitrugen als überzeugte Parteiaktivisten, die oftmals dilettantisch-erratisch agierten. Verkörperten daher kompetente Verwaltungsbeamte wie das Schwenninger Stadtoberhaupt nicht ein viel besseres Schmiermittel im tödlichen Getriebe des nationalsozialistischen Unrechtsstaates als die fanatischen Ideologen vom Schlage eines Robert Wagner oder Hermann Schneider, die mit ihren brachialen Methoden nicht selten an der Realität scheiterten? Machten sie sich, wenn man die eigentlich unhistorische Kategorie der »Schuld« hier einmal heranzieht, damit nicht ebenso mitschuldig an den Verbrechen des Nationalsozialismus?

Bevor diese Fragen auf der Basis einer Untersuchung des konkreten Verhaltens der beiden Bürgermeister in den genannten Handlungsfeldern beantwortet werden können, gilt es zunächst jedoch, den erheblich divergierenden Prozess der Machtübernahme der NSDAP in Villingen und Schwenningen zu skizzieren. Denn insbesondere der spezifische Modus der nationalsozialistischen Machtübernahme in Schwenningen determi-

---

[4] Vgl. hierzu: W. GRUNER, Die Kommunen im Nationalsozialismus. Innenpolitische Akteure und ihre wirkungsmächtige Vernetzung, in: S. REICHARDT/W. SEIBEL (Hgg.), Der prekäre Staat. Herrschen und Verwalten im Nationalsozialismus, Frankfurt am Main 2011, S. 167–211, hier S. 167.

nierte das Verhaltensspektrum des dortigen Oberbürgermeisters Gönnenwein in entscheidender Weise, weshalb es ihn genauer zu beschreiben gilt.

Wechsel in Villingen, Kontinuität in Schwenningen: Die Folgen der nationalsozialistischen Machtübernahme 1933

Unterschiedlicher Verlauf der »Gleichschaltung« in Villingen und Schwenningen

Die politische »Gleichschaltung« der Rathäuser durch die NSDAP, die sich im Frühjahr und Sommer 1933 – wenngleich mit lokal stark unterschiedlicher Tiefenwirkung – flächendeckend im ganzen Deutschen Reich vollzog, nahm in Villingen und Schwenningen einen deutlich verschiedenartigen Verlauf. Diese Entwicklung war vor der Machtübernahme der NSDAP im Reich und in den Ländern nicht unbedingt vorauszusehen, handelte es sich doch in beiden Fällen um Kommunen, in denen die NSDAP vor dem 30. Januar 1933 unter erheblichen strukturellen Problemen gelitten hatte. Während im überwiegend katholischen Villingen das Zentrum auch in der Endphase der Weimarer Republik die mit einigem Abstand stärkste politische Kraft in Villingen geblieben war und die NSDAP selbst bei der für die Nationalsozialisten so erfolgreichen Reichstagswahl des 31. Juli 1932 deutlich überflügelt hatte (36,1 % versus 25,9 %[5]), dominierten im weitgehend protestantischen, stärker industrialisierten Schwenningen die beiden Arbeiterparteien KPD und SPD. Sie erzielten bei der Reichstagswahl im Juli 1932 zusammen 47,1 % der Stimmen (KPD: 23,7 %; SPD: 23,4 %). Auch die DDP/Deutsche Staatspartei verfügte in der vom erbitterten Konflikt zwischen Arbeit und Kapital geprägten Neckarstadt mit 10,7 % der Wählerstimmen über eine reichs- wie landesweit noch vergleichsweise breite Wählerbasis[6]. Die NSDAP hingegen musste sich bei der Wahl im Juli 1932 mit einem Wähleranteil von 27,8 % begnügen. Sie lag in Schwenningen damit über neun Prozentpunkte unter dem Reichsergebnis (37,2 %).

In Villingen gelang es der NSDAP jedoch ungeachtet ihrer klaren Minderheitenposition, die sie selbst nach der Reichstagswahl des 5. März 1933 noch innehatte[7], den Bürgermeistersessel ohne größere Widerstände zu erobern. So musste der demokratisch gewählte Bürgermeister Adolf Gremmelspacher, der dem Zentrum nahestand, im Juli 1933 auf Druck der lokalen NSDAP von seinem Posten weichen[8]. Sein Nachfolger wurde der

---

[5] Vgl. StadtA VS 2.2 Nr. 6600.
[6] Vgl. E. HAUSEN/H. DANNECK, »Antifaschist, verzage nicht ...!« Widerstand und Verfolgung in Schwenningen und Villingen 1933–1945, S. 19.
[7] Die NSDAP hatte bei der Reichstagswahl des 5. März 1933 mit 33,7 Prozent zwar zum ersten Mal das Zentrum in der Wählergunst leicht überholt, lag jedoch selbst zusammen mit den Stimmen der DNVP (2,4 %) erheblich hinter dem »republikanischen« Block aus Zentrum (33,5 %), SPD (11,8 %), DDP (2,0 %) und DVP (1,6%) zurück. Die KPD hatte 12,3 Prozent der Stimmen erhalten. Damit war die »nationale« Koalition aus NSDAP und DNVP von einer Mehrheit in Villingen weit entfernt. Vgl. R. NEISEN, Nationalsozialismus in Villingen und Schwenningen, in: C. BUMILLER (Hg.), Geschichte der Stadt Villingen-Schwenningen, Band II, Der Weg in die Moderne, Villingen-Schwenningen 2017, S. 326–427, hier S. 328.
[8] Zum Prozess der nationalsozialistischen Machtübernahme in Villingen im Einzelnen vgl. ebd., S. 331 f, sowie den Beitrag von W. HEITNER in diesem Band.

erst 26 Jahre alte Volkswirt Hermann Schneider. Schneider verkörperte einen typischen Parteikarrieristen, der über keinerlei kommunalpolitische oder verwaltungsrechtliche Erfahrung verfügte. Seinen Aufstieg zum Bürgermeister von Villingen hatte er daher ausschließlich seinem Status als »Alter Kämpfer« zu verdanken. So war Schneider bereits als Schüler und Student in völkisch-rechtsextremen Vorfeldorganisationen der NSDAP wie dem »Schlageter-Bund« aktiv gewesen; im Februar 1930 war sein Eintritt in die NSDAP erfolgt. Zum Zeitpunkt der nationalsozialistischen Machtübernahme hatte er die SA-Standarte in Schwetzingen geleitet[9]. Symptomatisch für die rein parteipolitisch motivierte Stellenbesetzung des Villinger Bürgermeisteramts war die Art und Weise, wie Schneider an seinen Posten gelangte: Er hatte sich bei Ministerialreferent Rudolf Schindler (NSDAP) in der Kommunalabteilung des badischen Innenministeriums als Bürgermeister einer badischen Stadt ins Spiel gebracht. Schindler, der als Verbindungsmann zwischen der Gauleitung und dem Innenministerium fungierte und die personalpolitischen Wünsche der NSDAP befriedigen sollte, verschaffte ihm daraufhin die Stelle als Bürgermeister von Villingen[10]. Formell wurde Schneider vom badischen Innenminister Pflaumer (NSDAP) per Erlass vom 14. Juli 1933 als Bürgermeister eingesetzt[11]; seine nachträgliche »Wahl« zum Villinger Stadtoberhaupt durch den Bürgerausschuss am 10. August 1933 war vor diesem Hintergrund lediglich eine scheindemokratische Farce. Schneider wurde außerdem in Personalunion Kreisleiter des Bezirks Villingen, womit der Kreisleiter als zentraler machtpolitischer Gegenpol der Bürgermeister auf städtischer Ebene wegfiel.

In Schwenningen scheiterten hingegen die Bemühungen einiger örtlicher Nationalsozialisten, Gönnenwein als Bürgermeister von Schwenningen abzusetzen, und dies, obwohl er als früheres Mitglied der – im Juni 1933 zur Selbstauflösung gezwungenen – DDP und Angehöriger einer Heilbronner Freimaurer-Loge[12] von vielen Anhängern der lokalen NSDAP mit großem Argwohn betrachtet wurde. Dieser Argwohn wurde durch zweideutige Verhaltensweisen Gönnenweins während des Prozesses der nationalsozialistischen Machtübernahme zusätzlich genährt. Als beispielsweise am 8. März 1933 auch die Schwenninger NSDAP kurz nach dem Sieg der Partei bei der Reichstagswahl vom 5. März 1933 ähnlich wie in zahlreichen anderen deutschen Städten die Hissung der Hakenkreuzfahne auf dem Rathaus erzwingen wollte, geschah dies nur unter Protest Gönnenweins. Er erblickte in diesem Vorgang einen ungesetzlichen Akt, der gegen die Reichsverfassung verstieß. In der NSDAP-Ortsgruppe machte daraufhin das Gerücht die Runde, dass Gönnenwein die Hissung der Hakenkreuzflagge gegenüber NSDAP-Frak-

---

[9] Zur Vita Schneiders vgl. StadtA VS 1.17, Personalakte Hermann Schneider, dort vor allem die Pressemitteilung der Stadt Villingen vom 10. August 1933.
[10] Vgl. W. HEITNER, Nutznießer und Täter – Villingen in der Zeit des Nationalsozialismus, in: Schriften der Baar 60 (2017), S. 69–88, hier S. 77. Zu Schindler und seiner Funktion im Innenministerium vgl. R. NEISEN, Das badische Innenministerium, in: F. ENGEHAUSEN/S. PALETSCHEK/W. PYTA (Hgg.), Die badischen und württembergischen Landesministerien in der Zeit des Nationalsozialismus, Stuttgart 2019, S. 77–193, hier S. 92f., 161f.
[11] StadtA VS 1.17, Personalakte Hermann Schneider, Badischer Minister des Innern, Erlass Nr. 77.268 vom 14.7.1933.
[12] Zur Vita Gönnenweins vgl. die Biografie von J. SCHÄFER, Otto Gönnenwein, 16. Mai 1896–9. Januar 1963. Verwaltungsmann – Politiker – Rechtsgelehrter, Aachen 2013.

Abb. 1 Hermann Schneider (vorne links) und Otto Gönnenwein (vierter von links, in der Bildmitte) auf einer Bürgermeisterversammlung in Donaueschingen, 1933 bis 1937

tionsführer Robert Gölkel als die *schwärzeste Stunde in meinem Leben* bezeichnet habe[13]. Auch auf der ersten Sitzung des Schwenninger Gemeinderats nach der Reichstagswahl des 5. März, die für den 14. März anberaumt wurde, verhielt sich Gönnenwein uneindeutig: Bei Eröffnung der Sitzung betonte er zwar einerseits seine Unterordnung unter die neue Reichsregierung, die durch die Reichstagswahl auf verfassungsmäßigem Wege bestätigt worden sei. In der anschließenden Rede erwähnte er Reichskanzler Hitler jedoch mit keinem Wort. Gleiches geschah in der Ansprache, die Gönnenwein auf der »Feier der nationalen Erhebung« hielt, die von der neuen Reichsregierung für den 21. März 1933 angeordnet worden war. Prompt wurde diese Nichterwähnung Hitlers von der Schwenninger NSDAP negativ kommentiert. Ebenso unterließ es Gönnenwein bei der öffentlichen Feier zum »Tag der nationalen Arbeit« am 1. Mai 1933, beim Singen des »Horst-Wessel-Liedes« den Arm zum Hitler-Gruß zu erheben[14]. Schließlich lehnte Gönnenwein in der Sitzung des Gemeinderats vom 18. Mai 1933 einen gegen die SPD zielenden Antrag Gölkels ab. Dieser sollte jeden einzelnen Gemeinderat zu einem Bekenntnis zwingen, dem *marxistischen* Klassenkampf und dem *internationalen Pazifismus* abzu-

---

[13] KrARW, Az. 1231/2, Nr. 7, Bericht des Oberamts Rottweil über die Verhandlungen auf dem Rathaus in Schwenningen in der Untersuchungssache gegen Oberbürgermeister Gönnenwein, 16.10.1933.
[14] Vgl. SCHÄFER (wie Anm. 12), S. 185–188, 191 f.

schwören. Dank Gönnenwein wurde der Antrag mit einer Stimme Mehrheit verworfen[15]. Es waren solche und andere Vorkommnisse, die vor allem den im Juli 1933 neu eingesetzten Ortsgruppenleiter der Schwenninger NSDAP, Michael Fischbach, zu dem Schluss kommen ließen, dass Gönnenwein zwar ein fähiger Verwaltungsbeamter sei. Er, Fischbach, habe aber *nicht den Glauben, dass er als Stadtvorstand für Schwenningen eine Arbeit leisten wird, die dem entspricht, was wir vom nationalsozialistischen Standpunkt aus verlangen*. Fischbach verlangte daher von den kommunalen Aufsichtsbehörden die Versetzung Gönnenweins in eine andere Verwaltung[16]. *(Abb. 1)*

Bürgermeister von Gnaden der Partei: Der Herrschaftskompromiss von Schwenningen im Herbst 1933

Am Ende aber scheiterte der Versuch der Versetzung Gönnenweins durch die Schwenninger NSDAP. Die Gründe waren vielfältig. Einer war übergeordneter Natur und hing mit der Besonderheit des württembergischen Gemeinderechts zusammen: Da die württembergischen Bürgermeister in der Weimarer Republik im Unterschied etwa zu Baden direkt von der Bürgerschaft gewählt wurden, galten sie als vom gesamten Volk legitimierte, über den Parteien stehende Amtswalter. Infolgedessen verspürte die NSDAP bei der Entlassung von Bürgermeistern in Württemberg eine größere Hemmschwelle als in anderen deutschen Regionen, weshalb die Säuberungen der württembergischen Bürgermeisterämter weniger umfangreich ausfielen als in den anderen Ländern[17]. Doch gab es auch konkrete lokale Gründe. So ergaben etwa Zeugenerhebungen, die der Rottweiler Landrat Gustav Regelmann als Dienstaufsichtsperson zur Klärung der Vorwürfe der lokalen NSDAP anstellen ließ, dass ein Teil der Behauptungen sich nicht erhärten ließ. Insbesondere schien ihm der Vorwurf, dass Gönnenwein die Hissung der Hakenkreuzflagge am 8. März als schwärzeste Stunde seines Lebens bezeichnet hatte, durch die Vernehmung der Zeugen nicht belegt. Die Anhörungen legten vielmehr nahe, dass Gönnenwein von der *schwersten Stunde seines Lebens als Beamter* gesprochen hatte, weil der Akt ihn dazu gezwungen habe, sich zwischen dem Gehorsam gegenüber der Reichsverfassung und der noch amtierenden, nicht-nationalsozialistischen Landesregierung einerseits und den neuen politischen Kräfteverhältnissen, wie sie durch den Wahlsieg des 5. März 1933 gegeben seien, andererseits zu entscheiden[18]. Selbst innerhalb der Schwenninger NSDAP wurde Gönnenweins Verhalten nicht einheitlich bewertet. Dort gab es mit Fraktionsführer Gölkel und dem bis Juli 1933 amtierenden Ortsgruppenleiter Hermann zwei lokale Parteifunktionäre, die sich für den Verbleib Gönnenweins im Amt aussprachen und

---

[15] StadtA VS 3.1–3, Nr. 7582, Protokoll der Verhandlungen des Gemeinderats Schwenningen am 18.5.1933.
[16] KrARW, Az. 1231/2, Nr. 7, Bericht des Oberamts Rottweil über die Verhandlungen auf dem Rathaus in Schwenningen in der Untersuchungssache gegen Oberbürgermeister Gönnenwein, 16.10.1933.
[17] Vgl. Th. SCHNABEL, Württemberg zwischen Weimar und Bonn 1928–1945/46, Stuttgart 1986, S. 188.
[18] KrARW, Az. 1231/2, Nr. 7, Bericht des Oberamts Rottweil über die Verhandlungen auf dem Rathaus in Schwenningen in der Untersuchungssache gegen Oberbürgermeister Gönnenwein, 16.10.1933.

das von Sachlichkeit geprägte Verhältnis zwischen NSDAP und Gönnenwein hervorhoben[19].

Hinzu kam ein gravierendes Problem der örtlichen Nationalsozialisten: Die Schwenninger NSDAP verfügte über keinerlei eigene Kandidaten, die auch nur annähernd die nötigen Qualifikationen aufgewiesen hätten, um eine Stadt wie Schwenningen zu verwalten, die infolge der schweren Krise der örtlichen Uhrenindustrie nicht nur unter massivster Arbeitslosigkeit und gewaltigen Haushaltsnöten litt, sondern auch wegen der starken Arbeiterbewegung ein schwieriges Terrain für die NSDAP darstellte. Im »roten« Schwenningen war daher ein gemäßigt auftretender Bürgermeister vermutlich eher dazu in der Lage, die Situation vor Ort zu entschärfen als ein kompromissloser, fanatischer Nationalsozialist. Vor diesem Hintergrund lag es durchaus im Interesse der NSDAP, einen bewährten Verwaltungsfachmann an der Spitze der Stadt zu belassen. Einen *von außen* kommenden nationalsozialistischen Bürgermeister an die Stadtspitze zu setzen, war ebenfalls nur bedingt eine Option, da auch die württembergische NSDAP lediglich über ein begrenztes Reservoir an Personen verfügte, welche die ausreichende kommunalrechtliche und -politische Erfahrungen vorweisen konnten, um problematische Städte wie Schwenningen zu regieren[20].

Die Notwendigkeit, in der kriselnden Neckarstadt mit ihren großen sozialen Problemen und ihrer aufgeheizten politischen Atmosphäre einen erfahrenen Verwaltungsfachmann an der Spitze zu belassen, war denn auch der zentrale Grund, warum die staatlichen Aufsichtsbehörden nach Abwägung aller Faktoren zu dem Schluss kamen, von einer Versetzung Gönnenweins vorerst Abstand zu nehmen. Diesen Beweggrund, der in Württemberg aufgrund der vorherrschenden kommunalen Verwaltungstraditionen stärker ins Gewicht fiel als in anderen Ländern[21], brachte Landrat Regelmann in einer Stellungnahme gegenüber dem »Staatskommissariat für Körperschaftsverwaltung« im württembergischen Innenministerium vom 21. Oktober 1933 klar zum Ausdruck, als er dafür plädierte, Gönnenwein trotz der großen Vorbehalte der örtlichen NSDAP gegenüber seiner Person zunächst nicht abzusetzen. So schrieb Regelmann am Schluss seines Berichts: *Bei der fachlichen Tüchtigkeit und persönlichen Gediegenheit der Person des Gönnenwein sprechen sehr erhebliche Gründe für seine Belassung in der derzeitigen Stellung. Auch die derzeitige Wirtschaftslage von Schwenningen, verbunden mit Nöten aller Art, erfordern neben einer politischen Geschicklichkeit in erster Linie eine fachliche hervorragende Qualifikation*[22]. In diesen Worten kommt überdies eine Wertschätzung des Verwaltungsjuristen Regelmann für seinen Schwenninger Kollegen zum Ausdruck, die ein weiterer wichtiger Beweggrund für die Belassung Gönnenweins im Amt gewesen sein dürfte: Auch wenn es sich nicht konkret nachweisen lässt, so liegt es nahe, dass der Landrat und die zuständigen Beamten im »Staatskommissariat für Körperschaftverwaltung« Gönnenwein auch deswegen in Schutz nahmen, weil sie die Interessen ihres »Standes« gegenüber der Partei verteidigen und allzu starke Einbrüche der NSDAP in die Landes- und Kom-

---

[19] Ebd.; SCHÄFER (wie Anm. 12), S. 190f.
[20] Vgl. SCHNABEL (wie Anm. 17), S. 188.
[21] Vgl. ebd.
[22] KrARW Az. 1231/2, Nr. 7, Oberamt Rottweil an das Staatskommissariat für Körperschaftsverwaltung, 21.10.1933.

munalverwaltung verhindern wollten. Letztere stellte eine traditionelle Domäne der von einem gemeinsamen Korpsgeist und Wertesystem geprägten Verwaltungsbeamtenschaft dar.

Schließlich war es auch Gönnenwein selbst, der mit seinem Verhalten dazu beitrug, in der prekären Phase der kommunalen »Gleichschaltung« die Wogen vor Ort zu glätten und seine Entlassung oder Versetzung zu verhindern. Spätestens Anfang Mai 1933 passte Gönnenwein nicht nur seine öffentliche Rhetorik an die veränderten Verhältnisse an: In der ersten Sitzung des – nach dem Gesetz zur Gleichschaltung der Länder und Kommunen vom 31. März 1933 umgebildeten – Stadtrats am 4. Mai 1933 sprach Gönnenwein beispielsweise davon, dass der aktuelle Gemeinderat *ganz im Sinne und Geiste des neuen, von Reichskanzler Adolf Hitler geführten Deutschlands zu arbeiten* habe[23]. Er stellte darüber hinaus im April 1933 auch einen Antrag auf Aufnahme in die NSDAP. Mit diesem Antrag, der zunächst positiv beschieden wurde, um am Ende wegen seiner Mitgliedschaft in der Heilbronner Loge wieder für nichtig erklärt zu werden[24], wollte Gönnenwein zumindest nach außen seinen Willen zur Kooperation mit den neuen »braunen« Machthabern unter Beweis stellen und den Druck der NSDAP auf seine Person abfedern.

Ob diese Selbstadaption Gönnenweins an die neuen Machtverhältnisse ab dem April 1933 dabei ein rein taktisches Manöver war oder aber Ausdruck einer zumindest teilweisen *inneren* Hinwendung zum neuen Regime, lässt sich nicht zweifelsfrei beantworten. Einerseits waren Verwaltungsbeamte wie Gönnenwein stark von einem ausgeprägten Staatsbewusstsein und einem dezidierten Legalismus geprägt. Für viele Beamte war es Teil ihres kollektiven Selbstverständnisses, dem jeweiligen Staat ungeachtet seiner inneren Verfasstheit loyal zu dienen[25]. Wenn Gönnenwein etwa im März 1933 seine Loyalität gegenüber der neuen Reichsregierung hervorhob und den Sieg von NSDAP und DNVP bei der Reichstagswahl am 5. März 1933 als *Ausdruck* des *verfassungsmäßig zustande gekommenen Willens* des deutschen Volks bezeichnete, der für die Schwenninger Stadtverwaltung bindend sei[26], so kann es sich hier durchaus um mehr gehandelt haben als um bloße Lippenbekenntnisse. Vielleicht wurde Gönnenwein auch von der allgemeinen Aufbruchstimmung des Frühjahrs 1933 erfasst, die die neue Reichsregierung geschickt zu erzeugen verstand, indem sie die Machtübernahme der NSDAP als »nationale Erhebung« aller »vaterländisch« Gesinnten – nicht nur der Nationalsozialisten – darstellte, die dem Parteienstreit, dem sozialen Elend und der außenpolitischen Machtlosigkeit der Weimarer Republik ein Ende setzen und das deutsche Volk zu neuer Einigkeit, Wohl-

---

[23] StadtA VS 3.1–3, Nr. 7582, Protokoll der Verhandlungen des Gemeinderats Schwenningen am 4.5.1933.
[24] Vgl. SCHÄFER (wie Anm. 12), S. 203–213. Die Nichtigerklärung seines Aufnahmebescheids bot Gönnenwein nach 1945 die willkommene Gelegenheit, seinen Aufnahmeantrag zu verschweigen und seine Nichtaufnahme in die Partei in ein bewusstes Signal umzudeuten, mit dem er und andere Kollegen den Regimeskeptikern hätten Mut machen wollen. Vgl. ebd., S. 29. Dies zeigt, dass gegenüber Gönnenweins Äußerungen nach dem Krieg zu seinen Handlungsmotiven während der NS-Zeit eine gewisse Skepsis geboten ist.
[25] Vgl. M. RUCK, Korpsgeist und Staatsbewusstsein. Beamte im deutschen Südwesten 1928 bis 1972 (Nationalsozialismus und Nachkriegszeit in Südwestdeutschland 4), München 1996, S. 49–50, 59–60; NEISEN, Badisches Innenministerium (wie Anm. 10), S. XXX.
[26] Neckarquelle, 15.3.1933.

stand und machtpolitischer Stärke emporführen werde[27]. Andererseits legte Gönnenwein auch nach dem April/Mai 1933 weiterhin eine gewisse Reserviertheit gegenüber der NSDAP und ihren Aktivitäten an den Tag. Beispielsweise blieb er dem Empfang der Schwenninger SA-Stürme am 10. September 1933 anlässlich ihrer Rückkehr vom NSDAP-Reichsparteitag in Nürnberg fern. Auch auf anderen NSDAP-Veranstaltungen im Spätsommer 1933 ließ er sich als Oberbürgermeister nicht blicken[28]. Dieses Verhalten führte dazu, dass, wie es Landrat Regelmann in seinem Bericht vom 21. Oktober an das »Staatskommissariat« resümierte, *in den Kreisen der NSDAP von Schwenningen eine starke Stimmung gegen Gönnenwein besteht, die sich noch mehr gegen sein allgemeines Verhalten richtet, er nehme nicht genügend Fühlung mit der Bewegung und stärke sie nicht genügend durch entsprechendes äußeres Auftreten und Wirken*[29]. Es spricht daher einiges dafür, dass sich Gönnenwein auch im Sommer und Herbst des Jahres 1933 nach wie vor nicht gänzlich mit dem neuen Regime identifizieren konnte.

Was auch immer nun die genauen Beweggründe Gönnenweins für seine Anpassung an die neuen Herrschaftsverhältnisse waren: Am Ende des Ringens zwischen Gönnenwein und der Schwenninger bzw. württembergischen NSDAP stand im Herbst 1933 ein Herrschaftskompromiss. Gönnenwein durfte zwar im Amt bleiben, doch geschah dies nur unter erheblichen Vorbehalten. Letztere wurden von der württembergischen Landesregierung, die inzwischen zu einem zuverlässigen Herrschaftsinstrument der Nationalsozialisten geworden war, auch deutlich zum Ausdruck gebracht: In einem Schreiben vom 2. November 1933 empfahl das »Staatskommissariat für Körperschaftsverwaltung«, Gönnenwein wegen seiner wiederholten Abwesenheit bei Kundgebungen der örtlichen NSDAP *ernsthaft* zu *verwarnen* und ihm einzuschärfen, dass er in Zukunft durch seine Handlungen beweisen müsse, *voll auf dem Boden der nat.[ional]soz.[ialistischen] Weltanschauung* zu stehen[30].

Dieser Herrschaftskompromiss, der für das Deutschland des Jahres 1933 keineswegs einen Ausnahmefall darstellte[31], definierte gleichzeitig den Verhaltenskorridor, innerhalb dessen sich Gönnenwein in den kommenden zwölf Jahren der nationalsozialisti-

---

[27] Zur Inszenierung der Machtübernahme als parteiübergreifende »nationale Erhebung« vgl. J. STEUWER, »Ein Drittes Reich, wie ich es auffasse«. Politik, Gesellschaft und privates Leben in Tagebüchern 1933–1939, Göttingen 2017, S. 57–63.

[28] Vgl. SCHÄFER (wie Anm. 12), S. 193.

[29] KrARW Az. 1231/2, Nr. 7, Oberamt Rottweil an das Staatskommissariat für Körperschaftsverwaltung, 21. Oktober 1933.

[30] Zit. nach SCHÄFER (wie Anm. 12), S. 196 f.

[31] Insbesondere in kleineren Großstädten, Mittelstädten und Kleinstädten sowie in vielen kleinen Gemeinden ohne Stadtstatus war die Zahl der Bürgermeister, die die Gleichschaltungsmaßnahmen des Jahres 1933 unbeschadet überstanden, durchaus beträchtlich. Vgl. GRUNER (wie Anm. 4), S. 173; J. NOAKES, Nationalsozialismus in der Provinz: Kleine und mittlere Städte im Dritten Reich 1933–1945, in: H. MÖLLER/A. WIRSCHING/W. ZIEGLER (Hgg.): Nationalsozialismus in der Region. Beiträge zur regionalen und lokalen Forschung und zum internationalen Vergleich (Schriftenreihe der Vierteljahrshefte für Zeitgeschichte, Sondernummer), München 1996, S. 237–251, hier S. 241 f. Für den Südwesten vgl.: SCHNABEL (wie Anm. 17), S. 188–190, 196–198; R. HOURAND, Die Gleichschaltung der badischen Gemeinden 1933/34, Freiburg 1985 (jur. Diss.), S. 180–194, 203 f. Danach war der Anteil von im Amt verbliebenen Bürgermeistern in Württemberg wesentlich höher als in Baden.

schen Diktatur würde bewegen können. Auf der einen Seite würde er, wie im Anschluss gezeigt werden wird, die Handlungsspielräume, die ihm das Bürgermeisteramt auch in der totalitären nationalsozialistischen Diktatur bot, wiederholt in einem Sinne nutzen, der den Interessen der Partei widersprach. Diese Spielräume wurden durch die Verabschiedung der Deutschen Gemeindeordnung vom 30. Januar 1935, die den Bürgermeistern gemäß dem »Führerprinzip« die *volle und ausschließliche Verantwortung für die Gemeindeverwaltung* gab[32], in rechtlich-institutioneller Hinsicht sogar weiter gestärkt. Auf der anderen Seite war Gönnenwein – was er auch wusste – ein Bürgermeister von Gnaden der NSDAP. Dieser Umstand engte seine Handlungsfreiheit stark ein und legte ihm beim konkreten Verwaltungsvollzug starke Fesseln an, wollte er das Misstrauen der NSDAP nicht zusätzlich schüren und am Ende doch noch seine Entlassung riskieren.

Das Verhalten der Bürgermeister von Villingen und Schwenningen 1933–1939: Vergleichende Untersuchung verschiedener Handlungsfelder

Personalpolitik

Nachdem die Nationalsozialisten in Villingen und Schwenningen im Laufe des Frühjahrs und Sommers 1933 das Ruder übernommen und die gegnerischen politischen Kräfte systematisch ausgeschaltet hatten, sollte sich relativ rasch erweisen, dass es auch in einem totalitären, zentralistischen Staat wie dem nationalsozialistischen Deutschland einen signifikanten Unterschied machte, ob der Stadtverwaltung ein ideologischer Eiferer ohne Verwaltungserfahrung vorstand oder diese von einem erfahrenen, von sachlich-nüchternen Erwägungen geleiteten Verwaltungsjuristen geführt wurde. Vor allem in der städtischen Personalpolitik machte sich dieser Unterschied frühzeitig bemerkbar. In Villingen machte Schneider bereits kurz nach dem Amtsantritt die Geisteshaltung deutlich, in der er sein Amt zu führen gedachte. Um eine Dienstwaffe führen zu können, was für einen Bürgermeister ebenso ungewöhnlich wie illegitim war, beantragte er Anfang Oktober 1933 beim Bezirksamt Villingen einen Waffenschein. Den Antrag versah er mit der Bemerkung: *Von einer weiteren Begründung der Notwendigkeit des Tragens einer Waffe glaube ich absehen zu können*[33]. Mit diesem symbolischen Akt, in dem sich die in ganz Deutschland etablierende Verschränkung der Macht von NSDAP und staatlicher Gewalt paradigmatisch ausdrückte, offenbarte Schneider, dass er über dem Gesetz zu stehen glaubte und die öffentliche Hand als Instrument der Parteiinteressen betrachtete.

Vor diesem Hintergrund ist es wenig überraschend, wenn Schneider seine Personalpolitik allein nach ideologischen Kriterien ausrichtete, während die fachliche Eignung keinerlei Rolle spielte. Zwei zentrale Personalien machen dies deutlich: Franz Martin, ein selbständiger Kaufmann ohne jegliche Verwaltungskenntnisse, wurde als »Alter Kämpfer« – er war seit dem 1. September 1930 Mitglied von NSDAP und SA sowie Ortsgruppenleiter der Villinger NSDAP bis Ende 1932 – im März 1933 zunächst als Aushilfsange-

---

[32] § 32 der Deutschen Gemeindeordnung vom 30. Januar 1935, RGBl. 1935, S. 49 ff.
[33] StadtA VS 1.17, Personalakte Hermann Schneider, Bürgermeister Schneider an Badisches Bezirksamt Villingen, 9.10.1933.

stellter beim Fürsorgeamt eingestellt. Bereits im September 1933 stieg er zum Leiter des Jugendamts auf. Im November 1938 wurde Martin zum Verwaltungsoberinspektor befördert und zum Beamten auf Lebenszeit ernannt, obwohl ihm die erforderlichen beruflichen Qualifikationen dafür fehlten. Gleichzeitig übte Martin seit 1933 in Personalunion das Parteiamt des Kreisamtsleiters der Nationalsozialistischen Volkswohlfahrt (NSV) aus. Dabei erledigte Martin einen Großteil der Parteigeschäfte während seiner Dienstzeit, wodurch der kommunale Steuerzahler auf diese Weise die Aktivitäten der Partei mit finanzierte[34]. Zu wessen Gunsten er den in dieser Personalunion strukturell angelegten Konflikt zwischen den Interessen der Kommune und der Partei zu lösen gedachte, zeigte sich im Jahr 1939/40 in aller Deutlichkeit: Als Johanna Schwer, die Witwe des SABA-Firmengründers Hermann Schwer, der Stadt ein Kinderheim stiftete, sorgte Martin nicht nur dafür, das Kinderheim in die Hände der NSV zu überführen. Er setzte zusammen mit dem neuen Kreisleiter Arnold Haller auch die Regelung durch, dass die Stadt sämtliche Kosten zu übernehmen hatte, ohne irgendeinen Einfluss auf die Auswahl des Personals und die wirtschaftliche Führung des Heims nehmen zu können[35].

Ein weiterer »Parvenu und Profiteur«[36] der nationalsozialistischen Machtübernahme war der Elektrotechniker Karl Reichert. Er war der Prototyp des bei der Bevölkerung so verhassten »braunen Bonzen«, dem allein sein Status als »Alter Kämpfer« zum beruflichen Aufstieg verholfen hatte. Reichert, den der Stadtrat nach dem Krieg als einen der *rücksichtslosesten und brutalsten Nazis von Villingen*[37] bezeichnete, war bereits 1928 in die NSDAP eingetreten. Anfang der 1930er Jahre war er erfolgloser Inhaber einer Firma zur Überwachung elektrotechnischer Anlagen. Im Mai 1934 bewarb er sich auf die Stelle des Leiters des Villinger Elektrizitätswerks, die im badischen NSDAP-Parteiorgan »Der Führer« ausgeschrieben gewesen war. In seinem Bewerbungsschreiben bezog sich Reichert bezeichnenderweise überwiegend auf seine persönlichen Bekanntschaften mit führenden badischen Nationalsozialisten wie Robert Wagner. Obwohl Reichert ebenfalls über keinerlei Leitungs- und Verwaltungserfahrung verfügte, wurde er von Schneider ohne jegliche Rücksprache mit dem Stadtrat am 9. Juli 1934 als Leiter des E-Werks eingestellt. Parallel dazu verkaufte er seine Firma unter Vorspiegelung falscher Tatsachen zu einem weit überteuerten Preis an einen Nachfolger[38]. Auch bei Reichert kam es zu einer Verquickung von parteiamtlichen und städtischen Interessen. Im Oktober 1934 wurde er zum Ortsgruppenleiter der NSDAP bestimmt. Einen erheblichen Teil seiner Parteigeschäfte wickelte er dabei auf dem Amt ab. Dies geschah mit ausdrücklicher Genehmigung Schneiders, der ihm gestattete, *dringende schriftliche Arbeiten für die Ortsgruppe während* der *Dienstzeit zu erledigen*[39] *(Abb. 2)*. Ebenso übernahm die Stadtkasse im Juni 1935 auf Weisung Schneiders die Kosten für die Haftpflichtversicherung von Reicherts Pkw, den er auch für Parteizwecke nutzte. Im April 1937 gewährte ihm der

---

[34] Zu Martin vgl. HEITNER (wie Anm. 10), S. 82 f.
[35] Vgl. hierzu weiter unten.
[36] F. BAJOHR, Parvenüs und Profiteure. Korruption in der NS-Zeit, Frankfurt am Main 2001.
[37] Zit. nach: HEITNER (wie Anm. 10), S. 83.
[38] Vgl. hierzu folgendes Schreiben: StadtA VS 1.17, Personalakte Karl Reichert, Süddeutsche Zähler-Eich- und Revisionsanstalt an Bürgermeister Karl Berckmüller, 24.2.1940.
[39] Ebd., Bürgermeister Schneider an Direktor Reichert, 2.10.1934.

nationalsozialistisch dominierte Stadtrat ferner eine großzügige Aufwandsentschädigung. Reichert »bedankte« sich auf seine Weise und glänzte durch wiederholte Abwesenheit auf zahlreichen Parteilehrgängen und -schulungen, die teilweise bis zu zwei Monate dauerten[40].

Die rein politisch-ideologischen Maximen folgende Personalpolitik Schneiders schlug sich auch auf unterer Ebene nieder. So wurden zwischen 1935 und 1937 zwei »Alte Kämpfer« mit Hausmeisterposten an städtischen Schulen versorgt, während ein drittes Parteimitglied, das am 1. Mai 1933 noch rechtzeitig auf den fahrenden Zug aufgesprungen und der NSDAP beigetreten war, einen Posten als Hausmeister der städtischen Knabenschule erhielt; der »Märzgefallene« war gleichzeitig ab 1935 Zellenleiter der NSDAP[41]. Im Bauamt und im Elektrizitätswerk kamen ebenfalls mehrere »Alte Kämpfer« unter. Das Ausmaß der Vetternwirtschaft in Villingen verdeutlicht ein *Verzeichnis der seit März 1933 eingestellten noch im Dienst befindlichen alten Kämpfer für die nationale Erhebung und sonstigen Nationalsozialisten*, das Bürgermeister Schneider auf Weisung des badischen Innenministeriums im Januar 1937 erstellte. Dieses weist nicht weniger als 24 »Alte Kämpfer« aus, die zwischen Februar 1933 und Januar 1936 in der Stadtverwaltung untergebracht wurden. Überdies hatte Schneider in diesem Zeitraum fünf weitere »Alte Kämpfer« angestellt, die inzwischen die Stadtverwaltung wieder verlassen hatten[42]. Die Infiltration der Stadtverwaltung mit radikalen Nationalsozialisten wies in Villingen daher Dimensionen auf, die selbst für den hochkorrupten NS-Staat eher ungewöhnlich waren. Unter Bürgermeister Schneider wurde die Stadt somit zur »Beute der Partei«[43].

Die Orientierung der Stellenbesetzungspraxis an ideologischen Grundsätzen in der Amtszeit Schneiders sticht erst recht ins Auge, wenn man sie mit der Personalpolitik Gönnenweins in Schwenningen vergleicht. Weder bei der Einstellung »Alter Kämpfer« noch bei der Beförderung ausgewiesener Nationalsozialisten innerhalb der Stadtverwaltung zeigte Gönnenwein irgendwelchen Elan. Dies blieb auch der NSDAP nicht verborgen. Ortsgruppenführer Fischbach, der inzwischen auch im Gemeinderat saß, beklagte sich deshalb im April 1934 beim Oberbürgermeister darüber, dass die Stadt Schwenningen entgegen dem ausdrücklichen Wunsch der Reichsregierung noch nichts unternommen habe, *bewährte Kämpfer der NSDAP* innerhalb der Schwenninger Stadtverwaltung zu befördern. Sogleich machte Fischbach konkrete Vorschläge, welche zwei nationalsozialistischen Beamte befördert werden müssten und wie diese Beförderungen durch – angeblich bereits geplante – Umstrukturierungen von städtischen Abteilungen erreicht werden könnten[44]. Gönnenweins Antwort war indes eher ausweichend: Geeignete Stellen zur Beförderung von Beamten außer der Reihe seien zurzeit nicht vorhanden. Auch die vorgeschlagenen Umstrukturierungen könnten nicht umgesetzt werden, da einzelne Ämter dadurch zu klein würden. Allenfalls komme die Vorrückung der beiden Betroffe-

---

[40] StadtA VS 1.17, Personalakte Karl Reichert.
[41] StadtA VS 2.2, Nr. 2088.
[42] StAF B 748/1, Nr. 2157.
[43] HEITNER (wie Anm. 10), S. 82.
[44] StadtA VS, 3.1–3, Nr. 651, NSDAP, Ortsgruppe Schwenningen, an das Bürgermeisteramt, 13.4.1934.

nen in höhere Besoldungsstufen in Frage[45]. Dies war denn auch der Ausweg, auf den sich Gönnenwein in Abstimmung mit der Stuttgarter Ministerialabteilung für Bezirks- und Körperschaftsverwaltung als Kommunalaufsichtsbehörde verständigte[46]. Ähnliches geschah ein Jahr später, als Fischbach die Beförderung eines bei der Stadt angestellten Elektromonteurs und »Alten Kämpfers« vom Arbeiter zum Angestellten vorschlug, nachdem dieser die Meisterprüfung abgelegt hatte. Auch in diesem Fall lehnte Gönnenwein eine Beförderung unter Verweis auf die geringe Größe der Schwenninger städtischen Betriebe ab: Diese würde es nicht erlauben, neben der bereits bestehenden Beamtenstelle noch eine zweite gehobene Stelle im Elektrizitätswerk zu schaffen. Nachdem die nationalsozialistischen Stadträte auf der Beförderung des Monteurs insistierten und sich auch der Kreisleiter einschaltete, einigte man sich schließlich erneut auf die salomonische Lösung einer Erhöhung des Arbeitslohns[47].

Gönnenwein war also nicht bereit, verwaltungstechnische Erfordernisse und herkömmliche verwaltungsrechtliche Grundsätze bei der Ausarbeitung von Stellenbesetzungsplänen einer Ideologisierung der städtischen Personalpolitik zu opfern. Allerdings agierten die Schwenninger Nationalsozialisten in personalpolitischen Fragen auch wesentlich zurückhaltender als ihre Villinger »Parteigenossen«. Dies zeigt beispielhaft eine Diskussion, die der Stadtrat im Sommer 1935 führte: In der Sitzung des 22. August wurde die Frage debattiert, ob auf die frei gewordene Stelle des Verwaltungsratsschreibers der »Alte Kämpfer« Hermann Faden oder der vergleichsweise besser qualifizierte kommissarische Verwaltungsratsschreiber Friedrich Reichert nachrücken solle. Nach einer längeren Aussprache gaben auch die NSDAP-Ratsherren Reichert den Vorzug. Dies begründeten sie ausdrücklich mit dessen besserer Eignung für den Posten[48].

Nichtsdestotrotz: Obwohl die örtliche NSDAP in Fragen der städtischen Personalpolitik relativ gemäßigt auftrat, musste auch Gönnenwein in personalpolitischen Fragen einige Zugeständnisse machen, wollte er seine prekäre Position gegenüber der NSDAP nicht weiter schwächen. Auch er musste daher den Begehrlichkeiten der lokalen Nationalsozialisten zumindest teilweise entgegenkommen und überzeugte Nationalsozialisten in der Stadtverwaltung anstellen. Darüber hinaus war Gönnenwein gezwungen, auf diverse Erlasse des Reichsinnenministeriums Rücksicht zu nehmen, die für die Besetzung von Angestellten und Beamtenstellen bestimmte Quoten für »Alte Kämpfer« vorsahen[49]. Gönnenwein sah sich deshalb ab dem Jahr 1935 vermehrt dazu veranlasst, Schwenninger »Alte Kämpfer« bei der Stadtverwaltung zu beschäftigen. Sie dienten meist als Aushilfen bei der Stadtkasse, dem Fürsorgeamt und den Stadtwerken bzw. als Hausmeister an der städtischen Volksschule[50]. Dennoch blieb die Durchdringung der Schwennin-

---

[45] Ebd., Oberbürgermeister Gönnenwein an die NSDAP, Ortsgruppe Schwenningen, z. Hd. Stadtrat Fischbach, 23.4.1934.
[46] Ebd., Oberbürgermeister Gönnenwein an die Ministerialabteilung für Bezirks- und Körperschaftsverwaltung, 18.6.1934; Ministerialabteilung für Bezirks- und Körperschaftsverwaltung an Oberbürgermeister Gönnenwein, 3.8.1934.
[47] StadtA VS 3.1–3, Nr. 7584, Protokoll der Verhandlungen des Gemeinderats, 22.8.1935; Entschließung des Oberbürgermeisters vom 21.10.1935.
[48] Ebd., Protokoll der Verhandlungen des Gemeinderats, 22.8.1935.
[49] Diese Erlasse finden sich in: StadtA VS 3.1–3, Nr. 679, 863.
[50] Vgl. vor allem die Akte StadtA VS 3.1–3, Nr. 679.

ger Nationalsozialisten mit radikalen Nationalsozialisten signifikant hinter dem Ausmaß in Villingen zurück. So lässt sich für die Jahre 1933 bis 1939 nur die Einstellung von acht »Alten Kämpfern« nachweisen. Bei einer vergleichbaren Größe der Stadtverwaltung – beide Rathäuser beschäftigten circa 200 Mitarbeiter – war der Grad der Nazifizierung der Stadtverwaltung in Schwenningen folglich ungleich niedriger als in Villingen.

Verhältnis zwischen Partei und Rathausspitze

Die unterschiedlich starke Verfilzung von NSDAP und Stadtverwaltung manifestierte sich in Villingen und Schwenningen auch im jeweiligen Verhältnis von NSDAP und Rathäusern. In Villingen lässt sich de facto eine weitgehende Interessenkongruenz von Partei und Bürgermeisteramt beobachten. Diese Deckungsgleichheit äußerte sich neben der Personalpolitik auf weiteren Ebenen. So führte die Parallelität von Tätigkeiten als Politische Leiter der NSDAP und führenden Funktionen in der Stadtverwaltung nicht nur dazu, dass, wie gezeigt, einige Amtsleiter einen Teil ihrer Parteigeschäfte auf dem Amt versahen. Sie befanden sich außerdem regelmäßig auf Schulungen und Lehrgängen der NSDAP für »Politische Führer«. Dadurch konnten sie zum Teil monatelang keine Amtsgeschäfte erledigen. Letzteres betraf keineswegs nur den erwähnten Reichert, sondern auch Schneider selbst. In seiner Eigenschaft als Kreisleiter der Villinger NSDAP nahm er wiederholt an Schulungskursen der Partei teil. Von Ende April bis Mitte Juli 1936 war Schneider beispielsweise im Anschluss an einen Führerkurs der NSDAP in Pommern ganze zweieinhalb Monate von Villingen abwesend[51]. Dies geschah, ohne dass diese Zeit von seinem Urlaubskontingent abgezogen wurde – eine Praxis, die eindeutig den auf Reichsebene getroffenen Vereinbarungen zwischen Staat und NSDAP widersprach[52]. Widerholt kam es auch vor, dass Schneider an Parteilehrgänge einen längeren Urlaub anschloss, so im April 1937, als er einen zweiwöchigen Kreisleiter-Kurs in der nationalsozialistischen Ordensburg Vogelsang besuchte und anschließend einen einmonatigen Urlaub nahm. Dies hatte ebenfalls eine eineinhalbmonatige Abwesenheit zur Folge[53]. Die häufige Abwesenheit stand dabei im klaren Widerspruch zu der zusätzlichen Aufwandentschädigung von monatlich 100 Reichsmark, die ihm der Stadtrat im August 1936 genehmigt hatte. Sie war explizit mit Schneiders zahlreichen Repräsentationspflichten vor Ort infolge Villingens Aufstieg zum Kneippkurort[54] begründet worden[55].

Mithin hatte die mangelnde Trennung von Staat und Partei in Villingen eine »unheilige Allianz« zwischen Bürgermeister Schneider und der lokalen NSDAP zur Folge: Während Schneider überzeugte Nationalsozialisten auf dem Weg der Patronage mit lukrativen Posten versorgte, ließ ihn die Partei, die auch den Gemeinderat fest in ihrer Hand

---

[51] StadtA VS 1.17, Personalakte Hermann Schneider, Bürgermeisteramt an Badisches Bezirksamt Villingen, 11.4.1936.
[52] Vgl. GLA 236 29156, Badischer Finanz- und Wirtschaftsminister an die Herren Minister, die Badische Staatskanzlei und den Rechnungshof, 26.5.1934.
[53] Ebd., Bürgermeisteramt an Badisches Bezirksamt Villingen, 22.4.1937, ebd.
[54] Zu Villingens Aufstieg zum Kneippkurort vgl. weiter unten.
[55] Ebd., Vermerk von Erstem Beigeordnetem Riedel, 11.8.1936, ebd.

hatte und sämtliche Gemeinderäte bzw. Ratsherren[56] stellte, bei der Ausübung der Amtsgeschäfte ungehindert gewähren. Sinnbildlich wurde dieser informelle Pakt zwischen lokaler NSDAP und Bürgermeisteramt in dem eingangs beschriebenen »goldenen Handschlag«, mit dem Schneider im Oktober 1937 verabschiedet wurde, als der Gemeinderat Schneider im Gegenzug für seine überaus parteiaffine Amtsführung ein üppiges einjähriges Übergangsgeld in Höhe von 10.610 RM und ein zusätzliches volles Monatsgehalt gewähren wollte[57]. Selbst dem – ebenfalls von den Nationalsozialisten beherrschten – badischen Innenministerium als oberster Aufsichtsbehörde ging diese schamlose gegenseitige Patronage zu weit. *Eine Zuwendung seitens der Stadt Villingen an Bürgermeister Schneider in dieser Höhe* erscheine ihm *nicht vertretbar*, so Innenminister Pflaumer in einem Erlass vom 29. September 1939. Er billigte daher »nur« eine Einmalzahlung von 4.000 Reichsmark. Diese begründete er damit, dass Schneider in den ersten Jahren seiner Amtszeit in eine vergleichsweise niedrige Besoldungsstufe eingruppiert worden sei. Eine solche Zahlung sei folglich ausnahmsweise gerechtfertigt[58].

Ein deutlich anderes Bild ergibt sich, wenn man die Beziehungen zwischen der Rathausspitze und der NSDAP in Schwenningen betrachtet. Diese waren zwar nicht von ständigen Konflikten gekennzeichnet. So versuchte Gönnenwein, der NSDAP bei ihren Forderungen nach direkter oder indirekter Unterstützung der Stadtverwaltung für die Parteiformationen durchaus entgegenzukommen, wenn es z. B. darum ging, städtische Räumlichkeiten für die NSDAP und ihre Unterorganisationen (Hitler-Jugend, Bund Deutscher Mädel, SA, NS-Frauenschaft etc.) kostenlos zur Verfügung zu stellen[59]. Gleichzeitig versuchte Gönnenwein aber, die Interessen der Stadt soweit wie möglich zu wahren. Hier fand er in dem Stadtkämmerer (in Schwenningen damals »Stadtpfleger« genannt) Schairer, der bis zur Machtübernahme der Nationalsozialisten der DDP angehört hatte und bis Kriegsende 1945 nicht der NSDAP beitrat, innerhalb der Stadtverwaltung einen wichtigen Bündnispartner auf Leitungsebene.

Zwei Vorgänge können dies exemplarisch veranschaulichen: Im Juni 1934 stellte die örtliche SA-Führung den Antrag, das städtische Neckar-Freibad den Schwenninger SA-Stürmen am Montagabend kostenlos zur Verfügung zu stellen. Die Stadtpflege war zwar dazu bereit, der SA für die Nutzung eine stark ermäßigte Pauschalgebühr einzuräumen. Einer kostenlosen Überlassung des Freibads verweigerte sie sich aber[60]. Die SA-Führung akzeptierte diese Entscheidung zunächst vordergründig. Anschließend torpedierte sie diese aber auf verschiedene Weise. Zum einen versuchte sie mit fadenscheinigen Argumenten, den ermäßigten Beitrag weiter zu reduzieren. So schrieb sie der Stadtverwaltung

---

[56] So der Name der Gemeinderäte nach der nationalsozialistischen »Deutschen Gemeindeordnung« vom Januar 1935.

[57] Siehe oben.

[58] StadtA VS 1.17, Personalakte Hermann Schneider, Erlass des Ministers des Innern vom 29.9.1937.

[59] Protokoll der Beratungen des Oberbürgermeisters mit den Ratsherren, 19. Dezember 1935, StadtA VS 3.1–3, Nr. 7584; Protokoll der Beratungen des Oberbürgermeisters mit den Verwaltungsbeiräten, 1. Februar 1937, StadtA VS 3.1–3, Nr. 7586. Das Heim für die Hitler-Jugend wurde jedoch wegen des Kriegsausbruchs am Ende nicht gebaut.

[60] StadtA VS 3.1–3, Nr. 7583, Protokoll der Verhandlungen vor der Verwaltungsabteilung, 13.6.1934.

am 9. Juli 1934, dass zur Zeit der Benutzung des Bades durch die SA am Montagabend ohnehin kaum noch Betrieb herrsche. Zudem benutze nur ein Teil der SA-Stürme das Bad. Die von der Stadt verlangte Gebühr müsse daher erheblich gesenkt werden. Doch bissen sie damit bei Stadtpfleger Schairer auf Granit: Die vereinbarungsgemäße Räumung des Bades um 19.30 Uhr, schrieb dieser in seiner Antwort, bedeute für die Badegäste eine große Härte, besonders jetzt in der heißen Jahreszeit. Außerdem entstünde der Stadt dadurch ein beträchtlicher Einnahmeausfall. *Da das Bad sowieso mit erheblichem Verlust arbeitet,* sei, so Schairer, eine weitere Senkung der Pauschalgebühr *leider nicht möglich*[61]. Zum anderen bezahlte die Schwenninger SA die Rechnungen der Stadt schlicht nicht. Die Stadt blieb in dieser hochsymbolischen Auseinandersetzung, in der es um nichts anderes als die Oberhoheit im nationalsozialistischen Staat ging, jedoch hartnäckig. Am Ende zahlte sich dies aus: Nach Dutzenden von Schreiben, bei denen teilweise um Beträge von drei Reichsmark gefeilscht wurde und die Stadt immer wieder die Begleichung der Rechnungen anmahnte, erklärte sich die SA am 25. Oktober 1934 bereit, die noch ausstehenden Zahlungen vorzunehmen[62].

Ein Déjà-Vu-Erlebnis hatten Gönnenwein und Schairer kurze Zeit später bei Verhandlungen, die sie mit der NSDAP wegen des »Burenhauses« führten. Kurz nach der Machtübernahme beantragte die örtliche NSDAP, das im städtischen Besitz befindliche Haus am Schwenninger Marktplatz zu einem Parteihaus für ihre Organisationen umbauen. Die Stadtverwaltung zeigte sich zunächst durchaus kooperationswillig und war bereit, für den Umbau des alten, sanierungsbedürftigen Gebäudes den stattlichen Betrag von 15.000 Reichsmark in die Hand zu nehmen. Um die hohen Kosten jedoch in einem akzeptablen Rahmen zu halten, sollte die NSDAP im Gegenzug eine monatliche Miete entrichten und die Gebühren für Strom und Heizung zahlen. Das zuvorkommende Verhalten der Stadt wurde indes von der NSDAP in keiner Weise belohnt: Kaum waren das »Burenhaus« umgebaut und die Parteieinrichtungen eingezogen, verweigerte die NSDAP die Zahlung der Miete, und dies, obwohl die Stadt die Miete nach Verhandlungen mit der NSDAP gegenüber ihrem ursprünglichen Vorschlag weiter reduziert hatte; als Grund führte die NSDAP die angeblich weit überdurchschnittlichen Heizungskosten an. Bis Anfang Januar 1936 summierten sich die Mietrückstände bereits auf über 1.200 Reichsmark. Auch Drohungen Gönnenweins, in dieser Sache die Kommunalaufsichtsbehörde einzuschalten, zeigten keinerlei Wirkung. Ende Januar 1936 war es mit Gönnenweins Geduld vorbei. Am 24. Januar 1936 schrieb er an den Kreisleiter der NSDAP in Rottweil: *Die Stadt ist der Partei durch den Umbau des Burenhauses weitgehendst entgegengekommen, sie kann erwarten, dass die in bescheidenem Rahmen geforderte Miete, die weit niederer ist, als der Mietertrag des Gebäudes vor dem Umbau, wenigstens pünktlich gezahlt ist*[63]. Dessen ungeachtet beglich die NSDAP die Mietrückstände erst nach weite-

---

[61] StadtA VS 3.1–3, Nr. 2190, SA der NSDAP, Sturm 21/126, an die Stadtpflege, 9.7.1934; Stadtpflege Schwenningen an den SA-Sturm 21/126, 12.7.1934.
[62] Ebd., SA der NSDAP, Sturm 21/126, an die Stadtpflege, 25.10.1934. Genau dieselbe Auseinandersetzung führte die Stadtpflege auch mit dem Sturm 22/126. Vgl. ebd.
[63] StadtA VS 3.1–3, Nr. 935.

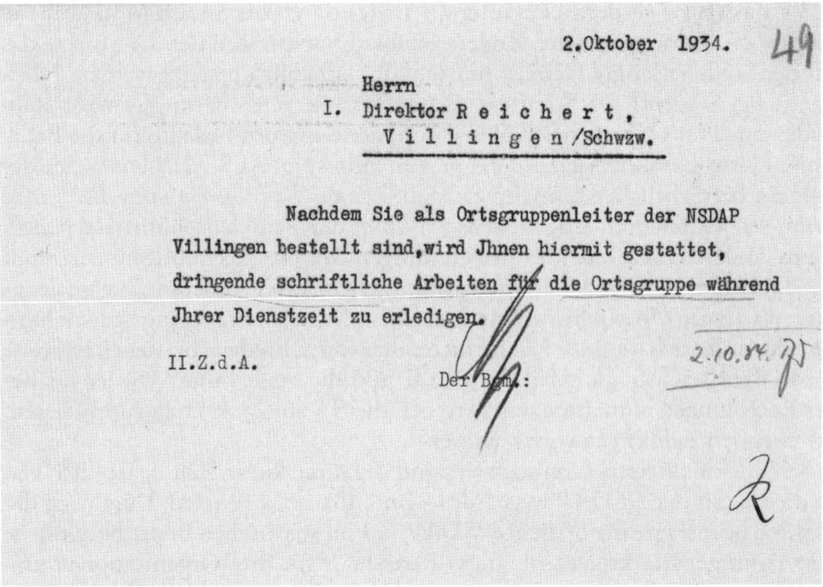

2.Oktober 1934.

Herrn
I. Direktor R e i c h e r t ,
V i l l i n g e n /Schwzw.

Nachdem Sie als Ortsgruppenleiter der NSDAP Villingen bestellt sind, wird Jhnen hiermit gestattet, dringende schriftliche Arbeiten für die Ortsgruppe während Jhrer Dienstzeit zu erledigen.

II.Z.d.A.

Der Bgm.:

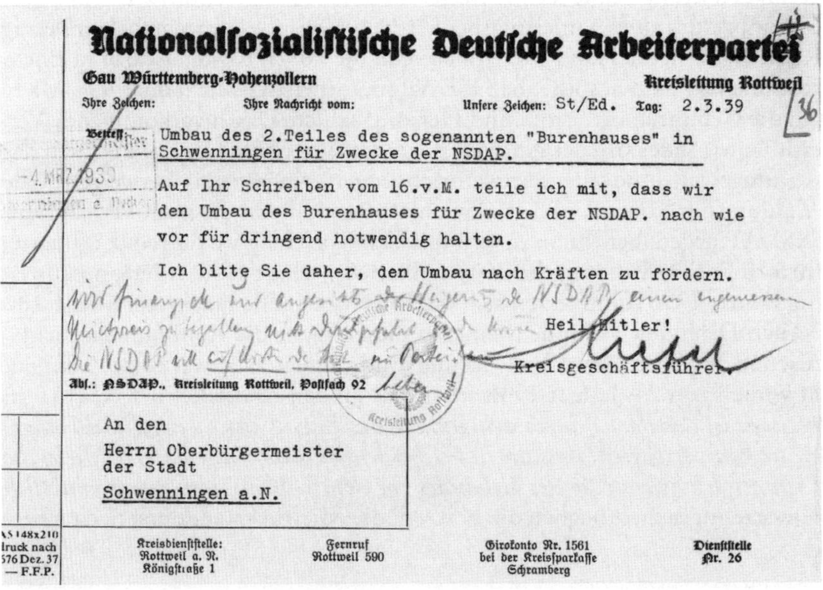

Nationalsozialistische Deutsche Arbeiterpartei
Gau Württemberg-Hohenzollern
Kreisleitung Rottweil

Jhre Zeichen: Jhre Nachricht vom: Unsere Zeichen: St/Ed. Tag: 2.3.39

Betreff: Umbau des 2.Teiles des sogenannten "Burenhauses" in Schwenningen für Zwecke der NSDAP.

Auf Ihr Schreiben vom 16.v.M. teile ich mit, dass wir den Umbau des Burenhauses für Zwecke der NSDAP. nach wie vor für dringend notwendig halten.

Ich bitte Sie daher, den Umbau nach Kräften zu fördern.

Heil Hitler!

Kreisgeschäftsführer.

Abs.: NSDAP., Kreisleitung Rottweil, Postfach 92

An den
Herrn Oberbürgermeister
der Stadt
Schwenningen a.N.

Kreisdienststelle: Rottweil a. N. Königstraße 1 — Fernruf Rottweil 590 — Girokonto Nr. 1561 bei der Kreissparkasse Schramberg — Dienststelle Nr. 26

Abb. 2 und 3 Unterschiedlicher Umgang mit den Vereinnahmungsversuchen der Partei: Während Schneider Ortsgruppenleiter Reichert gestattet, dringliche Arbeiten auf dem Amt zu erledigen (oben), bekundet Gönnenwein mit einem handschriftlichen Vermerk auf einem Schreiben der NSDAP seinen Unmut über die Weigerung der NSDAP, für den Umbau des städtischen »Burenhauses« »einen angemessenen Mietpreis zu bezahlen« (unten) ren sieben Monaten, nicht ohne der Stadtpflege noch einen Nachlass von fast 800 Reichsmark bei den Heizungsgebühren abzutrotzen[64].

Indessen ging der Streit um das »Burenhaus« Anfang 1938 in eine zweite Runde. Im Februar forderte die Schwenninger NSDAP, auch den noch nicht renovierten *zweiten* Teil des »Burenhauses« für Parteizwecke auszubauen. Dieser Umbau sollte mit 40.000 Reichsmark noch wesentlich teurer sein. Das Rathaus stimmte dem trotz einiger Bedenken zwar grundsätzlich zu[65], stellte jedoch – mit Rückendeckung der Stuttgarter »Ministerialverwaltung für die Bezirks- und Körperschaftsverwaltung« – die Bedingung, dass die Kosten für den Umbau diesmal durch eine angemessene Mietzahlung gedeckt sein müssten[66]. Doch die NSDAP blieb erneut stur: Während sie einerseits wiederholt die angeblich überaus dringende Notwendigkeit des Ausbaus unterstrich, zeigte sie andererseits keine Bereitschaft, einen ausreichenden Mietpreis zu entrichten. Merklich empört schrieb Gönnenwein daraufhin in einem internen Vermerk: *Die NSDAP will auf Kosten der Stadt ein Parteihaus haben!*[67] *(Abb. 3)*. Durch geschicktes Spielen auf Zeit[68] gelang es Gönnenwein schließlich, den zweiten Umbau des Burenhauses immer wieder hinauszuzögern, bis ihm der Ausbruch des Krieges zu Hilfe kam, der alle städtischen Bauvorhaben mit einem Schlag zunichtemachte. Gönnenwein war demnach im Unterschied zu seinem Villinger Pendant spürbar gewillt, die Trennung von Stadt und Partei aufrechtzuerhalten und einer allzu weitgehenden Vereinnahmung der Kommune durch die NSDAP und ihre Organisationen einen Riegel vorzuschieben.

Haushaltspolitik

Wirft man einen genaueren Blick auf die städtische Haushaltspolitik in Villingen und Schwenningen in der Zeit des Nationalsozialismus, treten ebenfalls markante Unterschiede zutage. Dabei war die Ausgangslage durchaus ähnlich: Beide Städte waren zu Beginn der Herrschaft der Nationalsozialisten vor allem infolge der Weltwirtschaftskrise hoch verschuldet. Während Villingen mit seinen 14.430 Einwohnern im Jahre 1933 einen Schuldenstand von 7.068.000 Reichsmark aufwies, betrug das Defizit in Schwenningen, das 1933 20.605 Einwohner zählte, 5.718.000 Reichsmark. Obwohl die Pro-Kopf-Verschuldung in Villingen damit wesentlich höher ausfiel als in der Nachbarstadt, hinderte dies die nationalsozialistische Stadtspitze nicht daran, eine expansive Haushaltspolitik zu verfolgen, welche die Schulden weiter ansteigen ließ. Die Schuldenzunahme war dabei zwar zu einem gewissen Teil dem raschen Bevölkerungswachstum der Stadt geschuldet: Durch die enorme Expansion von Firmen wie SABA und »Kienzle Apparate«, die stark von der Staatskonjunktur des »Dritten Reiches« profitierten, und die Erweiterung der Wehrmachtskaserne in den Jahren 1934/35 zogen zahlreiche Neubürger nach Villingen.

---

[64] Vgl. ebd.
[65] StadtA VS 3.1–3, Nr. 1053, Entschließung des Oberbürgermeisters nach Beratungen mit den technischen Beiräten am 24.3.1938.
[66] Ebd., Ministerialabteilung für die Bezirks- und Körperschaftsverwaltung an Gönnenwein, 22.3.1938; Stadtpflege an Gönnenwein, 24.3.1938.
[67] Ebd., Handschriftlicher Vermerk Gönnenweins auf dem Schreiben der Kreisleitung der NSDAP an das Bürgermeisteramt, 2.3.1939 (Herv. i. Orig.).
[68] Vgl. z. B.: Ebd., Gönnenwein an Hochbauamt, 2.3.1939.

Der schnelle Anstieg der Einwohnerzahl auf 16.800 Stadtbewohner im Jahr 1939 machte den Bau zahlreicher Wohnungen und den Ausbau der Infrastruktur notwendig, der trotz diverser Förderungen durch das Reich zu einem erheblichen Teil über städtische Mittel finanziert werden musste[69].

Dennoch spiegelte sich hinter dem rapiden städtischen Wachstum auch der gezielte Wunsch des nationalsozialistischen Bürgermeisters und seiner linientreuen Gefolgsleute im Gemeinderat wider, Villingen in eine Vorzeigestadt des nationalsozialistischen Deutschlands zu verwandeln. So verbarg sich hinter der Erweiterung der Kaserne auch das Motiv, die Stadt zu einem Symbol des neuen »wehrhaften« Deutschlands zu machen. Ebenso legte die Stadtverwaltung im großen Stil Arbeitsbeschaffungsprogramme auf, mit der sie die Fähigkeit des NS-Regimes unter Beweis stellen wollte, dem vor der Wahl gegebenen Versprechen der NSDAP auf »Arbeit und Brot« auch Taten folgen zu lassen. Dass der Bau neuer Straßen und Siedlungen, die Errichtung einer Kläranlage, der Ausbau der Kanalisation sowie Meliorationsarbeiten verschiedenster Art von der Stadt zur Hälfte kofinanziert werden mussten, ließ Bürgermeister Schneider und den Gemeinderat, wie die Protokolle der Gemeinderatssitzungen jener Jahre offenbaren, völlig ungerührt[70]. Ein weiteres Prestigeobjekt der neuen »braunen« Stadtspitze war die Entwicklung Villingens zum Kneippkurort. Im Zuge dessen entstand bereits im Jahr 1934 im Nordwesten der Stadt am südlichen Ufer der Brigach ein Kneippbad. 1935 wurde dem Bad ein Kurpark angeschlossen. Indes zeigte sich bald, dass sich die Stadt mit den Kosten für die Bauten stark verschätzt hatte und der Betrieb des Kneippbads stark defizitär war[71]. Schließlich taten die geschilderte üppige Alimentierung »Alter Kämpfer« mit Posten in der Stadtverwaltung und die indirekte Querfinanzierung von Parteiaufgaben durch die Stadt ein Übriges, um den Schuldenstand auf 9.205.000 Reichsmark im Haushaltsjahr 1936/37 anwachsen zu lassen[72]. *(Abb. 4 u. 5)*

Angesichts dieses exorbitanten Schuldenanstiegs war es nur eine Frage der Zeit, bis innerhalb wie außerhalb der Stadtverwaltung die Alarmglocken schrillen würden. Bereits Ende 1935 trat der Leiter des Villinger Rechnungsamts auf die Schuldenbremse: Als im Dezember 1935 die »Narro-Zunft Villingen« einen größeren städtischen Zuschuss für einen großen Umzug beantragte, schrieb Stadtrechner Jeggi in alarmierendem Ton, *dass der Stadt Mittel irgendwelcher Art für diesen Zweck nicht zur Verfügung stehen*. Schon jetzt seien durch die Kosten für die Arbeitsbeschaffungsmaßnahmen und die verschiedenen erheblichen Kostenüberschreitungen, z. B. bei der Errichtung der Kuranlagen, im Jahr 1935 außerordentlich hohe Aufwendungen entstanden. Die Stadt werde, warnte Jeggi, *in ernste Zahlungsschwierigkeiten geraten, wenn nicht endgültig mit weiteren Ausgabebewilligungen in diesem Haushaltsjahr Schluss gemacht wird*[73]. Im Herbst 1937 griff dann auch das Bezirksamt ein und mahnte die Stadt Villingen, ihr Finanzverhalten

---

[69] Vgl. NEISEN, Nationalsozialismus (wie Anm. 7), S. 346–348, 358–361.
[70] Vgl. ebd., S. 351 f, 360 f; StadtA VS 2.2, Nr. 1800–1802, 1813 (Gemeinderatsprotokolle).
[71] Vgl. NEISEN, Nationalsozialismus (wie Anm. 7), S. 350 f, 360.
[72] Zur Villinger Haushaltspolitik und der Entwicklung der Schulden in den Jahren 1933 bis 1939 vgl. StadtA VS 2.2, Nr. 1678, 1683, 3432–3434, 3537, 3539–3542.
[73] StadtA VS 2.2, Nr. 6531, Städtisches Rechnungsamt an Bürgermeister Schneider, 11.12.1935 (Herv. i. Orig.).

Abb. 4 und 5 Teures Prestigeprojekt des nationalsozialistischen Villingen, das erheblich zur Verschuldung der Stadt beitrug: Hermann Schneider bei der Eröffnung des Kneippbads im Jahr 1934 und das Gelände an der Brigach

grundlegend zu ändern: Eine weitere Verschuldung, schrieb es im Oktober 1937 an das Bürgermeisteramt, sei dringend zu unterbinden. Sämtliche frei werdenden Mittel müssten fortan zur Schuldentilgung verwendet werden[74].

Tab. 1: *Entwicklung der Gesamtschulden in Schwenningen und Villingen 1933 bis 1938*

Jahr	Schwenningen	Villingen
1933	5.718.000 RM	7.068.000 RM
1934	k. A.	7.526.000 RM
1935	5.250.000 RM	8.777.000 RM
1936	4.992.000 RM	9.205.000 RM
1937	4.735.000 RM	k. A.
1938	4.415.000 RM	k. A.

Ein diametral entgegengesetztes Finanzgebaren legte die Schwenninger Stadtverwaltung an den Tag. Ihr gelang es, die Schuldenlast innerhalb von vier Jahren um fast eine Million auf 4.735.000 Reichsmark im Haushaltsjahr 1937/38 zu reduzieren. Auch hier gilt, dass externe Faktoren eine nicht unerhebliche Rolle spielten: Da Schwenningen in wirtschaftlicher Hinsicht fast ausschließlich von der Uhrenindustrie abhängig war und diese sich nur sehr langsam von den Folgen der Weltwirtschaftskrise erholte, fiel das Bevölkerungswachstum viel geringer aus als in der Nachbarstadt. Es wurden deshalb auch keine teuren Investitionen in den Wohnungsbau und den Ausbau der Infrastruktur nötig. Doch war die ungleich solidere Haushaltspolitik, wie sie sich in den genannten Zahlen manifestiert, im entscheidenden Maße auch das Resultat bewusster politischer Entscheidungen, denn sie gingen im Wesentlichen auf Direktiven Gönnenweins zurück. Die Dämme, die Gönnenwein und sein Adlatus Schairer gegen zu weitreichende finanzielle Begehrlichkeiten der NSDAP errichteten, wurden bereits beschrieben. Darüber hinaus aber entschied sich die Stadtspitze bewusst dafür, dem Ziel der haushaltspolitischen Konsolidierung vor prestigeträchtigen Projekten den Vorrang zu geben. Als etwa am 9. Mai 1934 der städtische Haushaltsplan für das Jahr 1934 festgestellt wurde, betonten alle Beteiligten die Pflicht zur strikten Sparsamkeit. Den Etat des Tiefbauamts kommentierte Gönnenwein mit den Worten, dass im Prinzip eine ganze Reihe von dringenden Straßenarbeiten fällig sei. Diese könnten jedoch aus Mangel an Haushaltsmitteln gegenwärtig bedauerlicherweise nicht ausgeführt werden. Hierin wurde Gönnenwein ausdrücklich vom nationalsozialistischen Gemeinderat Fischbach unterstützt, der ebenfalls zu strikter Ausgabendisziplin mahnte[75]. Auf ähnliche Weise reagierte der Gemeinderat am 6. November 1934 auf die Pläne des Tiefbauamts, im Rahmen eines Notstandsprogramms umfangreiche Straßenausbauten und Kanalisationsarbeiten in Angriff zu nehmen: Die Pläne wurden um nicht weniger als zwei Drittel reduziert. Die anwesenden Gemeinderäte folgten dabei Gönnenwein in seiner Einschätzung, wonach es *völlig unmöglich* sei, den nötigen städtischen Ei-

---

[74] Die Intervention des Bezirksamts geht aus dem Antwortschreiben des Bürgermeisteramts an das Bezirksamt Villingen vom 20.11.1937 hervor, StadtA VS 2.2, Nr. 3540.
[75] StadtA VS 3.1–3, Nr. 7583, Protokoll der Sitzung des Gemeinderats, 9.5.1934,

genanteil von 76.000 Reichsmark aufzubringen[76]. Zu guter letzt leitete die Stadt bereits frühzeitig eine konsequente Umschuldungspolitik in die Wege. So einigte sich Ende 1934 nach Verhandlungen mit der Sparkasse Rottweil und der Württembergischen Girozentrale Stuttgart auf eine Verringerung der Zinsen von Darlehen, die sie bei beiden Bankinstituten noch in der Weimarer Republik aufgenommen hatte[77].

Kirchenpolitik

Die vergleichende Untersuchung der bisherigen Handlungsfelder offenbart: Während Hermann Schneider allein die Interessen der lokalen Partei und des nationalsozialistischen Regimes im Blick hatte, konnte Gönnenwein trotz der Kompromisse, zu denen er oft gezwungen war, die Belange der Stadt immer wieder erfolgreich verteidigen. Nimmt man indes andere Handlungsfelder in den Blick, erhält das Bild deutlich andere Konturen. Betrachtet man etwa den Bereich der Kirchenpolitik, nivellieren sich die Unterschiede bereits erheblich. Hier sahen sich sowohl Schneider als auch Gönnenwein in ihren Städten mit Konflikten zwischen der NSDAP und der katholischen bzw. protestantischen Kirche konfrontiert, bei denen sie nicht umhin konnten, Stellung zu beziehen. Sie taten es auf durchaus ähnliche Weise.

Im überwiegend katholischen Villingen, dessen reges religiöses Leben auch unter der NS-Diktatur lebendig blieb, machte sich relativ bald nach der Machtübernahme der NSDAP, die von vielen Katholiken und Zentrumsanhängern zunächst begrüßt oder zumindest hingenommen worden war, zunehmender Unmut gegenüber dem Regime breit. Denn relativ rasch sollte sich herausstellen, dass es sich bei der vom Regime anfangs verheißenen gleichberechtigten Mitwirkung des katholischen Deutschland im neuen »nationalen« Staat lediglich um ein taktisch motiviertes Lippenbekenntnis handelte, mit dem zögerliche Katholiken in der Phase der Machtübernahme für das nationalsozialistische Regime gewonnen werden sollten. Die konkrete Herrschaftspraxis war hingegen frühzeitig von zahlreichen Behinderungen und Schikanen gegenüber kirchlichen Aktivitäten geprägt. Die absichtliche Verlegung von Schulfeiern auf katholische Gottesdienste durch nationalsozialistische Schulleiter, das Verbot katholischer Jugendgruppen im Jahr 1935, Beschlagnahmungen des »Konradsblatts« als zentralem Organ des Freiburger Erzbischöflichen Ordinariats: Dies und anderes führte ab dem Jahr 1934 sukzessive wieder zu einer wachsenden Entfremdung katholischer Christen vom nationalsozialistischen Staat[78].

Die wachsenden Spannungen zwischen der NSDAP und der örtlichen katholischen Gemeinde kulminierten im Juni 1937, als zwei sich überkreuzende Ereignisse die Gemüter vor Ort auf das Heftigste erregten. Als der Freiburger Erzbischof Gröber, der nach anfänglicher Parteinahme für die neuen nationalsozialistischen Machthaber inzwischen auf deutliche Distanz zum Regime gegangen war, am 6. Juni 1937 Villingen im Rahmen einer »heiligen Mission« eine Messe im Münster abhielt und nach dem Gottesdienst unter Heilrufen zum Pfarrhaus geleitet wurde, wurden die Kirchenbesucher von örtli-

---

[76] Ebd., Protokoll der Verhandlungen vor der technischen Abteilung, 6.11.1934.
[77] Ebd., Protokoll der Verhandlungen vor der Verwaltungsabteilung, 10. und 20.12.1934.
[78] Vgl. NEISEN, Nationalsozialismus (wie Anm. 7), S. 342–344, 379f.

chen Nationalsozialisten wüst beschimpft und zum Teil geschlagen[79]. Nur zehn Tage später, am 16. Juni 1937, wurde in der Klosterschule von Maria Tann in Unterkirnach, das zur Stadt Villingen gehörte, die grausam zugerichtete Leiche eines Schülers gefunden. Ohne die Untersuchungen der Polizei abzuwarten, stellte die nationalsozialistische Presse, die schon in den Monaten zuvor eine massive Kampagne gegen den angeblich massenhaften sexuellen Missbrauch von Kindern und Jugendlichen in katholischen Einrichtungen entfacht hatte, den Mord als Tat eines sexuell pervertierten jungen Klosterbruders dar[80]. Umso stärker war das nationalsozialistische »Schwarzwälder Tagblatt« und mit ihr die NSDAP diskreditiert, als sich im Zuge der Ermittlungen herausstellte, dass die Tat von einem psychisch labilen Mitschüler begangen worden war – was die örtliche NSDAP nicht davon abhielt, weiterhin die Kirchenleitung zum Hauptverantwortlichen für den Mord abzustempeln.

In beiden Fällen zeigte sich erneut, dass Bürgermeister Schneider sich nicht als Vertreter der Belange *aller* Ortsbewohner sah, sondern allein als Anwalt der Partei: Zwar hatte Ortsgruppenleiter Karl Reichert als treibende Kraft der Übergriffe gegen die Besucher der Gröber'schen Messe fungiert. Doch hatte sich Schneider nach Aussagen von Stadträten nach dem Krieg hohnlächelnd abseits gestellt und damit indirekt Partei für die NSDAP ergriffen[81]. Ebenso verteidigte Schneider auf einer von ihm selbst organisierten Kundgebung der NSDAP-Ortsgruppe in Unterkirnach, auf der es zwischen den 800 bis 1.000 Besuchern zu heftigen Wortgefechten und Handgemengen zwischen Parteiaktivisten und Anhängern der katholischen Kirche kam, die ursprünglichen Berichte der NS-Presse zum Mord in Maria Tann wider besseren Wissens als wahr[82].

Im protestantisch dominierten Schwenningen schwelte ebenfalls ein latenter Konflikt zwischen den örtlichen evangelischen Gemeinden und der lokalen bzw. württembergischen NSDAP, der mit zunehmender Dauer immer offener ausgetragen wurde. Auch dort hatte die Mehrheit der Schwenninger Protestanten die Machtübernahme der NSDAP zunächst als Ende der »gottlosen« Weimarer Republik begrüßt. Zudem existierte vor Ort eine starke Fraktion der regimetreuen »Deutschen Christen«. Ab Ende 1933 verloren die Schwenninger »Deutschen Christen« jedoch sukzessive an Terrain, während die regimeskeptische »Bekennende Kirche« im gleichen Maße an Boden gewann. Hierfür waren landespolitische wie personelle Gründe ausschlaggebend: Zum einen wandte sich die württembergische Landeskirche in ihrer großen Mehrheit ab Ende 1933 der »Bekennenden Kirche« (BK) zu. Zum anderen hatte Ende 1936 mit Pfarrer Koller der letzte radikale »Deutsche Christ« die örtliche Paulusgemeinde verlassen. Gleichzeitig war mit Pfarrer Gotthilf Weber ein besonders entschiedener Verfechter der »Bekennenden Kirche« zum ersten Pfarrer in Schwenningen ernannt worden; er propagierte sogar das Widerstandsrecht des Christen im Falle einer Verletzung des Evangeliums durch die natio-

---

[79] Vgl. HAUSEN/DANNECK (wie Anm. 6), S. 141.
[80] Schwarzwälder Tagblatt, 17.6.1937.
[81] Vgl. HEITNER (wie Anm. 10), S. 81; StadtA VS 1.17, Personalakte Hermann Schneider, Bürgermeisteramt Villingen an den öffentlichen Kläger der Internierungslager in Ludwigsburg, 15.1.1948.
[82] GLA 465 Nr. 1807, Bericht von Josef Hog, 20.10.1947.

nalsozialistische Diktatur, was eine dauerhafte Überwachung durch die Gestapo nach sich zog[83].

Ab dem Sommer 1936 spitzte sich der Konflikt zwischen nationalsozialistischem Staat und protestantischer Kirche, der sich vor allem an bildungspolitischen Fragen entzündete, immer weiter zu. Der größte Zankapfel war die Trägerschaft über die Kindergärten. Sie befanden sich in Schwenningen traditionell in den Händen von evangelischen Stiftungen. Diesen Zustand erachteten die württembergische Landesregierung und die lokale NSV für untragbar. Sie forderten deshalb die Überführung der evangelischen Kindergärten der Neckarstadt in die Hände der NSV, bestehe doch, wie es in einem gemeinsamen Rundschreiben des Innen- und Kultusministeriums vom Juli 1936 an die Landräte und Bürgermeister hieß, *ein großes Interesse der Partei und des Staats daran, dass die Jugend ohne Rücksicht auf Konfessionszugehörigkeit in solchen Kindergärten zusammengefasst wird, wo sie im Geiste des Dritten Reiches betreut und erzogen wird*[84].

Von Anfang an konnte die NSV in dem Streit um die Kindergärten auf die Unterstützung Gönnenweins zählen. Nachdem Gönnenwein und die Kreisamtsleitung der NSV im Sommer und Herbst 1936 vergeblich versucht hatten, die evangelischen Kindergartenschwestern dazu zu bewegen, sich von ihren Mutterhäusern in die NSV überführen zu lassen[85], griff er im April 1937 entschieden zugunsten der NSV ein: Am 1. April 1937 ordnete Gönnenwein die Übernahme der Stiftung des Kindergartens »Wilhelmspflege« durch die Stadt an und übertrug im selben Moment die Trägerschaft des Kindergartens auf die NSV. Wenige Monate später wurde auch die »Neckarkleinkindschule« im Neubaugebiet Sauerwasen mit Hilfe Gönnenweins unter die Kontrolle der NSV gebracht[86]. Allerdings wussten sich die Schwenninger Protestanten zu wehren: Sie gründeten kurzerhand im Pfarrhaus in der Stadtstraße einen eigenen Kindergarten unter der Obhut der bisherigen Schwestern. Dieser war rasch ungleich besser besucht als die Kindergärten der NSV. Erst die Schließung dieses Kindergartens durch eine Verfügung des Innenministers am 21. Mai 1938, der unter großem Protest hunderter Schwenninger Protestanten erfolgte, schuf irreversible Fakten[87].

Die Ausgrenzung der Sinti und Roma

Zogen Bürgermeisteramt und NSDAP im Bereich der Kirchenpolitik in beiden Städten am selben Strang, lässt sich im Falle der Ausgrenzung und Vertreibung der örtlichen Sinti

---

[83] Vgl. HAUSEN/DANNECK (wie Anm. 6), S. 86–91, 96–97.
[84] KrARW, Az. 7210 Nr. 1, Württembergischer Innenminister und Württembergischer Kultminister an die Landräte und Bürgermeister, 14.7.1936.
[85] StadtA VS 3.1-3, Nr. 4641, Oberbürgermeister Gönnenwein an den Verwaltungsrat der Wilhelmspflege, 10.8.1936; Kreisleitung der NSDAP Rottweil, Amt für Volkswohlfahrt, an Oberbürgermeister Gönnenwein, 19.10.1936; Stadtpfarrer Koller an Oberbürgermeister Gönnenwein, 30.9. und 31.10.1936.
[86] Ebd., Niederschrift der Beratungen des Oberbürgermeisters mit den Ratsherren am 1.4.1937; StadtA VS 3.1-3, Nr. 7587, Niederschrift der Beratungen des Oberbürgermeisters mit den Verwaltungsbeiräten am 8.3.1938.
[87] Vgl. HAUSEN/DANNECK (wie Anm. 6), S. 92–93.

und Roma[88] ebenfalls feststellen, dass die Bürgermeisterämter unabhängig von der jeweiligen politischen Orientierung der Bürgermeister sich auf ähnliche Weise verhielten. Hier wie dort setzten die Bürgermeisterämter alles daran, die als »artfremd« gebrandmarkten Sinti und Roma, welche sich in ihrem jeweiligen Stadtgebiet niederließen, so schnell wie möglich unter zum Teil sehr fadenscheinigen Gründen wieder aus dem Stadtgebiet zu befördern. Hier wie dort beteiligten sich die Bürgermeister an der menschenunwürdigen Praxis, die Sinti und Roma nach dem Sankt-Florian-Prinzip in die Nachbarorte abzuschieben, in der Hoffnung, das »Problem« der Ansiedlung von »Zigeunern« auf die Nachbargemeinden abwälzen zu können[89].

In Villingen, wo nach dem Weggang Schneiders der Erste Beigeordnete Hermann Riedel wegen der häufigen Abwesenheit Berckmüllers die Zügel des Verwaltungshandelns fest in der Hand hielt, war es der Erste Beigeordnete, der die Verdrängung der Sinti und Roma aktiv vorantrieb. Als sich beispielsweise im März 1939 17 »Zigeuner« in Villingen niederließen, um in dem örtlichen »Schwarzwälder Ziegelwerk« zu arbeiten, schlug Riedel gegenüber dem Bezirksamt Alarm: In der Nähe des Ziegelwerks hätten sich die *Zigeuner* in *Bretterbuden eingenistet*, in denen unhaltbare Zustände herrschten, seien doch die Baracken *völlig unzulänglich*. Zudem habe sich in den umliegenden Landgemeinden das *Bettelunwesen* breit gemacht – eine Behauptung, die sich nach näheren Ermittlungen der Polizei nicht belegen ließ[90]. Er stelle daher den Antrag, dass der Aufenthalt der genannten *Zigeuner* auf Villinger Gemarkung untersagt werde, damit sie *nach Möglichkeit von der hiesigen Bildfläche verschwinden*[91]. Zwei Monate später schrieb er in einem weiteren Schreiben an den Landrat: *In letzter Zeit habe ich die Beobachtung gemacht, dass in hiesiger Zeit Stadt sich immer mehr Zigeuner ansammeln, die sich allmählich zu einer Plage auswachsen.* So habe sich nun auch in Nähe des Kurgartens in einem Steinbruch eine zehnköpfige *Zigeunerfamilie* niedergelassen. Dies könne er *unter keinen Umständen* dulden, da dies *bestimmt ein Abtrag des Fremdenverkehrs bedeuten* würde[92].

Doch war auch die Haltung von Gönnenwein und seiner rechten Hand, Stadtrechner Schairer, von Unbeugsamkeit gegenüber den Sinti und Roma geprägt. Beispielhaft zeigt

---

[88] Ein naheliegender Vergleich der Ausgrenzung, Diskriminierung, Entrechtung und Deportation der einheimischen jüdischen Bevölkerung ist hier aus verschiedenen methodischen Gründen nicht sinnvoll: Zum einen lebten in Schwenningen im Gegensatz zu Villingen nur sehr wenige Juden, die zudem allesamt vor 1938 aus Schwenningen auswanderten. Zum anderen sind in den überlieferten Schwenninger Akten so gut wie keine amtlichen Schriftstücke vorhanden, welche die Verfolgung der lokalen Juden betreffen.

[89] Zu dieser allgemeinen Praxis vgl. das Schreiben des Landrats von Rottweil vom 30.10.1939 an die Bürgermeister des Landkreises in: KrARW, Az. 6310 Nr. 2. Darin beklagt sich der Landrat bitter über die Bürgermeister seines Kreises, die die *Zigeuner oder nach Zigeunerart umherziehenden Personen* kurzerhand in die nächste Ortschaft abschieben würden, ohne die Nachbargemeinde bzw. die übergeordnete Behörde in irgendeiner Form zu informieren. Er mache daher ab sofort *die Herren Bürgermeister und Polizeiamtsvorstände dafür persönlich verantwortlich, dass sie unter keinen Umständen die Zigeuner [...] in andere Gemeinden verschuben [...]*.

[90] Vgl. StAF B 748/1 Nr. 2621, Berichte der Schutzpolizei Villingen an Landratsamt Villingen, 18. und 20.5.1939.

[91] Ebd., Bürgermeister von Villingen an den Landrat, 7.3.1939.

[92] Ebd., Bürgermeister von Villingen an den Landrat, 10.5.1939. Beide Schreiben waren von Riedel in seiner Eigenschaft als Bürgermeisterstellvertreter unterschrieben. Ob und wann die Sinti und Roma aus Villingen ausgewiesen wurden, geht aus der Akte nicht hervor.

dies die Auseinandersetzung, die um eine Lagerstätte von Sinti und Roma geführt wurde, die im Weilersbacher Steinbruch in der Nähe des Parks »Schillerhöhe« errichtet worden war. Dort hatten sich im Spätsommer 1938 ungefähr 20 Sinti und Roma mit ihren Kindern in selbst gebauten Hütten, einem Wohnwagen sowie einem umgebauten Pkw niedergelassen, nachdem sie zur Arbeit in einer Schwenninger Ziegelei zwangsverpflichtet worden waren[93]. Noch bevor aus der Bürgerschaft Beschwerden über die Ansiedlung der »Zigeuner« laut wurden, betrieb Gönnenwein von sich aus aktiv die Ausweisung der Sinti und Roma. So bat er Anfang September 1938 die städtische Polizeibehörde, in dieser Sache *Abhilfe* zu schaffen. Als letztere ihn darauf hinwies, dass ein Einschreiten gegen die Zigeuner rechtlich unmöglich sei, weil sowohl die Männer als auch die Frauen in Arbeit stünden, drängte Gönnenwein den Landrat, die bestehenden *Vorschriften bezüglich der Bekämpfung der Zigeunerplage* zu nutzen, um den *derzeitigen Zustand*, der *in jeder Beziehung* unhaltbar sei, zu ändern[94]. Als der Landrat ihn daraufhin aufforderte, die Zigeuner zu veranlassen, sich ein *geregeltes Unterkommen* zu beschaffen[95], blieb Gönnenwein aber untätig; offenbar war er wegen des großen Fehlbedarfs an Wohnungen in Schwenningen und der zahlreichen gemeldeten Wohnungssuchenden nicht bereit, den betroffenen Familien eine städtische Unterkunft zur Verfügung zu stellen. Da auch der Besitzer des Ziegelwerks sich weigerte, seinen Arbeiterinnen und Arbeitern eine normale Unterkunft zu verschaffen[96], verharrte die Angelegenheit über den Winter 1938/39 deshalb in einem Schwebezustand.

Am 9. März 1939 war es dann erneut Gönnenwein, der die Initiative ergriff: In einem weiteren Schreiben an den Landrat beklagte er sich, dass die zur *Bekämpfung der Zigeunerplage berufenen Stellen* bislang überhaupt nichts unternommen hätten, um die bisherige Situation, die eine *wahre Landplage* darstelle, zu beseitigen. Abermals forderte er den Landrat auf, diesen *polizeiwidrigen Zustand* zu ändern[97]; dabei zog er vermutlich auch die Ausweisung der Familien aus dem Stadtgebiet in Betracht[98]. Die Sache spitzte sich schließlich zu, als sich am 14. März 1939 die Bewohner der in der Nähe des Steinbruchs gelegenen Siedlung »Hankenberg« über angebliche Belästigungen und Gewaltdrohungen von Seiten der Sinti und Roma beschwerten[99]. Auch Schairer, der von Gönnenwein

---

[93] Vgl. zum Folgenden auch den Beitrag von M. J. H. ZIMMERMANN, Vom Schwenninger »Hölzlekönig« in die Gaskammern von Auschwitz. »Zigeunermord« am obersten Neckar: ein überblättertes Kapitel der Heimatkunde, in: E. E. WEBER (Hg.), Opfer des Unrechts. Stigmatisierung, Verfolgung und Vernichtung von Gegnern durch die NS-Gewaltherrschaft an Fallbeispielen aus Oberschwaben, Ostfildern 2009, S. 57–106, hier S. 73–74. Bei ihm sind die Abläufe jedoch nicht immer richtig dargestellt.
[94] KrARW Az. 6310, Nr. 3: Gönnenwein an den Landrat, 9.9.1938.
[95] Ebd., Landrat an Gönnenwein, 14.9.1938.
[96] Vgl. ZIMMERMANN (wie Anm. 93), S. 73.
[97] KrARW Az. 6130, Nr. 3, Gönnenwein an den Landrat, 9.3.1939.
[98] Darauf deutet ein Schreiben von Landrat Regelmann an Gönnenwein vom 22.5.1939 hin (ebd.). In diesem Schreiben verwahrt er sich gegen den Vorwurf Gönnenweins, er sei nicht mit der gebotenen Schärfe gegen die *Zigeuner* vorgegangen und habe ihm *das Einschreiten gegen die Zigeuner* untersagt. Er, Regelmann, habe ihm lediglich eine *Verschubung* der *Zigeuner* aus dem Stadtgebiet verboten.
[99] Ebd., Ludwig Haller an Gönnenwein, 14.3.1939. Das Schreiben Hallers war von 15 Anwohnern mit unterschrieben.

zu einer Stellungnahme zur Anwohnerbeschwerde aufgefordert wurde, schilderte die Lage dabei in drastischen Worten: Die *Zigeuner*, schrieb er am 20. März 1939, würden *das ganze Gelände versauen*. Ebenso seien die Anlagen der Schillerhöhe durch deren Lagerung stark mitgenommen. Darüber hinaus werde es in der Bevölkerung *nicht verstanden, dass einzelne Zigeunerfamilien so hausen dürfen, ohne dass mit den Machtmitteln des Staates eingegriffen wird*. Es sei daher dringend notwendig, ganz entschiedene Maßnahmen zu treffen. Die Stadt selbst könne hier von sich aus keine Abhilfe schaffen, solange sie nicht *durch polizeiliche Maßnahmen energisch unterstützt* werde[100].

Unter dem gemeinsamen Druck der Schwenninger Anwohnerschaft und der Rathausspitze – Gönnenwein schrieb am 21. März 1939 gegenüber dem Landrat von *skandalösen Zuständen*, wie sie nirgendwo anders im Deutschen Reich anzutreffen seien[101] – wurde der Landrat nun tätig: Er ordnete die zwangsweise Unterbringung der Sinti und Roma in städtische Wohnungen an. Dabei sollten sie jedoch von ihren Kindern getrennt werden, da man angesichts der Wohnungsnot sowie aus Kostengründen davor zurückscheute, sie in ganzen Wohnungen einzuquartieren. Die Kinder sollten deshalb in einer Heimanstalt untergebracht werden[102]. Nur durch die rechtzeitige Flucht konnten sich die Bewohner des Lagers der inhumanen Trennung ihrer Familien entziehen; bei einer Kontrolle Mitte Mai 1939 waren die Sinti und Roma-Familien von dem Lagerplatz verschwunden[103].

Resümee

Das Handeln von Schneider und Gönnenwein: Eine Beurteilung

Wie gerade die Untersuchung der beiden Handlungsfelder Kirchenpolitik und Ausgrenzung der Sinti und Roma darlegt, beruht die von den maßgeblichen Akteuren der Nachkriegszeit vorgenommene dichotomische Unterscheidung zwischen dem »guten« Bürgermeister Gönnenwein und dem »bösen« Bürgermeister Schneider auf Reduktionen, die der komplexen Realität der Handlungsmöglichkeiten von Bürgermeistern im nationalsozialistischen Staat nicht gerecht werden. Relativ leicht fällt dabei noch eine Beurteilung der Amtsführung Hermann Schneiders. Ob es die schamlose Vetternwirtschaft in der Stadtverwaltung, die finanzpolitische Misswirtschaft, den Missbrauch kommunaler Ressourcen durch die NSDAP oder die einseitige Parteinahme für die NSDAP in kirchenpolitischen Auseinandersetzungen betraf: Schneiders Amtsführung war ausschließlich von ideologisch-doktrinären Prämissen geleitet, weshalb das negative Bild, das die Villinger Gemeinderäte von ihm in den ersten Jahren nach dem Ende der nationalsozialistischen Diktatur zeichneten, sich weitgehend mit der Wirklichkeit deckte.

Hierin manifestierte sich eine einseitige Dienstführung zugunsten von Parteiinteressen, wie sie selbst für dezidiert nationalsozialistische Bürgermeister keineswegs immer die Regel war. Dies zeigt neben vielen anderen Beispielen auch das Verhalten seines Nach-

---

[100] Ebd., Aktenvermerk von Stadtpfleger Schairer, 20.3.1939.
[101] Ebd., Gönnenwein an Landrat, 21.3.1939.
[102] Ebd., Landrat an Gönnenwein, 29.3. und 22.5.1939; Landrat an den Innenminister, 19.5.1939.
[103] Vgl. ZIMMERMANN (wie Anm. 93), S. 74.

folgers Karl Berckmüller. Obwohl Berckmüller wie Schneider ein »Alter Kämpfer« und überzeugter Nationalsozialist war, war seine Amtsführung von einem anderen Rollenverständnis geprägt. Wiederholt versuchte Berckmüller, die Belange der Stadt gegenüber der NSDAP zu verteidigen. So stellte er sich in dem Streit zwischen der NSV und der Stadt in der Frage der Trägerschaft des Johanna-Schwer-Kinderheims[104] eindeutig auf Seiten der Stadt. Während Berckmüller sich hier der gemeinsamen Phalanx aus Franz Martin und Kreisleiter Haller beugen musste, setzte er hingegen gegenüber der Partei die Ansiedlung eines kleinen Kaufhauses in der Innenstadt durch, obwohl der starke Mittelstandsflügels der NSDAP dagegen heftig opponiert und den Ruin des Villinger »Mittelstandes« vorhergesagt hatte[105].

Auch haushaltspolitisch nahm Berkmüller eine Kehrtwende vor: Durch die Umstellung des defizitären Betriebs der Villinger Kur- und Bad GmbH auf Pachtbetrieb, die Einleitung von Umschuldungsmaßnahmen, eine strikte Ausgabendisziplin und weitere Maßnahmen leitete er eine allmähliche Entschuldung der Stadt Villingen ein[106]. Auch in personalpolitischen Fragen agierte er grundsätzlich anders als Schneider: Berckmüller hintertrieb durch eine geschickte Hinhaltetaktik nicht nur die Versuche des ebenso inkompetenten wie machtbewussten Reichert, zusätzlich zur Leitung des Elektrizitätswerks auch noch die Führung der übrigen städtischen Werke zu übernehmen und gleichzeitig für sich selbst den neuen – und besser bezahlten – Posten des Leiters der Stadtwerke zu kreieren[107]. Gegen den vehementen Widerstand der lokalen SS sorgte er auch für die Absetzung des evident unfähigen Mediziners und SS-Mitglieds Dr. Holzapfel von seinem Posten als Chefarzt des städtischen Krankenhauses[108]. Zwar entsprang Berckmüllers Parteinahme für die Belange der Stadt im Wesentlichen persönlichen Motiven: Als Gestapochef Opfer einer Intrige der SS geworden, deren zunehmenden Machtanspruch er nicht hinnehmen wollte[109], hatte er nach seiner durch die SS betriebenen Entlassung innerparteilich nur noch wenig zu verlieren und wollte offenbar mit der NSDAP noch eine offene Rechnung begleichen. Diese Tatsache ändert aber nichts an dem – auch für viele andere Kommunen beobachtbaren – Befund, dass auch Nationalsozialisten *au sens pur* ein ganz unterschiedliches Selbstverständnis als Bürgermeister entwickeln konnten und durchaus die Option hatten, eine Politik des Primats städtischer Interessen gegenüber den Wünschen der NSDAP zu verfolgen[110].

Die mangelnde Dienstauffassung Schneiders und seine verantwortungslose Schuldenpolitik waren im Übrigen auch den Zeitgenossen nicht entgangen. So lösten die langen

---

[104] Siehe oben.
[105] Vgl. NEISEN, Nationalsozialismus (wie Anm. 7), S. 368.
[106] Vgl. ebd., S. 367.
[107] Vgl. HEITNER (wie Anm. 10), S. 84.
[108] StadtA VS 1.17, Personalakte Karl Berckmüller, Bestätigung von Hermann Riedel, 24. Juli 1951.
[109] Zum Werdegang Berckmüllers vgl. M. STOLLE, Karl Berckmüller, in: M. KISSENER/J. SCHOLTYSECK (Hgg.), Die Führer der Provinz, NS-Biographien aus Baden und Württemberg (Karlsruher Beiträge zur Geschichte des Nationalsozialismus 12), Konstanz 1997, S. 31–54.
[110] Vgl. D. REBENTISCH, Die politische Stellung der Oberbürgermeister im Dritten Reich, in: K. SCHWABE (Hg.), Oberbürgermeister (Deutsche Führungsschichten in der Neuzeit 13), Boppard 1981, S. 125–155, hier S. 143 f.

Abwesenheiten Schneiders aus Villingen in den Jahren 1936 und 1937 wiederholt das Gerücht aus, er sei von seinem Amt beurlaubt worden, weil er der Stadt zu hohe Schulden überlassen habe. Wie aus den entsprechenden Verhören auf dem Bürgermeisteramt hervorgeht, machten diese Gerüchte in der ganzen Stadt die Runde[111]. Desgleichen kursierte im Mai 1937 eine Schmähschrift über Hermann Schneider, deren Inhalt aber leider nicht mehr überliefert ist[112]. Zwar würde es sicherlich zu weit führen, aus solchen Beobachtungen auf eine generelle Unzufriedenheit der Bevölkerung mit der nationalsozialistischen Herrschaft in Villingen zu schließen. Vieles spricht dafür, dass die rasche Beseitigung der Arbeitslosigkeit in Villingen durch den Erfolg von Firmen wie SABA und Kienzle-Apparate GmbH und Prestigeprojekte wie das Kneippbad oder die Kasernenerweiterung bei vielen Bewohnern der Zähringerstadt ein Gefühl des Aufbruchs erzeugten, der zur Popularität des Regimes beitrug. Dennoch steht außer Zweifel, dass die Vettern- und Misswirtschaft der Stadtverwaltung unter der Führung Schneiders gleichzeitig zu einer partiellen Delegitimierung des Regimes vor Ort führte.

Ungleich schwerer als die Beurteilung des rein ideologisch motivierten Handelns von Schneider fällt eine Bewertung des Verhaltens von Gönnenwein. Gewiss drückte sich in der sehr zögerlichen Einstellung und Beförderung »Alter Kämpfer« innerhalb der Stadtverwaltung sowie in seinem Widerstand gegen die Inbesitznahme der Stadt durch die NSDAP eine gewisse Restdistanz gegenüber der nationalsozialistischen Diktatur aus. Auf der anderen Seite zeigen die beiden Beispiele der Kirchenpolitik und der Ausgrenzung der Sinti und Roma, dass Gönnenwein in anderen Bereichen gezwungen war, die Ziele des Regimes zu unterstützen; im Falle der Sinti und Roma verschärfte er den repressiven Umgang des NS-Staates mit dieser Opfergruppe sogar noch. Anders als etwa Bundespräsident Theodor Heuss nach dem Krieg behauptete, der dem ihm persönlich bekannten Gönnenwein bescheinigte, er habe gegenüber dem nationalsozialistischen Regime niemals Konzessionen gemacht[113], zeigte sich Gönnenwein folglich immer wieder kooperationswillig.

Doch kann man aus dieser Kooperationsbereitschaft eine – wenn auch späte – Hinwendung Gönnenweins zum nationalsozialistischen Staat und seiner Ideologie ableiten? Handelte es sich hier, mit anderen Worten, um ein »Umfallen« Gönnenweins, der sich fortan voll und ganz mit der nationalsozialistischen Diktatur identifizierte? An einer solchen Interpretation sind doch große Zweifel angebracht. So lässt sich aus der rigorosen Haltung Gönnenweins gegenüber den in Schwenningen lebenden Sinti und Roma nicht per se eine Sympathisierung mit dem NS-Regime und seiner Ideologie schlussfolgern, da antiziganistische Vorurteile weit ins bürgerlich-liberale Lager hineinreichten und die scharfen Maßnahmen des nationalsozialistischen Staates gegen die Sinti und Roma oftmals lediglich die Radikalisierung einer vielfach schon vor 1933 gehandhabten kommunalen Praxis verkörperten[114]. Doch auch sein Verhalten in der Kindergartenfrage steht

---

[111] StadtA VS 1.17, Personalakte Hermann Schneider, Aktenvermerke des Ersten Beigeordneten Riedel vom 11.6.1936 und 27.4.1937.
[112] Ebd., Aktenvermerk Karl Berckmüller, 23.12.1937.
[113] Vgl. SCHÄFER (wie Anm. 12), S. 226f.
[114] Vgl. hierzu für den deutschen Südwesten: ZIMMERMANN (wie Anm. 93), S. 63–67; F. REUTER, Zentrale Direktive und lokale Dynamik: Der nationalsozialistische Völkermord an den

Abb. 6   Innere Distanz trotz äußerlicher Loyalität? Gönnenwein hebt bei der offiziellen Beerdigung der Opfer des Bombenangriffs auf Schwenningen vom 22. Februar 1945 den Arm zum Hitler-Gruß

vermutlich nicht für eine grundsätzliche Änderung seiner Einstellung gegenüber dem Regime. Einer solchen Interpretation steht nicht zuletzt entgegen, dass sich auch für die Jahre nach 1937 Anhaltspunkte für ein renitentes Verhalten Gönnenweins gegenüber dem NS-Regime finden lassen. Ein Beispiel hierfür ist die oben geschilderte Vereitlung des Baus des »Burenhauses« durch Gelder der Stadt in den Jahren 1938/39, in der auch seine Geringschätzung gegenüber der NSDAP zum Ausdruck kam[115]. Gegen Kriegsende versuchte er außerdem, durch die Einstellung von Kohlelieferungen an das stadteigene Krematorium zumindest teilweise zu verhindern, dass durch die Einäscherung von Leichen aus dem nahe gelegenen KZ Schömberg[116], in dem das NS-Regime politische Häftlinge sprichwörtlich zu Tode hatte schuften lassen, der wahre Grund für den Tod der

---

südwestdeutschen Sinti und Roma, in: P. STEINBACH/Th. STÖCKLE/S. THELEN/R. WEBER (HGG.), Entrechtet – verfolgt – vernichtet. NS-Geschichte und Erinnerungskultur im deutschen Südwesten (Schriften zur politischen Landeskunde Baden-Württembergs 45), Stuttgart 2016, S. 281 f.

[115] Siehe oben.
[116] Das Lager Schömberg war ein Außenlager des im Elsass gelegenen KZ Natzweiler.

KZ-Insassen verschleiert werden konnte[117]. Umgekehrt hegten die Schwenninger NSDAP-Ortsgruppe und die württembergische Gauleitung unverändert große Vorbehalte gegenüber Gönnenwein. Gleich mehrfach betrieb die NSDAP in den Jahren 1937 bis 1944 unter Verweis auf seine frühere Logenzugehörigkeit seine Entfernung vom Bürgermeisterposten – ein Vorhaben, das lediglich aus formalen Gründen scheiterte. Desgleichen vereitelten die lokalen und regionalen NSDAP-Stellen, die Gönnenwein weiterhin mangelnden »Aktivismus« für den nationalsozialistischen Staat vorwarfen, durch negative politische Beurteilungen die Aufnahme eines Habilitationsverfahrens an der Universität Heidelberg, an der der Jurist und spätere Hochschulprofessor seine »Venia legendi« erwerben wollte[118]. *(Abb. 6)*

Vieles spricht daher dafür, dass Gönnenweins eindeutige Parteinahme für die NSDAP in der Frage, wer die Trägerschaft über die Schwenninger Kindergärten innehaben solle, überwiegend taktisch motiviert war, zumal sich für eine grundsätzliche Gegnerschaft Gönnenweins gegen die evangelische Kirche oder die »Bekennende Kirche« keinerlei Anhaltspunkte finden lassen. Gönnenwein ahnte wohl, dass er es sich angesichts des nach wie vor bestehenden Misstrauens der Partei, über das er durch seine engen Kontakte ins württembergische Innenministerium vermutlich gut informiert war[119], schlicht nicht leisten konnte, in dieser für das Regime so zentralen Frage eine lediglich neutral-abwartende Haltung an den Tag zu legen oder gar zugunsten der lokalen evangelischen Gemeinde zu intervenieren. Mithin hatte sich an der oben beschriebenen Ausgangskonstellation des Herbstes 1933 nichts geändert: Um zu beweisen, dass er *voll auf dem Boden der nationalsozialistischen Weltanschauung* stand, musste Gönnenwein in wichtigen Fragen wie der Kirchenpolitik die Position des NS-Regimes vertreten. Andernfalls hätte er jenen Verhaltenskorridor überschritten, den ihm der Herrschaftskompromiss mit der NSDAP im Herbst 1933 zugestanden hatte. Damit aber wurde Gönnenwein ein Stück weit gegenüber der NSDAP erpressbar. Ja mehr noch: Gerade weil er den Verdacht mangelnder Loyalität gegenüber dem nationalsozialistischen Staat zerstreuen musste, sah er sich veranlasst, sich in entscheidenden politischen Konflikten besonders linientreu zu geben.

Die »Schuld der Schweigenden«: Dilemmata nicht-nationalsozialistischer Bürgermeister im »Dritten Reich«

Gönnenweins Verhalten in der Frage der Trägerschaft über die Kindergärten und der Ansiedlung von Sinti und Roma auf dem Stadtgebiet zeigt geradezu paradigmatisch die partielle Ohnmacht von nicht-nationalsozialistischen Bürgermeistern im »Dritten Reich«. Sobald sie sich, wie der äußerst karriere- und statusbewusste Gönnenwein, aus menschlich durchaus nachvollziehbaren Gründen zum Verbleib im Amt entschieden hatten, trugen sie nolens volens maßgeblich dazu bei, den Herrschaftsapparat des Nationalsozialismus in den Gemeinden aufrechtzuerhalten und die Willkür- und Unrechtsmaßnahmen des Regimes vor Ort umzusetzen. Vergleicht man überdies seine Amtsführung mit jener Schneiders, so ist darüber hinaus auch nicht von der Hand zu weisen, dass die

---

[117] Vgl. SCHÄFER (wie Anm. 12), S. 234ff.
[118] Vgl. ebd., S. 97–100, 107, 222–226.
[119] Zu diesen Kontakten vgl. ebd., S. 106, 213f.

solide, von Sachgesichtspunkten geleitete Amtsführung Gönnenweins, die den Interessen der Stadt Vorrang gab vor jenen der Partei, paradoxerweise eher dazu geeignet war, die nationalsozialistische Herrschaft vor Ort zu stabilisieren als die »bad governance« der Villinger NSDAP, welche die Popularität der Partei in Villingen doch erheblich beeinträchtigte.

Gerade die Person Gönnenweins ist damit von großem Interesse für die lokalgeschichtliche Forschung über die Zeit des Nationalsozialismus. Sein Fall zeigt zum einen, dass entgegen der Tendenz der jüngeren Forschung, die die großen Handlungsfreiheiten der Kommunen und ihre starke Bereitschaft zur Kooperation mit dem nationalsozialistischen Regime hervorhebt[120] –, die Faktoren der Freiwilligkeit bei der Ausführung nationalsozialistischen Unrechts und der Kooperationsbereitschaft mit dem NS-Staat nicht überbetont werden sollten. Vielmehr war die Stellung der Gemeinden im polykratischen Herrschaftsgefüge des »Dritten Reiches« – in Abhängigkeit vom jeweiligen Handlungsfeld und seiner Relevanz für die Durchsetzung ideologischer Ziele des Nationalsozialismus – durch die *Gleichzeitigkeit* von Handlungsautonomie und Machtlosigkeit, von Kooperation und Konflikt bestimmt. Seine Person ist zum anderen ein Paradebeispiel für die fast unauflöslichen ethisch-moralischen Dilemmata, in denen sich ein Teil der nichtnationalsozialistischen Eliten in der NS-Diktatur befand. Mochten Sie im Einzelnen gelegentlich Schlimmeres verhüten, waren sie insgesamt durch ihre Mitarbeit im nationalsozialistischen Staat, die ohne Zweifel auch Züge des Opportunismus enthielt, kraft ihrer Expertise und Erfahrung entscheidend daran beteiligt, den Herrschaftsapparat der Nationalsozialisten in Gang zu halten. Dadurch verliehen sie ihm jene Effizienz, die seine mörderische Verfolgungs- und Vernichtungspolitik erst möglich machte.

Vielleicht konnte es im Nationalsozialismus eben doch »kein richtiges Leben im Falschen« (Adorno) geben. Gönnenwein war sich dieses Dilemmas im Übrigen durchaus bewusst. So begründete er in einem Brief an den Schriftsteller Hermann Hesse, mit dem er nach 1945 eine rege Korrespondenz unterhielt, am 4. Januar 1950 seinen gerade vollzogenen Eintritt in die linksliberale Demokratische Volkspartei (die später in der FDP aufging) mit den folgenden Worten: *Ich habe, nachdem ich zwölf Jahre die Schuld, geschwiegen zu haben, als es noch Zeit zur Umkehr war, brennend auf mir lasten fühlte, mich zu dem entschlossen, was in einer Demokratie Pflicht werden kann: in einer Partei (es ist die Demokratische Volkspartei) mitzuarbeiten u*[nd] *vor dem Wiederbeschreiten alter Wege des Verderbens unermüdlich zu warnen. Die Hoffnung gebe ich nicht auf*[121]. Es lag in der Konsequenz dieser Einsicht, wenn Gönnenwein vor dem Hintergrund seiner Erfahrungen im Nationalsozialismus in den 1950er Jahren zu einem scharfen Kritiker jeglichen nationalstaatlichen Egoismus wurde und emphatisch vor dem Wiederaufkommen nationalistischer Tendenzen in Deutschland warnte[122]. Offenbar wollte er das, was er im »falschen Leben« falsch gemacht hatte, nun wenigstens im »richtigen Leben« richtig machen.

---

[120] Vgl. GRUNER (wie Anm. 4), S. 169.
[121] Zit. nach ebd., S. 31.
[122] Vgl. ebd., S. 30 f.

Zur Geschichte der SS in Freiburg im Breisgau. Aufbau, Mitglieder und Akteure

VON HEIKO WEGMANN

Die *Schutzstaffel der NSDAP* (SS) ist Gegenstand einer kaum zu übersehenden Menge an wissenschaftlichen und populären Darstellungen[1]. Dies geht auf ihre Verzahnung mit dem Staatsapparat und insbesondere ihre zentrale Rolle bei der Vernichtung der europäischen Juden und anderer Opfergruppen zurück, aber auch auf ihre Selbststilisierung als nationalsozialistische Elite. Wenig Beachtung fand bisher die Frage, wie die Allgemeine SS (A-SS) jenseits der zentralen Hauptämter, der Konzentrationslager (KZ) und bewaffneten Einheiten (im Folgenden verkürzt zusammengefasst als Waffen-SS, W-SS) regional und lokal strukturiert war. Welche Rolle spielte die »alltägliche« SS dort vor, während und nach der »Machtergreifung«? Wer waren ihre Angehörigen und Förderer in den Städten und Dörfern, die ihren Dienst meist in der Freizeit ausübten? Wie veränderte sich die Struktur der Mitgliedschaft im Laufe der Zeit? Welches Spektrum an Motivationen zum Eintritt und gegebenenfalls wieder zum Austritt gab es? Und schließlich gilt es immer wieder, Zusammenhänge zu rekonstruieren zwischen dem lokalen Rahmen und sich fernab ereignenden Taten, die nur allzu oft noch im Dunkeln liegen.

Diesen Fragen soll im Folgenden für Freiburg nachgegangen werden, wozu eine ganze Reihe biografischer Beispiele herangezogen wird[2]. Einleitend werden Lücken in Forschung und Erinnerungspolitik genannt. Eine knappe Beschreibung des *Ordens* der SS leitet über zu Fragen der Strukturen der SS und deren Entwicklung. Biographien Freiburger SS-Angehöriger, die verschiedene Mitgliedergruppen repräsentieren, vertiefen abschließend diesen Befund.

---

[1] Einen ausgezeichneten neueren Überblick bietet B. HEIN, Elite für Volk und Führer? Die Allgemeine SS und ihre Mitglieder 1925–1945, München 2012.

[2] Der Beitrag beruht auf der vor mehreren Jahren begonnenen und noch weiter zu führenden Forschung des Autors zur Geschichte der SS in Südbaden, die mittelfristig in eine Monografie münden soll. Ein Kernstück ist eine Datenbank des Autors, in der bisher etwa 2.000 Angehörige von A-SS und W-SS erfasst wurden, allerdings mit stark variierender Dichte der Informationen zu den einzelnen Personen.

Wahrnehmungsprobleme und Forschungslücken: Die SS bis 1933

Für Freiburg, Südbaden und Baden gibt es außer Beiträgen zu einzelnen SS-Angehörigen sowie weit verstreuten Informationen zu Ereignissen oder Konflikten, an denen SS-Angehörige beteiligt waren, keine systematischen Untersuchungen zur Geschichte der Mitgliedschaft in der SS, ihrer Strukturen und ihres Wirkens[3]. In Baden wurde die Rolle der SS lange als gering eingestuft. Bräunche konstatierte 1982 für die Zeit bis 1933, dass die SS keine besondere Rolle innerhalb der badischen NSDAP gespielt habe. Für die Zeit danach verwies er lediglich ganz allgemein auf die Rolle der SS als Terrorapparat des NS-Staates, ohne auf Baden einzugehen. Damit war das Thema SS in dem Standardwerk zur »Machtergreifung« in Südwestdeutschland weitgehend abgehandelt[4]. Auch andere wichtige Autoren meinten in der Folge, dass die SS in Baden vor 1933 so gut wie keine Rolle gespielt habe[5]. Und schaut man sich die Geschichtsschreibung vieler Städte und Gemeinden zum Nationalsozialismus an, konzentrieren sich diese – wenn überhaupt – meist auf lokale Spitzen von Partei und Verwaltung, ohne genauer auf die NS-Gliederungen einzugehen. Dies trifft auch für Freiburg zu. Eine Ausnahme bildet eine neuere Arbeit über Konstanz[6]. Sicher war die SS bis Anfang 1933 zahlenmäßig noch klein und die Machtstellung ihres Reichsführers Heinrich Himmler (RF-SS, 1900–1945) bei weitem noch nicht ausgebaut. Zu konstatieren sind jedoch ein historisches und ein historiographisches Wahrnehmungsproblem. B. Hein spricht für die Zeit bis 1934 gar von der SS als »unbekannte NS-Formation«, was aber nicht mit deren Irrelevanz gleichzusetzen sei[7].

---

[3] Einzelbiographische Skizzen nehmen in den letzten Jahren deutlich zu. Ansätze zur Erforschung der Strukturen und Mitgliedschaft in Baden hat es m. W. bislang weitgehend nur im privaten Rahmen gegeben, siehe aber neu den Beitrag von W. GALL in diesem Band. Auf Militaria-Internetseiten finden sich Gliederungspläne vieler Einheiten der A-SS, z.B. http://www.forum-der-wehrmacht.de/index.php/Board/72-Einheiten-der-Allgemeinen-SS/ und https://forum.axishistory.com/. Jenseits von Baden liegt auch nur eine einzige umfassende Studie vor: C. Rothländer, Die Anfänge der Wiener SS, Wien 2012.

[4] E. O. BRÄUNCHE, Die NSDAP in Baden 1928–1933. Der Weg zur Macht, in: Th. SCHNABEL (Hg.), Die Machtergreifung in Südwestdeutschland. Das Ende der Weimarer Republik in Baden und Württemberg 1928–1933, Stuttgart 1982, S. 15–48, hier S. 35.

[5] Bei Syré heißt es etwas abgemildert, die SS habe vor 1933 »im Vergleich zur SA« »so gut wie keine Rolle« gespielt. Im Handbuch der Baden-Württembergischen Geschichte gibt es zwar z.B. Abschnitte zum »Machtkampf auf den Straßen« und NS-Organisationen nach der Machtergreifung, die SS wird dort aber nicht einmal erwähnt. Vgl. L. SYRÉ, Robert Wagner, Gauleiter, Reichsstatthalter in Baden und Chef der Zivilverwaltung im Elsaß, in: M. KISSENER/J. SCHOLTYSECK (Hg.), Die Führer der Provinz, 1997, S. 733–779, hier S. 746. Beiträge von G. Kaller im Handbuch der Baden-Württembergischen Geschichte, Bd. 4 Die Länder seit 1918, hgg. v. H. SCHWARZMAIER/M. SCHAAB/P. SAUER u. a. im Auftrag der Kommission für geschichtliche Landeskunde in Baden-Württemberg, Stuttgart 2003.

[6] H. HAUMANN/H. SCHADEK (Hg.), Geschichte der Stadt Freiburg, Stuttgart 2001², Bd. 3; J. KLÖCKLER, Selbstbehauptung durch Selbstgleichschaltung. Die Konstanzer Stadtverwaltung im Nationalsozialismus, Ostfildern 2012. Um die SS geht es nicht nur wie sonst oft im Zusammenhang mit der Pogromnacht, sondern mit einem eigenen Kapitel zu Gestapo, SS und SD.

[7] HEIN (wie Anm. 1), S. 69 ff.

Abb. 1 »Freiburgs SS. In der Kampfzeit«, Freiburger Zeitung, 5.6.1938. Noch ähnelt die Kopfbedeckung derjenigen der SA

Problematisch erscheint bereits die Wahrnehmung der Zeitgenossen. Es sollte nicht unterschätzt werden, dass die organisatorisch noch bis Mitte 1934 der »Sturmabteilung der NSDAP« (SA) unterstehende und äußerlich anfangs schlecht von ihr zu unterscheidende SS von Außenstehenden oft nicht als eigenständig wahrgenommen wurde *(Abb. 1)*. In vielen Berichten über Aktionen, an denen die SS beteiligt war, wurde anschließend nur die SA genannt. Die »Freiburger Zeitung« (FZ) berichtete vor 1933 ohnehin wenig Lokales über die NSDAP und gewaltsame Zusammenstöße, in die SA und SS involviert waren. Leser des führenden (nationalliberalen) Blattes waren bei dieser Frage also schlecht informiert. Etwas anders sah das bei den Zeitungen der politischen Gruppierungen aus, die an den Auseinandersetzungen beteiligt waren. Die NS-Presse, also der »Führer« aus Karlsruhe oder der »Alemanne« aus Freiburg, erwähnte die SS schon eher einmal gesondert, hatte aber auch kein Interesse, öffentlich ins Detail zu gehen. Auf der anderen politischen Seite berichtete die Freiburger sozialdemokratische »Volkswacht« durchaus von lokalen Ereignissen mit SS-Angehörigen wie dem Überfall des Nazi-Rowdys Willi

Zimmermann auf einen Arbeiter[8]. Sie ging der Stilisierung der SS als »saubere« Elite also nicht auf den Leim, verfügte aber auch über keine Innenansichten.

Es ist jedoch hervorzuheben, dass die badische SS auch vor 1933 – trotz der im Vergleich zur SA verminderten Wahrnehmung – durchaus immer wieder durch Gewaltakte, staatliche Hochverratsermittlungen sowie Verbote ins öffentliche Interesse rückte. Die Pressestelle des badischen Staatsministeriums gab Anfang Februar 1932 eine umfangreiche Übersicht über Gliederung und Einheiten der SA und eben auch der SS in Baden heraus, die in Zeitungen abgedruckt wurde[9]. Wenig später, Mitte April, wurden SA und SS im ganzen Reich per Notverordnung vorübergehend verboten, worauf auch die badische Staatsregierung gedrungen hatte. Polizeiliche Haussuchungen fanden in diesem Zuge unter anderem beim Führer des Freiburger SS-Trupps Paul Ziegler und seinem Kameraden Ernst Barth statt[10]. Allen Legalitätsbekundungen zum Trotz verübten SS-Angehörige sogleich einen Sprengstoffanschlag auf die Wache der Polizeidirektion in Baden-Baden und auf einen Zeitungsautomaten des dem Zentrum nahestehenden »Lahrer Anzeigers«. Bei der Sitzung des Badischen Landtags vom 2. Juni 1932 beschwerte sich der Landtagsabgeordnete und NSDAP-Gauleiter Robert Wagner (1895–1946) über die staatliche Verfolgung seiner Bewegung und verwies dabei auch auf einen polizeilichen Überfall auf die Wohnung Zieglers in Freiburg im Jahr zuvor. Dabei waren umfangreiche SS-Akten beschlagnahmt worden, durch die die politische Polizei genauere Einblicke in die Organisation erhielt. Ein Hochverratsverfahren gegen Ziegler sowie örtliche SA- und Parteiführer scheiterte aber am Oberreichsanwalt in Leipzig[11].

Bemerkenswert war, dass die Freiburger SS bereits im Februar 1931 – amtlich dokumentiert – an einem Überwachungs- und Spitzelwesen arbeitete, das politische Gegner, Wirtschaft, Polizei und sogar die Reichswehr zum Ziel hatte. Ziegler hatte etwa vertrauliche Berichte an die SS-Standarte in Karlsruhe über den – hier nun gegen ihn ermittelnden – Polizeioberinspektor Alfred Schneble sowie über den Kultus- und Justizminister Adam Remmele (SPD) verfasst. Dahinter steckte eine Strategie, denn 1931 wurde auch der sog. »Sicherheitsdienst« (SD) als Säule der SS gegründet. Der badische Innenminister Emil Maier präsentierte im Landtag 1932 als Reaktion auf Wagners Beschwerden eine lange Aufgabenliste der Karlsruher SS für einen Zeitraum von sechs Wochen, die der Polizei in die Hände gekommen war. Dazu gehörte die Auskundschaftung von Freimaurerlogen, KPD, SPD und Reichsbanner, Stahlhelm, Zentrum, Geschäftswelt, Industrie, Polizei und Zeitungen. Während es beim Stahlhelm darum ging, welche Mitglieder zur SS herübergezogen werden könnten, wurde bei den anderen Organisationen nach jüdischen Funktionären, Eigentümern und Aktionären gefragt. Bei den Warenhäusern sollten die SS-Leute auch herausfinden, welcher *Rasse* die Abteilungsleiter angehörten. Die

---

[8] Volkswacht, 3.9.1932.
[9] »Die S. A. und S. S. in Baden« nach Stand von Spätherbst 1931, Karlsruher Zeitung, 4.2.1932, identisch abgedruckt z. B. Volkswacht, 4.2.1932, wiederum nicht in der Freiburger Zeitung.
[10] Der Alemanne, 22.4.1932; BAB SSO E. Barth, Personal-Bericht über E. Barth vom 1.9.1934.
[11] StAF, A 40/1, Nr. 301.

Abb. 2   Eugen Velten (1907-1941), Maschinensetzer der Alemannen-Druckerei, Angehöriger der A-SS und W-SS, mit der Nummer 65 auf dem Kragenspiegel

SS sammelte überdies in Freiburg und Baden 1931 und 1932 systematisch Informationen, die als Grundlage des »Juden-Boykotts« vom 1. April 1933 dienten[12].

Die SS in der »Machtergreifung«

Die SS spielte eine noch näher auszulotende Rolle bei der »Machtergreifung« in Baden 1933. Am 8. März 1933 wurde der NSDAP-Gauleiter Robert Wagner durch den Reichsinnenminister zum Reichskommissar für das Polizeiwesen in Baden ernannt. Angeblich sollte er die öffentliche Sicherheit gewährleisten, die allerdings nur durch SA und SS gefährdet war. Am 10. März folgte eine erste Verhaftungswelle, der u. a. der SPD-Fraktionsführer Ludwig Marum zum Opfer fiel. Einen Tag nach der Ernennung Wagners belagerten 3.000 Nationalsozialisten, vor allem aus SA und SS, das Badische Innenministerium und forderten den Rücktritt der badischen Regierung. Mit Karabinern und Stahlhelmen

---

[12]   Protokoll der 28. Sitzung des Badischen Landtags, 2. Kammer, v. 2.6.1932, S. 1715 ff., 1724 ff., S. 1735 f.; »Spionage-Organisation der NSDAP«, Volkswacht, 8.6.1932.

ausgerüstete SS nahm die Absperrungen vor[13]. Mit dieser Macht im Rücken setzte Wagner die rechtmäßig gewählte Regierung am 11. März ab, übernahm kommissarisch das Amt des Staatspräsidenten und bildete eine Regierung aus führenden Nationalsozialisten (am 5. Mai 1933 wurde Wagner zum Reichsstatthalter ernannt). Am 16. Mai 1933 transportierten dann SS-Angehörige in einem Tage vorher angekündigten, entwürdigenden öffentlichen Spektakel sieben führende badische Sozialdemokraten, darunter Marum und den früheren Minister Adam Remmele auf einem offenen Polizei-Mannschaftswagen vom Bezirksgefängnis Karlsruhe zum KZ Kislau. Die Schaufahrt ist insbesondere in Hinsicht auf die Opfer dokumentiert[14]. Offensichtlich führte die SS die von Wagner inszenierte Aktion durch, doch die Frage, über welche Kanäle das lief, welche SS-Führer und ggf. welche Einheit beteiligt waren, ist unerforscht. Symptomatisch für das oben beschriebene Wahrnehmungsproblem ist, dass zwar auf den verschiedenen bekannten Fotos der Aktion nur SS-Angehörige zu sehen sind (außer z. B. einem Polizisten bei der Ankunft in Kislau), z. B. bei Pohl aber fast nur von SA-Bewachern die Rede ist.[15] Schnittstelle zwischen Wagner und der SS könnte u. a. der hohe SS-Führer Karl Pflaumer (1896–1971) gewesen sein, den Wagner am 8. März zum Personalreferenten des gesamten Polizei- und Gendarmeriewesens in Baden, dann zu seinem »Kommissar zur besonderen Verfügung« und mit dem 6. Mai 1933 zum badischen Innenminister machte. Auf einer der ersten Fotografien der von Wagner am 11. März eingesetzten kommissarischen Regierung posierte Pflaumer als einziger in SS-Uniform[16], andere Minister folgten ihm aber später in die SS. Pflaumer setzte auch in anderen Fällen SS- (und SA-)Angehörige als Schläger ein[17]. Der stellvertretende Lagerkommandant von Kislau, Karl Sauer (Gestapo), der SS-Oberscharführer Eugen Müller, ein Duzfreund Wagners, und der SA-Angehörige Paul Heupel erwürgten Marum schließlich am 29. März 1934 in Kislau[18].

Die sozialdemokratische Redakteurin Käthe Vordtriede (1891–1964) erinnerte sich, dass ihr Freiburger SS-Leute Postkarten u. a. von der Schaufahrt zum Kauf anboten, auf die die SS stolz war. Vordtriede berichtete auch, wie SS-Angehörige in ihrem Freiburger Stadtteil Haslach bei den Reichstagswahlen vom 5. März *ungehemmten Wahlterror* ausübten. So nahmen sie Wählern unter Drohungen ihre Wahlscheine ab und wählten damit selbst vier oder fünfmal unter verschiedenen Namen nationalsozialistische Kandidaten. Ein sozialdemokratischer Polizeibeamter, der einem SS-Mann entgegentrat, wurde nach Angaben von Vordtriede denunziert, kam im April ins Gefängnis und verlor seine Stelle. Es ist leicht nachzuvollziehen, dass die SS auch in Freiburg bereits im März 1933 keine vernachlässigbare Größe gewesen sein kann, wenn sie zu einem solchen Auftritt in

---

[13] Staufener Wochenblatt, 10.3.1933.
[14] M. POHL, Von Karlsruhe nach Kislau. Die Schaufahrt ins Konzentrationslager am 16. Mai 1933, in: R. WEBER/P. STEINBACH/H.-G. WEHLING (Hg.), Baden-Württembergische Erinnerungsorte, Stuttgart 2012, S. 442–451.
[15] Ebd.
[16] Foto siehe OTTO EBBECKE: Die nationale Erhebung in Baden, Karlsruhe 1933, S. 39.
[17] N. PRALLE, Zwischen Partei, Amt und persönlichen Interessen. Karl Pflaumer, Badischer Innenminister, in KISSENER/SCHOLTYSECK (wie Anm. 5), S. 539–566, hier S. 548.
[18] M. POHL, Ludwig Marum, Gegner des Nationalsozialismus. Das Verfolgungsschicksal eines Sozialdemokraten jüdischer Herkunft, Karlsruhe 2013, S. 107 ff.

einem Arbeiterstadtteil mit relativ vielen Sozialdemokraten und Kommunisten in der Lage war[19].

Aus Lebensläufen Freiburger SS-Angehöriger ergibt sich, dass die ersten von ihnen nur wenige Tage später, ab dem 11. März, in die neu aufgestellte *Hilfspolizei* eingestellt wurden. Sie sollte allgemein zu 50 % aus SA, 30 % SS und 20 % *Stahlhelm*-Angehörigen bestehen. Bei einem angestrebten Mitgliederbestand von 10 zu 1 im Verhältnis der SA zur SS war die SS hier sechsfach überproportional berücksichtigt. In Baden kündigte Reichskommissar Wagner die Einstellung von 500 Hilfspolizisten an, wobei der Stahlhelm-Anteil nur 10 % betragen sollte[20]. Mit diesem Schritt ließen sich mehrere Ziele erreichen: Arbeitslosen Nationalsozialisten eine Arbeit zu verschaffen, politische Gegner gewalttätig, aber mit dem Anschein der Legalität zu bekämpfen und den Anpassungsdruck auf die Polizei zu erhöhen. Damit sind zugleich zentrale Aspekte der Motivation von Männern für den Eintritt in die SS beschrieben: Verbesserung der eigenen wirtschaftlichen Lage, Ideologie und Macht. Mitte März, wenige Tage nach der Schließung des Gewerkschaftshauses, ließ Wagner die Freiburger Polizei und Hilfspolizei auf dem Münsterplatz antreten. Er erteilte ihnen einen Freibrief für Gewalthandlungen bei den so genannten *schweren Aufgaben* der nächsten Monate: *Sie sollen in mir einen Führer und Vorgesetzten haben, der entschlossen ist, sich jederzeit schützend vor Sie zu stellen, wenn Sie Abrechnung gehalten haben mit all denjenigen, die unser deutsches Volk zugrunde richteten*[21].

Ein exponiertes Beispiel zeigt, wie die Karriere eines solchen SS-Hilfspolizisten durch die diversen politischen Repressions- und Überwachungsorgane führen konnte: Der Buchhändler Hermann Peter (1910–1943) hatte bei der Münsterbuchhandlung Konstanz und der Firma Literarische-Anstalt in Freiburg gearbeitet, bevor er arbeitslos wurde. 1932 trat er der SA bei und wechselte kurz darauf zur SS. Er gehörte von April bis Mai 1933 der Hilfspolizei Konstanz an, wurde von dort als Wachmann und Schreiber zum KZ Ankenbuck versetzt, wo er zum stellvertretenden Lagerleiter aufstieg. Nach Auflösung des Lagers kam er als Wachmann zum KZ Kislau, wo er im Mai 1934 ausschied. In Freiburg wurde er im Mai 1935 erst Staatspolizeianwärter bei der Gestapo und 1938 Leiter der SD-Außenstelle. Daneben fungierte er als Freiburger NSDAP-Kreisgeschäftsführer und Leiter des Kreisorganisationsamtes, also an Schaltstellen, wo er für den SD ausgezeichnete Informationen auch über die inneren Angelegenheiten der Partei sammeln konnte. Schließlich kämpfte er als Wehrmachtsangehöriger im Vernichtungskrieg gegen die UdSSR, in dem er fiel[22].

Zusammengefasst lässt sich sagen, dass die SS in Baden bis 1933 zwar einerseits nach außen keine politische Führungsrolle wie die Kader der Parteiorganisation um Wagner einnahm, soweit nicht, wie das in einigen Fällen gegeben war, Personalidentität vorlag.

---

[19] K. VORDTRIEDE, »Es gibt Zeiten, in denen man welkt«. Mein Leben in Deutschland vor und nach 1933, Lengwil 1999, S. 44, 106.

[20] Freiburger Zeitung, 2. und 11.3.1933. In Preußen stellte Ministerpräsident Göring bereits im Februar 1933 eine 50.000 Mann starke Hilfspolizei auf, in der allein schon 15.000 SS-Männer dienten und brutal gegen ihre Opfer vorgingen. Vgl. HEIN (wie Anm. 1), S. 54.

[21] Freiburger Zeitung, 16.3.1933.

[22] BAB RS E 527; StadtAF C4/XIII/31/6; Einwohnerbücher der Stadt Freiburg 1939–43 (Angaben zur NSDAP-Kreisleitung). Seine Witwe Martha wurde 1944 NS-Kreisfrauenschaftsleiterin in Neustadt i. Schw., Der Alemanne, 9.6.1944.

Gleichfalls stand sie quantitativ hinter der SA zurück. Andererseits spielte sie aber durchaus eine wichtige, noch weiter zu untersuchende Rolle. Viele ihrer Tätigkeiten blieben ›naturgemäß‹ im Verborgenen. Manches davon wurde aber öffentlich bekannt und z. T. geahndet. Eine systematische Erfassung dieser Tätigkeiten und Taten verändert das Bild von der Rolle der SS in Baden erheblich. Kriminalstatistiken ist zu entnehmen, dass SS-Angehörige im Reich im Vergleich zur SA 1933/34 überproportional an Gewalttaten beteiligt waren, wenn man ihre geringere Mitgliederzahl berücksichtigt. Dies widerspricht dem oft bemühten Bild von der SS, die in dieser Phase disziplinierter und quasi ›anständiger‹ gewesen sei[23].

Täterforschung und erinnerungspolitisches Vakuum

Für die bisherige geringe Berücksichtigung in der Regionalforschung ist vermutlich mit entscheidend, dass die SS als eine von oben gesteuerte, zentrale Organisation angesehen wurde, deren Reihen gegebenenfalls lediglich von unten aufgefüllt wurden. In Hinsicht auf die großen politischen Weichenstellungen ist das sicher richtig, das gilt aber in der Regel ebenso für die NSDAP oder andere Felder. Dies schließt jedoch nicht aus, dass das ›Gesicht‹ der SS (oder SA usw.) in gewissen Grenzen von konkreten Personen in spezifischen lokalen Kontexten geprägt wurde[24]. Warum wurden in einigen Orten früher SS-Trupps aufgezogen als anderswo, warum wurden manche Einheiten erfolgreich aufgefüllt, während andere unter den Vorgaben von oben blieben? Und warum waren kleinere SS-Einheiten in bestimmten Orten aktiver als die SA, in anderen hingegen passiver? Das bestehende Vakuum lokalgeschichtlicher Aufarbeitung ist dabei teilweise auch auf eine extrem schwierige Quellenlage zurückzuführen. Weil viele Akten vernichtet wurden, macht sie mühsame, weit ausholende Recherchestrategien für eine Rekonstruktion erforderlich. Sie ist auch nicht durchweg von Erfolg gekrönt, vieles wird im Dunkeln bleiben. Dies gilt auf jeden Fall für Südbaden, während die Lage für Nordbaden aufgrund von Akten unter anderem im Karlsruher Generallandesarchiv besser ist.

In wechselseitiger Beziehung zu diesem wissenschaftlichen Vakuum steht eine erinnerungspolitische Leerstelle. Die Konsequenzen lassen sich an zwei Beispielen zeigen. So hat es bis zum Projekt des Verfassers dieser Zeilen keine Forschungen zum Haupttäter der Reichspogromnacht im November 1938, SS-Standartenführer Walter Gunst (1900–1943)[25], gegeben, obwohl das Gedenken an dieses Ereignis seit einigen Jahren zum festen

---

[23] HEIN (wie Anm. 1), S. 56.
[24] In diesem Sinne untersucht die Studie von Michael Stolle die »Verreichlichung« der badischen Gestapo, d. h. ihre schrittweise Unterstellung unter RF-SS Himmler und die Interaktionen zwischen der Reichs- und der Landesebene. Nicht zuletzt geht es dabei um das Gestapo-Personal, das oft der SS angehörte. Vgl. M. STOLLE, Die Geheime Staatspolizei in Baden. Personal, Organisation, Wirkung und Nachwirkungen einer regionalen Verfolgungsbehörde im Dritten Reich, Konstanz 2001.
[25] H. WEGMANN, Walter Gunst – Führer der Freiburger SS-Standarte »Schwarzwald«, in: P. KALCHTHALER/R. NEISEN/T. v. STOCKHAUSEN (Hgg.), Nationalsozialismus in Freiburg, Petersberg 2016, S. 106–107; DERS., Die Reichspogromnacht in Freiburg – Eskalation des Antisemitismus, ebd., S. 222–223.

Bestandteil der lokalen Erinnerungskultur gehört. In Freiburg waren es SS-Angehörige, die die Synagoge verwüsteten und in Brand setzten, während die SA erst einige Zeit später dort aufmarschierte und sich dann zusammen mit SS-Angehörigen erst an den Folgeaktionen am Kaiserstuhl aktiv beteiligte. Dennoch ist in Publikationen und vor allem bei Gedenkreden zur Freiburger Pogromnacht zum Teil die Aussage zu finden, die SA und die SS hätten gemeinsam die Synagoge zerstört[26]; manchmal werden auch nicht SS-Angehörige, sondern nur die SA oder auch nur »die Nazis« als Täter genannt. Man könnte diese Ungenauigkeit für unwichtig halten, denn in Freiburg hätten die Täter im Prinzip auch wie andernorts SA-, HJ- oder Partei-Angehörige gewesen sein können. Und tatsächlich beteiligten sich Freiburger SA-Angehörige dann auch an den Folgeaktionen. Aus der lokalgeschichtlichen wie auch der juristischen Perspektive sind die konkreten Abläufe und Verantwortlichkeiten jedoch alles andere als gleichgültig. Deren detaillierte Klärung erwies sich als überaus schwierig. Im Vorfeld des Synagogenbrand-Prozesses am Landgericht Freiburg 1949 wurde Gunst als verschollen festgestellt. Deswegen wurde nicht weiter gegen ihn ermittelt. Doch das juristische Ende hätte keineswegs bedeuten müssen, dass sich auch lokalgeschichtlich niemand mehr mit ihm und seiner Rolle befasste; gleiches gilt für einen seiner Hauptmittäter, Eduard Krebsbach (siehe unten). Der unmittelbare Täterkreis um Gunst aus der SS (und SA-Brigadeführer Weist) war zwar klein gewesen. Dennoch hatte er als Führer der südbadischen 65. SS-Standarte gehandelt. Diese erstreckte sich mit ihren Sturmbannen, Stürmen, Zügen und Scharen auf ganz Südbaden, wobei das Gebiet der Standarte von Emmendingen bis nach Lörrach und Neustadt im Schwarzwald, zeitweise sogar bis Konstanz reichte. Ihr gehörten gleichzeitig bis zu 2.000 Männer an. In dieser Funktion war Gunst ein Führer sowohl nach innen im Sinne der radikalisierenden Beeinflussung der SS-Angehörigen (sowie der hinzuzurechnenden Fördernden Mitglieder), als auch nach außen als Repräsentant der SS im öffentlichen Leben. Gerade diese Führungs- und Formierungsrolle gilt es zu untersuchen.

Ein zweites Beispiel: 1985 gab es einen öffentlichen »Aufschrei«, als die Beziehungen des weltweit berüchtigten SS-Arztes Josef Mengele zu Freiburg international bekannt wurden. 1940 war seine Frau mit seinen Schwiegereltern nach Freiburg gezogen, 1943/44 – als er sein fürchterliches Unwesen mit Menschexperimenten und Selektionen im KZ Auschwitz trieb – war auch er hier offiziell gemeldet. Seine Frau, die ihn in Auschwitz besuchte, und sein Sohn lebten nach dem Krieg weiter in Freiburg, während er in Argentinien untertauchte. Als Oberbürgermeister Rolf Böhme nun 1985 einen Anruf eines Journalisten von der »Washington Post« mit der Frage bekam, ob er Mengele kenne, hielt er den Zusammenhang seines *schönen Freiburgs* mit Auschwitz zunächst für einen Irrtum oder bösen Scherz. Er holte aber Erkundigungen ein. Eine alte Gemeinderätin erzählte ihm, Mengele sei einige Male in Freiburg gewesen und habe sich als guter Tänzer (!) gezeigt. Völlig unbekannt waren seine Aufenthalte also nicht, wenn auch öffentlich niemand darüber sprach. Böhme zog aus dem Vorgang nun jedenfalls Impulse für Erinnerungs- und Versöhnungsaktivitäten mit Opfern der NS-Diktatur[27].

---

[26] U. RÖDLING, »Die brennen in ganz Deutschland«, Badische Zeitung, 8.11.2008, nennt etwa den SA-Brigadeführer Weist gemeinsam mit Gunst als Auftraggeber der Brandstiftung.

[27] Das folgende internationale Aufsehen in Presse und TV im Juni 1985 steigerte sich angesichts der Exhumierung der Leiche Mengeles in Brasilien wenige Tage später. R. BÖHME, Orte der

Das Erstaunen in Freiburg über den Zusammenhang ist ein beredtes Zeichen vom Schweigen in der Nachkriegsgesellschaft im Hinblick auf Täter und Helfer. Es dauerte noch einmal 30 Jahre, bis Mengeles Beziehungen zu Freiburg über die reine Feststellung eines Zusammenhangs hinaus näher aufgearbeitet wurden[28]. Doch erst eine systematische Untersuchung der lokalen A-SS belegt, dass es noch eine ganze Reihe weiterer KZ-Ärzte gab, die mit Freiburg eng verbunden waren (ganz zu schweigen von der weit höheren Anzahl an Ärzten, die SS-Angehörige waren, aber nie Dienst in KZ taten). Neben der allgemeinen Problematik der Hemmnisse gegen die Aufarbeitung der NS-Zeit spielte in Freiburg wohl auch der verbreitete Eindruck eine Rolle, in der katholischen Schwarzwaldhauptstadt seien die Verhältnisse milder gewesen als andernorts. Doch diese späteren KZ-Ärzte wuchsen in Freiburg auf und/oder studierten dort Medizin und taten nicht zuletzt jahrelang Dienst in der örtlichen SS, bevor sie zur W-SS kamen. Dazu gehörten etwa Dr. Hanns Eisele (1912–1967), Dr. Eduard Krebsbach (1894–1947), Dr. Herbert Louis (1908–1984), Dr. Elimar Precht (1912–1969) und Waldemar Hoven (1903–1948).

Der Fall Hoven war in Freiburg zumindest manchen bekannt, weil Eugen Kogon den korrupten Standortarzt des KZ Buchenwald mehrfach in seinem erstmals 1946 erschienenen Werk über die KZ erwähnte[29]. Hoven hatte 1943 eine Dissertation eingereicht, die weitgehend von zwei seiner KZ-Häftlingsmitarbeiter verfasst worden war und zudem auf Untersuchungen bzw. Versuchen an Häftlingen des KZ basierte. Aufgrund des von Kogon benannten Plagiats (nicht aufgrund der Versuche selbst) erfolgte 1947, noch vor seiner Hinrichtung in Landsberg, ganz ohne Aufsehen die Aberkennung des Titels. 1961 wurde Horst Breier, Redakteur der Freiburger Studentenzeitung, wieder auf die in der Universitätsbibliothek verfügbare Dissertationsschrift und den erschlichenen Doktortitel aufmerksam und forderte unter Berufung auf Kogon die Aberkennung des Titels durch die Universität Freiburg. Diese wurde in hektische Aktivität versetzt, konnte aber keinerlei Promotionsunterlagen mehr finden und auch nicht zweifelsfrei feststellen, dass die Aberkennung bereits erfolgt war. Der Medizinhistoriker Karl-Heinz Leven kommentiert: »Dass die Erinnerung an den Fall Hoven buchstäblich verdrängt worden war, ersieht man aus der Tatsache, dass die diesbezügliche ›Akte im Mai 1972 beim Räumen gefunden‹ wurde«[30].

In den Darstellungen zur Geschichte der medizinischen Fakultät wie in der Literatur zum KZ Buchenwald oder zum Nürnberger Ärzteprozess blieben denn auch wichtige Aspekte aus Hovens Biografie im Dunkeln. Hier kann lokalgeschichtliche Forschung

---

Erinnerung, Wege der Versöhnung. Vom Umgang mit dem Holocaust in einer deutschen Stadt nach 1945, Freiburg/Basel/Wien 2007, S. 10 f.

[28] M. WOLTER, Der SS-Arzt Josef Mengele zwischen Freiburg und Auschwitz. Ein örtlicher Beitrag zum Banalen und Bösen, in Schau-ins-Land, Zeitschrift des Breisgau-Geschichtsvereins 133 (2014), S. 149–189.

[29] E. KOGON, Der SS-Staat. Das System der deutschen Konzentrationslager, München 1977 (2. Auflage der Taschenbuchausgabe).

[30] So ein Vermerk in der Akte. K.-H. LEVEN, »Diese gelassene Verleugnung von Schuld« – die Medizin und ihre nationalsozialistische Vergangenheit, in B. GRÜN/H.-G. HOFER, K.-H. LEVEN (Hg.), Medizin und Nationalsozialismus. Die Freiburger Medizinische Fakultät und das Klinikum in der Weimarer Republik und im »Dritten Reich«, Frankfurt a. M. u. a. 2002, S. 15–33, hier S. 28.

einen wichtigen Beitrag leisten: Es war zwar bereits bekannt, dass die Familie Hoven ein Sanatorium in der Hansastraße betrieb, in dem Waldemar angestellt war. Unbekannt war dagegen bislang, wie exklusiv das Sanatorium war. Ebenso wenig wusste man, dass Waldemars Mutter Erika, die Sanatoriumsinhaberin, die NS-Bewegung in Freiburg (auch schon vor 1933) finanziell förderte, Geld dafür bei den internationalen Gästen sammelte und sogar ihre Witwenrente der SS stiftete. Zudem war sein älterer Bruder Erwin, zuletzt SS-Obersturmführer, in der Freiburger Motor-SS aktiv, der Waldemar dann ebenfalls 1933 beitrat und dort Funktionen wahrnahm. Man kann also davon ausgehen, dass Bruder und Mutter einen Teil seiner Motivation zum SS-Eintritt ausmachten[31].

Ähnlich wie im Falle der erwähnten KZ-Ärzte herrschte bislang auch weitgehende Unkenntnis über die nicht wenigen Angehörigen der Kommandanturstäbe und Wacheinheiten der KZ sowie der Einsatzkommandos, die zuvor Freiburger SS-Einheiten angehört hatten. Eine gewisse Ausnahme ist der Küfer Josef Schillinger (1908–1943) aus Oberrimsingen bei Breisach, der als Rapportführer im KZ Auschwitz Häftlinge misshandelte und zahllose Menschen in die Gaskammern führte. Er wurde im Vorraum einer Gaskammer von einem seiner Opfer, der Jüdin Franciszka Mannówna (1917–1943), tödlich verletzt – ein seltenes Ereignis. Sein SS-Eintritt wurde in der Literatur noch bis vor kurzem auf 1939 datiert. Dabei handelte es sich aber nur um seinen Eintritt in die Waffen-SS. Tatsächlich war er schon 1930 in seiner Heimat am Kaiserstuhl der NSDAP und SA beigetreten und dann 1932 von der SA zur SS gewechselt. Er gehörte dem 3. Sturm der 65. Standarte an. Es lässt sich daher fragen: Welchen Einfluss hatten Führer wie Walter Gunst jahrelang auf einfache Angehörige solcher Einheiten ausgeübt?[32] Von 1943 bis 2003 wurde Schillinger mit einem von der Gemeinde Oberrimsingen (heute zu Breisach gehörend) gepflegten Ehrengrabstein (Kriegsgrab) bedacht. Dieser wurde erst auf zivilgesellschaftliche Initiativen von Andreas Meckel und Christiane Walesch-Schneller hin abgeräumt[33].

Nach diesen Hinweisen auf extreme Verbrechen, Forschungsstand und Erinnerungspolitik folgen nun kurze allgemeine Erläuterungen zur SS, bevor es um die SS in Freiburg geht.

---

[31] H. WEGMANN, Waldemar Hoven. Eine Melodie vor sich hinpfeifend – Der Lagerarzt des KZ Buchenwald, in: W. PROSKE (Hg.), Täter-Helfer-Trittbrettfahrer (THT), Bd. 6, NS-Belastete aus Südbaden, Gerstetten 2017, S. 176–189.

[32] Wie durch die Forschung zum Anteil von Polizei-Bataillonen am »Holocaust« bekannt, musste man allerdings keine lange Partei-Zugehörigkeit haben, um verbrecherische Befehle auszuführen. Ein Beispiel ist der Polizist Alois Büchele (1893–1966) aus Schillingers Nachbardorf Gündlingen (heute ebenfalls zu Breisach). Büchele kam erst nach Kriegsbeginn zu SS und Partei. Er tat bei der Freiburger Polizei Dienst, als er ins Generalgouvernement abkommandiert wurde. Im sogenannten Bonner Prozess wurde er 1963 wegen Beihilfe zum Mord in 95.000 Fällen im Vernichtungslager Chelmno/Kulmhof verurteilt. Vgl. C. F. RÜTER u. a. (Hg.), Justiz und Verbrechen. Die westdeutschen Verfahren wegen nationalsozialistischer Tötungsverbrechen, Bd. XXI, Amsterdam 1979, S. 220–344.

[33] CHR. WALESCH-SCHNELLER, German Josef Schillinger. »Bauchschuß in Ausübung des Dienstes« – Eine gerechte Strafe, in: PROSKE 2017 (wie Anm. 31), S. 281–300.

Der »Orden«

Die SS wurde 1925 von Adolf Hitler als »persönliche Leib- und Prügelgarde« (B. Hein) gegründet. Zunächst fristete sie ein Nischendasein, bis die Führung im Januar 1929 dem stellvertretenden Propagandaleiter der NSDAP, Heinrich Himmler, übertragen wurde. Als paramilitärischer Verband kooperierte und konkurrierte sie in den folgenden Jahren mit der zahlenmäßig um ein Vielfaches größeren SA, die als ›Ordnungsdienst‹, Aufmarsch- und Kampftruppe agierte *(Abb. 3)*. Himmler strebte danach, aus der SS einen *nordischen Orden* zu machen, eine Elite der NS-Bewegung im Unterschied zur ›pöbelhaften‹ und als eigensinnig und unzuverlässig geltenden SA. Er unterwarf ihre Mitglieder wesentlich schärferen Bedingungen, was die Auswahl (etwa Rückverfolgung der Abstammung) und den Zugriff auf deren Lebensführung betraf. Neben dem zeitraubenden Dienst ist hier der *Heiratsbefehl* Himmlers von Ende 1931 zu nennen, der bei Heiratswunsch verpflichtend die Zustimmung der SS voraussetzte und auch die potentiellen Ehefrauen einem SS-Ausleseverfahren unterwarf. Auch wenn elitärer Anspruch und Wirklichkeit nicht selten auseinanderfielen, sind vier Aspekte des propagierten Elite-Charakters der SS zu nennen: Unbedingte Loyalität, Weltanschauungselite, höhere *rassische* Qualitäten und eine besondere Männlichkeit[34]. Auf dieser Grundlage sollte ein verschworener Orden aufgebaut werden, der nicht nur höchste Ansprüche an sich selbst stellte, sondern auch eine Eliteposition in der NS-Bewegung und im ›Dritten Reich‹ beanspruchte. Die Loyalität der SS sollte einzig auf Hitler ausgerichtet sein. Diese absolute Treue bewies sie bereits vor 1933 mehrfach, als sie von der Parteiführung als Parteipolizei gegen die revoltierende SA eingesetzt wurde. Wichtige Teile der SA, insbesondere der für ganz Ostdeutschland zuständige Berliner SA-Führer Walther Stennes, sahen die Parteiführung als *verbonzt* an und sich selbst bei der Finanzierung und Postenvergabe benachteiligt. Die SS zeigte bei einem Zusammenstoß im August 1930 in Berlin zwar Treue, als sie die NSDAP-Geschäftsstelle in der Hedemannstraße gegen die SA bewachte, doch ein übermächtiges SA-Kommando verwüstete die Räume, verletzte zwei Männer der SS-Wache schwer und die SS musste sogar die Polizei zu Hilfe rufen. 1931 kam es zum großen Bruch: Hitler setzte Stennes von allen Ämtern ab, der weigerte sich aber und zog Tausende SA-Männer auf seine Seite. Die Berliner SS unter Kurt Daluege hatte wesentlichen Anteil an der folgenden *Säuberung* von SA und Partei und Hitler dankte dies Daluege mit der später von Himmler zum Leitmotto erhobenen pathetischen Formulierung, *SS-Mann, deine Ehre heißt Treue*[35]. Mitte 1934 gipfelte dies in der skrupellosen Ausschaltung, d. h. Ermordung eines erheblichen Teils der Führungsspitze der SA. Zur »Belohnung« wurde sie von der Unterstellung unter die SA befreit.

Vor 1933 war die SS eine noch kleine Truppe: Im Herbst 1926 gehörten ihr zwischen 800 und 1.000 Mann an, Anfang 1929 waren es ca. 1.000 bis 1.400. Eine Änderung trat zuerst mit Himmler und dann mit dem großen Zulauf zum Nationalsozialismus seit den Septemberwahlen 1930 vor dem Hintergrund der Weltwirtschaftskrise ein. Ende 1932 standen schon 52.000 Mann unter Himmlers Kommando; innerhalb des Jahres 1933

---

[34] HEIN (wie Anm. 1), S. 93.
[35] HEIN (wie Anm. 1), S. 77 ff.

Abb. 3 Uniformwerbung vom Schuhhaus Ehret, Freiburg-Oberlinden, 1934. Nach außen herrschte Eintracht zwischen den Formationen

vervierfachten sich die Zahlen auf 210.000[36]. In den 1930er Jahren differenzierte sich die SS, wie bereits erwähnt, in mehrere Säulen: die »Allgemeine SS« (A-SS), die bewaffneten und kasernierten »Totenkopfverbände« (KZ-Wachmannschaften), die »Verfügungstruppen« (SS-VT) sowie den »Sicherheitsdienst« (SD). Zwischen 1934 und 1939 gehörten der A-SS zwischen 180.000 und 210.000 Männer an. Bis 1939 waren das rund 90 Prozent aller SS-Angehörigen; die Berufssoldaten etc. machten bis dahin also nur einen kleineren Teil aus. Im Krieg schrumpfte die A-SS durch Einziehungen zur Wehrmacht bzw. zur Waffen-SS auf nur noch rund 50.000 Mann Ende 1943.

Im Unterschied zu den bewaffneten Verbänden waren in der A-SS nur wenige Personen hauptamtlich tätig, die meisten SS-Angehörigen gingen ihrem SS-Dienst vielmehr in der Freizeit nach. Dazu zählte, sich weltanschaulich, sportlich und paramilitärisch schulen zu lassen, die NS-Propaganda durch öffentliche Auftritte zu unterstützten und potentiell immer verfügbar zu sein. Der reguläre SS-Dienst beanspruchte zwischen 1934 und 1939 für Ausbildungsaktivitäten zwei Abende pro Woche sowie an zwei Sonntagen im Monat je drei bis sechs Stunden. Halb so umfangreich war die Belastung für Ältere in der

---

[36] HEIN (wie Anm. 1), S. 151.

Reserve (ab 35 Jahren). Mitglieder der 1936 geschaffenen *Stammeinheiten* (ab 45 Jahren) mussten statt regelmäßigem Dienst nur mindestens einmal im Monat zu Kameradschaftsabenden zusammen kommen[37]. Diese Befreiung betraf auch ältere Honoratioren, die »ehrenhalber« in die SS integriert wurden, die jedoch durch Tragen der Uniform bei öffentlichen Anlässen die Akzeptanz der SS fördern sollten und sich durch den Beitritt auch den Rasse- und Heiratsauflagen der SS unterwarfen. Loser waren die Bedingungen für die immerhin noch einmal 340–365.000 »Fördernden Mitglieder« der SS (FM-SS), die dem »Orden« nicht angehörten, ihn aber finanziell unterstützten und eine eigene Zeitschrift bekamen.

Die Gründung der SS in Baden

In Baden wurde die SS auf Veranlassung Himmlers im März 1929 gegründet. Ein Blick auf einen ihrer frühen Führer zeigt Charakteristika auf, die auch in Hinsicht auf Freiburg relevant sind und hier später wieder aufgegriffen werden: Von Anfang 1931 bis Mitte 1933 wurde die damalige *SS-Brigade* bzw. *32. SS-Standarte Baden* vom Weinheimer Justiz-Kanzleigehilfen Hans Helwig (1881–1952) geführt. Er konnte schon auf einige Jahre politischen Kampfes für die nationalsozialistische Bewegung verweisen. Als SA-Angehöriger hatte er sich an Straßenkämpfen beteiligt und dabei eine Kopfverletzung zugezogen. Mitte 1929 war er von der SA zur SS übergetreten, möglicherweise wegen innerparteilicher Querelen. Gauleiter Wagner hielt ihn aber für seiner Aufgabe geistig nicht gewachsen und sah ihn als so unzuverlässig an, dass er mehrfach bei Himmler dessen Absetzung verlangte. 1932 strengte er sogar ein Parteigerichtsverfahren bei der NSDAP-Reichsleitung an. In seinem Antrag kritisierte er unter anderem, Helwig setze gänzlich unfähige oder moralisch ungeeignete Unterführer ein, und verwies auf die Führer von Karlsruhe, Baden-Baden und Rastatt, gegen die allesamt Partei-Verfahren liefen. Wagner, der hier auch an seine älteren Differenzen mit Himmler erinnerte, blieb mit seinen Interventionen jedoch erfolglos, was deutlich macht, dass er keineswegs allmächtig war[38]. Trotz der Angriffe Wagners wurde Helwig von Oktober 1933 bis zu dessen Auflösung im März 1934 Kommandant des badischen »Schutzhaftlagers« Ankenbuck, danach Inspektor im Bezirksgefängnis Bruchsal, bis er einen Nervenzusammenbruch erlitt und ausschied. Später wurde er noch einmal KZ-Kommandant, wurde aber mittlerweile auch in der SS selbst als nicht mehr tragbar angesehen[39].

---

[37] HEIN (wie Anm. 1), S. 214 ff.
[38] Himmler riet Wagner, sich aus Dingen herauszuhalten, die ihn nichts angehen würden, vgl. Antrag auf Partei-Verfahren und Entzug aller Ämter beim USchla der Reichsleitung gegen Helwig durch Gauleiter Wagner, Karlsruhe 2.9.1932, BAB SSO H. Helwig. Über Helwigs Vorgänger und mutmaßlichen Gründer der badischen SS, Brigadeführer Heidt, konnten bislang noch keine genaueren Angaben ermittelt werden. Möglicherweise handelt es sich um Otto Heidt, geb. 1904, SS-Nr. 1.415.
[39] SS- und Parteistellen hatten (wie in einer ganzen Reihe anderer Fälle) große Probleme, den aus ihrer Sicht hoch verdienten *Alten Kämpfer*, der aber verschuldet und unfähig war, mit einem Posten zu versorgen. Zwischen 1936 und 1938 wurde er als Kommandant der KZ Lichtenburg und Sachsenhausen eingesetzt, bis er auf Initiative des Führers der Totenkopfverbände und KZ,

Die Beziehungen zwischen Gauleitung und SS waren mithin frühzeitig belastet, während sich Wagner mit dem badischen SA-Führer Hanns Ludin besser verstand[40]. Solche Reibungen sollten andererseits aber auch nicht überbewertet werden, weil sie geradezu typisch für die NS-Bewegung insgesamt waren. Bis Wagner 1925 die Führung des Gaus Baden übernahm und straffte, war die Partei (bzw. während ihres Verbotes deren Ersatzorganisationen) innerlich sogar völlig zerstritten. Auf Landesebene wie auf Ebene des Kreises Freiburg setzten sich beispielsweise 1924 miteinander rivalisierende Gruppen gegenseitig als Führer ab, teilweise unter Zuhilfenahme von Strafanzeigen bei der Kriminalpolizei[41]. Bedacht werden muss auch, dass trotz aller Querelen zwischen Wagner und der SS auch SS-Angehörige zu seinen engen Vertrauten gehörten und er bei seiner Stabswache ausschließlich auf SS-Angehörige setzte.

Strukturen der Freiburger SS

Die Freiburger SS unterlag wie andernorts zahlreichen Umstrukturierungen und Umbenennungen, die mit ihrem Wachstum und ihrer Ausdifferenzierung zusammenhingen. Sie sollen hier grob nachgezeichnet werden. Im Juni 1929 gründete der Verwaltungsgehilfe Paul Ziegler (1892–1974) erstmals ein SS-«Grüppchen» in Freiburg, das zunächst nur aus zwei bis drei Mann bestand[42]. Wer Ziegler beauftragte, ist nicht belegt. Am NSDAP-Reichsparteitag Anfang August 1929 in Nürnberg nahmen aus ganz Baden gerade einmal 35 SS-Angehörige – einschließlich nunmehr fünf Freiburgern – teil. Bei der Hitler-Rede in Offenburg im November 1930 wurden 150 badische SS-Männer eingesetzt, elf davon aus Freiburg. Der Freiburger Trupp wuchs langsam (Anfang 1932 gehörten ihm 21 Männer an) und fungierte als Keimzelle für die Ausbreitung in den umliegenden Landorten, so zuerst 1930 in Ihringen. Bis Ende 1931 wurden weitere Scharen oder Trupps in Müllheim, Emmendingen, Staufen, Breisach, Oberrotweil, Bötzingen, Oberschaffhausen, Neustadt und Waldkirch gegründet und im südbadischen *SS-Sturm 43* zusammengefasst. Wahrscheinlich zum 1. Oktober 1931 wurde er umbenannt in Sturm 1 des III. Sturmbanns der 32. SS-Standarte Baden (abgekürzt: 1/III/32 oder noch kürzer

---

Theodor Eicke, wieder in den Ruhestand versetzt wurde. Helwig sei *geistig und auch körperlich fast völlig verbraucht*, klagte er. Antrag Eicke an Personalchef RF-SS, Berlin, 25.4.1938, BAB SSO Helwig.

[40] Beispiele für weitere Reibereien zwischen Wagner und seinem Innenminister Pflaumer, der selbst SS-Oberführer war, auf der einen Seite und SS-Stellen auf der anderen Seite finden sich bei M. RUCK, Korpsgeist und Staatsbewusstsein. Beamte im deutschen Südwesten 1928 bis 1972, München 1996, S. 144f. Zum Verhältnis Gauleiter und SS siehe auch P. HÜTTENBERGER, Die Gauleiter. Studie zum Wandel des Machtgefüges in der NSDAP, Stuttgart 1969, S. 174f.

[41] StAF A 40/1 Nr. 206.

[42] Aufgrund seiner sehr niedrigen SS-Mitgliedsnummer 389 ist anzunehmen, dass er seit Anfang 1929 oder sogar schon früher der SS angehörte, also bereits vor der Errichtung von SS-Strukturen in Baden. Seine Nummer ist mit einer Ausnahme auch deutlich niedriger als die aller anderen badischen SS-Einheitsführer, die dem Autor bekannt sind. Die höchste bekannte SS-Nr. eines Freiburgers lautet 498.125, beide Eintritte erstrecken sich also fast von Anfang bis Ende des Bestehens der SS.

Abb. 4 Die SS-Standarte »Schwarzwald«, Der Alemanne 4.6.1938

Die Standarte „Schwarzwald"

Das Feldzeichen der 65. SS-Standarte, das allen Männern des Schwarzen Korps in der Südwestecke des Reiches als Symbol gemeinsamen Wollens und nationalsozialistischen Einsatzes besonders heilig ist.
Aufnahme: Karl Müller, Freiburg i. Br.

1/32)[43]. Der III. Sturmbann – und damit die Führung der südbadischen SS – war zunächst nicht in Freiburg, sondern in Lahr angesiedelt, obwohl der Ort viel kleiner und der dortige Trupp erst im November 1930 gegründet worden war. Führer des Sturmbanns war der Hauptlehrer Georg Heitz (1895–1946), der 1930 NSDAP und SS beigetreten war und durch die NS-Herrschaft eine steile Karriere machte bis zum Ministerialrat im Badischen Unterrichtsministerium und beim Chef der Zivilverwaltung im Elsass. Offenbar traute man dem ehrgeizigen Heitz organisatorisch mehr zu als dem kriegs- bzw. hirngeschädigten Ziegler.

Mit dem starken Wachstum der SS 1933 wurde der Sturmbann III/32 am 15. Juli zur *65. SS-Standarte* aufgewertet. Im November 1933 erfolgte die Verlegung des Dienstsitzes nach Freiburg, wo er bis zum Schluss verblieb. Lahr wurde der neuen mittelbadischen 86. Standarte mit Sitz in Offenburg zugeschlagen. Auf dem Reichsparteitag 1934 bekam die 65. Standarte den Zusatz *Schwarzwald* verliehen *(Abb. 4)*. Sie war abwechselnd den SS-Abschnitten XIX (Karlsruhe) und XXIX (Konstanz) untergeordnet, die wiederum zum SS-Oberabschnitt Südwest (Stuttgart) gehörten. Der aufstrebende Heitz trat in Freiburg mittlerweile kaum noch in Erscheinung, wichtiger war jetzt sein Lahrer Kamerad

---

[43] Karlsruher Zeitung, 4.2.1932.

Karl Strate (1889–1963), der als Adjutant und Personalreferent bis Ende 1936 bei der Standarte blieb und finanziell versorgt wurde, indem er als städtischer Betriebssekretär angestellt wurde. Freiburg wurde gleichzeitig Sitz des I. Sturmbannes der Standarte und des Reserve-Sturmbannes, der das ganze Standartengebiet abdeckte[44]. Die Nummerierung der Stürme des Freiburger Sturmbannes wechselte mehrfach, bis sich 1934 folgende dauerhafte Zählung etablierte: 1. Sturm Waldkirch (also 1/I/65), 2. Sturm Emmendingen, 3. Sturm Kaiserstuhl, Tuniberg, Staufen und teilweise Freiburg sowie 4. Sturm Freiburg. 4/I/65 war damit der Sturm, in dem die meisten Freiburger SS-Angehörigen ihren Dienst taten. Größere gebietliche Reorganisationen führten dazu, dass Konstanz Anfang 1937 der 79. SS-Standarte zugeschlagen und zugleich Sitz des SS-Abschnitts XXIX wurde. Der Sturmbann III/65 wurde in Neustadt i. Schw. aus Resten des Sturmes 10/65 neu aufgestellt, sein Sitz wurde in der Folgezeit aber noch mehrfach innerhalb der Region verlegt. In den ersten Jahren verteilten sich die Dienststellen der Standarte und Einheiten auf mehrere Standorte in der Innenstadt, bis im Januar 1937 die Villa des »Corps Suevia« in der Lessingstraße 14 übernommen wurde. 1938 erfolgte der Umzug in die Mercystraße 16, nachdem diese Villa der katholischen Studentenverbindung »Hercynia« abgenommen worden war. Die vorletzte Verlegung erfolgte nach der Schrumpfung der A-SS Anfang 1942 in die Goethestraße 33, wo sich in der beschlagnahmten Villa der nach Gurs deportierten jüdischen Geschwister Liefmann bereits die Gestapo befand. Eine wichtige Aufgabe der verkleinerten A-SS war die Werbung für den Eintritt in die W-SS; Annahmeuntersuchungen fanden in der SS-Dienststelle, in der Gewerbeschule und beim Wehrbezirkskommando in der Sautierstraße statt. Zur letzten Verlegung kam es Mitte März 1945, als die A-SS in die Räume des Reichsarbeitsdienstes im ersten Stock der Karlstraße 34 umzog[45]. Man kann annehmen, dass Gestapo und SD zusätzliche Räume für ihre aus dem Elsass zurückflutenden Angehörigen brauchten, und die A-SS deshalb ausweichen musste. Die Außenstelle des SD befand sich ab 1938 getrennt von der Standarte in der Josefstraße 3 (heute Johanniterstraße).

Neben den genannten Stürmen gab es u. a. Sanitäts-Staffeln, einen Musikzug (Waldkirch/Gutach) sowie Spielmannszüge. In den Stäben mussten außer den Einheitsführern samt deren Adjutanten und Personalreferenten zahlreiche Posten besetzt werden. Es gab Referenten für Verwaltung, Sport, militärische Ausbildung, Presse, weltanschauliche Schulung und Rasse- und Siedlungsfragen (Schulungsleiter und Sippenpfleger), Fürsorge, Rechtsberatung, Gas- und Luftschutz, Ergänzung usw. Die Standarte verfügte zeitweise sogar über Brieftauben und einen *Taubenpfleger*. Inwieweit diese Posten immer alle besetzt und ausgefüllt wurden, wäre noch zu klären, aber die Ausdifferenzierung zeigt, dass sich der Dienst nicht auf Rednerschutz, Aufmärsche und Absperrungen beschränkte. Weiter unterstanden der Standarte drei sogenannte Higastürme (Breisgau, Lörrach und Mittelrhein), in denen SS-Angehörige hauptberuflich als *Hilfsgrenzangestellte* für den

---

[44] Die weiteren Sturmbanne lagen in Lörrach (II/65) sowie Neustadt i. Schw. bzw. Donaueschingen (III/65). Bis zum 15.6.1934 gab es sogar noch einen Sturmbann mehr und die Zählung war deshalb anders. Die Aufstellung von zunächst vier Sturmbannen könnte ein Hinweis darauf sein, dass die SS in Südbaden 1933 mit einem stärkeren Mitgliederzuwachs gerechnet hatte, als dann realisiert wurde.

[45] Der Alemanne, 15.3.1945; Einwohnerbuch Freiburg 1943, Abt. III, S. 104.

Zoll Dienst taten. Ähnlich wie im Falle der Hilfspolizei war dies praktisch eine Arbeitsbeschaffungsmaßnahme für SS-Angehörige, nur war sie von längerer Dauer als erstere.

Mitgliederzahlen

Eine Standarte hatte wie ein Militärregiment eine Personalstärke von circa 1.000 bis 3.000 Mann. Die SS-Führung machte 1934 intern Druck, die jeweils vorgesehene Soll-Stärke von mindestens 175 Mann pro Sturm bzw. 2.000 Mann pro Standarte durch Anwerbungen zu erreichen, also die dünn besetzten Einheiten »aufzufüllen«. Dies stand in einem gewissen Widerspruch zum Postulat strenger Auslese bei den Mitgliedern, die immerhin auch zu einigen Ausschlüssen aus der SS führte. Die Expansionsbestrebungen wurden ab 1935 durch die Wiedereinführung der Wehrpflicht und den Zwang zum halbjährigen Reichsarbeitsdienst gehemmt. Die »Motivation vieler junger Männer zu zusätzlichen Selbstverpflichtungen gegenüber der ›Bewegung‹« nahm deshalb stark ab[46]. Die südbadische SS-Standarte war die mitgliederstärkste in Baden, blieb im Vergleich zu anderen Gebieten aber personell schwächer. Dies lag am stark verankerten Katholizismus sowie an der großen Ausdehnung des insbesondere im Schwarzwald dünn besiedelten Raumes, die die Dienstausübung in Einheiten vor erhebliche Transportprobleme stellte. Die Aufstellung spezieller Landscharen, in denen der SS-Dienst an das ländliche Leben angepasst werden sollte, scheint in Südbaden nicht erfolgreich gewesen zu sein. Den Protokollen der zentralen Führerzusammenkünfte der Standarte ist zu entnehmen, dass diesen oft sogar das Führungspersonal des III. Sturmbanns aus Hochschwarzwald und Baar fernblieb. Laut Stärkemeldungen pendelte sich die Zahl der Mitglieder bei knapp 2.000 ein. Nach Kriegsbeginn waren die überwiegende Zahl nur noch »SS-Zugehörige«, die wegen der Einberufung zu Wehrmacht oder Waffen-SS keinen aktiven Dienst vor Ort tun konnten bzw. durften.

Es ist nur eine Stärkemeldung aus 1938 bekannt, die die Zahlen für die Unter-Einheiten der 65. Standarte aufgliedert und damit Angaben für Freiburg liefert. Sie sind darin zwar deutlich zu niedrig angesetzt, weil sich die Gesamtsumme mit 1.548 SS-Angehörigen weit unter den Angaben von 1.920 in den anderen Aufstellungen bewegt. Dennoch lassen sich die Größenordnungen für die Stadt Freiburg in etwa ablesen: Stab der 65. Standarte: 23 Personen, Stab I/65: 12, Sanitäts-Staffel I/65: 19, Spielzug I/65: 11, Sturm 3/65: 94 (nur z. T. Freiburg), Sturm 4/65: 199, Stab Reserve 65: 12, Sturm 1/Res. 65: 104, San.-Staffel/Res. 65: 11[47]. Das sind in der Summe 485 Personen, nach Abzug eines Großteils des Sturms 3/65 immer noch über 400. Für die Frage, wie viele Angehörige der A-SS insgesamt in Freiburg lebten, müssen noch die verschiedenen Spezialeinheiten neben der »Fuß-SS« berücksichtigt werden, die unten vorgestellt werden[48]. Und es kommen die-

---

[46] HEIN (wie Anm. 1), S. 135.
[47] Der Grund dafür ist nicht ersichtlich, könnte aber mit Gebietsumstrukturierungen zu tun haben. Stärkemeldung SS-Standarte 65, o. D. [Januar 1938], BAB NS 33/194; Statistisches Jahrbuch der SS 1938, Berlin 1939, S. 10 f., 48 f.
[48] Die Stärke der für Freiburg relevanten Einheiten lässt sich nur teilweise nennen und davon lebte nur ein nicht genau zu bestimmender Teil in Freiburg. Zur Orientierung die Durchschnitts-

jenigen hinzu, die übergeordneten Ämtern oder Stäben zugeordnet waren, wie etwa der Polizeidirektor Sacksofsky (1901–1983) als Rechtsberater der Abschnitte XIX und XXIX. Die Gesamtzahl lässt sich soweit auf 550 bis 650 schätzen[49]. Darin sind aber wiederum noch nicht diejenigen berücksichtigt, die erst während des II. Weltkrieges zur W-SS kamen und auf diesem Wege Angehörige des ›Ordens‹ wurden. Allerdings wurden nicht alle aus dieser Gruppe auch Angehörige der A-SS, dies betrifft etwa viele Angehörige der jüngeren Jahrgänge über 1922.

Betrachtet man die Vorkriegszeit, so gehörten also grob geschätzt 0,6 % der Bevölkerung der SS an (Freiburg überschritt 1933 die 100.000 Einwohner-Marke). Betrachtet man nur die männliche Bevölkerung, ergibt das ca. 1,2 %. Das ist höher im Vergleich zum SS-Oberabschnitt Südwest, wo der Anteil der über 13.000 SS-Angehörigen 1938 bei ca. 0,67 % lag (allerdings lag der Anteil in Städten grundsätzlich höher und ist auch nicht mit einem so großen Gebiet zu vergleichen)[50]. Rechnet man noch die W-SSler, SS-angehörige Polizisten, die dem Reichssicherheitshauptamt zugeordnet waren, u. a. hinzu, kommt man vielleicht auf mehrere Prozent. Und der Anteil an der dienstfähigen, erwachsenen Bevölkerung ist entsprechend noch höher zu veranschlagen. In der Summe ist festzuhalten, dass es sich auch nach 1933 um eine quantitativ begrenzte, aber hoch organisierte Gruppe mit einem schlagkräftigen Kern handelte, der umgeben wurde von Ehrenführern, Förderern usw. Nicht zu vergessen ist, dass die SS sehr strategisch versuchte, Einfluss in den verschiedensten Lebensgebieten zu gewinnen, anders als die SA durch den »Heiratsbefehl« von 1931 auch unmittelbar Einfluss auf die Ehefrauen und Familien nahm und zusätzlich Rückhalt über die eigene Organisation der Fördernden Mitglieder-SS hatte (über die Zahlen der FM-SS in Freiburg existieren keine Angaben, auf Reichsebene gab es in der Vorkriegszeit jedenfalls mehr FM-SS als reguläre Mitglieder). Das bekannteste FM-SS der Freiburger SS war Erzbischof Dr. Conrad Gröber (1872–1948, FM-SS Nr. 400.609)[51], dessen Mitgliedschaft und generelle Haltung zum Nationalsozialismus bis heute kontrovers eingeschätzt wird[52].

Sondereinheiten

Zu den genannten Sondereinheiten gehörte der im April 1934 von dem Pionieroffizier Rolf Lochmüller gegründete Pioniersturm. Er unterstand anfangs dem I/65 und wurde

---

stärken solcher Einheiten im Oberabschnitt Südwest: Fußstürme 166, Reiterstürme 98, Kraftfahrstürme 127, Nachrichtenstürme 99, Pionierstürme 85, Sanitätsstürme 58, San.-Staffeln 16, Musikzüge 33, Spielzüge 21, Higastürme 72. Statistisches Jahrbuch der SS 1938, Berlin 1939, S. 57.

[49] Eine höhere Zahl käme zustande, wenn man außerdem die Fluktuation, die durch Umzug/Versetzung, Austritt, Ausschluss und Ausstoßung sowie in seltenen Fällen Wiedereintritt bedingt war, berücksichtigte.

[50] Die Anteile an der männlichen Bevölkerung schwankten je nach Oberabschnitt zwischen 0,36 und 0,99 %. Statistisches Jahrbuch der SS 1938, Berlin 1939, S. 28.

[51] Laut Ausweis vom 4.3.1934, EAF Nb8/149.

[52] Siehe zuletzt W. PROSKE, Dr. Conrad Gröber: »Deutschehrlich« und »überreiche Register im Orgelwerk seiner Seele«, in: DERS. (wie Anm. 24), S. 104–136.

Mitte 1935 als 4. Sturm einer eigenen, direkt dem SS-Oberabschnitt Südwest unterstehenden Pionier-Struktur eingegliedert, nämlich dem Pioniersturmbann 2 (also 4/Pi 2). Im Jahre 1937 erfolgte die Umbenennung in 3/Pi 2. Zwischen 1936 und 1945 wurde der Pi-Sturm von dem Lebensmittelhändler Hermann Grotz (geb. 1897) geleitet. Während des Zweiten Weltkrieges war Grotz als Inspekteur von Lagern und Arbeitseinsätzen *eindeutschungsfähiger* Personen und Familien für Himmler in dessen Eigenschaft als *Reichskommissar für die Festigung deutschen Volkstums* im Südwesten tätig. Der Pioniersturm trat öffentlichkeitswirksam durch Übungen in Erscheinung, bei denen etwa eine Behelfsbrücke über die Dreisam gebaut wurde, oder bei Vorbereitungsdiensten für archäologische Grabungen am Munzinger Weiher. Nicht zuletzt war es der Pioniersturm, der am 10. November 1938 im Auftrag der Stadt Freiburg die ausgebrannte Synagoge sprengte. 1935 hatte der Sturm ca. 80 SS-Mitglieder und 6 SS-Zugehörige[53].

Eine weitere Spezialtruppe war motorisiert. Bereits vor 1933 war eine Motorstaffel des Sturmbanns III/32 im Einsatz, die damals sicher gerade in den dünn besiedelten ländlichen Gebieten eine nicht zu unterschätzende Rolle für die Vernetzung, Nachrichtenüberbringung und Transport sowie für den Schutz von Parteirednern spielte. Aus der Staffel wurde ca. Ende 1933 der III. Sturmbann der badischen Motorstandarte bzw. -staffel 19 (III/Mo 19) mit Sitz Freiburg. (Der Führer der badischen Motorstandarte, Hermann Pister, wurde ab Dezember 1941 an einer anderen Stelle noch einmal Vorgesetzter des Motor-SS-Manns Waldemar Hoven, nämlich als Kommandant des KZ Buchenwald). Die Einheit wurde zum April 1935 aufgelöst und die Mitglieder der 65. Standarte oder anderen Einheiten eingegliedert, bis im Februar 1938 der SS-Kraftfahrtsturm 3/K 10 neu eingerichtet wurde. Der Stab und der erste Zug des 3/K 10 lagen in Freiburg, der zweite Zug in Trossingen mit drei auf die dortige Region verteilten Scharen[54]. Der Führer von Motorstaffel und Kraftfahrtsturm war Albert Mutz (geb. 1907, SS-Nr. 2.290, NSDAP-Nr. 30.727), der in der Zwischenzeit auch ein Jahr lang Führer des Sturmbannes I/65 war. Mutz war Landwirt, KfZ-Meister und als Werkmeister bei der »Breisgau Milchzentrale« beschäftigt. Er gehörte wie sein Bruder Robert (geb. 1904, SS-Nr. 1.577, NSDAP-Nr. 7.790) zu den frühesten Freiburger Parteigenossen und SS-Funktionären[55].

Die dritte Sondereinheit dieser Art war der Nachrichtensturm 4/Na 2, der aus einem Nachrichtenzug der 65. Standarte hervorging und dann dem direkt beim Oberabschnitt geführten Sturmbann angehörte. Führer war Eugen Schlotter (1909–1997), der später Nachrichtenoffizier der W-SS wurde. Über den Nachrichtenzug und -sturm sind jedoch wenig Einzelheiten bekannt. Detaillierte Besetzungspläne liegen dagegen für die Sanitätsabteilung und den Sanitätssturm der Abschnitte XIX respektive XXIX vor, die über oder neben der Sanitäts-Oberstaffel der Standarte und den Sanitätsstaffeln der Sturmbanne bestanden. Dieser Sanitätssturm hatte seinen Sitz anscheinend teilweise in Freiburg. Im März 1937 wird eine *SS-Sanitätsschule* in Freiburg erwähnt, die SS-Männer der verschiedenen Einheiten ausbildete. Leiter war SS-Obersturmführer Dr. med. Karl Denz (geb. 1896). Er hatte sich schon Anfang der 1920er Jahre während seines Studiums an der

---

[53] StAL PL 506 Bü 132, SS-Pioniersturmbann 10 an den SS-OA Südwest, Stuttgart, 27.6.1935, betr. Neugliederung des SS-Pioniersturmbannes 10.
[54] StAL PL 506 Bü 10, Ausbildungsplan Juni 1938 SS-Kraftfahrtsturm 3/K 10.
[55] Siehe zu beiden im BAB die Personalakten SSO sowie RS E 201.

Universität Freiburg intensiv mit *Rassefragen* befasst, für die *deutsch-völkische Freiheitsbewegung* engagiert und agierte nun als Führer des Sanitätssturmes und dessen zweiten Zuges. Dass Freiburg bei den Funktionären dieser höheren Gliederungsebene eines SS-Abschnittes stark vertreten war, hatte sicher auch mit der großen medizinischen Fakultät der Universität zu tun. Die einfachen Angehörigen kamen hingegen aus unterschiedlichen Berufen[56].

Nur kurz existierten eine Fliegereinheit, ein Reiterzug und ein Mannschaftshaus für Studenten. Im Mai 1933 wurde in der Presse zum Eintritt in den *SS-Fliegertrupp Freiburg* in der *SS-Fliegerstaffel Süd* aufgerufen. Angeblich trat darauf die komplette »akademische Segelfliegergruppe« der Universität Freiburg dem Fliegertrupp bei[57]. Allerdings wurden auf Anordnung des Reichsluftfahrtministers Goering bereits im Juni/Juli 1933 alle Fliegereinheiten von SA und SS in den »Deutschen Luftsportverband« überführt oder aufgelöst. Die SS-Angehörigen sollten auf Wunsch Himmlers vorrangig zu den SS-Motoreinheiten wechseln. Im Herbst 1938 beauftragte der SS-Oberabschnitt Südwest den Untersturmführer Fritz Kilthau, ein Kavallerist und gleichzeitig Verwaltungsführer der 65. Standarte, mit der Aufstellung und Führung eines SS-Reiterzuges. Nach Abschluss der Vorarbeiten begann der Dienstbetrieb Ende November 1938. Im März 1939 fand eine Besichtigung des Reiterzugs auf der Reitbahn der badischen Reit- und Fahrschule in Freiburg-Littenweiler durch SS-Gruppenführer Kaul statt. Mit der Anwesenheit von SS-Standartenführer Koenig aus Stuttgart kündigte sich die Unterstellung unter dessen 14. SS-Reiterstandarte an, es ist aber unklar, wie lange der Reiterzug überhaupt noch weiter bestand[58]. Ebenfalls nur kurz war ein Mannschaftshaus für studierende SS-Angehörige in Funktion, eine Art Burschenschaft für den zukünftigen wissenschaftlichen Nachwuchs der SS. Viele Einzelheiten sind noch ungeklärt, aber wahrscheinlich betrieb der Leiter des Freiburger Studentenwerks, Dr. Felix Seitz (geb. 1912) den Aufbau seit 1938. Seitz hatte an der Universität Freiburg Volkswirtschaft studiert und sich in der NS-Studentenschaft engagiert. Seit 1932 gehörte er der SS an, in Freiburg dem Sturm 3/65. 1939/40 fungierte er als weltanschaulicher Schulungsleiter der 65. Standarte. Im Frühjahr 1939 wurde das Mannschaftshaus in der Stadtstraße 2 eingerichtet. Im November 1939 war es bereits außer Betrieb, vermutlich, weil die Studenten zum Kriegsdienst eingezogen waren. Ob und gegebenenfalls wann es noch einmal in Funktion ging, ist unklar; Ende 1940 plante Seitz dies jedenfalls[59].

Eine weitere Darstellung der Beziehungen der Freiburger Stadtgesellschaft zu einer ganzen Reihe von SS-Unterorganisationen wie dem SD oder dem SS-Ahnenerbe[60] soll

---

[56] GLA 465c/1384 u. 1653; StAL Pl 506 Bü 97.

[57] BAB RS F8, Rundschreiben-Fragebogen Klaus Rosenkranz, Köln 1940.

[58] BAB SSO F Kilthau, Beurteilung Kilthau durch Gunst, 26.1.1939; Freiburger Zeitung, 20.3.1939.

[59] BAB NS 19/580, Schreiben vom Hauptabteilungsleiter der Dienststelle SS-Mannschaftshäuser an SS-Gruppenführer Wolff, Berlin, 22.6.1939; Einwohner- und Adressbuch der Stadt Freiburg 1940, Abt. III, S. 176; BAB SSO F. Seitz; UAF B1/428, Studentenwerk an Rektorat Uni Freiburg, 8.11.1940.

[60] Vgl. hierzu H. WEGMANN, Himmlers Besuch in Freiburg. Der Reichsführer-SS Heinrich Himmler, die Freiburger Urgeschichtsforschung und der Munzinger Weiher: Geschichte einer Kooperation in Nazi-Deutschland, Badische Zeitung, 26.3.2014.

an dieser Stelle unterbleiben. Vorgestellt werden dafür zwei unbekannte Beispiele aus dem Siedlungswesen.

SS-Siedlungen für Freiburg?

Im Zuge der »Neubauern- und Heimstättensiedlung« des »Rasse- und Siedlungshauptamtes« der SS plante der SS-Oberabschnitt Südwest 1938/39 die Errichtung von SS-Eigenheimen. In diesem Zusammenhang wurden 1939 Planungen für eine größere SS-Siedlung in Freiburg vorangetrieben. Soweit dieser Vorgang aktenkundig ist, fand am 4. Februar 1939 ein Treffen von Oberbürgermeister Dr. Franz Kerber und dem SS-Führer im Rasse- und Siedlungswesen im SS-Oberabschnitt Südwest statt. Kerber war selbst 1938 der SS beigetreten und gleich zum Sturmbannführer ehrenhalber ernannt worden (1941 zum SS-Obersturmbannführer). Er ließ nach dem Treffen Vorschläge für die Erstellung einer solchen Siedlung für SS-Angehörige erarbeiten. Die Stadterweiterungsstelle präsentierte als Möglichkeiten *das landschaftlich ausserordentlich reizvolle Gelände* der Weihermatten im Stadtteil Zähringen (zwischen Pochgasse und Altbach) für etwa 40 Häuser, das Gebiet zwischen Wildtalstraße und Güterbahnlinie (ebenfalls in Zähringen) für 100 bis 110 Häuser sowie das Gelände im Gewann Haid und Reute an der Landstraße zwischen Betzenhausen und St. Georgen für eine Siedlung mit 300 Wohnungen[61]. Nähere Details zu den Siedlungsplänen der SS sind nicht bekannt. Auf Nachfrage Kerbers, der offensichtlich sehr an einer solchen Siedlung interessiert war und den Vorgang noch mehrfach auf Wiedervorlage setzte, erklärte der SS-Oberabschnitt im Juni, dass die Absicht zur Erstellung weiter bestehe[62]. Vermutlich verhinderte aber der Kriegsbeginn die Umsetzung der Pläne, die das Freiburger Stadtbild verändert hätten: Die Ansiedlungs-, Umsiedlungs- und Vertreibungsaktivitäten der SS richteten sich nun wesentlich auf den Osten, die Priorität für die Freiburger Siedlung schwand rapide.

Erfolgreicher als dieses ›von oben‹ betriebene Projekt, aber sehr umstritten, war eine entsprechende Initiative einiger SS-Angehöriger ›von unten‹. Sie gibt Einblicke, wie Nationalsozialisten versuchten, eine ›Siegesdividende‹ ihres ›Kampfes‹ nicht nur auf dem Wege von Hilfsjobs bei der Stadtverwaltung oder der Hilfspolizei zu realisieren. Im Mai 1937 gründeten mehrere SS-Angehörige um den SS-Obersturmführer Edmund Eiche (geb. 1898) die »Eigenheim-Baugenossenschaft e.G. m.b.H.« mit Sitz am Münsterplatz 5[63]. Sie richtete sich zunächst exklusiv an SS-Angehörige und FM-SS. Eiche befand sich als Fürsorgereferent der Standarte an einer strategisch ausgesprochen günstigen Position, um Mitglieder für die Baugenossenschaft zu werben. Ein Kernpunkt des Konzeptes war das (fragwürdige) Versprechen, nur minimales Eigenkapital einbringen zu müssen. Geplant war eine SS-Siedlung mit 40 Häusern à drei Wohnungen, also insgesamt 120 Wohneinheiten. Das mit Unterstützung einer Bank avisierte Baugelände lag zwischen Merzhausen und dem damals noch selbständigen St. Georgen.

---

61 StadtAF C4/XIII/31/6, Schreiben vom 16.2.1939.
62 StadtAF C4/XIII/31/6, Schreiben des SS-Führers im Rasse- und Siedlungswesen Südwest, Stuttgart, 17.6.1939.
63 Siehe zum Folgenden die SS-Führer-Personalakte, BAB SSO 178 E. Eiche.

Allerdings hagelte es von Beginn an Kritik von verschiedenen Seiten. In einem anonymen Schreiben an den Standartenführer Gunst hieß es, Eiche sei ein *Betrüger in Uniform*, dem *die Uniform vom Leib gerissen gehöre*. Ein Architekt und ein Angehöriger des SS-Pioniersturmes, der selbst im Immobiliengeschäft tätig war, erhoben schwere Vorwürfe gegen das Geschäftsgebaren des Architekten und Geschäftsführers der Eigenheim BG, Leo Eckerle, und gegen Eiche. Eiche drohte dem Architekten daraufhin wegen der *Streuung von Gerüchten und Anschuldigungen*, dessen *Existenz unmöglich* zu machen. Als *Alter Kämpfer* und Träger des goldenen Parteiabzeichens werde er den Fall bei der Partei zur Sprache bringen. Gleichzeitig ersuchte er Standartenführer Gunst, über den stellvertretenden Polizeidirektor Ernst Beil/Beyl (1903–1973) gegen die gegen ihn gerichteten *Anmaßungen* vorzugehen; SS-Obersturmführer Beyl war Rechtsberater der Standarte[64]. Eiche wollte mit allen Mitteln Stellung, Rang und Ehrenzeichen in wirtschaftlichen Gewinn umsetzen.

Bei Eiches SS-Vorgesetzten stieß aber der in den Statuten der Baugenossenschaft erweckte Eindruck, es handele sich quasi um ein SS-Projekt, auf massiven Widerspruch. Gunst sprach gegenüber dem Registergericht beim Amtsgericht Freiburg von *Missbrauch des Namens der SS zu wirtschaftlichen Zwecken* und der *betrügerischen Werbung* der Mitglieder. Die SS war grundsätzlich nicht bereit, ihren Namen und die Kontrolle über wirtschaftliche Projekte aus der Hand zu geben. Zudem galt Eiche zwar als politisch zuverlässig, aber ansonsten als leichtsinnig, nachlässig und kaufmännisch ungeeignet für eine Unternehmensleitung. Er war überdies persönlich verschuldet, die SS hatte ihm deshalb schon mit einer Zuwendung aus der Fürsorgekasse des RF-SS ausgeholfen. Bereits bei der Eintragung ins Genossenschaftsregister kam es zu Unregelmäßigkeiten, die das Registergericht zunächst nur aufgrund der *Führerstellungen* der Mehrzahl der Gründer in der Standarte toleriert hatte. In der Folge ging die SS scharf gegen die Eigenheim BG und ihren eigenen Fürsorgereferenten vor und spannte dafür sogar die Polizei ein. Es wurde so viel Druck ausgeübt, dass Eiche aus dem Vorstand austrat (und dafür seinen Vater installierte), die Statuten in einer erzwungenen Generalversammlung bereinigt und alle beigetretenen SS-Angehörigen und FM-SS darüber informiert wurden. Ihnen musste das Recht auf Austritt unter Erstattung aller Auslagen eingeräumt werden.

Doch in einer für die SS geradezu typischen Art versuchte sie nicht nur öffentliches Aufsehen zu vermeiden, sondern auch paternalistisch ihr »schwarzes Schaf« zu schützen. So schrieb Gunst an das Registergericht: *Trotz dieser Sachlage steht die 65. SS-Standarte nicht an, im ureigensten Interesse des SS-Obersturmführers Eiche selbst, der Inhaber des goldenen Ehrenzeichens der Partei ist und gerade deshalb vor irgendwelchen belastenden Schwierigkeiten in der Öffentlichkeit bewahrt werden sollte, ihre von vornherein gehabten Bedenken zum Ausdruck zu bringen.* Nach kritischen Äußerungen über Charakter und Fähigkeiten Eiches fügte Gunst hinzu, dieser sei mit dem eigentlichen kaufmännischen Geschäftsführer Eckerle *einem Manne in die Finger gefallen, der nach den bisherigen Feststellungen der Standarte mit großer Vorsicht zu genießen sein dürfte.* Obwohl das Unternehmen bislang laut Polizei nicht zu beanstanden sei, befürchte er, *daß eines Tages eine dumme Geschichte das Ende dieser Angelegenheit sein könnte, sicherlich nicht zum Vorteil*

---

[64] BAB SSO E. Beyl.

für den nationalsozialistischen Staat und die Bewegung[65]. Bemerkenswert ist nun einerseits, dass der Autor dieses Schreibens selbst Gegenstand zahlreicher SS-interner Ermittlungen gewesen ist (siehe unten). Andererseits existierte die Eigenheim BG trotz dieses schwierigen Starts noch Jahrzehnte weiter, bis sie 1972 in den Konkurs ging und 1980 aus dem Genossenschaftsregister gelöscht wurde[66].

Exemplarische Biografien Freiburger SS-Angehöriger: Paul Ziegler

Bisher wurden bereits eine ganze Reihe SS-Angehöriger, die vor 1933 beigetreten waren, sowie SS-Ärzte, von denen die meisten erst ab 1933 eintraten, angeführt. Sie stehen für zwei ganz unterschiedliche soziale Gruppen, die sich in der SS wiederfanden und in je zwei Biografien beispielhaft noch einmal genauer vorgestellt werden sollen.

Der Gründer der Freiburger SS Paul Ziegler (1892–1974)[67] wurde in Freiburg geboren, nahm am Ersten Weltkrieg teil und gehörte ab 1920 dem »Deutsch-völkischen Schutz- und Trutzbund« an. 1923 trat er der NSDAP bei und war nach Aufhebung des Parteiverbotes 1925 Mitgründer der neuen Ortsgruppe Freiburg. Bis 1930 war er deren Kassierer und Vorstandsmitglied. Daneben gehörte er der SA von 1925 bis zum Übertritt zur SS 1929 an. Daran zeigt sich beispielhaft, dass sich die SS als Truppe für besondere Aufgaben direkt aus den ersten NS-Parteiaktivisten heraus entwickelte. Typisch für die Gruppe der frühen SS-Angehörigen war wie bei Ziegler, dass sie oft zuvor schon rechtsradikalen Organisationen angehört hatten und von der SA zur SS übertraten. Sie unterschieden sich in ihrer sozialen Herkunft in der Regel nicht von der SA. Es ist erstaunlich, wie viele solcher rechtsextremen Organisationen sich für Freiburg anhand von Lebensläufen nachweisen lassen, die für die SS verfasst wurden; auch diese Szenerie ist lokalgeschichtlich weitgehend noch nicht erforscht. Zu Zieglers SS-Mitstreitern gehörten unter anderem ein Kaufmann, ein Versicherungsinspektor, ein Landwirt, ein Erdarbeiter und ein Schlosser. Die meisten von ihnen hatten Erfahrungen mit Arbeitslosigkeit. Diese SS-Männer übernahmen Redner- und Versammlungsschutz, Partei-Werbung, Spitzeldienste und beteiligten sich gelegentlich auch an politischen Schlägereien. Erzbischof Gröbers Diktum, die SS habe 1933/34 in Freiburg als anständigste Parteiorganisation und gegensätzlich zur kämpferischen SA gegolten[68], kann deshalb als Legendenbildung angesehen werden.

Der Kaufmann Ziegler war von 1923 bis 1931 als Verwaltungsgehilfe im badischen Staatsdienst bei der Universitätskasse angestellt. Das Diensttelefon nutzte er auf Staatskosten für die staatsfeindlichen Aktivitäten der Partei und SS in einem Ausmaß, dass ihm schließlich gekündigt wurde. Nach der NS-Machtübernahme kam die Siegesdividende: So wurde er zu seiner Genugtuung umgehend wieder auf seinen Posten gesetzt. Im Juli 1934 wurde er *in Anerkennung seiner besonders hervorragenden Verdienste im Kampf um das Dritte Reich unter Nachsichterteilung von dem Erfordernis der Ablegung der vorge-*

---

[65] BAB SSO E. Eiche, SS-Standartenführer Gunst an Registergericht Freiburg, 3.12.1937.
[66] Auskunft Registergericht Freiburg an den Autor aus Genossenschaftsregister 63 vom 18.3.2014.
[67] Zu Ziegler vgl. GLA 465a/594 Nr. 13722; StAF A40/1 Nr. 301; UAF B1 Nr. 1059.
[68] Siehe z. B. seine Begründungen für seine Fördermitgliedschaft in EAF Nb8/125.

schriebenen Prüfung für den einfachen mittleren Dienst und einer vorausgehenden Dienstleistung außerplanmäßig verbeamtet und erhielt mit der gleichen Begründung zwischen 1933 und 1936 Beihilfen von insgesamt stattlichen 2.200 Reichsmark. Auch wurde er mehrfach für Zwecke der SS freigestellt. Vom Führer eines Sturms wechselte er 1934 auf den Posten des Verwaltungsführers der Standarte und wurde zum SS-Sturmbannführer befördert. Trotz dieses Ranges, der Stellung und Auszeichnungen wie dem goldenen Reichs- und Gauehrenzeichen der NSDAP endete seine SS-Karriere 1935 abrupt: Er wurde wegen persönlicher Verfehlungen aus der SS (nicht aber aus der NSDAP) ausgeschlossen, verließ schlagartig Freiburg und wurde bei der Verwaltungsdirektion des Akademischen Krankenhauses Heidelberg untergebracht. Für die genauen Hintergründe fehlen die Quellen; es scheint, dass der Vorgang in SS-typischer Manier verschleiert wurde, um das Ansehen der SS zu wahren. Es gibt lediglich den Hinweis, dass es sich um Verfehlungen gegenüber einer Frau handelte[69].

Wie die Gebrüder Mutz und Hoven hatte auch Paul Ziegler einen Bruder, der eine wichtige Rolle in der lokalen SS einnahm: Der Berufssoldat Eugen Ziegler (1898–1988)[70] folgte seinem Bruder nach dem Ausscheiden aus der Reichswehr 1929 in vielerlei Hinsicht. Er ergatterte 1933 einen Job bei der Stadt und brachte es zum SS-Hauptsturmführer, Führer des Freiburger Sturmes 4/65 und Ausbildungsreferent der Standarte. Als Aufseher beim Schlacht- und Viehhof Freiburg verfasste er Berichte für den SD und beteiligte sich auf Befehl von Gunst aktiv an den Pogromen und Verhaftungen von Juden am 10. November 1938 in Freiburg und am Kaiserstuhl, wofür er 1949 von Schwurgericht Freiburg verurteilt wurde. Zu Zeiten der Bundesrepublik engagierte er sich als Sekretär der Ortsgruppe der revisionistischen »Hilfsgemeinschaft auf Gegenseitigkeit der Angehörigen der ehemaligen W-SS« (HIAG)[71].

Karrieren wie die von Hans Helwig und Paul Ziegler, bei denen die SS selbst ihre verdienten »Alten Kämpfer« nach 1933 für nicht mehr einsetzbar oder tragbar hielt, waren durchaus keine seltenen Einzelfälle. Im Gebiet der Freiburger Standarte lassen sich eine Reihe von SS-Ausschlüssen oder gar Ausstoßungen nachweisen, die aufgrund von Prügeleien, sexuellen Übergriffen, Inzest oder Veruntreuungen erfolgten und das Ansehen der SS erhalten sollten. Diese Säuberungen erfolgten aber oft erst, nachdem sich die SS 1934 konsolidiert hatte. Ein Beispiel dafür ist der Sturmbannführer der 65. Standarte Martin Bollin (geb. 1894), der Anfang 1931 in NSDAP und SS eintrat. Zu diesem Zeitpunkt war er schon amtlich als notorisch gewalttätiger Alkoholiker bekannt. Die angeblich besonders scharfe Auslese der Mitglieder im Sinne der SS-Vorstellungen lässt sich hier vollständig verneinen. Seine Anstellung als Polizeiwachtmeister in Rastatt hatte er 1928 verloren, nachdem er seine Ehefrau mit einem Rasiermesser bedroht hatte und diese von der Polizei geschützt werden musste. 1929 bis 30 wurde er für ein halbes Jahr wegen *Alkohol-Hallu-*

---

[69] Regierungsamtmann Neßler berichtete dem Vorsitzenden des Reinigungsausschusses der Universität Freiburg, Prof. Ritter, von einem Schreiben Zieglers an Regierungsrat Grüninger. Aus dem sei zu schließen, dass eine Frau in die Angelegenheit *verwickelt* sei und in dem gebe Ziegler zu, *einen Fehler* gemacht zu haben, und meine, *menschliche Unzulänglichkeit wird nie auszumerzen sein*. UAF B1 Nr. 1114, Neßler an Ritter betreff Regierungsobersekretär Paul Ziegler, Freiburg, 24.2.1948.
[70] StAF D 180/2 Nr. 206.035; StAF F 176/1 Nr. 969; BAB SSO E. Ziegler; AOFAA 1BAD 147.
[71] Die HIAG kann hier aus Platzgründen nicht näher untersucht werden.

zinose in die Heil- und Pflegeanstalt bei Konstanz eingewiesen. Als erwerbsloser Führer des SS- Sturms 4/III/32 (Villingen, Donaueschingen, Konstanz usw.) wurde er 1933 als SS-Hilfsgrenzangestellter angestellt. Er produzierte aber fortgesetzt ›Skandale‹ und drohte seine Frau zu erwürgen, sodass er nach wiederholten Möglichkeiten zur Bewährung doch noch wegen Schädigung des Ansehens der Beamten- und Angestelltenschaft des Zolldienstes entlassen wurde und seine Frau die Scheidung einreichte. Auch die SS schloss ihn aus und mit selbem Datum ordnete das Erbgesundheitsgericht beim Amtsgericht Konstanz 1935 seine Unfruchtbarmachung wegen schweren Alkoholismus an (nach Aktenlage stimmte Bollin dem zu und legte keinen Widerspruch ein)[72]. Für die SS war dies einer jener peinlichen Fälle, die nicht zu verheimlichen waren und von ihr unbedingt vermieden werden wollten. Kaum kontrollierbare Schläger konnte man allenfalls bis 1933 gebrauchen.

Erhellend dafür, wie die SS trotz angeblich eherner Gesetze Probleme und mögliche Skandale taktisch bearbeitete, ist auch der jeweils unterschiedliche Umgang mit vier südbadischen SS-Führern und Unterführern, denen die sehr weit zurückliegende Abstammung von dem Juden Abraham Reinau (geb. ca. 1663 in Schlettstadt, getauft 1685 in Lörrach) nachgewiesen wurde. Je nach Bedeutung und Umständen wurden sie dauerhaft ausgeschlossen und ggf. von Ämtern entbunden (Kreisbauernführer Schlumberger von Müllheim), ausgeschlossen und wieder aufgenommen (Dr. med. dent. Walter Küchlin aus Freiburg, Führer in A-SS und W-SS) bzw. die Entscheidung auf *nach dem Krieg* vertagt, wie im Falle des badischen Landesbauern- und SS-Standartenführers Fritz Engler-Füßlin, dessen Ehefrau ebenfalls von Reinau abstammte[73].

Der Führer der 65. Standarte Walter Gunst

Auch die SS-Karriere des Standartenführers Walter Gunst war aus Sicht der SS mit vielen Problemen behaftet, nahm aber einen anderen Verlauf[74] *(Abb. 6)*. Im Unterschied zu Ziegler und Bollin funktionierte er doch zu gut und war besser vernetzt, als dass man ihn einfach abservieren konnte. Gunst wurde 1900, im gleichen Jahr wie Himmler, als uneheliches Kind in Erfurt geboren. Im letzten Kriegsjahr nahm der gelernte Dekorationsmaler als Freiwilliger am Ersten Weltkrieg teil. Danach kämpfte er in Freikorps im Baltikum gegen die Sowjetunion, in der Reichswehr gegen die Republik (Kapp-Putsch) und als Polizist gegen linke Aufstände in Mitteldeutschland. Nachdem er aus der Polizei geflogen und als Privatdetektiv gescheitert war, verschrieb er sich vollständig der NSDAP: 1925 gründete er in Mühlhausen (Thüringen) die Ortsgruppe der Partei und den SA-Trupp, 1927 wurde er Reichsredner und 1929 bis 1932 Provinzial-Landtags-Abgeordneter in Sachsen. Bis 1933 saß er wegen politischer Vergehen ein dreiviertel Jahr in Haft und hatte 1.500 Reden für die Partei gehalten. 1931 trat Gunst in die SS ein und stieg schnell zum Standartenführer auf. Ende 1932 erhielt er das Kommando über einen SS-Sturmbann, 1934 respektive 1935 über Standarten in Ostpreußen und Leipzig. Die Stellungen des

---

[72] StAF B 898/1 81 und D 180/2 Nr. 226.289 Martin Bollin.
[73] BAB NS 19/1428; BAB NS 19/453; BAB SSO W. Küchlin.
[74] Siehe zum Folgenden BAL B 162/246; BAB SSO W. Gunst; BAB NS 19/1238.

> ## FM der SS
>
> Am Mittwoch, den 16. Dezember 1936, findet im Museum-Saal, Freiburg i. Br., Adolf-Hitler-Straße, ein
>
> ## FM-Abend statt
>
> SS-Standartenführer Gunst, Führer der 65. SS-Standarte, spricht zu den Fördernden Mitgliedern über
>
> ## Die Aufgaben und die Bedeutung der Schutzstaffel im Dritten Reich
>
> Alle Fördernden Mitglieder, die bei dem Vortrag am 21. November 1936 nicht anwesend waren, werden gebeten, zu diesem Abend zu erscheinen. Angehörige und Bekannte der Fördernden Mitglieder können an diesem Abend teilnehmen. Besondere Einladung ergeht nicht!
>
> Beginn 20.30 Uhr   Saalöffnung 20 Uhr   Eintritt frei

Abb. 5   Zeitungsannonce für einen FM-SS-Abend mit Walter Gunst in der katholischen Freiburger Tagespost, 15.12.1936

dreifachen Familienvaters waren geprägt von Vorwürfen wegen Sex-Affären, Veruntreuung von Geldern und Alkoholexzessen. Gunst galt als fürsorglich für seine Truppe, aber als extrem geltungsbedürftig. Sein Lebensstil entsprach weder dem Gehalt noch den Vorstellungen der SS. Seine Vorgesetzten beantragten wiederholt seine Versetzung, jahrelang wurde SS-intern gegen ihn ermittelt. 1941 wurde sein Ausschluss wegen *dauerhaft das Ansehen der SS schädigenden Verhaltens* beantragt. Doch dazu kam es nie. Seine Verdienste als »Alter Kämpfer«, seine rednerische Begabung sowie sein Organisationstalent wurden als wichtiger eingestuft.

Im Oktober 1936 wurde Gunst Führer der 65. SS-Standarte. Zuvor ließ ihm der RF-SS ausrichten, dass dies seine letzte Chance zur Bewährung sei. In Freiburg betätigte sich Gunst stärker als alle seine Vorgänger und Nachfolger als politischer Redner in der Öffentlichkeit (was ihm intern als Vernachlässigung der SS-Angelegenheiten vorgeworfen wurde). Zu seinen ersten Handlungen gehörte es Geld aufzutreiben, indem er Abende für FM-SS veranstaltete *(Abb. 5)*. Neben der *inneren Auslese* der SS gelte der Kampf *dem internationalen Judentum, dem Marxismus und Bolschewismus, der Weltfreimaurerei,*

Abb. 6/7 Aus einer Sonderbeilage zum Pfingsttreffen der 65. SS-Standarte im Juni 1938 in Freiburg. Freiburger Zeitung, 5.6.1938.

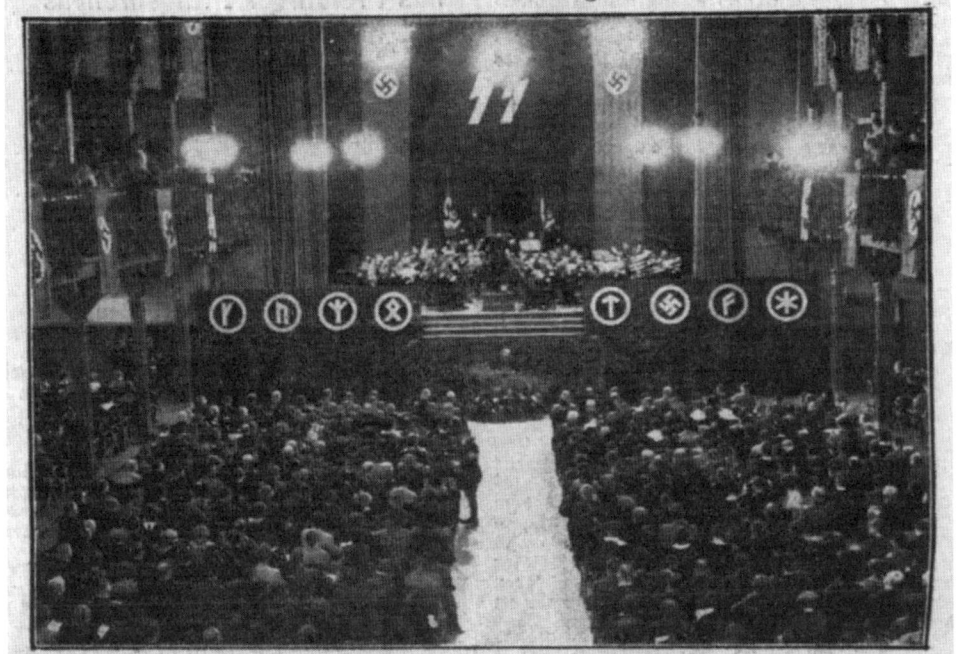

dem Ultramontanismus und Jesuitismus. Dieser Kampf werde *rücksichtslos und mit aller Härte* durchgeführt, legte er den Förderern dar[75]. Bei dem als brutal bekannten Mann waren das keine Floskeln. Hatte er 1933 einen Überfall auf eine zentrumsnahe Druckerei in Fulda inszeniert, so drängte er nun seine SS-Untergebenen massiv zum Kirchenaustritt und versuchte mithilfe des SD, Erzbischof Gröber anzugreifen.

1938 wurde Gunst vom Führer des SS-Oberabschnitt Südwest, Gruppenführer Kurt Kaul, mit Vorwürfen, Ermahnungen und Verboten belegt, die wieder seinen Lebenswandel und Veruntreuungen betrafen; Himmler übte aber weiterhin zum Unverständnis Kauls Nachsicht. Im November bewies Gunst seine ›SS-Treue‹ durch seine führende Rolle bei der Zerstörung der Synagogen in Freiburg und am Kaiserstuhl. Ein Jahr später wurde er von der SS als Distrikt-Führer des »Volksdeutschen Selbstschutzes« im besetzen Polen in Lublin und Warschau eingesetzt. Führer des Selbstschutzes im Generalgouvernement war Gustav Stolle, der unmittelbar vor Gunst die Freiburger SS-Standarte geführt hatte. Der Selbstschutz beging zahlreiche Verbrechen; wofür Gunst im Einzelnen verantwortlich war, ist aber nicht ausreichend geklärt. Ihm unterstanden kurzzeitig das Zwangsarbeiterlager für Juden Lublin-Lipowastrasse und das Lager für deportierte Juden in Nisko. In acht Monaten raffte er auf polnische Kosten ein privates Warenlager zusammen und hatte eine vom Regime streng verbotene Beziehung zu seiner polnischen Haushälterin (nachdem er in Freiburg bereits ein uneheliches Kind gezeugt hatte, möglicherweise mit der Ehefrau eines Untergebenen). Zudem schädigte er die SS finanziell und befand sich im Clinch mit Vorgesetzten, bis er schließlich als Selbstschutzführer entlassen wurde. Sowohl im Gouvernement als auch im SS-Oberabschnitt Südwest erhielt er Einreiseverbot. Als beurlaubter Führer der 65. Standarte lebte er wieder in Leipzig. Erst 1943 zur Waffen-SS eingezogen, wurde Gunst bereits im Oktober an der Ostfront vermisst. Der Einfluss der nur etwas über drei Jahre dauernden Tätigkeit von Gunst auf Freiburg ist erheblich gewesen und vermittelte offen sichtbar ein anderes Bild von der SS als deren eigene Propaganda. Auch wenn Gunst eher dem verbreiteten Bild eines SA-Schlägers entspricht, war eine solche Biografie keineswegs ungewöhnlich unter den »älteren« SS-Führern.

Die Führung der Standarte übernahm in Gunsts Abwesenheit der Finanz-Obersekretär bei der Städtischen Sparkasse Karl Wieber (geb. 1907). Der SS-Hauptsturmführer hatte allerlei rechtsradikalen Organisationen angehört, bevor er Anfang 1931 zu Zieglers SS-Trupp stieß, und reklamierte für sich, bei *Saalschlachten* während der *Kampfzeit* Verletzungen erhalten zu haben. Er war aber nicht vom ›Kaliber‹ eines Walter Gunst und trat nach bisherigem Stand weit weniger öffentlich in Erscheinung als der *Reichsredner* Gunst, zumal sich der Dienst während des Krieges ohnehin veränderte[76].

Prof. Dr. Leopold Küpferle – Ein angesehener Arzt engagiert sich in der SS

Die soziologische Frage, wer eigentlich die Mitglieder der SS waren und was sie ausmachte, ist schon alt. Sie ist immer wieder anders beantwortet worden, wobei die Debatte noch

---

[75] Freiburger Zeitung, 23.11.1936.
[76] BAB SSO Karl Wieber; StAF D180/3 Nr. 1120 Karl Wieber.

nicht ganz abgeschlossen ist. Sinnvolle Antworten ergeben sich angesichts des komplexen, weitverzweigten SS-Imperiums nur, wenn sie für Teilbereiche getroffen werden. Bis Mitte 1933 gehörten (auch) der Freiburger SS vorwiegend Männer niedrigen bis mittleren Bildungsgrades, Arbeiter, Angestellte und Kaufleute an, darunter einige Arbeitslose. Danach wuchs aber nicht nur die Mitgliederzahl stark an, sondern die Mitglieder kamen auch aus neuen Schichten, darunter Beamte (denen die NSDAP-Angehörigkeit in Baden zuvor verboten war) und Akademiker. Letztere stellten nun unter anderem die weltanschaulichen Schulungsleiter der Standarte. Eine beispielhafte Gruppe für die soziale Öffnung der Freiburger SS waren auch die Mediziner, die für den Ausbau der Sanitätseinheiten gebraucht wurden. Von allen oben bereits erwähnten Ärzten hatte sich nur Karl Denz vor 1933 aktiv in der NS-Bewegung engagiert. Studierende der Medizin erklärten ihre Motivation zum Eintritt 1933 später unter anderem damit, dass sie einen erheblichen Druck zum Eintritt in eine NS-Formation verspürt hätten, um beruflich voranzukommen, und sich gleichzeitig am ehesten vom elitären Bild der SS angezogen gefühlt hätten.

Verglichen mit Leuten wie Gunst oder Ziegler war Leopold Küpferle (1877–1944) auf der sozialen Skala quasi am anderen Ende positioniert[77]. Er stammte aus einer katholischen Freiburger Familie, hatte Medizin in Freiburg und Heidelberg studiert und sich 1912 in Freiburg mit einem röntgendiagnostischen Thema habilitiert. 1918 wurde er zum außerordentlichen Professor ernannt und arbeitete als Oberarzt an der Medizinischen Klinik Freiburg. 1926 stieg er zum Leitenden Arzt der Inneren und Röntgenabteilung des St. Josefs Krankenhauses auf. Er hielt Vorlesungen an der Universität Freiburg, referierte auf internationalen Kongressen und wurde 1930 für seine bahnbrechenden wissenschaftlichen Leistungen zum Ehrenmitglied der »American Roentgen Ray Society« ernannt. Bis 1931 war Küpferle Mitglied der Deutschen Demokratischen Partei, die dem Nationalsozialismus fernstand. 1933 trat er jedoch gleich der NSDAP und SS bei. Von seiner gehobenen Bildung und Stellung, seiner früheren politischen Orientierung sowie vom Alter her passte der 56-Jährige kaum in das bis zu diesem Zeitpunkt vorherrschende soziale Profil und war – anders als es junge Mediziner und Juristen für sich oftmals reklamierten – auch keinem Karrieredruck ausgesetzt.

Auffällig ist zudem, in welchem Ausmaß sich Küpferle nun unter anderem als Angehöriger des Stabes der 65. SS-Standarte engagierte. Neben Krebsbach (siehe unten) war es hauptsächlich Küpferle, der – im katholischen Josefskrankenhaus! – regelmäßig für das SS-Rasse- und Siedlungshauptamt SS-Angehörige (vom einfachen SS-Mann über den Studentenführer bis zum hauptamtlichen SD-Mitarbeiter) sowie ihre Ehefrauen in spe gesundheitlich untersuchte. Dabei bestimmte er auch die sogenannten *Rasseanteile* sowie die *Erbgesundheit* und befand, ob die Fortpflanzung *im völkischen Sinne erwünscht* sei. Dies diente als eine Grundlage dafür, ob eine Heiratsgenehmigung erteilt wurde – eine Kernfrage der SS als »Ordensgemeinschaft«. Außerdem leitete er eine SS-Studienge-

---

[77] Siehe zum Folgenden: BAB SSO L. Küpferle; StAL Pl 506 Bü 97; Freiburger Zeitung, 5.5.1939; UAF B 24/1961 L. Küpferle (Personalakte); St.-Josefskrankenhaus, 100 Jahre St. Josefskrankenhaus Freiburg im Breisgau, Freiburg i. Br. 1986, S. 1–72, hier S. 49; H. WEGMANN, Leopold Küpferle – ein habilitierter Arzt wird Mitglied der SS, in: Nationalsozialismus in Freiburg (wie Anm. 25), S. 108–109; E. GLATT, Radiologie in Freiburg 1895–1980. Geschichtliche Entwicklung an der Albert-Ludwigs-Universität Freiburg, Univ., Diss., Freiburg 1982.

meinschaft beim SS-Oberabschnitt Südwest, die sich an Studierende der Medizin richtete. 1939 wurde er zum SS-Obersturmführer ernannt und nahm damit einen höheren Rang als viele andere Ärzte in der Freiburger SS ein. Wenige Tage danach beantragte er erfolgreich, vom nichtbeamteten außerordentlichen zum außerplanmäßigen Professor an der Universität befördert zu werden.

Neben der SS engagierte er sich für das Rassenpolitische Amt (RPA) und die Volksbildungsstätte der Deutschen Arbeitsfront (DAF). Dort bestand eine »Arbeitsgemeinschaft Erblehre und Rassenkunde« unter Dr. Heinrich Schütz (Kreisamtsleiter des RPA und Leiter des Naturkundemuseums). In einer Schulung lobte Küpferle die zur *Verhütung erbkranken Nachwuchses* und zur *Reinhaltung der Rasse* ergriffenen Maßnahmen. Dazu zählte er auch die Judenverfolgung: Die *jüdische Rasse*, behauptete er, weise eine Zusammensetzung auf, die dem deutschen Volkstum völlig fremd sei. *Glücklicherweise verhinderten die im Jahre 1935 erlassenen Rassengesetze das Judentum, im deutschen Volke weiter zersetzend zu wirken, eine Gesetzestat, für die wir unserem Führer nur danken können*, wurde er in der Presse zitiert[78]. Trotz seiner leitenden Position im katholischen Krankenhaus des Ordens der »Barmherzigen Schwestern vom Heiligen Vinzenz von Paul« ließ sich Küpferle 1934 scheiden und heiratete kurz darauf eine deutlich jüngere Protestantin. Später trat er aus der katholischen Kirche aus, wurde *gottgläubig* und trat dem SS-Verein »Lebensborn« bei. Entlassen wurde er daraufhin nicht. 1938 erschien dem NSDAP-Kreispersonalamt seine Umstellung vom Anhänger der Demokratie zum Nationalsozialismus von innerer Überzeugung getragen zu sein: Er sei ein überzeugter Nationalsozialist, der regelmäßig Schulungen und Versammlungen besuche, NS-Presse beziehe, frei von Standesdünkel und gebefreudig sei[79]. Am 27. November 1944 kam Küpferle – der zudem Luftschutzreferent der SS-Standarte war – beim Bombenangriff auf Freiburg um. In der Literatur zur Geschichte der Freiburger Radiologie, zur Universität im Nationalsozialismus und des Josefskrankenhauses sind keinerlei Hinweise darauf zu finden, dass und wie sehr Küpferle NS-belastet war.

Dr. med. Eduard Krebsbach – Der KZ-Massenmörder »Dr. Spritzbach«

Im Gegensatz zu Küpferle steht Eduard Krebsbach (1894–1947) für die SS-Ärzte, die persönlich an extremen NS-Gewaltverbrechen beteiligt waren. Er wurde in Bonn geboren, wo er ein humanistisches Gymnasium besuchte[80]. 1912 begann er ein Medizinstudium in Freiburg, das vom Ersten Weltkrieg unterbrochen wurde. 1919 erhielt er seine Approbation und promovierte, 1920 heiratete er eine Freiburgerin. Die folgenden Jahre

---

[78] Freiburger Zeitung, 5.5.1939.
[79] AOFAA 1BAD 721 L. Küpferle, *Streng vertraulicher Fragebogen zur politischen Beurteilung Küpferles vom NSDAP-Kreispersonalamt für die Begutachtungsstelle des Gaupersonalamtes auf Anfrage des Rassenpolitischen Amtes, Freiburg, 10.1.1938*.
[80] Siehe z. Folgenden BAB SSO E. Krebsbach; BAB RS E. Krebsbach; StAS Ho 235 T 37–42/121, /770 und /880; H. WEGMANN, Eduard Krebsbach – Der KZ-Massenmörder »Dr. Spritzbach«, in: Nationalsozialismus in Freiburg (wie Anm. 25), S. 110–111; G. HOLZINGER, Eduard Krebsbach, in: DERS., (Hg.), Die zweite Reihe, Täterbiografien aus dem Konzentrationslager Mauthausen, Wien 2016, S. 109–114.

führten ihn an verschiedene Orte, zuletzt nach Sigmaringen, wo er als Kreisarzt tätig war. Obwohl er nach eigenen Angaben 1919 Mitgründer des »Deutschvölkischen Schutz- und Trutzbundes« gewesen war und sich im Juni 1933 zur NSDAP und SS meldete, wurde er im Oktober 1933 wegen angeblicher Gegnerschaft zum Nationalsozialismus entlassen. Im November eröffnete er darauf in der Freiburger Scheffelstraße eine Praxis als praktischer Arzt und wurde Polizeivertragsarzt.

Krebsbachs Parteibeitritt wurde aufgehoben und er stand fortan unter dem Verdacht, politisch unsicher zu sein. Umso mehr engagierte er sich in der SS. Als Führer der Sanitätsoberstaffel der 65. SS-Standarte gehörte zu seinen Tätigkeiten die Organisation des ganzen Sanitätswesens der Standarte wie auch die Untersuchungen von Heiratswilligen im Auftrage des SS-Rasse- und Siedlungshauptamtes. Sein Rang als Unterführer entsprach jedoch keineswegs dieser Stellung. Nach vier Jahren erreichte die SS, dass er doch noch von der NSDAP aufgenommen wurde. Und erst ein weiteres Jahr später – zum 9. November 1938 – beförderte die SS ihn in einen Führerrang. In genau dieser Nacht gehörte er zu den Brandstiftern der Freiburger Synagoge. Er bewies dadurch, dass er zum engen Kreis um den Standartenführer Gunst gehörte. 1940, in der Zeit, als ihn der Freiburger Polizeidirektor Sacksofsky auch als Polizeiarzt im besetzten Mülhausen (Elsass) beschäftigte, brüstete er sich gegenüber einem Polizeioffizier mit dieser Tat[81].

Im Oktober 1939 kam Krebsbach als Truppenarzt zur SS-Division »Totenkopf«, mit der er 1940 am Frankreich-Feldzug teilnahm. Nach einer Unterbrechung als Polizeiarzt in Mülhausen und Betriebsarzt in Kassel wurde er im Sommer 1941 wieder zur W-SS einberufen und Standortarzt des Konzentrationslagers Mauthausen. In dieser Funktion war er an zahllosen Verbrechen beteiligt. Der Mauthausener Arztschreiber Ernst Martin bezeichnete ihn als einen *Sadist übelster Sorte*. Auf seine Initiative wurde eine als Baderaum getarnte Gaskammer gebaut, in der Häftlinge – auch in seiner Anwesenheit – mit Zyklon B (Blausäuregas) vergast wurden. Daneben bestellte er einen mobilen Gaswagen beim Reichssicherheitshauptamt, dessen Verwendung er persönlich beaufsichtigte. In Mauthausen erhielt er den Beinamen *Dr. Spritzbach*, da er viele Häftlinge durch Benzin-Injektionen ins Herz umbrachte. Unter seinen Opfern waren Angehörige verschiedenster Nationalitäten, darunter sowjetische Kriegsgefangene, Tschechen, Polen und Spanier. Vier Jahre nach dem Synagogenbrand erreichte er seinen höchsten Rang, als er zum Sturmbannführer der Allgemeinen und der Waffen-SS befördert wurde.

Im Mai 1943 erschoss Krebsbach nach einem nächtlichen Handgemenge einen ruhestörenden Wehrmachtsurlauber. Zwar wurde das Verfahren gegen ihn vom SS- und Polizeigericht eingestellt, aber er schien nicht mehr tragbar in seiner Stellung und wurde als Standortarzt zum KZ Kaiserwald bei Riga in Lettland versetzt. Im Baltikum nahm er auch noch andere Stellungen ein, so als Seucheninspektor. Wieder war er an zahllosen Verbrechen beteiligt. Allein bei der sogenannten »Krebsbachaktion« wurden circa 1.000 Menschen bei Schließung der KZ-Außenlager im Sommer 1944 ermordet. Eduard Krebsbach wurde am 13. Mai 1946 in Dachau von einem US-Militärgericht im Mauthausen-Hauptprozess zum Tode verurteilt und am 28. Mai 1947 in Landsberg hingerichtet. In Vernehmungen hatte er sich zuvor uneinsichtig gezeigt. Die Tötung von *Kranken und*

---

[81] StAF 176/1 Nr. 962, Vernehmung des ehemaligen Polizeikommissärs W. Farrenkopf durch Staatsanwalt Röderer, Freiburg 14.9.1946.

Asozialen, wie er sie nannte, sei *das Recht eines jeden Staates. Ich hatte meinen Auftrag nach bestem Wissen und Gewissen erfüllt, weil ich ihn erfüllen musste.*

Schluss

Freiburg und Südbaden galten der NSDAP und besonders der SS als *schwieriges Pflaster*. In Anspielung auf den starken Katholizismus sprach man von der *schwarzen Waldhauptstadt*. Das darf nicht darüber hinwegtäuschen, dass sich dennoch Hunderte Freiburger in die SS einreihten, paramilitärisch und weltanschaulich schulen ließen und sich und ihre zukünftigen Ehefrauen einem aufwändigen Heiratsgenehmigungsverfahren unterwarfen, auf das hier nicht näher eingegangen werden konnte. Nach außen demonstrierten sie ein permanentes Drohpotential des Regimes und viele dieser durch die SS erzogenen und fanatisierten Männer fanden sich später in Wehrmacht und W-SS wieder. In der inneren Haltung der einzelnen SS-Angehörigen gab es dabei durchaus erstaunliche Unterschiede: Vom SS-Mann, der den Dienst so lange vernachlässigte oder keine Beiträge zahlte, bis er ausgeschlossen wurde, über den Gestapo-Beamten Eugen Selber (1895–1982), der zwar seinen Dienst tat, aber teilweise Verfolgte nachweislich aktiv schützte[82], bis zum Überzeugungstäter Walter Gunst, der die Synagoge zerstörte. Ein großer Teil der SS-Angehörigen wurde in den Entnazifizierungsverfahren nach 1945 erst als »Minderbelastete« (mit recht unterschiedlich harten oder weichen Strafen bzw. Auflagen) eingestuft und spätestens Anfang der 1950er Jahre zum »Mitläufer ohne weitere Auflagen« herabgestuft. Eine eingehende Bewertung dieser Verfahren und ihrer vielfachen Schwächen, aber auch objektiven Probleme unter den Bedingungen der direkten Nachkriegszeit kann an dieser Stelle nicht erfolgen. Im Allgemeinen kann jedoch eine deutlich zu milde Haltung der Spruchkammern und Berufungsinstanzen konstatiert werden. Ungeachtet der Frage, welche politischen Belastungen in vielen Fällen verschwiegen wurden und welche Recherchemöglichkeiten den vorbereitenden Untersuchungsausschüssen andererseits zur Verfügung standen, verfing oft ein Argument: Man habe beim Eintritt kaum etwas über die SS gewusst und habe später Sorge gehabt, wieder auszutreten (oder: dies sei gar nicht möglich gewesen). Dies unterstreicht noch einmal die Wichtigkeit, auch die ersten Jahre der SS und die Rolle der Gewalt darin genauer zu untersuchen sowie die Frage der Austritte und Ausschlüsse zu behandeln.

Auch in Bezug auf die Phase unmittelbar vor dem Krieg und auf das Handeln der SS-Angehörigen im Zweiten Weltkrieg selbst kann die lokale Forschung Geschichte »vor den Taten« erhellen. Die Geschichte von Verbrechen an oft fernen Orten rückt dadurch näher an die Lokalgeschichte. Dies sollte Eingang finden in die Gedenkkultur, wie es etwa am 29. Januar 2018 – allerdings erst nach vielen Jahren kontroverser Debatten – mit der Enthüllung des Mahnmals zum Gedenken an die ermordeten litauischen Juden in Waldkirch geschehen ist. In Litauen, 1.700 km von Waldkirch entfernt, hatte SS-Standartenführer Karl Jäger (1888–1959) zwischen 1941 und 1943 als Leiter des SS-Einsatzkommandos 3 und als Kommandeur der Sicherheitspolizei und des SD maßgeblichen

---

[82] H. HAUMANN, Eugen Selber (1895–1982). Handlungsspielräume eines Freiburger Gestapobeamten, in: Schau-ins-Land 134 (2015), S. 109–136.

Anteil an der Ermordung von über 137.000 Menschen. In Waldkirch hatte er zuvor ab 1932/33 den Elztäler Sturm 1 der 65. Standarte ausgebaut und bis Ende 1936 geführt. Die Geschichte dieses Sturms, den Jäger für den besten der Standarte hielt, liegt noch weitgehend im Dunkeln[83]. Viele Fälle und Zusammenhänge lassen sich erst durch die Rekonstruktion der lokalen Einheiten und die Werdegänge ihrer Angehörigen erschließen.

---

[83] W. WETTE, Karl Jäger. Mörder der litauischen Juden, Frankfurt a. M. 2011. Folgende Publikation ist im Erscheinen begriffen: H. WEGMANN, Die SS in Waldkirch – Aufbau, Führer, Mitglieder, SS-Dienst und Kriegsdienst, in »Hier war doch nix!« Waldkirch 1939 – davor und danach, hgg. von W. WETTE im Auftrag der Stadt Waldkirch und der Ideenwerkstatt »Waldkirch in der NS-Zeit«, Waldkirch 2019.

»Braune Spuren« – Karrieren städtischer NS-Eliten in Offenburg 1920–1960

VON WOLFGANG M. GALL

Der Fall Zind

Am Abend des 21. April 1957 trifft der Offenburger Gymnasiallehrer Ludwig Zind[1] nach ein Paar Gläsern Bier in seiner Stammkneipe auf den Kaufmann Kurt Lieser und zwei seiner Schüler. Zwischen den vier Männern entwickelt sich eine heftige politische Debatte über die Zustände im Dritten Reich. Zind gibt zu verstehen, dass er an der Politik Adolf Hitlers nichts auszusetzen finde. Kurt Lieser reagiert darauf sehr empört, denn er war als sogenannter »Halbjude« in ein KZ deportiert worden, was der Lehrer Zind nicht weiß. Der Studienrat quittiert Liesers Reaktion mit folgenden Worten: *Meiner Meinung nach sind viel zu wenig Juden vergast worden!* Nach Liesers Protest erwidert Zind, dass es schade sei, dass *er nicht den Kamin hochgegangen sei.* Im Verlaufe des Gesprächs kommt es zu weiteren ausfallenden Äußerungen[2]. Unter anderem lässt er verlauten: *Ich krieche doch vor einem Juden nicht zu Kreuze, lieber gehe ich Straßenkehren.*

Der heftige verbale Schlagabtausch wird in Offenburg bald Tagesgespräch. Über den Schuldigen ist man sich schnell einig. Es sei der »stadtfremde« Lieser, der den angesehenen Gymnasialprofessor bewusst provoziert habe, weil er ihm sein »Jüdisch sein« verschwiegen habe. Überdies sei ja allgemein bekannt, dass Zind dem Alkohol sehr zugeneigt sei. Man solle diesen verzeihlichen Ausrutscher einfach vergessen. Die Gymnasialdirektion und die Schulbehörde versuchen zunächst, die Angelegenheit gütlich zu regeln, doch Ludwig Zind lässt sich zu keiner Entschuldigung bewegen. und schließt mit den Worten: *Israel gehört ausradiert und wird ausradiert.* Am 18. Dezember 1957 verändert sich die Lage schlagartig, als die Episode unter dem Titel »Israel wird

---

[1] (1907–1973). Zum Folgenden vgl. A. LÖRCHER, Antisemitismus in der öffentlichen Debatte der späten fünfziger Jahre. Mikrohistorische Studie und Diskursanalyse des Falls Zind, Dissertation Freiburg 2007 Volltext URN:nbn:de:bsz:25-opus-57996 (23.11.2017).

[2] Ebd., hier: S. 43 sowie P. NOACK, Der Fall des Studienrates Zind, in: Frankfurter Allgemeine Zeitung vom 23.01.1958: *Dieser Mann, 51 Jahre alt, geborener Offenburger, Burschenschafter und Stahlhelmer, seit 1938 an der Schule, »völkisch«, wie er sich bezeichnet, ein Trinker in den letzten Jahren, ein jähzorniger und aggressiver Mann, leidet an einem Ehrbegriff, der dem Verstand des normalen Menschen entgleitet. ›Ich krieche vor einem Juden nicht zu Kreuz‹, hat er gesagt. ›Ich stehe dafür ein, was ich gesagt habe‹, meint er ein andermal. ›Es geht gegen meine Burschenehre, betrunken gewesen zu sein‹, ein drittes Mal.*

Abb. 1 »Ortenauer Heimatblatt« v. 20.12.1958 zum Zind-Prozess im Landgericht Offenburg

ausradiert« im SPIEGEL³ veröffentlicht wird. Aus dem Stammtischgespräch entwickelt sich jetzt ein handfester bundesdeutscher, ja internationaler Skandal, der angesichts der Häufung antisemitischer Vorfälle in Deutschland 1957 eine stärkere Beachtung findet. Mit dem Bildungsbürger Ludwig Zind erhält er nun ein Gesicht. Es folgen zwei Landtagsdebatten über den Fall Zind. Am Offenburger Landgericht findet 1958 schließlich eine Gerichtsverhandlung statt. Dort erweitert Zind vor der anwesenden bundesdeutschen und internationalen Presse seine Aussagen durch weitere Hasstiraden. Das Landgericht verurteilt ihn schließlich zu einer Freiheitsstrafe von einem Jahr wegen Beleidigung in Tateinheit mit fortgesetzter Verunglimpfung des Andenkens Verstorbener. Zind muss seine Haftstrafe nicht antreten, weil er vor dem Bundesgerichtshof in Revision geht. Dann spitzt sich der Skandal ein weiteres Mal zu, nachdem sich Zind am Tag der Revisionsverhandlung (28. November 1958) mit seiner Familie nach Ägypten und später Libyen abgesetzt hatte. *(Abb. 1)*

Ludwig Zind genießt als Vorsitzender des hiesigen Turnvereins, veritabler Jäger und beliebter Kegelbruder viele Sympathien in seiner Heimatstadt, was die Medien unter dem Eindruck der lauten Beifallsstürme für den Verurteilten entsprechend kritisch kommentieren. Der »Fall Zind« inspiriert den Regisseur Wolfgang Staudtke zu seinem Film »Rosen für den Staatsanwalt«⁴. Der FAZ-Journalist Paul Noack bringt die Situation in

---

³ P. Stähle, Lehrer. Israel wird ausradiert, in: Der Spiegel vom 18.12.1957, S. 35.
⁴ Lörcher (wie Anm. 1), S. 8.

seinem Beitrag »Die Zinds unter uns«⁵ im April 1958 auf den Punkt: *Nicht mit Unrecht ist während dieser Tage öfter das Wort von ›den Zinds‹ gefallen. Das ist das Beunruhigende: In Deutschland koexistieren zwei Arten öffentlicher Meinung. Es gibt die öffentliche Meinung von Offenburg oder irgendeiner anderen Stadt, und es gibt eben die öffentliche Meinung in der Bundesrepublik. Die von Offenburg mag die Meinung mancher deutschen kleinen Stadt sein, in der die Selbstgerechtigkeit nicht auszurotten ist. Hier dreht sich die Existenz im kleinen Kreise. Die Rücksichtnahmen, Verflechtungen, sozialen Abhängigkeiten bestimmen das Leben. Um und um wird an den Stammtischen von der eigenen Vergangenheit erzählt, auch wohl dem ›Unrecht‹, das man erfahren habe. Aber die fremde Vergangenheit bleibt draußen, das Unrecht, das im Namen unseres Landes an anderen begangen wurde, scheint oft keinen Platz in den Herzen zu finden. Die schrecklichen Jahre werden zerredet, bis jeder überzeugt ist, als Ehrenmann aus ihnen hervorgegangen zu sein. Man fühlt nicht, mit welchen Wunden sich das neue Deutschland in die Nachkriegszeit begeben hat. Und wenn man davon spricht, dass endlich mal Ruhe ins Land kommen müsse, dann meint man damit: Wir wollen in unserer Muße nicht gestört werden von dem, was wir zu vergessen wünschen. Wehe aber, wenn dann einer kommt und die Selbstgerechtigkeit stört. So standen offenbar viele Offenburger Bürger im Zuschauerraum hinter ihrem auf der Anklagebank sitzenden Konpatrioten.*

Mit seinem klugen und weitsichtigen Kommentar hielt Noack den Offenburgern einen Spiegel vor, denn er verweist darauf, dass die Nationalsozialisten ihre Herrschaft ohne die Unterstützung durch lokale freundschaftliche und berufliche Beziehungsnetzwerke nicht hätten etablieren können. Personelle Netzwerke spielten und spielen in einer Kleinstadt nicht nur während der NS-Zeit eine herausragende Rolle. In der NS-Zeit ermöglichten sie jedoch ein »dynamisches Regieren, welches gerade unter den schwierigen Kriegsbedingungen von höchster Wichtigkeit war«⁶. Der vorliegende Beitrag hat zum Ziel, ein Beziehungsnetzwerk von neun Vertretern der städtischen NS-Funktionselite vorzustellen und zu analysieren. Es handelt sich um Inhaber von Positionen, die in ihrem regionalen und lokalen Wirkungsbereich mehr oder minder eigenständig politische und gesellschaftliche Herrschaft oder Macht ausübten.

Von der Schulbank in die NSDAP: Radikalisierte Jugend in der Weimarer Republik

Um Biografien in ihrer Entstehung und ihrem Verlauf zu verstehen und erklären zu können, ist es nötig, die Lebensläufe in ihrer Gesamtheit zu betrachten⁷. Bei der Gruppe handelt es sich um sogenannte »alte Parteigenossen«, die zwischen 1924 und 1933 in die

---

[5] P. NOACK, Die Zinds sind unter uns. Schlussfolgerungen aus dem Offenburger Prozess, in: Frankfurter Allgemeine Zeitung vom 14.4.1958; zum Presseecho in den internationalen und nationalen Pressemedien ausführlich: LÖRCHER (wie Anm. 1), S. 138–176.

[6] S. REINHARD/W. SEIBEL, Radikalität und Stabilität: Herrschen und Verwalten im Nationalsozialismus in: DIES. (Hgg.), Der prekäre Staat. Herrschen und Verwalten im Nationalsozialismus, Frankfurt/New York 2011, S. 16.

[7] Der Autor hat sich deshalb für den Untersuchungsraum 1920 bis 1960 entschieden. Zur Biografieforschung zu NS-Funktionären vgl. C. MÜLLER-BOTSCH, »Den richtigen Mann an die

NSDAP eintraten und vor und nach 1933 als Funktionsträger der Partei lokalpolitisch mitwirkten. Sie lassen sich als aktiv handelnde Persönlichkeiten beschreiben, die maßgeblich gestalterisch an der Gründung der Ortsgruppe der NSDAP beteiligt waren. Diese Tatsache verstand die Gruppe als ihr politisches Werk, was die Männer nach 1945 nicht davon abhielt, sich selbst eine passive Rolle zuzuschreiben, um sich vor den Spruchkammern als verführte »Idealisten« und Opfer der NSDAP darzustellen[8]. Bei allen Untersuchten lässt sich eine enge Bindung an das Milieu der extremen völkischen Rechten der frühen zwanziger Jahre feststellen. In dieser Zeit betrachteten die jungen Männer sich als Avantgarde einer jugendlichen Freiheitsbewegung aus einer Mischung von Wandervogel und Frontsoldatentum und waren davon überzeugt, dass sie in einer demokratischen Gesellschaftsordnung ihr Ziel einer »neuen Volksgemeinschaft« nicht verwirklichen konnten. Dieses Lebensgefühl kommt in einem Gedicht zum Ausdruck, das die völkische Jugendzeitschrift »Der Wehrwolf« in einer Ausgabe von 1928 veröffentlichte: *Wir sind junge Rekruten, die in eine Schlacht ziehen, die wir nicht erst angefangen haben, sondern die schon vor uns im Gange war, und für die das Leben, das wir vor uns haben, gerade genug ist*[9].

In diesem Jugendmilieu bildete sich eine »coole Kampfgemeinschaft«, die sich aus der Suche nach intensivem Lebensgefühl, Narzissmus, Zerstörungswillen und politischem Bewusstsein herauskristallisierte[10]. Die meisten jungen Männer hatten sich in jungen Jahren mit mehreren krisenhaften Lebenssituationen auseinanderzusetzen, wie beispielsweise mit Fronterlebnissen, Kriegsverwundungen, mit dem Tod eines nahen Familienangehörigen, mit finanziellen Schwierigkeiten der Familie, einem Schul- oder Studienabbruch oder mit der eigenen Arbeitslosigkeit. Darin unterschieden sie sich aber keineswegs von anderen gleichaltrigen jungen Männern.

Die Einbindung in das rechtsradikale Milieu erfolgte in der Findungs- und Mobilisierungsphase der NS-Bewegung, die wie alle sozialen Bewegungen durch eine spezielle Dynamik gekennzeichnet war. Die Untersuchten hinterließen in ihrer Jugendzeit den Eindruck einer erlebnishungrigen, wehrsportlich aktiven Gruppe junger Männer, die das »Völkisch sein« als Abgrenzung von der Erwachsenenwelt und als »hippes« Milieu verstanden[11]. Auffallend ist, dass es sich (1) um Männer der Jahrgänge 1895 bis 1898 han-

---

richtige Stelle«. Biografien und politisches Handeln von unteren NSDAP-Funktionären, Frankfurt 2009.

[8] MÜLLER-BOTSCH (wie Anm. 7), S. 276.

[9] Zitiert aus dem Beitrag »Wir ziehn! Die Trommel schlägt! Die Fahne weht!«, in: WEHRWOLF (7), 12, 1928, S. 299; Literatur zum Thema »Wehrwolf«: D. BERG, Der Wehrwolf 1923–33. Vom Wehrverband zur nationalpolitischen Bewegung, Toppenstedt 2008.

[10] Vgl. I. GÖTZ VON OLENHUSEN, Vom Jungstahlhelm zur SA. Die junge Nachkriegsgeneration in den paramilitärischen Verbänden der Weimarer Republik, in: W. R. KRABBE(Hg.), Politische Jugend in der Weimarer Republik, Bochum 1993, S. 146–182. B. A. RUSINEK, Krieg als Sehnsucht. Militärischer Stil und »junge Generation« in der Weimarer Republik, in: J. REULECKE (Hg.), Generationalität und Lebensgeschichte im 20. Jahrhundert, München 2003, S. 127.

[11] Zum Begriff des »Völkischen« vgl. T. VORDERMAYER, Bildungsbürgertum und völkische Ideologie. Konstitution und gesellschaftliche Tiefenwirkung eines Netzwerkes völkischer Autoren (1919–1959), Berlin 2016, S. 8–14; vgl. auch: U. PUSCHNER/G. U. GROSSMANN, Völkisch und national. Zur Aktualität alter Denkmuster im 21. Jahrhundert, Darmstadt 2009; S.

delte, die im Alter von 16–18 Jahren freiwillig von der Schulbank weg an die Kriegsfront gerückt waren, dekoriert wurden und teilweise kriegsverwundet von der Front zurückgekehrt waren. Sie nahmen Anfang der 1920er Jahre die Rolle der Cliquenführer und politischen Propagandisten ein. Eine weitere Altersgruppe bestand aus (2) jungen Männern der Jahrgänge 1905 bis 1908, die ihre Schulausbildung in den unruhigen Nachkriegsjahren absolvierten und sich in völkischen Jugendcliquen zusammenfanden, die von den nur unwesentlich älteren Frontkämpfern angeführt wurden. Was die Älteren und die Jüngeren einte, war die politische Radikalisierung in den frühen 1920er Jahren, die mit der Ablehnung von Demokratie und Parlamentarismus, mit einer antisemitischen Haltung und mit einer Hinwendung zu völkischen Welterklärungen und mit einer hohen Akzeptanz von Gewalt und militanten Aktionen einherging. Für diesen Typus des »Nationalsozialisten der ersten Stunde«[12] stellte der Beitritt zur NSDAP die Institutionalisierung einer seit Jahren bestehenden rechtsextremen Orientierung dar, war es doch für diesen Typus von besonderer Relevanz, dass »jene Bestandteile ihrer Lebensgeschichte, die in der Weimarer Zeit negativ sanktioniert wurden, in den Reihen der NSDAP und im NS-System anerkannt und honoriert wurden«[13]. Am Beispiel der Gruppe zeigt sich, wie der Nationalsozialismus es verstand, »aus dem nationalistischen Ideenpool der deutschen Gesellschaft eine explosive Mischung zu kreieren, die vielen vieles versprach – und ein Maximum an rassistischer Gewalt und territorialer Expansion denkbar machte«[14]. Für den untersuchten Personenkreis bedeutete die Umsetzung nationalsozialistischer Politik die permanente Verschiebung innerer und äußerer Grenzlinien, um das Egalitätsversprechen einer rassisch homogenen Gesellschaft einlösen zu können, d.h. ein ständig erweiterter Kampf gegen politische Gegner, sogenannte »Gemeinschaftsfremde«, »Minderwertige« und Juden. Um dieses neue Strukturprinzip der deutschen Gesellschaft der rassischen Ungleichheit auf kommunaler Ebene erfolgreich und effektiv im Sinne des NS-Staats umzusetzen, beteiligten sie sich in ihrer beruflichen Praxis in der Regel widerstandslos an administrativen und operativen Verfolgungsmaßnahmen. Die Anwendung von Gewalt gehörte dazu. Nach 1945 wurden alle interniert und 1949 amnestiert. Einige verschwanden von der öffentlichen Bildfläche, manche machten wieder Karriere, wie der Parteifunktionär Dr. August Herbold (1905–1976)[15] als Präsident des Badischen Sparkassen- und Giroverbandes. Es sind heterogene Lebensläufe, die mehrere Brüche aufzeigen. Unterschiedlich sind auch die gesellschaftlichen Rollen der Protagonisten, die sie im Laufe ihres Lebens einnahmen: als völkischer Jugendlicher oder Frontoffizier, als SS- oder SA-Mann, als Wehrmachtsangehöriger, nach 1945 zunächst als internierter Hauptschuldiger, dann als amnestierter »verführter Idealist« und schließlich als öffentlich honorierter Bundesbürger.

Breuer, Die Völkischen in Deutschland. Kaiserreich und Weimarer Republik, Darmstadt 2010.
[12] Müller-Botsch (wie Anm. 7), S. 271–286.
[13] Ebd., S. 275.
[14] D. Süss, »Ein Volk, ein Reich, ein Führer«. Die Deutschen und der Nationalsozialismus, München 2017, S. 16.
[15] M. Ruck, Korpsgeist und Staatsbewußtsein: Beamte im deutschen Südwesten 1928–1972, München 1996, S. 144, S. 147–149, S. 163, S. 208, S. 228, S. 238, S. 254; GLA 233/24394.

**Der Offenburger Marktplatz
nach dem Einmarsch der Franzosen am 4. Februar 1923**

Abb. 2   Besetzung der Hauptstraße durch französische Truppen

Eine entscheidende Rolle bei der Politisierung und Radikalisierung der jungen Männer spielte die lokalpolitische Situation in Offenburg zu Beginn der 1920er Jahre. Während des Ersten Weltkriegs und in den ersten Jahren der Weimarer Republik befand sich die grenznahe Stadt in einem permanenten Ausnahmezustand: Zum einen aufgrund der militärischen Besetzung Offenburgs durch französische Truppen als Reaktion auf den Ruhrkampf zwischen 1922 und 1924, zum anderen aufgrund der Folgen der Hyperinflation[16]. Das Besatzungsregime verhielt sich rigoros und die Staatsgewalt war förmlich auf allen administrativen Ebenen außer Kraft gesetzt. Heute spricht man in diesen Fällen von einem sogenannten »failed state«, d. h. einem gescheiterten Staat. Es folgten Aktionen des passiven Widerstands, der mit der Verhaftung des Oberbürgermeisters Josef Holler[17] und seines Stellvertreters seinen Höhepunkt fand. Über alle Parteigrenzen hinweg

---

[16] Siehe F. Kuhn, Die französische Besetzung von Offenburg 1923/24, in: ZGO 125 (1977) S. 315–329.
[17] (1881–1959); J. Holler, Sechs Monate Gefängnis. Erinnerungen aus der Franzosenzeit 1923/24, Offenburg 1930. Das Buch enthält eine genaue Schilderung der Ereignisse aus der

herrschte Franzosenhass und ein wachsender Ärger auf die Reichs- und Landesregierung, von denen sich die Bevölkerung schutzlos alleingelassen fühlte. *(Abb. 2)*

Die anarchische und nationalistische Stimmung von 1923 war ein Offenburg prägendes, gemeinschaftserzeugendes Erlebnis, das die junge völkische Rechte politisch instrumentalisieren konnte. Aus den Schreiben des Offenburger Stadtrats an den Reichskommissar für das besetzte Gebiet in Karlsruhe vom 6. Februar 1923 ist zu lesen: *Anwohner des Schillerplatzes und der Schillerstraße beschweren sich über das Verhalten der Oberrealschüler. Diese würden ständig die französischen Soldaten ausspotten, eine lange Nase drehen usw. Die Anwohner befürchten eine Beschlagnahme des Schulgebäudes, zumal eine Besichtigung desselben durch den General heute Vormittag stattgefunden hat*[18].

In der Jubiläumsbroschüre der Offenburger NSDAP wird von Verhaftungen wegen Geheimbündelei der Schüler Karl Nenninger[19], Oskar Wiegert[20], Alfred Westenfelder[21], Otto Sorge[22], Camil Wurz[23] berichtet. Die französischen Einsatzbeamten fanden Bilder

---

Sicht Hollers; vgl. auch M. KITZING, Josef Holler, in: F. L. SEPAINTNER (Hg.), Badische Biographien, Stuttgart 2016, S. 183–186.

[18] StadtAO 5/7620.

[19] StadtAO 28/01/22 und 8/7654. Karl Nenninger (1904–1970) machte 1924 sein Abitur am Offenburger Gymnasium, studierte 1926–28 an der Technischen Hochschule Karlsruhe und 1928–30 an der Universität Freiburg. 1930 brach er sein Studium ab. 1936 wurde er als Aushilfsangestellter bei der Stadt (als »Alter Kämpfer«) angestellt und ließ sich an der Badischen Gemeindeverwaltungsschule für den gehobenen und mittleren Dienst ausbilden. In der Broschüre »Zehn Jahre Offenburg« wird sein Name als Unterstützer von Parteiaktionen und Teilnehmer der Gründungsversammlung der NSDAP gemeinsam mit Camil Wurz und Ludwig Zind genannt (S. 10). 1933–35 gehörte er der SA an und trat 1936 in die NSDAP ein. 1934–36 war er Blockhelfer, ab 1936 Blockleiter. 1947 wurde er zu *vier Jahren ohne Beförderung* verurteilt. 1951 stieg er zum Dienststellenleiter und 1966 zum Stadtamtmann auf.

[20] (1908–1981). Oskar Wiegert wird im Folgenden näher vorgestellt.

[21] StAF L50/1 Nr. 10194. Der 1904 geborene Alfred Westenfelder machte 1923 sein Abitur an der Oberrealschule und war bis 1925 Lehrling bei der Vereinsbank Offenburg. Es folgte ein Studium in Freiburg, dann 1928 an der Handelshochschule Mannheim mit Abschluss der kaufmännischen Diplomprüfung. 1932 wurde Westenfelder Lehrer an der Handelsschule Offenburg. Er war seit dem 1.11.1933 Mitglied der SA (DA-Sturm Durlach) und trat 1937 in die NSDAP ein. Ferner war er seit 1933 Mitglied im NS-Lehrerbund und ab 1934 im NSV. 1946 wurde er kurzzeitig entlassen und als »Mitläufer« eingestuft. In den Entnazifizierungsunterlagen befindet sich ein Schriftstück (10.4.33), in dem Westenfelder ausführt, dass er in jungen Jahren an den Schießübungen des Kleinkalibervereins Offenburg teilgenommen habe, in dem sich der Kern der Gründungsmitglieder der NSDAP 1925 organisiert hatte.

[22] (1904–1987). Sorge wird im Folgenden näher dargestellt.

[23] StAF D 180/2 Nr. 197207. Der 1905 geborene Camill Wurz wird in der Broschüre »Zehn Jahre NSDAP« (vgl. Anm. 24) als Teilnehmer der Gründungsversammlungen der NSDAP-Ortsgruppe Offenburg 1924 bzw. 1926 erwähnt. Laut Angaben in den Entnazifizierungsunterlagen trat er 1937 in die NSDAP ein, war Mitglied im NS-Rechtswahrerbund, NS-Altherrenbund, RDB, NSV und RLB sowie im Reichskolonialbund. Am 26.9.1947 wurde er als »Mitläufer« eingestuft. Wurz studierte Rechts- und Staatswissenschaft an den Universitäten Freiburg/Br., Berlin und Heidelberg und bestand 1931 die Große juristische Staatsprüfung. Danach trat er in den Justizdienst ein, wo er zuletzt Oberamtsrichter war. 1939 bis 1945 war er Soldat, u. a. eineinhalb Jahre in Nordafrika. Nach dem Krieg betätigte er sich ab 1947 als Rechtsanwalt in Baden-Baden. Ab 1956 vertrat er die CDU im Landtag von Baden-Württemberg. Von 1960 bis 1968 war er Fraktionsvorsitzender der CDU. Im Juli 1968 wählte der Baden-Württembergische Landtag ihn zu seinem Präsidenten.

von Hitler, Ludendorff und Schlageter sowie einige Hakenkreuzabzeichen. *Der Verdacht wurde auf eine politisch harmlose Pennälerverbindung gelenkt, die wegen Abhaltung nicht gemeldeter Zusammenkünfte zu mehreren Millionen Papiermark Geldstrafe verurteilt wurde*[24]. Alfred Westenfelder, selbst Mitglied der Pennälerverbindung Teutonia-Alemannia, schreibt rückblickend: *Im Jahre 1923 ereigneten sich in Offenburg einzelne Sabotageakte gegen die französische Besatzung. Unsere P.V. kam irgendwie in Verdacht, dabei beteiligt zu sein. Im Juli 1923 erschienen drei Franzosen in einem Auto vor der Wohnung des Bundesbruders Westenfelder, der damals erstchargierter war. Sie nahmen eine Hausdurchsuchung vor, beschlagnahmten die Konventsbücher und Akten der Verbindung und verhafteten Westenfelder. Dieser wurde von der französischen Wache am Fischmarkt gefangen gehalten. [...] Die Mitgliederliste gab Westenfelder nicht bekannt. Erst als sich A.H.-Vorsitzender Schulz einschaltete, gaben die Franzosen Westenfelder bedingt frei [...] Im Herbst 1923 kam es zu einer Verhandlung beim Kriegsgericht in Kehl [...] Westenfelder wurde schließlich nur wegen Abhaltung von Versammlungen ohne französische Genehmigung zu 1000 000 Mark (Inflation) Strafe verurteilt. Dieser Betrag wurde vom Altherrenverband bald zusammengebracht und bezahlt*[25].

Während dieser Vorfall glimpflich endete[26], reagierte die Besatzung bei einer anderen Aktion mit der Inhaftierung von mehreren Schülern im Gefängnis Landau, in dem auch Oberbürgermeister Josef Holler seine Strafe absitzen musste. *Wie durch das Bezirksamt dorthin schon mitgeteilt wurde, sind 6 junge Burschen im Alter von 17–20 Jahren von der französischen Besatzungsbehörde verhaftet worden, angeblich wegen Steinwerfens auf einen Posten. Die Burschen bestreiten die Tat. Z. Zt. befinden sich dieselben im Militärgefängnis in Landau, wo sie sehr schlecht untergebracht seien und hauptsächlich über Hunger klagen. Wir haben uns mit dem Roten Kreuz in Landau in Verbindung gesetzt, das erklärte, dass es sich so weit wie möglich um die jungen Leute annehmen werde. In der nächsten Zeit werden die jungen Burschen vor das Kriegsgericht kommen. Die Eltern der Verhafteten haben als Verteidiger Rechtsanwalt Riebel hier, aufgestellt [...].*[27]

In dieser Zeit reisten militante Rechte aus ganz Südwestdeutschland nach Offenburg, es wird auch von einem Nazi-Terrorkommando aus München berichtet, das einen Sprengstoffanschlag verübte[28]. Der Mitbegründer der Offenburger NSDAP und spätere Landesminister Otto Wacker (1899–1940) betrachtete die Besetzung Offenburgs als das Schlüsselerlebnis, *welches sein Engagement im Dienst der nationalsozialistischen Belange und für ›Deutschlands Wiederaufstieg‹ schon in der sogenannten ›Kampfzeit‹ beförderte*[29]. Der

---

[24] O. WIEGERT (im Auftrag der Ortsgruppe Offenburg), Zehn Jahre NSDAP, NSDAP-Ortsgruppe Offenburg. Festbuch zur 10jährigen Gründungsfeier am 17. und 18. März 1934, Offenburg 1934, S. 9.

[25] A. WESTENFELDER, Die bewegten und bewegenden Jahre 1919 bis 1939, in: Pennäler-Verbindung Teutonia-Alemannia 1905–2005. Festschrift zum 100. Jahr unseres Bundes. Offenburg 2015, S. 49f.

[26] WIEGERT (wie Anm. 24), S. 9.

[27] StadtAO 5/7620.

[28] StadtAO 33/1308 u. 33/2/493.

[29] Vgl. K. SCHRECKE, Zwischen Heimaterde und Reichsdienst. Otto Wacker, Badischer Minister des Kultus, des Unterrichts und der Justiz, in: M. KISSENER/ J. SCHOLTYSECK, Die Führer der Provinz. NS-Biographien aus Baden und Württemberg, Konstanz 1997, S. 705–732.

4. Februar 1923 sei der entscheidende Tag gewesen: *Stand da eines Tages vor dem Elternhaus auf dem Gehweg ein französischer Reiter. Das war einer jener Augenblicke im Leben, die immer haften bleiben. [...] Von diesem Augenblick an gehörte ich der Politik und machte nebenher Examen.*

Nach dieser unruhigen Phase geht die Forschung von einer stabilen demokratischen Mehrheit in Offenburg aus. Bei den Wahlen erreichte das Zentrum in der überwiegend katholischen Stadt bis Mitte der 1920er Jahre nahezu 50% der Stimmen und selbst 1932 noch ca. 30%.[30] Die Geschicke der Stadt lenkte eine große Koalition aus einem Zentrums-Oberbürgermeister und einem SPD-Bürgermeister. Doch der Eindruck von Stabilität trügt. 1924 begann in Offenburg die Formierung der rechtsradikalen Szene durch einen kleinen, aber einflussreichen Kreis politisch weit rechtsstehender »Frontkämpfer« um Otto Wacker, die mit größter Wahrscheinlichkeit von Teilen der Reichswehr sowie paramilitärischen Formationen unterstützt, wenn nicht sogar finanziert wurden[31]. Gleichzeitig engagierten sich die jungen Nationalsozialisten in verschiedenen bürgerlichen Vereinen – eine politische Taktik, die sehr nachhaltig wirkte.

Parallel zu dem zivilen Engagement in einigen Offenburger Vereinen wirkte der paramilitärische Arm der örtlichen NSDAP. Dazu zählte (1) die sogenannte »Freischar Damm«[32] oder auch »Bund für Freiheit und Recht«, eine Tarnorganisation des bayrischen Forstrats Georg Escherich, besser bekannt unter dem Namen »Organisation Escherich«, kurz »Orgesch«. Dazu gehörte außerdem (2) der Ableger des »Wehrwolf. Bund deutscher Männer und Frontkrieger«[33], der über zahlreiche junge Anhänger verfügte. Eine weitere Zelle bestand (3) aus Mitgliedern des »Bundes Wiking«, der sich 1921 aus der »Organisation Consul«[34] heraus entwickelte, die wiederum zuvor aus der »Erhardt-Brigade« hervorgegangen war; die Organisation war für die Ermordung Mat-

---

[30] Siehe K. EISELE, Die politische Entwicklung Offenburgs im Spiegel der Parlamentswahlen 1919 bis 1932, in: J. SCHOLTYSECK/K. EISELE (Hgg.), Offenburg 1919–1949, Offenburg 2003, S. 207–234.

[31] Ausführlich hierzu: W. M. GALL, Von der Schulbank zur NSDAP. Neue Erkenntnisse zur Entstehungsgeschichte der Offenburger NSDAP (1922–1928), in: H. HAUMANN/U. SCHELLINGER (Hgg.), Vom Nationalsozialismus zur Besatzungsherrschaft, Fallstudien und Erinnerungen aus Mittel- und Südbaden. Lebenswelten im ländlichen Raum (Historische Erkundungen in Mittel- und Südbaden 3), Heidelberg 2018, S. 13–43.

[32] Vgl. im Folgenden ausführlich zu »Orgesch« und »Freischar Damm«: H. NEUMAIER, Die Organisation Escherich in Baden. Zum Rechtsextremismus in der Frühphase der Weimarer Republik, in: ZGO (1977) S. 342–382; C. STERZENBACH, Die Organisation Escherich. Paramilitärs unter dem Deckmantel einer unbewaffneten Aufbauorganisation, in: Newsletter des Arbeitskreises Militärgeschichte e. V. 15 (2010), S. 10–15. Vgl. auch J. H. GRILL, The Nazi Movement in Baden 1920–1945. Chapel Hill 1983, S. 43–44 u. 46–48.

[33] Zu Literatur zum »Wehrwolf« vgl. Anm. 8.

[34] Im Februar 1919 entstand die »Brigade Erhardt« aus der 2. Marinebrigade, dem schlagkräftigsten der drei Marinekorps, die unter dem Namen seines Kommandeurs Hermann Ehrhardt bekannt war. Die »Brigade Ehrhardt« wurde im April 1919 gegen die Räterepublik in München eingesetzt und war maßgeblich am gescheiterten Kapp-Putsch im März 1920 beteiligt. Sie wurde zum 31.5.1920 aufgelöst, ihre aktionsbereiten Teile gruppierten sich im Geheimbund der »Organisation Consul« (O.C.) neu. Vgl. G. KRÜGER, Die Brigade Ehrhardt, Hamburg 1971; W. SELIG, Organisation Consul, in: W. BENZ (Hg.), Handbuch des Antisemitismus. Organisationen, Berlin 2012, S. 465–466.

Abb. 3 Ehrentafel der alten Parteigenossen der NSDAP Ortsgruppe Offenburg

hias Erzbergers und Walther Rathenaus verantwortlich. Schließlich existierte (4) eine militante Schülergruppe mit dem Namen »Gruppe Sorge« und dem Tarnnamen »Andreas-Hoferbund«, die erfolgreich Oberstufenschüler der Oberrealschule für die völkische Bewegung rekrutierte.

Zwischen 1924 und 1927 vereinigten sich die erwähnten NS-Zellen und andere völkische Aktivisten schließlich zu einer nationalsozialistischen Ortsgruppe, die im September 1924 als »Nationalsozialistische Freiheitsbewegung« und im Juni 1928 als Ortsgruppe Offenburg der NSDAP gegründet wurde[35]. Am 30. Januar 1933 verfügte die örtliche NSDAP über 168 Mitglieder, die auch auf der Ehrentafel der alten Parteigenossen mit Bild verewigt wurden[36]. *(Abb. 3 u. Tafel 1)*

---

[35] WIEGERT (wie Anm. 24), S. 6–14.; J. SCHOLTYSECK, Offenburg in den Jahren der Weimarer Republik, in: SCHOLTYSECK/EISELE (wie Anm. 30), S. 64 u. 71.

[36] StadtAO 19/GF/529, Ehrentafel der alten Parteigenossen der NSDAP Ortsgruppe Offenburg.

Die vom Nationalsozialismus durchherrschte Gesellschaft und ihre Folgen

Die Säuberung der Verwaltung nach dem 30. Januar 1933 hielt sich in Grenzen. Offenburg zählt zu den 90% der Städte, die auf mittlerer und unterer Verwaltungsebene mit dem alten Personal weiterregierten. Die Verwaltungsspitze hingegen wurde nach 1933 Schritt für Schritt durch Nationalsozialisten der ersten Stunde ausgetauscht. Während der sehr populäre Zentrums-Oberbürgermeister und die parteiübergreifende »Ikone« des Widerstandes gegen die französische Besetzung, Josef Holler, bis 1934 im Amt blieb, räumte der SPD-Beigeordnete Walther Blumenstock[37] sofort seinen Schreibtisch, nachdem er im März 1933 die Aufhängung einer Hakenkreuzfahne am Rathaus abgelehnt hatte. Mit dem Juristen Dr. Wolfram Rombach[38] und seinen vier Beigeordneten standen 1934 fast gleichaltrige Nationalsozialisten der ersten Stunde an der Verwaltungsspitze. Prägend für die Kommunalpolitik Offenburgs war während der NS-Zeit der permanente, teilweise sehr persönlich geführte Machtkampf zwischen zwei NS-Politikern mit Nachnamen Rombach, die beide nicht miteinander verwandt waren. Dem Oberbürgermeister Dr. Wolfram Rombach stand der Müllermeister und (ab 1936) NSDAP-Kreisleiter Karl Rombach[39] gegenüber. Letzterer galt als besonders radikal und fanatisch und war in der Bevölkerung sehr gefürchtet. Er wurde 1947 als Hauptschuldiger der Synagogenzerstörung zu einer für damalige Verhältnisse relativ hohen Gefängnisstrafe verurteilt. Im Laufe der nationalsozialistischen Herrschaft versuchte Kreisleiter Rombach, wo es ging, die Macht seines Namensvetters zu beschneiden. Da sein Arm bis in die Reihe der städtischen Beigeordneten reichte, kam es häufig zu heftigen politischen und juristischen Auseinandersetzungen, die Karl Rombachs Widersacher Wolfram Rombach bei seinem Entnazifizierungsverfahren geschickt als Widerstandshandlungen ausgeben konnte[40].

---

[37] Walther Blumenstock weigerte sich im März 1933 als einziger Lokalpolitiker, die Hakenkreuzfahne am Rathausbalkon aufhängen zu lassen, trat danach zurück und ging ins niederländische Exil. Vgl. M. RUCH, Verfolgung und Widerstand in Offenburg 1933–1945, Offenburg 1995, S. 52–57 u. 60f.

[38] (1897–1987). W. Rombach machte 1916 sein Abitur am Humanistischen Gymnasium in Offenburg, danach Studium der Rechts- und Staatswissenschaft in Straßburg, 1917–1918 Kriegsdienst an der Westfront, 1919–1923 Fortsetzung des Studiums in Freiburg, Berlin, Kiel und Heidelberg und 1923 Assessorexamen (Promotion zum Dr. jur.). 1928 Eintritt in die NSDAP, 1930–1933 Mitglied des Stadtrates, NSDAP-Fraktion, 1930–1936 NSDAP-Kreisleiter von Offenburg, 1934 Ernennung zum Oberbürgermeister von Offenburg. 1939–1940 Teilnahme am Frankreich-Feldzug, 1945 Flucht aus Offenburg, Verhaftung. 1945–1948 Amerikanische und französische Lagerhaft. 1949–1950 Spruchkammerverfahren. 1950 Niederlassung als Rechtsanwalt in Stuttgart. Vgl. hierzu M. KITZING, Dr. Wolfram Rombach: »Von der Welle der Macht auf einen ihm nicht gemäßen Posten gespült«, in: W. PROSKE (Hg.), Täter, Helfer, Trittbrettfahrer. NS-Belastete aus Südbaden, Ulm 2017, S. 249–260; L. SYRE, Wolfram Rombach, Offenburgs Oberbürgermeister im Dritten Reich, in: Die Ortenau 86 (2006), S. 287–302; StadtAO Bestand 9, Nachlass Dr. jur. W. Rombach; StadtAO 5/1819.

[39] Karl Rombach (1898–?) trat 1929 der NSDAP bei, war 1931 Ortsgruppenführer und Stadtrat. Für kurze Zeit wurde er für wenige Monate Zweiter Beigeordneter, 1934 Kreisleiter und Bürgermeister von Oberkirch. 1936 hauptamtlicher Kreisleiter. Vgl. SYRE, Wolfram Rombach (wie Anm. 38), S. 292f.

[40] Dazu mehr bei SYRE (wie Anm. 38).

Abb. 4 Die im Beitrag untersuchten Nationalsozialisten (außer Zind und Schulz aus der »Ehrentafel«, Abb. 3)

Aufgrund der ausgesprochen günstigen Quellenlage war es möglich, mit der Aufstellung einer Datenbank zu beginnen und alle »alten Parteigenossen« und Funktionsträger der NSDAP oder anderer NS-Organisationen zu dokumentieren[41]. Wirkung und Einfluss der NS-Organisationen und der NSDAP verliefen demzufolge nicht hierarchisch in eine Richtung, sondern in die Breite der Gesellschaft hinein und durch sie hindurch. Rüdiger Hachtmann spricht von einer »kumulativen Durchherrschung«[42] der Gesellschaft, die die Gesellschaft bis in ihre feinsten Verästelungen prägte und funktionale Entdifferenzierung und institutionelle Fusionierung begünstigte. Diese Durchherrschung bezog sich nicht allein auf die NS-Organisationen, sondern alle städtischen Vereine.

---

[41] Es handelt sich um Unterlagen der Offenburger Spruchkammern (StadtAO, 28/01/05–09) sowie eine Liste der Offenburger Parteimitglieder, die die Verwaltung 1946 im Auftrag der französischen Militärbehörde anfertigen musste. Die Liste enthält Angaben über Parteifunktionen und das Datum des Parteieintritts (StadtAO, 28/01/22). Ergänzt wurden Namen von Parteiaktivist/innen, die in der Parteibroschüre »Zehn Jahre! NSDAP« (siehe Anm. 24) Erwähnung finden. Ferner existieren mehrere Karteikartensysteme über die hiesigen NS-Formationen.

[42] R. Hachtmann, Elastisch, dynamisch und von katastrophaler Effizienz – zur Struktur der Neuen Staatlichkeit des Nationalsozialismus, in: S. Reinhard/W. Seibel (Hgg.), Der prekäre Staat. Herrschen und Verwalten im Nationalsozialismus, Frankfurt/New York 2011, S. 47–51.

Die gerade beschriebene durchherrschte Kommune bildete den Rahmen für die Beziehungsgeflechte zwischen den neun Persönlichkeiten. Ihrem Sozialprofil entsprach ein bestimmtes Gesellschaftsbild, das die Voraussetzung für das Entstehen einer »kameradschaftlichen Bürokratie«[43] bedeutete. Neben den bereits zu Anfang erwähnten Übereinstimmungen hinsichtlich der Alterszugehörigkeit und der politischen Radikalisierung finden sich weitere Gemeinsamkeiten: Alle Untersuchten waren ehemalige Schüler der Oberrealschule und Mitglied der Pennälerverbindung Teutonia-Alemannia[44], die meisten stammen aus einem katholischen Elternhaus. Auffällig ist die Affinität zu sportlichen Betätigungen, denn die meisten engagierten sich als aktive Sportler in einem Sportverein. Ebenso lassen sich ähnliche berufliche Orientierungen feststellen, ein Großteil war in der Verwaltung oder der Schule tätig oder nahm vor und nach 1933 hauptberuflich oder ehrenamtlich eine Parteifunktion wahr. Drei von ihnen arbeiteten bei der NS-Zeitung »Der Führer« mit. *(Abb. 4)*

Die Gruppe

Dr. Otto Wacker

Der prominenteste und bis zu seinem überraschenden Tod 1940 einflussreichste Offenburger NS-Politiker war Dr. Otto Wacker[45]. Er wurde am 6. August 1899 als Sohn eines Architekten in Offenburg geboren, wo er nach der Volksschule das humanistische Gymnasium besuchte. Das Abitur legte er 1917 allerdings in Donaueschingen ab. Als Soldat nahm er an den Kämpfen in Flandern teil. Nach der Entlassung aus dem Militärdienst im April 1919 begann Wacker zunächst mit einem Architekturstudium in Karlsruhe, wechselte jedoch 1921 an die Universität Freiburg zu einem Studium der Literaturgeschichte, der germanistischen Philologie und der Kunstgeschichte. Wacker wurde 1927 promoviert, fand aber keinen Zugang zu einer akademischen Laufbahn. Er entschied sich für eine politische Karriere und übernahm die hauptamtliche Schriftleitung des Parteiorgans »Der Führer« der badischen NSDAP. Unter Wackers Leitung expandierte »Der Führer« parallel zu den Organisations- und Wahlerfolgen der NSDAP von einem Wochenblatt zu einer auflagenstarken Tageszeitung. Seit 1931 nahm er auch das Amt des Leiters der Gauparteipressestelle wahr und übernahm bei der provisorischen Regierungsumbil-

---

[43] P. HEINRICH/J. SCHULZ ZUR WIESCH (Hgg.), Wörterbuch zur Mikropolitik, Wiesbaden 1998, S. 127 f. Nach Ansicht des Soziologen Horst Bosetzky hat der Begriff der »kameradschaftlichen Bürokratie« mit »bürokratischer Komplizenhaftigkeit« zu tun, die sich als ambivalent erweist. Sie kann im positiven Sinn Gruppensolidarität erhöhen, aber im negativen als Korpsgeist in Erscheinung treten.
[44] StadtAO 13/1846, Festschrift Teutonia Alemannia (wie Anm. 25). Nickles, Traube und Schulz waren die führenden Köpfe der Verbindung. In der Festschrift wird der Eindruck erweckt, als hätten »die Nationalsozialisten« die Verbindung verboten (vgl. Anm. 67).
[45] Zu Wacker: K. SCHRECKE (s. Anm. 29) sowie F. ENGEHAUSEN, Otto Wacker, Kultus- und Justizminister, http://ns-ministerien-bw.de/2014/12/otto-wacker-kultus-und-justizminister/ (29.11.2016); L. SYRE, Otto Wacker als Hauptschriftleiter des »Führer« in der Weimarer Republik. In: http://ns-ministerien-bw.de/2016/02/otto-wacker-als-hauptschriftleiter-des-fueh-rer-in-der-weimarer-republik/ (23.03.2017).

dung in Karlsruhe im März 1933 das Kultusressort und im April zusätzlich das Justizressort. Als badischer Minister der Justiz amtierte Wacker bis zur Auflösung der Landesjustizministerien mit Jahresende 1934, als badischer Minister des Kultus und des Unterrichts bis zu seinem Tod 1940. Wacker war politisch äußerst aktiv, wirkte als Kopf der sogenannten »Widerstandskomitees« während der französischen Besetzung Offenburgs 1923 und gilt als Gründungsvater der örtlichen NSDAP. In dieser Zeit gehörte Otto Wacker gemeinsam mit August Herbold[46] und seinem Bruder Philipp und Otto Stolzer[47] 1920 zu der bereits erwähnten rechtsradikalen »Freischar Damm«. 1924 wurde Otto Wacker Ortsgruppenleiter der neu gegründeten Mitgliedergruppe. Es überrascht nicht, dass er vier seiner teilweise arbeitslosen Mitstreiter Tätigkeiten in der Offenburger Zweigstelle des »Führers« verschaffte.

Rudolf Baur

Ein Protagonist unter Wackers Helfern war Rudolf Baur[48]. Im Alter von 27 Jahren betätigte er sich bereits im nationalsozialistischen Umfeld, trat 1931 in die Partei ein und übernahm die Funktion des Direktors der Offenburger Verlagsbuchhandlung »Der Führer«. Nach 1933 stieg er zum Kreispressewart der NSDAP-Kreisleitung auf. Baur war Schüler der Oberrealschule und schloss 1920 mit dem Abitur ab. Es folgte ein Studium der Volkswirtschaftslehre in Freiburg, nach einer kurzzeitigen Anstellung als Bankangestellter die Arbeitslosigkeit. 1945 wurde er als »Hauptschuldiger« für 22 Monate interniert und später als »Minderbelasteter« eingestuft. Nach der Freilassung trat Baur 1949 eine Stelle beim Finanzamt Kehl an.

Baurs Name taucht auch in den Archivunterlagen des »Höllhofes« auf. Das von der französischen Besatzung unterstützte demokratische Umerziehungsprojekt im Forsthaus Höllhof bei Gengenbach bot nationalsozialistischen Deutschen die Möglichkeit, einen mehrwöchigen demokratischen Lehrgang freiwillig zu absolvieren[49]. 1949 erhielt Rudolf

---

[46] Zu Herbold vgl. M. Ruck (wie Anm. 15), S. 147–149, 208, 228, 238 u. 254. Der Abiturient August Herbold trat nach dem Jurastudium mit Promotion in das Innenministerium ein. Er sollte für eine Zeitlang zum Offenburger Oberbürgermeisterkandidat aufgebaut werden. Allerdings lockte ihn eine Karriere im Innenministerium parallel zu einer Funktion als Amtswalter der Gauleitung im Innenministerium und SS-Untersturmführer im SD-Oberabschnitt Südwest. Aufgrund von internen Konkurrenzkämpfen wurde Herbold 1943 nach Berlin ins Reichsinnenministerium versetzt, was er bei seiner Entnazifizierung als Maßnahme ausgab, die durch seine Gegnerschaft zum NS-Regime bedingt gewesen sei. Nach 1955 machte Herbold eine beachtliche Landeskarriere, zunächst als geschäftsführender Direktor der Badischen Kommunalen Landesbank und 1965 als Präsident des Badischen Sparkassen- und Giroverbandes in Mannheim.

[47] Zu Stolzer (1898–1944) vgl. StadtAO 28/01/22; StAF L 50/1 Nr. 3944; Wiegert (wie Anm. 24), S. 13. Otto Stolzer war wie Wacker Frontkämpfer, wurde im Ersten Weltkrieg verwundet und dekoriert. 1919 wurde er Unterlehrer an der Volksschule Offenburg, 1928 Oberlehrer und 1934 kommissarischer Rektor in Emmendingen, 1935 Kreisschulrat, seit 1937 Kreisredner der NSDAP und Kreisschulungsredner bei der NSV. 1944 verstarb er an einem Hirnschlag.

[48] Zu Baur (1901–1970) vgl. StadtAO 28/01/22,19/GF/529, 5/6784; StAF, 180/3 Nr. 803.

[49] M. Ruch, Der Höllhof bei Gengenbach 1947–50. »Ein demokratisches Erziehungsheim, in: Die Ortenau (80) 2000, S. 493–508. Vgl. auch StAF B728/7155 u. C25/4–15.

Baur gemeinsam mit 25 ehemaligen führenden NS-Funktionsträgern die Möglichkeit, an einem Kurs teilzunehmen. Nach Abschluss des Lehrgangs erhielten die Teilnehmer von der französischen Besatzungsbehörde die Bestätigung, eine Person zu sein, *die echte Beweise des Verständnisses der demokratischen Ideen geliefert habe* und deshalb zukünftig mit *wohlwollender Neutralität* zu behandeln sei. Dem Stadtarchiv liegen die von den Teilnehmern verfassten Diskussionsprotokolle vor[50], die die Beurteilung der Besatzungsbehörde allerdings in sehr zweifelhaftem Licht erscheinen lassen. Von einer grundsätzlichen Selbstkritik, gar einem Schuldeingeständnis oder von der Übernahme gewisser Verantwortung kann keine Rede sein. Vielmehr traten die anwesenden Ex-NS-Funktionäre eher arrogant und unbelehrbar auf und gefielen sich in der Weiterentwickelung völkischer Großmachtphantasien[51]. Auch kommen in den Protokollen permanent Ressentiments gegen das westliche Demokratiemodell und den Liberalismus zum Ausdruck. Die Schulungsteilnehmer favorisierten das bereits im »Dritten Reich« von den nationalsozialistischen Ideologen entworfene Abendlandkonzept für den Abwehrkampf gegen den Bolschewismus[52].

Oskar Wiegert

Zum Redaktionsteam der lokalen »Führer«-Beilage »Ortenauer Volkswarte« zählte der sieben Jahre jüngere Revierförstersohn Oskar Wiegert[53], der bereits 1923 im Alter von 17 Jahren wegen seiner Militanz und seiner Verbindungen zum »Bund Wiking« polizeilich auffiel und die nationalsozialistische Schülergruppe »Andreas-Hofer-Bund« aufbaute. *(Abb. 5)* Von Bedeutung war seine Mitgliedschaft in der 1925 von Otto Wacker gegründeten Tarnorganisation »Kleinkaliberschützenverein Offenburg«, in der ehemalige Offiziere, Eisenbahnbeamte und junge Gymnasiasten regelmäßig Schießübungen abhielten. Eine Überprüfung ergab, dass tatsächlich 51 der 67 Mitglieder vor 1933 in die NSDAP eintraten[54]. Wiegert wurde 1931 nach seinem Studium Aushilfslehrer an der Offenburger Mädchenrealschule. Inzwischen arbeitete er als Schriftleiter der Zeitung

---

[50] StadtAO 28/02/20, Protokolle der AG Stellungnahme der ehemals führenden Nationalsozialisten. Die Protokolle waren nicht für die Öffentlichkeit bestimmt. Daher spiegeln sie sehr unverfälscht die Meinungen der Beteiligten wider. Eine Durchschrift erhielt das Stadtarchiv vor einigen Jahren vom Sohn des Säuberungsinspektors Richard Bätz.

[51] StadtAO 28/01/020, hier: Protokoll der Diskussion zum Vortrag der SPD-Politikerin Martha Schanzenbach zum Thema »Die deutsche Frau im politischen Geschehen«. Zum Thema »Frauenüberschuss in Deutschland« diskutierte man darüber, ledige deutsche Frauen in »männerarme Länder« mit »weißer Bevölkerung« auswandern zu lassen. Auch die zeitweise Genehmigung der Bigamie wurde angesprochen und die Notwendigkeit, den deutschen Kolonialbesitz wiederzuerlangen.

[52] Vgl. hierzu: A. SCHILDT, Zwischen Abendland und Amerika: Studien zur westdeutschen Ideenlandschaft der 50er Jahre, Berlin 1999, S. 24–38.

[53] Zu Wiegert vgl. StAF D 180/2 Nr. 123906 u. D180/3 Nr. 1911; StAF F 179/1 Nr. 192–202, Ermittlungsakten im Strafverfahren wegen Landfriedensbruch (Zerstörung der Synagoge und jüdischer Geschäfte zu Offenburg bei der Reichspogromnacht 1938), 1948–1951; StadtAO 28/01/22,19/GF/529, 28/01/07, 5/6758; Verfasser der Schrift »Zehn Jahre NSDAP!«, (wie Anm. 24). Vgl. auch: W. M. GALL, Oskar Wiegert – Ortsgruppenleiter und Dorfschullehrer, in: Die Ortenau 89 (2009) S. 423–434.

[54] Vgl. GALL, Von der Schulbank (wie Anm. 31), S. 34.

Abb. 5   »Fuchsenstall der Teutonia-Alemannia Sommersemester 1923«.
Ganz rechts Oskar Wiegert

»Der Führer«. Nach der Machtübernahme schlug er aus seiner Position als Nationalsozialist der ersten Stunde Kapital, forderte mit Erfolg eine feste Hauptlehrerstelle ein und wurde bald Rektor. Parallel baute Wiegert auch seine politische NS-Karriere aus und wurde 1935 im Alter von 27 Jahren zum Stadtrat und Ortsgruppenleiter der NSDAP ernannt. In den Akten und Aussagen von Zeitzeugen taucht er immer wieder als besonders übler NS-Täter und Denunziant auf. Wiegerts größtes Verbrechen war seine führende Rolle bei der Reichspogromnacht in Offenburg. 1941 folgte für Wiegert der Kriegseinsatz, 1945 geriet er in Gefangenschaft und wurde bis 1948 interniert. Als Hauptschuldiger verurteilte ihn das Offenburger Landgericht 1948 beim Synagogenprozess zu zweieinhalb Jahren Zuchthaus. Bereits ein Jahr später erhielt er durch einen Gnadenakt die Entlassung. Danach versuchte sich Wiegert als Waschmittelverkäufer, Anzeigenwerber und Reisevertreter über Wasser zu halten. Anschließend gelang es ihm, wieder als Lehrer angestellt zu werden. Das Oberschulamt versetzte Wiegert in eine Zwergschule nach Durbach-Gebirg, die er bis zu seiner Pensionierung leitete[55].

---

[55]   Heute noch erinnern sich ehemalige Schüler an die brutalen Schläge, die Wiegert regelmäßig verteilte, wie dem Autor persönlich mitgeteilt wurde.

Tafel 1   Festbuch zur 10jährigen Gründungsfeier der NSDAP Ortsgruppe Offenburg 1934, Offenburg 1934

Wiegert gab sich dennoch mit seiner Situation nicht zufrieden, denn er wollte wieder verbeamtet werden. Auf sein entsprechendes Gesuch erhielt er 1958 allerdings eine endgültige Abfuhr, da sein altes Leben ihn doch noch eingeholt hatte. Zur gleichen Zeit war das Oberschulamt mit dem Skandalfall des am Anfang des Beitrags erwähnten Gymnasiallehrers Ludwig Zind beschäftigt, der 1923 zur Jugendzeit wie Wiegert dem »Andreas-Hofer-Bund« und dem »Bund Wiking« angehört hatte und 1924 mit Wiegert an der Gründung der Offenburger NSDAP beteiligt gewesen war. Für die Schulbehörde wäre es politisch zu heikel geworden, den wegen Verbrechens gegen die Menschlichkeit verurteilten Nationalsozialisten Oskar Wiegert in das Beamtenverhältnis zu berufen, nachdem der Lehrer Zind wegen seiner nach 1945 ausgesprochenen antisemitischen Äußerungen zu einer Gefängnisstrafe verurteilt worden war.

Josef Schulz

Ein besonders aktiver Freund und Unterstützer Ludwig Zinds war der Leiter des Wohlfahrtsamtes Josef Schulz (1905–1964)[56]. Er trat während des Prozesses gegen den Gymnasiallehrer Ludwig Zind öffentlich negativ in Erscheinung, weil er nach Aussage des Oberstaatsanwalts Druck auf ihn ausgeübt und darauf hingewirkt hatte, die Ermittlungen gegen Zind einzustellen. In der Gerichtsverhandlung musste Schulz ermahnt werden, als er dem Gericht vorwarf, die Ermittlungen gegen Zind hätten in Offenburg eine »Vertrauenskrise zur Justiz« herbeigeführt«[57]. Schulz und Zind waren eng befreundet, beide waren aktive Mitglieder des hiesigen Turnvereins, gingen auf die gleiche Schule, gehörten der Pennälerverbindung Alemannia-Teutonia an und waren in der SA.

Der fast gleichaltrige Josef Schulz schlug nach Abschluss der Mittleren Reife die Laufbahn eines Beamtenanwärters bei der Stadtverwaltung Offenburg ein und leistete 1915 Kriegsdienst. 1916 wurde er verwundet und nahm seinen Dienst als Gerichtsschreiber auf. Schließlich kam er 1920 zum Stadt- und Jugendamt und stieg bis zum Oberinspektor auf. Schulz trat erst 1933 der NSDAP bei und wurde Fürsorgereferent der SA. Im Mai 1945 gehörte er folglich zur Gruppe derjenigen Stadtbeamten, die von den französischen Behörden sofort entlassen wurde. Schulz ging in Revision und stellte sich in seiner Entgegnung als unzuverlässigen Nazigegner dar, der vor 1933 Anhänger der katholischen Zentrumspartei gewesen sei. In einer Stellungnahme schrieb Schulz am 14. August 1945 an den städtischen Bürgermeister: *Bisher wurde ich von den Nazi-Stellen als politisch unzuverlässig und Gegner, als ›Schwarzer‹ angesehen. Es wurden mir im Laufe der Zeit hunderte von Schwierigkeiten bereitet, oft stand ich vor der Frage der Niederlegung meines Dienstes [...] Weil ich nach 1933 noch jüdische Kinder den städt. Kindergarten besuchen ließ, [...] wurde mir der Prozess gemacht*[58]. Seine Parteimitgliedschaft begründete er folgendermaßen: *Als nach der Machtübernahme Hitlers die Leitung der Stadtverwaltung und der NSDAP ab Frühsommer 1933 in den Händen alter Parteimitglieder der NSDAP lag, wurde mir wie allen städt. Beamten nahegelegt, in die Partei einzutreten und irgendwie*

---

[56] Zu Schulz vgl. StAF D 180/2 Nr. 33710, D 180/3 Nr. 2; StadtAO 28/01/06, 28/01/22, 8/7677.
[57] LÖRCHER (wie Anm. 1), S. 109 f.
[58] StadtAO, 8/7677.

mitzuarbeiten, sonst müßte ich weichen [...][59]. Am 28. September 1948 stufte ihn die Spruchkammer als »Minderbelasteten« ein, weil es keine Anhaltspunkte dafür gegeben habe, *dass der Betroffene propagandistisch, unduldsam oder hetzerisch in Erscheinung getreten ist*[60]. Schulz wurde rehabilitiert und wieder als Leiter des Wohlfahrtsamtes eingesetzt. Schulz< Aussagen widersprechen mehrere Schriftstücke des Stadtarchivs Offenburg, die ihn in einem höchst zweifelhaften Licht erscheinen lassen. 1934 schrieb er in einem Brief an den NS-Oberbürgermeister Dr. Rombach: *Ich kam in Schwierigkeiten, weil bei der Stadtverwaltung bekannt war, daß ich mit der NSDAP sympathisierte. Es war auch durchgedrungen, daß ich mich in den Jahren 1929/30 zum Teil allein zum Teil zusammen mit Parteigenosse Nickles für den `Führer` bzw. die Volkswarte im Sinne der Propaganda für die NSDAP betätigte und bei der Landtagsfraktion der NSDAP*[61]. Mit dieser Aussage begründete Josef Schulz gegenüber seinem Dienstherrn nicht nur den relativ späten Parteieintritt im Jahr 1933, sondern bekannte sich außerdem als Mitarbeiter des Parteiorgans »Der Führer«, wie dies auch Rudolf Baur und Oskar Wiegert waren. Seine im Jahr 1948 protokollierte Aussage, als bekennender Katholik ständig in Auseinandersetzungen mit den NS-Funktionären gestanden und sich dafür eingesetzt zu haben, jüdische Bürger vor dem Zugriff der Nationalsozialisten zu retten, dürfen bezweifelt werden. Als 1938 NS-Kreisleiter Karl Rombach Schulz kritisierte, dass sich im städtischen Kindergarten noch ein jüdisches Kind befände, reagierte dieser empört und listete alle antijüdischen Maßnahmen auf, die unter seiner Regie umgesetzt worden seien: *Ausschluß jüdischer Ärzte aus der Fürsorgepraxis, Ablehnung bzw. Nichtanerkennung von Zeugnissen und Rezepten jüdischer Ärzte, Ausschluß* jüdischer Geschäfte bei der Belieferung von Fürsorgeempfängern, Ablehnung bzw. Kürzung von *Fürsorgeunterstützungen bei jüdischen Hilfsbedürftigen usw.*[62] Im gleichen Schreiben wies Schulz darauf hin, dass er in seiner Funktion als Fachschaftsleiter erfolgreich tätig geworden sei, damit *die antijüdische Propaganda schon recht frühzeitig einen totalen Erfolg hatte und daß seither kein Einkauf bei Juden mehr bekannt wurde*[63].

Hermann Nickles

Seit der gemeinsamen Schulzeit war Josef Schulz eng mit einem weiteren NSDAP-Mitbegründer befreundet: Hermann Nickles. Der ehemalige Oberrealschüler war aktiver Leichtathlet und Mitglied des Offenburger »Schwimmklubs Wasserfreunde Offenburg«. Dort lernte er den fast gleichaltrigen Otto Wacker kennen, mit dem er seit 1923

---

[59] Ebd.
[60] Ebd., hier: Entscheidung im politischen Säuberungsverfahren gegen Herrn Josef Schulz vom 20. Mai 1948. In der Akte befinden sich mehrere belastende Schreiben, die Schulz als Nationalsozialisten bezeichneten.
[61] StadtAO 5/7089 und 5/101655, Schreiben von Josef Schulz an Oberbürgermeister Dr. Wolfram Rombach vom 14.10.1935.
[62] StadtAO 5/10165, Schreiben Josef Schulz an Oberbürgermeister Dr. Wolfram Rombach vom 11. Oktober 1938.
[63] Ebd.

in freundschaftlichem Briefkontakt stand⁶⁴. Der 1921 gegründete Schwimmklub war anfangs ein eher fortschrittlicher, reformorientierter Verein, bei dem sich auch Sozialdemokraten sportlich betätigten. Ab Mitte der 1920er Jahre gelang es einigen nationalsozialistischen Schwimmern, den Verein zu unterwandern und die »Macht zu übernehmen«. Nach außen hin betätigte sich der Verein ganz und gar bürgerlich und bot Schwimmkurse und Schwimmwettbewerbe an, im Grunde genommen schwammen die nationalsozialistischen Schwimmer aber auf ihr Ziel der Machtübernahme zu. Nickles meldete sich 1914 freiwillig beim Jägerbataillon 14 und wurde kurz danach entlassen, weil er unter 17 Jahre alt war. Im Juli 1917 wurde er wieder einberufen und erlitt eine chronische Gasvergiftung. 1923 machte Nickles sein Abitur, studierte einige Semester Jura und entschied sich für eine Beamtenlaufbahn bei der Stadtverwaltung Offenburg. Wie Schulz erfüllte er für die Partei bereits vor 1933 wichtige Spitzeldienste und beriet die Landtagsfraktion der NSDAP. 1929 erhielt der Oberinspektor die Stelle als stellvertretender Vorsitzender des Arbeitsamtes Offenburg. Der stark antisemitische Mitarbeiter und Autor des »Führers« war überdies Pressereferent des SA-Sturmbanns II/169. In den Personalunterlagen der Gauleitung wird Nickles als *einer der aktivsten Parteigenossen in der Gaupropagandaleitung und guter Redner*⁶⁵ gelobt. 1933 half er als Kommissär bei der Gleichschaltung der Arbeitsämter in Stuttgart. 1934 wurde er Amtsleiter des Arbeitsamtes Mannheim und vom Mai 1943 bis Kriegsende Präsident des Landesarbeitsamtes Straßburg. In seiner Funktion als Amtsleiter und Mannheimer Stadtrat denunzierte Nickles jüdische Bürger und Betriebe und forderte bereits Ende 1938 die Lagerunterbringung arbeitsloser Juden⁶⁶. Er engagierte sich weiterhin in der SA und gehörte zum Beraterstab des Gauleiters Wagner. 1945 wurde er interniert und 1948 entlassen. 1948 wurde Nickles als »Minderbelasteter« eingestuft und 1951 begnadigt.

Die enge Freundschaft zwischen Schulz und Nickles lag auch an der Aktivität in der Pennälerverbindung »Teutonia-Alemannia«. Hermann Nickles war Vorsitzender des Altherrenverbands, Josef Schulz sein Vertreter. In der Festschrift findet sich das Faksimile eines Schreibens vom 21. März 1934, in dem Schulz im Auftrag des Vorsitzenden Nickles zu einem außerordentlichen General-Convent am 30. März 1934 einlud, bei der die *Liquidation* des Bundes beschlossen werden sollte. Als einen Grund nennt Schulz, dass die *nationalsozialistische Revolution* einen *erheblichen Teil der Bestrebungen der Aktivitas erfüllt* habe. Zudem gäbe es Schwierigkeiten, Schüler für die Verbindung zu gewinnen wegen Aktivitäten in NS-Verbänden. Ferner verwies er auf Spannungen innerhalb des Altherrenverbandes, die er als *Zersetzungsarbeit* von Mitgliedern, die für *unhaltbar gewordene und überlebte Begriffe und Formen* eintreten würden⁶⁷. Der Altherrenver-

---

[64] StadtAO Bestand 9, Nachlass des Schwimmklubs. Teile des Briefwechsels sind im Nachlass Dr. Otto Wacker (StadtAO Bestand 8) erhalten.
[65] GLA 465d Nr. 401.
[66] D. G. MAIER, Anfänge und Brüche der Arbeitsverwaltung bis 1952. Zugleich ein kaum bekanntes Kapitel der deutsch-jüdischen Geschichte, Brühl 2004, S. 159, siehe: edoc.vifapol.de/opus/volltexte/2009/1365/pdf/Anfaenge_und_Brueche.pdf (23.11.2017).
[67] Faksimile-Abdruck des Schreibens von Josef Schulz an die Bundesbrüder vom 21. März 1934, in: Pennäler-Verbindung Teutonia-Alemannia (wie Anm. 24).

band solle in eine Hüttengemeinschaft[68] überführt werden, in die jeder *ordentliche Volksgenosse, arischer Abstammung*[69] Aufnahme finden könne.

Otto Sorge

Der nächste im Bunde war Otto Sorge[70]. Mit Abiturjahrgang 1923 zählte er ebenfalls zur Gruppe der völkischen Oberschüler und Verbindungskameraden. Sorge war wie Wacker und Wiegert Mitglied des Kleinkaliberschützenvereins und gemeinsam mit Wiegert und seinem Bruder Helmut Anführer des »Andreas-Hofer-Bunds«, der auch unter dem Namen »Gruppe Sorge« firmierte[71]. Zwischen 1931 und 1945 war Sorge Geschäftsführer der NSDAP Kreis- und Ortsgruppe Offenburg, Mitglied der SS, Obersturmbannführer der Waffen-SS und Verbindungsmann zum SD. Beruflich folgten nach der Schulzeit eine Lehrerausbildung und verschiedene Tätigkeiten als Lehrer. Im Krieg zog sich Sorge eine schwere Kopfverwundung zu. Von 1945 bis April 1948 befand er sich im Internierungslager. Danach arbeitete er als Angestellter bei der Besatzungsbehörde Offenburg. Sorge wurde als »Minderbelasteter« mit einer Bewährungsfrist von zwei Jahren eingestuft und zum Studienrat zurückgestuft. Otto Sorge gehörte wie der anfangs erwähnte Rudolf Baur zur Gruppe derjenigen nationalsozialistischen Funktionsträger, die durch den »Höllhof« eine politische »Grundreinigung« erhielten. Sorge ging noch einen Schritt weiter, indem er sich beim »Höllhof« engagierte, d. h. selbst Demokratisierungslehrgänge leitete. 1948 stieg er zum stellvertretenden Vorsitzenden des »Höllhofs« auf. In den Vorstand gewählt wurden weitere ehemals führende Nationalsozialisten. 1950 konnte Sorge wieder als Lehrer an der Offenburger Gewerbeschule arbeiten.

Fritz Traube und Gustav Abele

Der Sparkassenangestellte Fritz Traube[72] ging ebenfalls in die Oberrealschule und trat danach ins Bankfach ein. Im August 1914 kämpfte als Infanterist im Ersten Weltkrieg, wurde an der Front dreimal verwundet und später mit Orden dekoriert. Nach der Entlassung aus der englischen Kriegsgefangenschaft wechselte er zu einer Offenburger Bank. 1926 trat er in die NSDAP ein. Nach einem Austritt 1929 trat er kurz danach, 1930, wieder ein und wurde ein Jahr später Mitglied der SS und Referent für Sport sowie für Soziales. In den Personalunterlagen bezeichnete er sich 1940 als *Begründer* der NSDAP im Kreis Offenburg. Traube engagierte sich seit seiner Schulzeit in der Pennälerverbindung »Teutonia-Alemannia« und war 1926 auch in dem NS-orientierten Kleinkaliberschützenverein aktiv. Traube galt wie viele andere junge Nationalsozialisten als aktiver Sportler und pflegte Freundschaften zu weiteren sportlich aktiven Gleichgesinnten.

---

68 Die Pennälerverbindung war und ist im Besitz einer Schwarzwaldhütte.
69 Wie Anm. 67. Auf Seiten der Aktivitas gab es allerdings Widerstände gegen die Auflösung.
70 Zu Sorge (1904–1987) vgl. StAF D 180/2 Nr. 225455, D 180/3 Nr. 485, L 50/1 Nr. 12692, L 50/1 Nr. 7369; StadtAO 19/GF/529; WIEGERT (wie Anm. 24), S. 4f.
71 WIEGERT (wie Anm. 24), S 4f.
72 Zu Traube (1895–1971) vgl. StAF D 180/2 Nr. 125318, D 180/3 Nr. 1450; StadtAO 28/01/22, 19/GF/529, 28/01/09 u. 5/6848.

Damit gelangen wir neben dem Kleinkaliberschützenverein und Schwimmklub zu einem weiteren interessanten Netzwerk, der Hockeyabteilung des Turnvereins, und zu Traubes Bankkollege Gustav Abele[73]. Der Sohn des gleichnamigen Bankdirektors war bis zur Sekundarreife im Jahr 1919 Oberrealschüler und machte danach eine Banklehre. 1930 wurde er arbeitslos. Abele war nicht nur Schwimmer, sondern auch Hockeyspieler und als 100-Meter-Läufer ein badischer Spitzensportler. Nach eigener Aussage begann seine parteipolitische Tätigkeit 1932. *Da einmal die Regierungsparteien das damals aktuelle Arbeitslosenproblem nicht lösen konnten und andererseits die NSDAP neben ihrem propagierten Arbeitslosenprogramm versprach, die luftsportlichen Betätigung wieder zu ermöglichen, trat ich dieser Partei am 1.1.1932 bei: Ich war luftsportlich besonders interessiert und hatte bereits im Jahr 1932 mehrfach die Fliegerschule Böblingen besucht*[74]. Nach 1933 schloss er sich der SS an und wurde NSKK- Obersturmführer.

Trotz der offensichtlichen Parallelitäten der Lebensläufe stellt sich die Frage, ob bei den Protagonisten auch abweichende Verhaltensmomente zu bemerken sind. Einige Dissonanzen lassen sich beispielsweise bei Oskar Wiegert entdecken, der wegen Unstimmigkeiten vor das Parteigericht gerufen wurde. Entscheidend war weniger die Kritik am NS-System, vielmehr geriet Wiegert wie andere führenden Nationalsozialisten zwischen die Konfliktlinien der beiden Rombachs. Bei zwei Parteigenossen, Fritz Traube und Richard Mundinger, der im Folgenden vorgestellt wird, lassen sich dennoch Risse in der politischen Identität feststellen. Kurze Zeit nach dem Tod von Traubes Ehefrau nach schwerer Krankheit verlobte dieser sich 1940 mit der im Haushalt Traube angestellten ledigen 33jährigen Kinderpflegerin Johanna Schwanz[75]. Als SS-Mann benötigte er für seine Heirat eine Genehmigung, was mit einer sogenannten rassischen Untersuchung der Verlobten durch das Rassenamt der SS verbunden war. Die Untersuchung zog sich über mehrere Monate hin und endete in einer Ablehnung, da das rassische *Erscheinungsbild* der aus Haslach stammenden Johanna Schwanz einen *vorderasiatischen Einschlag* vermuten ließe. Traube wurde nahegelegt, die Verbindung zu lösen oder freiwillig aus der SS auszutreten[76]. Fritz Traube entschloss sich zu Letzterem, wie er in seinem Schreiben formulierte: *Ich bestätige hiermit den Eingang des dort. Einschreibebriefes vom 21.3.41 und habe von dessen ablehnendem Bescheid in meiner Heiratssache tief bewegten Herzens Kennt-*

---

[73] Zu Abele (1903–1982) vgl. StAF D 180/2 Nr. 79247; StadtAO 28/01/22,19/GF/529; WIEGERT (wie Anm. 24), S. 13.

[74] StAF D 180/2 Nr. 79247. Während seines Militäreinsatzes im Zweiten Weltkrieg erfroren Gustav Abele beide Füße, sie mussten amputiert werden. Ebenso zu erwähnen ist der Hochsprung-Landesmeister und SS-Hauptsturmführer Alfred Rubi (1902–1973). Rubi war SA-Hauptsturmführer und ab 1937 NSFK-Hauptsturmführer und trat 1932 in die NSDAP ein. Vgl. StAF D 180/2 Nr. 215561; StadtAO 28/01/22,19/GF/529, 5/6793.

[75] F. FLECHTMANN, Die Liebe siegt in Offenburg. Hansjakob, Sandhaas und der Gründer der Offenburger SS, in: Die Ortenau (83) 2003, S. 83–85.

[76] *Fräulein Johanna Schwanz entspricht erscheinungsbildlich nicht den Ausleseanforderungen der Schutzstaffel. Das Rassenamt erhebt gegen Erteilung der Heiratsgenehmigung starke Bedenken.* Zit. aus: Ebd., S. 85. Zur Thematik der SS-Paare: K. HIMMLER, »Herrenmenschenpaare«. Zwischen nationalsozialistischem Elitebewusstsein und rasseideologischer (Selbst-)Verpflichtung, in: M. KRAUSS (Hg.), Sie waren dabei. Mitläuferinnen, Nutznießerinnen, Täterinnen im Nationalsozialismus (Dachauer Symposien zur Zeitgeschichte 8), Dachau 2008, S. 62–79.

nis genommen. Dies umsomehr, als ich gerade in diesen Tagen auf eine 10jährige Zugehörigkeit zur Schutzstaffel zurückblicken konnte. Ich habe mich im Interesse meiner beiden Kinder und einer geordneten Weiterführung meines Haushaltes entschlossen, die eheliche Verbindung mit Fräulein Johanna Schwanz einzugehen, weil ich damit den letzten Wunsch meiner sterbenden Frau erfülle. Schweren Herzens nehme ich hiermit Abschied von der Schutzstaffel und meinen SS-Kameraden, mit denen ich in zahllosen politischen Auseinandersetzungen in der Kampfzeit bis auf den heutigen Tag kämpfen, arbeiten und opfern durfte. Meinen freiwilligen Austritt aus der Schutzstaffel bitte ich mir schriftlich bestätigen zu wollen.
Es lebe die Schutzstaffel, es lebe unser grosser Führer!
Heil Hitler! Fritz Traube[77]

Richard Mundinger

Die Liebe bzw. zumindest die Liebe zur Ordnung im Haushalt war in diesem Fall stärker als die Rassenideologie. Dass die Liebe zu einer Frau einen Parteigründer der ersten Stunde zur Gegnerschaft bewegen konnte, verdeutlicht der Lebenslauf von Braumeister Richard Mundinger[78]. Er gehörte während seiner Schulzeit zum Kreis der völkischen Jugendcliquen und verließ 1923 mit der Obersekundareife die Oberrealschule. Nach einer zweijährigen kaufmännischen Lehre machte er eine Brauereilehre in Freiburg und arbeitete danach in mehreren auswärtigen Brauereien, bis er 1930 die Ausbildung zum Braumeister erfolgreich abschloss. Danach arbeitete er als Braumeister in Dillingen. Dort trat er 1930 in die SA und NSDAP ein. Als Eintrittsgrund nannte Mundinger in seinem Entnazifizierungsverfahren *die damalige Wirtschaftskrise, die dann in Dillingen besonders spürbar wurde. Auch gefiel mir die Forderung der Partei, sich sportlich zu betätigen*[79]. Nach mehreren Konflikten mit anderen SA-Mitgliedern erfolgte im gleichen Jahr der Ausschluss. 1931 trat er schließlich in die SS und später in die Waffen-SS ein. 1934 zog er nach Offenburg zurück, um mit seinem Bruder Paul die »Brauerei Mundinger« zu gründen. In seiner Heimatstadt wurde er sofort zum SS-Scharführer befördert. Mundingers SS-Karriere dauerte nicht lange an. Er schreibt: *Denn ich wollte ein Mädel heiraten, das nicht rein arisch war*[80]. Die protestantische Lehramtskandidatin Rosa Raber[81] hatte jüdische Großeltern und war für einen SS-Mann als Ehefrau aus rassenideologischen Gründen nicht tragbar. Mundinger stellte beim SS-Rassenamt ein Gesuch, die Genehmigung dennoch zu erteilen. Die örtliche Partei und Arbeitsfront setzte Mundingers Braut unter Druck, sie musste ihre Arbeitsstelle verlassen, Mundinger wurde befohlen, vor den Kreisleitern in Mannheim und Offenburg anzutreten. Der Offenburger Kreisleiter Rom-

---

[77] Ebd.
[78] (1908–1980).
[79] StAF D 180/2 Nr. 216123. Die Informationen stammen aus der Anlage zum Meldebogen Richard Mundingers auf Grund des Gesetzes zur Befreiung vom Nationalsozialismus und Militarismus vom 25.9.1948.
[80] Ebenda.
[81] Rosa Raber (1911–1980) war laut Auskunft des Stadtarchivs Mannheim evangelisch. Die Einwohnermeldekartei enthält den Eintrag: »Großeltern beiderseits Juden!«. Eintrag zum Berufsstand zunächst »Studentin«, dann »Lehrerin«.

bach, der Mundinger aus der »Kampfzeit« gut kannte, drohte mit *Besserungslager* und geschäftlichem Boykott. Am Tag nach der Besprechung erhielt Mundinger die einstweilige Verfügung seines Parteiausschlusses[82].

Aus einem Briefwechsel mit dem Schriftsteller und Journalisten Heinrich Binder, der in Mundingers Entnazifizierungsakte überliefert ist, lässt sich eine wachsende Abscheu vor der NS-Rassenpolitik erkennen. In der Korrespondenz kommt auch der Verein »Vereinigung 1937 e.V.« zur Sprache, der sich für zum Christentum konvertierte Juden einsetzte[83]. Am 3. Februar 1938 schreibt Mundinger: *Überhaupt kennt die Gemeinheit und Ehrabschneidung im 3. Reich gegenüber diesen Menschen keine Grenzen mehr*[84]. Er berichtet auch von der immer stärker werdenden Ausgrenzung der Familienangehörigen und der Ablehnung seiner Braut durch die eigene Familie. *Diese Tatsachen, die hier gewissermaßen in der Luft liegen, werfen bei Rosel, die meines Geistes ist, Licht in die Zukunft, bei meinem Vater, der Vertreter einer nicht mutigen Welt aber nur Schatten und zwar wieder mal pechschwarze [...] Er erklärt mich unter Tränen für verrückt und gemein gegenüber der ganzen Familie und herzlos und grausam und das alles wegen eines jüdischen Weibsbilds. Und ich kann ihm doch nicht helfen. Denn wenn ich mich entscheiden muss für die Brauerei oder Familie, dann nehme ich mit Gott und Rosel das Letztere.* Was seiner Verlobten in Zukunft drohen würde, beschreibt Mundinger in einem weiteren Schreiben deutlich: *Und im 'Schwarzen Korps' las ich dieser Tage, dass es bis in 20 Jahren über Juden und Mischlinge keine Diskussion mehr gäbe, da sie bis dorthin verschwunden seien*[85].

Richard Mundinger zog aus seiner Lage die Konsequenz, verkaufte seine Brauereianteile an seinen Bruder, zog aus Offenburg weg und versteckte seine Verlobte. Rosa Raber brachte 1939 das gemeinsame Kind zur Welt, während er eine Ausreise nach Südamerika organisierte. Mundingers Pläne scheiterten, nachdem er 1940 an die Ostfront einberufen wurde. Das Paar überlebte und heiratete 1948. Wenig später führten Richard und Rosa Mundinger die Gaststätte und Brauerei Mundinger fort. Richard Mundinger wurde ein renommierter Brauexperte und bekam 1978 das Bundesverdienstkreuz verliehen[86].

Mundingers und Traubes Beispiele zeigen, dass bei allen politischen Übereinstimmungen durch ein nicht vorhersehbares persönliches Ereignis oder durch Gefühle Erfahrungs- und Handlungsstrukturen revidiert und unterbrochen werden können. Welche Schlussfolgerungen lassen sich daraus ziehen? Dazu wäre eine stärkere Berücksichtigung der Genderperspektive erforderlich. So finden wir einerseits zwei Frauen, die ihren Partner dazu überreden konnten, aus einer prestigeträchtigen SS-Karriere auszusteigen, andererseits auch Nationalsozialisten, deren Ehefrau ebenfalls ein Amt in der Partei innehatte, was zu einem politischen Engagement der ganzen Familie führte.

---

[82] Alle Zitate stammen aus: StAF D 180/2 Nr. 216123 (wie Anm. 79).
[83] Vgl. M. GAILUS/H. LEHMANN (Hg.), Nationalprotestantische Mentalitäten in Deutschland (1870–1970). Konturen, Entwicklungsbilder und Umbrüche eines Weltbildes, Göttingen 2005, S. 316.
[84] StAF D 180/ Nr. 216123, hier: Schreiben R. Mundingers an Herrn Binder vom 3.2.1938.
[85] StAF D 180/ Nr. 216123; hier: Schreiben R. Mundingers an Herrn Binder vom 26.2.1938.
[86] Vgl. Offenburger Tageblatt vom 31.3.1978.

Fazit

Am Beispiel der neun Mitbegründer der Offenburger NSDAP lässt sich trotz der beschriebenen Abweichungen ein Muster erkennen. Sie stammten aus dem gleichen sozialen und kulturellen Milieu und wurden zum gleichen Zeitpunkt durch bestimmte Einflüsse des Familienhauses und der Schule politisiert. Es kam zu einer synchronen Entwicklung des seit der Jugend gepflegten freundschaftlichen Umfeldes, das sich der neu entstehenden NS-Bewegung zuwandte. Die hier vorgestellten Personen betrachteten die NS-Bewegung in diesem Kontext als eine persönliche, »berauschende« Erfolgsgeschichte. Die Tatsache, dass die NSDAP die Macht im Staat übernommen hatte, bedeutete für sie in der Regel einen beruflichen Karriereschub und einen Zuwachs an sozialer Anerkennung. Der Nationalsozialismus gab ihnen nicht nur die Chance zum sozialen Aufstieg, sondern auch »die Möglichkeit endlich großflächig den ›Volkskörper‹ zu sanieren und Konflikte der 1930er Jahre mit autoritären und modernen Instrumenten zu befrieden«[87]. Mehrere von ihnen engagierten sich in der SA und SS, d. h. sie waren nicht nur Schreibtischtäter, sondern beteiligten sich auch persönlich an Verfolgungsmaßnahmen.

Auch wenn es gegen Ende der NS-Herrschaft bei einigen zu partiellem Dissens und Kritik gekommen war, wurde das Regime nicht als schlechthin böse betrachtet. Erst der Kriegseinsatz, Verwundungen, Gefangenschaft und Internierung und die daraus resultierende Enttäuschung lassen eine schrittweise Distanzierung vom Nationalsozialismus vermuten. Der Beifall im Gerichtssaal für Ludwig Zind von 1958 lässt allerdings große Zweifel aufkommen, ob wir tatsächlich von einer grundsätzlichen Abkehr ausgehen können. Nach dem Ende der Entnazifizierung, die für viele einen temporären biografischen Einschnitt brachte, vereinte sich das große Heer der Mitläufer und Täter beim Aufbau der frühen Bundesrepublik. Letztendlich wurden die Protagonisten dazu gezwungen, sich an das »verhasste parlamentarische System« anzupassen. Ihre völkischen Ressentiments gegenüber der »amerikanischer Kultur« und dem westlichen Liberalismus pflegten viele im Stillen weiter und konnten diese im Sammelbecken der Abendland-Ideologen gemeinsam mit nationalkonservativen Katholiken weiterpflegen.

Einige von ihnen beteiligten sich aktiv am Aufbau der Bundesrepublik und wurden mit Straßenschildern und Nachrufen unter Auslassung der Jahre vor 1945 geehrt. Dass diese erstaunliche friedliche Anpassungsleistung funktionieren konnte, lag zu einem nicht zu unterschätzenden Teil an den ungebrochen funktionierenden kleinstädtischen Subsystemen samt seinen, wie Paul Noack schreibt, »Rücksichtnahmen, Verflechtungen und sozialen Abhängigkeiten«. Ludwig Zind entlarvte 1957 ungewollt das allgemeine Schweigen, indem er als einer der wenigen öffentlich aussprach, was die Mehrheit seiner Altersgenossen immer noch dachte: Eine Gesellschaft der Grenzziehung zwischen »Volksgenossen« und »Gemeinschaftsfremden« und der Etablierung »volksgemeinschaftlicher Hierarchien«[88].

---

[87] Süss (wie Anm. 14), S. 12.
[88] W. Süss/M. Thiessen, Nationalsozialistische Städte als Handlungsräume: Einführung, in: Dies. (Hgg.), Städte im Nationalsozialismus. Urbane Räume und soziale Ordnungen (Beiträge zur Geschichte des Nationalsozialismus 33), Göttingen 2017, S. 12.

Kommunale Eliten unter Druck.
Das Beispiel des Rotary Clubs Mannheim bis 1937

VON ULRICH NIEß
UNTER MITARBEIT VON KAREN STROBEL[1]

In unserer heutigen Zeit, in der sehr viel von Netzwerken die Rede ist, dürfte es mit Blick auf das Tagungsthema spannend sein, nach den Netzwerken kommunaler Eliten aus lokaler Verwaltung, Politik, Wirtschaft und Gesellschaft um 1930 zu fragen. Wie haben diese auf die epochale Veränderung 1933 reagiert? Rotary stellt ein solches internationales Netzwerk dar, das als damals noch junge Einrichtung von einem besonderen Sendungsbewusstsein getragen war: Dem Eigenverständnis nach verstand sich Rotary als eine überkonfessionelle wie überparteiliche Gemeinschaft, die sich dem Dienst an der Völkerverständigung und sozialem Engagement verschrieben hatte. Zudem war es der Organisation erst wenige Jahre vor 1933 gelungen, in Deutschland Fuß zu fassen. In der Regel rekrutierten sich ihre Mitglieder aus Eliten, die die Weimarer Republik bejahten – und doch ist die Geschichte von Rotary in Deutschland zwischen 1933 und 1937 alles andere als ein Ruhmesblatt. Dies soll nachfolgend am Beispiel der Stadt Mannheim gezeigt werden.

Ein heftiger Briefwechsel um die Rolle des RC Mannheim 1946

Die interne Kontroverse um die Bewertung der Rolle Rotarys vom Epochenjahr 1933 bis zur Selbstauflösung aller deutschen Rotary Clubs 1937 beginnt in Mannheim bald nach Kriegsende. Im Juli 1946 kam es zu einem scharfen Briefwechsel zwischen dem Sozialdemokraten und ehemaligen Mannheimer Oberbürgermeister Dr. Hermann Heimerich, den die Nazis im März 1933 aus dem Amt gejagt hatten, und Dr. Fritz Marguerre, der von 1923 bis 1952 dem Großkraftwerk Mannheim vorstand *(Abb. 1 und 2)*. Marguerre hatte

---

[1] Der Autor dankt besonders seiner Mitarbeiterin Karen Strobel für ihren unermüdlichen Einsatz bei der Quellensichtung, deren Zusammenstellung und Analyse. Ohne ihre intensiven Vorarbeiten wäre diese quellenorientierte Darstellung nicht möglich gewesen. Für kritische Lektüre des Manuskripts danke ich ferner sehr Dr. Anja Gillen und Dr. Hanspeter Rings. Die vorliegenden Ausführungen wollen nur einen ersten Einblick in die facettenreiche Geschichte des Mannheimer Rotary Clubs zwischen 1930 und 1937 geben. Eine ausführliche Darstellung ist in Vorbereitung.

Abb. 1 Hermann Heimerich (1885–1963), Oberbürgermeister von Mannheim von 1928–1933 und 1949-1955. Aufnahme um 1950

1946 bei Heimerich angefragt, ob er nicht abermals Mitglied im wieder neu zu gründenden Rotary Club Mannheim werden wolle.

Heimerich war 1933 unfreiwillig aus seinem Amt und damit auch aus dem Club geschieden und hatte sich gezwungenermaßen in Berlin als Wirtschaftsanwalt niedergelassen. 1934 war er um Aufnahme in den Rotary Club seiner neuen Wahlheimat bemüht gewesen, doch hatte ihm der Mannheimer Club ein entsprechendes Empfehlungsschreiben verweigert. Als Präsident der Mannheimer agierte damals just jener Fritz Marguerre, der ihn nach dem Krieg wieder für den Club zu gewinnen suchte. So ist nur zu verständlich, dass bei Heimerich die alte Wunde aufbrach: *Aber die Rotary-Sache stört mich nach wie vor doch außerordentlich. Der Rotary-Club in Mannheim hat sich in jeder Beziehung unmöglich benommen. Es ist doch auch so gewesen, daß man ihn im Jahr 1933 zu einem bestimmten Zeitpunkt aufgelöst hat, damit [er] die belasteten Mitglieder losgeworden ist und sich dann zu einer neuen Clubmitgliedschaft zusammengefunden hat. Da wäre es schon weit besser gewesen, den Club überhaupt nicht mehr zu erneuern. Mindestens können doch heute diejenigen, die an diesen früheren Vorgängen irgendwie beteiligt waren, den Klub nicht wieder aufbauen. [...] Diese Sache habe ich heute nach 13 Jahren noch nicht ganz ver-*

Abb. 2 Friedrich Karl »Fritz« Marguerre (1873–1964), Vorstandsvorsitzender der Großkraftwerk Mannheim AG von 1921 bis 1952. Aufnahme 1954 von Tina Binz

wunden und ich wollte nicht mehr daran erinnert werden, was eben durch Ihre Einladung vom 12. Juli geschehen ist[2]. Die prompte Antwort Marguerres fiel ebenso klar wie unfreundlich aus: *Was nun aber das allgemeine Verhalten der Clubs in der Krisenzeit 1933 angeht, so habe ich die Gründe dafür in meinem vorigen Brief schon angedeutet. Der Entschluss war weder für den Einzelnen noch für den Club ein leichter und er [ist] auch nicht leichthin gefasst worden [...] Ich kann nicht schließen ohne den Hinweis, daß es mir ohne die angenehme Erinnerung an unsere frühere Zusammenarbeit nicht möglich gewesen wäre auf Ihre aggressiven Briefe so sachlich zu antworten und einige sehr naheliegenden Fragen nicht*

---

[2] 26.7.1946, MARCHIVUM, Nachlass Hermann Heimerich, Zug. 24/1972, Nr. 83. Zu den Personen vgl. A. Tarokic, Hermann Heimerich. Ein Mannheimer Oberbürgermeister im Spiegel seines Nachlasses (Sonderveröffentlichung des Stadtarchivs Mannheim – Institut für Stadtgeschichte 30), Mannheim 2006; P. Matussek, Fritz Marguerre, in: U. Nieß/ M. Caroli (Hgg.), Die höchste Auszeichnung der Stadt. 42 Mannheimer Ehrenbürger im Porträt (Kleine Schriften des Stadtarchivs Mannheim 18), Mannheim 2002, S. 117–120.

zu stellen. Ich kann mir von der Fortsetzung der Korrespondenz keinen Nutzen versprechen und glaube, daß das beste wäre, sie der Vergessenheit anheimfallen zu lassen[3].

Beide, Heimerich wie Marguerre, stritten sich also über die Bewertung der Rolle des Mannheimer Rotary Clubs, aber damit stellvertretend über diejenige der deutschen Rotary Clubs im Jahr 1933, als vermutlich fast ein Drittel der Vereinsangehörigen aus den Mitgliederlisten verschwand. Beide Protagonisten lassen in der Sache versöhnliche Töne vermissen, worauf noch zurückzukommen ist. Zunächst interessiert, warum Rotary nach Deutschland kam und was es mit diesem Schicksalsjahr 1933 für Rotary in Mannheim, in Deutschland, doch auch auf internationaler Ebene auf sich hat.

Wie alles begann: Die Anfänge von Rotary

Wann kam Rotary nach Deutschland? Begonnen hatte bekanntlich alles 1905 in Chicago. Und wenn heute jeder Rotarier, jede Rotarierin noch einen Namen aus der Frühzeit nennen kann, dann ist es der des *spiritus rector* Paul Harris. Am Abend des 23. Februar 1905 traf Rechtsanwalt Harris sich mit vier Freunden in seinem Büro, und man vereinbarte regelmäßige Treffen: Der erste Rotary Club war geboren. Im Oktober desselben Jahres zählte er bereits 30, gut ein Jahr später schon 80 Mitglieder[4]. Man begegnete sich nun beim gemeinsamen Tisch in angemessenen Lokalitäten, da Büroräume für die Meetings zu klein und unkomfortabel geworden waren. Die Grundidee des Clubs beruhte darauf, Geschäftsleuten eine Möglichkeit zu geben, sich zu vernetzen und gegenseitig zu unterstützen und damit auch ein besonderes, ethisch fundiertes Mit- und Füreinander zu entwickeln[5]. 1908 wurde bereits in San Francisco ein zweiter Rotary Club gegründet. Die rotarische Idee begann sich auszubreiten, dazu gehörte auch, sich untereinander mit »Freund« anzureden, weshalb meist von den »rotarischen Freunden« gesprochen wird[6].

Einige Rotarier des Chicagoer Clubs hatten zudem mit ihrem Einsatz für Hilfsbedürftige die Club-Zielsetzung erweitert. Diese karitative Selbstverpflichtung des Mutterclubs fand Nachahmer[7]. Auf der ersten Convention 1910, an der 60 Rotarier mit Angehörigen und Vertretern von 14 der 16 bis dahin existierenden Clubs teilnahmen, entstand die »National Association of Rotary Clubs«. Dort wurden auch die ersten fundamentalen Regeln gemeinsam festgelegt, ferner das erste »Board of Directors« sowie der erste Präsident in Gestalt von Gründer Paul Harris gewählt. Ab 1911 gab man ein eigenes Clubmagazin heraus, das ab 1912 den Titel »The Rotarian« trug. Von Anfang an

---

[3] 4.8.1946, MARCHIVUM, Nachlass Hermann Heimerich, Zug. 24/1972, Nr. 83.
[4] Vgl. D. C. FORWORD, A Century of Service. The Story of Rotary International, Evanston 2003, S. 26 f.; M. WEDEMEYER, Den Menschen verpflichtet. 75 Jahre Rotary in Deutschland. 1927–2002, Hamburg 2002, S. 17 f.; P. ERDMANN, Rotarier unterm Hakenkreuz. Anpassung und Widerstand in Stuttgart und München, Leipzig 2018, S. 25 ff. Eigendarstellung u. a. https://rotary.de/was-ist-rotary/geschichte/der-aelteste-serviceclub-der-welt-a-5444.html (URL-Abfrage vom 27. April 2018)
[5] Vgl. FORWORD (wie Anm. 4), S. 63.
[6] Vgl. FORWORD (wie Anm. 4), S. 36 f.; ERDMANN (wie Anm. 4), S. 27 f.
[7] Vgl. FORWORD (wie Anm. 4), S. 63.

galt das Annuitätsprinzip, d.h. die Vorstandswahlen in den einzelnen Rotary Clubs ebenso wie die »Conventions« fanden jährlich statt. Wiederwahl war möglich, aber im Spitzenamt, also bei den Clubpräsidenten bzw. dem Weltpräsidenten für Rotary International, und auf damaliger Länderebene bei den sogenannten Distrikts wechselte man üblicherweise jährlich – mit einer bezeichnenden Ausnahme: Chesley »Ches« Perry sollte den Posten des Generalsekretärs im »Board of Directors« von 1910 bis 1942 innehaben. Perry war der eigentliche Cheforganisator, die graue Eminenz, auf die noch zurückzukommen ist.

Das bekannte Symbol der Clubs, das rotarische Rad, geht übrigens auf Paul Harris zurück, der im Wagenrad das Zeichen für Zivilisation und Weiterentwicklung sah[8]. Daraus entstand ein Gewinderad, das die Möglichkeit des Ineinander-Übergreifens eröffnet und damit zusätzlich die Zusammenarbeit aller Rotarier symbolisiert.

Wie kam nun Rotary nach Deutschland und nach Mannheim? Zwar waren schon vor 1914 in England und Irland erste Clubs, war damit Rotary International entstanden. Doch dann vereitelte der Erste Weltkrieg eine weitere Ausbreitung. Erst nach 1918 kam es in China, Japan und Afrika zu einem regelrechten »Gründungshype«. Auf dem europäischen Festland dauerte es aber noch bis 1920, bevor der RC Madrid als erster aus der Taufe gehoben wurde[9]. Es folgten 1921 Paris, 1922 Amsterdam und Oslo, 1923 Brüssel und Mailand, 1924 Zürich, 1925 Wien und Lissabon und 1926 Stockholm[10].

Da die Feindschaften in den Köpfen noch recht ausgeprägt waren, wurde das sechste Ziel, das Rotary International 1921 formulierte und dessen Fokus auf gegenseitigen Friedensbemühungen und der Schaffung von Vertrauen (»goodwill«) lag, zu einem der wichtigsten rotarischen Vorhaben in Europa[11]. Dem dänischen Rotarier Thomas C. Thomsen oblag als eigens von Rotary International beauftragtem Kommissar die strategische Leitung der Expansion in Europa. Er stellte ein Komitee mit Mitgliedern aus acht europäischen Ländern zusammen, das die konkrete Gründung von Klubs vorbereitete. Für Deutschland konnten der Direktor der deutsch-amerikanischen HAPAG und Reichskanzler a.D. Wilhelm Cuno in die Planungen miteinbezogen werden. Am 7. Oktober 1927 fand die Gründungsversammlung des ersten deutschen Klubs, des RC Hamburg, statt[12], der unter der Patenschaft des RC San Francisco stand. Der damalige Weltpräsident von Rotary International Arthur H. Sapp und Generalsekretär Chesley Perry wohnten am 8. Oktober in Hamburg der sogenannten Charterfeier bei, also der Übergabe der Gründungsurkunde und damit der Anerkennung durch *Rotary International*. Schon hier zeigt sich, dass *Rotary International* bei der Mitgliederauswahl vor Ort ein sehr klares Profil anstrebte. So berichtet Thomsen: *2 Jahre, bevor wir mit der endgültigen Gründungsarbeit ans Werk gingen, hatte ein internationaler Ausschuß die Namen von geeigneten Männern in den sieben deutschen Städten gesammelt, in welchen wir die ersten Clubs zu*

---

[8] Vgl. ebd., S. 68–71.
[9] Vgl. ebd., S. 80.
[10] Siehe unter http://www.rotary1810.de/distrikt/07_downloads/dokument53_Geschichte_des_Distrikts.pdf (URL-Abruf am 16.05.2017).
[11] Vgl. FORWORD (wie Anm. 4), S. 80; WEDEMEYER (wie Anm. 4), S. 22 ff.
[12] Vgl. FORWORD (wie Anm. 4), S. 82. Einen Tag später am 8. Oktober 1927 erhielt der RC Hamburg die Charter mit der Nummer 2676. Vgl. WEDEMEYER (wie Anm. 4), S. 28–33.

errichten beschlossen hatten, nämlich in Hamburg, Frankfurt a. M., Köln, Stuttgart, München, Dresden und endlich Berlin. [...] Es wurde daher beschlossen, die deutschen Clubs auf einem hohen sozialen Niveau zu begründen [...] mit reichlichem Einschlag von Künstlern und Akademikern [...], um später den Ausbau mit den niedrigeren Erwerbszweigen fortzusetzen[13].

Während in Amerika üblicherweise auch zahlreiche Landwirte und Handwerker in den Clubs vertreten waren, zeichneten sich die frühen Clubs in Deutschland dadurch aus, dass die meisten Rotarier aus dem Groß- und Bildungsbürgertum stammten. Eine statistische Zusammenstellung vom September 1931 in »Der Rotarier« – dem deutschen Pendant zu »The Rotarian« – zeigt die sozialen Gruppierungen auf, aus denen sich die 1282 Mitglieder der 35 Klubs im 1929 geschaffenen 73. Distrikt von Rotary International (Deutschland, Österreich und Danzig) zusammensetzten[14]: 144 Professoren, 83 Anwälte, 79 Ärzte, 67 Generaldirektoren, 67 Künstler, 61 Vertreter des Bankgewerbes, 30 Journalisten/Schriftsteller/Zeitungsverleger, 20 Oberbürgermeister, 21 Hoteliers, 17 Landwirte, einige hochrangige frühere Politiker wie Reichskanzler a. D., Reichsminister, Staatssekretäre, Minister und nur 3 Geistliche. Insgesamt ein sehr elitärer Kreis. Und dieser schmückte sich gerne mit Aushängeschildern wie dem Schriftsteller Thomas Mann[15], der als Gründungsmitglied des RC München auf der ersten rotarischen Regional-Konferenz für Europa und Afrika in Den Haag am 12. bis 14. September 1930 eine Rede hielt.

Außerdem war es bei Städten üblich, möglichst den Oberbürgermeister für Rotary zu gewinnen, wobei auch für ihn keine Ausnahme von der Verpflichtung zu regelmäßiger Teilnahme an den einmal wöchentlich stattfindenden Meetings – die Mindestquote lag bei 60 % – gemacht wurde. Weder ein Konrad Adenauer in Köln noch ein Carl Neinhaus in Heidelberg ließen sich davon abschrecken, und eben auch nicht Hermann Heimerich in Mannheim.

Die Anfänge des Mannheimer Clubs

Heimerich war wohl schon früh kontaktiert worden, bevor dann am 28. Juni 1930 im Palasthotel *Mannheimer Hof* in der Augusta-Anlage (heute Hotel Leonardo) der 16. Rotary Club in Deutschland zur Gründung kam *(Abb. 3)*.[16] Und Heimerich hat erkennbar

---

[13] Vgl. Der Rotarier 1929/30, S. 321.
[14] Statistische Auflistung unter dem Titel »Der 73. Distrikt unter der Lupe des Statistikers« von E. K. in: Der Rotarier 1931, S. 349–351.
[15] Vgl. ERDMANN (wie Anm. 4), S. 320.
[16] Das Archiv des 73. Distrikts von Rotary International für den Zeitraum von 1927 bis 1937, dem die deutschen und österreichischen Clubs angehörten, ist nahezu vollständig erhalten. Es wurde nach der Selbstauflösung der Clubs durch lokale Stellen des Sicherheitsdienstes des Reichsführers SS (SD) und der Gestapo im Herbst 1937 beschlagnahmt und mehrfach ausgelagert. Es befand sich ab 1957 im Zentralen Staatsarchiv der DDR, Außenstelle Merseburg, und kam nach dem Fall der Mauer ins Geheime Staatsarchiv Preußischer Kulturbesitz in Berlin-Dahlem unter der Bestandssignatur I. HA Rep. 228 (im Folgenden zitiert unter: GStA PK, I. HA Rep. 228). Auch die Mannheimer Wochenberichte haben sich in Berlin-Dahlem erhalten. Eine vollständige Kopie der Mannheimer Betreffe, insbesondere der Wochenberichte und Korrespon-

Abb. 3   Das Palasthotel Mannheimer Hof nach seiner Eröffnung am 8. Juni 1929. Deutlich ist der Kontrast zwischen dem modernen Neubau und der von Neubarock und Jugendstil geprägten Architektur am Friedrichsplatz. Bis heute trifft sich hier der RC Mannheim zum Meeting

nach und nach enge Mitarbeiter in den Club gebracht: So den Leiter der später in der Universitätsbibliothek aufgegangen Schlossbibliothek, Dr. Wilhelm Fraenger, den Kunsthallendirektor Dr. Gustav Hartlaub oder den Generalintendanten des Nationaltheaters Herbert Maisch; doch auch den Stadtsyndikus Dr. Fritz Cahn-Garnier, ferner politische Weggefährten wie den SPD-Fraktionschef im Bürgerausschuss Dr. Franz Hirschler. Sie alle stießen früh dazu und arbeiteten gleichzeitig gemeinsam mit Heimerich an der »Lebendigen Stadt«. Diese damals von der Stadtverwaltung ins Leben gerufene Zeitschrift sollte programmatisch das Image Mannheims als »Stadt der Arbeit und der Kultur« unterstreichen.[17] Der hohe Grad an Akademisierung des ersten Mannheimer Rotary Clubs wird allein darin deutlich, dass von den knapp 30 Gründungsmitgliedern nicht weniger als 20 einen Doktor-, einige auch einen Professorentitel trugen. Die größte Gruppe stellte die Geschäfts- und Unternehmerwelt. Von Beginn an war auch hier die erste Garde der Region vertreten, z. B. Otto Freudenberg für das gleichnamige Wein-

---

denzen, findet sich in MARCHIVUM, Dokumentation, Nr. 49. Die Gründungsversammlung vom 28. Juni 1930, auf der die Clubpräsidenten von Baden-Baden, Frankfurt und Stuttgart sprachen, da Governor Cuno verhindert war, ist ausführlich dokumentiert im Wochenbericht Nr. 5, in: GStA PK, I HA 228 Nr. 1333.

[17]   Vgl. TAROKIC (wie Anm. 2), S. 53–56.

heimer Familienunternehmen, Dr. Fritz Gebhard für die Mannheimer Motorenwerke, Gottlieb Jaeger für die Rheinschifffahrts AG oder Wilhelm Voegele von der Voegele AG. Weitere Wirtschaftsgrößen sollten bald hinzukommen, so beispielsweise die Direktoren Hans Sääf und Dr. Walter Raymond von BBC bzw. den Süddeutschen Kabelwerken. Neben dieser Gruppe fanden sich mehrere hochrangige Bankdirektoren und vor allem Rechtsanwälte unter den Gründern, so etwa Prof. Dr. Karl Geiler, der nach 1945 als erster Ministerpräsident des Bundeslandes Hessen fungierte. Dabei wohnten die meisten Mannheimer Rotarier in dem vornehmen Villenviertel in der Oststadt. Politisch nahmen die Mitglieder, soweit dies überhaupt bekannt ist, durchweg eine die Weimarer Republik bejahende Grundhaltung ein, waren, wenn man so will, eine bürgerlich-demokratische Funktionselite. Frühe Nationalsozialisten sind mit einer bezeichnenden Ausnahme nicht nachweisbar: Als im Oktober 1930 mit dem Ingenieur Dr. Fritz Reuther der Mitinhaber der großen Armaturenfabrik Bopp & Reuther angeworben wurde, trat dieser zunächst zwar ein, verließ den Club aber nach nur wenigen Monaten wieder[18]. Reuther engagierte sich offiziell ab 1932 in der NSDAP und spielte als »Betriebsführer« eine aktive Rolle in der NS-Zeit. Und noch etwas sticht in Mannheim deutlich hervor: Relativ viele Clubmitglieder waren Juden oder mit einer Jüdin verheiratet – ein Umstand, dem 1933 entscheidende Bedeutung zukommen wird.

Doch noch ist es nicht so weit. Noch wurden rotarische Gesinnung und Grundüberzeugungen wie der Einsatz für Völkerverständigung propagiert und nach außen getragen. So hielt Ludwig Grote, Clubpräsident des Patenclubs Frankfurt/Main, am 16. Juni 1930 die Eingangsrede auf der wöchentlichen Versammlung und wies den Mannheimer Neurotariern im üblich pathetischen Ton den gemeinsamen Weg: *Rotary predigt somit nicht den Frieden der Welt, sondern es bewirkt ihn und führt ihn zwangsläufig herbei.[....] Der Rotary Club einer Stadt hat den ersten und greifbaren Sinn darin, in seinen Reihen Männer zu vereinigen, die die wirklich treibenden und wirkenden Kräfte dieses Gemeinwesens repräsentieren*[19].

Der Mannheimer Club erhielt am 2. August 1930 die Charter mit der Nummer 3355. Die eigentliche Charterfeier sollte im November 1930 im Bibliothekssaal des Schlosses stattfinden, doch ein praktisches Problem machte diesen Plan zunichte. Weder die Bibliothek noch der Rittersaal waren beheizbar – und im November konnte es recht kühl sein. Daher schlug Hermann Heimerich vor, die Charterfeier auf das Frühjahr 1931 zu verschieben[20]. Aus dem Frühjahr wurde Sommer, denn man beschloss, die Charter gemeinsam mit dem gerade gegründeten RC Karlsruhe und dem gleichfalls noch jungen RC Heidelberg zu begehen. Und es wurde gleich, wie es sich für Kurpfälzer gehört, an zwei Tagen gefeiert: Am 4. und 5. Juli 1931 im Mannheimer und im Heidelberger Schloss – und dies mitten in der tiefsten Wirtschaftskrise! Die Kunde von dem großen Fest ging

---

[18] Dr. Fritz (eigentlich: Friedrich) Reuther (1882–1967) nahm nach seiner offiziellen Aufnahme am 13. Oktober 1930 nur noch bei einem Meeting am 10. November 1930 teil. Der Wochenbericht Nr. 41 vom 30. März 1931 (in: GStA PK, I HA 228 Nr. 1333) vermerkt nüchtern: *Dr. Fritz Reuther ist ausgeschieden*. Näheres zu Reuthers früher Nähe zur NSDAP ergibt sich u. a. aus den Auszügen seiner Spruchkammerakte und einem von ihm gefertigten Memorandum vom 1. Mai 1947. Vgl. MARCHIVUM, Nachlass Hans Reuther, Zug. 26/2006, Nr. 1.
[19] Vgl. Wochenbericht Nr. 3 vom 16.6.1930, in: GStA PK, I HA 228 Nr. 1333.
[20] Vgl. Wochenbericht Nr. 13 vom 1.9.1930, in: GStA PK, I HA 228 Nr. 1333.

bis nach Amerika. So veröffentlichte »The Rotarian« ein Bild von der hiesigen Aufführung der Molière'schen Komödie Tartuffe, die auf dem Festprogramm stand. Nicht weniger als 200 Rotarier, darunter Reichskanzler a. D. Wilhelm Cuno waren gekommen.[21]. Vertreter entsandten etwa die Clubs aus Aachen, Basel, Dresden, Frankfurt, Innsbruck, Hamburg, Köln, Luxemburg, Linz, Nürnberg, Plauen, Straßburg, Stuttgart und Wiesbaden. Ja, in letzter Minute meldeten sich sogar noch drei nordamerikanische Rotarier mit Begleitung an. Wenn man bedenkt, dass es damals reichsweit, inklusive Österreich, bestenfalls 1.000 Rotarier in Deutschland gab, nimmt sich der Zuspruch enorm aus. Festredner war der ehemalige badische Staatspräsident und Universitätsprofessor Willy Hellpach[22], der in seiner durchaus auch launigen Rede unter anderem nationale Eigenheiten ausführte und für Deutschland konstatierte: *Rotary ist, lokal betrachtet, der zeitgemäß veränderte gute Stammtisch von einst. [...] Zwar scheuen wir keineswegs den Ruf, daß wir Weltverbesserer seien! Wir bekennen uns sogar dazu [...] Nein, wir wollen die Welt verbessern; wir wollen keineswegs bloß an je einem Wochentage miteinander essen und plaudern*[23].

So schien die rotarische Welt noch in Ordnung, auch wenn Hellpach gleichfalls mahnend von einer *rapide fortschreitenden Zerrüttung der öffentlichen Gesittung gerade in Deutschland* sprach, auf die Rotarier zu reagieren hätten. Man gab sich offiziell zwar stets unparteiisch, ja überparteiisch. Im sich verschärfenden Klima der allmählich dahinsiechenden Weimarer Republik aber wurden die Stimmen notwendigerweise politisch. So maß der amtierende Weltpräsident des rotarischen Jahres 1931/32 und Weltkriegsteilnehmer Sydney Pascall der Friedensarbeit einen besonders hohen Stellenwert bei und versuchte mit großem Nachdruck Einfluss auf die Abrüstungsdebatten zu nehmen. Er ließ dazu auch einen Rundbrief mit Diskussionsargumenten an die Clubs versenden[24].

Im Mannheimer Club debattierte man zudem häufig über verschiedene Wirtschaftsmodelle, um der wachsenden Not in der Bevölkerung Herr zu werden. Geld wurde an eine Notgemeinschaft gespendet, um Müttern Aufenthalte in Erholungsheimen zu ermöglichen. Ausgiebig diskutierte man auch die internationalen Abrüstungs- und Wirtschaftsverhandlungen. Liberale rotarische Gäste zierten die Tafel, sie dürften im Mannheimer Landgerichtsrat Prof. Dr. Friedrich Darmstädter einen Seelenverwandten getroffen haben.[25] Dessen Vortrag im Club im März 1932 wurde sogar in der deutschen Rotary-Ausgabe veröffentlicht[26]. Darmstädters Beitrag hatte geradezu prophetischen Charakter: Damit nicht die Diktatur eines einzelnen aufziehe, propagierte er den Gemeinwillen, der aus dem Bewusstsein sozialer Verantwortung entstehe, indem führende Männer gemeinsam und in Machtbegrenzung zum Wohle der Allgemeinheit agierten. Darmstädter wollte die Rotary-Bewegung als eine Verantwortungsgemeinschaft stärker

---

[21] Vgl. Der Rotarier 1931, S. 268–269.
[22] Hellpachs Rede ist komplett abgedruckt in: Der Rotarier 1931, S. 302–309.
[23] Der Rotarier 1931, S. 305.
[24] Vgl. Wochenbericht 64 vom 28.09.1931, in: GStA PK, I HA 228 Nr. 1334.
[25] Zur Biographie Darmstädters vgl. D. MUSSGNUG, Die vertriebenen Heidelberger Dozenten, Heidelberg 1988, S. 86 f.
[26] Vgl. Der Rotarier 1932, S. 98 ff.

in die Pflicht nehmen, warnte vor rechten wie linken politischen Extremen, die *nur Vorhandenes zerstören, aber nicht das Geringste aufbauen*[27].

Der Mannheimer Club setzte sich mit zahlreichen Themen und Problemen auseinander, auch mit der immer fataleren Wirtschaftskrise, dem schroffer werdenden politischen Klima und den Debatten in den städtischen Gremien, in denen es sogar zu Prügeleien zwischen Stadträten gekommen war. Heimerich forderte aber im Club, man solle sich nicht im *Klein-Klein* der Tagesgeschäfte verlieren. Und weil man groß, ja großzügig dachte, beschloss der Vorstand in Absprache mit dem neuen Governor Ernst Prinzhorn, etwa ein Dutzend führende Männer aus Ludwigshafen aufzunehmen, da dort in absehbarer Zeit keine eigene Clubgründung zu erwarten war.[28] Und wie stets wurde beim dortigen Oberbürgermeister Fritz Ecarius angefragt, der auch zunächst freudig zusagte. Aber alles änderte sich im Krisenjahr 1933.

Das Epochenjahr 1933: Rotarische Appeasementpolitik

Der 30. Januar 1933 kam, Hitler wurde zum Reichskanzler ernannt. Und das Clubleben in Mannheim ging zunächst ohne erkennbare Veränderung und ohne Aufregung weiter. In den Protokollen der Meetings ist nichts über eine clubinterne Debatte zu lesen, aktuelle politische Fragen wurden offenbar nicht besprochen. Just am 30. Januar lag die Präsenz bei ungewöhnlich niedrigen 52,5 % – eine Folge der grassierenden Grippe *(Abb. 4)*[29]. Anfang März aber, als eine Verhaftungswelle die Mannheimer Kommunalpolitik erschütterte, war es mit dem scheinbaren Refugium des Rotary Clubs vorbei. Im »Hakenkreuzbanner«, der lokalen NS-Tageszeitung, wurde über den Intendanten des Nationaltheaters Herbert Maisch gehetzt. Maisch sollte beruflich ebenso beurlaubt werden wie Hartlaub als Leiter der Kunsthalle oder Fraenger als Direktor der Schlossbibliothek. Alle drei gaben daraufhin ihre Tätigkeit auf, zogen aus Mannheim fort und verließen damit auch den Rotary Club.

Oberbürgermeister Heimerich musste am 6. März 1933 die wehende Hakenkreuzfahne am Rathaus ertragen[30]. Wenig später wurde die badische Staatsregierung abgesetzt – und auch der Mannheimer Oberbürgermeister. Er erlitt eine Nierenkolik und kam ins Krankenhaus. Bereits wenige Tage zuvor war sein wichtigster politischer Gefährte und Freund Franz Hirschler ins Saargebiet geflohen, das damals noch unter der Verwaltung des Völkerbundes stand. Hirschler hatte Warnungen erhalten, dass ihm »Schutzhaft« und KZ drohten.

Reichsweit war zudem erkennbar, dass Rotary von den neuen Machthabern kritisch gesehen wurde. Sie vermuteten in dieser Bewegung staatsfeindliche Umtriebe und setzten die Clubs mit den Freimaurern gleich. Der NS-Staat verbot Rotary zwar nicht, schrieb

---

[27] Ebd. S. 100.
[28] Vgl. Vorstandsprotokoll vom 28.10.1932, in: GStA PK, I HA 228 Nr. 1329.
[29] Wochenbericht Nr. 130 vom 3.2.1933, in: GStA PK, I HA 228 Nr. 1335.
[30] Vgl. TAROKIC (wie Anm. 2), S. 77f; M. CAROLI, 1933–1939. Keine »Hauptstadt der Bewegung«, in: DERS./U. NIEß (Hgg.), Geschichte der Stadt Mannheim, Band 3 (1907–2007), Heidelberg 2009, S. 233 ff.

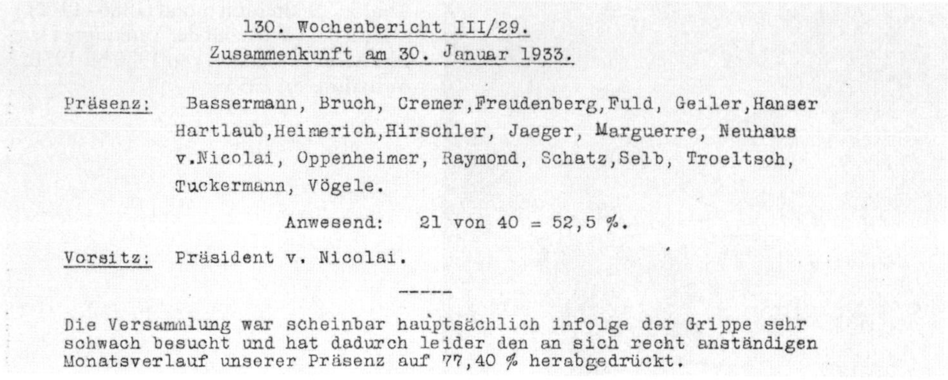

```
            130. Wochenbericht III/29.
            Zusammenkunft am 30. Januar 1933.

Präsenz:  Bassermann, Bruch, Cremer, Freudenberg, Fuld, Geiler, Hanser
          Hartlaub, Heimerich, Hirschler, Jaeger, Marguerre, Neuhaus
          v.Nicolai, Oppenheimer, Raymond, Schatz, Selb, Troeltsch,
          Tuckermann, Vögele.

                Anwesend:   21 von 40 = 52,5 %.

Vorsitz:  Präsident v. Nicolai.

                        -----

Die Versammlung war scheinbar hauptsächlich infolge der Grippe sehr
schwach besucht und hat dadurch leider den an sich recht anständigen
Monatsverlauf unserer Präsenz auf 77,40 % herabgedrückt.
```

Abb. 4   Eine geringe Beteiligung vermerkt der Wochenbericht 130 zum 30. Jan. 1933

aber vor, dass kein NSDAP-Mitglied Rotary angehören dürfe. Und so zog sich der Ludwigshafener Oberbürgermeister Ecarius, gerade erst aufgenommen, sofort wieder aus dem Mannheimer Club zurück. In Heidelberg verlangten die NS-Funktionäre Otto Winter und Johann Wilhelm Ludowici vom dortigen Vorstand, den Club, wie es hieß, *situationsgemäß zu reinigen*, d. h. die jüdischen und regimekritischen Mitglieder auszustoßen[31]. Der ohnehin nicht sehr mitgliederstarke Rotary Club in Heidelberg löste sich noch im April 1933 auf[32], ebenso derjenige in Mainz. Die Heidelberger Entscheidung dürfte dabei durchaus auch der Intention des dortigen Oberbürgermeisters Carl Neinhaus entsprochen haben. Er hatte es, wie Fritz Ecarius in Ludwigshafen, durch eine Reihe von Zugeständnissen und den Eintritt in die NSDAP geschafft, sich im Amt zu halten. Von den drei Oberbürgermeistern der Schwesterstädte Heidelberg, Ludwigshafen und Mannheim musste nur Heimerich demissionieren. Aber auch er hatte noch versucht, sich den neuen Machthabern ein Stück weit anzudienen. So trat er am 3. April 1933 aus der SPD aus und versicherte seine Überparteilichkeit und bot sich an, *in dem jetzt neugeordneten Staat ein öffentliches Amt zu verwalten*[33]. Doch blieb ihm nur der Rückzug, zunächst nach Thüringen, dann nach Berlin, wo er, wie anfänglich erwähnt, noch 1934 die Aufnahme in den dortigen Rotary Club anstrebte.

Bereits am 4. April 1933 hatte unterdessen der Präsident des Rotary Clubs München Wilhelm Arendts, der früh Sympathien für die Nationalsozialisten zeigte und zum 1. Mai 1933 der NSDAP beitreten sollte[34], Thomas Mann und den jüdischen Mitgliedern brieflich mitgeteilt, dass sie aus der Mitgliederliste des Clubs gestrichen würden. Weitere Aus-

---

[31] Grundlegend hierzu: W. MORITZ, Der Rotary Club Heidelberg 1930–1933. Unveröffentlichtes Manuskript vom 6.12.2012, in: MARCHIVUM, Dienstakten, 16.83.15/6/2017.
[32] Formal wurde der RC Heidelberg erst zum 29. Juni 1934 aus der Liste der weltweiten Rotary Clubs gestrichen. Vgl. ebd.
[33] Vgl. Heimerich an den Badischen Landeskommissar Dr. Karl Scheffelmeier 18.5.1933, MARCHIVUM, Nachlass Hermann Heimerich, Zug. 24/1972, Nr. 28. Vgl. dazu auch TAROKIC (wie Anm. 2), S. 78 f.
[34] Vgl. ERDMANN (wie Anm. 4), S. 348 ff.

Abb. 5 Walter Raymond (1886–1972), Mitglied im Vorstand der Vereinigte Deutsche Metallwerke AG von 1930 bis 1958. Aufnahme ca. 1953

schlüsse folgten, bis München einen »judenfreien« und dem Regime gegenüber unkritisch eingestellten Club hatte. Der Rauswurf des exponierten Literaturnobelpreisträgers Thomas Mann, formal begründet mit dessen Wohnsitzwechsel – Mann war unfreiwillig in die Schweiz geflohen –, ging wie ein Erdbeben durch die deutsche Rotarierwelt.

Doch was passierte im Mannheimer Club? Drei Linien in der Entwicklung sind erkennbar: Der Vorstand um Präsident Walter Raymond *(Abb. 5 und 6)* beschritt zunächst den Weg des Abwartens und Austarierens. Er erklärte die in »Schutzhaft« oder auswärts weilenden Mitglieder formal für beurlaubt, um sie nicht wegen mangelnder Präsenz ausschließen zu müssen. Gleichsam als Bauernopfer wurde nur dem geflohenen und von der lokalen NS-Presse besonders attackierten Juden und Sozialdemokraten Franz Hirschler die Mitgliedschaft entzogen. Zweitens verfolgten Raymond und sein Vorgänger im Amt Eduard von Nicolai sodann die Strategie der Rückkoppelung mit dem 73. Distrikt. So wurden alle, oft hastig einberufenen Konferenzen der Clubpräsidenten – eigentlich Distriktkonferenzen, die nun in »Clubführerversammlungen« umbenannt wurden – besucht und deren Beschlüsse umgesetzt. Zudem wurde mit dem »Governor«, dem gewählten Vorsitzenden des 73. Distrikts, bzw. mit der nunmehr seit 1932 eingerichteten rotarischen Bezirksleitung immer wieder Rücksprache gehalten. Um Rotary als unentbehrlich erscheinen zu lassen und damit als Organisation in Deutschland zu retten,

Abb. 6 Gewissermaßen eine Parallele zum Schicksal Thomas Mann. Der Sozialdemokrat Franz Hirschler (1881–1956) war am 10. März 1933 vor den Nazischergen ins Saargebiet geflohen. Seine Flucht und die massive öffentliche Hetze gegen seine Person veranlassten den Clubvorstand, seinen Ausschuss zu beantragen, was einstimmig von der Clubversammlung am 30. März 1933 beschlossen wurde. Die Aufnahme zeigt Hirschler in seinem argentinischen Exil in Buenos Aires um 1945

brachte auch der Mannheimer Club seine Auslandskontakte ins Spiel. Im Vorstandsprotokoll zum 30. März wurde vermerkt: *Präsident Raymond regte in Würdigung des außerordentlichen Schadens, welcher unserem Vaterland durch die im Ausland betriebene Greuelpropaganda entsteht, den sofortigen Einsatz der Rotarybewegung zur Bekämpfung an*[35]. Wenige Tage später erklärt er auf der Münchner Clubführerversammlung: *Wir haben kein schlechtes Gewissen, so ist Übereilung nicht nötig. [...] Wir haben die Indienststellung des Distrikts gegen die Greuelpropaganda beantragt. Wir haben in Mannheim einen hohen Prozentsatz jüdischer Mitglieder und zwar lauter bekannte Leute*[36]. Das war nicht gerade ein tiefes Bekenntnis für die jüdischen Clubmitglieder, aber immerhin wagte Mannheim nicht, wie zuvor München, sie auszustoßen.

Wie die Distriktkonferenz am 4 April 1933 in München zeigte, waren die Mehrheitsverhältnisse unter den deutschen Rotary Clubs noch klar[37]. Denn für den Ausschluss der

---

[35] Wochenbericht Nr. 138 vom 27.3.1933, in: GStA PK, I HA 228 Nr. 1328.
[36] Das handgeschriebene, mit Notizen versehene, 22 Seiten umfassende Sitzungsprotokoll der Münchner Clubführerkonferenz findet sich in: GStA PK, I HA Rep. 228, Nr. 2526. Zitat auf S. 5.
[37] Zur Konferenz ausführlich ERDMANN (wie Anm. 4), S. 396 ff.

jüdischen Mitglieder bzw. ein Einwirken auf diese, freiwillig auszutreten, plädierten offen nur fünf Clubs, darunter Karlsruhe, Dresden und München, drei (Aachen, Nürnberg, Pforzheim) waren latent dafür, aber mit Mannheim lehnte die deutliche Mehrheit dies als mit den Prinzipien von Rotary unvereinbar ab[38]. Es galt die vom Stuttgarter Altpräsident Otto Fischer beschworene Formel, man wolle *im alten Gewand bleiben oder sich auflösen*[39]. Auch in den Mannheimer Unterlagen findet sich diese Formulierung mehrfach. Gleich einer Monstranz wird sie als eine Art Glaubensbekenntnis in den Versammlungen vor sich hergetragen. Doch erwiesen sich diese Beteuerungen von Beginn an als eher halbherzig. Schon im Frühsommer beschloss der 73. Distrikt, um dem Regime entgegenzukommen, dass Juden künftig keine Vorstandsämter mehr bekleiden durften. Das wurde auch in Mannheim realisiert – die Phase der schrittweisen Diskriminierung begann.

Als dritte Hauptlinie bleibt festzuhalten: Raymond und von Nicolai versuchten mit den neuen örtlichen Machthabern ins Gespräch zu kommen. Das gelang ihnen vor allem bei dem neuen NS-Oberbürgermeister Carl Renninger sowie beim Chefredakteur des »Hakenkreuzbanners« Wilhelm Kattermann[40]. Einerseits konnten sie dadurch Vorteile für einzelne, verfolgte Rotarier des Clubs erzielen und diese aus der Schusslinie bringen[41]. Andererseits ist nicht zu übersehen, wie sich Anbiederung und eine gewisse Doppelzüngigkeit ausbreiten. Alle Gegner des NS-Regimes waren in Mannheim inzwischen von ihren Dienstpflichten entbunden und hatten ihre Rotary-Mitgliedschaft aufgeben müssen. Die Parole des *im alten Gewand bleiben* mutierte mehr und mehr zur Leerformel.

Doch die eigentlichen Entscheidungen über die Mitgliedschaft der verbliebenen jüdischen Rotarier fielen letztlich nicht in Mannheim, sondern im Rahmen der Verhandlungen auf oberster Ebene und offensichtlich mit ausdrücklicher Rückendeckung der Zentrale von Rotary International um den eingangs erwähnten Generalsekretär Chesley Perry. Gerade dieser Aspekt ist lange wenig beachtet worden[42]. Zunächst muss betont werden, dass es sich bei Rotary damals um eine ausgesprochen hierarchische und straffe internationale Organisation handelte. Die Akten wie auch »The Rotarian« lassen die Abläufe der Entscheidungsprozesse deutlich erkennen: Die Zentrale in Chicago und ihr europäisches Sekretariat in Zürich wurden meist über den Governor Prinzhorn oder den Stuttgarter Clubpräsidenten Otto Fischer über alle Entwicklungen informiert. Aus den USA und der Schweiz erhielt der Distrikt Rückmeldungen, wenn nicht gar Handlungsempfehlungen, was so manchen fragwürdigen Kompromiss begünstigte.

---

[38] Vgl. GStA PK, I HA Rep. 228, Nr. 2526, S. 2–11.
[39] Vgl. Wochenbericht Nr. 140 vom 5.4.1933, in: GStA PK, I HA 228 Nr. 1328.
[40] Vgl. Nicolai an Heimerich 12.8.1933, MARCHIVUM, Nachlass Hermann Heimerich, Zug. 24/1972, Nr. 25:.
[41] Zwei Fälle sind nachweisbar. So drohte noch am 2. Juni 1933 das »Hakenkreuzbanner« offen: *Will der Rotarier Meissner nach Kislau? Der Chefredakteur der »NMZ« beschimpft uns.* Rund eineinhalb Monate später, am 21. Juli, findet der Leser des Blattes eine nicht ganz so groß aufgemachte Schlagzeile: *Es war nicht Herr Meißner!* Gegen den vom Amt suspendierten Leiter der Schlossbücherei Wilhelm Fraenger polemisierte am 30. März 1933 dieselbe Zeitschrift u. a. mit der Titelschrift: *Ein geistig Hochmütiger wurde beurlaubt.* Erstaunlicherweise durfte Fraenger schon im Sommer 1933 selbst im »Hakenkreuzbanner« publizieren, z. B. einen größeren Artikel am 5. August über eine Sonderausstellung im Kunstverein.
[42] Vgl. ERDMANN (wie Anm. 4), S. 418 ff. Erdmann hat erstmals das internationale Beziehungsgeflecht näher betrachtet, dabei aber die Überlieferung nicht konsequent ausgewertet.

Doch zunächst schien jegliche Kompromissbereitschaft vergeblich: Am 9. Juni 1933 hatte noch Heinrich Himmler dem Governor mitgeteilt, dass man *nach reiflicher Überlegung und bei aller ehrlichen Anerkenntnis der großen nationalen Propaganda-Aufgaben, die das deutsche Rotary hat*[43], zu der Entscheidung gelangt sei, eine Doppelmitgliedschaft von Rotary und NSDAP nicht zu erlauben. Damit war zwar Rotary offiziell nicht verboten, aber seine Mitglieder waren jeglicher Karrieremöglichkeiten im neuen Staat beraubt. Die Organisation stand in Deutschland damit faktisch vor dem Aus. Der Mannheimer Club fasste daher den Auflösungsbeschluss, wie man ihn ja bereits im April als Option formuliert hatte[44]. Raymond übermittelte diesen Beschluss dem Governor am 12. Juni 1933, verbunden mit der eindeutigen Empfehlung, die Selbstauflösung, *die Möglichkeit eines ehrenvollen Abgangs,* möge nun die Linie aller deutschen Clubs sein[45]. Uneins war sich der Vorstand, wann der Mannheimer Club diese Selbstauflösung vollziehen sollte. Die Vorstandsmitglieder Fritz Marguerre und Eduard von Nicolai zögerten noch mit der Bekanntgabe der Entscheidung, hofften sie doch noch auf eine Wende bzw. machten die Selbstauflösung von einem Generalbeschluss aller deutschen Rotary Clubs abhängig[46]. Raymond dagegen plädierte dafür, die Verhandlungen mit den neuen Machthabern nun abzubrechen und die Auflösung zu vollziehen. Wieder ist ein Lavieren und Zaudern der Clubführung erkennbar. Tatsächlich gelang es dem Präsidenten des Rotary Clubs München Wilhelm Arendts und dem Stuttgarter Rotarier Walter Knoll – die genauen Abläufe und Verhandlungen sind bis heute unklar – wohl direkt beim Führer Adolf Hitler oder seinem Stellvertreter Rudolf Hess vorstellig zu werden[47]. Wenig später musste Walter Buch, oberster Parteirichter bzw. offiziell Leiter des Untersuchungs- und Schlichtungsausschusses in der Reichsleitung der NSDAP – eigentlich ein entschiedener Gegner Rotarys –, am 10. Juli im »Völkischen Beobachter« verkünden: *Der Rotary Klub hat nichts mit Freimaurerei zu tun. Er ist kein Geheimbund mit besonderem Brauchtum, auch sein Wollen und bisherigem Handeln nach besteht keine Veranlassung, ihm mit Misstrauen zu begegnen. Es ist unnötig, dass Pgg. aus ihm austreten*[48]. Sogleich wurden der Weltpräsident und Generalsekretär per Telegramm über die neue Entwicklung informiert, sie gra-

---

[43] Das Schreiben Himmlers ging offenbar sofort an alle deutschen Rotary Clubs und wurde in Mannheim über den Wochenbericht allen Mitgliedern zur Kenntnis gegeben. Vgl. Wochenbericht Nr. 144 vom 12.6.1933, in: GStA PK, I HA 228 Nr. 2405. Vgl. E. G. Franz (Hg.), Beiträge zu einer Chronik des Rotary-Clubs Darmstadt. Zum 50jährigen Bestehen des Clubs, Darmstadt 1981, S. 43.
[44] Vgl. Wochenbericht Nr. 144 vom 12.06.1933, in: GStA PK, I HA 228 Nr. 2405. Raymond wurde von den Clubmitgliedern ermächtigt, den Governor anzuschreiben und ihm anzutragen, dass bei dieser Sachlage alle deutschen Rotary Clubs sich auflösen sollten. Raymond informierte am 14. Juni auch Hermann Heimerich über die Sachlage, vgl. MARCHIVUM, Nachlass Hermann Heimerich, Zug. 24/1972, Nr. 82.
[45] Anlage zum Wochenbericht Nr. 144 vom 12.6.1933, MARCHIVUM, Nachlass Hermann Heimerich, Zug. 24/1972, Nr. 83.
[46] Vgl. Raymond an Eduard von Nicolai 19.6.1933, in: GStA PK, I HA 228 Nr. 2405.
[47] Dies ergibt sich aus dem ersten Rundschreiben der Bezirksleiter vom 10.7.1933, in: GStA PK, I HA 228 Nr. 2054. Anders die Darstellung bei Erdmann (wie Anm. 4), S. 408–417.
[48] Hier zitiert nach dem Wiederabdruck in der Zeitschrift Der Rotarier 1933, Heft 4/5 (Juli 1933), S. 73.

tulierten geradezu euphorisch[49]. Wie sehr sich Rotary International im Hintergrund um die Erhaltung der deutschen Clubs bemühte, vermutlich auch weil man einen Dominoeffekt in den sich entwickelnden faschistischen Staaten befürchtete, lässt sich an einem geradezu symbolhaften Bild in der Zeitschrift »Der Rotarier« aufzeigen. Weltpräsident John Nelson besuchte zusammen mit dem dritten Vizepräsidenten Schofield, Generalsekretär Chesley Perry aus Chicago und Alex Potter aus Zürich Anfang September 1933 eigens Deutschland, und zwar die Clubs in München und Berlin[50]. Er lässt sich mit bayerischem Janker und Gamshut bekleidet abbilden *(Abb. 7)* und will gar das »Braune Haus« in München besuchen, wo er leider aber keinen Führer oder andere Parteigrößen antraf, weil gerade *die maßgeblichen Herren* auf dem Parteitag in Nürnberg weilten. Die Delegation reiste weiter nach Berlin, gratulierte auch dort zum erfolgreichen Verhandlungsergebnis. Viermal werden die Weltpräsidenten Deutschland bis 1937 besuchen und letztlich jede Demütigung der wenigen noch verbliebenen jüdischen Rotarier in Deutschland mittragen[51].

Freilich gab es international sehr wohl kritische Stimmen, etwa aus England, die in der Mitgliedsfrage für Juden völlig zurecht einen Anschlag auf die Grundideale von Rotary sahen[52]. Ihre Mahnungen blieben unbeachtet. Auch der rotarische »Säulenheilige« Paul Harris war offensichtlich über die Vorgänge informiert. Auf deutscher Seite wurde von den Hardlinern der Vergleich ins Spiel gebracht, Rotary in Amerika dulde ja auch keine *Neger*, da müsse es doch in dieser Situation gestattet sein, an die *Vernunft der jüdischen Mitglieder appellieren* zu dürfen[53].

---

[49] Vgl. das Telegramm an Altgovernor Otto Fischer vom 11.7.1933, gezeichnet vom Weltpräsidenten John Nelson und Chesley Perry, dem Generalsekretär, in: GStA PK, I HA Rep. 228 Nr. 2125

[50] Vgl. auch ERDMANN (wie Anm. 4), S. 419 f.

[51] Vgl. zum Beispiel den geschönten Bericht *Proceedings Twenty-Fifth Annual Convention of Rotary International*, Detroit, Michigan, U.S.A. June 25–29, 1934, S. 508–511, der über die Verhandlungen auf der Convention 1934 in Detroit gegeben wurde. Darin heißt es u. a.: *Early in July (1933) a definite decision was reached by the new government of Germany, which permitted Rotary to continue without any restrictions. None of the aims or objects of Rotary in Germany were modified in any way and clubs continued to select their members in accordance with the principles of Rotary. The following pronouncement was published in the German press by authorized representatives of their governmental party:* »*The Rotary club has no connection with Free Masonry. Rotary is not a secret organization with any special ritual. Further, its aims and activities are such that there is no reason to regard Rotary with suspicion [...]*«. *During all these months, the situation had the most careful attention of President Anderson and his board and during his visit of Europe.*

[52] Vgl. z. B. den warnenden Leserbrief von Richard S. Makower in der Zeitschrift Rotary Wheel am 31. Juli 1933, S. 16: *Jews are being officially removed from their positions. They are neither allowed to leave the country freely nor are they allowed to stay as citizens with the protection of the law. This is persecution. When the intensity of persecution becomes great enough, it becomes a terror.*

[53] Vgl. die Ausführungen des Clubpräsidenten vom RC Hannover bei der Münchner Distriktkonferenz am 4.4.1933, in: GStA PK, I HA Rep. 228, Nr. 2526, S. 7.

Abb. 7: Präsident Nelson in bayrischer Kluft bei seinem Besuch 1933 in München

Widerstand der jüdischen Mitglieder im Mannheimer Club

Anfang Juli 1933 schien Rotary in Deutschland also gerettet – der Mannheimer Club auch. Wen störte da noch der Rauswurf von Thomas Mann oder anderer regimekritischer Freunde? Wer rieb sich daran, dass nunmehr offiziell vom »deutschen Rotary« die Rede war? Und wer nahm Notiz davon, dass sich Rotary an die Gesetze des Berufsbeamtentums zu halten habe? Letzteres war nichts anderes als die mehr oder weniger getarnte Zusage, sich nun von den verbliebenen jüdischen Mitgliedern sukzessive zu trennen, indem das heraufziehende Berufsverbot ihre Klassifikation als Clubmitglieder in Frage stellte. Zumindest war ihnen nunmehr eine Tätigkeit im Clubvorstand verwehrt. Aber: Wie sollte man vorgehen in einem Club wie Mannheim mit seiner immer noch hohen jüdischen Mitgliederzahl bzw. Mitgliedern, die, wie es im damaligen Sprachjargon abfällig hieß, »jüdisch versippt« waren? Entgegen allen Treueschwüren vom *alten Gewand, das man niemals ablegen wolle,* entschloss sich der Vorstand um Raymond im August, spätestens Anfang September 1933 zu einer vermeintlich lautlosen Methode: Er forderte nun alle jüdischen Mitglieder auf, freiwillig auszutreten und dieses Opfer für den Fortbestand der rotarischen Idee zu bringen[54]. Doch passierte nun in Mannheim etwas, was in der Geschichte der deutschen Rotary Clubs absolut singulär ist. Denn es kam zum offenen Widerstand. Nicht alle jüdischen Mitglieder waren bereit, die geforderte Erklärung abzugeben, zwei Personen rebellierten offen und ließen sich auch nicht in einer eigens einberufenen Clubversammlung am 20. September 1933 umstimmen. Noch 40 Jahre später wird ihnen der einzige Zeitzeuge Curt Tillmann, der über diese Geschehnisse berichtet, dies geradezu zum Vorwurf machen und dabei nicht einmal die Namen der beiden Freunde nennen, weil ihm ihr Verhalten offenbar nur peinlich erschien[55]. Weil alle

---

[54] C. TILLMANN, Erinnerungen aus dem Leben des Mannheimer Rotary Clubs. Typoskript um 1973, in: MARCHIVUM, Dienstakten, 16.80.30/6/2010, S. 4f. Der Verfasser plant eine Edition dieses Manuskripts.
[55] *Nur von zwei Mitgliedern fehlte eine solche Austrittserklärung. Da sich Präs. Raymond verständlicherweise weigerte, einen Rotary Freund auszuschließen, musste eine Mitgliederversammlung*

Schritte des Vorstands, wie schon ausgeführt, aufs Engste mit der Zentrale abgestimmt waren[56], schickte der Clubsekretär das Besprechungsergebnis jener Clubversammlung zur Prüfung dem Bezirksleiter Robert Bürgers nach Köln, der zu dem Ergebnis kam, auf die Wochenberichte besser zu verzichten und sie nicht ins Archiv aufzunehmen[57]. Ganz offensichtlich wollte die Zentrale eine möglichst lautlose Regelung. Denn weder wurde die erste Charter zurückgegeben noch erhielt der wiedergegründete Club eine neue Nummer. Nach außen wurde der Anschein von Kontinuität gewahrt[58]. Auch verfügen wir bis heute nicht über das offizielle Protokoll dieser Clubversammlung, sondern wissen über die Geschehnisse nur aufgrund des einzigen Zeitzeugenberichts, wodurch immerhin der Name eines der beiden »Rebellen« entschlüsselt werden kann[59]: Es handelt sich um Rechtsanwalt Emil Selb, verheiratet mit einer Jüdin, der einst die Satzung des Clubs entworfen hatte, und nun das in solchen Fällen höhere Schiedsgericht unter Robert Bürgers anrief und sich, wie zu erwarten, eine Abfuhr holte[60]. Der zweite Rotarier dürfte nach Lage der Dinge der kämpferische Jurist Friedrich Darmstädter gewesen sein, der in jenen Tagen auch gegen seine Entlassung als Dozent an der Universität Heidelberg prozessierte[61]. Beide erzwangen mit ihrer Weigerung etwas Ungewöhnliches. Der Club musste sich auflösen, um sich dann ohne jüdische Mitglieder neu zu gründen. Von einst 41 Mitgliedern Anfang 1933 waren jetzt gerade einmal 13 übriggeblieben.

Was wissen wir über jene jüdischen Mitglieder, deren Ausscheiden erzwungen wurde und denen damit offene gesellschaftliche Ausgrenzung – eine weitere Form der Entrechtung – widerfuhr? Einige Lebensläufe seien kurz dargelegt: Da ist der 73-jährige Max Hachenburg, eine reichsweite Koryphäe und der Vater des modernen Aktien- und Handelsrechts, der noch rechtzeitig 1939 fliehen konnte, während ein Großteil seiner Familie

---

einberufen werden. Die Clubmitglieder waren fast vollständig anwesend, einschließlich der beiden Freunde, deren freiwillige Austrittserklärung ausgeblieben war. [...] Aus persönlichem Erleben darf ich hinzufügen, dass einer der nicht austrittswilligen Mitglieder mein Pate war, der später, als die Dinge ihren verhängnisvollen Verlauf nahmen, erklärte, daß er zutiefst bedaure, damals die Lage nicht richtig eingeschätzt zu haben, wodurch uns als einzigem Rotary Club jene kummervolle Versammlung und die Auflösung aufgezwungen worden war«, in: ebd., S. 5.

[56] *Wenige Tage nach der Auflösung wurde dann von Präs. Raymond in Übereinstimmung mit Zürich der Rotary Club Mannheim wiedergegründet*, in: ebd., S. 5.

[57] Vgl. Bürger an Raymond 28.9.1933, in: GStA PK, I HA Rep. 228, Nr. 1346.

[58] Weiterhin lautete die Clubnummer 3355.

[59] Tillmann (wie Anm. 53), S. 5 erwähnt, einer der beiden »Rebellen« sei sein Pate gewesen. Wie aus seinem Tagebucheintrag vom 1. Juli 1932 entnommen werden kann, waren seine Paten Walter Raymond, Heinz Gulden und Emil Selb. Nur letzterer hatte einen »jüdischen Hintergrund«.

[60] Über Emil Selb, aus einer Anwaltsfamilie stammend, ist wenig bekannt, obwohl er lange Jahre eine führende Rolle im Mannheimer Anwaltsverein bis zu dessen zwangsweiser Auflösung 1933 spielte und ihn kein geringerer als Max Hachenburg in seinen Erinnerungen lobend erwähnt. Vgl. M. HACHENBURG, Lebenserinnerungen eines Rechtsanwalts und Briefe aus der Emigration, hrsg. von J. SCHADT (Veröffentlichungen des Stadtarchivs Mannheim 5), Stuttgart 1978, S. 156; K. O. SCHERNER, Advokaten, Revolutionäre, Anwälte. Die Geschichte der Mannheimer Anwaltschaft (Quellen und Darstellungen zur Mannheimer Stadtgeschichte 5), Sigmaringen 1997, S. 285, 309 und 338.

[61] Vgl. MUSSGNUG (wie Anm. 25), S. 86 f.

Abb. 8　Max Hachenburg in seinem amerikanischen Exil 1949

und Kanzleimitarbeiter im Holocaust starben *(Abb. 8 und 9)*[62]. Da ist Ludwig Fuld, Bankdirektor der Deutschen Bank, langjähriger Schatzmeister im Club, der aus der Bank verdrängt wurde, ohnmächtig die Verwüstung und Plünderung seiner Wohnung in der Reichspogromnacht erlebte und diese Demütigung nicht überwinden konnte. Er erhängte sich am 27. Dezember 1938. Die Leiche musste auf Befehl eines örtlichen Nationalsozialisten noch zehn Tage am Todesort verbleiben[63]. Und da sind der jüdische Tabakfabrikant Dr. Erich Karl Siegmund Mayer und seine »arische« Frau Luise »Luzia« Rosine, die, nachdem er den Deportationsbescheid erhielt, sich am 18. April 1942 ge-

---

[62]　Vgl. J. SCHADT: Einleitung, in: HACHENBURG (wie Anm. 60), S. 9–15; U. NIESS, Max Hachenburg, in: Jüdisches Leben in Baden 1809 bis 2009. 200 Jahre Oberrat der Israeliten Badens, Ostfildern 2009, S. 237–239.
[63]　H. FULD, Looking Back. Unveröffentlichtes Manuskript, ohne Ort 2008, in: MARCHIVUM, Dienstakten, 16.74.30/648/2010, S. 63 f.

Abb. 9 Ludwig Fuld (1877–1938) mit Tochter Lotte und Sohn Heinz. Aufnahme um 1920

meinsam in ihrer Villa in L 5 das Leben nahmen[64]. Nur zwölf Tage später folgte ihnen ebenfalls durch Suizid Honorarprofessor Dr. Arthur Blaustein, einst Geschäftsführer der Handelskammer, weil auch er durch den Tod seiner »arischen« Frau die Deportation vor Augen hatte[65].

---

[64] Vgl. C. Fritsche, Ausgeplündert, zurückerstattet und entschädigt. Arisierung und Wiedergutmachung in Mannheim (Sonderveröffentlichung des Stadtarchivs Mannheim 39), Heidelberg 2013, S. 508–512.
[65] Vgl. K. O. Watzinger, Geschichte der Juden in Mannheim 1650–1945 (Veröffentlichungen des Stadtarchivs Mannheim 1), Stuttgart ²1987, S. 83 f.

Abb. 10   Rotarier unterm Hakenkreuz bei der Distriktkonferenz in Wiesbaden im Mai 1935

Die Liste an Entrechtungen und Schicksalsschlägen ließe sich in diesem besonderen Fall fortsetzen; auch wenn nicht alle Lebenswege so tragisch wie die skizzierten endeten, einschneidend waren sie immer. Karl Geiler etwa stieg nach 1945 noch zum hessischen Ministerpräsidenten auf. Der 1935 aus Mannheim ausgewanderte Peter A. Narath, mit der Jüdin Antonie »Toni«, verwitwete Löb, geborene Kaufmann verheiratet, konnte beispielsweise in Amerika reüssieren. In Mannheim hatte er einst die Privatklinik in der Oststadt geleitet, am Northern Westchester Hospital in New York galt er als einer der führenden Urologen weltweit. Mit der von ihm gegründeten Zeitschrift *Urologia Internationalis* vernetzte er sein Fach und hielt zugleich Kontakt zur alten Heimat[66]. Kollegen bewunderten ihn für seine ungewöhnliche Sprachbegabung und umfassende Bildung[67].

---

[66] Vgl. den Nachruf zu seinem Tode in der »New York Times« am 4. Januar 1962 bzw. die Würdigung der Herausgeber anlässlich seines 70. Geburtstags in der Zeitschrift »Urologia Internationalis« Band 11 (1961), S. IIf.

[67] Vgl. die Grußworte von Hans G. Stoll in: Verhandlungsbericht der Deutschen Gesellschaft für Urologie. 36. Tagung, 3.bis 6. Oktober 1984, Bremen 1984, S. 1: *Peter Narath war viel zu sehr in der Kultur seiner Heimat verwurzelt, als daß er es mit ihr trotz des großen Unheils, das über ihn kam, hätte brechen können. [...] Mit seiner Frau Toni, deren Familie unsagbares Leid erfahren hatte, lebte er dort mutandis mutatis wie in Heidelberg. Peter Narath war ein Mann von außergewöhnlicher Begabung: Er war nicht nur ein hervorragender Arzt und Wissenschaftler, er beherrschte auch viele Sprachen und besaß eine umfassende humanistische Bildung. Er malte, er*

Aber insgesamt reden wir von zutiefst berührenden Schicksalen, von Menschen, bei denen die rotarische Freundschaft sich ab 1933 nicht mehr bewährte, dagegen ein absolut fragwürdiger Selbstreinigungsprozess stattfand, der mit den hehren ethischen Prinzipien einer humanistischen Elite der *Weltverbesserer,* so Hellpach bei der Charter, schlichtweg nicht in Einklang zu bringen ist. Das gilt gewiss nicht nur für Mannheim, ähnliche Vorgänge fanden in allen deutschen Clubs statt. Auch wenn nicht jeder Austritt gleich als expliziter Ausschluss interpretiert werden darf – gab es doch auch die regimetreuen Opportunisten –, so wissen wir aus der Statistik, dass insgesamt mehr als 500 von 1.700 Mitgliedern ausgestoßen wurden. Viele davon wurden ins Exil, schlimmstenfalls in den Suizid getrieben oder starben im Holocaust.

Dennoch wird man die verbliebenen Mannheimer Mitglieder nicht automatisch in die Nähe des NS-Regimes rücken dürfen. So verblieb etwa Wilhelm Zutt im Club, ein hochangesehener und um Verfolgte bemühter Jurist. Aber da gab es in Mannheim andererseits auch einen Rotarier wie Heinz Edgar Gulden, der während seiner Präsidentschaft 1935/36 in den Meetings zahllose Lobsprüche auf Adolf Hitler vortrug und am 20. April, am Geburtstag des Führers, ein dreifaches »Sieg-Heil« im Meeting donnern ließ[68]. Auch hatte die neue deutsche Rotary-Bewegung keine Probleme damit, bei öffentlichen Banketten – etwa beim Festessen im Wiesbadener Kursaal 1935 – die Hakenkreuzfahne mittig zu platzieren *(Abb. 10).* Bei den Wahlen zum Reichstag im März 1936 rief »Der Rotarier« offen dazu auf, für die NSDAP zu stimmen: *Gib am 29. März Deine Stimme für Adolf Hitler*[69].

Die »Selbstauflösung« der deutschen Clubs 1937

Es gab aber immer auch nachdenkliche Stimmen, und gerade der letzte Mannheimer Präsident Hugo Neuhaus war 1937 klarsichtig genug, um zu erkennen, dass die NSDAP Rotary nun doch aushebeln wollte und die Politik des *rotarischen Appeasements* gescheitert war. Allen Anpassungsversuchen zum Trotz hatte inzwischen der oberste Parteirichter der NSDAP, Walter Buch, innerhalb der Führungsriege Oberwasser gewonnen und das am 10. Juli 1933 aufgehobene Verbot der Doppelmitgliedschaft von NSDAP und Rotary im August 1937 wieder in Kraft gesetzt[70]. Die Parteispitze war wohl inzwischen geschlossen davon überzeugt, dass Rotary als Botschafter im Ausland nach dem Triumph bei den Olympischen Spielen und der ohne Friktionen verlaufenden Rheinlandbesetzung nicht mehr benötigt werde. Eine international vernetzte Organisation, die immer noch

---

musizierte und dichtete. Sein Stiefsohn Herbert Alfred Löb-Narath geb. am 9. Juli 1913 in Frankfurt/Main, wurde aus Holland deportiert und 1943 in Auschwitz ermordet.

68 Vgl. Wochenbericht Nr. 273 vom 21.4.1936, in: GStA PK, I HA Rep. 228, Nr. 1338.

69 Vgl. Der Rotarier, VII. Jahrgang 1936, Heft 3, S. 53. Vgl. dazu H. SCHÄFER, Existenzrecht abgesprochen. Nach der Machtergreifung der Nationalsozialisten im Jahr 1933 geriet Rotary in Deutschland zunehmend unter Druck. Vor 80 Jahren erfolgte dann die Selbstauflösung, in: Rotary aktuell 10 (2017), S. 28–32.

70 Vgl. WEDEMEYER (wie Anm. 4), S. 69 ff. Die ausführlichste, wenngleich heute eher beschönigend anmutende Darstellung der Geschehnisse bietet der Zeitzeuge F. VON WILPERT, Rotary in Deutschland, Bonn, Reprint der Ausgabe von 1981, S. 161 ff.

das Ziel der Völkerverständigung und des Weltfriedens propagierte, musste dem etablierten Regime ein Dorn im Auge sein. Buch, Anhänger jüdischer Weltverschwörungsthesen, rechnete in einem mehrspaltigen Artikel im »Völkischen Beobachter« am 23. August 1937 mit Rotary ab, lobte zunächst geschickt die Rolle der Clubs im Selbstreinigungsprozess 1933 und ihren Nutzen für das Ansehen im Ausland[71]. Doch dann stellte er wieder die alte Verbindung zu den angeblichen Weltherrschaftsplänen des jüdischen Freimaurertums her, das nun Rotary infiltriere, und begründete damit das Verbot der Doppelmitgliedschaft.

Dieses Mal waren auch die Mannheimer Rotarier entschlossen, den Club schnellstens aufzulösen, sollte es bei dieser Position bleiben – obwohl Governor Hugo Grille in einem Akt der Verzweiflung am 17. September 1937 tatsächlich noch den Vorschlag in den Raum stellte, Rotary könne doch unter die direkte Aufsicht einer Zentralstelle der NSDAP gestellt werden. Man wolle das Führerprinzip einführen und schwören, jeglichen Verkehr mit Juden einzustellen. Die Partei blieb hart, und kein Rotarier erhielt einen Zugang zur Parteispitze oder gar zu Adolf Hitler. Die Clubs beschlossen – endlich, möchte man fast sagen! – die Selbstauflösung. In einigen Städten, so wohl auch in Mannheim, verabredeten sich nach der Auflösung noch Rotarier zum Essen, Protokolle aber wurden nicht mehr geführt.

Epilog: Mythenbildung und Verdrängung nach 1945

Bis heute ist die Geschichte der Rotary Clubs in Deutschland nur in Teilen erforscht. Eine kritische Aufarbeitung aller Aspekte dieser bürgerlichen Funktionselite mit humanistisch wie kapitalistisch fundierter Werteordnung steht noch aus, die Mitgliedsprofile und Einzelschicksale werden aktuell intensiv erforscht. Eine Projektgruppe aus Historikern verschiedener Clubs nimmt sich der Sache engagiert an[72].

Dieser Beitrag aber will primär darauf aufmerksam machen, dass ein vermeintlich lokales Thema nahezu immer nationale und mitunter auch internationale Bezüge aufweist, dennoch seine spezifischen Ausprägungen vor Ort findet. Spannend, oft tragisch, sind die Lebensläufe der frühen Rotary-Mitglieder. Aber auch die Zeit nach 1945 muss in den Blick genommen werden, als völliges Verdrängen der Opferschicksale und uns heute merkwürdig erscheinende Formen und Verhaltensweisen in der restaurativen Adenauerära um sich griffen, ja geradezu Mythen gestreut wurden. Im November 1946 stellte etwa Walter Raymond für den NS-Oberbürgermeister Carl Renninger im Spruchkammerverfahren einen »Persilschein« aus und behauptete dabei kühn: *Ich war im Jahre 33 Präsident des Rotaryklubs, der sich bekanntlich des besonderen Hasses der Partei erfreute. Wir entgingen damals nur mit Mühe dem Schicksal anderer Rotaryklubs, deren Mitglieder im*

---

[71] Vgl. den vollständigen Abdruck des Artikels von Buch bei VON WILPERT (wie Anm. 70), S. 171–173.
[72] Vgl. die Beiträge »Rotary erforscht eigene Geschichte im ›Dritten Reich‹«, in: *Rotary aktuell*; Heft 6 (2016), S. 12 f.; »Annäherung an die Wahrheit«, in: *Rotary aktuell*, Heft 1 (2017), S. 12. Eigens eingerichtet wurde eine Plattform im Internet, vgl. https://de.rotary.de/dgr/Expertenprojekt/ bzw. https://d-1800.org/Rotary_und_NS/index.php.

geschlossenen Zuge mit der entsprechenden Begleitmusik durch die Straßen geführt wurden[73]. Die angeblich *geschlossenen Züge* mit Rotariern sind allerdings schlichtweg Legende. Ebenso indiskutabel ist Raymonds Entlastungsschreiben für einen anderen rotarischen Freund vom März 1946: *Wir haben uns zwar in den letzten Jahren nur selten getroffen, aber ich entsinne mich aus unserer Tätigkeit im ROTARY-CLUB Ihrer ganz besonders als eines Mannes, der in der schwierigen Frage der Behandlung unserer jüdischen Mitglieder stets den Standpunkt vertrat: »Lieber den ganzen Klub auflösen, als die jüdischen Mitglieder ausschließen«*[74].

Auf unser Ausgangsbeispiel abschließend zurückkommend, sei noch angemerkt, dass Hermann Heimerich, der nach Kriegsende Fritz Marguerre und den führenden Männern seines Rotary Clubs mit einer gewissen Berechtigung ein *unmögliches Verhalten* während des Krisenjahrs 1933 vorgeworfen hatte, im Laufe der Jahre die Dinge offensichtlich wieder in weit milderem Licht sah. Nachdem er 1949 wieder Oberbürgermeister wurde, entschloss er sich, dem Mannheimer Club 1952 beizutreten. 1954 verlieh der Stadtrat auf seine Initiative hin drei verdienstvollen Bürgern die Ehrenbürgerwürde, also die höchste Würde der Stadt. Einer davon hieß Fritz Marguerre[75]. Walter Raymond wird 1949 der erste Arbeitgeberpräsident der jungen Bundesrepublik werden und 1966 von der Stadt Mannheim für seine Verdienste den erstmals vergebenen Ehrenring erhalten – eine Ehrung knapp unterhalb der Ehrenbürgerschaft[76].

---

[73] Spruchkammerakte Carl Renninger, in: GLAK 465a 56/53/69. Erklärung Raymonds vom 11.11.1946.
[74] Spruchkammerakte Dr. Walter Raymond, in: GLAK 465a 56/10/373. Erklärung Raymonds für Hans Sääf vom 29.3.1946. Sääf verblieb bis 1937 im Mannheimer Club, hatte also keineswegs Solidarität mit den jüdischen Mitgliedern gezeigt.
[75] Vgl. MATUSSEK (wie Anm. 2), S. 117–120.
[76] Vgl. MARCHIVUM, Personengeschichtliche Sammlung, S 1/1472: Raymond, Walter.

Abkürzungen

ABSp	Archiv des Bistums Speyer
AfS	Archiv für Sozialgeschichte
AOFAA	Archives de l'Occupation française en Allemagne et en Autriche La Courneuve (bei Paris)
BA	Bundesarchiv
BAB	Bundesarchiv Berlin
BAL	Bundesarchiv Ludwigsburg
BayHStA	Bayerisches Hauptstaatsarchiv München
BGNS	Beiträge zur Geschichte des Nationalsozialismus
DGO	Deutsche Gemeindeordnung
EAF	Erzbischöfliches Archiv Freiburg
GAH	Gemeindearchiv Hagenbach
GLA	Generallandesarchiv Karlsruhe
GStA PK	Geheimes Staatsarchiv Preußischer Kulturbesitz
IZRG	Institut für Zeit- und Regionalgeschichte
KrARW	Kreisarchiv Rottweil
LASp	Landesarchiv Speyer
MARCHIVUM	Mannheims Archiv, Haus der Stadtgeschichte und Erinnerung
NPL	Neue Politische Literatur
RC	Rotary Club
SAVS	Stadtarchiv Villingen-Schwenningen
StadtA	Stadtarchiv
StadtAF	Stadtarchiv Freiburg i. Br.
StadtAS	Stadtarchiv Stuttgart
StAF	Staatsarchiv Freiburg
StAL	Staatsarchiv Ludwigsburg
StAS	Staatsarchiv Sigmaringen
UAF	Universitätsarchiv Freiburg
VfZ	Vierteljahreshefte für Zeitgeschichte
WF	Westfälische Forschungen
ZGO	Zeitschrift für die Geschichte des Oberrheins

Abbildungsnachweis

Umschlag Aufn. Jens Hagen, grafische Bearbeitung Lody van Vlodrop

Bräunche
Abb. 1   Stadtarchiv Karlsruhe 8/PBS III 1720.
Abb. 2   Generallandesarchiv Karlsruhe 231/3397.
Abb. 3   Stadtarchiv Karlsruhe 8/Alben 5/27a.
Abb. 4   Stadtarchiv Karlsruhe 8/Alben 5/27e.
Abb. 5   Stadtarchiv Karlsruhe 8/Alben 5/215a.
Abb. 6   Stadtarchiv Karlsruhe 8/Alben 90/4.
Abb. 7   Stadtarchiv Karlsruhe 8/PBS VI 329.
Abb. 8   Stadtarchiv Karlsruhe 8/StS 9/1276.
Abb. 9   Stadtarchiv Karlsruhe 8/PBS oVI 383.

Enzenauer
Abb. 1   GLA H Mannheim 141
Abb. 2   Gemeindearchiv Ilvesheim A 628
Abb. 3   Der Führer 49 (13.9.1930), S. 10
Abb. 4   GLA 362/11.614
Abb. 5   F. Teske, Der Landkreis Karlsruhe in der NS-Zeit, Ubstadt-Weiher 2003, S. 71
Abb. 6   Gemeindearchiv Ilvesheim NL Brand
Abb. 7   Gemeindearchiv Ilvesheim Bildsammlung
Abb. 8   GLA 465c Mannheim 24
Abb. 9   Kreisarchiv Rhein-Neckar-Kreis Bauakten Abt. 15/362 Zug. 1979/50 Ilvesheim 719
Abb. 10 Gemeindearchiv Ilvesheim Bildsammlung
Abb. 11 Gemeindearchiv Ilvesheim NL Vögele

Gall
Abb. 1   Stadtarchiv Offenburg, Ortenauer Heimatblatt 20.12.1958
Abb. 2   Stadtarchiv Offenburg, Fotobestand
Abb. 3–4 Stadtarchiv Offenburg, 19/GF/529
Abb. 5   Stadtarchiv Offenburg, 13/1846
Tafel 1   Stadtarchiv Offenburg, 13/1846

Heitner
Abb. 1   Heiner Flaig, Villingen. Zeitgeschehen in Abbildungen 1928–1950, Villingen-Schwenningen o. J., S. 65
Abb. 2   Stadtarchiv Villingen-Schwenningen, Buchnr.1555
Abb. 3   Villinger Volksblatt, 31.3.1933
Abb. 4   Stadtarchiv Villingen-Schwenningen, Best. 1.42.91 Nr. 233
Abb. 5   Ida Madlenski, geb. Schifferdecker
Abb. 6   wie Abb. 1, S. 54
Abb. 7   wie Abb. 1 S. 53
Abb. 8   Spiegel 49 (1966), Titelblatt

Klöckler
Abb. 1   Stadtarchiv Konstanz Z I Bildsammlung A 515/13 g
Abb. 2   Stadtarchiv Konstanz Z I Alte Bildsammlung Franz Knapp
Abb. 3   Kreisarchiv Konstanz Z 9 Bildsammlung NSDAP-Kreisalbum D 10.9
Abb. 4   Stadtarchiv Konstanz Z I Bildsammlung Depositum Kutsch Film 28

Kremer
Alle Abb.   Privatbesitz

Maulhardt
Abb. 1–2   Verf.

Neisen
Alle Abb.   Stadtarchiv Villingen-Schwenningen
Abb. 1   Best. 5.22 V 38, 1941 bis 1971
Abb. 2   Best. 1.17 Personalakte Karl Reichert
Abb. 3   Best. 3.1–3 Nr. 1053
Abb. 4   Best. 5.22 Chronik Villingen 935 Kneippbad 2
Abb. 5   Best. 5.22 Chronik Villingen 935 Kneippbad 1
Abb. 6   Best. 1.42.93 Nr. 24 Terrorangriff Schwenningen 1

Nieß
Abb. 1   MARCHIVUM, Bildsammlung, GF00124
Abb. 2   Deutsches Historisches Museum Berlin, Bildarchiv
Abb. 3   MARCHIVUM, Bildsammlung, Nr. AB01547–178a
Abb. 4   *The Rotarian*, Oktober 1931, S. 40
Abb. 5   Geheimes Staatsarchiv Preußischer Kulturbesitz Berlin-Dahlem, I HA 228, Nr. 1335
Abb. 6   MARCHIVUM, Bildsammlung, Nr. KF014681
Abb. 7   MARCHIVUM, Bildsammlung, Nr. KF018162
Abb. 8   *Der Rotarier,* 1933, S. 168
Abb. 9   MARCHIVUM, Bildsammlung, Nr. GF00057
Abb. 10   Privatbesitz
Abb. 11   MARCHIVUM, Bildsammlung, Nr. KF042130

Seidelmann
Abb. 1   Privatbesitz
Abb. 2–4   Sammlung Prillwitz, Blumberg
Abb. 5   Jürgen Moses, Blumberg
Abb. 6   Sammlung Prillwitz, Blumberg
Abb. 7   Stadtarchiv Blumberg
Abb. 8–10   Sammlung Prillwitz, Blumberg
Abb. 11–13 Architekturbüro Huller, Freiburg
Abb. 14–15 Sammlung Prillwitz, Blumberg
Tafel 1   Landesamt für Geologie, Rohstoffe und Bergbau, Freiburg
Tafel 2   Generallandesarchiv Karlsruhe
Tafel 3   Sammlung Prillwitz, Blumberg

Thießen
Abb. 1–2   Verf.

Wegmann
Abb. 1   Freiburger Zeitung, 5.6.
Abb. 2   Der Alemanne, Zeitschrift unserer Betriebsgemeinschaft, Freiburg i. Br. Juli/August 1941, S. 2
Abb. 3   Freiburger Universitätsführer Sommersemester 1934, S. XX
Abb. 4   Der Alemanne, 4.6.
Abb. 5   Freiburger Tagespost, 15.12.1936
Abb. 6/7   Freiburger Zeitung, 5.6.1938

Ortsregister

Aachen 128, 353, 358
Afrika 327, 349, 350
Ägypten 322
Altlußheim 121, 128
Amsterdam 349
Ankenbuck 293, 300
Auschwitz 295, 297

Baar 16, 26, 189, 191, 203f.
Bad Cannstatt 232, 239, 248
Baden-Baden 200, 290, 300, 327
Baltikum 312, 318
Basel 353
Berg 165
Berlin 74, 77f., 112, 128, 152, 198, 203, 205, 298, 327, 331, 334, 346, 350, 355, 360
Betzenhausen 308
Blumberg 16, 26f., 30, 32f., 55, 189–215
Böblingen 233, 341
Bonn 297, 317
Botnang 242, 250f.
Bötzingen 301
Breisach 297, 301
Bremen 78
Breslau 48f.
Bretten 124
Brigach 272f.
Bruchsal 145, 300
Brüssel 349
Buchenwald 296, 306
Büdingen 96
Buenos Aires 357

Chemnitz 78, 80
Chicago 348, 358, 360
China 349

Dachau 318
Danzig 350
Degerloch 250
Den Haag 350
Dillingen 342
Donaueschingen 191, 193f., 198, 207, 210f., 258, 312, 333
Dreieck 249
Dreisam 306

Dresden 350, 353, 358
Durlach 74, 77, 79
Düsseldorf 135

Eberbach 59, 97
Edingen 120, 128
Eichberg 194
Elsass 61, 136, 150, 182, 302f.
Elsass-Lothringen 32, 75, 78
Emmendingen 63, 295, 301, 303
England 224, 349, 360
Erfurt 312
Essen 78

Falklandinseln 95
Falterau 241
Feudenheim 149, 152
Feuerbach-Burghalden 238
Flandern 333
Fort Ney 61
Frankfurt am Main 128, 350, 352f.
Frankreich 18, 77f., 239, 318
Freiburg 14, 21, 55, 63, 74, 189, 207f., 275, 287–293, 295–297, 299–319, 327, 331, 333f., 342
Fulda 315
Furtbach 238f., 242

Gablenberg 238, 246f.
Gengenbach 334
Germersheim 159, 166, 171f., 177, 179–181
Göttingen 228f.
Gündlingen 297
Gunzenhausen 47f.
Gurs 81, 155, 303

Hagenbach 13, 16f., 21f., 26–29, 32, 55, 157–188
Hagsfeld 74, 77
Haidelmoos 99
Hamburg 53f., 78, 349f., 353
Haslach 341
Heddesheim 120
Hedelfingen 244
Heidenheim 233
Heilbronn 257, 261

Heltersberg 145, 362
Herrenberg 233

Ihringen 301
Ilvesheim 13, 16, 21f., 26–28, 30, 32, 55, 115–156
Innsbruck 353
Irland 349
Israel 321

Japan 349

Käfertal 149
Kaiserwald 318
Karlsruhe 9, 17f., 32, 55, 59–83, 97, 120, 123, 130, 132, 144, 185, 191, 197–199, 202f., 205, 211, 289f., 292, 294, 300, 302, 327, 334, 352, 358
Karlsruhe s. auch Durlach, Knielingen, Mühlburg
Kassel 318
Kehl 328, 334
Ketsch 120f.
Kiel 331
Kislau 79f., 292f.
Knielingen 74f., 77
Köln 78, 112, 350, 353, 362
Konstanz 15, 18, 22–24, 26, 32, 55, 85–100, 288, 293, 295, 302f., 312
Kräherwald 238, 248
Krivoy Rog 211

Ladenburg 120, 129f., 132f., 136, 140, 149
Lahr 302
Landau 328
Landsberg am Lech 59, 296, 318
Leipzig 78, 290, 312, 315
Lettland 318
Libyen 322
Liedolsheim 74
Lindach 59
Linz 353
Lissabon 349
Litauen 319
Lörrach 19, 295, 303, 312
Lublin 315
Ludwigsburg 112, 133
Ludwigshafen 354f.
Lützelsachsen 143
Luxemburg 353

Madrid 349
Mailand 349
Mainz 355

Malsch 132
Mannheim 13, 24, 32, 55, 63, 65, 115–117, 120f., 123f., 126–130, 132, 136–138, 143–145, 149f., 152, 156, 254, 327, 339, 342, 345–359, 361–368
Mannheim s. auch Feudenheim, Käfertal, Rheinau, Seckenheim, Wallstadt
Mauthausen 318
Maximiliansau 161f.
Minfeld 180
Montevideo 65
Moskau 211
Mühlburg 74
Mühlhausen 312
Mülhausen 318
Müllheim 301, 312
München 65, 78, 135, 210, 242, 328, 350, 355, 356–360
Münster 53, 236
Munzingen 306

Neckarhausen 149
Neuburg 165
Neulußheim 120
Neustadt 179, 295, 301, 303
New York 365
Nisko 315
Nürnberg 78, 156, 262, 296, 301, 353, 358, 360

Oberrimsingen 297
Oberrotweil 301
Oberschaffhausen 301
Obertürkheim 242, 244
Odenwald 133, 150
Offenburg 14, 20, 29, 32f., 55, 301f., 321–323, 326–331, 333–344
Oftersheim 121, 149
Oslo 349
Österreich 136, 350, 353

Paris 146, 349
Pfortz 165
Pforzheim 120, 358
Pirmasens 178
Plankstadt 128
Plauen 353
Polen 315
Prag 240

Radolfzell 26, 96
Rastatt 300, 311
Reinsburg 238f.
Rheinau 149

Riedöschingen 196
Riga 318
Rohracker 238, 250
Rotenberg 232, 238, 250
Rottweil 259, 269, 275
Russland s. Sowjetunion

Saarbrücken 74
Salzgitter 209
San Francisco 348f.
Schaffhausen 200
Scheibenhardt 165
Schlettstadt 312
Schömberg 283
Schriesheim 120, 128
Schweiz 95f., 136, 356, 358
Schwenningen 10, 17f., 24, 35f., 55, 103, 217–219, 221, 223, 225f., 253–263, 265–269, 271, 274–277, 279f., 282–285
Schwetzingen 112, 120f., 131f., 149, 257
Seckenheim 121f., 124f., 136, 149, 152
Sickingen 134
Sigmaringen 318
Sillenbuch 250
Singen 95
Sipplingen 95
Sowjetunion 143, 206, 211, 293, 312
St. Georgen 308
Staufen 301, 303
Stockach 95
Stockholm 349
Straßburg 61, 78, 136, 331, 339, 353
Stuttgart 13f., 16–18, 22, 29–32, 55, 227, 229–241, 243–251, 266, 271, 275, 302, 307, 331, 339, 350, 353, 358f.
Stuttgart s. auch Bad Canstatt, Botnang, Degerloch, Falterau, Feuerbach, Furtbach, Gablenberg, Hedelfingen, Kräherwald, Obertürkheim, Reinsburg, Rohracker, Rotenberg, Sillenbuch, Untertürkheim, Vogelsang, Zuffenhausen
Südamerika 343

Tiengen 113
Triest 240
Trossingen 306
Tscherkassy 240

Überlingen 95
Ukraine 240
Unterkirnach 276
Untertürkheim 232, 242, 244, 250f.
USA s. Vereinigte Staaten

Vaihingen 73
Vereinigte Staaten von Amerika 353, 358, 360
Villingen 10, 15, 17, 21f., 24, 31f., 34f., 103–114, 196, 217–225, 253–257, 263–268, 271–276, 278, 280–282, 285, 312
Vogelsang 267
Volkertshausen 95
Völklingen 190

Waldkirch 301, 303, 319
Waldshut 149
Wallstadt 149
Wangen 238, 244
Warschau 72, 315
Weil 239, 249
Weinheim 117, 120f., 132, 149, 300, 351f.
Weißruthenien 239
Wien 349
Wiesbaden 353, 365f.
Wollmatingen 88, 94f., 99
Wörth 165, 180

Zähringen 308
Zuffenhausen 235, 243, 250
Zürich 349, 358, 360

Personenregister

Abele, Gustav 332, 340f.
Aberle, NN, NSDAP Mitglied in Bretten 124
Adenauer, Konrad 350
Albrecht, Sigmund 241
Althaus, Jakob 130
Althaus, Karl 130
Amann, Robert 70f., 83
Anderson, NN, Rotary-Präsident in den USA 360
Angerer, Otto 177f, 180f.
Antoni, Josef 187
Arendts, Wilhelm 355, 359
Arnold, Fritz 86, 100

Bader, August 236f.
Ballreich, Julius 128
Barth, Ernst 290
Barth, Volker 152
Bätz, Richard 335
Baur, Rudolf 332, 334f., 338, 340
Bausch, Alfred 201
Beck, Fridolin 71, 84
Beichel, Friedrich 66, 70f., 83
Bender, Karl 63
Bentz, Eugen 184
Berckmüller, Karl 9f., 219f., 254, 278, 281f.
Berendt, Otto 70f., 84
Bertele, Ludwig 239, 241
Besenbeck, Hermann 240
Beuschlein, Werner 180
Beyl, Ernst 309
Binder, Heinrich 343
Binz, Rudolf 207
Blätz, Josef 180
Blaustein, Arthur 364
Blon, Karl 237
Blumenstock, Walther 331
Bohnenberger, Fritz 244
Böhrs, Hermann 44
Bollin, Martin 311f.
Böning, Hermann 64
Boos, Reinhard 19
Bormann, Martin 95f.
Bornitz, Hans 189, 193, 198, 207
Braun, Konrad 130
Bräunlich, Walter 254

Breiing, Karl 198, 207
Breitweg, Walter 231
Brettenmeier, Jakob 162
Brückner, Wilhelm 96
Bruy, NN, Ortsgruppenleiter in Stuttgart-Zuffenhausen 243
Buch, Walter 359, 366f.
Büchele, Alois 297
Buchlaub, Eugen 184
Büge, NN, Ministerialer 210
Bühl, Wilhelm 88
Bühler, Heinrich 129
Bürckel, Josef 81, 180, 199
Bürgers, Robert 362
Butta, Gustav 110f.

Cahn-Garnier, Fritz 351
Clauß, Josef 93
Cohn, Susanne 49
Cohn, Willy 48f.
Cuno, Wilhelm 349, 351, 353

Daluege, Kurt 298
Damian, NN, NSDAP Mitglied in Hagenbach 181
Darmstädter, Friedrich 353f., 362
Daur, Ludwig 236
Demning, Gunther 55
Denecke, NN, Kriminalkommissar in Blumberg 197f.
Denz, Karl 306f., 316
Dinkel, Philipp 88
Dommer, Johannes 66, 71, 82
Dreizler, Karl 250
Dusberger, Karl 131, 145, 152

Ebbecke, Otto 61
Eberle, Hermann 170f.
Eberlen, Oskar 239
Ecarius, Fritz 354f.
Eckerle, Leo 309
Eglinger, Constantin 71, 83
Ehrhardt, Hermann 329
Eiche, Edmund 308–310
Eichler, Ludwig 235
Eicke, Theodor 301

Eisele, Hanns 296
Elger, Felix 211
Elser, Georg 97
Engel, Rosa 132
Engel, Wilhelm 117, 132f., 137, 140f., 143, 145, 154
Engel, Willi 132
Engelhardt, Carl 18, 97f.
Engler-Füßlin, Fritz 312
Erhardt, Georg 242f., 251
Erkert, NN, Adjutant und Beauftragter der Reichsleitung 181
Erzberger, Matthias 329f.
Escherich, Georg 329
Etspüler, Ernst 88
Ettwein, Friedrich 230

Faden, Hermann 266
Farrenkopf, W., Polizeikommissar 318
Faulhaber, Hendrik (Heinz) von 128–130, 132, 137, 145
Faulhaber, Jakob 123f.
Fehrmann, A., NN, Leiter des Opferringes „Deutsche Freiheit" 125
Fetzer, Georg 249
Feuerstein, Adolf 136, 156
Feuerstein, Jakob 129
Feuerstein, Johann 130
Feuerstein, Peter 130
Feyer, Heinrich 249
Fichtl, Franz 71, 82
Finckh, Ludwig 225
Finter, Julius 61–63, 71, 75, 82
Fischbach, Michael 259, 265f., 274
Fischer, Otto 358, 360
Fischer, Richard 135
Fischer, Wilhelm 233f., 240, 242–245, 249f.
Fraenger, Wilhelm 351, 354, 358
Franck, Alfred 88
Frank, Hans 135
Frank, Ludwig 119
Freudenberg, Otto 351
Fribolin, Hermann 64–66, 71f., 82
Friedmann, Ludwig 167f., 173f.
Fritzsche, Arthur 241, 250
Fuld, Heinz 364
Fuld, Lotte 364
Fuld, Ludwig 263f.

Gartenmeier, Johannes 249
Gärtner, NN, Doggererz GmbH Blumberg 193
Gayer, Johann 126
Gebhard, Fritz 352

Geiler, Karl 352, 365
Gentner, Otto 136
Gerber, Werner 214
Gerstner, Alfred 213
Gienger, Georg 242, 251
Giercke, Paul 88
Gilb, Eduard 26, 161–163, 166–183, 186
Glaser, Richard 238f.
Glück, Eugen 230
Gluske, Hermann 241
Göbel, Albert 71, 82
Goebbels, Joseph 103, 242
Gölkel, Robert 258f.
Gönnenwein, Otto 17, 24f., 225, 253–263, 265f., 268–271, 274f., 277–280, 282–285
Göring, Hermann 149, 202f., 206, 293, 307
Görlacher, Fridolin 111
Gottmann, Friedrich 88
Götz, August 166f., 174, 176
Götz, Franz Josef 185
Götz, Otto 166
Graf, Hermann 71, 83, 213
Grein, Karl 69, 73
Gremmelspacher, Adolf 105–107, 110–112, 256
Griebel, Alfred 71, 82
Grille, Hugo 367
Grimm, Anton 130, 152
Gröber, Conrad 21, 275f., 305, 310, 315
Grohmüller, Fritz 136
Grohmüller, Karl 131
Großwendt, Elisabeth 68f., 71, 83
Grote, Ludwig 352
Grotz, Hermann 306
Grünberg, NN, Bezirksvorsteher 250
Gruner, Carl 88, 92
Gschwend, Wilhelm 231, 241
Guckert, Karl 167, 178, 180
Gulden, Heinz Edgar 362, 366
Gunst, Walter 294f., 297, 309–313, 315f., 318f.
Günter, NN, Ortsgruppenleiter in Stuttgart
Gut, Fritz 66, 71f., 82
Gutmann, Wilhelm 106, 108, 110f., 113f.

Haas, Fritz 121
Haas, Johann 130f., 135f., 145, 155
Haberer, Joseph 223f.
Hachenburg, Max 362f.
Häffner, August 239, 249
Haidn, Carl 135
Haller, Arnold 210, 264, 281
Haller, Ludwig 279
Hammann, Philipp 130

Hammer, Heinrich 70
Häring, Thomas 240
Harris, Paul 348f., 360
Hartl, Matthäus 71, 84
Hartlaub, Gustav 351, 354
Hartmann, Leonard 145, 155
Häsler, Johann 88
Haug, Fritz 236
Hecker, Friedrich 117
Heid, Josef 108
Heidt, Otto 300
Heimerich, Hermann 63, 345–348, 350–352, 354f., 358, 368
Heinrich, Josef 71, 84
Heitz, Georg 302
Hellpach, Willy 353, 366
Hellstern, Karl 88
Helmling, NN, Bürgermeister von Plankstadt 128
Helwig, Hans 300, 311
Herbold, August 325, 332, 334
Herbold, Philipp 334
Hermann, Hans 259
Hermann, Peter 15f.
Herrmann, Albert 82, 88, 90, 92–95, 97–100
Herrmann, Carl Otto 71, 73, 83
Herrmann, Walther 167
Hertenstein, Gustav 110
Heß, Rudolf 74, 95, 359
Hesse, Hermann 285
Heupel, Paul 292
Heuss, Theodor 282
Heyer, Kurt 207
Hildenbrand, Erwin 88
Himmelmann, Alois 84
Himmler, Heinrich 288, 294, 298, 300, 306f., 312, 315, 359
Hindenburg, Paul von 104, 124, 176
Hirschler, Franz 351, 354, 356f.
Hitler, Adolf 10, 18, 37, 59f., 69, 74, 78f., 89, 95f., 98, 103f., 106f., 125, 131f., 136f., 147, 160, 162, 170f., 185, 191, 232, 242f., 258, 261, 298, 301, 321, 328, 337, 354, 359, 366f.
Hoefer, Friedrich 130
Hog, Josef 276
Holler, Josef 326–328
Holzapfel, NN, Arzt und SS-Mitglied in Villingen 281
Hornberger, Georg 131–133
Hörr, Adam 143
Hoven, Erika 297
Hoven, Erwin 297
Hoven, Waldemar 296f., 306, 311
Huber, Ludwig 74

Huber, Michl 200
Hüfner, Karl 200
Hüssy, Oskar 71f.
Huth, Ewald 221, 223

Imhoff, Eugen 202, 206f.

Jaeger, Gottlieb 352
Jäger, Adolf Friedrich 62–65, 69, 71, 74, 77, 82
Jäger, Fritz 83
Jäger, Karl 319f.
Jakoby, Peter 128, 130
Jeggi, Josef 272
Jöhle, Josef 88
Junginger, Hans 233

Kachel, Wilhelm 71, 84
Käfer, Wilhelm 131, 135, 138, 143f.
Kaiser, Heinrich 250
Kaiser, Theodor 239
Kälble, Hermann 239
Kattermann, Wilhelm 121, 358
Kaufmann, Moritz 143
Kaul, Kurt 307, 315
Keid, NN, NSDAP Redner 134
Keil, Friedrich 130
Keilbach, Heinrich 130
Keitel, Maria 131
Keller, Ernst Guido 128
Keller, Franz 241
Kemmer, Siegfried 71, 84
Kemper, Friedhelm 124, 132
Keppler, Wilhelm 196
Kerber, Franz 308
Kern, Severin 222
Kerrl, Hanns 200
Kestin, Herbert 239
Kiehl, NN, Pressereferent von Robert Ley 198
Kießling, Edgar 212
Kilthau, Fritz 307
Kirn, Walther 198, 207
Kistner, Karl 71, 83
Kleiner, Conrad 93
Kleinhans, Jakob 118, 127–129, 145
Kleinschmidt, Erich 63, 71, 82
Kletti, Egon 66, 71, 82
Klumpp, Willy 212
Knapp, Franz 16, 22, 88–92, 95, 99, 100
Knoll, Walter 359
Kobe, NN, Ministerialer 210
Koch, Heinrich 180
Koenig, NN, SS-Standartenführer in Stuttgart 307
Kogon, Eugen 296

Köhler, Walter 60, 191, 196, 205
Koller, Hermann 276
Körner, Paul 206
Kramer, Heinrich 238, 250
Krebsbach, Eduard 295f., 316–319
Kreter, Gustav 83
Kreuzer, Josef 130
Kropp, Oskar 166
Kube, Wilhelm 239
Küchlin, Walter 312
Kuhnt, Bernhard 80
Kunzmann, Karl 88
Küpferle, Leopold 315–317
Kupka, Hans 143f.
Kurz, Karl 198

Lacher, Julius 64f., 71, 82f.
Lang, Oskar 242, 251
Lattner, Alwin 110
Laufer, Ferdinand 110
Lechleiter, Georg 143f.
Lechner, Theodor 238, 248f.
Lewicki, Marian 224
Ley, Robert 60, 198, 205
Liefmann, Else, Martha und Robert 303
Lieser, Kurt 321
Lillig, Wilhelm 189, 195–197
Linsin, Hans 130
Löb-Narath, Herbert Alfred 366
Lochmüller, Rolf 305
Lohr, Willi 215
Lorenz, Gustav 121
Louis, Herbert 296
Lucas, Robert 199
Ludendorff, Erich 328
Ludin, Hanns 301
Ludowici, Johann Wilhelm 355
Ludwig, Karl 110
Lutz, Gotthilf 238, 250

Mäckle, Eugen 238, 247, 250
Mager, Leopold 88, 92f., 95f.
Maier, Emil 290
Maier, Eugen 88
Maier, Otto 231–234, 239–241
Maisch, Herbert 351, 354
Makower, Richard S. 360
Mann, Thomas 350, 355–357, 361
Mannówna, Franciszka 297
Marguerre, Fritz 345–348, 359, 368
Martin, Ernst 318
Martin, Franz 110, 263f., 281
Marum, Ludwig 80f., 291f.
Maue, Jakob 126

Mauer, Adolf 231–234, 240f., 243, 249
Mayer, Albin 162, 168–172
Mayer, Erich Karl Siegmund 363f.
Mayer, Luise Rosine 363f.
Meissner, Hans 358
Mengele, Josef 295f.
Merz, Marie 143
Messmer, Georg 110
Meyer, Hermann 167, 174
Meyerer, Emil 177, 184, 186f.
Mohr, Oskar 177
Möhrle, Karl 68
Moraller, Franz 137
Moses, Albert 207
Mossmann, Emil 110
Müller, Ernst 71, 82
Müller, Eugen 292
Müller, Johann 154
Müller, Karl 213
Müller-Trefzer, Friedrich Karl 211
Mundinger, Paul 342
Mundinger, Richard 332, 341–343
Murr, Wilhelm 17, 233–235, 242
Must, Heinrich 240
Mutz, Albert 306, 311
Mutz, Robert 306, 311

Nagel, Julius 130
Narath, Antoine 365
Narath, Peter A. 365
Neinhaus, Karl 63, 350, 355
Nelson, John 360f.
Nenning, Albert 88
Nenninger, Karl 327
Neßler, NN Regierungsamtsmann 311
Neuhaus, Hugo 366
Neumeier, NN, NSDAP Parteimitglied aus Mannheim 121
Nickles, Hermann 332f., 338f.
Nicolai, Eduard von 356, 358f.
Nilson, Elisabetha 132
Noack, Paul 322f.

Oexle, Gustav 95f.
Orth, Otto 124f.
Orwell, George 44

Pascall, Sydney 353
Perry, Chesley 349, 358, 360
Peter, Hermann 293
Peter, Johann 213
Peter, Julius 200
Peter, Martha 293
Pfeiff, Emil 70f., 83

Pfeiffer, Karl 207f.
Pflaumer, Karl 74, 196, 203, 206–208, 257, 268, 292, 301
Piro, Paul 238, 242
Pister, Hermann 306
Pohly, Kurt 133
Potter, Alex 360
Precht, Elimar 296
Prinzhorn, Ernst 354, 358f.

Raber, Rosa 342f.
Rathenau, Walter 119, 330
Raymond, Walter 352, 356–359, 361f., 367f.
Regelmann, Gustav 259f., 262, 279
Reich, NN, NSDAP Parteimitglied 125
Reichert, Emilie 128
Reichert, Friedrich 266
Reichert, Karl 264f., 267, 270, 276, 281
Reinau, Abraham 312
Remmele, Adam 80, 290, 292
Renninger, Carl 126, 358, 367f.
Retz, Otto 247
Reusch, Hermann 198
Reuter, Alfred 140
Reuther, Fritz 352
Reuther, Hans 352
Revellio, Paul 219f.
Riebel, NN, Rechtsanwalt 328
Riedel, Hermann 22, 219, 254, 267, 278, 281
Riedner, Peter 62f., 66, 71, 82
Riegger, Paul 110
Riegraf, Oskar 246
Rimmelin, Josef 110–112
Rimpl, Herbert 209
Ritter, NN, Professor in Freiburg 311
Röchling, Hermann 199, 204
Röderer, NN, Staatsanwalt 318
Röhm, Ernst 179, 181
Rombach, Karl 331, 338, 341–343
Rombach, Wolfram 331, 338, 341
Rosenau, Max 47f.
Rosenfelder, Erich 239
Rosenfelder, Jakob 47f.
Rosenheimer, Hermann 241
Rosenkranz, Klaus 307
Roth, Albert 74
Roth, Reinhold 124, 129, 130f.
Rubi, Alfred 341
Ruckenbrod, Hermann 26, 162–170, 172–184

Sääf, Hans 352, 368
Sacksofsky, Günther 305, 318
Salomon, Else 69
Sapp, Arthur H. 349

Sauer, Heinrich 63, 66, 71, 82
Sauer, Karl 292
Sauter, Christian 130
Schäfer, Karl 225
Schairer, 268f., 274, 278–280
Schanzenbach, Martha 335
Schaufler, NN, Kreiskassenleiter in Stuttgart 231
Scheffelmeier, Karl 355
Schellhorn, Ludwig 88, 93
Schelling, Ernst 240
Scherer, Friedrich 71, 83
Scherrer, Hermann 168, 174
Scherrer, Ludwig 184
Scherrer, Otto 163f., 167, 178, 182–185
Scherrer, Richard 184
Scheuerlein, Georg 174–178
Schifferdecker, Ida 109
Schifferdecker, Wilhelm 108f.
Schillinger, Josef 297
Schindler, Rudolf 257
Schlageter, Albert Leo 328
Schlotter, Eugen 306
Schlumberger, Fritz 312
Schmelcher, Georg 148f.
Schmid, Theodor 16, 33, 189, 191, 193f., 198, 200f., 205, 207, 210–212, 214f.
Schmidtmann, Julius 82
Schmitthenner, Wilhelm 168
Schneble, Alfred 290
Schnee, Alois 108
Schneider, Emil 164–167
Schneider, Gustav 71, 73, 83
Schneider, Hermann 24f., 31, 63, 71, 82, 112f., 254f., 257f., 263–265, 267f., 270, 272f., 275f., 278, 280–282, 284
Schneider-Blumberg, Bernhard 215
Schnierle, NN Bezirksbürgermeister in Stuttgart 249
Schofield, Herbert 360
Schulz, Josef 332f., 337–339
Schulz, NN, Altherrenvorsitzender der Teutonia-Alemannia 328
Schulze, Otto 126
Schumacher, Arthur 160
Schürger, Ernst 238f.
Schurhammer, Hermann 88
Schütz, Heinrich 317
Schwanz, Johanna 341f.
Schweickert, Heinrich 241, 249f.
Schwer, Hermann 265
Schwer, Johanna 264, 281
Schwerdt, Gottlob 69
Sedelmeyer, Eberhard 194

Seiterich, Ludwig 66, 82
Seith, Otto 66, 70f., 84
Seitz, Felix 307
Seitz, NN, Ortsgruppenleiter in Stuttgart (Möhringen-Sonnenberg) 236
Selb, Emil 362
Selber, Eugen 319
Senn, Wilhelm 134f.
Sollinger, Otto 164
Sorge, Otto 327, 332, 340
Speer, Albert 209–211
Speer, Eugen 22, 26, 90, 93, 96f.
Sprengart, Andreas 213
Springer, Erich 242
Steigleder, Philipp 123f., 127
Stein, Karl 130
Stein, NN, Reichsfachamtsleiter 198
Steinwarz, Herbert 208f.
Stennes, Walther 298
Stenz, NN 207
Stieble, Eugen 88
Stolle, Gustav 315
Stolz, Andreas 130
Stolzer, Otto 334
Strate, Karl 303
Streicher, Julius 234
Streit, Ludwig 64
Ströbel, Rudolf 221
Ströbele, Robert 238
Strölin, Karl 16, 230, 233, 243, 245
Stumm, NN, Bezirksamtmann in Germersheim 177
Stump, Ludwig 88
Stutz, Elisabetha 132
Stutz, Rosa 132
Stutz, Wilhelm 132
Stutz, Willi 132
Sucietto, Wilhelm 184, 186f.

Tausk, Walter 48f.
Teich, Heinrich 108, 111
Thierauf, Georg 239
Thomsen, Thomas C. 349
Tillmann, Curt 361
Töpper, Friedrich 92
Traube, Fritz 332f., 340–343
Trinke, Barbara 131
Tropf, Otto 181, 184

Ueberle, Heinrich 213
Uebler, Ludwig 108
Umhauer, Erwin 61

Velten, Eugen 291
Vesper, Julius 184
Vetter, Arthur 110
Vetter, Carl Heinrich 143
Vischer, Erwin 71, 82
Voegele, Wilhelm 352
Vögele, Jakob 156
Vogt, Anton 242
Vollmar, Joseph 238
Volz, Heinrich 136
Vordtriede, Käthe 292

Wacker, Otto 328f., 332–335, 338–340
Wagner, Adolf 179
Wagner, Karl 128f.
Wagner, Robert 18, 59–61, 69f., 72–74, 77–79, 81, 94, 96f., 99, 112, 120, 129, 191, 199, 205–208, 210, 255, 264, 290–293, 300f., 339
Wagner, Valentin 130
Wagner, Wilhelm 83
Walch, Thomas 130f., 142
Waldmüller, NN, Stadtverwaltung Stuttgart 244
Wayand, Ludwig 174
Weber, Gotthilf 276f.
Weidmann, Willy 238
Weidner, NN, NSDAP Parteimitglied in Mannheim 124
Weisser, Alfred 111
Weisser, Otto 110f.
Weist, NN, SA-Brigadeführer 295
Weizsäcker, Richard von 224
Wessel, Horst 99, 112, 135, 162, 170, 258
Westenfelder, Alfred 327f.
Wetzel, Otto 126
Wieber, Karl 315
Wiegert, Helmut 340
Wiegert, Oskar 327, 332, 335–338, 340f.
Wilcke, Julius 71, 82
Winter, Otto 355
Wirths, Paul 203
Witteler, 198
Wittmann, Ludwig 130
Witz, Ludwig 117
Wöhrle, Gustav 88
Wolf, Alfred 207–211
Wolf, Franz 63
Wolf, Karl 71, 83
Wolf, NN, Architekt in Freiburg 189
Wolff, Karla 49f.
Wolff, NN, SS-Gruppenführer in Berlin 307
Wollny, Jakob 162
Worch, Willi 65, 67f., 71f., 75

Wüchner, Leonard 180
Wurm, NN, Architekt 204, 250
Würtenberger, Siegfried 88
Würtz, NN, Doggererz GmbH Blumberg 193
Wurz, Camil 327

Zanger, Alois 110
Zaucker, Ludwig 162, 166f., 173, 176
Zeil, Edmund 71, 84
Ziegler, Eugen 311
Ziegler, Paul 290, 301f., 310–312, 315f.
Ziemehl, Georg 88
Zierau, Arthur 62f.
Ziervogel, Hermann 198f.
Zimmermann, August 65, 71f., 82
Zimmermann, Willi 289f.
Zind, Ludwig 33, 321–323, 332, 337, 344
Zobel, Alfons 164f., 175–177, 184
Zutt, Wilhelm 366

Mitarbeiterverzeichnis

Dr. Ernst-Otto Bräunche, Karlsruhe
Dr. Markus Enzenauer, Mannheim
Dr. Wolfgang Gall, Offenburg
Wolfgang Heitner, Villingen-Schwenningen
Prof. Dr. Jürgen Klöckler, Konstanz
Hans-Jürgen Kremer, Hagenbach
Prof. Dr. Konrad Krimm, Karlsruhe
Dr. Heinrich Maulhardt, Villingen-Schwenningen
Prof. Dr. Roland Müller, Stuttgart
Dr. Robert Neisen, Freiburg
Prof. Dr. Ulrich Nieß, Mannheim
Dr. Wolf-Ingo Seidelmann, Rödental
Prof. Dr. Malte Thießen, Münster
Dipl.-Sozialwiss. Heiko Wegmann, Freiburg